Para ti, María Elvira,
que durante años con tu esfuerzo y altruista dedicación
has cubierto silenciosamente mis ausencias.

Sin tu ayuda permanente, este libro no hubiera podido existir. Es un placer reconocer y agradecer públicamente tu generosa implicación en todos los ámbitos.

Dedicado a María Elvira, sin la cual no...

Ediciones Península,
Pedro i Pons 9-11, 11ª Pta,
08034-Barcelona.

info@edicionespeninsula.com
www.edicionespeninsula.com

Primera edición en RedIRIS (red.es): mayo de 2013 / www.rediris.es
Primera edición en Ediciones Península: octubre de 2013

Diseño y maquetación: Scan96, S.L.
Fotocomposición: Digital Screen. S.L.
Impresión: EGEDSA
Depósito legal: B-19617-2013
ISBN: 978-84-9942-275-6

Andreu Veà

Cómo creamos internet

Península

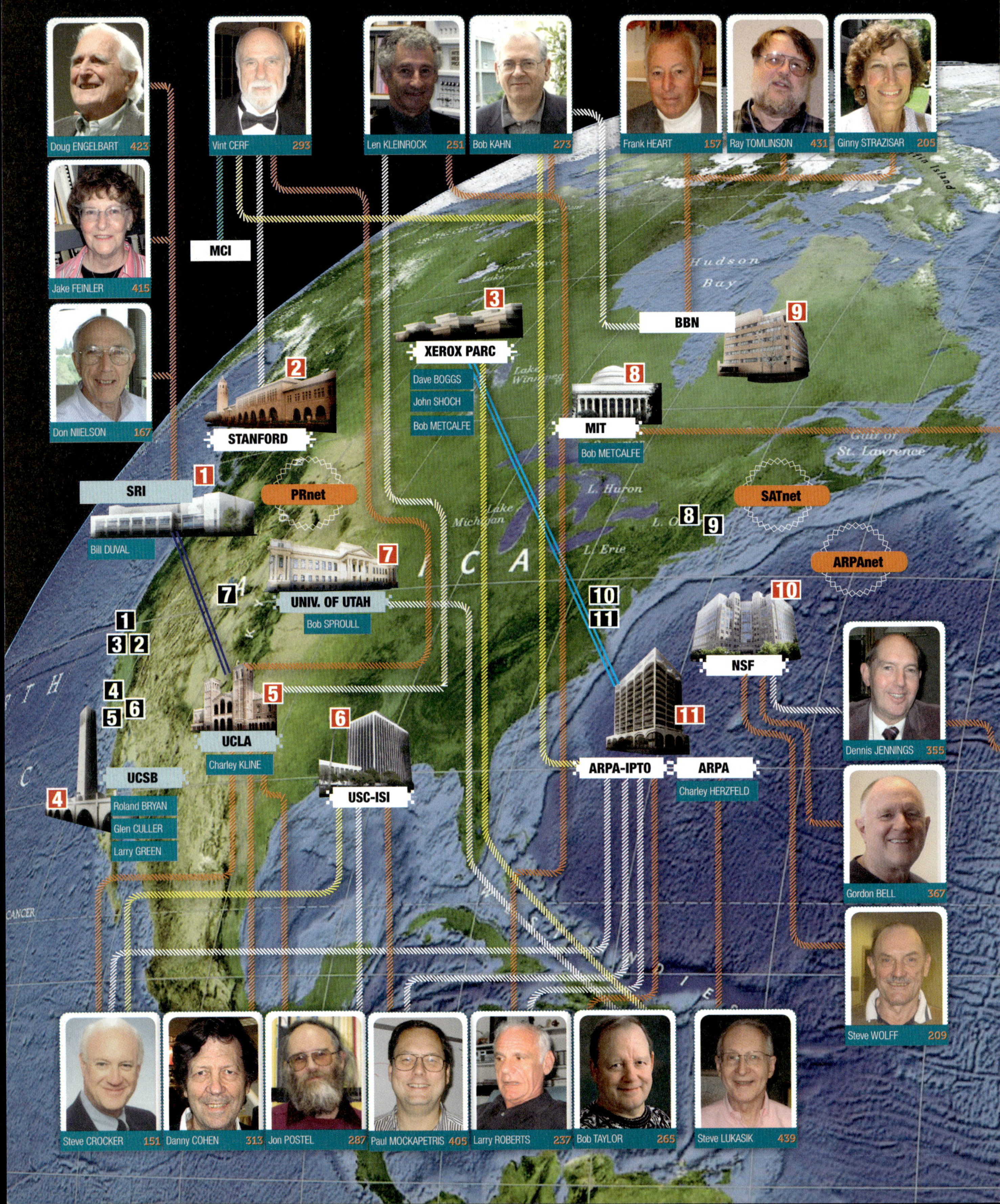

Doug ENGELBART 423
Vint CERF 293
Len KLEINROCK 251
Bob KAHN 273
Frank HEART 157
Ray TOMLINSON 431
Ginny STRAZISAR 205
Jake FEINLER 415
Don NIELSON 167
MCI
XEROX PARC
Dave BOGGS
John SHOCH
Bob METCALFE
BBN
STANFORD
MIT
Bob METCALFE
SRI
PRnet
SATnet
Bill DUVAL
UNIV. OF UTAH
Bob SPROULL
ARPAnet
NSF
UCLA
Charley KLINE
USC-ISI
UCSB
Roland BRYAN
Glen CULLER
Larry GREEN
ARPA-IPTO
ARPA
Charley HERZFELD
Dennis JENNINGS 355
Gordon BELL 367
Steve WOLFF 209
Steve CROCKER 151
Danny COHEN 313
Jon POSTEL 287
Paul MOCKAPETRIS 405
Larry ROBERTS 237
Bob TAYLOR 265
Steve LUKASIK 439
Hudson Bay
Gulf of St. Lawrence
L. Huron
L. Erie
Lake Michigan
Lake Winnipeg

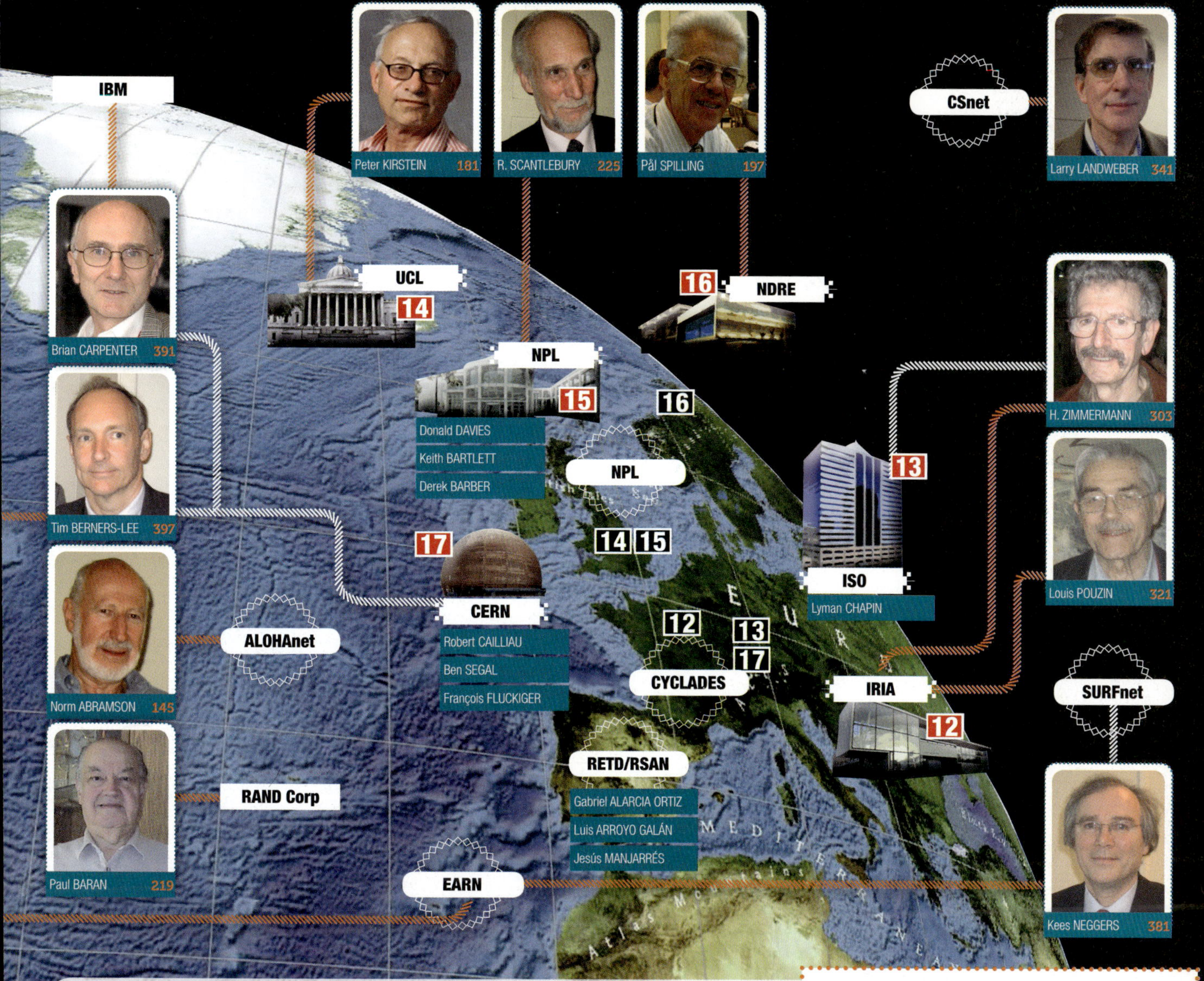

MAPA DE INSTITUCIONES EN LAS QUE TRABAJARON LOS PRINCIPALES PERSONAJES DE NUESTRA HISTORIA

PRINCIPALES PIONEROS

Nombre APELLIDO 000 Página de su entrevista.

Primer destino.

Segundo destino.

Tercer destino.

Cuarto destino.

INSTITUCIONES Y REDES

Instituciones públicas y universidades.

15 Instituciones y universidades (edificios)

15 Instituciones y universidades (ubicación)

Empresas privadas.

Redes.

HECHOS

1. Primera transmisión de un paquete por ARPAnet entre SRI y UCLA el 29 de octubre de 1969, 22:15h.
2. Primeros cuatro nodos de ARPAnet listos el 4 de diciembre de 1969: UCLA, SRI, UCSB y Utah.
3. Primer experimento privado de creación de una “internet” (1975). PARC interconecta varias de sus recién inventadas Ethernets, con ARPAnet, PRnet y otras a través de PUP.
4. Primer experimento público creando una *internet* (22-11-1977) al unir 3 redes: ARPAnet (Cerf), SATnet (Kahn,Spilling,Kirstein) y PRnet (Nielson) mediante TCP.

índice de contenidos

El contenido de este libro no es lineal, sino modular. Permite que el lector pueda pasar de un módulo a otro (todos interrelacionados entre sí), sin que afecte a la lectura.

En el libro, este símbolo indica la posibilidad de escuchar las voces originales (en inglés) de nuestros protagonistas en persona.

5% En este índice visual el porcentaje presente dentro de cada sección refleja la aportación de la misma al total del libro.

Prólogo de Vint Cerf

(considerado uno de los padres de Internet)

Una odisea personal

Durante casi dos décadas, Andreu Veà ha vivido una odisea personal ahondando en la historia y la evolución de Internet tal y como lo ven las personas que la crearon. Echando la vista atrás casi 50 años desde la múltiple gestación paralela de la idea de la conmutación de paquetes hasta la actualidad, Veà ha realizado una inmensa tarea. Aunque los orígenes de Internet pueden asociarse a tan sólo un grupo reducido de personas, el entorno abierto en el que ha evolucionado no sólo ha permitido, sino que casi ha garantizado, que un prodigioso y en estos momentos desconocido número de personas hayan contribuido a cómo es en la actualidad.

Desde sus humildes comienzos como un proyecto de investigación patrocinado por la Agencia de Proyectos de Investigación Avanzados del Departamento de Defensa de los Estados Unidos (DARPA), Internet se ha convertido en una infraestructura global cableada e inalámbrica que conecta ya a más de 2.000 millones de personas y un número similar de dispositivos juntos. Lejos de aminorar su crecimiento, Internet está integrando en su universo prácticamente todas las tecnologías de la comunicación que se han inventado. Los medios impresos, la fotografía, las películas, la televisión, la radio, las aplicaciones interactivas, los juegos multijugador, el correo electrónico, los datos de redes de sensores, entre muchos otros, se transmiten a través de Internet. La capacidad de Internet y de su aplicación más conocida, la World Wide Web, para facilitar el intercambio de información y las interacciones de grupos a gran escala hace que sea algo único en la historia. Aunque la red telefónica tampoco ha permanecido inmóvil durante las últimas dos décadas. Ha evolucionado desde sus inicios, en los que se utilizaba el cable, hasta incluir la telefonía móvil inalámbrica que se estima incorpora 4.000 millones de dispositivos, muchos de los cuales ya se denominan inteligentes (o *smartphones*). Esto hace referencia a la capacidad del "teléfono" para enviar y recibir comunicaciones multimedia y, a los efectos de este libro especialmente, para integrarse a la perfección en Internet. A la larga, no existirá una distinción útil entre la red telefónica e Internet. Se habrán fundido en un medio de intercambios digitales diversos que proporcionará un espacio infinito para la creación de nuevas aplicaciones.

Lo excepcional de la arquitectura de Internet y de su historia es el grado de apertura con el que se creó y ha evolucionado. Fue una elección deliberada que se realizó cuando Robert Kahn inició el proyecto, a finales de 1972, cuando trabajaba en la agencia DARPA[1]. Aprovechando el tremendo éxito técnico y operativo del proyecto ARPAnet, Kahn se decidió a desarrollar el concepto de redes abiertas en las que la existencia de una arquitectura común permitiría que numerosas redes, implementadas y operadas por personas independientes, se interconectaran formando un todo homogéneo. Cuando me invitó a unirme a este trabajo a principios de 1973, compartíamos un enfoque común sobre una especificación abierta para la arquitectura y los protocolos que harían posible que esta visión se materializase.

Curiosamente, la iniciativa rápidamente logró que se involucraran colegas de fuera de los Estados Unidos: en el Reino Unido, Francia, Noruega y otros países. A algunos de ellos los visitamos, otros vinieron a trabajar conmigo en Stanford y muchos de ellos colaboraron a distancia. La velocidad con la que se produjo la participación internacional reforzó la importancia de contar con un diseño abierto. Tres décadas y media más tarde, la estructura fundamental de Internet y sus protocolos primarios permanece intacta. Las instituciones que surgieron con Internet para atender su funcionamiento, estandarización y evolución compartían este espíritu de apertura y continúan ofreciendo oportunidades a prácticamente todo aquel que tenga una idea para probarla. La estructura de capas o niveles que tiene Internet ha facilitado la invención de nuevas aplicaciones y protocolos que la sustentan. Cada nuevo estándar crea el potencial para la interoperabilidad entre componentes implementados de forma independiente, así como una plataforma para la innovación.

[1] En ese momento se denominaba ARPA y el nombre ha variado en algunas ocasiones, aunque se ha denominado DARPA desde hace muchos años.

Esta propiedad persistente, casi recurrente, de Internet es la principal razón por la que los usuarios, han sido siempre más creativos que sus propios operadores de red en la invención de nuevas aplicaciones. En todas las capas, parece existir la posibilidad de probar nuevas ideas y, en muchos casos, de convertirlas en motores económicos. Si Internet fuera la red de suministro eléctrico, pero proporcionara bits digitales en lugar de electrones, las aplicaciones (y los nuevos protocolos) serían el equivalente a los nuevos aparatos eléctricos. A la red eléctrica no le importa qué dispositivos le conectamos sino que cumplan algunos estándares sencillos (gamas de tensión, niveles de potencia, frecuencia de la corriente alterna). De la misma manera a Internet no le preocupa (ni sabe) qué información digital contienen los paquetes de datos que transporta, y esto es así por diseño.

Cuando la World Wide Web (WWW) se hizo visible para el público en general a mediados de la década de los noventa, me sorprendió la avalancha de información que fluyó hacia Internet, generada por sus usuarios. Este extraordinario fenómeno de intercambio de información se ha reproducido en repetidas ocasiones con aplicaciones como aquellas que permiten compartir fotos, las redes sociales, los intercambios de mensajes breves, los blogs, el intercambio de correo electrónico y, como no, las propias páginas web. Parece ser que los humanos poseemos un insaciable deseo de compartir información. Esta ingente cantidad ha hecho surgir la necesidad y ha llevado a la invención de métodos de búsqueda cada vez más sofisticados y eficaces, que indexan y organizan las aplicaciones para ayudar a su localización y a la navegación por un mar de contenidos. A veces, el sistema se nos va de las manos, como ocurre con el correo basura, y en otras se producen intentos malévolos como los virus, los gusanos, los troyanos, o los ataques de denegación de servicio. Además, el medio a través del que intercambiamos información cada vez es más complejo y rico. Voz, vídeo, presentaciones multimedia, o los juegos con participación masiva de jugadores representan ejemplos del variado entorno mediático que alberga y sostiene la Internet actual.

Mientras escribo este prólogo, se está produciendo ya la estandarización activa de una extensión interplanetaria de Internet, gracias a una colaboración internacional que vio sus comienzos, de una forma muy similar a Internet; en un proyecto de investigación patrocinado inicialmente por el Jet Propulsion Laboratory (de California) y la agencia DARPA, y que posteriormente se amplió para incluir instituciones y organizaciones apoyadas por la NASA, la National Science Foundation (NSF) de los Estados Unidos, la Comisión Europea y el Comité Consultivo para Sistemas de Datos del Espacio (CCSDS), entre otros.

Esta obra en la que se relata y resume el detallado estudio personal del Dr. Veà sobre los rostros y las historias hasta ahora ocultas de Internet, tan solo refuerza la prueba de que la Red continuará creciendo y evolucionando mientras surjan nuevas ideas en las prolíferas mentes de usuarios, creadores y operadores de Internet y el espíritu de apertura y la libertad continúen siendo el principio y la característica esencial de la Internet mundial.

En este trabajo, Andreu Veà abre el camino a los historiadores del futuro de manera contundente. La historia y la prehistoria de la creación y evolución de Internet expuestas por el Dr. Veà son ya y serán una referencia a nivel global para los historiadores y expertos durante muchos años.

Estoy seguro que la contribución del Dr. Veà ha logrado alcanzar una meta trascendental en este campo de estudio. Entender la historia y la lógica de la evolución de la infraestructura resulta fundamental para la planificación de cara al futuro. Uno necesita saber el porqué del funcionamiento, o no, de las cosas y el Dr. Veà nos provee de una enorme variedad de conocimientos de los que podremos aprender muchísimo.

En este libro se pueden encontrar a casi 800 inventores y pioneros y nos permite aprender y descubrir muchísimas situaciones inéditas hasta ahora de 40 de ellos. Espero que les sea tan útil e interesante para ustedes como lo ha sido para mí.

Vint Cerf
Pionero de Internet, Woodhurst (Virginia, EEUU)
13 de febrero de 2010

La prehistoria de la red 1963-1983

Imagen publicada el 8 de agosto de 1994 en la revista Newsweek, con motivo de la celebración del 25 aniversario de ARPANET (De Izq. a derecha: Jon Postel, Steve Crocker y Vint Cerf). Foto cortesía de Vint Cerf.

Al principio ARPA creó ARPAnet.
Y ARPAnet no tenía forma ni voz. Y la oscuridad era total.
Y el espíritu de ARPA hizo mover sus labios y dijo "Hágase un protocolo" y un protocolo se hizo. Y ARPA vio que era bueno.
Y ARPA dijo: "Háganse más protocolos", y así se hizo." Y ARPA vio que era bueno.
Y ARPA dijo: "Háganse más redes", y así se hizo.

Danny Cohen

1. Introducción histórica

Andreu Veà

Internet ha revolucionado el mundo, la industria informática, la de las telecomunicaciones, la de la música y la industria editorial como ningún otro invento lo haya hecho jamás. Su gran eclosión a mediados de los años noventa se debió a la introducción de los contenidos multimedia (se dejan atrás los complejos terminales de texto monocromo, reservados para usuarios avezados) y a la simplificación radical de la búsqueda de información gracias a la introducción del servicio World Wide Web (WWW). Por vez primera las búsquedas de un contenido se independizan de la ubicación geográfica del mismo, y el esfuerzo del usuario para hallar determinada información es idéntico tanto si esta se encuentra en su ciudad, como si reside en un servidor al otro lado del globo.

Podemos afirmar que Internet supone el triunfo de los sistemas abiertos; por primera vez, sistemas informáticos que hasta ahora eran considerados propietarios pueden comunicarse a través de protocolos comunes. El vasto crecimiento de este sistema está basado en el aprovechamiento de los recursos ya existentes en las organizaciones científico-académicas, comerciales o sin ánimo de lucro. Pequeñas redes locales que se conectan entre ellas para formar un denso tejido de interconexiones nada homogéneo, como si de tender puentes entre pequeñas islas incomunicadas se tratase.

Todo ello jamás podría haberse edificado tan rápidamente si diversas tecnologías no hubiesen madurado por separado hasta converger en lo que hoy conocemos como telemática[1]. La invención y despliegue generalizado de las redes de área local (Ethernet y Token Ring), así como la madurez de los enlaces troncales de fibra óptica fueron, a su vez, dos de los grandes factores responsables de que Internet alcanzara tan pronto una dimensión global.

Aun con este largo pasado, Internet es para nosotros algo tan reciente que no sabemos mucho sobre ella. Y esta situación de poco conocimiento de un fenómeno de gran relevancia cultural y socioeconómica lleva a la generación de toda clase de exageraciones y falsos mitos, que se consolidan debido a su insistente presencia en los medios de comunicación.

Buscando los orígenes de la red, la mayoría de libros[2] dedicados a exponer la historia de Internet se focalizan totalmente en los desarrollos de ARPAnet, pero ninguno de ellos

---

1 Telemática: neologismo surgido de la conjunción entre informática y telecomunicaciones introducido por el español Dr. Luis Arroyo Galán, quien publicó en 1977 en la revista *Novatica* un artículo en el que definía esta nueva rama científica.

2 Y que podemos encontrar relacionados en el apartado: *Mi Biblioteca*.

La mayoría de los pioneros a quienes podemos llamar "padres de Internet" (y especialmente los más importantes) se esfuerzan por destacar la participación fundamental de muchos otros.

A pesar de que haya Gobiernos y empresas que pretendan asegurar lo contrario, Internet se fraguó y evoluciona actualmente con el esfuerzo continuo de muchísimas personas voluntarias o que fueron y son financiadas por fuentes de administraciones públicas y empresariales de muchos países.

Por ello, podemos asegurar que Internet no tiene ni dueño ni un único lugar de nacimiento. Ir contra esta aserción es no conocer los orígenes de la red o tener algún interés especial por distorsionar esta historia, hasta ahora bastante oculta, de los orígenes de Internet.

es completo ni aporta una clara y definitiva teoría. Hay distintas versiones y visiones dependiendo de con quien hablemos. Algunos nos dirán que la conmutación de paquetes representa el origen de Internet, otros que es el protocolo TCP/IP el que da origen a la red, otros pondrán énfasis en los operadores de telecomunicaciones y el sector privado, y otros justamente lo contrario, diciendo que fue únicamente el sector público.

Cada teoría tiene sus seguidores y detractores, pero lo que es importante dejar claro es que no se excluyen entre ellas, sino que se complementan. Después de entrevistar a decenas de personas afines a una u otra teoría, lo que mejor se ajusta a la realidad histórica ocurrida es considerar que Internet tiene múltiples orígenes, y que las piezas iniciales y necesarias de este puzle se construyeron en lugares distintos, financiadas unas de forma pública y otras de forma privada. Todo ello ocurrió durante décadas, mucho antes de que la red *Internet*, en su mayor esplendor y usabilidad, viera la luz y fuera adoptada por el gran público.

Después de hablar sistemáticamente durante horas con más de trescientos pioneros de Internet a lo largo de todo el mundo, muchas personas me preguntan: ¿tienes claro ahora cuál es el futuro de Internet a medio y largo plazo? La respuesta es clara y contundente: "Pues no". La evolución de Internet no fue, no es y no será nunca predecible, dado que las innovaciones no son únicamente de mejora progresiva y continua, sino que son innovaciones de ruptura. Podemos fijarnos en que las grandes predicciones, miradas en retrospectiva, nos hacen reír: "Nunca tendremos más de 128 redes conectadas", "Los dominios '.com' no hace falta introducirlos porque la actividad estará solo en el '.edu' y en el '.mil', "Como el idioma será el inglés, podemos utilizar códigos[3] ASCII de 7 bits", "¿Para que se pueden querer más de 56 kbps de ancho de banda?".

Estamos en un comienzo y es prácticamente imposible atisbar el futuro de algo que ha venido doblando su población casi anualmente. Hace relativamente poco superábamos los 1.000 millones de usuarios y en abril de 2012 se superaron los 2.300 millones de usuarios estimados, lo que representa ya un 33% de penetración de los habitantes del planeta. A pesar de ello, y al final del libro vamos a apuntar algunas tendencias en las que coinciden casi todos nuestros pioneros.

3 Estos códigos, a diferencia de los "nuevos" de 8 bits, no incluyen ni letras acentuadas, ni diéresis, ni ñ, ni ç…

2. Creando y siguiendo un estricto método

Metodología

Esta historia se basa en el resultado de una compilación de entrevistas inéditas, combinadas con un sinfín de pequeñas anécdotas directamente contadas por los personajes durante las entrevistas personales realizadas durante la fase de documentación. Aunque la mayoría de los documentos creados y utilizados tienen un marcado acento técnico, a veces incomprensible para un lector no avezado, se ha querido dar un carácter claramente divulgativo al redactado de esta obra en aras a poder alcanzar una mayor difusión, evitando en lo posible caer en tecnicismos.

El principal objetivo de este libro es, precisamente, el de acabar con los mitos e imprecisiones técnicas escritas hasta ahora y dar respuesta a todas y cada una de estas preguntas, cosa que conseguimos a lo largo de las detalladas entrevistas personales, cuya realización y doble revisión ha requerido casi dos décadas de perseverante y sostenido esfuerzo.

Este libro se ha elaborado a partir de más de 320 entrevistas con los principales pioneros a nivel global. El proceso de elaboración y verificación del contenido pasa por que todas y cada una de las entrevistas hayan superado estrictamente los criterios y fases de la metodología WiWiW.org (véase gráfico), que requiere la doble revisión del resultado editado por el propio autor y, como mínimo, por otro reconocido pionero coetáneo.

Necesariamente, lo que podemos incluir en un formato impreso y finito en páginas no es el estudio completo, viéndonos obligados a dejar de lado algunos nombres de personas que contribuyeron

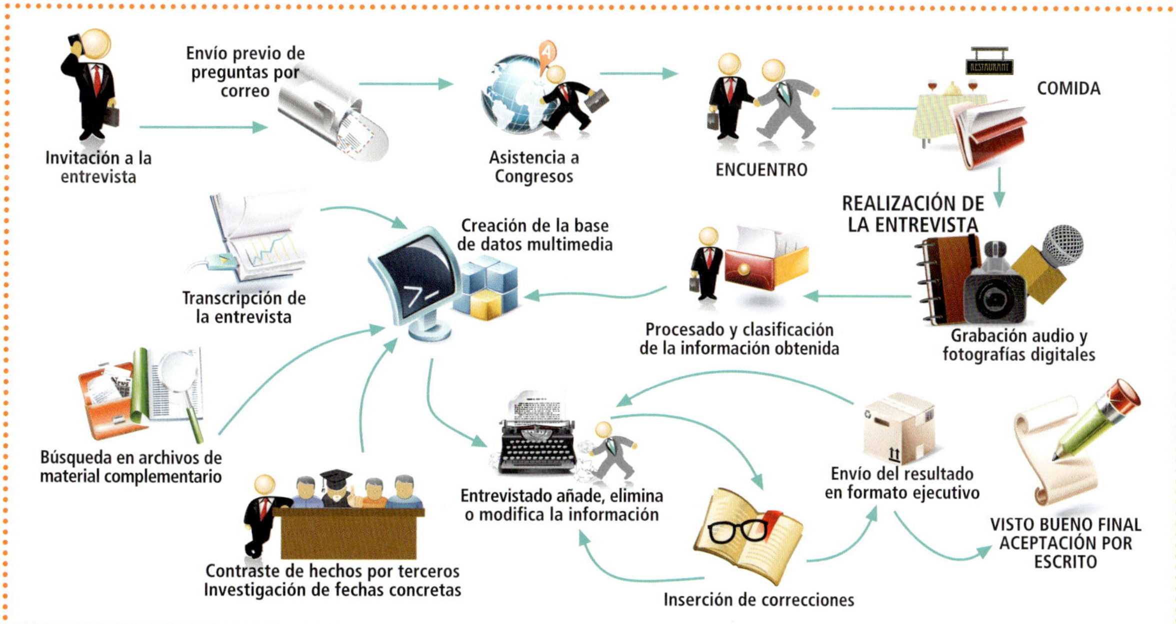

de forma importante con sus investigaciones. Así pues, se presenta de forma editada y amena aproximadamente el 10% del material recopilado, destacando especialmente a algunos de los personajes más significativos.

A lo largo de esta investigación nos adentraremos en los orígenes reales de Internet, en todos aquellos detalles e hitos de lo que llamaremos la prehistoria (por no encontrarse escrita hasta ahora en un único documento ordenado y permanecer tan solo en la memoria de sus protagonistas), así como en los primeros años de andadura de lo que hoy conocemos como Internet. Aquí se recogen, pues, de forma ordenada, y mediante el uso de técnicas sistemáticas de "historia oral", los principales hechos que hicieron posible el desarrollo de los conceptos y tecnologías que han llevado a poder disponer de una red tan robusta, heterogénea e internacional como la que conocemos a día de hoy.

De la importancia de contrastar doblemente las fuentes primarias

Si en algún lugar de la historia reciente se han producido abultadas deformaciones respecto a la realidad acaecida, sin duda este lugar es el origen de Internet.

Sin duda quien más claro lo deja es Bob Taylor (quien buscó y reunió los recursos económicos y humanos para poner en marcha ARPAnet) en tan solo dos expeditivas y preclaras sentencias[4]:

> *"… la creación de ARPAnet no estuvo motivada por consideraciones de guerra."*

> *"… la red ARPAnet no fue una internet. Una internet es una conexión entre dos o más redes de ordenadores…"*

No debemos menospreciar la importancia que tuvo el Departamento de Defensa estadounidense y en concreto DARPA[5], que durante décadas subsidió constantemente una investigación básica y una red experimental (ARPAnet) cuyo fin no estaba para nada claro cuando el programa se inició en 1968, dentro de la oficina de técnicas de proceso de la información (IPTO[6]).

Los civiles que llevaron el proyecto adelante dentro de DARPA tuvieron que darle un matiz de defensa circunscribiéndolo dentro de los programas de "command and control"[7]. Pero debemos observar un detalle importante que en todos los relatos pasa totalmente desapercibido: ARPAnet jamás fue un proyecto clasificado ni secreto. Al revés, fue público, e incluyó a decenas de universidades como subcontratas, a las que se les permitió publicar artículos sobre los avances en los protocolos, arquitecturas y hasta en el *software* que se iba produciendo y que se compartía entre todos los interesados.

---

4 Sus frases literales originales en inglés fueron: "The creation of the ARPAnet was not motivated by considerations of war", "The ARPAnet was not an internet. An internet is a connection between two or more computer networks (…)".

5 DARPA: Defense Advanced Research Projects Agency (Agencia de proyectos de investigación avanzada de defensa)

6 IPTO: Information Process Techniques Office. Oficina de técnicas de proceso de la información perteneciente a DARPA y ubicada inicialmente en el Pentágono, en Washington DC. Fue donde se proyectó y gestó ARPAnet.

7 El "mando y control" es, en el entorno militar, el ejercicio de la autoridad y la conducción y seguimiento por el mando operativo expresamente designado, sobre las fuerzas asignadas para el cumplimiento de la misión. ARPA tenía programas especiales orientados a desarrollar sistemas que dieran soporte al mando y control.

3. Lo que jamás ha sido contado

Una visión general de los orígenes de la red

3.1. ¿Qué fue ARPAnet?

ARPAnet fue iniciada a finales de los sesenta para crear un prototipo de red de ordenadores.

En EEUU, los esfuerzos se encaminaron inicialmente a demostrar la viabilidad de una red de conmutación de paquetes que conectara equipos diferentes con distintos sistemas operativos.

ARPAnet fue iniciada, como hemos visto, a finales de los sesenta para crear un prototipo de red de ordenadores. Basada en la tecnología de conmutación de paquetes, divide en pequeñas porciones de datos la información que se va a enviar. A cada una de estas pequeñas divisiones se les asigna una dirección de origen y de destino (dentro de lo que llamamos cabecera[8] o *header*). Lo que entendemos por "paquete" es la unión inseparable de estas cabeceras junto a la información que se quiere transmitir. La red de conmutación de paquetes, como su nombre indica, encamina y entrega estos paquetes intercalados con otros paquetes de otros mensajes. Una vez todos los paquetes llegan a su destino, se ordenan y se reconstruye el mensaje.

En 1964, **Paul Baran** (considerado el padre de la conmutación de paquetes), investigador de la americana RAND Corporation, y unos años más tarde –pero sin conocer esos trabajos de Baran– el británico **Donald Davies** y su equipo[9] desarrollaron conceptos similares.

En 1966, este último puso en marcha un conmutador de paquetes conectando varios ordenadores entre sí, pero no obtuvo financiación para poder crear la red. En EEUU, los esfuerzos se encaminaron inicialmente a demostrar la viabilidad de una red de conmutación de paquetes que conectara equipos diferentes con distintos sistemas operativos. Podemos decir que abarcó desde 1967, año en que se planificó, hasta 1972 cuando (gracias a una memorable demostración que prepararon ARPA y los investigadores de cada universidad en un hotel de Washington DC del 4 al 7 de octubre de 1972) los investigadores de todo el mundo pudieron conocer de primera mano lo que se vendría a llamar ARPAnet, convenciéndose de que su realización práctica era posible.

Donald Davies

8 La cabecera vendría a hacer la función que hace un sobre en la analogía postal: se indica destino y remitente.

9 Véase la entrevista personal a Roger Scantlebury del National Physical Laboratory de Londres, del equipo de Donald Davies.

DESMONTANDO MITOS

Quizá uno de los pasajes más inéditos que aporta este libro sea la eliminación sistemática de los grandes mitos que dominan la percepción pública de Internet. Estos hacen que sea difícil entender la naturaleza de Internet y su desarrollo futuro.

Por otro lado, además de las investigaciones británicas de Donald Davies (por las que se pudo crear la reducida NPLnet), Louis Pouzin, en Francia, puso en marcha muy a principios de los años setenta la red Cyclades, basada también en paquetes y desarrollada bajo el patrocinio del gobierno francés a través de la agencia IRIA[10], para explorar alternativas a ARPAnet. Ejerció una gran influencia en el diseño inicial de Internet.

Así pues, en octubre de 1972, nos encontramos con que la demostración de ARPAnet realizada en el marco de la primera International Computer Communications Conference (ICCC'72) en Washington DC se convirtió en el punto de inflexión histórico, que marcó a muchísimos pioneros e investigadores que asistieron a la misma.

Muchos de los artículos presentados describían lo más nuevo de ese momento en cuanto a investigación en redes se refiere. Para describir el impacto que le produjo la primera demostración pública, Donald Davies[11] escribió:

> La reunión en Washington en 1972 fue sin duda la conferencia más importante e influyente a la que he asistido. Llegué al Hotel Hilton temprano para ver lo que estaba ocurriendo y me encontré con una escena extraordinaria. En un podio se encontraba un conmutador o TIP[12] unido a la ya existente red de ARPA, rodeado de muchos dispositivos y terminales de todo tipo. Se podía dar la vuelta completa a la exposición aparentemente para verla en un día, aunque en realidad era el resultado del enorme esfuerzo del equipo de ARPA, que logró realizar esta demostración y causó un cambio revolucionario en el pensamiento sobre redes. Lo que pasó en Washington fue que la gente ahora podía ver estas ideas en forma de aplicaciones y servicios concretos. Se podía vislumbrar el impacto intelectual que las redes estaban destinadas a producir (...)

ARPAnet era incompatible consigo misma. De haber existido dos instancias idénticas de dicha red, no hubieran podido ser conectadas entre sí.

Esta demostración de una red de conmutación de paquetes funcionando, sin embargo, no era Internet. Puesto que lo que muy poca gente conoce y ni se plantea es que ARPAnet era incompatible consigo misma. De haber existido dos instancias idénticas de dicha red, no hubieran podido ser conectadas entre sí.

3.2. ¿Cuál es el "internetting problem"?

La investigación sobre Internet comenzó unos meses después. Internet fue la respuesta a lo que podríamos llamar el problema de las redes múltiples. ¿Cómo se pueden conectar diferentes redes de conmutación de paquetes entre sí, haciendo posible la comunicación a pesar de sus diferentes características técnicas (mecánicas, eléctricas y lógicas)?

10 IRIA: Institut de Recherche en Informatique et en Automatique (Instituto nacional francés de investigación en informática).
11 D. W. Davies, "Early Thoughts on Computer Communications".
12 TIP (o Terminal-IMP, Interface Message Processor). El TIP, era un tipo de conmutador más simplificado que el IMP.

Desde el principio, este fue un problema que se planteó y se solucionó de una manera internacional. En una reunión en 1974, Davies escribió[13]:

> Para lograr la interconexión de sistemas de conmutación de paquetes, tenemos que decidir a qué nivel van a interactuar... Tras un poco de discusión, un grupo formado por gente de ARPA (EEUU), NPL (RU) y Cyclades (Francia), probó un esquema de interconexión basado en una red de transporte de paquetes acordando un protocolo para el transporte de mensajes (...).

Vinton Cerf (quien posteriormente coinventaría el protocolo TCP/IP) demuestra ya en 1973 su gran interés por este problema, como veremos en su entrevista personal, liderando desde sus orígenes al grupo internacional sobre redes INWG[14] que se creó durante la citada conferencia de Washington, y del que nos dice que

> (...) a pesar de que de este grupo no salió ningún desarrollo específico, sí que hubo debates extremadamente útiles acerca de la arquitectura de redes y de protocolos.

¿Cómo conectar entre las distintas redes de conmutación de paquetes que iban surgiendo en cada país (ARPAnet, NPLnet y Cyclades)?

Esto es lo que llevó a la investigación para crear un protocolo internacional que hiciera posible la interconexión de redes heterogéneas, totalmente distintas entre sí. Esta tarea de investigación es la que produjo y dio lugar al protocolo TCP/IP. Fue un esfuerzo internacional con participación de investigadores de diferentes países, junto con investigadores[15] de EEUU.

Es importante, pues, entender que el desarrollo del protocolo TCP/IP, y no el desarrollo de la conmutación de paquetes, es el aspecto esencial que hizo posible la creación y el crecimiento de Internet.

Únicamente la investigadora **Ronda Hauben[16]** explicita claramente esta diferencia, diciendo que

> (...) el mito que equipara e iguala ARPAnet con Internet[17] es un mito que también

13 D. W. Davies, "The Future of Computer Networks", *IIASA Conference on Computer Communications Networks,* 21 al 25 de octubre de 1974, p. 36.

14 INWG: International Network Working Group o Grupo internacional de trabajo sobre redes.

15 En septiembre de 1973, Bob Kahn y Vint Cerf presentaron al grupo INWG el diseño básico del protocolo "Internet" en un documento que llamamos *INWG # 39*.

16 R. Hauben, "The Internet: On its International Origins and Collaborative Vision (a work in progress)", 2006.

17 Mito utilizado de forma recurrente por **Leonard Kleinrock** durante su entrevista y que ha sido duramente criticado por otros entrevistados en la fase de revisiones mutuas y contraste (su proceso de revisión requirió de seis años, 2003 a 2009). El hecho es destacable aquí porque él es de los pocos pioneros que de forma proactiva crea vídeos de muy buena calidad gráfica, diseño y exquisita edición sobre su particular visión de la historia de Internet, cuyo nacimiento fija el día 29 de septiembre de 1969, fecha en que se instaló el primer conmutador IMP de ARPAnet en su laboratorio de UCLA y los entrega a la prensa; esta difusión sesgada y fuera de contexto crea aún mayor confusión entre el público no especializado y engrandece este mito.

MITO 1

"Internet fue creado por los militares para resistir una guerra nuclear y conseguir que la infraestructura de la red no afectada siguiera funcionando"

Larry Roberts (arquitecto de ARPAnet) en su entrevista personal nos indica claramente que

> (...) el artículo de Paul Baran (de la RAND Corporation y que constituye el primer artículo sobre transmisión segura de voz por paquetes) fue el que inició el rumor de que Internet fue creado por los militares para resistir un ataque nuclear. Esto es totalmente falso. A pesar de que este trabajo de la RAND Corporation (que nunca llegó a implementarse) sí se basaba en esta premisa, el propósito original de ARPAnet fue explorar el intercambio de recursos informáticos y la validez de las comunicaciones por conmutación de paquetes y no tenía nada que ver con la guerra nuclear o la supervivencia (...).

En la entrevista realizada a Bob Taylor, antiguo director de la oficina IPTO de ARPA (ubicada en el Pentágono), y persona que contrató a Larry Roberts para especificar técnicamente y liderar la construcción de ARPAnet, aún llegamos más lejos al hacernos partícipes (en una de las respuestas dadas) de la siguiente anécdota:

> Hace unos años, la revista *Time* publicó dos artículos, con más o menos un año de diferencia entre los dos, que afirmaban que el origen de ARPAnet fue poder sobrevivir a un ataque nuclear. Ignoré el primer artículo, pero después de leer el segundo un año después, les escribí una carta donde les informé de que ARPAnet no fue construida con fines militares.
>
> ARPAnet se construyó para permitir que la gente con acceso a la informática interactiva pudiera compartir intereses comunes.
>
> ¿Cómo sé esto? Porque yo soy la persona que tomó esa decisión: construir ARPAnet. No publicaron mi carta en la revista *Time.* Me contestaron para agradecerme el envío de la carta y asegurarme que sus fuentes eran correctas. Sus fuentes vinieron de muchos otros libros y artículos, todos equivocados sobre este punto (...).
>
> Las dos únicas personas involucradas en la decisión de lanzar (y que por tanto saben por qué se inició) el proyecto ARPAnet somos mi jefe en DARPA, Charles Herzfeld y yo.

MITO 2 (y uno de los más persistentes)
"Es el que equipara e identifica la norteamericana red de conmutación de paquetes que conocemos como ARPAnet con el sistema diseñado internacionalmente que permite enlazar redes heterogéneas, al que llamamos Internet."

En la definición de Internet que hace las Naciones Unidas para su personal:

> (...) Los orígenes de Internet se remontan a un proyecto de investigación en redes de conmutación de paquetes, dentro del ámbito militar, a finales de los sesenta (1969), en plena Guerra Fría: ARPAnet.

Hasta un investigador bien documentado y especialista, como Manuel Castells –"La dimensión cultural de Internet", UOC, 2002– , llega a escribir y a publicar:

> (...) hoy me decía una persona: "Internet es muy reciente". No. Internet se crea en 1969. Se constituye sobre la base de lo que diseñan, deciden y producen cuatro culturas, que trabajan las unas sobre las otras. Algunos de los datos sobre esto están en mi último libro, *La galaxia Internet.*

Y hasta en los *timelines* históricos que podemos encontrar en las páginas web de AT&T y Telefónica podemos encontrar aseveraciones tan categóricas como:

> (...) 1969 siempre será recordado como el año del caminar de Neil Armstrong por la Luna. Pero, como la influencia de Internet sigue creciendo, quizá 1969 llegará a ser conocido como el "Año de Internet", ya que fue en 1969 que se lanzó Internet y se puso en marcha.

reemplaza el concepto de *internetworking* (comunicación entre redes posible gracias a Internet y su protocolo TCP/IP) por la comunicación dentro de una sola red (ARPAnet y su inicial protocolo: NCP).

Son cosas totalmente distintas, pero que la gente confunde reiteradamente. Esta confusión generada, en gran medida, por documentales de divulgación que se basan a su vez en artículos (y hasta en libros sobre el tema) que consideran ARPAnet como "la madre de Internet", cuando desde el punto de vista conceptual bien poco o nada tuvo que ver Internet con ARPAnet. Tampoco son equiparables desde un punto de vista cronológico, como también veremos en las entrevistas a **Dennis Jennings, Steve Wolff** y **Gordon Bell.** Importante también es apuntar que, a pesar de su casi total anonimato, existió una red entre ambas: la NSFnet[18], que sin duda alguna ostentaría mucho mejor el título de "madre de Internet".

Ronda Hauben, muy sabiamente indica:

> (...) Este reconocimiento plantea preguntas del tipo: ¿cómo fue desarrollado el TCP/IP?, ¿quiénes fueron todos los investigadores que participaron en este logro?, ¿hay lecciones en el desarrollo del protocolo TCP/IP que puedan ser útiles para el futuro desarrollo continuo de Internet? Estas son solo algunas de las preguntas que deben ser exploradas para comprender la naturaleza de Internet y ayudar a contribuir a su permanente desarrollo.

Esto es precisamente lo que vamos a explorar a partir de ahora.

3.3. ¿Cuándo y dónde se produjo la "primera" internet?

Tampoco podemos dejar de lado la miríada de desarrollos que se produjeron en el mítico Xerox PARC (Palo Alto Research Center) de California. El mismo Bob Taylor, quien puso en marcha ARPAnet y que posteriormente dirigió durante trece intensos años el laboratorio de Xerox en nuestras conversaciones indica:

> (...) personalmente creo que la primera internet fue creada en Xerox PARC alrededor de 1975[19], cuando conectamos a través de nuestro protocolo PUP dos redes Ethernet locales distintas y posteriormente con ARPAnet. El pionero

18 Acrónimo inglés de National Science Foundation's Network. La NSFnet comenzó como la unión de una serie de redes de comunicaciones (en el ámbito de la investigación y de la educación superior estadounidense) que fueron construidas para dar soporte las iniciativas de *networking* de la NSF. Fue creada por el Gobierno de los Estados Unidos (a través de la National Science Foundation) en 1985 y fue el reemplazo de ARPAnet como red troncal de Internet. Desde 1995 fue reemplazada progresivamente por las redes comerciales.

19 Debe tenerse en cuenta que, a pesar de que ARPAnet se puso en marcha en 1969, el TCP se concibió en 1973, se hizo público en 1974 y no fue hasta 1977 que Cerf y Kahn organizaron una demostración de su capacidad para conectar tres redes con tecnologías distintas: ARPAnet, PRnet y SATnet, conectando el SRI en Menlo Park con la Universidad del Sur de California (USC) y el University College de Londres vía satélite. Esta conexión, en noviembre de 1977, es considerada por muchos como la primera "internet" (conexión de dos o más redes entre sí).

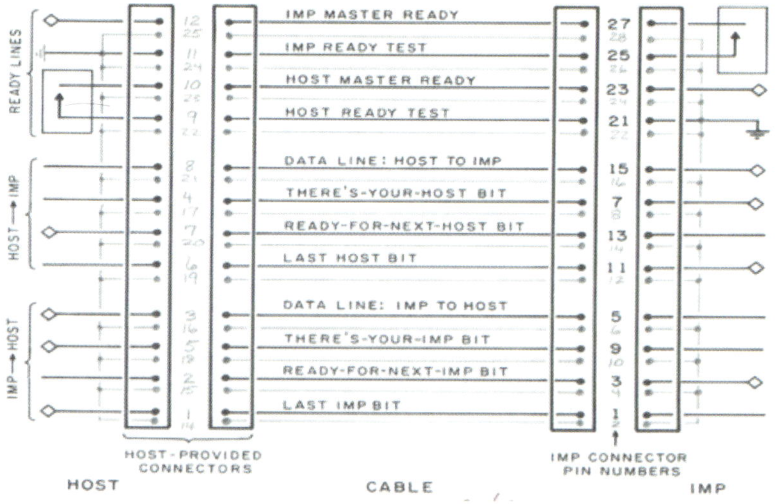

Protocolo de conexión entre el IMP (actual router) y un Host (actual ordenador). Especificado por BBN en el conocido informe "BBN Report-1822".

protocolo PUP (PARC Universal Packet) fue fundamental para la posterior definición y creación del TCP.

Aunque para que internet pudiera crecer, también era necesario un ordenador personal con capacidad de conectarse a la red, una interfaz de usuario gráfica con propiedades WYSIWYG[20], un moderno procesador de textos y capacidad de autoedición. Todos estos, además de la red Ethernet, salieron de mi laboratorio en el Xerox PARC en los años setenta, y fueron comercializados en los siguientes treinta años por Adobe, Apple, Cisco, Microsoft, Novell, Sun y otras compañías que eran necesarias para el desarrollo de Internet (...).

En 1970, **Bob Metcalfe**[21] construyó una interfaz de red entre el IMP (precursor del *router*) del MIT y el ordenador PDP-6 para conectar este a la red ARPAnet. Fue un gran diseño, puesto que estuvo funcionando durante trece años sin intervención humana alguna. Más tarde, Metcalfe, una vez contratado por el mítico laboratorio de investigación Xerox PARC en la otra costa norteamericana, construyó otra interfaz para poder conectar al clon de PDP-10 (el MAXC) que tenían allí.

Bob Metcalfe

¿Sabías que la primera red internet (sin World Wide Web, ni navegador ni motores de búsqueda), fue diseñada y construida por el Laboratorio de Ciencias Informáticas en Xerox PARC (Palo Alto Research Center) entre 1975 y 1976? El protocolo fue PUP (PARC Universal Packet Protocol) y estaba en marcha siete años antes de que el TCP/IP funcionara. Tenía cerca de 5.000 usuarios dispersos por diversas universidades, la administración y Xerox. Constaba de un ordenador personal Alto (basado en arquitectura cliente-servidor), que incluía servidores de nombres, servidores de correo, servidores de impresión y servidores de ficheros, todos conectados a través de Ethernet, ARPAnet y la red de radiopaquetes de SRI.

Bob Taylor

Director oficina de ARPA donde se creó ARPAnet y posterior director del mítico Xerox

Bob Taylor cuantifica el número de ordenadores personales ALTO (de Xerox PARC) construidos entre 4.500 y 5.000 unidades en total. Ninguno vendido, pero estratégicamente distribuidos en lotes de unos veinte, con una red Ethernet y una impresora láser inventada por Xerox. Se usaron en las universidades de Rochester, Stanford, el MIT, Carnegie-Mellon, la Casa Blanca del entonces presidente Carter, la oficina de impresión del Gobierno y varios miles de Altos más esparcidos por Xerox. Por lo que si, en muchas ubicaciones un Alto tenía más de un usuario, a finales de los setenta decir que su "internet" tenía unos 5.000 usuarios, según sus palabras, sería una aproximación más bien conservadora.

20 WYSIWYG: acrónimo de What You See is What You Get. Lo que ves en pantalla es lo que saldrá por la impresora.

21 Inventor junto a Dave Boggs de los protocolos Ethernet para redes locales. Mientras estudiaba en Harvard trabajaba en el MIT.

En 1970, Bob Metcalfe construyó una interfaz de red entre el IMP (precursor del *router*) del MIT y el ordenador PDP-6 para conectar este a la red ARPAnet.

Tal como nos dice en la entrevista Metcalfe:

> (...) cuando llegué a Xerox PARC, en julio de 1972, me asignaron tres trabajos. El primero fue conectar PARC a la red ARPAnet implementando de nuevo la especificación 1822 de BBN (que indicaba los detalles) y construyendo una interfaz para adaptar el *hardware* de ese ordenador al IMP *(router)*. El segundo fue acabar mi tesis doctoral (que me habían suspendido en Harvard por ser poco teórica) y el tercero, me encargaron diseñar una red para un nuevo ordenador personal: el Alto (precursor ya en 1973 de casi todo lo que tenemos en la informática actual).

> Esta nueva red tenía que poder conectar cientos de ordenadores Alto, uno por uno, a través de nuestro edificio. De hecho, la idea principal era que esta red pudiera llevar documentos hacia la primera impresora láser que allí se inventó. Dadas las especificaciones, la red debería trabajar a megabits por segundo para poder abastecer el ritmo de impresión especificado de una página por segundo, con una resolución de 500 puntos por pulgada (...).

Norm Abramson 145

Por una de esas casualidades, y al no poder dormir por el *jet lag* mientras se quedaba a dormir en casa de su amigo Steve Crocker, en Washington DC, Metcalfe descubrió un artículo del profesor **Norm Abramson** de la University of Hawaii en el que describía el rendimiento de la red de conmutación de paquetes (vía radio) llamada ALOHAnet. No solo estuvo despierto hasta que finalizó el artículo, sino que (según cuenta, gracias al profesor **Alvin Drake** del MIT) entendió el razonamiento matemático, con el que estuvo en desacuerdo. Específicamente, en el modelo de colas que asumía que ALOHAnet tenía un número infinito de usuarios que seguirían escribiendo en el ordenador a pesar de no obtener respuesta alguna.

> (...) como usuario de redes, no me pareció realista. Y dado que estaba buscando algo teórico con lo que acabar mi tesis doctoral de Harvard, rehice el modelo de Abramson con unas asunciones más realistas. Trabajando en ello me di cuenta de que el rendimiento de una ALOHAnet dependía de los parámetros del proceso

de retransmisión[22] y de que, si se controlaban dichos parámetros en función del tráfico, la inestabilidad de la red ALOHAnet que Abramson había modelado podía ser eliminada y desaparecía por completo (...).

> (...) Bingo. Pedí permiso y estuve seis meses en Hawái, con Norm Abramson, estudiando ALOHAnet. En junio de 1973 presenté y conseguí aprobar mi tesis doctoral en Harvard, que fue publicada en diciembre del mismo año por el MIT y no por Harvard, todo ello mientras trabajaba en PARC (...).

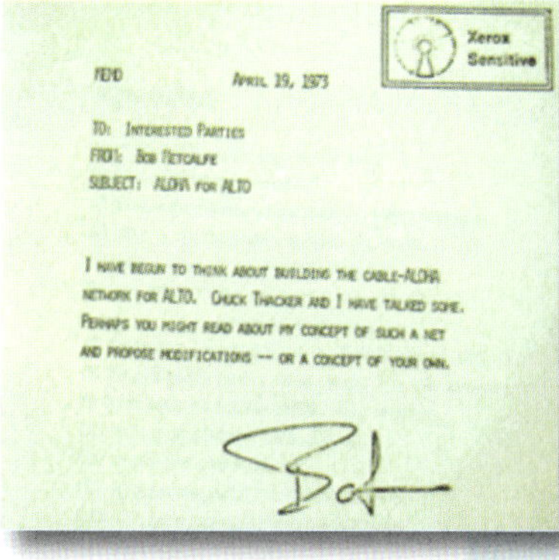
Xerox Sensitive

MEMO April 19, 1973

TO: INTERESTED PARTIES
FROM: BOB METCALFE
SUBJECT: ALOHA FOR ALTO

I HAVE BEGUN TO THINK ABOUT BUILDING THE CABLE-ALOHA NETWORK FOR ALTO. CHUCK THACKER AND I HAVE TALKED SOME. PERHAPS YOU MIGHT READ ABOUT MY CONCEPT OF SUCH A NET AND PROPOSE MODIFICATIONS — OR A CONCEPT OF YOUR OWN.

Bob

Dado el encargo que le hicieron de crear una red para conectar impresoras a los ordenadores, y después de consultarlo mucho con colegas como **Butler Lampson** y **Chuck Thacker,** Metcalfe escribió una nota interna que describía la red local de alta velocidad que se debía construir, renombrando el nombre interno inicial: "Alto ALOHA Network" (red ALOHA para el ordenador personal desarrollado en PARC: el Alto) y denominándola Ethernet (dado que inicialmente funcionaba todo vía radio por el aire y a través del "éter"). Concretamente fue el 19 de abril de 1973.

Metcalfe escribió una nota interna que describía la red local de alta velocidad que se debía construir, renombrando el nombre interno inicial: "Alto ALOHA Network" (red ALOHA para el ordenador personal desarrollado en PARC: el Alto) y denominándola Ethernet (dado que inicialmente funcionaba todo vía radio por el aire y a través del "éter").

Ese mismo junio, Metcalfe se unía a **Dave Boggs** y durante los dos años siguientes construyeron una red Ethernet de 100 nodos. Una vez presentada y asegurada la patente, publicaron un artículo conjuntamente en julio de 1976 en la revista *Communications ACM.*

Dave Boggs

En 1979, Metcalfe dejó Xerox y puso en marcha su propia empresa, 3Com Corporation[23], para hacer de Ethernet un estándar abierto en la industria. Cuando la dejó once años más tarde, en 1990, la empresa tenía 2.000 empleados.

Bob Metcalfe prosigue contándonos:

> (...) mi relación con los orígenes de ARPAnet fue la asistencia, en el intenso verano de 1973, a un seminario organizado por el profesor Vint Cerf en la Stanford University. Nos encontramos para desarrollar un protocolo de segunda generación para ARPAnet.
>
> (...) en paralelo, yo continué trabajando dentro de Xerox en un protocolo similar, llamado PARC Universal Packet (PUP), que más tarde se convirtió en el protocolo IPX/SPX, comercializado y extendido por todo el mundo de la mano de Novell Netware[24].

---

22 Que se producía cada vez que había una colisión cuando dos ordenadores querían enviar datos a la vez.
23 El nombre proviene del acrónimo de Computers, Communication & Compatibility: Com, Com, Com: 3Com.
24 Hasta que Microsoft integró el *software* de control de red en Windows, la gran mayoría de redes de área local funcionaban con Novell, como si de un monopolio se tratara.

Así como el correo electrónico se convirtió, de forma totalmente inesperada, en la aplicación más utilizada de ARPAnet, hubo otro fenómeno también no esperado. (...)

Se trataba de la gran cantidad de paquetes procedentes de un *host* (ordenador) que iban a otro *host* del mismo edificio y ambos conectados al mismo IMP *(router)*, cuando lo normal y lo esperado era que los paquetes atravesaran el país.

> (...) mi experiencia en PARC y mi tesis sobre conmutación de paquetes me fueron muy útiles para ayudar a hacer frente a los problemas iniciales que nos encontramos en el diseño del TCP/IP. Entre ellos estaban el conocer el tamaño óptimo de la longitud del mensaje y del paquete, la fragmentación de los mensajes y su posterior ordenación y montaje, el control del flujo y de la congestión, el direccionamiento y el control de errores, entre varios otros.
>
> (...) tuve la suerte de poder ayudar y de que tanto Vint como Bob reconocieran mi contribución en los agradecimientos de su histórico artículo en el que definieron el TCP/IP y publicado en 1974. En 1980, el TCP se convirtió en el estándar del Departamento de Defensa y, en diciembre, mi compañía 3Com lanzó la primera implementación comercial del TCP/IP.

NOTA TÉCNICA

A pesar de que ALOHAnet constituyó el principio de la red Ethernet, hay múltiples diferencias: Ethernet no tiene un control central; Ethernet utiliza un solo canal de transmisión con paquetes que llevan dos direcciones, a diferencia de ALOHAnet, que utiliza dos canales de transmisión (vía radio) y los paquetes llevan solo una dirección; Ethernet escucha el medio de transmisión para evitar la mayoría de las colisiones y permite detectar las colisiones para no malgastar ancho de banda, y dispone también de un mecanismo de marcha atrás de las retransmisiones que elimina la inestabilidad del canal.

Así como el correo electrónico se convirtió, de forma totalmente inesperada, en la aplicación más utilizada de ARPAnet, hubo otro fenómeno también no esperado. Los IMP (*routers* primitivos) contaban los paquetes a medida que pasaban en ruta hacia otros destinos. Analizando cada mes cómo crecía el tráfico de ARPAnet y quién lo mandaba y cuántos paquetes a quién..., se descubrió algo desconcertante, que se intentó minimizar para no tener que informar de ello. Se trataba de la gran cantidad de paquetes procedentes de un *host* (ordenador) que iban a otro *host* del mismo edificio y ambos conectados al mismo IMP *(router)*, cuando lo normal y lo esperado era que los paquetes atravesaran el país.

> (...) en nuestro equipo de trabajo, decidimos llamar tráfico incestuoso a este flujo de datos intra-IMP. En esa época, había muy pocos *hosts* en el mundo y encontrar varios ordenadores próximos entre sí era algo raro (incluido dentro de una misma universidad), por lo que consideramos "raro" ese tráfico "local" entre ordenadores conectados al mismo IMP *(router)* y pensamos que se trataba de un error.

A medida que fue pasando el tiempo y, muy a su pesar, el tráfico incestuoso fue creciendo y creciendo, contaminando la contabilidad de los paquetes...

> (...) la gente en el mismo edificio se mostraba perezosa de llevar el correo a sus colegas y enviaban correo electrónico intra-edificio. Poco sabíamos entonces que estábamos ante lo que mucho más tarde llamaríamos tráfico LAN (o local). No deja de ser gracioso que, a día de hoy, la gran mayoría del tráfico TCP/IP es lo que inicialmente solíamos llamar tráfico incestuoso: tráfico que circula únicamente de forma local, sin abandonar el edificio de una determinada organización.

Otra de las personas que trabajó con Bob Metcalfe en la evolución de Ethernet en Xerox PARC fue **John Shoch**. Como pionero del *networking,* claramente ha concluido que el PUP (PARC Universal Packet) fue el primer juego completo y operativo de protocolos internet. Él tiene una visión única porque más tarde también estuvo involucrado en el desarrollo del TCP/IP. Al quedar con él en su céntrica oficina de University Avenue en Palo Alto (California) me explica:

> (...) empezando en 1974, el Xerox PARC diseñó, construyó y desplegó una arquitectura internet denominada PUP. Estaba en marcha en múltiples equipos y redes, mientras que el TCP era tan solo un diseño de protocolos de flujo de bytes. La experiencia de haber tenido la red en marcha y operativa en Xerox unos años antes, me ayudó mucho para convencer al grupo de trabajo del TCP para que añadieran la capa del protocolo IP.

John Shoch

CURIOSIDAD TÉCNICA

Si tenemos, pues, en cuenta las palabras de Bob Taylor y su gente del Xerox PARC (Bob Metcalfe, John Shoch, Dave Boggs, y colaboradores) parece que en 1975 ya tenían en marcha una internet, (léase dos o más redes distintas conectadas entre sí) y podemos afirmar (como bien indica Ian Peter) que la primera conexión del tipo "internet" podría no haber implicado el protocolo TCP/IP ni haber tenido financiación pública en absoluto, pudiendo ser únicamente el resultado de la investigación en un laboratorio de una compañía privada...

La primera red experimental Ethernet de PARC (1973) funcionó a una velocidad de 3 mbps.

A pesar de que 3 mbps pueda parecernos poco, tal como nos hace ver Shoch, los enlaces de la red "experimental" Ethernet iban a 50 veces la velocidad de los enlaces de ARPAnet (56 kbps) originales.

Incrementando la velocidad

La primera red experimental Ethernet de PARC (1973) funcionó a una velocidad de 3 mbps, que pronto (en 1982) subió a 10 mbps con la llamada Ethernet II (o DIX[25]). En 1995 se estandarizó la Fast Ethernet a 100 mbps gracias a los trabajos de **Ron Crane** para hacer la red mucho más rápida. Y tan solo tres años más tarde se aprobaba el estándar Gigabit Ethernet sobre fibra óptica (y un año más tarde sobre cable de par trenzado). En 2003, se aprobó la especificación estándar para la red Ethernet a 10 gbps sobre fibra y en 2006 se logró hacerla funcionar sobre par trenzado. En 2010, una vez más, se mejoró la especificación subiendo la velocidad de Ethernet hasta 40 y 100 gbps sobre fibra óptica.

Ron Crane

CURIOSIDAD TÉCNICA

Por lo que podemos observar, la red Ethernet, en poco más de 35 años, ha pasado de los 3 mbps iniciales a poder funcionar a 100 gbps, incrementándose la velocidad en un factor de 33.000 veces. ¡Lo que resulta en una media de casi 1.000 veces más rápida por año!

25 Digital Equipment Corporation, Intel y Xerox promovieron DIX como estándar común.

4. La prehistoria de Internet *(1963-1973)*

Llamamos así a todo el periodo desde los inicios de los años sesenta hasta 1974, año en que se crea el protocolo de comunicaciones TCP, llamado a revolucionar el modo en que el planeta se comunicaría de forma barata y simple.

4.1. Un relato sobre lo desconocido

Este libro se basa en el más amplio y sistemático estudio realizado hasta la fecha, basado en la entrevista pautada de los principales personajes que fueron claves para la creación y el consiguiente desarrollo de la red, algo que nos llevará fácilmente a entender el porqué de ciertas de sus características actuales.

La primera descripción escrita y publicada que podemos encontrar que hace referencia a relaciones interpersonales a través de una red, son una serie de notas escritas por Joseph C.R. Licklider y Wesley Clark del MIT , que se publican en agosto de 1962 como "On-Line Man Computer Communication".

J. C. R. Licklider 1915-1990

Es fundamental tener presente el contexto de Guerra Fría en el que se encontraban las, por aquel entonces, dos mayores superpotencias: la URSS y los EEUU. Un hecho que puede parecer tan tangencial como es el lanzamiento del *Sputnik* (primer satélite artificial) en octubre de 1957, desencadenó como reacción al año siguiente el establecimiento de la Advanced Research Projects Agency (ARPA) en el Departamento de Defensa (DoD) estadounidense para restablecer el liderazgo de EEUU en ciencia y tecnología.

Veamos telegráficamente cuáles fueron los principales hitos durante la década de los años sesenta del siglo XX.

La primera descripción escrita y publicada que podemos encontrar que hace referencia a relaciones interpersonales a través de una red es una serie de notas escritas por **Joseph C. R. Licklider** y **Wesley Clark,** del MIT[26], que se publicaron en agosto de 1962 como "On-Line Man Computer Communication". Sus referencias a lo que llamaron "galactic network", que abarcaba las interacciones sociales de forma distribuida, fue sin duda una visión casi profética de lo que se podría llegar a hacer.

En sus notas preveían un conjunto de ordenadores interconectados a través de los cuales se podría tener acceso a datos y programas de cualquier sitio, presentando un concepto muy parecido a la Internet de hoy en día. No es de extrañar que Licklider acabara siendo el primer jefe del programa Computer Science, dedicado a hacer progresar la informática, que hubo en la agencia DARPA.

26 MIT: Massachusetts Institute of Technology, ubicado en Boston (Estados Unidos).

Un año antes, concretamente el 31 de mayo de 1961, **Leonard Kleinrock,** también del MIT, había publicado los resultados de su tesis doctoral: "Information Flow in Large Communication Nets", creando conceptos básicos y el marco teórico sobre los flujos de información en redes de comunicación muy grandes.

En 1964, como veremos en su entrevista personal, **Paul Baran** (de la RAND Corporation de Santa Mónica, California) publicó un extenso y detallado estudio: "On distributed communications networks". Estaba motivado por diseñar una red de voz *sin punto de fallo único,* resistente a un ataque nuclear, que siguiera funcionando ante la caída de unos cuantos nodos. A pesar de que finalmente no tuvo nunca una implementación práctica, se considera una de las bases de la conmutación de paquetes.

Thomas Marill

En febrero de 1965, el director de la oficina IPTO (Information Processing Techniques Office) de ARPA, **Ivan Sutherland,** ofreció a **Larry Roberts** del MIT un contrato para desarrollar una red informática y, en julio, se lo ofreció también **Thomas Marill** para que ambos programaran y probaran dicha red. En octubre de 1965 se produjo la primera prueba y en octubre de 1966 documentaron estos experimentos y los presentaron[27] en la conferencia AFIPS[28]. Este experimento demostró que era posible establecer enlaces de larga distancia entre dos ordenadores, pero que hacerlo utilizando la tecnología de conmutación de circuitos (la de la red telefónica clásica) era problemático, por lo que esta última no resultaba adecuada para estos fines.

En febrero de 1965, el director de la oficina IPTO de ARPA, Ivan Sutherland, ofreció a Larry Roberts del MIT un contrato para desarrollar una red informática y, en julio, se lo ofreció también Thomas Marill para que ambos programaran y probaran dicha red. En octubre de 1965 se produjo la primera prueba...

En diciembre de 1966, Bob Taylor convenció finalmente a Larry Roberts, para que dejara el MIT y es contratado como investigador jefe en ARPA. Es allí en donde inmediatamente comienza el diseño del sistema de una red de área extendida (WAN) que posteriormente sería conocida como ARPAnet.

Ya en abril de 1967, Roberts organizó una sesión de diseño de ARPAnet en Ann Arbor (Michigan) a la que asistieron los investigadores principales de cada uno de los contratistas de la oficina IPTO de ARPA.

En octubre del mismo año, 1967, la Association of Computer Machinery organizó un simposio sobre Principios de Sistemas Operativos en Gatlinburg, Tennessee. El último día se presentaron ponencias sobre temas de comunicaciones y fue en una de ellas donde se hizo público el artículo[29] con el primer diseño de ARPAnet expuesto por Larry Roberts. En otra, el británico **Roger Scantlebury** presentó los avances del equipo del National Physical Laboratory (NPL) liderado por **Donald Davies,** quien acuñó y usó por primera vez el término "paquete". Fue aquí donde los equipos de NPL y ARPA se

27 El artículo presentado en la conferencia se titulaba: "Toward a cooperative network of time-shared computers" (hacia una red cooperativa de ordenadores de tiempo compartido).
28 AFIPS: American Federation of Information Processing Societies (Federación americana de sociedades de procesado de la información).
29 El artículo de Larry Roberts se llamaba "Multiple computer networks and intercomputer communication".

conocieron personalmente y, a su vez, el NPL puso en conocimiento de ARPA la existencia de los trabajos de Paul Baran (RAND Corporation).

Durante 1967, el equipo de **Donald W. Davies** (del NPL, situado en Middlesex, Inglaterra) desarrolló la NPL-Data-Network. Esta red experimental de conmutación de paquetes utilizaba líneas de altísima velocidad: 768 kbps.

Durante 1967, el equipo de Donald W. Davies (del NPL, situado en Middlesex, Inglaterra) desarrolló la NPL-Data-Network. Esta red experimental de conmutación de paquetes utilizaba líneas de altísima velocidad: 768 kbps.

Ya en 1968, Roberts escribió y presentó a ARPA el plan llamado Resource Sharing Computer Networks (Redes de Ordenadores de Recursos Compartidos). Se trataba de poder construir una versión funcional de la red. El proyecto se justificaba, por sí solo, argumentando que los diferentes departamentos de investigación podrían conectarse a otros equipos y usar sus programas de forma remota, ahorrando así los costes de compra o la creación de programas propios. Roberts dio el informe a **Bob Taylor** el día 3 de junio de 1968, y éste lo aprobó el 21 del mismo mes, fecha en la que se iniciaron los trabajos.

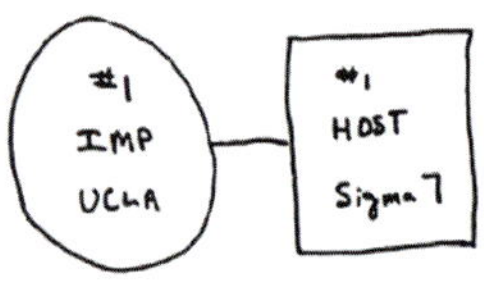

Esquema del primer IMP instalado en la Universidad de California en Los Ángeles, 1969.

El 29 de julio de 1968, ARPA realizó una solicitud pública de propuestas para construir los IMP (pequeños ordenadores que harán las funciones de *router* y constituirán los nodos de la red ARPAnet), que se envió finalmente en agosto. Como la oficina IPTO de ARPA no quería que la investigación pudiera quedar ahogada y limitada por presiones financieras, la presupuestó en la cuantiosa cifra de 500.000 dólares estadounidenses.

En el mismo verano, IPTO convocó una reunión de estudiantes graduados en Computer Science de las universidades que compondrían los primeros cuatro nodos de la red, de manera que se les involucró desde el primer día, y desde ese verano empezaron a colaborar para resolver los problemas fundamentales de la comunicación *host-to-host* (extremo a extremo, entre dos ordenadores, pasando por los nodos intermedios o IMP).

Steve Crocker 151

De esta manera, se creó el Grupo de Trabajo de Red (NWG[30]) formado por estudiantes que, mientras esperaban a que viniese algún "experto" y les diera indicaciones de por dónde dirigir la investigación, empezaron a registrar metódicamente sus ideas y deliberaciones en un conjunto de notas que **Steve Crocker** llamó *RFC*[31]. Los *RFC* estaban abiertos[32] a todo aquel que quisiera contribuir. Con el tiempo, los estudiantes diseñaron el primer protocolo de ARPAnet: el NCP (Protocolo de Control de Red) y los primeros servicios, acceso vía terminal a un ordenador remoto (TELnet) o programas de transferencia de ficheros (FTP), entre muchos otros elementos.

30 NWG: Network Working Group.
31 RFC: Request for Comments (petición o solicitud de comentarios). El mismo título de la nota ya obliga a mejorarla.
32 El propio Crocker escribió: "El contenido de un documento del grupo NWG puede ser cualquier pensamiento, sugerencia, etc., relacionados con el *software* del host (servidor) o de cualquier otro aspecto de la red".

En octubre de 1968, se otorgó a la University of California, Los Angeles (UCLA), el contrato para la creación de un Centro de Medición de Red.

En enero de 1969, y a pesar de que una docena de grandes empresas se presentaron al concurso público, una pequeña consultora de Boston: Bolt Beranek and Newman (BBN), con una propuesta liderada por **Frank Heart,** se adjudicó el contrato para la construcción e instalación de lo que se llamó Interface Message Processors (o IMP), que posteriormente evolucionaron a *gateways* o pasarelas y que finalmente, en la actualidad, todos conocemos como *routers*.

Los nodos se fueron instalando a medida que BBN iba construyendo cada IMP (basado en un miniordenador Honeywell DDP-516 de 12 kb de memoria). Por su lado, el casi-monopolio de telecomunicaciones AT&T tardó, pero proporcionó las líneas que multiplexadas permitían obtener unos enlaces a 50 kbps.

Nodo 1: UCLA (llegó el 30 de agosto, conectado el día 2 de septiembre de 1969).
Función: Centro de Medición de la Red.
Ordenador: SDS-SIGMA 7 con SEX como sistema operativo.

Nodo 2: SRI: Instituto de Investigación Stanford (el 1 de octubre de 1969).
Función: creación del Network Information Center (NIC).
Sistema operativo y ordenador: SDS 940/Genie.
Proyecto de Doug Engelbart (inventor del *mouse*) sobre aumento de la inteligencia humana.

Nodo 3: UCSB: University of California, Santa Barbara, UCSB (1 de octubre de 1969).
Con el primer sistema *on-line* interactivo (de Culler-Fried) para el cálculo matemático gráfico.
Y Roland Bryan, con el ordenador: IBM 360/75, OS / MVT.

Nodo 4: University of Utah (diciembre de 1969).
Su especialidad eran los gráficos.
El ordenador: un DEC PDP-10, con Tenex de sistema operativo.

El principio *end to end* o la mágica invariante de internet

En el verano de 1973, Bob Kahn y Vint Cerf se reunieron en Palo Alto y crearon en pocos días un protocolo "inter-red" que podría ser utilizado desde todas las distintas redes que se interconectaran, y en el que reformularon totalmente el problema respecto a lo conocido en ARPAnet. En vez de que fuera la red la responsable de la fiabilidad, decidieron que fueran los *hosts* o servidores, los encargados de retransmitir los paquetes de datos en caso de problemas de transmisión. También decidieron que la red debía proporcionar funciones de transmisión y de enrutado de tráfico entre nodos finales y que el resto de procesamiento y funciones debía ser responsabilidad de los extremos de la red (o nodos finales). Este es el principio de diseño llamado "extremo a extremo" (o *end to end*) en el que se mantiene la red lo más simple y eficiente posible y se añade la complejidad en los ordenadores finales o extremos.

Frank Heart 157

En enero de 1969 [...] una pequeña consultora de Boston: Bolt, Beranek and Newman (BBN), con una propuesta liderada por Frank Heart, se adjudica el contrato para la construcción e instalación de lo que se llamó Interface Message Processors.

Entre 1973 y 1975, la red se expandió de 30 a 57 nodos, evolucionando de meramente experimental a una red mucho más operacional.

Charley Kline

El 7 de abril de 1969, se publicó el primer protocolo de ARPAnet, en el formato informal de "solicitud de comentarios" (o *Request for Comments*). El RFC 1 se llamó *Host Software* y fue escrito por **Steve Crocker.**

Los primeros paquetes se enviaron el día 29 de octubre de 1969 cuando **Charley Kline** (en UCLA), al tratar de conectarse y entrar en el ordenador del SRI (donde estaba **Bill Duval**), consiguió enviar las letras L, O y G (de "login"); momento en el que el sistema se bloqueó.

A partir de aquí, cada mes, BBN (tal como especificaba el contrato) fue construyendo, transportando e instalando un IMP (conmutador de paquetes) a cada uno de los contratistas de investigación (mayoritariamente universidades) que tenía ARPA. En junio de 1970, ya había dos líneas de comunicación que atravesaban los Estados Unidos y que conectaban el MIT, BBN y Harvard con seis IMP instalados en la costa oeste californiana. El esquema original permitía un máximo de 64 conmutadores (IMP) y un máximo de 4 ordenadores *(hosts)* por cada IMP.

Entre 1973 y 1975, la red se expandió de 30 a 57 nodos, evolucionando de meramente experimental a una red mucho más operacional.

Durante el curso académico 1973-1974, **Vint Cerf,** con su grupo de investigación de redes en Stanford y después de muchas simulaciones, logró detallar más la idea, consiguiendo la primera especificación del protocolo TCP.

Vint Cerf indica específicamente y agradece de forma explícita la importante influencia de los franceses **Louis Pouzin** (diseñador de Cyclades[33]) y de su colega, **Hubert Zimmerman,** en el diseño del TCP.

En 1974, Kahn y Cerf publicaron su más que famoso artículo "A protocol for packet network intercommunication"[34]. Posteriormente, ARPA contrató a tres grupos distintos (BBN Technologies de Boston, la Stanford University con Cerf a la cabeza y el University College of London con **Peter Kirstein**) para que desarrollaran distintas versiones operacionales del protocolo sobre distintas plataformas de *hardware*[35].

33 En su entrevista, Pouzin nos relata que la red Cyclades fue diseñada aprendiendo de los errores de ARPAnet y mejorándola, especialmente en el aspecto de interconectividad. No es de extrañar que Cerf se inspirara en ella.

34 Artículo que describía un protocolo para intercomunicar distintas redes de conmutación de paquetes. Permitiendo resolver el *internetting problem* y proporcionando una manera de intercomunicar distintas redes heterogéneas.

35 Se desarrollaron cuatro versiones: TCP v1, TCP v2, una división entre el TCP v3 y el IP v3 (propuesta por Danny Cohen en la primavera de 1978), y la versión estable: TCP/IP v4. El protocolo estándar todavía está en uso a día de hoy.

Don Nielson 167

Peter Kirstein 181

Pål Spilling 197

En 1975 se llevó a cabo una primera prueba del TCP/IP con dos redes, entre Stanford y el University College de Londres (UCL).

Pero no fue hasta el 22 de noviembre de 1977 cuando se realizó un exitoso test de interconexión que enlazó ubicaciones de Estados Unidos (SRI, **Don Nielson**), Reino Unido (UCL, **Peter Kirstein**) y Noruega (con **Pål Spilling**). Esta prueba consiguió unir redes con tecnologías de acceso totalmente distintas: ARPAnet (terrestre), SATnet (satelital) y PRnet (vía radio). Es en este momento puntual de la historia cuando podemos fijar el nacimiento real de internet como red formada por dos o más redes distintas.

En 1975 se llevó a cabo una primera prueba del TCP/IP con dos redes, entre Stanford y el University College de Londres (UCL).

En 1981, la National Science Foundation subsidió la creación y desarrollo de la Computer Science Network (de **Larry Landweber**) con la que miles de personas se conectaron por primera vez a una red. CSnet se conectó a ARPAnet a través de TCP/IP, permitiendo conectar a muchos departamentos universitarios que no disponían de grandes recursos técnicos.

En marzo de 1982, el Departamento de Defensa de la administración americana decidió que todos sus nodos utilizaran TCP/IP, declarando este como el único estándar para todas las redes de ordenadores militares y requiriendo su uso a partir del día 1 de enero de 1983 (el llamado "the cut over"). Se completó[36] con éxito gracias al esfuerzo realizado por **Daniel Lynch** para poder coordinar tantos cambios en tantos sitios distintos.

Daniel Lynch

A finales de 1983, los casi 140 nodos (con más de 300 ordenadores conectados a ARPAnet) fueron divididos en dos redes distintas conectadas por una pasarela o *gateway*. Estas pasarelas fueron

36 En ese momento se tuvieron que cambiar los protocolos y los programas a un total de más de 5.000 máquinas. Como dice Vint Cerf: "Cada vez es más difícil cambiarle el motor a un avión mientras vuela". Actualmente esto sería ideal para cambiar de nuevo el protocolo de Internet de IPv4 a IPv6, pero es prácticamente imposible por los centenares de millones de servidores que hay que cambiar. La transición será, pues, progresiva.

A finales de 1983, los casi 140 nodos (con más de 300 ordenadores conectados a ARPAnet) fueron divididos en dos redes distintas conectadas por una pasarela o *gateway*.

Ginny Strazisar 205

inicialmente diseñadas y programadas por **Ginny Strazisar,** de BBN. Los nodos que se dedicaban a fines científicos y universitarios mantuvieron el nombre de ARPAnet y la otra red más pequeña que se dedicó a servir a las necesidades de defensa fue llamada MILnet. Este movimiento para permitir seguir justificando la existencia de ARPAnet fue ideado y liderado por **Heidi Heiden.**

En 1986 se creó NSFnet. Sin duda, la experiencia acumulada por la National Science Foundation en el uso del TCP/IP en CSnet fue fundamental para las grandes decisiones que el irlandés **Dennis Jennings,** como primer director de ese programa, tomó y que definieron para siempre la red a la que podemos tomar como embrión de Internet: la red NSFnet. A la vez que las redes de área local se iban instalando por los distintos campus, organizaciones y empresas, la función de ARPAnet de servir como "red troncal" de transporte fue progresivamente asumida por NSFnet. La función inicial de conectar los centros de supercomputación entre ellos pronto se vio desbordada y muchos otros usuarios empezaron a utilizar la red, por lo que las líneas de 56 kbps se colapsaron y fueron pronto sustituidas por enlaces de 1,5 mbps.

Steve Wolff 209

En 1990, y justo después de veinte intensos años de experimentación, ARPAnet fue puesta fuera de servicio.

En 1991, se hizo una segunda gran ampliación de NSFnet hacia líneas de 45 mbps, acción que una vez más supuso un reto tecnológico tanto para los ingenieros que lo diseñaron como para los proveedores de equipos, que sabían que esas velocidades aún no eran factibles comercialmente.

En 1990, y justo después de veinte intensos años de experimentación, ARPAnet fue puesta fuera de servicio.

Y en el año 1995, se hacía realidad una de las condiciones impuestas a NSFnet por **Steve Wolff** de la NSF: "La red debe autosostenerse con los ingresos que cada organización logre obtener localmente", por lo que el subsidio de la NSF dejaba de tener sentido. La red fue decomisionada y puesta fuera de servicio, siendo sustituida por enlaces y redes troncales operados por distintos proveedores privados de acceso a Internet.

4.2. Conmutación de paquetes. Una paternidad compartida

Pocos inventos de éxito suelen ser inmunes a demandas y contrademandas de paternidad. El fracaso, por el contrario, suele ser huérfano. Y hasta finales de los años 1990 la paternidad de la tecnología que rompe la información que viaja por Internet en pequeños bloques enviados por distintos enlaces y que se reordenan en el destino, estaba muy clara...

Los sistemas que están basados en conmutación de paquetes (o *packet switching*) cogen los datos que hay que transmitir y los trocean en pequeños paquetes a los que, como si de una postal se tratara, se les añade la dirección de origen (o remitente) y la de destino (o destinatario).

El concepto

Como bien conocemos, la red telefónica básica utiliza la técnica de establecer un circuito dedicado a lo largo de toda la llamada, una vez esta se ha establecido entre origen y destino. A pesar de que la realidad es bastante más compleja, podríamos imaginarnos el sistema equivalente a un circuito telefónico establecido como: un micrófono y un montón de distintos segmentos de cable unidos secuencialmente (formando un gran alargador) que nos lleva hasta un altavoz en el destino. A esta técnica de comunicación se le llama **conmutación de circuitos** (o *circuit switching*), puesto que va conmutando físicamente los circuitos hasta que establece un canal dedicado (o circuito) durante toda la duración de la llamada. Una vez acabada la llamada se libera el circuito (par de cables) y este podrá ser usado por otro llamante y llamado. Este tipo de sistemas es ideal para los casos en que se requiere que la información sea transmitida en tiempo real.

Por otro lado, los sistemas que están basados en **conmutación de paquetes** (o *packet switching*) cogen los datos que hay que transmitir y los trocean en pequeños paquetes a los que, como si de una postal se tratara, se les añade la dirección de origen (o remitente) y la de destino (o destinatario). Este paquete se transmite de forma individual. En función del tráfico de los distintos enlaces por los que pasa, los paquetes pueden seguir diferentes rutas hacia un mismo destino, por lo que, una vez que lleguen, deberán ser reordenados y ensamblados reconstruyendo el mensaje.

Así como la conmutación de circuitos asigna un canal único (par de cables) para cada sesión, en la conmutación de paquetes el canal es compartido por muchísimos usuarios simultáneamente, siendo la comunicación mucho más eficiente y robusta para aquellos datos que no requieren el tiempo real (*e-mail*, web, archivos). En el caso de aplicaciones que requieren transmisión en *tiempo real* (como la voz, los simuladores médicos o el vídeo), la conmutación de paquetes no es para nada recomendable a menos que se garantice un ancho de banda grande para enviar la información.

En la práctica

Larry Roberts, en su entrevista personal, nos explica:

> El sistema telefónico básico nunca fue óptimo para comunicar ordenadores, porque tenía demasiado ruido en las líneas, era demasiado lento y caro, además de que debíamos tener la conexión siempre establecida, por lo que no podía manejar los paquetes[37] de comunicación. Por lo tanto, estaba claro que el sistema telefónico no era el más adecuado para transmitir las ráfagas de paquetes de datos generados por un ordenador.

Aparte de los ingenieros de telecomunicación y algunos investigadores en el campo de la informática, pocos habían oído hablar de la conmutación de paquetes, y menos de sus orígenes a principios de los sesenta, hasta mediados de los noventa, en que Internet empezó a popularizarse.

Aparte de los ingenieros de telecomunicación y algunos investigadores en el campo de la informática, pocos habían oído hablar de la conmutación de paquetes, y menos de sus orígenes a principios de los sesenta hasta mediados de los noventa en que Internet empezó a popularizarse.

No fue hasta entonces que **Len Kleinrock**[38] empezó a decir públicamente que él era el "padre de la conmutación de paquetes". Y personalmente en 1996 creó una web dentro de la universidad en que decía ser el "inventor de la tecnología internet", acreditándose él mismo el ''haber creado los principios básicos de la conmutación de paquetes".

Hasta ese momento, otras dos personas **Paul Baran** (EEUU) y **Donald Davies** (RU) eran reconocidos globalmente como los inventores de la conmutación de paquetes.

En los apartados siguientes veremos lo que, a lo largo de estos años de entrevistas e investigación, he recopilado verificando lo que cada uno de los cuatro protagonistas ha aportado al diseño de la tecnología de la conmutación de paquetes:

1. Paul Baran (RAND Corporation, EEUU)
2. Donald Davies (NPL, RU)
3. Larry Roberts (MIT y ARPA, EEUU)
4. Leonard Kleinrock (MIT y UCLA, EEUU)
5. Visiones externas al conflicto.

Paul Baran (RAND Corporation)

Si se tienen en cuenta las fechas de publicación de estos trabajos preliminares, descubrimos que, en 1964, **Paul Baran** y su equipo de la americana RAND Corporation también publicaron un influyente estudio sobre redes de conmutación de paquetes. La idea fundamentalmente era la misma, aunque el campo de aplicación era la comunicación por voz. El objetivo era la

37 A diferencia de los humanos, los ordenadores hablan en ráfagas de información y permanecen en silencio la mayor parte del tiempo, por lo que la línea telefónica siempre establecida mientras dura la llamada no es adecuada para que se comuniquen entre ellos.

38 Un conocido científico en Computer Science de la University of California, Los Angeles (UCLA).

construcción de un sistema que permitiera sobrevivir a un ataque nuclear que destruyera la infraestructura terrestre de cableado telefónico. Este es el origen de la creencia de que Internet nació de investigaciones militares y del mito de "fines militares" como objetivo final de la red. Como veremos, esto no es cierto, ya que en realidad los verdaderos motores de la creación de ARPAnet fueron los de optimizar y racionalizar los recursos de investigación ofrecidos por ARPA a las universidades americanas.

Paul Baran 219

El mito militar

En septiembre de 2003, Paul Baran nos cuenta en su casa de Atherton (California) su motivación personal para la creación de estos conceptos:

> A finales de la década de los cincuenta la Guerra Fría se encontraba en un momento delicado y el principal problema al que se enfrentaba el país, y el mundo entero, era que ambos lados planeaban construir sistemas de misiles altamente vulnerables. Los estudios realizados por RAND mostraban que los sistemas de mando y control estratégico estadounidenses serían destruidos por los misiles soviéticos dirigidos a las armas de neutralización estadounidenses. Pensé que este era un problema grave y que podría contribuir en la búsqueda de una solución. Entonces, ideé un diseño de sistema basado en una red altamente distribuida de nodos. En mis frecuentes visitas al Pentágono, cuando trabajaba para una comisión del Departamento de Defensa, me di cuenta poco a poco de la necesidad de una "red capaz de sobrevivir".
>
> (...) mi concepto básico fue el paralelismo o redundancia de las comunicaciones (tienen que fallar muchas partes para que no exista ninguna ruta entre dos nodos cualesquiera). Este requería el uso de señales digitales y de paquetes, o lo que yo llamaba entonces *bloques de mensajes*.
>
> Pronto estaremos viviendo en una era en la que no podremos garantizar la supervivencia de ningún único punto. Sin embargo, todavía podremos diseñar sistemas en los que la destrucción del sistema requiera que el enemigo tenga que pagar el precio de la destrucción de todas las estaciones. Si el número de estaciones es suficientemente grande, se puede demostrar se pueden construir[39] estas estructuras de alta capacidad de supervivencia del sistema.

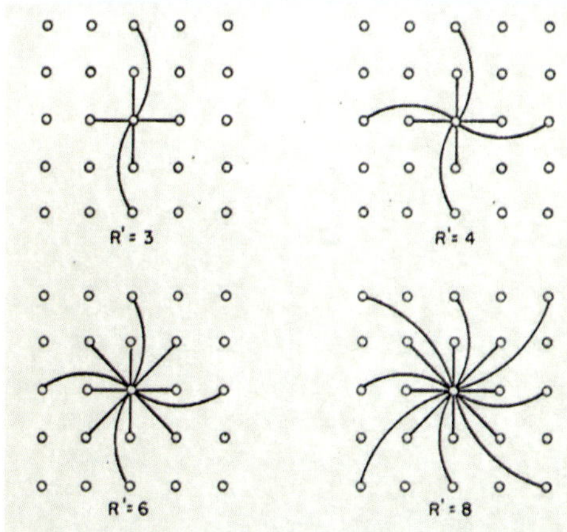

Definición de nivel de redundancia. Explicitado en el estudio que Paul Baran publica en 1964.

Paul Baran utilizó el término *message block* (o bloque del mensaje) en su trabajo de diseño de esta red teórica, a principios de los sesenta. Y en 1965, Donald Davies, desconociendo completamente a Baran, llegó a crear el mismo concepto (escogiendo la misma velocidad de datos 1,54 mbps y la misma longitud del paquete: 1.024 bits); llamó a su sistema *conmutación de paquetes*, nombre que el propio Baran reconoce como mucho mejor y que fue el que finalmente quedó. Davies explica que utilizó específicamente el término paquete para distinguirlo de *conmutación de mensajes,* una tecnología más antigua, de la época del telégrafo.

---

39 Para profundizar más en este tipo de estructuras de alta capacidad de supervivencia, véase: P. Baran, *On Distributed Communications*, Volumen I, 1964. Escrito en el contexto de la Guerra Fría con la URSS.

En su entrevista, Baran nos cuenta cómo Davies escribió un artículo justo antes de fallecer, en mayo del año 2000: *"describiendo su contribución, seguido de un cuidadoso análisis de una tesis doctoral de 1962, recientemente citada por otro pionero de gran prestigio*[40] *que últimamente reclama prioridad por el invento de la conmutación de paquetes"*. La posición de Davies acerca del examen detallado de esa tesis es muy clara y contundente: "*La citada reseña no se refiere ni tiene nada que ver con la conmutación de paquetes, sino únicamente al antiguo arte de la* conmutación de mensajes".

Donald Davies (NPL)

Donald Davies

Físico británico nacido en Gales (1924), de una brillantez matemática excepcional, se interesó en las comunicaciones de datos a raíz de una visita al MIT, donde vio que un problema importante con los nuevos sistemas informáticos de tiempo compartido era el elevadísimo coste de mantener una conexión telefónica abierta para cada usuario. Presentó por primera vez sus ideas sobre la conmutación de paquetes de forma tardía, en una conferencia en Edimburgo el 5 de agosto de 1968, a pesar de que un miembro de su equipo en el NPL[41], Roger Scantlebury, presentó en el congreso de octubre de 1967, un artículo conceptual sobre redes de paquetes, haciendo público el término "*paquete*" que ya habían acuñado a mediados de 1965.

Tal como describe en su entrevista personal **Derek Barber** (miembro también de su equipo):

> Su idea era que los datos, en vez de a la manera clásica, debían ser manejados por la red como los paquetes se manejan en el sistema postal...

Derek Barber

El trabajo de Baran fue similar a la investigación llevada a cabo de forma independiente por Davies y su equipo en el NPL (National Physical Laboratory).

Lo que ocurrió fue que los tres equipos *trabajaron paralelamente* sin que los investigadores conocieran mutuamente sus trabajos. Durante años (los americanos: del MIT –desde 1961 a 1967–, y la gente de RAND –de 1962 a 1965–, así como los europeos del NPL –de 1964 a 1967–) no se interrelacionaron, poniendo al final todo en común en el congreso de Gatlinburg, Tennessee, de octubre de 1967.

Curiosamente, el estudio de Baran fue totalmente desconocido para DARPA, y más aún para BBN, hasta que en el mencionado congreso de Gatlinburg el británico Roger Scantlebury (tal como nos contó al ir a entrevistarle en Londres) alertó y expuso personalmente a Larry Roberts (DARPA) sobre la existencia de Paul Baran y sus pioneros trabajos. A pesar de ser americanos e investigar

40 En clara alusión a Len Kleinrock.
41 NPL: National Physical Laboratory de Londres.

sobre el mismo campo, lo habían hecho en paralelo sin conocerse. Es importante conocer que el equipo de Davies descubrió el trabajo paralelo de Paul Baran una vez tenían escrito el artículo y justo antes de ir a Estados Unidos a presentarlo en público, por lo que aún pudieron poner una mención a ese trabajo al final de su artículo.

Howard Frank

El trabajo de Baran fue similar a la investigación llevada a cabo de forma independiente por Davies y su equipo en el NPL. En 1965, Davies desarrolló el concepto de redes de conmutación de paquetes y la propuesta de establecer una red del Reino Unido. Dio una charla sobre la propuesta en 1966, después de que una persona del Ministerio de Defensa (MoD) le informara sobre el trabajo de Baran.

Curiosamente, Davies escogió algunos de los parámetros para su diseño original de la red idénticos a los de Baran, tales como un tamaño de paquete de 1.024 bits. En 1966, Davies propuso construir una red en el laboratorio para atender las necesidades internas y demostrar la viabilidad de la conmutación de paquetes. La NPL Data Communications Network (o NPLnet) entró en servicio en 1970. Roberts y el equipo de ARPAnet adoptaron el nombre de "conmutación de paquetes", en el momento en que conocieron el trabajo de Davies.

Roger Scantlebury nos cuenta detalles hasta ahora inéditos, dado que el reducido número de trabajos serios sobre los orígenes de Internet tienen siempre un sesgo norteamericano que hace que se obvien de forma sistemática las aportaciones europeas.

> Recuerdo bien mi presentación[42] en el primer Simposium de la ACM[43], en octubre de 1967, para presentar un artículo sobre conmutación de paquetes que elaboramos para esta conferencia. Allí conocí personalmente a Larry Roberts, quien en esa época estaba preparando los planes para construir ARPAnet. Así, toda la labor que realizamos en los años siguientes, junto con la de los colegas de ARPA, es considerada como los orígenes del *networking*. Ayudamos a iniciar todo el sistema.
>
> La reunión se llamaba *Symposium on Operating System Principles*[44] y en el programa se incluyó una sesión sobre telecomunicaciones, porque en ese momento el acceso remoto a ordenadores y la idea de conectar estas máquinas entre sí empezaba a estar de moda. Allí presentamos el artículo sobre

42 Titulada "Digital Communication Networks for Computers giving a Rapid Response at Remote Terminals".

43 ACM: Association for Computing Machinery es una conocida sociedad científica sobre informática que fue fundada en 1947, con más de 100.000 asociados en 2013 y presidida por Vint Cerf. Tiene su sede central en Nueva York. ACM, Symposium on Operating System Principles. Gatlinburg, TN, Octubre de 1967.

44 Simposio sobre principios de sistemas operativos.

Baran se queja en la entrevista en su casa de Atherton (California) de que muchas veces se le han atribuido muchas cosas que él no ha hecho, como la creación de ARPAnet. Nos dice: "Mi rol, fue muy pequeño", tal como describe la historiadora Janet Abbate[1]: "Paul Baran también llegó a involucrarse directamente en la planificación de las fases tempranas de ARPAnet. Y el británico Roger Scantlebury alertó personalmente a Larry Roberts del trabajo de Baran. Poco después de volver a Washington (del congreso de Gatlinburg de 1967), Roberts leyó el artículo 'On Distributed Communications' de Baran. Más tarde él mismo describiría esto como si de una revelación se tratara: 'De pronto aprendí cómo enrutar los paquetes[2]'. Algunos de los contratistas de ARPA, incluyendo a Howard Frank y Leonard Kleinrock, también estaban al corriente del trabajo de Baran y lo utilizaron en sus investigaciones. "En 1967, Larry Roberts contrató a Baran como asesor en el reducido grupo de planificación de las comunicaciones distribuidas y conmutación de paquetes. A través de estos encuentros, Roberts y otros miembros del grupo de ARPAnet fueron comprendiendo las ideas de Davies y Baran y se convencieron de que la conmutación de paquetes y las redes distribuidas eran ambas factibles y deseables para ARPAnet".

1 J. Abbate, *Inventing the Internet*, Cambridge (Massachusetts), MIT Press, 1999, p. 36-37.

2 A. Norberg J. O'Neil, *Transforming Computer Technology*, University Press 1996, Baltimore, Johns Hopkins, p. 166.

Roger Scantlebury 225

conmutación de paquetes, conceptos que habíamos creado en el Reino Unido. En ese momento se trataba de una idea novedosa, que los participantes no habían oído nunca antes.

Otra de las contribuciones fue el artículo de Larry Roberts sobre la futura red ARPAnet, que principalmente era una red de ordenadores que se iba a instalar en las universidades y en laboratorios de investigación del Gobierno. La idea era conectar entre sí los recursos informáticos y poder dar acceso a los recursos compartidos.

Mi aportación a Larry Roberts fue ofrecerle que utilizara esta técnica de la conmutación de paquetes que estábamos presentando. Creo recordar que al principio Larry no fue totalmente receptivo con la idea, pero en 1969, cuando los de Bolt, Beranek and Newman (BBN) instalaron el primer nodo para ARPA, por supuesto la idea fue ampliamente aceptada.

Keith Bartlett

El artículo de Baran no trataba de lo mismo, ya que no estaba destinado a redes de ordenadores, sino que planteaba una red de voz y una red militar segura.

Así que estoy seguro de que el artículo que presenté en Gatlinburg (firmado por **Donald Davies, Peter Wilkinson, Keith Barlett** y un servidor **Roger Scantlebury**) fue el inicio del concepto de la utilización de la transmisión de alta velocidad y de la conmutación de paquetes; fue la primera vez que la gente de ARPA se había enfrentado a esta idea.

Ahora bien, ya existía el artículo de Paul Baran y que conocimos durante el periodo que medió entre la redacción de nuestro artículo y su presentación. Y resultó que Paul Baran había tenido una idea muy semejante a la nuestra, pero su diseño estaba destinado a una red de voz muy segura, una red táctica militar que sobreviviera a un ataque nuclear, y utilizó la misma idea de la conmutación de paquetes en un principio, pero no la llamó así.

Peter Wilkinson

Recuerdo bien que, de hecho, a Larry Roberts y a los demás les señalé este artículo. Aunque el artículo de Baran no trataba de lo mismo, ya que no estaba destinado a redes de ordenadores, sino que planteaba una red de voz y una red militar segura. ARPA era un proyecto de defensa, pero la mayor parte de gente que trabajaba allí eran académicos de universidades, patrocinados y financiados por ARPA, de modo que el trabajo era realizado por personal no militar y era un proyecto no clasificado[45].

Larry Roberts (MIT)

En febrero de 1965, el director de la oficina IPTO de DARPA, que por aquel entonces era **Ivan Sutherland,** ofreció a Larry Roberts (del Massachusetts Institute of Technology) un contrato para esponsorizar el desarrollo de lo que vinieron a llamar "red cooperativa de ordenadores de tiempo compartido". En julio del mismo año, se lo ofreció a **Thomas Marill** (que también se había inspirado en las ideas de Licklider) para que ambos implementaran dicha red.

Larry Roberts 237

Larry nos explica:

El primer experimento no se realizó hasta octubre de 1965, cuando conectamos

45 En ningún momento el proyecto ARPAnet fue clasificado como secreto militar. Fue un proyecto siempre abierto que consideraba que lo que pudiera ser bueno para la "informática militar" sería bueno para todos. Es necesario recordar que, en aquellos momentos, el Departamento de Defensa de los Estados Unidos era el mayor usuario de ordenadores del país.

el TX-2/ANS/Q-32 (el gran ordenador de los Lincoln Lab. en el MIT) con el ordenador Q-32[46] de la SDC de Thomas Marill (una empresa de desarrollo de sistemas de Los Ángeles).

(...) completamos un experimento que consistía en probar si era posible establecer una comunicación entre ellos basada en paquetes y enlazarlos. No fue una comunicación conmutada, simplemente se hizo a través de una línea telefónica regular.

TX-2 en funcionamiento en el MIT, alrededor de 1962.Cortesía del Computer History Museum.

Q-32 de IBM ubicado en Santa Mónica, California. Cortesía del Computer History Museum.

Pero se trataba de una de las primeras conexiones de red (de área extendida) digitales del mundo. El experimento se plasmó por escrito un año después en un documento titulado: "Toward a Cooperative Network of Time-Shared Computers", que se presentó en la conferencia de otoño de AFIPS en octubre de 1966.

NOTA HISTÓRICA

En octubre de 1965, y a propuesta de ARPA, se realizó una conexión remota de dos ordenadores mediante el uso de paquetes: ¡la idea funcionó! El ordenador **TX-2** del Lincoln Laboratory del MIT (en Boston, con Larry Roberts) fue conectado al ordenador **Q-32** de SDC System Development Corporation (en Santa Mónica, California con Thomas Marill). El experimento consistía en probar si era posible establecer una comunicación basada en paquetes entre ellos y enlazarlos. No fue una comunicación conmutada, simplemente se hizo a través de una línea telefónica dedicada a 1.200 bps y sin conmutadores de paquetes.

Los resultados de este experimento demostraron que los ordenadores de acceso múltiple (o tiempo compartido) podían trabajar bien entre sí y que el sistema telefónico de conmutación de circuitos no era adecuado para estos usos. Esta fue la confirmación empírica de la necesidad de utilizar la conmutación de paquetes para interconectar ordenadores.

Más tarde, según cuenta Roberts (a partir del año 2001), al ser contratado por ARPA con el mandato de desarrollar ARPAnet, utilizó el libro de Kleinrock *(Communication Networks)* para convencer a sus colegas de que era posible construir una red de comunicaciones digital de área extendida.

Wesley Clark

Concretamente, en 1967, Larry Roberts reunió a varios de los investigadores principales (PI) de cada uno de los contratistas de ARPA, en Ann Arbor, Michigan, para establecer las especificaciones de lo que sería la red ARPAnet y determinar los aspectos clave de su diseño.

46 El AN/FSQ-32 era un equipo hecho por IBM (International Business Machines) en 1960 y 1961 para el Comando Aéreo Estratégico (SAC) de la Fuerza Aérea de los EEUU. IBM lo llamó el ordenador militar 4.020, pero fue más conocido como el Q-32. Jamás se llegó a construir más que la primera y única unidad.

Wesley Clark propuso la idea de instalar un ordenador independiente frente a cada nodo para que sirviera de pasarela a la red y descargar la mayoría de las funciones de conexión y comunicaciones de los ordenadores *host* conectados. A este ordenador independiente se le denominó más tarde *interfaz procesador de mensajes* (IMP, por sus siglas en inglés). Kleinrock, por su parte, insistió en que si esta iba a ser una red experimental, entonces deberían incluirse en su diseño herramientas que permitieran realizar mediciones. Una vez propuestas las herramientas pertinentes, y establecidos sus fundamentos teóricos, ARPA decidió que el laboratorio de UCLA fuera el primer nodo de la red y que se convirtiera en el Network Measurement Center *(*Centro de Mediciones).

Leonard Kleinrock (MIT y UCLA)

La mayor e indiscutible contribución de Kleinrock al desarrollo de ARPAnet y después de Internet ha sido las varias generaciones de estudiantes que ha formado en UCLA.

Tal como veíamos en el inicio de la Introducción, Len Kleinrock hizo varias contribuciones importantes al campo de las redes y, en particular, en la parte teórica del *networking.* Su contribución más significativa y conocida fue su trabajo de investigación doctoral sobre teoría de colas en 1961, que defendió en el MIT en 1962 y que fue publicado en forma de libro en 1964. Esta teoría general tiene aplicaciones en muchísimos campos. Entre ellos se utiliza como base del comportamiento estocástico de los sistemas *store & forward;* siendo ARPAnet y (muchos años después) Internet un sistema basado en el almacenamiento y reenvío. Más tarde desempeñó un papel principal en la construcción y gestión de una de las primeras redes de conmutación de paquetes, la red ARPAnet. Además, propuso un centro de medidas de los parámetros de la red al conocer que se crearía ARPAnet. En octubre de 1968, Roberts, desde ARPA, le dio a Kleinrock un contrato para crear el Network Measurement Center, con el objetivo de realizar mediciones del rendimiento de ARPAnet y encontrar áreas de mejora. Para ello ARPA asignó allí el primer nodo y puso en marcha el citado Centro de Medidas.

A pesar de esta importante aportación, sin duda la mayor e indiscutible contribución de Kleinrock al desarrollo de ARPAnet, y después de Internet, ha sido las varias generaciones de estudiantes que ha formado en UCLA, algunos de los cuales[47] han contribuido como nadie al desarrollo de Internet.

Desde finales de los noventa coincidiendo con la popularización y gran auge que tomó Internet, inició una muy exitosa y particular campaña de promoción de su trabajo y contribución, ante la perplejidad de sus colegas y resto de pioneros, y el lógico enfado de las dos personas que durante casi cuarenta años habían sido consideradas los padres de la conmutación de paquetes: Donald Davies (7/06/1924 - 28/05/2000) y Paul Baran (29/04/1926 - 26/03/2011). El primero publicó (de forma póstuma) el artículo "An historical study of the

47 Entre los alumnos directos de Kleinrock, podemos destacar a Vint Cerf, Steve Crocker y Jon Postel.

beginnings of packet switching"[48], donde expresaba un rechazo frontal a que los conocidos trabajos de Kleinrock (referencia en su campo) tuvieran nada que ver con la supuesta copaternidad de la conmutación de paquetes.

A pesar de ello, su personalidad extrovertida y buenos contactos en el mundo de la comunicación (es probablemente el único pionero de ARPAnet que convoca ruedas de prensa y que organiza aniversarios de "Internet") lograron que se le incluyera, junto a Vint Cerf, Bob Kahn y Larry Roberts, como a uno de los cuatro padres de Internet (en el premio Charles Draper del año 2001).

Tal como se ha expuesto al principio, la metodología desarrollada para el trabajo de campo[49] que ha permitido crear este libro implica siempre una doble revisión. El autor de este libro debe decir que, durante seis años, la entrevista a Kleinrock no se ha considerado "cerrada" ni publicable debido a la dificultad por pasar la doble validación posterior. Al final, Kleinrock reescribió totalmente la entrevista grabada en 2003, modificando radicalmente el contenido inicial.

Desde finales de los noventa coincidiendo con la popularización y gran auge que tomó Internet, inició una muy exitosa y particular campaña de promoción de su trabajo y contribución, ante la perplejidad de sus colegas y resto de pioneros.

Es la única entrevista en la que sus revisores discrepan abiertamente y en la que existen opiniones diametralmente opuestas a sus afirmaciones. Por otro lado, los que *toleran* más sus imprecisiones históricas son, como es lógico, sus ex colegas, amigos y algunos de sus ex alumnos.

Algunas de las afirmaciones que hace habitualmente en la actualidad son:

> Básicamente, lo que hice para mi investigación de doctorado en 1961 y 1962 fue establecer una teoría matemática de las redes de paquetes (...).
>
> (...) fui yo quien convenció a Larry Roberts (ingeniero también del MIT) de la viabilidad teórica de las comunicaciones utilizando paquetes en lugar de circuitos.

Y la asombrosa afirmación que logró incluir en la precisa descripción que acompaña a la Medalla Nacional de la Ciencia, que recibió en 2007 de manos del expresidente George W. Bush:

> Por sus contribuciones fundamentales a la teoría matemática de las redes de datos modernos *[totalmente cierto y merecido],* y la especificación funcional de conmutación de paquetes *[el autor ha sido incapaz de encontrar ningún artículo, ni texto ni persona que así lo pruebe y sí varios que lo refutan],* que es la base de la tecnología de Internet *[confunde aquí interesadamente las palabras Internet con ARPAnet, la base tecnológica de Internet es el TCP/IP y no la conmutación de paquetes].* Su acción como mentor de varias generaciones de estudiantes ha llevado a la comercialización de tecnologías que han transformado el mundo *[sin duda, totalmente cierto].*

La entrevista que se publica aquí sobre él contiene todas sus modificaciones

48 D. Davies, "An historical study of the beginnings of packet switching", *The Computer Journal* 44, 3 (2001), pp.151-162.
49 Fase de grabación digital y transcripción de los pioneros consideradas como fuentes primarias.

Algunos de sus alumnos fueron mundialmente conocidos posteriormente por sus aportaciones a Internet: entre ellos cabe destacar a Jon Postel, Steve Crocker o al mismo Vint Cerf, coautor del TCP/IP.

(como en el resto de entrevistados), pero dado que no ha pasado los tests de doble revisión como el resto, deberá leerse con las cautelas expresadas anteriormente. Asimismo, Larry Roberts (antiguo compañero suyo de despacho en el MIT) es el único que le da cobertura en esta historia diciendo en presentaciones públicas:

> 1959-1964: Kleinrock desarrolla la teoría de redes de paquetes, probando que los segmentos de mensajes (o paquetes) pueden ser puestos en cola, de manera segura, con pequeños *buffers*[50] en los nodos de la red. Más tarde prueba su teoría midiéndolo (...).

Esto podría resultar muy creíble, puesto que efectivamente se estableció el centro de medidas de ARPAnet en su laboratorio. Lo que no coincide para nada con la realidad, y las personas que lo vivieron así lo expresan, es la primera parte de la anterior afirmación: "Kleinrock desarrolla la teoría de redes de paquetes". Es de suponer que es la amistad que les une lo que hace actuar así a Roberts.

Algunos de sus alumnos fueron mundialmente conocidos posteriormente por sus aportaciones a Internet: entre ellos cabe destacar a Jon Postel, Steve Crocker o al mismo Vinton Cerf, coautor del TCP/IP, y como es lógico no quieren enfrentarse públicamente con él, a pesar de que asistan atónitos a las afirmaciones de Kleinrock.

Visiones externas al conflicto sobre la paternidad de la conmutación de paquetes

Vistas las aportaciones de los cuatro pioneros que se han pronunciado públicamente hacia dos posiciones irreconciliables, veamos cuál es la opinión de otros que lo vivieron en primera persona (al preguntarles), así como la de los principales historiadores especialistas en esta materia.

A pesar de que Davies murió en el año 2000 (28 de mayo) y Baran once años más tarde (26 de marzo de 2011), tenemos la suerte de contar con su testimonio personal recogido digitalmente.

- ***DAVIES***

El artículo se publicó un año después de su muerte a los setenta y cinco años, y cita claramente:

> (...) en la obra de Leonard Kleinrock no puedo encontrar ninguna evidencia de que entiende los principios de la conmutación de paquetes (...)

Modesto por naturaleza, Davies en cambio fue tajante al rechazar la afirmación de Kleinrock (afirmación que no empezó hasta el año 2001, tal como reflejan todos los artículos y libros sobre el origen de esta técnica anteriores a la fecha).

---

50 *Buffer:* pequeño elemento de memoria utilizado en un sistema de almacenamiento y reenvío *(store & forward)*.

- *KLEINROCK*

Durante años, Kleinrock fue conocido por su original trabajo sobre teoría de colas. La teoría de colas estudia los tiempos de espera de personas o cosas en una cola, así como las longitudes de la cola y las probabilidades asociadas a que exista un atasco o bloqueo, diseñando sistemas para reducir el tiempo de espera. Por lo que reconoció que ambos campos son distintos, pero que:

> (...) resulta que la teoría de colas es la herramienta perfecta para analizar la forma en que las redes de paquetes se comportan (...)

Sin duda, coincidimos totalmente con la opinión de Paul Baran:

- *BARAN*

> (...) Internet es en realidad el trabajo de más de un millar de personas. Y de todas las historias sobre lo que las diferentes personas han hecho, todas las piezas encajan. Es solo este pequeño caso[51], que parece ser una aberración (...)

Vint Cerf responde al ser preguntado directamente por esta disputa:

- *CERF*

> (...) aunque es conocido que Paul Baran (RAND Corporation) y Donald Davies (University College of London) son los inventores de la teoría de conmutación de paquetes, yo destacaría la contribución tangencial del Dr. Kleinrock en este campo. Tengo que decir que Len Kleinrock merece una mención por su trabajo de 1961 sobre la teoría de colas y el comportamiento estocástico de los sistemas de almacenamiento y reenvío (o *store & forward*). La conmutación de paquetes utiliza un sistema *store & forward,* aunque Len no utilizó el término paquete, tal como fue acuñado después de 1961 por Donald Davies.
>
> En este debate últimamente su punto de vista, junto con el de Larry Roberts, están en total contradicción con la realidad. (...)

Frank Heart, el líder del grupo de BBN que diseñó y construyó ARPAnet en 2004, dijo:

- *HEART*

> (...) ¿sabes?, resulta que mucha gente tuvo una gran influencia sobre Larry Roberts cuando este elaboró las especificaciones de la licitación pública para crear ARPAnet en 1968. Pero, en realidad, ninguno de ellos había construido

«El concepto de conmutación de pequeños bloques de datos fue explorado por primera vez por Paul Baran en la década de los sesenta. Independientemente, Donald Davies, en el National Physical Laboratory (NPL), en el Reino Unido, desarrolló la misma idea unos años más tarde.»

51 Después de entrevistar personalmente y durante dos horas a casi 400 pioneros de internet, por todo el mundo y especialmente en Norteamérica puedo suscribir esta frase de Paul Baran al cien por cien. Todas las piezas del puzle encajan exceptuando esta última. El problema se hace mayor cuando Kleinrock empieza a realizar y producir vídeos que reparte a la prensa y a organizar aniversarios de "Internet" cuando de lo que está hablando es de "ARPAnet", confundiendo a la mayoría de las personas no especializadas en este tema. Se ha ganado el sobrenombre de "Dr. Self-promotion" por algunos de sus antiguos colegas al realizar vídeos en los que afirma que Internet nació en su laboratorio. Por su parte, la inmensa mayoría de los pioneros entrevistados piensa que nada tiene que ver la interesante teoría de colas que sí creó con la conmutación de paquetes, aunque dicha teoría se pueda aplicar en estas redes. En concreto, al ser preguntado Frank Heart, director del grupo en BBN que montó el primer conmutador, dijo explícitamente que ni había oído a hablar de esa persona y que tuvieron que montarlo desde cero, siguiendo las especificaciones de ARPA e inventando cosas a medida que sucedían.

jamás una red. Nosotros tuvimos que hacerlo y no nos basamos para nada en las teorías de Kleinrock. Es más, ni le conocíamos (...)

Janet Abbate, historiadora y autora de libros, dijo en el año 2000:

Baran desarrolló el concepto de conmutación de "bloques" de mensajes.

- *ABBATE*
  (...) El concepto de conmutación de pequeños bloques de datos explorado por primera vez por Paul Baran en la década de los sesenta. Independientemente, Donald Davies, en el National Physical Laboratory (NPL), en el Reino Unido, desarrolló la misma idea unos años más tarde. (...)

Y otros estudiosos del tema exponen:

- *VELTMAN*[52]
  (...) Casi siempre se nos ha dicho que Internet comenzó solo en los Estados Unidos. Esto no es realmente cierto. Los primeros pioneros incluían a un francés: Louis Pouzin, quien introdujo el concepto de datagrama, y un inglés, Donald W. Davies, quien fue uno de los inventores de la conmutación de paquetes. Otro de los grandes pioneros en Gran Bretaña que fueron a América a comienzos de ARPAnet en 1969, fue Peter T. Kirstein, cuando se decidió que Davies no podía ir por razones de seguridad nacional. (...)

- *STERLING*[53]
  (...) El National Physical Laboratory de Reino Unido puso en marcha la primera red de prueba basada en estos principios [conmutación de paquetes] en 1968. Poco después, la Agencia de Proyectos de Investigación Avanzada (ARPA) del Pentágono decidió financiar un mayor y más ambicioso proyecto en los EEUU. Por tanto, un proyecto inglés de 1968 inspiró los inicios de ARPAnet en EEUU en 1969. (...)

- *McKENZIE*[54]
  (...) El peligro es que, al publicar sin descanso, en todos los lugares posibles, las pretensiones de Len Kleinrock de haberlo inventado todo, tendrán éxito al confundir a los historiadores de la tecnología sobre su propio papel y las funciones fundamentales de los demás. Puesto que me gustaría que el registro histórico quedara lo más preciso posible, en 2009 revisé mi memoria de los acontecimientos de la década de 1970 contrastándola con diversas fuentes. Estos comentarios son el resultado de mi estudio (...)

  (...) El doctor Kleinrock jugó un papel importante en el análisis y la medición de ARPANET. Su gran contribución fue el desarrollo de la teoría de colas. Fue también un cercano amigo de Larry Roberts en el MIT a lo largo de la década de 1960 y tenía un conocimiento detallado de la aplicación a la red de la teoría de colas. Es muy posible que durante la discusión privada de los conceptos de red con Roberts en 1967 y 1968 jugara un papel más importante que lo que la documentación de la época nos permite saber a ciencia cierta. Debemos sin duda, dar a sus recuerdos el beneficio de la duda. Pero no sólo no es correcto decir que el libro de Kleinrock de 1964 (o su tesis anterior) fundamenta sus pretensiones de precedencia sobre la invención de la conmutación de paquetes, o de los algoritmos distribuidos de enrutamiento, o que sus análisis de los grandes sistemas compartidos fueron de

---

52 K. Veltman, *American Visions of the Internet. A Crisis of Trust.* p. 2. No publicado.

53 Bruce Sterling, novelista nacido en Austin, Texas. Profesor de la European Graduate School.

54 Alex McKenzie pionero que participó en el reducido equipo de BBN que construyó el primer conmutador para la red ARPAnet, con su conocimiento empírico de los hechos, ha realizado un pormenorizado estudio de las publicaciones de Kleinrock, buscando sin encontrar en su tesis doctoral ni en su libro de 1964, pruebas que sostengan su constante autopromoción.

gran importancia para la creación de ARPANET o de Internet. Su afirmación de ser "el padre del moderno Data Networking" es bombo, no un hecho. (...)

(...) Existe una película[55] (de 30 minutos) realizada para la demostración de ARPAnet de Octubre de 1972 en la que Roberts y Bob Kahn (también conocido de Kleinrock y de sus trabajos) participaron ampliamente en su creación. Len Kleinrock no aparece en absoluto en esta película, a pesar de que Paul Baran, Donald Davies y Larry Roberts sí lo hacen profusamente. Si Kleinrock era tan influyente, como él y Roberts ahora dicen, ¿cómo pudo suceder de que no sólo no hace acto de presencia, sino que no es ni siquiera mencionado por nadie? (...)

4.3. *Inicios de la construcción de la primera red*

En 1962, J. C. Licklider fue a ARPA a crear un nuevo programa para investigar lo que se vino en llamar *informática interactiva.* Licklider, psicólogo y científico pionero de la informática, creía que los ordenadores podían ser usados para aumentar el pensamiento y la inteligencia humana, y sugirió que se estableciera una red de ordenadores para permitir a los contratistas de ARPA compartir información entre ellos de forma eficiente. Lick no construyó la red que propuso, pero sus ideas pervivieron en ARPA una vez dejó la agencia en 1964, justo un año antes de que **Bob Taylor** (otro joven, psicólogo, de treinta y tres años por aquel entonces) entrara a las órdenes de **Charles Herzfeld** (el director de las ocho oficinas de la agencia).

Charles Herzfeld

Bob Taylor nos dice:

Durante la época en que estuve como Director de la IPTO[56] (1966-1969), quise encontrar una manera eficiente de permitir que varios investigadores de la IPTO de distintas contratas pudiesen compartir sus campos de interés científico entre ellos. Por lo que recogí la idea de red de Licklider. El hecho de construir ARPAnet fue mi decisión (con el apoyo del director de ARPA, quien me respaldó totalmente y consiguió reunir el millón de dólares que yo le pedía como necesarios en menos de 20 minutos…). Un tiempo más tarde logré fichar a Larry Roberts, a pesar de sus negativas (…).

El objetivo original de crear ARPAnet en ese momento fue el de permitir que las personas que tuvieran acceso a la "informática interactiva"[57] pudieran compartir sus intereses e ideas.

Bob Taylor 265

El estamento militar poco (o nada) tuvo que ver con esto. Es más, podemos observar que ARPAnet jamás fue un proyecto clasificado (como lo eran los

55 1972 Computer Networks - The Heralds of Resource Sharing Vídeo disponible en: http://video.google.com/videoplay?docid=4989933629762859961

56 IPTO: Information Processing Techniques Office, oficina de técnicas de proceso de la información ubicada inicialmente en el Pentágono.

57 No todos los *hosts*/ordenadores de la época podían considerarse "interactivos", puesto que la mayoría funcionaban en modo "batch" o proceso por "lotes". Se le cargaba un trabajo o tarea al ordenador y no se interactuaba más con él hasta que se producía la salida de los resultados.

otros). Si hubiera tenido un interés inicial claro y estratégico no habría sido tan abierto ni público.

The most important criterion for the type of network interconnection desired was that any user or program on any of the networked computers be able to utilize any program or subsystem available on any other computer without having to modify the remote program.

The DARPA program had the following objectives: (1) To develop techniques and obtain experience on interconnecting computers in such a way that a very broad class of interactions are possible, and (2) To improve and increase computer research productivity through resource sharing. It was envisioned that by establishing a network tying computer research centers together, both goals would be achieved. In fact, the most efficient way to develop the techniques needed for an effective network was thought to be by involving the research talent at these centers in prototype activity.

BBN: Informe final de ARPAnet para ARPA.

El criterio más importante al escoger el tipo de interconexión de red deseado fue que cualquier usuario o programa, en cualquiera de los ordenadores conectados a la red, fuera capaz de utilizar cualquier programa o subsistema disponible en cualquier otro ordenador, sin tener que modificar el programa remoto.

El programa DARPA tuvo los siguientes objetivos: (1) desarrollar técnicas y obtener experiencia en interconexión de ordenadores de tal forma que fueran posibles una clase muy amplia de interacciones, y (2) mejorar y aumentar la productividad de la investigación en informática mediante la compartición de recursos. Se tuvo la visión de que estableciendo una red que enlazara los centros de investigación informática juntos, ambos objetivos serían alcanzados. De hecho, se pensó que la forma más eficiente de desarrollar las técnicas necesarias para una red eficaz sería la de involucrar al talento investigador de estos mismos centros en la actividad inicial de prototipado.

BBN Tech Report 4799. ARPAnet first decade. 1 abril de 1981.

Esta, pues, es la razón por la que se involucró desde un principio a todos los estudiantes graduados y personal investigador de los centros escogidos.

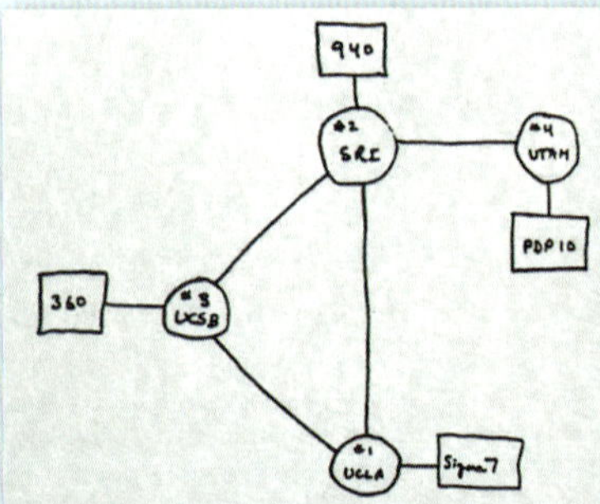

Esquema de cuatro nodos de ARPA, diciembre de 1969.

A mediados de 1966, **Lawrence Roberts** fue casi forzado a dejar el MIT para incorporarse a DARPA, cosa que hizo en diciembre de ese mismo año. A pesar de que sus intereses como investigador estaban focalizados en ese momento en los gráficos y los algoritmos de compresión de imagen, el bagaje del éxito obtenido en su experimento de conexión remota de ordenadores y el fallido primer intento de contratarle por parte del anterior director IPTO, Ivan Sutherland, llevaron al siguiente director, **Bob Taylor,** a persistir hasta conseguirlo. Desde el primer momento se concentró en la elaboración de un plan para crear lo que después se conocería como ARPAnet (la red de ARPA), publicándolo en 1967.

Robert Kahn 273

Continuando cronológicamente sobre los orígenes, en 1968 DARPA y, concretamente Larry Roberts, tenía ya listas las especificaciones lanzando un concurso público de petición de ofertas a proveedores para desarrollar uno de los elementos claves de la red: el conmutador de paquetes.

Al primer conmutador de paquetes se le llamó IMP (procesador de mensajes).

Ganó la licitación la empresa BBN (Bolt, Beranek and Newman) de Boston, con un equipo liderado por **Frank Heart** (en diciembre de 1968).

1969 fue un año intenso para BBN (especialmente de enero a agosto). Mientras, **Robert Kahn** (aún en BBN) trabajaba en el diseño de la arquitectura global de ARPAnet y sus colegas, en la construcción de todos los dispositivos. Los centros escogidos para ubicar los primeros nodos también trabajaron sin descanso: **Leonard Kleinrock** y su equipo de estudiantes de UCLA trabajaron en el sistema de métricas y procedimientos de medidas de la red. Fue debido a sus precoces y novedosos conceptos sobre teoría de colas y a su foco en el análisis, diseño y medición de la red lo que hizo que el primer nodo de ARPAnet se estableciese en el Network Measurement Center, de la Universidad de Los Ángeles (UCLA).

La fecha clave fue concretamente el **2 de septiembre de 1969,** cuando BBN instaló su primer conmutador y conectó dos ordenadores del mismo campus de UCLA remotamente, poniendo en marcha ARPAnet. Los trabajos de investigación del Stanford Research Institute (SRI) llevaron a que en esta universidad se instalara el segundo nodo justo un mes más tarde. A la vez, se constituyó el NIC (Network Information Center) o centro de información de la red, liderado por **Elizabeth Feinler,** en el que se mantenían manualmente las tablas que relacionaban los nombres de los ordenadores con sus direcciones.

Libro de registro que por idea de Jon Postel se mantenía de cada acción. Se puede observar la inscripción de CSK (Charley S. Kline) en que a las 22:30 h del día 29 de octubre de 1969 indica que ha hablado con el SRI (*host* a *host*).

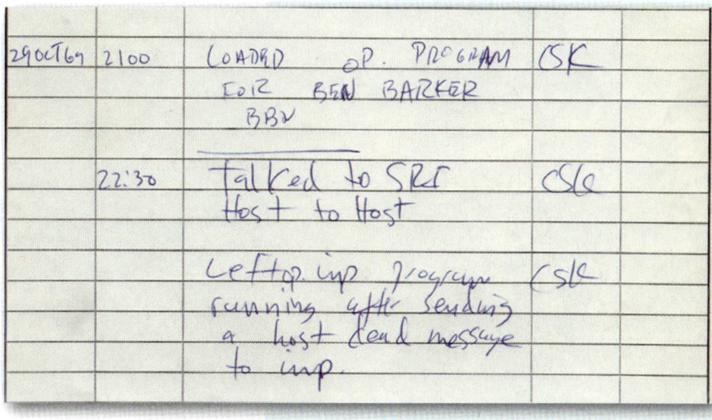

Tan solo un mes más tarde se envió el primer mensaje entre los dos ordenadores de la costa californiana: el de UCLA (en el que **Charley Kline** estaba de turno en el momento de la conexión) y el de SRI (manejado en ese momento por **Bill Duval**), en Menlo Park.

Poco después se incorporaron dos nodos más. En concreto, el de la universidad de Santa Bárbara (UCSB) y el de Utah, por lo que a finales de 1969 había ya cuatro *hosts*/ordenadores conectados a la red ARPAnet inicial.

PRINCIPALES HITOS

- La palabra “paquete” se adoptó a partir del trabajo presentado por el grupo de NPL del Reino Unido. Es por ello una contribución europea.
- Fue debido a las investigaciones realizadas en la RAND Corporation donde empezó el falso rumor de que ARPAnet era un intento de construcción de una red resistente a un ataque nuclear masivo.
- El primer diseño de ARPAnet trabajaba con líneas dedicadas de alta velocidad, a 2.400 bps, llegándose en una segunda revisión hasta los 50.000 bps por consejo del equipo de Donald Davies.
- A diferencia de Roberts, que lo hizo con ARPAnet, el británico Donald Davies no pudo convencer a su administración para que financiara una red experimental de conmutación de paquetes en Europa.

A partir de ese momento se fueron añadiendo muchos ordenadores a la red, generándose un crecimiento exponencial. Así, de los cuatro ordenadores que inicialmente tenía ARPAnet, se pasó a 912 millones, que es el número estimado[58] de ordenadores *(host)* que formaban parte de Internet a finales de 2011.

El tráfico de Internet no ha parado de crecer desde esa red experimental que fue ARPAnet, pasando después por el conglomerado de redes regionales que aportó NSFnet, que, al juntarse con las redes de organizaciones privadas y comerciales, acabó creando la red Internet que conocemos hoy.

Larry Roberts recolectó y guardó los datos de tráfico de ARPAnet durante los inicios, interesándose por este tema a lo largo de los años hasta la actualidad. Gracias a ello podemos disponer de la evolución del volumen de tráfico desde el inicio y a lo largo de varias décadas. A pesar de tratarse de redes y protocolos distintos, esta gráfica nos da una idea aproximada de la tendencia de crecimiento y del volumen de tráfico que circuló por ARPAnet, después por NSFnet y actualmente por Internet, a nivel global. La gráfica tiene unos ejes semilogarítmicos, por lo que una línea recta en ella corresponde a un crecimiento exponencial. Desde mediados de la década de los noventa, y con la aparición y consolidación del servicio Web (www), el tráfico transportado por la red es muy superior al doble del del año anterior. En poco más de 40 años, Internet pasa de cuatro máquinas conectadas (1969) y decenas de usuarios, a más de 900 millones de máquinas (2012) y con una población estimada de más de 2.100 millones de usuarios.

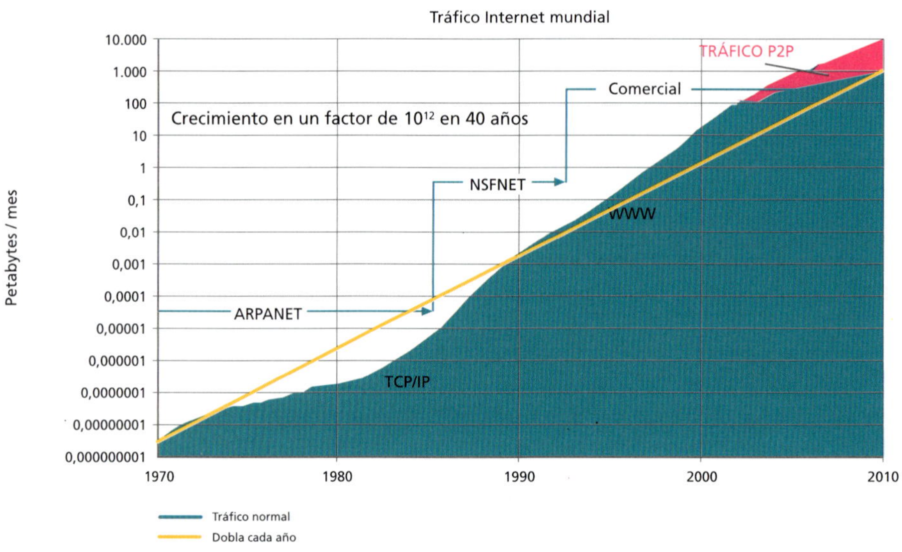

58 ISC.org realiza esta encuesta semestralmente a partir del número de *hosts* anunciados en el DNS.

4.4. *Estandarización y primeros protocolos*

Una red como ARPAnet necesitaba de un protocolo de comunicaciones (basado en la conmutación de paquetes) que permitiera a los ordenadores conectarse de una forma continua y fiable. Su desarrollo recayó en un grupo de estudiantes graduados de las tres universidades seleccionadas para ubicar los primeros tres nodos, que tomaron la iniciativa por encargo de ARPA de diseñar la manera en que se comunicarían dos ordenadores. Por lo que, encabezados por **Steve Crocker,** iniciaron lo que serían los primeros "protocolos" y los documentaron de manera "informal" creando un sistema muy innovador: los *Request for Comments* o *RFC*.

Jon Postel 287

Entre estos estudiantes que, mientras esperaban las directrices de algún experto, profesor o directivo de ARPA, resolvieron y acordaron cómo atacar la mayoría de los grandes problemas, se encontraban **Jonathan (Jon) Postel** y **Vinton Cerf.**

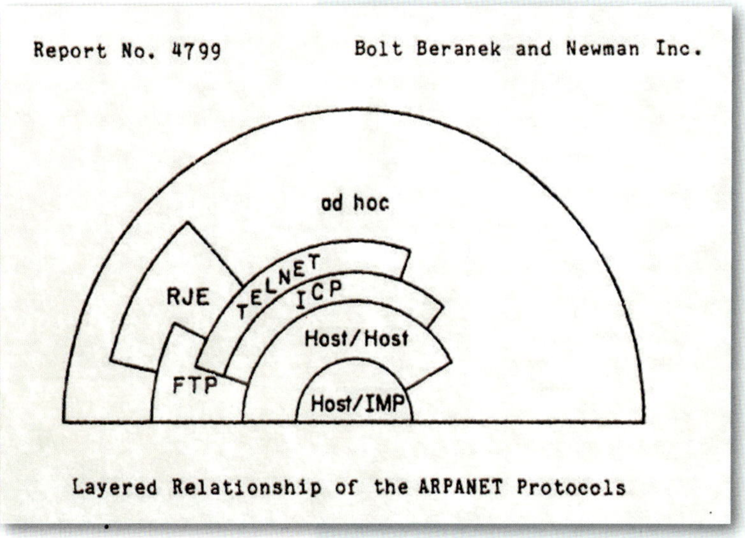

> El NWG (Grupo de Trabajo sobre Redes) adoptó una aproximación por capas para la especificación de los protocolos de comunicaciones, en la que los protocolos de las capas superiores utilizarían los servicios de las capas inferiores. Como se muestra en la figura, la capa más baja es el protocolo "IMP a *host*" (hoy día lo llamaríamos comunicación entre "*router* y ordenador"). La siguiente capa (denominada *host-to-host*) especifica los métodos que permiten establecer una ruta de comunicaciones entre dos *hosts*/ordenadores, gestiona el *buffer* de memoria en cada extremo de la comunicación, etc. El siguiente protocolo es el ICP (Initial Connection Protocol), que especifica una manera estándar para que un usuario remoto (o proceso) atraiga la atención de un *host* de la red, preparándolo todo para el uso de ese *host*: el ICP proporciona el servicio análogo a un usuario presionando el botón de "atención" en un terminal local en un *host*. La siguiente capa es la red de telecomunicaciones o protocolo TELnet; es una especificación de un terminal de red estándar y el protocolo para la comunicación entre dicho terminal de red y un *host*. La siguiente capa lógica de protocolos está formada por protocolos orientados a funciones específicas, dos de los cuales, el Protocolo de transferencia de ficheros (FTP) y el de entrada de tareas remotas (RJE, Remote Job Entry), se muestran en la figura. Finalmente, en cualquier punto del proceso es posible superponer protocolos según sea necesario.
>
> *BBN Tech Report 4799. ARPAnet first decade.* 1 abril de 1981.

Vint Cerf 293

Hubert Zimmermann 303

A finales de 1970, el grupo de **Steve Crocker** terminó la primera versión de este protocolo, llamándole NCP[59], y a medida que los distintos nodos lo fueron adoptando (años 1971 y 1972) los usuarios pudieron empezar a desarrollar aplicaciones sobre la red.

Este fue el lenguaje en el que hablaría ARPAnet hasta que el 1 de enero de 1983 se adoptara el TCP/IP (inventado por Cerf y Kahn en el verano de 1973).

En paralelo, y en el seno de la Organización Internacional de Estándares (ISO) organizada por infinidad de comités de trabajo, se desarrollaron de forma oficial (con representación de cada país) los protocolos de referencia OSI[60], que hasta 1992 fueron los protocolos que debían seguir todos los operadores de telecomunicaciones (que en su mayoría dependían de los Gobiernos nacionales). Es importante conocer que al conjunto de protocolos TCP/IP (solución mucho más sencilla, pero que funcionaba) se conocía como la solución transitoria "hasta que los protocolos OSI estén disponibles", situación que dada su gran complejidad jamás ocurrió[61]. En la entrevista al pionero francés **Hubert Zimmermann** podremos ampliar mucho más el conocimiento sobre el modelo conocido por las siete capas.

En marzo de 1972, **Ray Tomlinson** escribió la primera aplicación de envío y recepción de mensajes de correo electrónico, llamada SNDMSG (acrónimo de Send Message), motivado claramente por la necesidad[62] de coordinación entre los distintos investigadores y desarrolladores del proyecto ARPAnet. Más tarde (en julio del mismo año), Lawrence G. Roberts extendió las funcionalidades, programando lo que podríamos llamar la primera aplicación completa de correo electrónico.

En octubre de 1972, **Robert Kahn** organizó por encargo de ARPA la primera gran demostración pública de ARPAnet en el seno del Congreso Internacional sobre Comunicación de Ordenadores (ICCC) en el gran salón del Hotel Hilton de Washington DC. Se tardó más de un año en poner a punto las aplicaciones que conformaban la exposición. Esta fue la última tarea que Kahn realizó para BBN antes de incorporarse a ARPA.

El evento se convirtió en la puesta de largo de esta nueva tecnología de red y fue a partir de entonces cuando se empezó a popularizar el uso del correo electrónico en los ambientes académicos estadounidenses.

EL CORREO ELECTRÓNICO

La primera aplicación de correo electrónico es desarrollada, en marzo de 1972, por Ray Tomlinson debido a la necesidad de comunicación y a la mejora en los procesos de coordinación entre los desarrolladores de la red ARPAnet. Sin ser nada consciente, acababa de inventar una de las aplicaciones más utilizadas y que de forma más decisiva ha contribuido a la introducción y primeros usos de Internet en las organizaciones.

59 NCP: Network Control Protocol (protocolo o programa de control de red), primer protocolo de ARPAnet diseñado por Steve Crocker y colaboradores.

60 OSI: Open Systems Interconnection (Interconexión de Sistemas Abiertos).

61 Salvo contadas excepciones, como los servicios de correo electrónico X.400 y de directorio X.500.

62 Aunque, por supuesto, fuera de lo que era propiamente su trabajo, sin que nadie se lo pidiera y a espaldas de su jefe.

4.5. Los conceptos iniciales

La afirmación "La red ARPAnet fue evolucionando y creciendo hacia lo que hoy conocemos como Internet" es simplemente falsa y errónea. El concepto de *internet* inicial se basaba en la premisa de que redes de muy distinto tipo deberían poder conectarse a la primera gran red de conmutación de paquetes (ARPAnet). Se trataba, pues, de interconectarla con la red de satélites (SATnet), y a su vez con la llamada "packet radio", la red terrestre (PRnet). Para ello, se debía cumplir un requisito fundamental: diseñar e implementar todos los protocolos bajo el paradigma técnico de sistemas abiertos. Por lo que, dada una arquitectura o topología de red, nos daría igual qué tecnología de acceso subyaciera (satélite, radioenlaces, telefonía), puesto que, gracias a lo que en la literatura de redes se denomina un metanivel, se podría hacer compatible e interoperable una red con otra totalmente distinta.

En una arquitectura de sistemas abiertos, cada red puede diseñarse independientemente, para que cumpla y se ajuste a los requerimientos de sus usuarios, o al ámbito geográfico. Esta es una de las grandes ventajas de este tipo de sistemas.

Hasta aquel momento, la única manera de conectar dos redes o dispositivos era a través de la técnica de conmutación de circuitos. Como ya se ha dicho anteriormente, con esta técnica los elementos de la red se conectan a nivel físico de dos en dos de forma ininterrumpida. De esta misma forma es como todavía hoy se realizan los enlaces en la red telefónica.

Ya en 1965, **Donald Davies** (NPL de Londres) se dio cuenta de que mandar un archivo entero, entre dos ordenadores, mediante un flujo ininterrumpido de datos era una manera muy ineficiente de proceder. Básicamente porque el tráfico digital entre ordenadores tiene largos periodos de silencio y se produce a ráfagas. Por lo que concibió una red de propósito específico, en la que el flujo de bits se rompía en mensajes cortos (a los que llamó "paquetes") que encontraban individualmente su destino y allí se recomponían en el flujo original.

En una arquitectura de sistemas abiertos, cada red puede diseñarse independientemente para que cumpla y se ajuste a los requerimientos de sus usuarios, o al ámbito geográfico. Esta es una de las grandes ventajas de este tipo de sistemas.

***Internetting: Interconnecting Computer Networks.* Vocablo utilizado para denominar las investigaciones y los experimentos de interconexión entre distintas redes de ordenadores.**

Al entrar a trabajar Bob Kahn en DARPA proveniente de su proveedor directo (BBN), tuvo que pasar un tiempo sin poder trabajar en ARPAnet debido a posibles incompatibilidades con su contrato. Por lo que inició una nueva línea de investigación con la idea de lanzar pequeños contenedores (con equipos de radio dentro) en una determinada zona y que automáticamente se creara y autoconfigurara una red de comunicaciones vía radio, era pues una línea de investigación sobre redes "packet radio". Pero pronto se convirtió en una línea propia de desarrollo, llamada *internetting*[63]. Para desarrollar una red vía radio, se requería de un protocolo que mantuviese la comunicación, frente a los pro-

63 *Internetting:* Interconnecting Computer Networks. Vocablo utilizado para denominar las investigaciones y el experimento de interconexión de distintas redes de ordenadores.

blemas provocados por interferencias y cortes. Kahn contemplaba desarrollar un protocolo local interno a la red "packet radio" y continuar utilizando NCP en el resto de redes. Pero NCP no permitía direccionar máquinas que no fueran las propias de la red ARPAnet y este protocolo (puesto en producción sobre la red) no se podía modificar. Además, el NCP no tenía ningún control de errores y si había pérdida de paquetes en la transmisión el protocolo se quedaría parado. Esto tenía su sentido, dado que ARPAnet era la única red para la que el NCP había sido diseñado y era tan fiable que no requería este tipo de controles. Sin embargo, no era adecuado para una red abierta o red de redes en las que no se puede predecir de antemano la calidad de las transmisiones.

Fue entonces cuando Kahn se decidió a desarrollar una nueva versión del protocolo bajo el paradigma de sistemas abiertos, antes comentado.

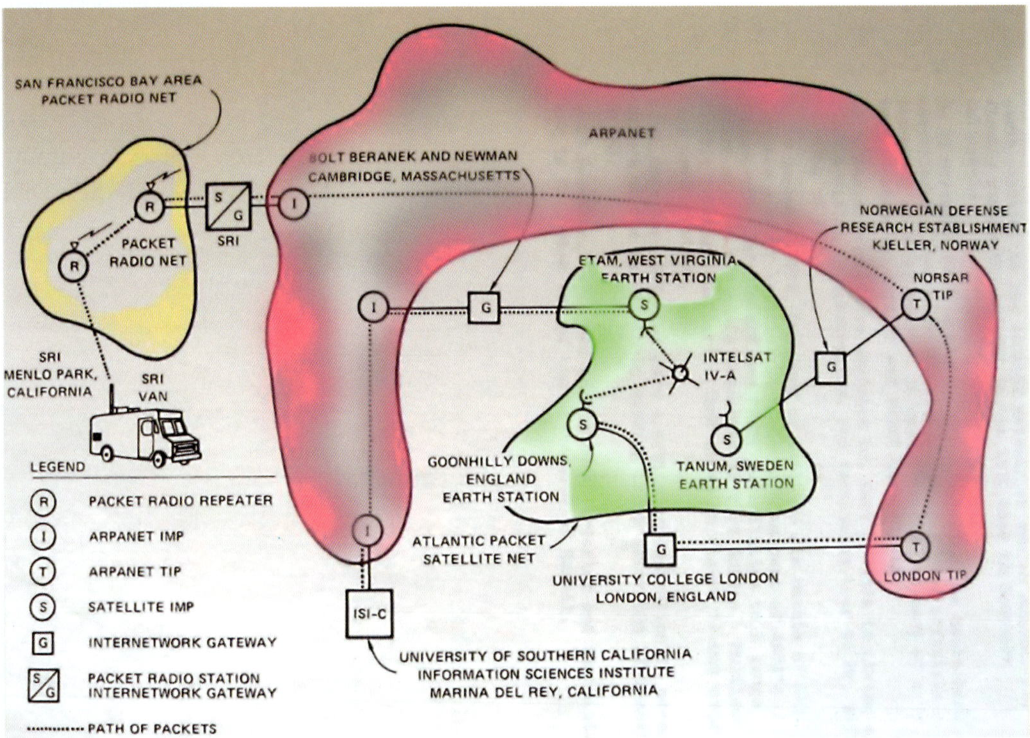

Noviembre de 1977. Primer experimento de *internetting* uniendo tres redes con tecnologías de acceso distintas: ARPAnet (terrestre), PRnet (vía radio) y SATnet (por satélite). Diagrama escaneado y coloreado del original. Cortesía de Don Nielson (SRI International).

5. La gestación del TCP *(1973-1983)*

5.1. La génesis del protocolo universal

Durante la primera mitad de los setenta, ya había varias redes que funcionaban mediante la técnica de conmutación de paquetes: la propia ARPAnet, otra red por radio (llamada PRnet) y otra por satélite (SATnet). Se trataba, pues, de encontrar el modo de interconectarlas de manera que cualquier ordenador de una de ellas pudiera hablar con cualquier otro ordenador de otra, asegurando unos principios que serían clave para el futuro desarrollo de Internet.

Ya en su día, mientras trabajaba en BBN (la empresa que había construido los primeros conmutadores de red para ARPAnet), **Robert Kahn** se había ocupado de la definición de estos principios básicos sobre comunicaciones[64], que debían cumplir los sistemas operativos.

La no existencia de un control central, la independencia de las redes conectadas y la utilización de pequeños ordenadores específicos –llamados *gateways* o *routers*– para asegurar el tráfico entre redes eran algunos de ellos.

Resumiendo, las cuatro reglas de diseño básicas del nuevo protocolo fueron:

1. Que cada red se mantuviera sin cambios para conectarla a ARPAnet.
2. Comunicaciones basadas en *best effort* (si un paquete no llega a su destino, ha de ser retransmitido lo antes posible).
3. Redes interconectadas por *gateways* (actualmente *routers*).
4. Sin control global a nivel de operación de red.

Las cuatro siguen siendo totalmente vigentes en la Internet de hoy día.

De la escasa literatura que se encuentra de esta época se deduce que también debían solucionarse muchos otros temas como:

- La adecuada retransmisión de paquetes en caso de cortes permanentes, asegurando que no hubiera pérdida de información.
- El diseño de las funciones básicas de los *gateways* o *routers* originales para reenviar los paquetes correctamente hacia su destino final.
- La necesidad de sistemas de comprobación que, al ensamblar los paquetes en el destino, pudiesen detectar posibles duplicados o desórdenes en la secuencia de llegada.
- El disponer de interfaces que permitieran trabajar con distintos sistemas operativos.

Durante la primera mitad de los setenta, ya había varias redes que funcionaban mediante la técnica de conmutación de paquetes: la propia ARPAnet, otra red por radio (llamada PRnet) y otra por satélite (SATnet). Se trataba, pues, de encontrar el modo de interconectarlas de manera que cualquier ordenador de una de ellas pudiera hablar con cualquier otro ordenador de otra, asegurando unos principios que serían clave para el futuro desarrollo de Internet.

64 Estos principios básicos se encuentran en el artículo de Bob Kahn.

LOS "OCTETOS"

En ese contexto, los actuales bytes eran llamados "octets" (octetos), al estar constituidos por 8 bits. En francés esta nomenclatura sigue manteniéndose.
Es importante recordar que, en 1973, aunque el protocolo Ethernet para redes de área local (LAN) estaba ya desarrollándose en Xerox PARC, por Dave Boggs y Bob Metcalfe, nunca se pensó en la posible proliferación de este tipo de redes (que empezaron a aparecer por doquier a finales de los setenta) y aún menos se pudo predecir la aparición de los ordenadores personales (PC*) ni de las *workstations* como elementos de la red. Era claramente un contexto de grandes *mainframes* y de poquísimas redes de ámbito interestatal.

* Puesto que iniciaron su andadura en julio de 1981 al lanzar IBM su estándar.

- O la necesidad de disponer de un único sistema de direccionamiento global[65].

Debemos contextualizar los trabajos de Robert Kahn y recordar que, a principios de los años setenta el panorama informático era altamente propietario. Cada sistema era un mundo aparte, totalmente cerrado y difícilmente compatible con otras marcas o modelos. Por lo que se necesitaría conocer los detalles de la implementación de cada sistema operativo para poderles añadir su protocolo de comunicación.

Eso, sumado a la experiencia de Vint Cerf en el desarrollo del NCP y de sus amplios conocimientos en sistemas operativos, hizo que Kahn se pusiera en contacto con Cerf (que por aquel tiempo trabajaba en la Stanford University) para trabajar con él en lo que entonces se denominaba el *Inter-Networking problem* (nombre del que derivaría el actual y popular nombre de Internet).

Iniciaron sus trabajos en el nuevo protocolo en la primavera de 1973 y ya en septiembre de aquel mismo año presentaron en el INWG (International Network Working Group), organizado en la universidad inglesa de Sussex, una primera versión escrita de los resultados de su colaboración.

Curiosidad sobre el artículo que especifica el protocolo TCP de 1974

La base de la idea que solucionaba el problema de la interconexión de distintas redes la esquematizó Vint Cerf en un sobre en la recepción de un hotel en marzo de 1973. Kahn nos explica:

> (...) se publicó en el *IEEE Transactions on Communications* en mayo de 1974, pero el documento realmente lo escribimos los dos en el verano de 1973. Las ideas con las que trabajamos provenían en parte de la Costa Este y en parte de la Costa Oeste. Nos sentamos y escribimos el documento en unos días en el Hotel Cabana Hyatt de Palo Alto. El primer borrador se entregó en la reunión de septiembre de 1973 en Sussex, Inglaterra. Así es cómo empezó todo".
>
> Trabajábamos en un problema de I+D realmente interesante y que suponía todo un reto, que se podía resumir en: ¿cómo enlazar diferentes redes de paquetes para que los ordenadores que trabajan dentro de ellas puedan conectarse entre sí y trabajar conjuntamente?

65 Entendiendo por direccionamiento global la capacidad de dirigirnos a un determinado elemento dentro de la red de forma única a nivel mundial, sin la necesidad de prefijos. Por lo que las direcciones deben ser únicas.

Las claves principales de este documento fueron básicamente cuatro:

- La comunicación entre dos procesos consistiría en un largo flujo de bytes[66] identificados según su posición dentro de la cadena de información transmitida.
- El control de flujo se debería realizar mediante "acuses de recibo" (o mensajes de aceptación), que indican que la información ha llegado a su destino correctamente. La aceptación sería acumulativa, dando por buenos todos los paquetes recibidos hasta ese momento.
- Se dejaba abierto como origen y destino se ponían de acuerdo en los parámetros exactos de longitud de los mencionados flujos de bytes.
- Como se pensaba en redes con cobertura interestatal (llamadas "nacionales" en EEUU) y alguna extranjera (como la francesa Cyclades o, en el caso de haber existido, la británica NPLnet que se quedó sin financiación), se suponía que podrían existir muy pocas redes debido a su gran coste de implantación y mantenimiento. Por lo que se definió un espacio de direcciones de tan solo 32 bits (4 bytes). Los primeros 8 bits identificaban la red y los 24 restantes, el equipo dentro de esa red (por lo que únicamente podían existir un total de 128[67] redes)

  Ejemplo:

  194 • 140 • 141 • 2

  N.º de Red — N.º de equipo dentro de la red

Yogen Dalal

Mientras aún estaba en PARC, **Yogen Dalal** escribió un artículo[68] histórico defendiendo que se utilizaran de forma absoluta (sin prefijos) direcciones de 48 bits (6 bytes o números, a diferencia de los 4 que al final se definieron).

Fragmento de la conclusión y agradecimientos del artículo de Yogen Dalal y Printis (Octubre 1981). "Númeración absoluta con 48bits de los Host de Internet y de Ethernet".

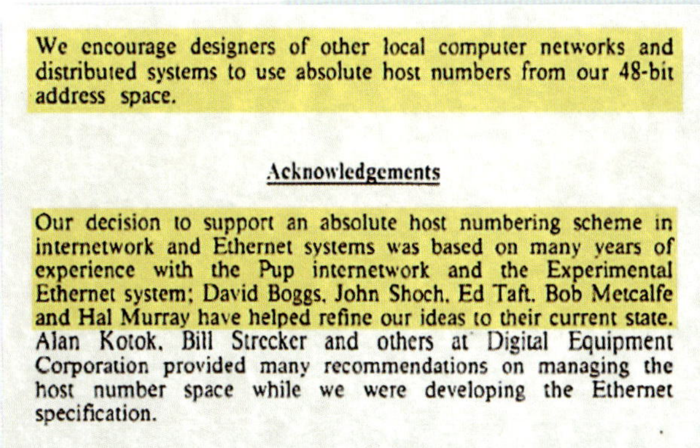

We encourage designers of other local computer networks and distributed systems to use absolute host numbers from our 48-bit address space.

Acknowledgements

Our decision to support an absolute host numbering scheme in internetwork and Ethernet systems was based on many years of experience with the Pup internetwork and the Experimental Ethernet system; David Boggs, John Shoch, Ed Taft, Bob Metcalfe and Hal Murray have helped refine our ideas to their current state. Alan Kotok, Bill Strecker and others at Digital Equipment Corporation provided many recommendations on managing the host number space while we were developing the Ethernet specification.

Las internets y la Ethernet local de Xerox utilizan números de *host* absolutos de 48 bits de longitud...

Yogen Dalal indica:

> "Este es un cambio radical de las prácticas actualmente en uso en los sistemas de interconexión de redes y redes locales".

Lamentablemente, el espacio de direcciones de Internet se había fijado ya en ese momento y no podía cambiarse.

Las direcciones IP (en su versión 4 del protocolo) quedaron así, con cuatro números separados por

66 Debemos imaginar un documento (de texto o fotografía) que se va a transmitir como una larga secuencia de ceros y unos.

67 De las 256 posibles (con 8 bits) únicamente se utilizan de la 1 a la 126. Las más altas son reservadas para redes privadas.

68 Artículo titulado: "48-bit absolute internet and Ethernet host numbers" *Proceedings of the Seventh Symposium on Data Communications,* Palo Alto California (octubre 1981).

UNA IDEA MUY SIMPLE LLEVARÍA A UN RESULTADO INIMAGINABLE

Supongamos que cada ordenador conectado a una red tiene una dirección bien definida (un número que hoy conocemos como Dirección IP). Si queremos transmitir información desde un ordenador en una red a otro que está en otra, lo único que tenemos que hacer es dividir la información en pequeños trozos o paquetes. A cada paquete se le añade la dirección del destinatario y la del propio emisor, se le asigna un número de paquete y se entrega al sistema para que lo haga llegar. Es exactamente como un sencillo sistema postal, con la única diferencia de que tanto los usuarios como los carteros son ordenadores y por tanto pueden realizar el proceso miles de millones de veces más rápido. Esta es la sencilla idea que subyace en el protocolo TCP de Cerf y Kahn.

puntos: 194.124.78.4, que corresponden a cuatro bytes (4 bytes x 8bits/byte) = 32 bits por dirección IP.

La idea (limitación) original de que en el futuro existirían un máximo de 128 redes interconectadas pronto se tuvo que reconsiderar con la proliferación de pequeñas redes de área local conectadas a la red. Se definen tres clases de red según su tamaño:

- Clase A: grandes redes a escala nacional o de país (pocas, contienen un gran número de máquinas).
- Clase B: redes regionales
- Clase C: para redes de área local, muchas pero con pocas máquinas.

Estas ideas se plasmaron más tarde en el histórico artículo "A protocol for packet network interconnection" (un protocolo para la interconexión de redes de paquetes), publicado conjuntamente en mayo de 1974 por Cerf y Kahn[69] y considerado como el embrión de los protocolos de Internet.

El artículo original, realizado durante el verano de 1973 y publicado en mayo de 1974, describía un protocolo llamado TCP (Transport Control Protocol), que proveía todos los servicios de transporte y reenvío de paquetes en una red.

La primera versión del protocolo únicamente permitía transmitir la información en modo de *circuito virtual*. Esto significa que la información se envía de manera secuencial y, cuando se detectan errores o pérdidas en los paquetes transmitidos, se repite el envío. Era ideal para aplicaciones de transferencia de ficheros, pero las precoces investigaciones y pruebas de transmisión de voz paquetizada enseguida demostraron que, en aplicaciones en tiempo real, las pérdidas de paquetes no debían ser corregidas por el protocolo TCP, sino que era la aplicación la que debía tratar esas pérdidas y poder decidir qué hacía con ellas.

Una aplicación de voz bidireccional es obvio que no admite retrasos en la llegada de la información, por lo que a veces la aplicación de destino (o programa receptor que utiliza el usuario) puede preferir descartar los paquetes erróneos y trabajar con los siguientes, que sí han llegado correctamente.

Este tipo de utilidades llevó a que en una versión posterior los propios inventores reorganizaran y partieran el pesado protocolo en dos, llevados además de por la propia mejora, por las continuas peticiones de **Danny Cohen** (el rey de las simulaciones 3D):

- El protocolo IP (Internet Protocol), cuya tarea era simple, ya que solo regía el correcto direccionamiento de los paquetes a través de la red.

69 Véase Cerf en la Bibliografía y las entrevistas respectivas personales de estos dos pioneros históricos.

- Y el protocolo TCP, que sería quien velaría por que los paquetes llegaran al destinatario de manera segura y sin errores (con características de control de flujo y recuperación de paquetes perdidos).

De esta manera, aquellas aplicaciones que no requerían de los servicios de control de errores del TCP podrían utilizar en su sustitución un protocolo mucho más simple y por ende más rápido y eficiente, llamado UDP[70], que proveía acceso directo a los servicios básicos de red del protocolo IP.

En un entorno tan cambiante como el de los ordenadores, en el que los ciclos de vida de programas, sistemas operativos y dispositivos *hardware,* cada vez son más cortos, la permanencia del TCP/IP durante más de tres décadas es (como se dijo en el acto de investidura[71] de Vint Cerf como doctor honoris causa por la Universidad Rovira y Virgili de Tarragona: *"Un monumento a la inteligencia y al sentido práctico de sus creadores"*.

De hecho, como nos expone el propio Vint Cerf en su entrevista personal, él jamás hubiera podido imaginar que Internet pudiera llegar a tener más de 128 redes conectadas. Hoy día se conectan centenares de millones de ordenadores, teléfonos móviles, satélites y agendas personales. En un futuro no muy lejano, si tenemos en cuenta las predicciones del Dr. Vint Cerf (que suelen ser siempre muy moderadas), coches, lavadoras, microondas, neveras y hasta las bombillas eléctricas utilizaran el protocolo IPv6. Y cuando esta nueva versión[72] acabe de implantarse[73] y las organizaciones la utilicen en sus redes, como él dice:

«con IPv6, cada electrón podrá tener su propia página web.»

Es interesante resaltar aquí la influencia primordial de Vint Cerf en todos los desarrollos, de ello nos da idea un párrafo del discurso del Dr. **Manuel Sanromà** en el anteriormente citado acto de investidura:

> (...) Pero más allá de la personalidad científica y tecnológica de Vinton Cerf está su carácter humanista, casi renacentista. En algunas ocasiones, se le ha comparado a Benjamin Franklin, hombre enciclopédico, preocupado por la ciencia, la tecnología, la cultura y todo aquello que pudiera ayudar a mejorar la vida de sus

EL NACIMIENTO DE UN NUEVO IDIOMA

Con todo ello había nacido el TCP/IP, la lengua que hoy en día hablan todos los ordenadores conectados a Internet, el verdadero *esperanto* que ha permitido que millones de ordenadores pudieran compartir información y que en un futuro, y gracias a su enorme escalabilidad, permitirá que cualquier dispositivo inventado por el hombre pueda estar también interconectado.

70 UDP: User Datagram Protocol. Utilizado para aplicaciones en tiempo real (videoconferencias, voz, etcétera).

71 Celebrado el 22 de mayo de 2000, apadrinado por el Dr. Manuel Sanromà.

72 IPv6: desde 1992 hasta 1996 se desarrolló el protocolo y en 1996 se hicieron una serie de RFC que, empezando por el *RFC 1883,* lo definían y especificaban. Contempla prioridad según tipo de paquetes y amplía enormemente el espacio de direcciones de Internet. Se pasa de 32 bits a 128 en lo que refiere a la longitud (dígitos binarios) de cada dirección. Las direcciones IPv4 son un bien escaso. En la actualidad se sigue utilizando la versión 4, original del protocolo y en uso desde el 1 de enero de 1983.

73 IPv6 lleva casi dos décadas intentando implantarse de forma masiva. Si no se ha acabado ya la migración es porque, tal y como gráficamente explica Vint Cerf "Cada vez es más difícil cambiarle el motor a un avión mientras vuela".

TIPOS DE TRANSMISIÓN

La investigación a principios de los años setenta en nuevas tecnologías de conmutación de paquetes llevó a desarrollar redes de este tipo que utilizaban medios de transmisión tan distintos como son los radioenlaces terrestres (*packet radio*, PRnet), las líneas dedicadas punto a punto (caso de ARPAnet) o los saltos a satélite (caso del SATnet).

congéneres. Es esta vertiente la que en realidad ha hecho a Vint Cerf el padre indiscutible de Internet. Porque, si bien es cierto que Roberts, Crocker, Postel, Kahn y algunos otros pueden compartir con Cerf la paternidad científica e intelectual de esta criatura que llamamos Internet, nadie como Cerf ha seguido su trayectoria, siempre cerca de ella, preocupado por los mil y un aspectos del desarrollo de la gran Red de redes (…).

5.2. Motivaciones originales de Internet y ARPAnet

ARPAnet

A diferencia de lo que se puede pensar, después de una lectura detallada de los artículos publicados en los distintos medios de comunicación escrita (en los últimos quince años: 1995 a 2010), en que se desprende un fin puramente militar, la motivación real principal para la creación de ARPAnet fue el *intercambio* de *recursos*. **Bob Taylor,** director de la oficina IPTO de ARPA lo desvela en su inédita entrevista. Conectando entre sí los grandes ordenadores de tiempo compartido de la época se obtenía un gran ahorro, mucho más que duplicando esas infraestructuras informáticas costosas en cada centro de investigación. Por lo que rotundo afirma:

> Las dos únicas personas que saben por qué se inició el proyecto ARPAnet somos mi jefe en ARPA, Charles Herzfeld, y yo.
>
> ARPAnet se construyó para permitir que la gente con acceso a la informática interactiva pudiera compartir intereses comunes.

La leyenda del origen militar de la red se forjó a través de las investigaciones sobre la tecnología de conmutación de paquetes que se llevaron a cabo en la americana RAND Corporation (*véase* Paul Baran) paralelamente a otros equipos europeos de investigación, con fines realmente militares.

El propio Baran nos dice claramente:

> (…) el objetivo principal de ARPAnet no era militar, sino interconectar usuarios remotos a múltiples ordenadores.

Larry Roberts también se expresa en este sentido:

> (…) el programa de ARPAnet se creó para explorar las comunicaciones de conmutación de paquetes y compartir recursos informáticos. No tuvo nada que ver con una posible guerra nuclear o con su supervivencia. Sin embargo, la robustez y la alta disponibilidad sí fueron los temas clave de la primera red y nos vinieron impuestos por el propio diseño de la conmutación de paquetes.

Internet

En cuanto a la creación de Internet, como hemos visto respondió a la motivación de resolver el *internetting problem*. O sea, poder conectar varias redes entre sí, sin que se vieran afectadas. En este caso el hito principal fue la invención y posterior especificación y desarrollo del protocolo TCP/IP.

La agencia de proyectos de investigación avanzados (DARPA) ofertó tres grandes contratos para implementar el protocolo TCP a los equipos de investigación de:

- Stanford (liderados por **Vint G. Cerf**),
- University College of London (liderados por **Peter Kirstein**),
- y BBN (con **Ray Tomlinson** a la cabeza)

Este fue el verdadero inicio de un experimento a largo plazo, que permitiría el desarrollo de los conceptos y de la tecnología de Internet.

Estos fueron los tres tipos de redes inicialmente interconectadas: terrestre, radio y satélite, pero pronto este entorno experimental fue creciendo, incorporando prácticamente cualquier tipo de red.

Con la aparición del PC (introducido por IBM el 12 de agosto de 1981 con un coste de 1.565 $), se vio que las precursoras versiones del TCP/IP, pensadas para los grandes ordenadores de la época, eran demasiado complejas para ser ejecutadas en un ordenador personal.

Así pues, **Dave Clark** dirigió el equipo en el MIT que demostró que una estación de trabajo (y más tarde un PC) también podía utilizar una versión reducida y adaptada de estos protocolos, cosa que hoy nos parece obvia. El resultado fue la creación de la compañía FTP Software en 1986 por **John Romkey** (autor del paquete MIT PC/IP). Es interesante recordar que, hasta 1995, si querías tener acceso a Internet en un PC, debías bajarte y/o comprar el *stack*/pila de protocolos TCP/IP *sharewere* para tu PC (MS-DOS o Windows) o para tu Apple Macintosh e instalarlo. La marca más popular fue Trumpet Winsock, la única que podía funcionar con Windows 3.0 y que se hizo muy popular con Windows 3.x. Más tarde, el paquete de protocolos de comunicaciones de Internet fue progresivamente incorporado directamente por los sistemas operativos de los ordenadores personales.

UN CONCEPTO CLAVE

Internet NO fue diseñado para una aplicación específica, sino como una infraestructura sobre la que poder desarrollar nuevas aplicaciones. Así vemos como el WWW no aparece hasta casi un cuarto de siglo más tarde, o aplicaciones como el Chat en tiempo real (ICQ) o el intercambio de música entre dos programas clientes, guiados por un servidor (Napster), o la Voz sobre Internet (Skype). Esto es así, gracias a la naturaleza de propósito generalista con que fueron diseñados los servicios proporcionados por los protocolos TCP e IP respectivamente.

Dave Clark

A medida que Internet evolucionaba y mejoraba técnicamente, se hacía cada vez más complicado distribuir las nuevas versiones de *software* de los servidores.

5.3. *Elementos que provocaron la difusión inicial de Internet*

A medida que Internet evolucionaba y mejoraba técnicamente, se hacía cada vez más complicado distribuir las nuevas versiones de *software* de los servidores.

DARPA (y en concreto Vint Cerf mientras estuvo de Program Manager en la oficina IPTO) financió para ello a la universidad de Berkeley (UCB) para que incluyeran en su ya conocido sistema operativo UNIX el protocolo TCP/IP desarrollado por BBN. A partir de ese momento la gente de Berkeley, con **Bill Joy** (posterior cofundador de Sun Microsystems) a la cabeza, reescribió el código TCP/IP, adaptándolo e incorporándolo de serie a partir de 1983 a las nuevas versiones[74] (v4.2 y superiores) del UNIX BSD. Dado que la mayoría de servidores académicos utilizaba este sistema operativo, en poco tiempo el TCP/IP estaba presente de forma gratuita en casi todas las universidades, con lo que gran parte de la comunidad científica y universitaria lo empezó a utilizar en su entorno de trabajo habitual.

Bill Joy

Heidi Heiden

Esta fue la clave principal del desarrollo, normalización y difusión de los protocolos TCP/IP en el entorno científico-académico.

Además, en el año 1980, el Departamento de Defensa de los Estados Unidos adoptó el TCP/IP como un estándar de uso obligatorio a partir del 1 de enero de 1983, con lo que se permitió a este departamento compartir la tecnología desarrollada por DARPA.

Tres años más tarde, en 1983, la red ARPAnet se dividió en dos, segregándose de ella MILnet (red específica para usos militares). **Heidi Heiden** fue la persona clave en esta estratégica migración que permitió a ARPAnet seguir existiendo unos años más subsidiada por el Departamento de Defensa.

Si a todo ello le unimos el movimiento *open source* (dedicado a proporcionar los códigos fuente de los programas para que otros puedan construir libremente sobre ellos) tenemos, pues, listos los ingredientes que permiten, fomentan y aceleran la innovación. La red es neutra, por lo que nadie debe pedir permiso a nadie para desarrollar un nuevo sistema y probarlo. Si dicho código funciona bien, y además es gratuito y modificable, la velocidad de adopción superará a la de cualquiera otro esquema de distribución.

74 El Protocolo de Control de Transporte (TCP) y el Protocolo de Internet (IP) en sus primeras versiones se definen en dos *RFC: RFC 793* y *RFC 791*, respectivamente.

5.4. *La emergencia de otras redes coetáneas*

Aunque nos estemos centrando en la evolución inicial de ARPAnet, y posteriormente de Internet (por ser el protocolo vencedor), no debemos olvidar que otras tecnologías de red, así como otras redes, fueron construyéndose y creciendo en distintos ámbitos y lugares del mundo.

Louis Pouzin 321

Louis Pouzin (el inventor del concepto de *datagrama* que observó las debilidades de ARPAnet y las resolvió creando la pionera red de conmutación de paquetes Cyclades en Francia) creó un curioso árbol genealógico de las redes precursoras, coetáneas y posteriores a la más conocida ARPAnet.

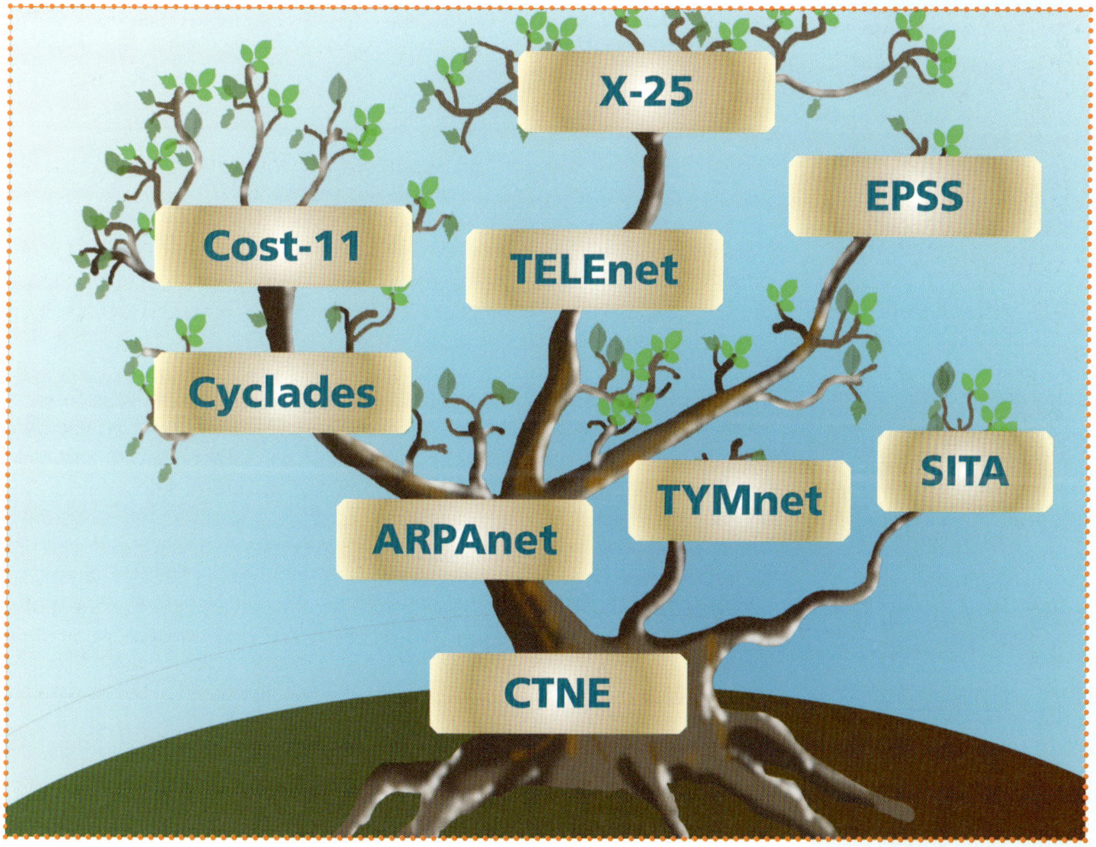

El árbol de las redes de conmutación de paquetes. Cortesía de Louis Pouzin, 2009.

Según Louis Pouzin, podemos afirmar que SITA, Tymnet (entonces Tymshare), INFOnet y ARPAnet fueron desarrolladas simultáneamente y de forma independiente. No hay una fecha precisa de su puesta en marcha, pero sin duda fue durante 1971.

SITA 1966	Primera red de propósito general por conmutación de mensajes; en 1971, conmutaciónde paquetes.
ARPAnet 1969	La más conocida y principal superviviente de la era inicial. Fue sustituida paulatinamente por la NSFnet. En parte inspirada en la "red" de un solo nodo de Donald Davies en Reino Unido.
TYMnet 1971	Junto con SITA fue la primera red de datos comercial internacional.
INFOnet 1972	Su origen se basó en el servicio internacional Remotrans, operacional en 1965; sus nodos se llamaban RCC Remote Communications Concentrators.
RETD/RSAN 1971	CTNE Telefónica inició el proyecto en 1969. Su puesta en servicio fue el 30 de julio de 1971. Considerada la primera red de conmutación de paquetes pública a nivel mundial (Gabriel Alarcia, Jesús Manjarrés, Luis Arroyo).
Cyclades 1972	Red experimental francesa creada por Louis Pouzin. Algunas de las ideas de esta red fueron luego incorporadas en mejoras de ARPAnet.
TELEnet 1974	Primera red pública en EEUU, fundada por Larry Roberts como manera de hacer pública la tecnología de ARPAnet, después del total desinterés mostrado por AT&T. La financiación fue puesta por BBN, inicialmente con tecnología ARPAnet adoptando X.25 en 1978.
NPL 1975	UK NPL Data Communication Net, de un solo nodo, operativa desde junio de 1975.
COST-11 1968	Conocida también por EIN: European Informatic Network. Creada en el NPL (Reino Unido). Dirigida por Derek Barber y pensada para enlazar varias redes nacionales. Operativa en 1976.
EPSS 1975	Experimental Packet Switching Service, red experimental del UK Post Office.
X.25 1976	Durante unos años hubo más de media docena de implementaciones X.25 distintas hasta la nueva recomendación de 1980.

Esta tabla, así como sus fechas, ha sido elaborada con la ayuda de los doctores Louis Pouzin (Francia), Roger Scantlebury (Reino Unido) y José Morales Barroso (España), todos con más de cuarenta años de experiencia directa en este tipo de redes.

Según Louis Pouzin, podemos afirmar que SITA, Tymnet (entonces Tymshare), INFOnet y ARPAnet fueron desarrolladas simultáneamente y de forma independiente. No hay una fecha precisa de su puesta en marcha, pero sin duda fue durante 1971. Al ser ARPAnet un proyecto de investigación desarrollado por académicos, gozó de una muchísima mayor visibilidad que las otras dos, debido a las publicaciones internacionales y su exposición en congresos. Además, fue la principal superviviente de entre las pioneras, dado que después de su partición con MILnet migró hacia TCP/IP (en 1983) y paulatinamente su función de red de transporte fue siendo asumida por NSFnet.

Larry Landweber 341

CSnet

Por otro lado, a finales de la década de los setenta y principios de los ochenta, empezaron a crearse multitud de redes de propósito específico con subvenciones públicas que ayudaban a determinados colectivos a crear comunidades cerradas, a las que tan solo podían acceder determinados perfiles de estudiantes o investigadores. Un ejemplo puede ser la red CSnet, creada por **Larry Landweber** (pionero en la implantación del TCP/IP en una gran red, como veremos en su entrevista personal).

Es importante destacar que esta agrupación por colectivos se dio por campos de investigación en el ámbito académico (físicos de alta energía, ciencias informáticas, etc.) y por tecnología de un determinado fabricante (Digital, IBM, UNIX) en el ámbito comercial. O sea, que si la organización disponía de un sistema VAX (de Digital) solo podría acceder a la red auspiciada por Digital: DECnet. En caso de disponer de una máquina IBM, accedería a la red BITnet/EARN (subsidiada por IBM), sin poder hacerlo a otras redes (por incompatibilidad manifiesta y total).

Podemos tomar como ejemplo las siguientes redes:

MFEnet	Investigadores sobre Magnetic Fusion Energy
HEPnet	Red de los High Energy Physicists
SPAN	NASA Space Physicists
CSnet	Computer Science Network
XNS	De Xerox
SNA	Tecnología propietaria de IBM
DECnet	De la antigua Digital

La creciente implantación del sistema operativo UNIX por la gran mayoría de universidades expandió a su vez la red USEnet, basada en los protocolos de comunicación UUCP (UNIX to UNIX Copy), que venían integrados de forma gratuita en el propio sistema operativo Unix, sin tener que comprar ningún costoso paquete de comunicaciones para poder establecer una red con otras máquinas.

La creciente implantación del sistema operativo UNIX por la gran mayoría de universidades expandió a su vez la red USEnet, basada en los protocolos de comunicación UUCP (UNIX to UNIX Copy), que venían integrados de forma gratuita en el propio sistema operativo UNIX, sin tener que comprar ningún costoso paquete de comunicaciones para poder establecer una red con otras máquinas.

EJEMPLO DE INCOMPATIBILIDAD ENTRE REDES DE CORREO

Se refleja por cortesía de **Martí Griera** su particular "firma" de correo electrónico, en la que debía especificar los distintos formatos de sus cuentas de correo electrónico en cada red. La de X.400 era tan larga y complicada que no le cabía en la firma.

```
*****************************************************
Internet: Marti.Griera@cc.uab.es
HEPnet: 16419::53287::ccmgf
Iberpac: psi%021452310286131::ccmgf
X.400: Not enough room here ;-)
**********MIME is welcome*****************
```

Por su parte, y durante años, **Lyman Chapin** estuvo batallando para que se unieran las dos aproximaciones: OSI (de ISO, seguida por todos los Gobiernos y sus monopolios de telecomunicaciones) y la aproximación más pragmática Internet (por aquel entonces considerada despectivamente como *quick and dirty)*, formada por las familia de protocolos TCP/IP y utilizada "hasta que los protocolos ISO estuvieran disponibles".

Lyman Chapin

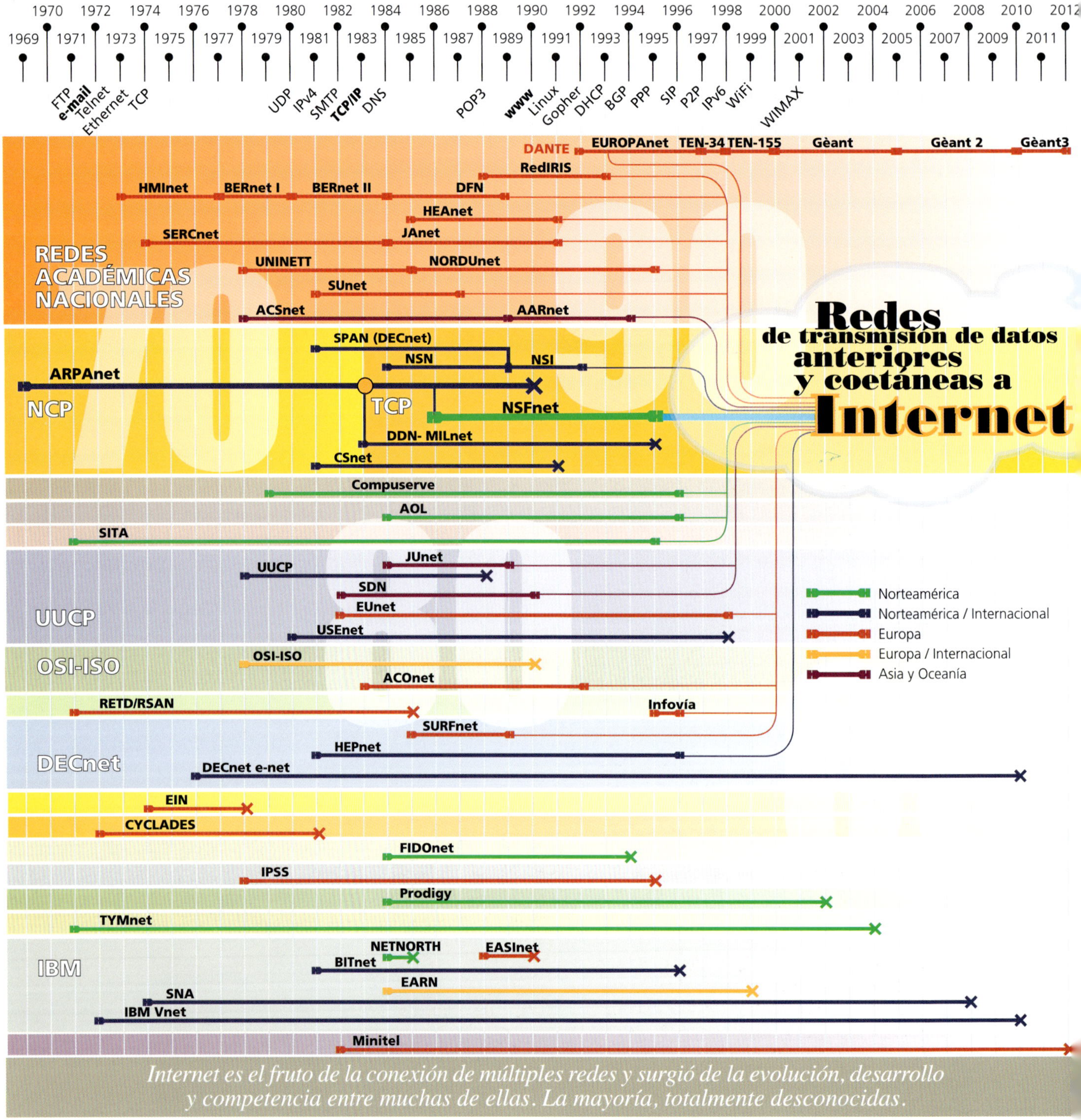

Internet es el fruto de la conexión de múltiples redes y surgió de la evolución, desarrollo y competencia entre muchas de ellas. La mayoría, totalmente desconocidas.

- AARnet. Australian Academic and Research Network
- ACONET. Akademisches Computer Netz
- ACSNET. Australian Computer Science Network
- AOL. America Online
- ARPANET. Advanced Research Projects Network
- BERNET I, II. Berlin Network
- BITNET. Because it's Time Network
- Compuserve. Compuserve Information Services
- CSNET. Computer Science Network
- CYCLADES. Louis Pouzin PS Network in France
- DANTE. Empresa privada que gestiona la unión entre las diversas redes nacionales europeas.
- DDN. Defense Data Network
- DFN. Deutsche Forschunganetz
- EARN. European Academic and Research Network
- EASInet. European Academic Supercomputing Initiative
- EIN. European Informatics Network
- EUnet. European Unix Network
- FidoNet. Fidonet
- FUNET. Finnish University and Research Network
- HEANET.Higher Education Authority Network (Ireland)
- HEPNET. High Energy Physics Network
- HMI-NET. Hahn Moliner Institute Network
- IBM VNET. Virtual Network
- IPSS. International Packet Switched Service
- JANET. Joint Academic Network
- JUNET. Japan University Network
- MILNET. Military Network
- Minitel. France
- NETNORTH. Canada Network
- NORDUNET. Nordic University Network
- NSFnet. National Science Foundation Network
- NSN. NASA Science Network
- OSI-ISO. International Organization for Standardization-Open Systems Interconnection
- Prodigy. Prodigy
- RedIRIS. Red para la Interconexión de los Recursos InformáticoS.
- RETD/RSAN. Red Especial de Transmisión de Datos/Red Secundaria de Alto Nivel. Primera red pública de conmutación de paquetes.
- SDN. System Development Network (Korea)
- SERCnet. Science Engineering Research Council
- SITA. Packet SW born Network for aero-transport
- SPAN. Space Physics Analysis Network
- SUNET. Swedish University Network
- SURFNET. Dutch University Network
- TYMNET. Primera red de datos comercial (con SITA)
- UNINETT. Nordic University Network
- UUCP. Unix to Unix Copy Usenet Network
- USENET. Users' Network

Curiosidad

Formato de las direcciones del estándar de aplicación (de correo electrónico) X.400 (de OSI). Visto ahora en perspectiva, no es extraño que no prosperara sucumbiendo frente al formato de correo internet, menos completo, menos robusto, sin seguridad, pero mucho más práctico y fácil de utilizar.

X.400 name	X.400 attribute
A	Designa el servicio de correo
C	Country (país)
ADMD	Administrative Domain (dominio administrativo)
PRMD	Private Domain (dominio privado)
O	Organización
P	Designa nombre dominio privado de org de usuario
OU	Unidad organizacional (hasta 4 de estos campos)
S	Surname (apellido)
G	First name (nombre)
I	Initials (iniciales)
DD.xx	Atributo definido por el dominio "xx"

Si tomamos, por ejemplo, que el nombre del dominio en donde se encontraba la pasarela de correo X.400 fuese x.400.acme.com, entonces una muestra de dirección podría ser:

"/g=Manuel/s=Roca/o=Proyectos Espaciales/"@x400.acme.com

NSFnet

Distintos acuerdos entre estas últimas redes iniciaron el camino hacia la convergencia. La NSF (National Science Foundation), y concretamente su director, **Dennis Jennings** (irlandés que como veremos trabajó allí tan solo quince meses), tomó tres grandes decisiones:

- Establecer obligatoriamente el TCP/IP en la red NSFnet (1985).
- Una decisión clave fue implementar una red de tres niveles: el troncal nacional que interconectase los cinco centros de superordenadores (y, a través de ellos, las redes regionales y las redes LAN de los campus).

Dennis Jennings 355

En el año 1988 comenzó la expansión internacional de la red académica de uso general con la conexión de los primeros países europeos: Dinamarca (DK), Francia (FR), Islandia (IS), Noruega (NO) y Suecia (SE) y Canadá.

En 1989, muchos otros países se conectaron a la NSFnet y el número siguió aumentando en 1990, 1991, 1992, 1993 y 1994. Esta expansión sirvió de complemento a las diversas conexiones internacionales anteriores de ARPAnet que, en su mayor parte, estaban limitadas al uso por parte de algunos investigadores en cada sitio.

- Apoyar las estructuras de decisión (IAB, Internet Arquitecture Board) que la agencia DARPA ya tenía, publicando un requerimiento técnico[75] conjunto.

Esto hizo que las dos grandes piezas de la embrionaria Internet se engarzaran y empezaran a caminar juntas, asegurando su interoperabilidad mutua, propiciando lo que después sería la masa crítica de usuarios de Internet y haciendo que se adoptara este término como genérico para denominar al conjunto de todas ellas (una vez interconectadas).

En el mismo año, 1985, la primera NSFnet fue diseñada y se empezó a poner en marcha con un *backbone* (o red troncal) de 56 kbps, y unos *routers* por *software* diseñados a medida, dado que los dos fabricantes disponibles en el mercado no cumplían con las especificaciones marcadas.

Steve Wolff, sucesor de Dennis Jennings en el cargo, como veremos supervisó la sucesiva ampliación de los enlaces troncales desde los 56 kbps, pasando por los 1,5 mbps (inaugurados el 1 de julio de 1988), 45 mbps (de 1993) hasta los varios gigabits por segundo de capacidad durante la década posterior.

En el año 1988 comenzó la expansión internacional de la red académica de uso general con la conexión de los primeros países europeos: Dinamarca (DK), Francia (FR), Islandia (IS), Noruega (NO) y Suecia (SE), y Canadá.

En 1989, muchos otros países se conectaron a la NSFnet y el número siguió aumentando en 1990, 1991, 1992, 1993 y 1994. Esta expansión sirvió de complemento a las diversas conexiones internacionales anteriores de ARPAnet que, en su mayor parte, estaban limitadas al uso por parte de algunos investigadores en cada sitio.

Posiblemente, Steve Wolff sea la persona más responsable de que Internet sea como la conocemos hoy gracias a haber tomado las decisiones más complejas en contra de todo el mundo académico, decidiendo privatizar paulatinamente la red y creando la estructura de NAP (Network Access Points), en donde los operadores comerciales estaban obligados a hacer *peering* (intercambio de tráfico) de forma gratuita entre ellos.

Gordon Bell 367

Gordon Bell, en 1986, fue nombrado el primer subdirector de la Junta Directiva de Informática de la NSF. En NSF dirigió el grupo interagencia que llevó a cabo "el plan" (1987) para la Red Nacional de Investigación y Educación, NREN (National Research and Education Network) que se convirtió en la NII/GII[76], idea promovida por el entonces senador Al Gore.

75 Véase el protocolo *RFC 985* sobre *Internet gateways* (o pasarelas de Internet).
76 NII/GII: siglas del plan National/Global Information Infrastructure.

EARN (Red Académica y de Investigación Europea)

Por su lado, en 1981 se creó BITnet, que enlazaba muchos de los grandes *mainframes* IBM académicos a través de su correo electrónico específico. Su rama europea fue la red EARN (European Academic Research Network) con su nodo central español en la Universitat de Barcelona (véase la entrevista a **Josep Maria Blasco**).

Josep Maria Blasco 453

Esta creciente diseminación de redes y de tecnologías llevó a que estas tuvieran un alto grado de incompatibilidad entre ellas. El hecho de que cada una de ellas fuera utilizada por distintos colectivos dio pie a que estas *islas* de comunicación se desarrollaran y crecieran por separado durante mucho tiempo.

En los años posteriores se intentó paliar este efecto y en la creación de los programas de ayudas al desarrollo de las redes universitarias, como JAnet (británica) y NSFnet (de la National Science Foundation estadounidense), se explicitó que su alcance era universal dentro de los estudios superiores, sin restringir su uso a ningún determinado colectivo o especialidad.

EASInet (La gran desconocida entre las redes, que impulsó a Europa a coordinarse en Internet)

Un factor importante en la aceleración del crecimiento de la infraestructura de Internet en Europa fue que, en 1990 (y seis años después de EARN), IBM tuvo la iniciativa, de nuevo con Herb Budd al frente, de crear una red académica de supercomputación de altísimas prestaciones, basada esta vez en tecnología Internet, subsidiando tanto los equipos de conmutación como las conexiones internacionales durante un periodo de tres años. Se llamó EASInet[77] y conectó los grandes centros de investigación y de supercomputación europeos entre sí en forma de estrella y conectando el nodo central directamente a la NSFnet americana. Esto supuso que el CERN[78] (que actuaba a modo de *hub* o concentrador a nivel europeo) y la Cornell University se conectaran intercontinentalmente en febrero de 1990, con el primer enlace de más de 1 Mbps; algo que provocó una especie de terremoto entre la comunidad académica, forzando a las redes nacionales (NREN) aún reacias, a conectarse a internet.

77 EASInet: fue la red de la European Academic Supercomputing Initiative promovida por IBM.
78 CERN: es el laboratorio Europeo para física de partículas, y alberga en su interior uno de los aceleradores de partículas mayores del mundo. Tanto el HTML como la Web nacieron allí, en el corazón de Europa: <www.cern.ch>.

Un factor importante en la aceleración del crecimiento de la infraestructura de internet en Europa fue que, en 1990 (y seis años después de EARN), IBM tuvo la iniciativa, de nuevo con Herb Budd al frente, de crear una red académica de supercomputación de altísimas prestaciones, basada esta vez en tecnología Internet.

La red entró en España en agosto de 1991 con la conexión a 64 kbps[79] del Centre de Supercomputació de Catalunya (CESCA) al Centre National Universitaire Sud de Calcul (CNUSC) de Montpellier y bajo el patrocinio de la Fundació Catalana per a la Recerca (FCR)".

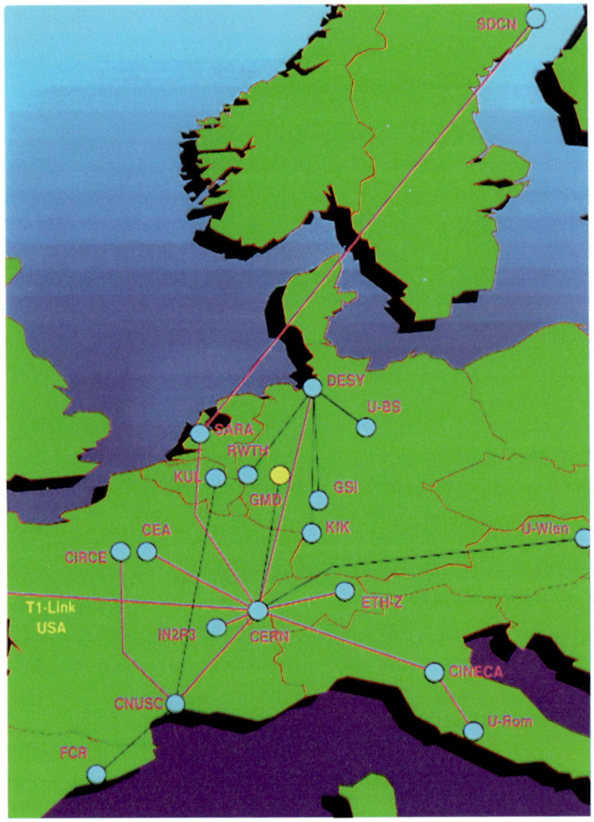

Mapa de EASInet (IBM), la primera red (internet) de muy alta velocidad a la que estuvo conectada España a través de la pionera FCR (Fundación Catalana para la Investigación).

79 Cabe recordar que 64 kbps en 1991 era un ancho de banda gigantesco. En 1995, cuando el servicio WWW despegó a nivel global y se requería mayor ancho de banda, las conexiones de países enteros eran menores aún a 64 kbps.

6. El CERN y sus pioneros

Epicentro impulsor de Internet en Europa

Una de esas personas que, a pesar de haber sido clave en varios momentos decisivos de los orígenes de Internet en Europa, han permanecido siempre en la sombra de la historia es **François Fluckiger.** A través de él, y con su testimonio directo y privilegiado, nos podremos adentrar en el desconocido relato de las distintas fases por las que atravesó la lenta entrada de Internet en nuestro continente.

François Fluckiger

6.1. Las redes nacionales de investigadores

A mediados de los ochenta la mayoría de los Estados europeos no disponían de redes internas. Y mientras los Gobiernos y los grandes fabricantes iban discutiendo y negociando sobre cuál debía ser la estrategia, y sobre todo la tecnología que se iba a implantar, los científicos del entorno de la investigación pública, de manera casi imperceptible y natural, adoptaron la tecnología de Internet (el TCP/IP, en mayor parte por su gratuidad, facilidad de instalación y uso).

No tuvieron ningún mandato de sus organizaciones, más bien al contrario (desde los Gobiernos y desde los monopolios de telecomunicaciones se exigía que se utilizara el modelo de referencia OSI estandarizado por ISO, que de tan complejo jamás llegó a estar "listo"). Pero, aun así, desplegaron y ayudaron a desarrollar la tecnología Internet, esparciéndola por todos los centros universitarios (que utilizaban UNIX) y no fue hasta al cabo de más de diez años que el sector privado empezó a utilizarlo tímidamente.

Mientras en Estados Unidos la red iba creciendo de manera vertiginosa (especialmente desde que en 1983 se impuso el TCP/IP como único protocolo oficial en ARPAnet y en 1985 se hizo lo mismo para la nueva red NSFnet), en Europa se produjo el cisma entre dos corrientes: la de los operadores de telecomunicaciones, que desarrollaron sus estándares basándose en principios de la red telefónica, y la de los científicos informáticos (como es el caso en Francia de Louis Pouzin con la red Cyclades).

Mientras en Estados Unidos la red iba creciendo de manera vertiginosa (especialmente desde que en 1983 se impuso el TCP/IP como único protocolo oficial en ARPAnet y en 1985 se hizo lo mismo para la nueva red NSFnet), en Europa se produjo el cisma entre dos corrientes: la de los operadores de telecomunicaciones, que desarrollaron sus estándares basándose en principios de la red telefónica, y la de los científicos informáticos (como es el caso en Francia de Louis Pouzin con la red Cyclades). Pero, a excepción de dos países: Noruega (con Uninett) y Reino Unido (con JAnet), no hubo planes para desplegar redes a nivel nacional y de carácter multidisciplinar en ningún otro país europeo.

Los primeros esfuerzos para poder disponer de una red internacional (a pesar de que muchos países aún no disponían todavía de una nacional) se iniciaron en Oslo en la reunión de julio de 1983 liderada por Larry Landweber (estas reuniones se convirtieron a partir de 1991 en las conferencias oficiales de la Internet Society: los INET).

A la par que en Estados Unidos, en 1981, se creó BITnet. Participaron en esta creación Ira Fuchs (de CUNY) e IBM. En Europa, y siguiendo la estela de Reino Unido y Noruega, se crearon: DFN (Deustches ForschungsNetz, en Alemania), FUnet (en Finlandia), SUEnet (en Suecia) y más tarde SURFnet (en Holanda). Se trata de estructuras, pero no de redes operacionales aún.

HITOS DEL CERN

1974 CERNet: una de las redes tipo IP más rápida del mundo (totalmente diseñada en el CERN).

1988 El CERN reúne a seis pioneros para crear RIPE (organismo de asignación de direcciones IP): François Fluckiger, Daniel Karrenberg, Enzo Valente, Olivier Martin, Rob Blokzijl y Mats Brunel.

1989-1990 Tim Berners-Lee presenta la primera propuesta para convencer al CERN sobre el WWW.

1990 Septiembre: Mike Sendall, "jefe de Tim Berners-Lee, le dice: *"¿Y por qué no? Probemos"*, le pone recursos.

1990 Diciembre: primera versión del programa WWW (tres meses de desarrollo en un ordenador NEXT).

1990 Primer enlace transatlántico de más de 1 mbps, conectando el CERN con NSFnet en Cornell University.

1991 Verano. Liberación general del navegador y del servidor web (puesta gratuitamente en Internet).

1991 El CERN pasa a ser el *hub* de Internet mayor de Europa (85% del ancho de banda internacional).

1992 El CERN se convierte en miembro fundador de la Internet Society, ISOC.

1992 El CERN y otros (ANS, Cable&Wireless, DES, IBM, NSF, PTT Telecom, Sprint) crean Ebone: la primera red troncal IP Europea.

1993 Febrero: se libera el programa Mosaic de la americana NCSA (primer navegador gráfico).

1994 Septiembre: se crea el W3C (World Wide Web Consortium).

1995-1997 El jefe de *networking* del CERN, Brian Carpenter, dirige el Internet Architecture Board (IAB).

1998-2002 François Fluckiger, del CERN, dirige el programa de las conferencias anuales de ISOC: Inet.

Los primeros esfuerzos para poder disponer de una red internacional (a pesar de que muchos países aún no disponían todavía de una nacional) se iniciaron en Oslo en la reunión de julio de 1983 liderada por **Larry Landweber** (estas reuniones se convirtieron a partir de 1991 en las conferencias oficiales de la Internet Society: los Inet). Allí se detectó la necesidad y el deseo de poner en marcha una gran red internacional. También empezó a aflorar la gran dificultad: la necesidad de elegir entre dos tecnologías o escuelas; aquí es cuando se inicia la llamada "guerra de protocolos", que duraría hasta la mitad de la década de los noventa.

En un bando estaría el IETF, grupo abierto en el que todo el mundo podía colaborar y proponer ideas, establecido así por los ingenieros que diseñaron inicialmente los protocolos de red (IP) y los de aplicación (hasta 1991 únicamente había tres: SMTP para el correo, Telnet para conectar un terminal a un ordenador remoto y FTP para el envío de ficheros). Y en el otro bando, la Unión Internacional de Telecomunicaciones (UIT, llamada CCITT por aquel entonces), junto a la Organización Internacional de Estándares (ISO ,que estandarizó el modelo de referencia OSI). Este grupo tuvo el mismo objetivo: promulgar unas normas abiertas que permitieran conectar cualquier tipo de ordenador.

Una de las diferencias fundamentales en las propuestas presentadas por ambos grupos estaba en los protocolos de transporte:

- Los operadores de telecomunicaciones (para seguir con el modelo telefónico) impusieron un modelo "orientado a la conexión", en donde debía establecerse una "llamada" o conexión antes de que dos ordenadores pudieran enviarse información. La factura posteriormente podría basarse en la duración de esta llamada (a semejanza de como se hace en la red telefónica conmutada; este protocolo fue llamado X.25 y supuso una gran fuente de ingresos para los operadores durante casi diez años).
- Por su parte, los ingenieros de Internet utilizaban el modelo de "datagramas" o pequeños paquetes, que no requiere de un sistema orientado a la conexión permanente entre los dos ordenadores.

A finales de 1983, la mayoría de países y Gobiernos nacionales europeos se había decantado por dar soporte al modelo OSI. Por otra parte, viendo el enorme éxito de la red BITnet (en EEUU) IBM propuso la creación y despliegue de una red similar, basada en los protocolos propietarios de IBM y que se extendiera hasta los centros de datos de las universidades. **Herb Budd** (IBM) fue quien impulsó esta iniciativa, en la que el fabricante se haría cargo de todos los costes de conexión entre centros durante tres años. La reunión fundacional también se realizó en la sede central del CERN (de Suiza) y se nombró al inglés **David Lord** como primer presidente de EARN. Se puso en marcha a principios de 1984 y cubría la mayoría de países europeos, dotando de una red internacional por primera vez a los investigadores. A pesar del éxito inmediato, el hecho de estar basada en unos protocolos propietarios, que encima eran de una empresa no europea, y que se había adelantado a los encargados oficialmente de poner en marcha redes de investigación nacionales con protocolos OSI (aún no disponibles), fue muy mal recibido en muchos países y organizaciones.

Por esta razón se decidió montar una organización que agrupara a todas estas NREN[80] y, dado que el acrónimo en inglés que mejor lo describía ya está ocupado, se decidió utilizar el equivalente en francés: RARE[81]. El día 13 de junio de 1986 se puso en marcha RARE en Ámsterdam (gracias al patrocinio ofrecido por el Gobierno holandés como nos explica **Kees Neggers**) escogiendo como primer líder a Peter Linington (director de la red británica JAnet).

El 13 de junio de 1986 (hace ya más de veinticinco años), los fundadores de RARE, de izquierda a derecha: Peter Linington (JAnet, Reino Unido), Klaus Ullmann (DFN, Alemania), Hans Rosenberg (Utrecht University, Holanda) y Kees Neggers (SURF, Holanda) se encuentran con el notario en Ámsterdam y fundan lo que pasará a ser el consorcio de NREN europeas: RARE (rebautizado como TERENA posteriormente).

La confrontación siguió durante el periodo entre 1986 y 1988. Por un lado, EARN con sus protocolos de IBM se enfrentó a los protocolos OSI (cuyos productos empiezan a estar disponibles: X.400 para el correo electrónico). El irlandés **Dennis Jennings,** que reemplazó a Lord al frente de EARN, propuso reemplazar la infraestructura de transporte de EARN por una basada en OSI. Este movimiento se realizó para acomodarse al nuevo sponsor: Digital Equipment, quien reemplaza a IBM. Sin duda, EARN seguiría siendo el principal método de comunicación internacional para los investigadores europeos y universidades hasta finalizar esa década.

Mientras, otra red cuyo rol fue decisivo tomó fuerza: EUnet[82], la red europea de usuarios del sistema operativo UNIX, que desde 1982 tenía enlaces UUCP[83] establecidos entre cuatro países: Reino Unido, Holanda, Dinamarca y Suecia, y que en 1988 convirtió sus enlaces a tecnología IP de Internet.

Por otro lado, en 1986, RARE propuso a la Comisión Europea que se financiara un ambicioso proyecto, estableciendo una red europea para la investigación basada en infraestructura OSI, llamando al proyecto: COSINE[84]. Hubo una larga fase de especificaciones que no terminó hasta finales de 1988, dado que no existía nada inicialmente.

Este proyecto llevaba implícita la aceptación de que habría dos mundos, con diferentes lenguajes de red, incompatibles totalmente entre sí y que obligaban a la utilización de *gateways* para poder establecer las comunicaciones (como si de un traductor automático se tratara).

80 NREN: National Research and Education Networks (redes nacionales para la investigación y la educación).
81 RARE: Réseaux Associés pour la Recherche Européenne (redes europeas asociadas para la investigación).
82 EUNet: fue creada como una réplica de la americana USEnet, creada en EEUU en 1979.
83 UUCP: UNIX to UNIX Copy.
84 COSINE: Cooperation for OSI Networking in Europe, (Cooperación para las redes OSI en Europa).

Mientras las redes nacionales que siguen con la estrategia OSI sienten cada vez más la fuerte demanda interna hacia la tecnología internet, siendo cada vez más difícil negarse a esta demanda.

La implementación de esta red, COSINE, se inició en 1989 (precisamente el mismo año en que se derribó el muro de Berlín) con la puesta en marcha de una red de transporte internacional basada en X.25. Pero no se finalizó puesto que quedó eclipsada por la ola de instalaciones de tecnología internet en todos los campus universitarios de Europa. Era una tecnología simple, fácil de instalar, integrada en las máquinas UNIX y gratuita.

La diferencia fundamental respecto a los sistemas previos era que los usuarios enviaban correos y ficheros entre ellos sin tener que tener en cuenta los tipos, marcas o modelos de ordenadores de sus destinatarios. Los países escandinavos fueron los primeros en convertir sus redes a tecnología TCP/internet formando una federación gracias a la organización NORDUnet, conectándose directamente a la NSFnet, la red internet central norteamericana. La red holandesa SURFnet, con Kees Neggers al frente, fue también una de las primeras redes europeas en cambiar a protocolos internet.

Mientras, las redes nacionales que siguieron con la estrategia OSI sentían cada vez más la fuerte demanda interna hacia la tecnología internet, siendo cada vez más difícil negarse a esta demanda. Dado que las críticas sobre el uso de tecnología propietaria de un fabricante, que terminaron por desmantelar EARN, no podían ser aplicadas a Internet. No fue hasta principios de los años noventa que empezó a haber un cambio en las opiniones de las redes nacionales más reticentes a Internet.

Brian Carpenter 391

En Reino Unido, JAnet empezó su conversión. Y RARE, que había hecho de OSI su caballo de batalla, comisionó a tres expertos para que auditaran la situación: el finlandés **Lars Backstrom,** el francés **Guy Pujolle** y el británico **Brian Carpenter,** quienes recomendaron[85] que RARE aceptara la tecnología TCP/IP. Y, finalmente, en su reunión de Viena (Austria) el 1 de febrero de 1990 adoptara una famosa e histórica resolución:

> (...) RARE, sin poner en cuestión su política sobre OSI, reconoce a la familia de protocolos TCP/IP como una suite abierta, multifabricante y bien adaptada a las aplicaciones técnicas y científicas (...).

6.2. *La génesis de RIPE*
Organismo de asignación de direcciones IP

Antes de llegar a este punto, los europeos (NORDUnet, EUnet) que sí habían creído en la tecnología de Internet se tuvieron que coordinar con el resto del mundo Internet. En 1988 se puso en marcha el CCIRN[86] y en su segunda reunión, en octubre de ese año (en Virginia Occidental), los americanos

85 En su informe entregado el 22 de enero de 1990.
86 CCIRN: Coordinating Committee for Intercontinental Research Networks (Comité coordinador para las redes intercontinentales de investigación).

Bill Bostwick (DoE), **Barry Leiner** (DoD), **Dave Clark** (MIT) y **Vint Cerf** (coinventor del TCP) pidieron a los representantes europeos (uno británico, otro alemán y el francés **François Fluckiger** del CERN) de forma insistente que establecieran un organismo para asignar las direcciones de Internet en Europa y que ellos (el NIC americano) pudieran dejar de hacerlo. La respuesta fue bastante fría, excepto en el caso del representante del CERN que, al volver, envió un centenar de correos a ingenieros europeos interesados en Internet para que se pusieran en contacto con **Daniel Karrenberg** de EUnet, en Ámsterdam, que ya había empezado a coordinar informalmente estos temas.

Daniel Karremberg

La respuesta a la llamada resultó muy fructífera. La primera reunión fundacional (con seis participantes) tuvo lugar en una diminuta y oscura sala del Edificio 600 del CERN, en Ginebra (Suiza), en un frío y muy lluvioso día de diciembre de 1988. La situación era bastante compleja porque IP no era la tecnología favorecida por los políticos en ese momento. Karrenberg propuso ya el nombre para la organización: "RIPE[87]", como acrónimo en francés y a la vez con un claro significado en inglés: los tiempos ya estaban "maduros" para que los europeos organizaran su Internet en Europa. En mayo de 1989 se convocó el primer RIPE Forum (liderado por el holandés **Rob Blokzijl**), entidad sin estructura, ni empleados y ni presupuesto, en que la comunicación se realizaba por listas de distribución y se realizaban dos encuentros anuales. Tres años más tarde, en 1992, se puso en marcha una estructura operativa: RIPE-NCC (Centro de Coordinación de Red) como una organización neutral y totalmente independiente (sin control por parte de Gobiernos o de determinadas empresas).

En la actualidad existen cinco grandes centros que se encargan de gestionar un bien tan escaso como son las direcciones IP en cada uno de los continentes.

En la actualidad existen cinco grandes centros que se encargan de gestionar un bien tan escaso como son las direcciones IP en cada uno de los continentes.

87 RIPE: Réseaux IP Européens, o redes IP europeas. *Ripe* puede traducirse como 'maduro' en inglés.

No fue hasta 1988, en que el CERN, bajo el impulso de Ben Segal, François Fluckiger y Brian Carpenter, se alejó de la estrategia oficial OSI.

El 7 de mayo de 2009 se celebró la reunión 58 de RIPE, en la que se conmemoró su 20º aniversario y que aunó a más de 500 personas en Ámsterdam (Holanda). La primera reunión de RIPE también se produjo en Ámsterdam el 22 de mayo de 1989 y asistieron catorce personas. En la foto aparecen cinco de "La banda de los seis" fundadores de RIPE, de izquierda a derecha: François Fluckiger (CERN), Daniel Karrenberg (EUnet, Holanda), Enzo Valente (INFN, Italia), Olivier Martin (CERN), Rob Blokzijl (Nikhef, Holanda), y Mats Brunel (SUnet, Suecia) no presente ese día. Cortesía de François Fluckiger (CERN).

Daniel Karrenberg pasó a ser el primer director de RIPE-NCC y durante más de diez años rigió su exitoso destino. En la actualidad emplea a más de 100 personas y tiene más de 5.000 miembros que contribuyen activamente (los LIR o registros locales).

6.3. La importancia del CERN en los orígenes de la internet europea

Ben Segal

No fue hasta 1988, cuando el CERN, bajo el impulso de **Ben Segal, François Fluckiger** y **Brian Carpenter,** se alejó de la estrategia oficial OSI. De hecho, es el establecimiento de RIPE a mediados de 1989 el que marcó, sin ninguna duda, el comienzo de la era de Internet en Europa. El CERN, junto con las redes EARN, EASInet, EUnet y HEPnet desempeñaron un papel fundamental en el establecimiento y coordinación de la infraestructura de red paneuropea, así como su conexión hasta el núcleo de Internet: la americana NSFnet.

Después del lanzamiento de RIPE, el CERN continuó en su contribución al desarrollo de Internet, por el interés propio que ha tenido siempre en poder disponer de una red que le permitiera repartir la masiva cantidad de datos[88] generados en sus experimentos de física de altas energías, hacia centros de proceso, de manera distribuida. Cosa que no logró en los años noventa, pero que sí finalmente consiguió desde 2002. Ello ha sido posible gracias a

88 El LHC produce del orden de un millón de GB de datos por segundo. Gracias a un sofisticado sistema en tiempo real de selección, tan solo el 0,00001% de los datos debe preservarse. A pesar de esta drástica reducción, deben ser almacenados y procesados unos 25 millones de GB al año (25 petabytes): <http://dashb-earth.cern.ch>.

la tecnología GRID que distribuye en tiempo real el trabajo y los datos con enlaces de fibra óptica que trabajan a múltiples de 10 gigabits por segundo (Gbps) desde el CERN hasta cada uno de los once grandes centros de datos distribuidos por todo el mundo.

Podemos resumir la importancia del CERN con estos hitos tan importantes:

1974 CERNet: una de las redes tipo IP más rápida del mundo (totalmente diseñada en el CERN).
1988 El CERN reúne a seis pioneros para crear RIPE (organismo de asignación de direcciones IP): François Fluckiger, Daniel Karrenberg, Enzo Valente, Olivier Martin, Rob Blokzijl y Mats Brunel.
1989-1990 Tim Berners-Lee presenta la primera propuesta para convencer al CERN sobre el WWW.
1990 Septiembre: Mike Sendall, su jefe, le dice: *"¿Y por qué no? Probemos"*, le pone recursos.
1990 Diciembre: primera versión del programa WWW (tres meses de desarrollo en un ordenador NEXT).
1990 Primer enlace transatlántico de más de 1 mbps, conectando el CERN con NSFnet en Cornell University.
1991 Verano. Liberación general del navegador y del servidor web (puesto gratuitamente en Internet).
1991 El CERN pasa a ser el *hub* de Internet mayor de Europa (85% del ancho de banda internacional).
1992 El CERN se convierte en miembro fundador de la Internet Society, ISOC.
1992 El CERN y otros (ANS, Cable&Wireless, DES, IBM, NSF, PTT Telecom, Sprint) crean Ebone: la primera red troncal IP Europea.
1993 Febrero: se libera el programa Mosaic de la americana NCSA (primer navegador gráfico).
1994 Septiembre: se crea el W3C (World Wide Web Consortium).
1995-1997 El jefe de *networking* del CERN, Brian Carpenter, dirige el Internet Architecture Board (IAB).

La guerra de protocolos (IP vs. OSI) se dio oficialmente por acabada en junio de 1990, durante la primera conferencia conjunta que se hizo en Killarney, Irlanda, al unirse la red EARN con RARE. Resultado de esta unión fue la actual TERENA[89]. Se acordó también que se coordinarían las actividades de ingeniería a escala global.

La guerra de protocolos (IP vs. OSI) se dio oficialmente por acabada en junio de 1990, durante la primera conferencia conjunta que se hizo en Killarney, Irlanda, al unirse la red EARN con RARE.

6.4. ¿Cómo era la conectividad en Europa en marzo de 1991?

A principios de los años noventa la red Internet europea estaba formada únicamente por universitarios e investigadores, y tan solo algunos países (los escandinavos, Holanda, España, Irlanda, Suiza y Austria) habían adoptado esta tecnología. Las comunicaciones internacionales se realizaban a través de redes puramente Internet (como EASInet o EUnet) o mediante la red IXI (que utilizaba la tecnología OSI de ISO: X.25).

Tim Berners Lee 397

89 TERENA: Trans-European Research and Education Networking Association. Es una asociación de redes nacionales de investigación (en España la representante es RedIRIS) ubicada en Ámsterdam (Holanda). Se formó inicialmente el 13 de junio de 1986 como RARE (Réseaux Associés pour la Recherche Européenne) pasándose a llamar TERENA tras la fusión de RARE con EARN (European Academic Research Network) en octubre de 1994.

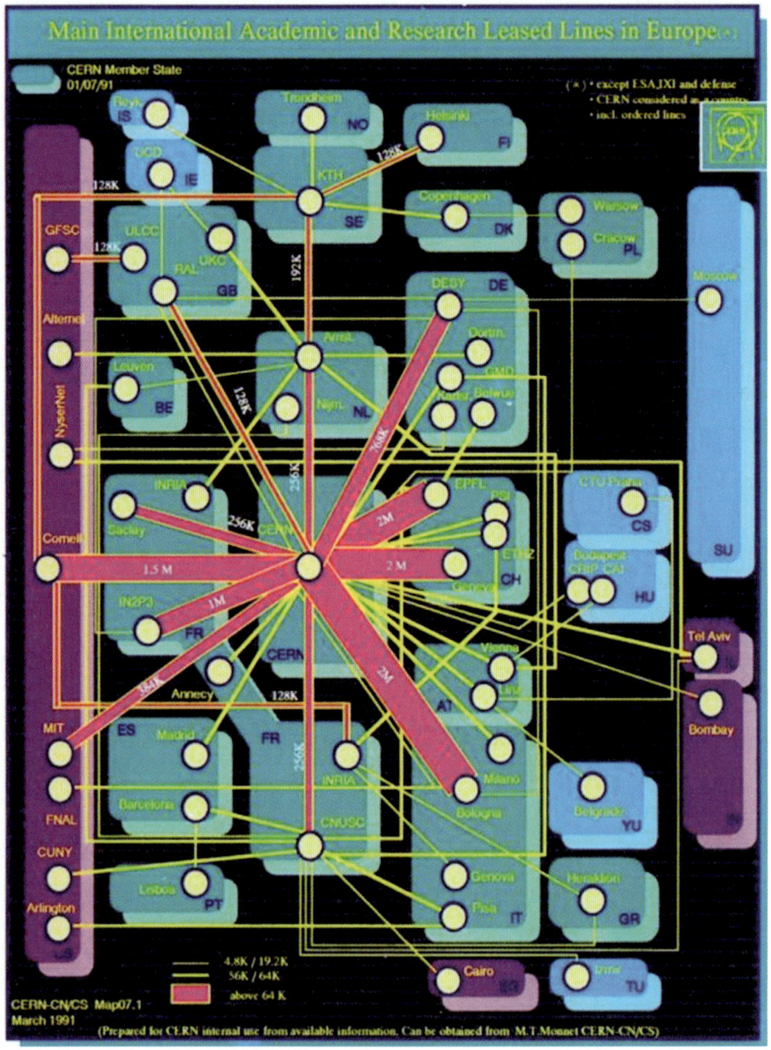

Principales líneas dedicadas internacionales para centros académicos y de investigación en Europa, en marzo de 1991. Se excluyen las líneas de la agencia espacial, ESA, de IXI y las de defensa. Se incluyen los Estados miembros del CERN. Las líneas de color rosado representan anchos de banda superiores a los 64 kbps. Las amarillas gruesas indican anchos de banda entre 56 k y 64 kbps y las delgadas representan líneas dedicadas de entre 4.8 kbps y 19.2 kbps. Cortesía de François Fluckiger (CERN).

A principios de los años noventa, el 85% del ancho de banda internacional instalado para Internet en Europa terminaba en el Centro de Cálculo, ubicado en el edificio 513 del CERN.

En ese momento, el 85% del ancho de banda internacional instalado para internet en Europa terminaba en el Centro de Cálculo, ubicado en el edificio 513 del CERN.

7. La creación del sistema de nombres de dominio

A medida que Internet iba creciendo, se iban generando nuevas necesidades y, a su vez, creando nuevos conceptos que hicieron variar profundamente la tecnología.

En aras a simplificar su uso, se empezaron a asignar nombres a las máquinas para que no fuera necesario recordar las direcciones numéricas (como sucede en otras redes, como por ejemplo la red telefónica). Inicialmente, esto se resolvió mediante una simple tabla que cada ordenador guardaba localmente en un fichero (llamado "hosts.txt"), en el que se reflejaban todas las máquinas con sus nombres y direcciones IP asociadas.

Este sistema pronto se hizo ingestionable, puesto que las actualizaciones eran constantes[90] y esto provocaba grandes cuellos de botella. Esta situación provocó graves tensiones entre las entidades gestoras de la red y bloqueó el crecimiento de Internet durante varios meses hasta que se implantó el nuevo sistema con una base de datos distribuida a nivel global: el DNS.

El crecimiento (inicialmente no esperado) del número de redes gestionadas independientemente, y por consiguiente del número de ordenadores asociados, llevó al desarrollo de un sistema que permitiera realizar este trabajo de constante actualización de una manera más distribuida, creándose el Sistema de Nombres de Dominios (DNS). Este permite la resolución de nombres de máquinas en direcciones Internet, manteniendo centenares de miles de máquinas actualizadas, de forma jerarquizada. Se utiliza la palabra *dominio*, puesto que el conjunto de máquinas que lo utilizan suele estar bajo los dominios de una misma empresa u organización.

A su vez, el incremento constante del tamaño de la red hizo cambiar la estructura de los *routers* (o encaminadores). Inicialmente existía un único algoritmo de enrutamiento, que seguían todos ellos. Al crecer drásticamente el número de redes conectadas, se dividió el trabajo de cada uno de ellos, implementando un sistema jerárquico con dos tipos de protocolos (uno interno, el IGP[91], y otro externo, el EGP[92]) que trabajan en el interior de una cierta zona de Internet o en su exterior, respectivamente. De esta manera, se pudo reducir el problema que suponían las reconfiguraciones de toda la red cuando únicamente debía cambiarse cierta

90 Las actualizaciones de subredes y de máquinas se producían desde cualquier parte de la Tierra y las 24 horas.

91 IGP: Interior Gateway Protocol (Protocolos de encaminamiento interior).

92 EGP: Exterior Gateway Protocol (Protocolo de encaminamiento exterior).

¿CÓMO SE CONOCÍA LA RELACIÓN ENTRE EL NOMBRE DE UNA MÁQUINA Y SU DIRECCIÓN?

Inicialmente, se mantenía una gran lista de nombres de máquinas con sus direcciones (IP) internet asociadas en un fichero único, llamado "hosts.txt", que se hacía público en la red. Siempre estaba en el mismo sitio y los ordenadores *(hosts)* iban a él y lo copiaban diariamente para disponer de una copia local actualizada. La gestión de este fichero corría a cargo de voluntarios de un grupo en el SRI International, situado en California (Menlo Park), al que se llamó Centro de Información de Red o NIC (Network Information Center).

Paul Mockapetris 405

Paul Vixie

Elizabeth Feinler 415

Doug Engelbart 423

zona, a la vez que las tablas de direccionamiento dejaban de ser globales y reducían su tamaño.

NOTA TÉCNICA

Las Tablas de Direccionamiento (o Routing Tables) permiten a los *routers*, realizar adecuadamente su trabajo de encaminar/enrutar los paquetes hacia su destino final.

De este modo, el DNS fue inventado y desarrollado para afrontar el crecimiento de la red, a principios de la década de los ochenta, por **Paul Mockapetris** en colaboración con Jon Postel de la University of Southern California (USC) y, posteriormente, con **Paul Vixie.** Juntos desarrollaron lo que hasta ahora conocemos con el nombre de DNS, un sistema distribuido y jerárquico que relaciona los nombres de dominio con las direcciones IP de las máquinas.

Eran tiempos en que las universidades empezaban a realizar conexiones a las múltiples redes, como BITnet. La red empezaba a crecer y era de vital importancia establecer un orden metódico en cuanto a los nombres de los equipos que se iban incorporando. Por lo que se crearon los nombres de dominio genéricos de primer nivel, los llamados Generic Top Level Domain: gTLD[93], para clasificar a las entidades que progresivamente deseaban tener presencia en la red. Así pues, nacieron los dominios **".com", ".org"** y **".net".**

A estos se añadieron también otros nombres de dominio especiales: sTLD[94], exclusivos para EEUU:

.mil	Ejército de EEUU.
.edu	Inicialmente para universidades americanas.
.gov	Para todas las agencias de la administración de EEUU.

Sin duda, una anécdota desconocida que ilustra perfectamente el hecho de que "la innovación es difícil de predecir", ocurrió cuando se estaban decidiendo los dominios de nivel superior. El dominio **".com"** (comercial) se añadió en el último momento y a punto estuvo de no ser utilizado, en la clara creencia de que la acción real en ARPAnet se centraría únicamente en el ámbito de los dominios **".edu"** (educación) y **".mil"** (militar).

En todo ello tuvo muchísimo que ver (como podremos descubrir en su inédita entrevista) una gran desconocida: **Elizabeth** (Jake) **Feinler,** biblioteconomista empleada a las órdenes de **Doug Engelbart** en el centro de información de la red (NIC) que se creó en California (en el seno del SRI, en Menlo Park).

93 gTLD: entre los que se incluyeron las conocidas terminaciones: ".com" .org y .net
94 sTLD: Sponsored Top Level Domain, o dominios de primer nivel esponsorizados.

Además, también se definieron los dominios nacionales por país, llamados *country code* o ccTLD[95] para aquellos países que se fueran conectando a la red. En la siguiente tabla reproducimos los nombres de dominio de primer nivel que, mediante dos dígitos (según la tabla bloqueada ISO-3166), identifican desde 1974, a todos los países, territorios dependientes y áreas especiales de interés geográfico con conectividad.

Afganistán	af	Congo	cg	Islandia	is	Mozambique	mz	Sudáfrica	za
Albania	al	República Democrática del Congo	cd	India	in	Myanmar (Birmania)	mm	Islas Georgias del Sur y Sandwich	gs
Argelia	dz	Islas Cook	ck	Indonesia	id	Namibia	na	España	es
Samoa americana	as	Costa Rica	cr	Irán	ir	Nauru	nr	Sri Lanka	lk
Andorra	ad	Costa de Marfil	ci	Iraq	iq	Nepal	np	Santa Elena	sh
Angola	ao	Croacia	hr	Irlanda	ie	Holanda	nl	San Pedro y Miquelón	pm
Anguila	ai	Cuba	cu	Isla de Man	im	Antillas Holandesas	an	Sudán	sd
Antártida	aq	Chipre	cy	Israel	il	Nueva Caledonia	nc	Surinam	sr
Antigua y Barbuda	ag	República Checa	cz	Italia	it	Nueva Zelanda	nz	Svalbard y la isla de Jan Mayen	sj
Argentina	ar	Dinamarca	dk	Jamaica	jm	Nicaragua	ni	Suazilandia	sz
Armenia	am	Yibuti	dj	Japón	jp	Níger	ne	Suecia	se
Aruba	aw	Dominica	dm	Jordania	jo	Nigeria	ng	Suiza	ch
Isla Ascension	ac	República Dominicana	do	Kazajistán	kz	Niue	nu	Siria	sy
Australia	au	Timor Oriental	tp	Kenia	ke	Isla Norfolk	nf	Taiwán	tw
Austria	at	Ecuador	ec	Kiribati	ki	Islas Marianas Septentrionales	mp	Tayikistán	tj
Azerbaiyán	az	Egipto	eg	República Democrática de Corea	kp	Noruega	no	Tanzania	tz
Bahréin	bh	El Salvador	sv	República de Corea	kr	Omán	om	Tailandia	th
Bangladés	bd	Guinea Ecuatorial	gq	Kuwait	kw	Pakistan	pk	Bahamas	bs
Barbados	bb	Eritrea	er	Kirguistán	kg	Palau	pw	Islas Caimán	ky
Bielorrusia	by	Estonia	ee	Laos	la	Panamá	pa	Togo	tg
Bélgica	be	Etiopía	et	Letonia	lv	Papúa Nueva Guinea	pg	Tokelau	tk
Belice	bz	Islas Malvinas	fk	Líbano	lb	Paraguay	py	Tonga	to
Benín	bj	Islas Feroe	fo	Lesoto	ls	Perú	pe	Trinidad y Tobago	tt
Bermudas	bm	Fiyi	fj	Liberia	lr	Filipinas	ph	Túnez	tn
Bután	bt	Finlandia	fi	Libia	ly	Pitcairn	pn	Turquía	tr
Bolivia	bo	Francia	fr	Liechtenstein	li	Polonia	pl	Turkmenistán	tm
Bosnia-Herzegovina	ba	Guayana Francesa	gf	Lituania	lt	Portugal	pt	Islas Turcas y Caicos	tc
Botsuana	bw	Polinesia Francesa	pf	Luxemburgo	lu	Puerto Rico	pr	Tuvalu	tv
Isla Bouvet	bv	Territorios Australes Franceses	tf	Macao	mo	Qatar	qa	Uganda	ug
Brasil	br	Gabón	ga	Macedonia	mk	Reunión	re	Ucrania	ua
Territorio Británico del Océano Índico	io	Gambia	gm	Madagascar	mg	Rumanía	ro	Emiratos Árabes Unidos	ae
Brunéi	bn	Georgia	ge	Malaui	mw	Rusia	ru	Reino Unido	uk
Bulgaria	bg	Alemania	de	Malasia	my	Ruanda	rw	Estados Unidos	us
Burkina Faso	bf	Ghana	gh	Maldivas	mv	San Cristóbal y Nieves	kn	Islas Menores de EEUU	um
Burundi	bi	Gibraltar	gi	Mali	ml	Santa Lucía	lc	Uruguay	uy
Camboya	kh	Grecia	gr	Malta	mt	San Vicente y las Granadinas	vc	Uzbekistán	uz
Camerún	cm	Groenlandia	gl	Islas Marshall	mh	Samoa	ws	Vanuatu	vu
Canadá	ca	Granada	gd	Martinica	mq	San Marino	sm	Ciudad Estado del Vaticano	va
Cabo Verde	cv	Guadalupe	gp	Mauritania	mr	Santo Tomé y Príncipe	st	Venezuela	ve
República Centroafricana	cf	Guam	gu	Mauricio	mu	Arabia Saudí	sa	Vietnam	vn
Chad	td	Guatemala	gt	Isla Mayotte	yt	Serbia	rs	Islas Vírgenes (Reino Unido)	vg
Guernsey	gg	Guinea	gn	México	mx	Senegal	sn	Islas Vírgenes (EEUU)	vi
Jersey	je	Guinea-Bissau	gw	Micronesia	fm	Islas Seychelles	sc	Islas Wallis y Futuna	wf
Chile	cl	Guyana	gy	Moldavia	md	Sierra Leona	sl	Sáhara Occidental	eh
China	cn	Haití	ht	Mónaco	mc	Singapur	sg	Yemen	ye
Isla de Navidad	cx	Islas Heard y McDonald	hm	Mongolia	mn	Eslovaquia	sk	Zambia	zm
Islas Cocos	cc	Honduras	hn	Montserrat	ms	Eslovenia	si	Zimbabue	zw
Colombia	co	Hong Kong	hk		me	Islas Salomón	sb		
Islas Comoras	km	Hungría	hu	Marruecos	ma	Somalia	so		

Cuando Internet todavía era una red de redes pequeña, un grupo de pioneros que operaba bajo el nombre de IANA[96] (dirigida por **Jon Postel**) era la cabeza única que gestionaba la asignación de direcciones IP.

95 ccTLD-nTLD: Country Coded o National Top Level Domain (Dominios de primer nivel nacionales o de código de país).

96 IANA: Internet Assigned Number Authority. Con sede en el Instituto de Ciencias de la Información de la University of Southern California, era el coordinador central para la asignación de direcciones IP y nombres de dominio de primer nivel geográfico.

¿QUIÉN GESTIONA EL ESPACIO DE LOS NOMBRES?

Igual que en el caso de espacio de direcciones IP, la autoridad máxima del espacio de nombres de Internet era el IANA. La raíz del DNS es gestionada por InterNIC precisamente por delegación de este organismo.
Aunque el registro de nombres de dominio nacionales lo realizan agencias delegadas en cada país (en España, Red.es). IANA era la única autoridad para la delegación de dominios de primer nivel de carácter regional o geográfico. Más tarde fue sustituida por ICANN.
Al mismo tiempo, delega bloques de direcciones IP a los denominados registros regionales:

- RIPE-NCC es el delegado en el ámbito europeo y se encarga de la asignación de bloques de direcciones IP a los proveedores de servicios Internet en Europa.
- AP-NIC lleva a cabo la tarea de asignación de bloques de direcciones IP a los proveedores de la región de Asia-Pacífico.
- LACNIC hace lo propio en Sudamérica y el Caribe.
- AfriNIC, delegado en el continente africano.
- ARIN, encargada de la asignación de bloques IP a los ISP norteamericanos y a todos aquellos del resto del mundo que no estan cubiertos por los anteriores registros.

Y estos registros regionales, a su vez, delegan en los registros locales o LIR.

Los ccTLD eran gestionados normalmente por instituciones académicas, sin embargo, los gTLD fueron administrados por el Stanford Research Institute[97] Network Information Center (SRI-NIC) en Menlo Park, California, que más tarde cambiaría a InterNIC.

NOTA HISTÓRICA

Paul V. Mockapetris, del Instituto de Ciencias de la Información (ISI) de la University of Southern California (USC), desarrolla el Sistema de Nombres de Dominios: DNS, documentándolo por primera vez en noviembre de 1983.

En lo que respecta a la gestión, históricamente y hasta principios de 1980, la red fue gestionada por DARPA, siendo ARPAnet puesta oficialmente "fuera de servicio" en el año 1990.

En 1992, quien administraba la red troncal de Internet era la fundación NSF[98] y fue esta misma fundación, y en concreto **Steve Wolff** (como veremos en su entrevista), quien decide privatizar y permitir el tráfico "comercial" dentro de la red, licitando un contrato para la operación del centro de información de Internet: InterNIC.

De este modo, en 1993, y a través de un convenio de cooperación, se otorga esta función a la pequeña empresa Network Solutions Inc. (NSI), que creció como la espuma tras el aporte inicial de 4 millones de dólares por parte de la NSF. En 1994 es comprada por el grupo SAIC, renegociándose el contrato de forma que se pudieran cobrar 50$ anuales por cada nombre y dando un 30% de estas cuotas a un fondo de infraestructura de la NSF. En este momento empezaron los problemas que derivaron en la llamada "guerra de dominios".

Don Heath

A mediados de 1996, Jon Postel, director de IANA, realizó una propuesta que contemplaba la creación de **150 nuevos nombres** de dominio genéricos (del tipo ".com", ".net", ".org").

La Internet Society tomó cartas en el asunto y su director general, **Don Heath,** propuso la creación de un grupo que se encargaría de discutir el rediseño de los gTLD, que se fundó en noviembre de 1996: el Internet Ad

97 Desde 1968 ya no depende de Stanford. Se denomina SRI International y lleva más de sesenta y cinco años innovando.

98 La National Science Foundation (NSF) es una entidad facultada legalmente para el apoyo de la investigación científica básica, la ingeniería y las actividades educativas en Estados Unidos, incluido el mantenimiento de las redes de ordenadores que conectan instituciones de investigación y educativas que desarrolló a principios de 1987 la NSFnet una red de alta velocidad basada en protocolos de Internet, que se convirtió en la red troncal central de interconexión de otras redes.

Hoc Committee[99] (IAHC), en donde se planteaban las recomendaciones y requerimientos para un nuevo esquema de gTLD. Se redactó un documento que recibió el nombre de Memorando de Entendimiento (MoU) para los Nombres de Dominio Genéricos de Nivel Superior (de **4 de febrero de 1997**).

El **1 de mayo de 1997** se disuelve el IAHC tras llegar a su objetivo, plasmado en el documento: *Generic Top Level Domain Memorandum of Understanding* (gTLD-MoU), firmado en Ginebra bajo los auspicios de la UIT. El gTLD-MoU contemplaba siete nuevos gTLD:

.firm para negocios
.shop para ventas de bienes de consumo
.web para entidades con actividad relacionada con la WWW
.arts cultura y entretenimiento
.rec recreo, ocio
.info proveedores de servicios de información
.nom para particulares

Contemplaba también una apertura a la competencia del negocio de los registros, monopolizado hasta ese momento por NSI. Esto implicaba una administración distribuida de los gTLD y la creación de un consorcio internacional llamado CORE[100] que se encargaría de las funciones de gestión que hasta ese momento corrían a cargo de NSI, y dos organizaciones más de soporte al nuevo consorcio:

- **Policy Advisory Group** (PAB).
- **Policy Oversight Committee** (POC).

Con esta estructura se requería de una inversión para un nuevo y complejo sistema que debía consolidar la información de los 89 nuevos registradores[101] aceptados. Por ello, CORE estableció un contrato con Emergent Corp. para el desarrollo de un nuevo esquema distribuido de DNS (new DNS Shared Registry System), el sistema fue llamado coloquialmente el SRS.

Todo estaba preparado para que en marzo de 1998 comenzaran a operar los 89 nuevos[102] registradores de todo el mundo, iniciando el pre-registro de los siete nuevos tipos de dominio.

core Internet Council of Registrars

El 75% de los registradores que había superado las pruebas de solvencia económica y técnica estaba fuera de EEUU, concretamente en Europa.

99 El grupo de trabajo estuvo formado por el IAB (Internet Architecture Board), el IANA, la Unión Internacional de Telecomunicaciones, la International Trademark Association (INTA), la Organización Mundial sobre la Propiedad Intelectual OMPI y la Internet Society. Se disolvió el 1 de mayo de 1997.

100 CORE: Internet Council of Registrars (Consorcio de registradores). Se constituyó en Barcelona el 3 de octubre de 1997 en el marco de ExpoInternet y fue el encargado de coordinar los siete nuevos dominios genéricos de primer nivel. La propuesta incluía que la gestión de los nuevos dominios genéricos fuese administrada por un registro central y que la función propia de registro fuera realizada por registradores repartidos por todo el mundo.

101 Véanse sus direcciones de contacto detalladas en: <http://corenic.org/find.htm>.

102 En España: Interdomain, Nominalia, RedesTB y un cuarto que no llegó a constituirse y desapareció.

Se buscaba una nueva organización que reemplazara al IANA, organización privada sin ánimo de lucro. La creación de los nuevos dominios se dejaría en manos de esta nueva organización, denominada finalmente ICANN.

El 75% de los registradores que había superado las pruebas de solvencia económica y técnica estaba fuera de los EEUU, concretamente en Europa. Por tanto, el **30 de enero de 1998,** justo dos meses antes de la fecha de inicio de las operaciones del gTLD-MoU, el Gobierno de Estados Unidos consiguió impedir su puesta en marcha mediante el llamado "Green Paper", en el que **Ira Magaziner**[103] anulaba la autoridad y el consenso del gTLD-MoU y de las organizaciones que lo representaban, paralizándose todo el proceso de constitución del CORE. Al desaparecer la posibilidad de que los nuevos dominios entrasen en circulación, fracasaron muchas de las empresas registradoras, que habían puesto 10.000$ a fondo perdido como garantía.

En el "Green Paper" se invitaba a la comunidad internauta a opinar sobre la creación de un ente internacional de gobierno de Internet que supliera al IANA en la coordinación de los gTLD y de las direcciones IP y que empezaría sus funciones el **30 de septiembre de 1998.**

Ira Magaziner

Todo ello provocó una auténtica revolución en contra del "Green Paper", con montañas de comentarios y alegaciones. Pero el Gobierno de los EEUU había conseguido paralizar el proceso, obstaculizando un sistema que le hubiera hecho perder poder en el control de los dominios de Internet.

Con algunos de los cambios solicitados, medio año más tarde, el **5 de junio de 1998**, el Departamento de Comercio del Gobierno de los EEUU emitió el "White Paper", retractándose en algunos puntos del "Green Paper".

Este nuevo documento contenía los planteamientos finales del Gobierno americano. Se buscaba una nueva organización que reemplazara al IANA, organización privada sin ánimo de lucro. La creación de los nuevos dominios se dejaría en manos de esta nueva organización, denominada finalmente ICANN[104].

Asimismo, surgieron diversas organizaciones que buscaban acelerar decisiones necesarias para el lanzamiento de ICANN. Entre ellas, destaca el IFWP[105], que fue el que se encargó de organizar la primera consulta para discutir puntos imprescindibles en el cumplimiento del White Paper: "La consulta de las Américas, celebrada en Reston (Virginia, EEUU).

A esta reunión le siguieron otras, como las convocadas por la Asociación de proveedores de Internet en Europa (Euro-ISPA) y la Comisión Europea en Bruselas, con resultados de un consenso más global y representativo del continente europeo.

---

103 Asesor del presidente Bill Clinton en materia de dominios. Inspiró el documento y lo publicó a través del Departamento de Comercio Estadounidense (DoC).
104 Internet Corporation for Assigned Names and Numbers (Corporación de Internet para la asignación de nombres y números). Creada en 1998 y con sede en Marina del Rey (CA).
105 International Forum for the White Paper (Foro internacional para la discusión del White Paper).

La segunda reunión que convocó el IFWP en Ginebra, en el marco del Inet'98[106], fue la más representativa de todas debido a la ingente variedad de participantes de todos los lugares.

ICANN sigue su lenta evolución hacia entidad internacional independiente que gobierne los dominios de Internet.

Desde su creación, ICANN se ha ocupado de la introducción de la competencia en la administración del registro de nombres de dominio. El administrador del registro, para mantener la unicidad, seguiría siendo Network Solutions (NSI), que hasta esa fecha era el único registrador de los dominios genéricos ".com", ".org" y ".net".

La empresa NSI al ver amenazado su *monopolio de facto*, trató de impedir la constitución de ICANN, sin reconocer su autoridad e incluso poniendo en peligro la estabilidad de Internet.

Amadeu Abril i Abril

Recogiendo las demandas de la Unión Europea, la ICANN, NSI y el DoC americano llegan a cinco acuerdos el 10 de noviembre, entre los que destaca la prórroga del contrato de NSI como registrador autorizado por un periodo de cuatro años más, con la condición de reconocer a ICANN como autoridad reguladora de las normas de registro de los nombres de dominio. Sin embargo, NSI continuaría manteniendo la gestión de la base de datos de los dominios ".com", ".org" y ".net", sobre el DNS correspondiente.

ICANN sigue su lenta evolución hacia una entidad internacional independiente que gobierne los dominios de Internet. En palabras de uno de sus anteriores directores (el catalán **Amadeu Abril i Abril**) podemos definir ICANN precisamente por lo que no es:

ICANN
No es el gobierno de Internet.

No tiene competencias:
- sobre contenidos,
- ni sobre los proveedores de Internet
- ni ninguna competencia fiscal.
- No sanciona comportamientos ilegales
- ni son las naciones unidas de Internet.
- No es una organización intergubernamental.
- No es tampoco el organismo que "vende" nombres de dominio.

ICANN

Es simplemente una organización sin ánimo de lucro, establecida en California (EEUU), de carácter abierto, dirigida por el sector privado y dedicada a establecer políticas de consenso sobre los recursos necesariamente coordinados de Internet. Tiene como principales ramas de actividad:
- Los nombres de dominio,
- Las direcciones IP y
- Los parámetros[107] de los protocolos.

A nivel internacional, a mediados de los años ochenta se crearon siete dominios de primer nivel: .com, .edu, .gov, .int, .mil, .net y .org. De los cuales se pudieron registrar dominios sin restricciones en tres de ellos (.com, .net y .org) y los otros cuatro tuvieron un propósito más limitado.

106 Cumbre mundial organizada por la Internet Society cada año en una ciudad distinta.
107 Editar los ficheros de protocolos *RFC*. Cuándo se hicieron, hasta cuándo son válidos, etc.

CURIOSIDAD HISTÓRICA

LOS **PRIMEROS 50 DOMINIOS** ".COM" REGISTRADOS A NIVEL INTERNACIONAL

01	15/03/85	symbolics.com
02	24/04/85	bbn.com
03	24/05/85	think.com
04	11/07/85	mcc.com
05	30/09/85	dec.com
06	07/11/85	northrop.com
07	09/01/86	xerox.com
08	17/01/86	sri.com
09	03/03/86	hp.com
10	05/03/86	bellcore.com
11	19/03/86	ibm.com
12	19/03/86	sun.com
13	25/03/86	intel.com
14	25/03/86	ti.com
15	25/04/86	att.com
16	08/05/86	gmr.com
17	08/05/86	tek.com
18	10/07/86	fmc.com
19	10/07/86	ub.com
20	05/08/86	bell-atl.com
21	05/08/86	ge.com
22	05/08/86	grebyn.com
23	05/08/86	isc.com
24	05/08/86	nsc.com
25	05/08/86	stargate.com
26	02/09/86	boeing.com
27	18/09/86	itcorp.com
28	29/09/86	siemens.com
29	18/10/86	pyramid.com
30	27/10/86	alphacdc.com
31	27/10/86	bdm.com
32	27/10/86	fluke.com
33	27/10/86	inmet.com
34	27/10/86	kesmai.com
35	27/10/86	mentor.com
36	27/10/86	nec.com
37	27/10/86	ray.com
38	27/10/86	rosemount.com
39	27/10/86	vortex.com
40	05/11/86	alcoa.com
41	05/11/86	gte.com
42	11/17/86	adobe.com
43	11/17/86	amd.com
44	11/17/86	das.com
45	11/17/86	data-io.com
46	11/17/86	octopus.com
47	11/17/86	portal.com
48	11/17/86	teltone.com
49	12/11/86	3com.com
50	12/11/86	amdahl.com

Evolución de los dominios de primer nivel (o *top level domains*)

A nivel internacional, y como resumen, podemos ver que a mediados de los años ochenta[108] se crearon siete dominios de alto nivel: com, .edu, .gov, .int, .mil, .net y .org. De los cuales se pudieron registrar dominios sin restricciones en tres de ellos (.com, .net y .org) y los otros cuatro tuvieron un propósito más limitado.

Después de innumerables discusiones para añadir nuevos gTLD (dominios de primer nivel genéricos) en noviembre de 2000, se seleccionaron otros siete nuevos, que no se pusieron en marcha hasta 2001 y 2002. Tres de ellos (.aero, .coop, y .museum) fueron "patrocinados" (dominios específicos gestionados por una comunidad concreta) y cuatro de ellos no eran patrocinados (.biz, .info, .name, y .pro).

En 2003, ICANN inició de nuevo un proceso que introdujo seis nuevos TLD (.asia, .cat, .jobs, .mobi, .tel y .travel), todos ellos patrocinados. Desde el año 2000, una compañía privada (ICM) ha estado proponiendo la introducción de dos TLDs no patrocinados: .kids y .xxx; se les denegaron ambos. En 2003 lo volvieron a intentar proponiendo el .xxx esta vez como dominio patrocinado, que fue denegado de nuevo. En 2005 se llegó a un preacuerdo con ICANN, pero los representantes gubernamentales mostraron su oposición, y la aprobación final del dominio fue rechazada en varias ocasiones por el Consejo de ICANN. ICM recurrió y en 2.010 se resolvió que la solicitud de .xxx era válida y que el rechazo de ICANN no había seguido criterios neutrales llevando a la aprobación del dominio en marzo de 2011.

En resumen, después de treinta años de funcionamiento tenemos 244 códigos territoriales o ccTLD (de 2 dígitos) y 33 nuevos correspondientes también a códigos de país, pero en caracteres no latinos (IDN, International Domain Names). Además, existen 23 dominios genéricos (gTLD), de los que 6 son abiertos y 17 restringidos en orden alfabético, y a fecha de mayo de 2012 son:

GENÉRICOS ABIERTOS (6)		GENÉRICOS RESTRINGIDOS (17)			TERRITORIALES ccTLDs (244)
.com	.biz	.edu	.aero	.asia	Ejemplo: .es .pt .us
.net	.info	.gov	.cat	.coop	+ IDN (33)
.org	.name	.mil	.jobs	.mobi	.भारत .ભારત
		.int	.museum	(.post)	.ਭਾਰਤ .భారత్
		(.arpa)	.pro	.tel	.ভারত
		.travel	.xxx		.இந்தியா

En 2008 ICANN aprobó abrir una ronda para la asignación de todos los dominios de primer nivel genéricos que cumplieran las reglas y procedimientos establecidos. Hasta junio de 2011 ICANN no aprobó la Guía del Solicitante de nuevos gTLDs, abriendo las solicitudes en enero de 2012. Se presentaron más de 1.900, varias de ellas con diversos demandantes, totalizando 1.400 nuevos.

108 Recordemos que el DNS (o Sistema de Nombres de Dominio) no es inventado por Paul Mockapetris hasta 1982-83 y empieza a ser público y utilizado en 1984.

Entre las solicitudes hay dominios de términos genéricos (.web, .app, .book), de marcas (.zara, .movistar, .google), de comunidades (.islam, .gay), geográficos (.madrid, .bcn, .paris) o multilingües (IDNs, . 天主教). De menos de 300 TLD (23 genéricos) se pasará a acoger a más de 1.000 nuevos genéricos de golpe. ICANN indicó que espera que en septiembre de 2013 puedan estar operativos los primeros dominios no impugnados. Los más demandados en el proceso previo de pre-registro (que terminó el 12 de abril de 2012) fueron los TLD: **.app** solicitado por 13 entidades distintas, **.inc** por 11, **.home** 11, **.art** 10, **.shop** 9, **.llc** 9, **.book** 9, **.blog** 9, **.movie** 8, **.music** 8, **.design** 8, **.web** 7, **.store** 7, **.ltd** 7, **.news** 7, **.love** 7, **.mail** 7, **.hotel** 7, **.cloud** por 7.

A partir de 2014 el mercado se flexibilizará y gradualmente se pondrán en marcha cientos de dominios de primer nivel. Las solicitudes presentadas incluyen: .africa, .bank, .bayern, .bcn, .berlin, .bike, .board, .bzh, .cymru, .eco, .eus, .fam, .film, .florida, .free, .gay, .gmbh, .green, .hamburg, .hiv, .horse, .hotel, .irish, .ker, .koeln, .kurd, .london, .love, .madrid, .med, .moscow, .money, .miami, .movie, .music, .ngo, .nyc, .paris, .phone, .quebec, .radio, .real, .reise, .riga, .rocks, .roma, .saarland, .secure, .sfo, .shop, .sco, .scot, .sic, .site, .skate, .ski, .sport, .surf, .vegas, .versicherung, .web, .wine.

CURIOSIDAD HISTÓRICA.

PRIMEROS DOMINIOS REGISTRADOS EN ESPAÑA (.ES)*

El 10 de septiembre de 1992 había tan sólo estos 192 dominios de primer nivel registrados bajo ".es". La gran mayoría pertenecientes a servicios de mensajería de RedIRIS y de EUnet España (UUES), además de los nodos de EARN, Y-NET y UUnet.

abaforum.es	edei.es	iris-dcp.es	ts.es
ada.es	ehu.es	irta.es	ttools.es
add.es	enai-d.es	isciii.es	ua.es
ainco.es	entel.es	isdefe.es	uab.es
alcala.es	eo.es	iss.es	uah.es
andersen.es	eritel.es	kender.es	uam.es
anyware.es	fa.es	labein.es	ub.es
arnau.es	fedea.es	licdmc.es	uc3m.es
asicom.es	fesa.es	lssa.es	uca.es
atimdr.es	fis.es	map.es	ucm.es
auriga.es	fltq.es	mapfre.es	ucma.es
bbv.es	foro.es	mbs.es	uco.es
bde.es	frl.es	mopu.es	udc.es
bichena.es	fuinca.es	msc.es	uef.es
caha.es	fundesco.es	nsi.es	ugr.es
casa.es	gapd.es	nte.es	uib.es
cay.es	gilcub.es	opltt.es	uida.es
cci.es	gmv.es	p500ad.es	uji.es
ccs.es	h12o.es	parsys.es	uleon.es
ceab.es	hggm.es	pnid.es	ulpgc.es
cedex.es	hgvh.es	principe.es	um.es
cege.es	hrc.es	proa.es	uma.es
ceit.es	huarte.es	px86.es	unav.es
cervantes.es	iaa.es	rediris.es	uned.es
cesa.es	iac.es	repsolcim.es	unex.es
cesca.es	iai.es	retevision.es	unican.es
cica.es	iber.es	riis.es	uniovi.es
cida.es	iccat	robotiker.es	unitronics.es
ciemat.es	icm.es	rosa.es	unizar.es
cis.es	icmab.es	seat.es	upc.es
cnm.es	iec.es	sei.es	upcan.es
cnree.es	iecisa.es	sema.es	upco.es
coasa.es	ieo.es	sesa.es	upf.es
convex.es	iepala.es	sia.es	upm.es
correa.es	iese.es	sicyd.es	upna.es
cph.es	ign.es	slu.es	upv.es
crisa.es	iim.es	softbase.es	us.es
csic.es	ijm.es	spdm.es	usal.es
csn.es	ikerlan.es	spritel.es	usc.es
cuac.es	imim.es	tecnotg.es	uu.es
datisa.es	inasmet.es	teice.es	uv.es
dd.es	inia.es	tekniker.es	uva.es
deusto.es	inisel-espacio.es	teletek.es	uvigo.es
dgt.es	inisel.es	telettra.es	vidi.es
disel.es	inta.es	tg.es	wial.es
dowty.es	intelsa.es	ths.es	wip.es
dsd.es	ipeo.es	tid.es	xtec.es
easa.es	iram.es	tissat.es	y-net.es

Fuente: Boletín RedIRIS Nº 14, páginas 5-6

NÚMERO DE REGISTROS ".ES" DURANTE EL PRIMER AÑO (Diciembre 1990 - Diciembre 1991)

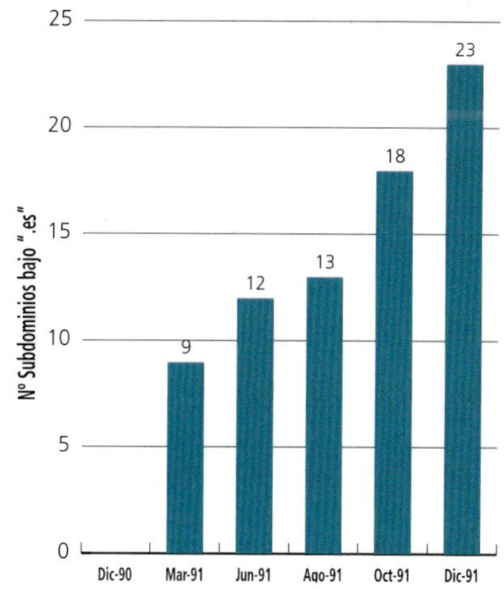

Fuente: Boletín RedIRIS Nº 17. Cortesía de Miguel Ángel Sanz y Francisco Montserrat.

8. Invención de la herramienta clave: el *e-mail*

El correo es un concepto simple. El autor escribe un mensaje, coloca la dirección del destinatario y lo da a un servicio de reparto, que mueve el mensaje hasta el destinatario, quien lo lee, responde, archiva o borra.

Aunque desde finales de los ochenta y casi toda la década de los noventa, desde los documentos de referencia[109] se hiciera hincapié de forma recurrente en que la aplicación que tenía que revolucionar las telecomunicaciones era la *videoconferencia*, sin lugar a dudas quien lo ha hecho de verdad ha sido el correo electrónico. Es realmente la llamada *killer application*, utilidad que ha cambiado el panorama de las telecomunicaciones y que ha empujado a los empresarios a utilizar Internet por el enorme ahorro que supone.

El correo es un concepto simple. El autor escribe un mensaje, coloca la dirección del destinatario y lo da a un servicio de reparto, que mueve el mensaje hasta el destinatario, quien lo lee, responde, archiva o borra.

Dave Crocker, en su intento de aclarar y documentar los orígenes de este servicio, nos dice:

Dave Crocker

> El correo electrónico ha existido desde 1960, desde el mismo día en que varias personas pudieron compartir un mismo ordenador a la vez. El correo electrónico tal como lo conocemos hoy, mueve un mensaje entre los usuarios que están en diferentes máquinas, yéndose a través de una red. Esta funcionalidad se remonta a 1971…

A pesar de que a los humanos nos gusta siempre seleccionar a un autor, inventor o creador único, el correo electrónico es el producto de la colaboración de muchísimos innovadores que han hecho avanzar la tecnología.

Ray Tomlinson 431

Así como en la historia del telegrama o en la del teléfono se relatan las primeras palabras que transmitieron Samuel Morse y Alexander Graham Bell, respectivamente, no es el caso en la invención de esta nueva aplicación, puesto que su autor **Ray Tomlinson**[110], como nos cuenta en su entrevista personal, no recuerda lo que escribió en las primeras pruebas de envíos.

109 Libro Blanco de las Telecomunicaciones (1993) presentado por Jacques Delors.
110 A quien, a propuesta de la Internet Society, se le concedió el Premio Príncipe de Asturias de Investigación en 2009.

Tomlinson envió el primer correo a través de una red en 1971. Había escrito un programa de correo para el sistema operativo Tenex[111], utilizado por la mayoría de los ordenadores de la red ARPAnet. Esta, en ese momento inicial, contaba con únicamente 28 ordenadores y menos de mil usuarios, por lo que le fue difícil estimar la importancia e impacto futuro de su desarrollo.

Pool de módems (comunicación entre máquinas). Cortesía de BBN.

La primera versión del programa consistía en dos partes, llamadas SNDMSG[112] para enviar y otro programa distinto denominado READMAIL[113] para recibir y leer los mensajes de nuestro buzón. El primero permitía componer y enviar un mensaje al *buzón* de otro usuario. El buzón era un fichero con un nombre determinado y tenía la particularidad de que los otros usuarios únicamente podían añadir texto al fichero, pero no leerlo ni borrarlo. Era un programa creado para un sistema de tiempo compartido pensado para gestionar los mensajes entre los usuarios de un mismo ordenador. Sin poder transmitirlos entre máquinas.

Ray Tomlinson había trabajado en su laboratorio de Cambridge[114] en un protocolo de transferencia de ficheros llamado CPYnet, que enviaba archivos entre ordenadores a través de una conexión de red, pero sin permitir que los usuarios añadieran información a los archivos. Por lo que decidió combinar las características de los dos programas.

Los dos Digital PDP-10, propiedad de BBN, que Ray Tomlinson utilizó para el envío del primer email. Foto: Dan Murphy.

Fue alrededor del **otoño de 1971**[115] cuando Ray envió el primer mensaje entre dos

111 Tenex: TEN-Extended. Sistema operativo de tiempo compartido para el ordenador de Digital PDP-10.
112 SNDMSG: acrónimo de "Send message" (enviar mensaje).
113 READMAIL: por su traducción literal nos indica cuál era su función, leer correo.
114 En la empresa BBN de Cambridge (Massachusetts), en la que en 2011, cuarenta años más tarde, aún trabajaba.
115 Entre junio de 1971 y enero de 1972 para ser más exactos, según recuerda Tomlinson, puesto que no fue parte de su trabajo oficial dentro de BBN ni nadie se lo encargó.

ordenadores que estaban uno al lado del otro en BBN (véase fotografía). Hizo las pruebas pertinentes y el primer correo que envió fuera del laboratorio lo dirigió al resto del grupo de investigación anunciando la disponibilidad de correo sobre la red y explicando cómo usarlo, incluyendo el uso del símbolo @ para separar el nombre del usuario del nombre del ordenador.

Steven Lukasik 439

Tal como él mismo relata, realizó el programa porque creyó que era una idea elegante. Nadie le había pedido su diseño. Reconoció una potencialidad y la llevó a la práctica, la adopción por parte de la pequeña comunidad de entonces, como veremos, fue prácticamente instantánea. Recordemos que la propia empresa BBN no registró su propio dominio ".com" hasta 1985, siendo uno de los cinco primeros registrados en el mundo después de su invención en 1983.

Posteriormente, el director general de ARPA (principal cliente de BBN), **Steven Lukasik,** decidió utilizar la herramienta por primera vez con criterios de gestión empresarial y organización, por lo que detectó diversos puntos de mejora. Encargó a **Larry Roberts** (en esos momentos en ARPA como director de Programa y arquitecto de la red ARPAnet) la mejora de la aplicación, así que como veremos en su entrevista, Larry se convirtió en el primer desarrollador de una versión mucho más versátil y amigable de correo electrónico.

De los aproximadamente 7.000 millones de correos diarios enviados en todo el mundo en el año 2001, se pasó a los 36.000 millones en 2005 y a los 294.000 millones en 2011, lo que suma unos 90 billones de correos enviados al año.

De los aproximadamente 7.000 millones de correos diarios enviados en todo el mundo en el año 2001, se pasó a los 36.000 millones en 2005 y a los 294.000 millones en 2011, lo que suma unos 90 billones de correos enviados al año. El 75% de todas las cuentas de correo pertenecían a consumidores particulares y el 25% restante a usuarios corporativos. La mayoría de las cuentas de correo en la actualidad son gratuitas o de bajo coste, proporcionadas por el ISP (proveedor de servicios de Internet) mediante el sistema Webmail (por ejemplo: Hotmail, Gmail, Yahoo-Mail, etcétera).

Steve Kent

Dag Belsnes

El número de cuentas de correo electrónico en 2011 se estima en 2.900 millones. Geográficamente hablando, la mayoría de usuarios de correo electrónico están ubicados en el continente asiático (47%), Europa aporta el 23% de los usuarios, Norteamérica tan solo el 14% y el resto del mundo el 16% restante.

9. Reconocimientos públicos

Carl Sunshine

El 28 de julio de 2005, varias empresas, junto con la Stanford University, reconocían de forma personal a muchos de los pioneros de Internet, erigiendo una placa en la entrada de uno de los edificios principales de ingeniería, que reza así:

> La arquitectura de Internet y el diseño del protocolo TCP (que se convirtió más tarde en TCP/IP) fueron concebidos por Vinton G. Cerf y Robert E. Kahn durante 1973, mientras Cerf estaba en el Laboratorio de Sistemas Digitales de Stanford y Kahn estaba en ARPA (más tarde DARPA). En el verano de 1976, Cerf dejó Stanford para gestionar el programa con Kahn en ARPA.
>
> Su trabajo se conoció en septiembre de 1973 en una conferencia sobre redes en Inglaterra. El trabajo fundamental de Cerf y Kahn se publicó en mayo de 1974.
>
> Cerf, Yogen K. Dalal y Carl Sunshine escribieron la primera especificación completa del TCP en diciembre de 1974. Con el apoyo de DARPA, las primeras implementaciones de TCP (y de IP después) fueron probadas por la empresa Bolt, Beranek and Newman (BBN), Stanford University de Stanford y el University College de Londres durante 1975.

Judith Estrin

Noel Chiappa

> BBN construyó el primer *gateway* de Internet, que ahora se conoce como *router,* para enlazar redes entre sí. En los años siguientes, investigadores del MIT y de la USC-ISI, entre muchos otros, desempeñaron un papel clave en el desarrollo del conjunto de protocolos de Internet.
>
> Fueron investigadores clave de Stanford y visitantes extranjeros: Vinton Cerf [y su equipo:] Dag Belsnes, Ronald Crane, Yogen Dalal, Judith Estrin, Richard Karp, Gerard Le Lann, James Mathis, Bob Metcalfe, Darryl Rubin, John Shoch, Carl Sunshine, Kuninobu Tanno.
>
> [En] DARPA: Robert Kahn.
>
> Grupos colaboradores. En Bolt, Beranek and Newman (BBN): William Plummer, Ginny Strazisar, Ray Tomlinson. MIT: Noel Chiappa, David Clark, Stephen Kent, David P. Reed. NDRE: Yngvar Lundh, Pål Spilling. University College de Londres: Frank Deignan, Martine Galland, Peter Higginson, Andrew Hinchley, Peter Kirstein, Adrian Stokes. USC-ISI: Robert Braden, Danny Cohen, Daniel Lynch, Jon Postel.
>
> Finalmente, miles, si no decenas o centenares de miles de personas, han contribuido con su conocimiento a la evolución de Internet.
>
> Dedicado el 28 de julio de 2005.

Andrew Hinchley

Bob Bressler

James Mathis

Asimismo, el condado de Arlington (Virginia) muy cercano al Pentágono (Washington DC) y donde históricamente ARPA ha tenido su sede central, ha levantado también una placa que recuerda el nacimiento de ARPAnet y que reza así:

> ARPAnet, un proyecto de ARPA del Departamento de Defensa, desarrolló la tecnología que llegaría a ser el cimiento de Internet en este lugar desde 1970 hasta 1975. Con la intención inicial de apoyar las necesidades militares, la tecnología de ARPAnet fue aplicada a usos civiles muy pronto, permitiendo disponer de la información de forma global y rápida. Internet y los servicios como el correo y el comercio electrónico, así como la Web, continúan creciendo mientras las tecnologías que están por debajo evolucionan. Las innovaciones inspiradas por ARPAnet han proporcionado grandes beneficios a la sociedad.

Igualmente, en 2007 se creó un listado conmemorativo por los treinta años de la primera prueba de una *internet* que enlazaba a tres redes totalmente distintas: cuando se unió ARPAnet (–terrestre–), con SATnet (–por satélite–) y PRnet (–vía radio–):

> Concepto TCP: Vint Cerf (Stanford) y Bob Kahn (DARPA)
> Cliente TCP (Stanford/SRI): James Mathis y Dave Retz
> Servidor TCP (BBN): Ray Tomlinson
> Gateway (BBN): Virginia Strazisar
> Packet Radio Terminal (SRI): James Mathis, Dave Retz, Jim McClurg
> Packet Radios (Collins Radio): Jim Garrett, Dick Sunlin, Mike Cisco, Anant Jain y John Jubin
> Red de Packet Radio (SRI) Don Nielson, Ron Kunzelman, Keith Klemba, Don Cone, Jim McClurg, John Leung y Earl Craighill
> Packet Satellite Network (BBN) Dick Binder, Bob Bressler y Robert Weissler
> Estación de Packet Radio (BBN) Jerry Burchfiel, Julie Sussman y Mike Beeler

Celebración de los treinta años de la primera conexión de tipo internet que enlazaba tres redes completamente distintas, 8 de noviembre de 2007. Cortesía de Don Nielson.

Y para celebrar sus primeros veinte años de existencia, la Internet Society (ISOC), que hace de paraguas económico al IETF (cuerpo de ingeniería que define los estándares de Internet), inició una serie de premios anuales para resaltar a las personas que más han contribuido a nivel internacional a la creación, desarrollo e implantación de Internet en todo el mundo. En la primera edición, y para ponerse al día, decidió nominar a 33 de los más influyentes ingenieros, dividiéndolos en tres categorías: pioneros, innovadores y conectores globales.

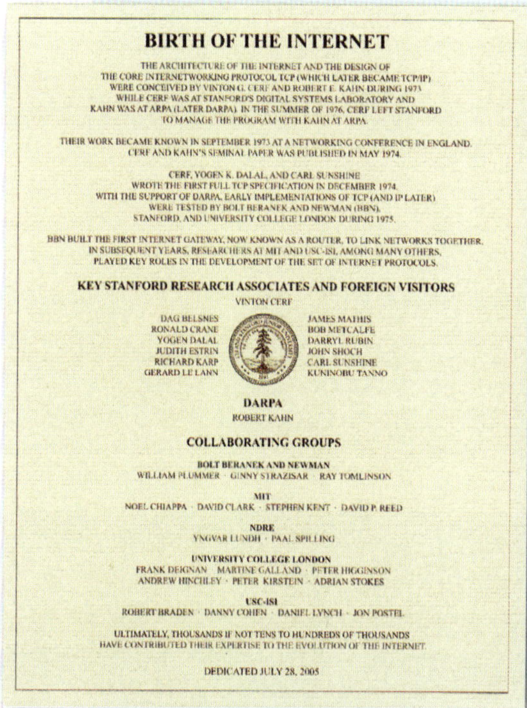
BIRTH OF THE INTERNET

THE ARCHITECTURE OF THE INTERNET AND THE DESIGN OF THE CORE INTERNETWORKING PROTOCOL TCP (WHICH LATER BECAME TCP/IP) WERE CONCEIVED BY VINTON G. CERF AND ROBERT E. KAHN DURING 1973 WHILE CERF WAS AT STANFORD'S DIGITAL SYSTEMS LABORATORY AND KAHN WAS AT ARPA (LATER DARPA). IN THE SUMMER OF 1976, CERF LEFT STANFORD TO MANAGE THE PROGRAM WITH KAHN AT ARPA.

THEIR WORK BECAME KNOWN IN SEPTEMBER 1973 AT A NETWORKING CONFERENCE IN ENGLAND. CERF AND KAHN'S SEMINAL PAPER WAS PUBLISHED IN MAY 1974.

CERF, YOGEN K. DALAL, AND CARL SUNSHINE WROTE THE FIRST FULL TCP SPECIFICATION IN DECEMBER 1974. WITH THE SUPPORT OF DARPA, EARLY IMPLEMENTATIONS OF TCP (AND IP LATER) WERE TESTED BY BOLT BERANEK AND NEWMAN (BBN), STANFORD, AND UNIVERSITY COLLEGE LONDON DURING 1975.

BBN BUILT THE FIRST INTERNET GATEWAY, NOW KNOWN AS A ROUTER, TO LINK NETWORKS TOGETHER. IN SUBSEQUENT YEARS, RESEARCHERS AT MIT AND USC-ISI, AMONG MANY OTHERS, PLAYED KEY ROLES IN THE DEVELOPMENT OF THE SET OF INTERNET PROTOCOLS.

KEY STANFORD RESEARCH ASSOCIATES AND FOREIGN VISITORS

VINTON CERF

DAG BELSNES, RONALD CRANE, YOGEN DALAL, JUDITH ESTRIN, RICHARD KARP, GERARD LE LANN

JAMES MATHIS, BOB METCALFE, DARRYL RUBIN, JOHN SHOCH, CARL SUNSHINE, KUNINOBU TANNO

DARPA

ROBERT KAHN

COLLABORATING GROUPS

BOLT BERANEK AND NEWMAN

WILLIAM PLUMMER · GINNY STRAZISAR · RAY TOMLINSON

MIT

NOEL CHIAPPA · DAVID CLARK · STEPHEN KENT · DAVID P. REED

NDRE

YNGVAR LUNDH · PAAL SPILLING

UNIVERSITY COLLEGE LONDON

FRANK DEIGNAN · MARTINE GALLAND · PETER HIGGINSON
ANDREW HINCHLEY · PETER KIRSTEIN · ADRIAN STOKES

USC-ISI

ROBERT BRADEN · DANNY COHEN · DANIEL LYNCH · JON POSTEL

ULTIMATELY, THOUSANDS IF NOT TENS TO HUNDREDS OF THOUSANDS HAVE CONTRIBUTED THEIR EXPERTISE TO THE EVOLUTION OF THE INTERNET.

DEDICATED JULY 28, 2005

Placa conmemorativa descubierta el 28 de julio de 2005 en la entrada del Departamento de Ingeniería Informática de la Universidad de Stanford (California), con algunos de los pioneros de internet.

Pioneros

Paul Baran: como investigador de la RAND Corporation, Baran desarrolló la idea de una red de comunicación resistente a ataques nucleares que enviara "bloques de mensajes" a través de conmutadores distribuidos, redundantes y baratos. Su trabajo ayudó a dar forma a Internet y se le conoce como el padre de la conmutación de paquetes (junto con Donald Davies). Murió en 2011.

Vinton Cerf: considerado uno de los padres de Internet. Cerf coinventó el protocolo TCP/IP que une las redes de ordenadores de todo el mundo. También es cofundador de ISOC, expresidente del Consejo de Dirección de ICANN y en la actualidad es vicepresidente de Google.

Danny Cohen: creó el primer simulador visual de vuelo en tiempo real y, en 1981, al desarrollarlo para que funcionara sobre ARPAnet, creó la primera aplicación en tiempo real de la red. También fue un pionero, en la década de los setenta de la voz sobre IP y del vídeo *online*.

Steve Crocker: del equipo de estudiantes de UCLA (como Jon Postel o Vint Cerf). Es conocido como el padre del sistema de protocolos de Internet, llamado *RFC* (o solicitud de comentarios), estableciendo el formato y método para concretar los borradores en estándares firmes.

Donald W. Davies: fue uno de los inventores de la idea de las redes de conmutación de paquetes, en la década de los sesenta, y le dio el nombre. Su invención se utilizó para crear las dos primeras redes de conmutación de paquetes y sentó las bases para la muy posterior Internet.

Elizabeth *Jake* Feinler: durante diecisiete años, dirigió el NIC (Centro de Sistemas de Información de Red), que fue el centro en donde se compusieron los primeros *RFC* y se asignaron las primeras direcciones de Internet. Su grupo gestionaba el primer servidor WHOIS y desarrolló el sistema de dominios de nivel superior (TLD) como: ".com", ".edu", ".gov", ".mil", ".org".

Charles Herzfeld: director de DARPA entre 1965 a 1967; junto con Bob Taylor convenció a Larry Roberts para que diseñara ARPAnet.

Robert E. Kahn: uno de los padres de Internet; junto con Cerf, cocreador del protocolo TCP/IP y cofundador de la Internet Society casi dos décadas más tarde.

Peter Kirstein: el coautor, junto a Cerf (en la década de los setenta), de uno de los artículos más importantes sobre interconexión. Fue clave en las primeras pruebas internacionales de Internet.

Leonard Kleinrock: a partir de su tesis doctoral en 1962, Kleinrock desarrolló la teoría matemática de colas (modelo aplicable a las redes de conmutación de paquetes). Supervisó el primer mensaje enviado entre dos nodos de ARPAnet creados por BBN.

John Klensin: inició su trabajo en estándares en 1969, con contribuciones al protocolo de transferencia de ficheros (FTP) y en otros clave, como DNS y SMTP. Ha presidido la Internet Architecture Board.

Jon Postel: muy conocido por mantener y hacer funcionar personalmente el sistema de nombres de dominio hasta su muerte en octubre de 1998. Fue el editor de los *RFC* a partir de 1969 y, durante décadas, escribió algunos de los protocolos clave de la red.

Louis Pouzin: inventor de los datagramas (paquetes sin las notificaciones de pérdida), Pouzin diseñó una red de conmutación de paquetes que mejoraba las carencias de ARPAnet y que influyó muchísimo en el diseño final del protocolo TCP/IP.

Lawrence Roberts: uno de los promotores de la idea de utilizar paquetes (de datos) para crear una red de ordenadores distribuida; en 1966 se convirtió en el director del programa ARPAnet y fue responsable del diseño del sistema.

Innovadores

Tim Berners-Lee: al emparejar el hipertexto con internet (TCP/IP), inventó la World Wide Web en 1989, convirtiéndola en estándar abierto. Además, diseñó el protocolo HTTP, el lenguaje HTML, el primer navegador y el primer servidor web.

Algunos de los premiados que entraron en el *Hall of Fame* de la Internet Society en la primera convocatoria de este prestigioso premio en 2012.

Robert Cailliau: cofundador de la Web, fue coautor de la propuesta (rechazada) para vender el proyecto internamente en el CERN. Desarrolló el primer navegador web para Apple Macintosh.

Robert Cailliau

Van Jacobson: cuando Internet comenzó a crecer en los años ochenta, diseñó un algoritmo de control de flujo para TCP que permitía que la red escalara evitando la congestión.

Lawrence H. Landweber: propuso la creación de una red, llamada CSnet (en 1981), que uniría a nivel internacional a más de 180 departamentos universitarios de informática que no tenían permitido conectarse a ARPAnet. CSnet fue la predecesora de NSFnet, que a su vez se convirtió en una de las redes principales de Internet.

Paul Mockapetris: al ver que una tabla estática, única y centralizada que relacionaba los nombres de dominio con sus direcciones IP respectivas no escalaría, propuso en su lugar un sistema distribuido y dinámico, creando el Sistema de Nombres de Dominio que permitió el gran crecimiento de internet.

Ray Tomlinson: en 1971 creó el primer sistema de correo electrónico entre diferentes ordenadores de ARPAnet y es responsable de la decisión de usar la @ para diferenciar entre la persona y el ordenador.

Linus Torvalds: en 1991, y para su trabajo de Máster, comenzó a trabajar en el kernel de una nueva versión de UNIX, llamada como su creador: Linux, siendo gratuita y de código abierto. Actualmente, Linux es el sistema operativo de la mayoría de servidores web del mundo, de muchos *routers,* de los superordenadores o de los teléfonos inteligentes.

Phil Zimmermann: gran defensor de la privacidad y de la seguridad, se le conoce por haber creado el PGP (Pretty Good Privacy), un sistema de cifrado fuerte con clave pública líder en desarrollo de correo electrónico cifrado.

Conectores globales

Kilnam Chon: ya en 1982 reescribió el TCP/IP y lo instaló en las redes de Singapur (un año antes de que fuera el protocolo único y oficial de ARPAnet). Durante años lideró el despliegue de la red en Singapur. Ganó el prestigioso Jon Postel Service Award en 2011 por su labor en la difusión de Internet en Asia.

Brewster Kahle: muchos años después de inventar WAIS (el primer servidor de información sobre internet, cuando no había ni navegadores aún), se propuso convertirse en el archivero y bibliotecario de la web, creando <www.archive.net> que almacena copias periódicas de todas las páginas web para la posteridad. Su último proyecto consiste en recopilar una copia de cada libro de papel que se haya impreso.

Daniel Karrenberg: fundador y director general de RIPE-NCC, que fue el primer registro regional de Internet, abarcando Europa, Oriente Medio, partes de África y Asia Central. Dejó la primera línea de dirección para pasar a ser jefe científico de RIPE-NCC.

10. Conclusiones de los orígenes de Internet

En una visión rápida, se exponen a modo de resumen las principales lecciones que podemos aprender de la historia de la red y que podremos descubrir detalladamente con la lectura pausada de las entrevistas personales.

- **La red es fruto de la combinación entre la ciencia** (investigación básica) y los **programas de investigación con fondos militares de los Estados Unidos.** Aunque tuvo en gran parte financiación militar, nunca tuvo aplicación u objetivo claramente militar. Desde un inicio, el programa **ARPAnet jamás fue clasificado,** a los científicos se les permitió publicar y, es más, los resultados de esa investigación fueron puestos a la disposición del público de forma gratuita y sin patentes. Este es uno de los grandes mitos que hay y que se rompe claramente a la luz de los documentos analizados. Nació en una época en la que imperaba una cultura contestataria[116], en la que se buscaba un instrumento de liberación frente al Estado y a las grandes empresas.

- **Si del mundo empresarial hubiera dependido, a día de hoy, Internet no existiría.** Algunas anécdotas revelan claramente el contexto inicial de su nacimiento: a mediados de los años setenta, el Departamento de Defensa intentó privatizar ARPAnet, ofreciéndoselo de forma gratuita a la operadora americana AT&T. Después de un largo estudio, AT&T lo rechazó puesto que ese proyecto: *"Nunca podría ser rentable, no viendo ningún interés en comercializarlo"*. Los operadores de telecomunicaciones (y especialmente los exmonopolios) han puesto siempre que han podido las mayores trabas al desarrollo de Internet abierto en cada país.

- La tecnología y la información sobre todos los protocolos fluye de forma gratuita y abierta entre toda la comunidad de desarrolladores desde el principio. **No se toleran conceptos propietarios de empresas dominantes.** Ello ha sido la clave de la diseminación de la tecnología, como si de un virus se tratase, fomentando y acelerando radicalmente la innovación y la evolución de la red.

- **El usuario es fundamental en el desarrollo de la tecnología.** Desde los comienzos, hubo una relación directa entre los creadores (desarrolladores de la tecnología) y sus usuarios. Al principio, la red fue creada para obtener

116 Es interesante tener en cuenta el detalle de que muchos de sus creadores participaban del movimiento *hippie* de finales de los sesenta. Personalizado en la figura de Jon Postel, con su larguísima barba, eterna coleta y sus sandalias.

mayor capacidad de proceso entre ordenadores. Pero sus creadores se dieron cuenta de que tenían más capacidad de la que necesitaban, con lo que intentaron ver qué otro tipo de cosas podían hacer con ella. En este afán de búsqueda de nuevas aplicaciones, y para poder coordinar mejor los grupos de trabajo, se enviaron varios mensajes a través de la red. Sin querer, acababan de inventar la aplicación que más uso tendría en Internet desde los años setenta: el correo electrónico.

- **El ciclo de generación tecnológica es sencillo pero eficiente.** Creado por **Steve Crocker** el 7 de abril de 1969, se diseña como un borrador *(RFC Draft[117])*, se propone a la comunidad *(RFC Proposed Standard)*, se aprueba por los organismos técnicos, se desarrolla y se prueba en un banco de pruebas gigantesco (toda la red). Si es bien acogido pasa a formar parte del conjunto de protocolos aprobados *(RFC Standard)*, y si no, se desecha.

- **No debe confundirse la norteamericana red experimental ARPAnet** (protocolo NCP) **con los resultados de las investigaciones internacionales que llevaron a conectar múltiples redes distintas entre sí:** el *internetting problem* (solucionado con el protocolo TCP/IP) y creando una internet (o red de redes).

- **Internet se desarrolla desde el principio gracias a una red internacional de científicos que trabajaron cooperativamente.** No es (en contra de lo que la mayoría de los medios incansablemente repiten) una creación únicamente norteamericana. Prueba de ello la tenemos en que la tecnología clave (la *conmutación de paquetes*) la inventaron en paralelo, como hemos visto, investigadores americanos y europeos. El mismo término "paquete" es acuñado en Europa. A su vez, el desarrollo de los protocolos TCP/IP se realizó por Vint Cerf en EEUU pero con la estrecha colaboración de Gérard Lelan del grupo francés creador de la red Cyclades con **Louis Pouzin** (inventor del concepto "Datagrama") *a* la cabeza, de quien tanto se inspiraría, según él mismo reconoce en los agradecimientos de su famoso artículo en el que propone el TCP/IP.

- Por otro lado, **las primeras pruebas internacionales se realizaron también con Europa** y fueron lideradas por **Peter Kirstein** del University College of London.

- Es fundamental conocer que **la World Wide Web (sistema de navegación que hoy utiliza todo el mundo) lo inventó Tim Berners- Lee,** un británico, en sus horas libres, sin que nadie se lo encargara, en los laboratorios del CERN de Ginebra (Suiza).

- **Desde los orígenes, no existe un gobierno claro ni centralizado de la red.** Se autogestiona por una serie de personas que ofrecen su trabajo,

117 *RFC Draft:* Request for comments (Petición de comentarios a la propuesta). Borrador, estado inicial del documento.

Andreu Veà con Al Gore. Analizando en primera persona su contribución al desarrollo de internet, deshaciendo la leyenda urbana que se creó al pronunciar él, en una entrevista, la desafortunada frase "yo tomé la iniciativa de crear internet" (distorsionada por sus detractores a "yo inventé internet"). Ciudad de México, Julio de 2011.

de forma altruista, a la comunidad. Los órganos de gobierno de Internet se forman en base a méritos de sus líderes, escogidos democráticamente entre los que se presentan. Por poner un ejemplo, la elección de los miembros del Board of Trustees (o Consejo de Administración) de la ISOC (Internet Society) así como los de la ICANN se realiza por votación internacional de todos sus miembros censados (mediante medios electrónicos).

- Desde el principio, **la mayoría del *software* y de las aplicaciones que se han ido desarrollando ha sido en código abierto.** Desde los propios protocolos de comunicación (con la familia TCP/IP como máximo ejemplo) hasta lo que se viene a conocer como LAMP: Linux (sistema operativo), Apache[118] (servidores web que constituyen una amplia mayoría entre las instalaciones de servidores de contenidos web de la red), MySQL (sistema gestor de bases de datos, abierto) y PHP, PERL o Python (lenguajes todos de programación extensamente utilizados en la construcción de *sites* de Internet).

- Después de una encarecida batalla entre los navegadores Navigator (1994, de la empresa Netscape Communications, pionera en este campo) y Explorer (1996, de Microsoft) se decidió primero regalar el programa y después **distribuir el código fuente entre los desarrolladores.** Se creó más tarde la Fundación Mozilla, que mantiene y desarrolla el popular cliente web: Firefox. Esta es una de las características fundamentales que han permitido alcanzar unas cotas tan elevadas de capacidad de innovación tecnológica entre los desarrolladores, cosa que no ha pasado nunca con los productos comerciales, considerados "propietarios" de un determinado fabricante o marca comercial y totalmente cerrados a posibles variaciones o mejoras por parte de los usuarios.

- **En los orígenes de Internet, no solo estuvieron involucrados programas públicos de investigación americanos.** Algunas telecos[119] como MCI y Sprint, y mucho más tarde proveedores de Internet privados, como PSInet o UUnet, fueron los grandes impulsores de la rápida expansión en la fase de popularización de la red de redes.

118 Véase <http://www.apache.org>.
119 Teleco: forma coloquial utilizada en el sector tecnológico de referirse a las empresas proveedoras de servicios de telecomunicaciones.

Análisis histórico de Internet en España 1983-2003

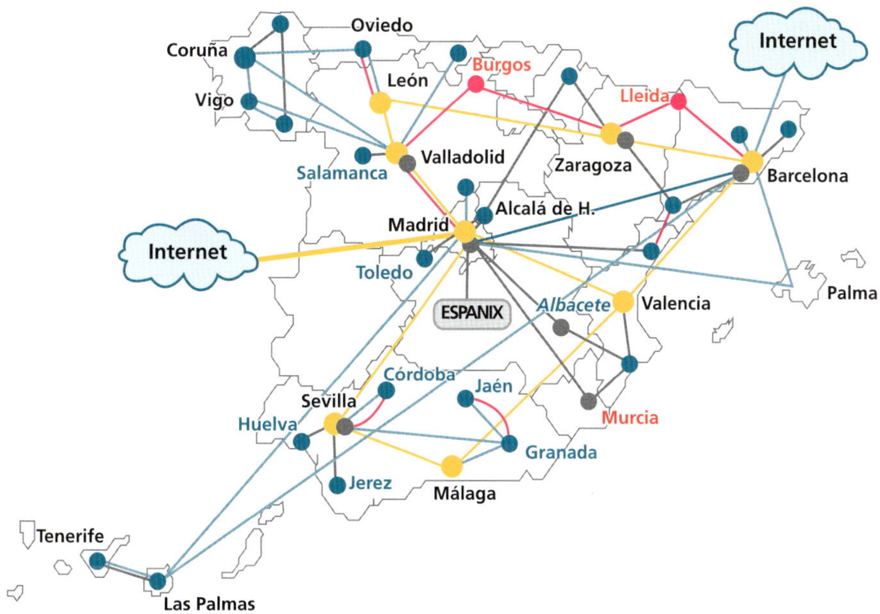

«(…) los españoles fueron los primeros del mundo en tener una red pública de conmutación de paquetes. Tenían una red bancaria que convirtieron hábilmente en una red pública de la noche a la mañana y el que parecía caballo perdedor nos venció a todos al final (…)*.»

Derek Barber
Pionero británico, del equipo de Donald Davies (el inventor de la conmutación de paquetes).
Extracto de una charla dada al Computer Conservation Society el 30 de abril de 1992 refiriéndose al acto de inauguración en la central de Velázquez (Madrid) de la RETD/RSAN el 30 de julio de 1971.

*"(…) The Spanish, dark horses, were the first people to have a public network. They'd got a bank network which they craftily turned into a public network overnight, and beat everybody to the post (…)"

Motivación: ¿realmente conocemos nuestra historia?

¿Cuál fue la primera conexión a Internet?
¿Cuándo se produjo el primer correo electrónico?
O simplemente ¿quién configuró el primer servidor web en España?

Es importante tener en cuenta algunos conceptos y matizar bien a nivel técnico para poder entender los "conflictos" que surgen cada vez que intentamos dar respuesta a estas preguntas. Está claro que todo empezó debido a la inquietud y necesidad de comunicación internacional de personas muy concretas dentro del entorno universitario. Y que el entorno empresarial, con unas reglas de juego muy distintas, se unió muchísimo más tarde.

Hace ya mucho tiempo que Internet se introdujo en nuestro país. Y fue de manera muy discreta: sin que casi nadie lo supiera, ciertas personas de la Universidad de Barcelona (UB) se conectaban a la red EARN, el equivalente europeo de BITnet. Mediante varias pasarelas, lograban tener correo electrónico con Internet. Más tarde, la Universidad Politécnica de Madrid (UPM) importó máquinas UNIX, que pronto estuvieron conectadas a Ámsterdam estableciendo la primera conexión exterior permanente TCP/IP de España.

A lo largo de estas páginas realizaremos un recorrido por los inicios de la conectividad española en distintos ámbitos. El pionero fue el ámbito universitario, pero pronto le siguieron el empresarial, con los primeros proveedores de Internet comerciales, el social, con las llamadas *redes ciudadanas,* y el de los pioneros del ámbito de la comunicación, con los orígenes del llamado periodismo digital. En cada uno de estos ámbitos se han destacado y entrevistado a múltiples personajes que caracterizaron sin duda estos inicios, que formaron parte de esta apasionante etapa de la historia en la que Internet se inició y cambió irreversiblemente las costumbres, los procesos empresariales y hasta la manera de relacionarse de la gente de nuestro país.

Pero ¿quiénes fueron los primeros en España?

Josep Maria Blasco 453

Debemos reconocer que internet no se introdujo, ni mucho menos, de forma espontánea, sino que estuvo precedida por distintas conexiones internacionales a otro tipo de redes con otros protocolos, habitualmente propietarios de determinados fabricantes. Estas conexiones eran fruto de la necesidad de intercambio de datos entre algunos científicos (en la mayor parte de los países estudiados, suelen ser los físicos de altas energías y los astrofísicos). En España, las primeras conexiones permanentes fueron académicas y se establecieron en la UB en 1984 con la red EARN (equivalente europeo de BITnet) con **Miguel Ángel Campos** y **Josep Maria Blasco Comellas,** años antes de que el Departamento de Ingeniería Telemática de la UPM estableciera la conexión permanente mediante el servidor Goya utilizando los protocolos TCP/IP. Por tanto, para poder establecer quién fue el primero debemos antes especificar a qué tipo de protocolo nos referimos (propietario o abierto).

Fernando Fournon 463

En el caso del correo electrónico, la disputa sobre quién envió el primero (surgidas a raíz de las celebraciones de cierto aniversario) tienen la misma solución: si establecemos como "primer correo enviado" la prueba realizada a finales de 1984 en el DIT (como nos explican **Juan Quemada** y **Fernando Fournon** en sus respectivas entrevistas), sin duda los que se conectaban por otras redes (no internet) nos dirán que ellos ya enviaban antes. Al igual que los propios usuarios de las BBS (sistemas centralizados de mensajería electrónica) a principios de los ochenta. En paralelo, las empresas privadas (FECSA, Iberia) también tenían mucha actividad en el campo de las redes de telecomunicación en esos momentos.

Juan Quemada 469

Lo mismo ocurre si intentamos contestar a la pregunta: ¿cuál fue el primer servidor web en España? La mayoría de los trabajos indican que fue el equipo de **Jordi Adell** (en noviembre de 1993) de la Universitat de Jaume I, de Castellón, puesto que se registró en el CERN. Pero casi nadie tiene en cuenta que el primer servidor experimental (por su relación directa con el CERN –lugar en donde nació la Web–) se instaló en Santander, en la Universidad de Cantabria, en 1992 por el doctor en física de altas energías: **Ángel Camacho,** que con poco éxito (inicialmente) trajo los programas directamente de Suiza y en diversas reuniones y congresos los ofreció a sus colegas para que lo instalaran. Ambos equipos se desconocían entre sí.

Ángel Camacho

La experiencia nos demuestra que, a pesar de que a los humanos nos gusta siempre hacer listas cerradas y definir a los "padres" o pioneros de cada hito, intentar reducir a un puñado de personas los orígenes de Internet en España es algo injusto, dado que la lista que sí haría justicia enseguida se poblaría con más de medio centenar de personajes que localmente innovaron e impulsaron la progresiva implantación de Internet dentro de sus organizaciones.

Jordi Adell 477

1. El ámbito universitario: los orígenes

Las primeras conexiones a ordenadores remotos (no locales) se establecieron en las universidades. A principios de los años setenta, era muy extraño ver este tipo de redes en un ámbito que no fuese el de la investigación, y menos aún en el contexto empresarial privado. Es por ello que, para descubrir los inicios de la red y todas las pruebas técnicas que la precedieron, debemos focalizar nuestra investigación en el ámbito universitario.

1.1. Universitat Central de Barcelona (hoy, Universidad de Barcelona)

Ya en 1984, en la UB se planteaban la problemática de la interconexión de grandes equipos informáticos de diversas marcas. Los mismos fabricantes muchas veces se encargaban de dificultar este proceso.

En 1984, la Universidad de Barcelona (de ahora en adelante, UB) lideraba en España el proceso de interconexión con otras universidades. Paralelamente a las actividades llevadas a cabo en el natural proceso de informatización de las tareas administrativas propias de una universidad: matriculaciones, nóminas, gestión académica, etcétera, la UB destacó por su precoz afán de comunicarse telemáticamente con otras universidades.

De los artículos internos publicados en la revista del CIUB[1], se desprende su pionera inquietud de interconexión con otros centros, tomando como ejemplo a redes predecesoras de Internet, como las académicas Mailnet y CSnet (EEUU), JAnet (Reino Unido), DFN (Alemania) o la sueca SUnet.

Miguel Ángel Campos

Ya en 1984, en la UB se planteaban la problemática de la interconexión de grandes equipos informáticos de diversas marcas. Los mismos fabricantes muchas veces se encargaban de dificultar este proceso. Entonces, la estrategia técnico comercial era la de poner dificultades para interconectar equipos, ya que entendían que obligar a utilizar toda la gama de productos de una misma marca era una forma de fidelizar a sus clientes una vez comprados los equipos. Estas barreras de incompatibilidad manifiesta entre equipos se intentaban superar mediante el uso de protocolos estándar internacionales como el OSI[2].

1 CIUB: Centre d'Informàtica de la Universitat de Barcelona.
2 OSI: Open Systems Interconnection (Interconexión de Sistemas Abiertos), estándar de ISO.

Ello conllevó a que inicialmente las redes fuesen homogéneas: su arquitectura o su sistema operativo era común en todos los nodos de la red. Ejemplo de ello son la red USEnet, en que todos los nodos eran UNIX, o la red interna del fabricante Digital, llamada DECnet, o la red interna de IBM, con 1.500 nodos ya en 1985 y que agrupaba a las máquinas con el sistema operativo VM[3] (subsistema RSCS).

Tradicionalmente, la Universidad de Barcelona fue terreno IBM. Ya en los años sesenta y gracias a los físicos teóricos y matemáticos, la universidad disponía de uno de los primeros grandes ordenadores instalados en España por IBM.

Dos motivaciones originales llevaron a la UB a conectarse en red:

- Ya se disponía en 1984 de un IBM-3083 y de un 4341 interconectados en el campus con los protocolos que llevaban *de fábrica* dichos ordenadores.
- El precedente de la red establecida entre la City University of Nueva York (CUNY) con la de Yale en mayo de 1981 con sus IBM y sin más coste adicional que el del enlace telefónico.

1.2. *Universidad Autónoma de Barcelona (UAB)*

Ya en 1972, la Universidad Autónoma de Barcelona conectaba mediante una línea punto a punto su Centro de Proceso de Datos (CPD) con el ordenador central del Ministerio de Educación y Ciencia, el famoso UNIVAC[4], al que se conectaban varias universidades de toda la geografía.

Universitat Autònoma de Barcelona

Ya en 1972, la Universidad Autónoma de Barcelona conectaba mediante una línea punto a punto su Centro de Proceso de Datos (CPD) con el ordenador central del Ministerio de Educación y Ciencia.

Era una época en que la informática se movía en entornos totalmente propietarios y en función de la elección de la máquina (y por supuesto de su fabricante), la universidad se veía obligada a conectarse a una determinada red por motivos de compatibilidad.

Florenci Bach

El 2 de junio de 1980, iniciaron su andadura el Centre de Càlcul: CCUAB, liderado por **Llorenç Guilera,** y el Centre de Procès de Dades, bajo la dirección inicial de **Florenci Bach.**

3 VM: Virtual Machine. Máquina lógica sobre la que funcionaban diversos sistemas operativos a la vez (como el RSCS).

4 UNIVAC 1108, accesible mediante terminales DCT-2000.

En el primer número del boletín *Suport*[5] se expuso la satisfacción por la elección y rápida implantación que hizo la Universidad Autónoma del primer VAX[6] de alta potencia. Fue un hito que marcaría su historia, puesto que empezaron a ser independientes, siendo la primera universidad que calculara sus propias nóminas sin pasar por el MEC. Era una máquina con 512 K[7] de memoria, tres unidades de disco de 67 Mbytes, una lectora de tarjetas perforadas, y 6 pantallas VT-100 para operadores y usuarios (sin teclado, eso fue algo que llegaría después a la informática).

VAX 11-780. Original de la U.A.B. Cortesía SI-UAB.

Esta adquisición hizo que cada vez se utilizaran menos los recursos de cálculo del UNIVAC del Ministerio, aunque en un primer momento se logró conectar el nuevo VAX al UNIVAC (para evitar utilizar la obsoleta terminal remota DCT-2000, que tenía el UNIVAC). Finalmente, en enero de 1982, se optó por su desconexión debido también al alto coste de la línea telefónica (10.818 €/año, es decir, 1.800.000 pts/año). Sin duda, un coste elevadísimo por aquel entonces. Todos los detalles se recogen en el boletín *Suport* de abril de 1982. Antes de la llegada del VAX, la conexión telemática con el UNIVAC representaba la única posibilidad de cálculo. La UAB fue el primer centro que se desconectó del sistema centralizado, cosa que al Ministerio no le sentó nada bien.

1.3. Universidad Politécnica de Madrid (UPM)

El Departamento de Ingeniería Telemática, más popularmente conocido como DIT, desempeñó un papel fundamental en los inicios de Internet. De hecho, el primer proveedor comercial de acceso a Internet en España surgió como iniciativa de un grupo de emprendedores de este departamento, que se independizaron y pusieron en marcha un proyecto empresarial.

POLITÉCNICA

Juan Riera 481

El DIT, con **Fernando Fournon,** estableció primero una conexión únicamente para el correo electrónico con Ámsterdam (donde estaba instalado el punto central de la red EUnet[8]). La conexión se hizo en un principio por teléfono

5 Suport: boletín informativo del Centro de Cálculo de la Universidad Autónoma de Barcelona. Su primer número apareció en octubre de 1980.
6 Primer VAX 11-780 que se instaló en España.
7 Posteriormente se compró una ampliación de 2MBytes por 22.000 € (3.603.220 pesetas) y una instalación de 400 € (66.200 pesetas de la época).
8 EUnet: European UNIX Network, red europea de usuarios del sistema operativo UNIX. Muy extendida en entornos universitarios.

José Antonio Mañas

Ángel Álvarez

Julio Berrocal

Juan Antonio Esteban 485

(realizando costosas llamadas internacionales) y más adelante mediante una línea de X.25 subvencionada por Fundesco[9]. EUnet era propiedad de las diversas asociaciones europeas de usuarios del sistema operativo UNIX. Y un poco más tarde llegó la conectividad a Internet. Aunque, de hecho, entonces Internet no era exactamente como lo conocemos hoy. En los orígenes, se conectaba con el protocolo UUCP[10] con Irlanda y desde allí había una pasarela para saltar a Internet. Esta conexión se realizaba sobre una línea internacional X.75, que **Juan Riera** consiguió dentro de un proyecto de colaboración con Fundesco. Esta experiencia positiva animó a proponer el proyecto IRIS para extender Internet al resto de centros académicos y de investigación españoles. En **noviembre de 1989** se cortaron las subvenciones iniciales, lo que obligó a crear la asociación UUES[11] para dar soporte a la conexión de la máquina universitaria (de nombre Goya) conectada a la red EUnet.

El Grupo Mecánica del Vuelo (GMV) y el Observatorio de Astronómico Canarias fueron los primeros que pagaron para conectarse. Por su parte, el departamento (DIT) pagaba la sala y la administración de la máquina y los ingresos externos servían para sufragar los altos costes de conexión internacional.

Los promotores iniciales de la Asociación de Usuarios de UNIX (UUES) fueron **José Antonio Mañas** (del DIT, que ejerció como presidente de la asociación), **Pedro Sainz** (que lo hizo como vicepresidente) y **Juan Antonio Esteban** (de Alcatel, que asumió las funciones de tesorero). Como vocales, **Ángel Álvarez** e **Inma Pindado** (ambos también del DIT).

En **febrero de 1990** se cambió la línea que enlazaba con Ámsterdam (de Fundesco) por una propia alquilada a Telefónica. Como es fácil de imaginar, en esa época no había *routers* en el mercado y Ángel Álvarez trajo uno de EEUU, del fabricante Telebit, con el que se conectó el servidor Goya con la máquina principal de la red EUnet en Ámsterdam.

Inicialmente se daba servicio a todo el que lo solicitaba, pero los siguientes pasos fueron buscar más socios y fundar una compañía, que se llamó Goya Servicios Telemáticos S.A. Como es fácil de imaginar, el nombre de la compañía derivó del nombre del servidor. La actividad se inició en **febrero de 1991,** segregando la parte comercial y originando así el primer proveedor privado de acceso a Internet en España. Hasta mediados de 1994 no empezarían a surgir nuevos proveedores, por lo que Goya fue una empresa totalmente pionera en este campo.

9 Fundesco: Fundación para el Desarrollo de las Comunicaciones, de la antigua compañía Telefónica Nacional de España (CTNE), posteriormente: Telefónica de España.
10 UUCP: UNIX to UNIX Copy. Antiguo protocolo de comunicaciones entre máquinas con el sistema operativo UNIX.
11 UUES: UNIX Users España. Asociación española de usuarios de UNIX.

1.4. Universidad del País Vasco (UPV)

Hacia 1984, la UPV se conectó a la red DECnet, una red a la que solo podían conectarse las máquinas del fabricante Digital. En aquella época existía ya la red EARN (Red Académica y de Investigación Europea), a la que no se podían conectar, porque trabajaban con máquinas IBM (en el centro tenían equipos Digital VAX).

La conexión la obtenían gracias a un enlace con la estación espacial de Villafranca (Base de Satélites) y lo que tenían eran sistemas primitivos de comunicación mediante las pasarelas UUCP, que les permitían la conexión a la red. Realizaban incluso FTP por correo electrónico y les llegaban conjuntos de mensajes que tenían que ensamblar artesanalmente.

En los años 1987 y 1988, Fundesco impuso en RedIRIS los protocolos OSI. Era la visión lógica desde el punto de vista de un operador, utilizar estándares (europeos) de la CCITT como el X.400 para el correo, y no el TCP/IP (americano).

Josu Aramberri

José Ramón Martínez Benito (del Centro de Cálculo de la Facultad de Informática), **José Antonio Mañas** (del Departamento de Informática, Arquitectura y Tecnología, que posteriormente se fue al DIT de la Politécnica de Madrid) y **Josu Aramberri,** entre otros, fueron los que ya en los inicios (1985-1987) movieron estos temas. En los años 1987 y 1988, Fundesco impuso en RedIRIS los protocolos OSI. Era la visión lógica desde el punto de vista de un operador: utilizar estándares (europeos) de la CCITT como el X.400 para el correo, y no el TCP/IP (americano).

En 1989 se firmó un convenio de colaboración entre la universidad y el Gobierno vasco para el desarrollo de una red de comunicaciones avanzadas. Con los recursos de este convenio se financió todo el cableado de par trenzado, más los enlaces microondas y las líneas Frame Relay intercampus, con una inversión aproximada en tres años de 6 millones de euros (1.000 millones de pesetas). El convenio se materializó con la agencia de desarrollo local SPRI (Sociedad para la Promoción y Reconversión Industrial), creando la red que inicialmente se denominó SPRInet, registrada aún en RIPE con este nombre. Por otro lado, la SPRI estableció para las empresas el programa de desarrollo telemático SPRITEL. Este programa desarrolló su actividad desde 1988 ofreciendo servicios de minitel y correo electrónico de Internet a partir de 1990 hasta que se privatizó en marzo de 1995. Desde ese momento pasó a llamarse SAREnet S.A. (con **Roberto Beitia:** director general, **Alberto Álvarez:** director técnico, y **Chechu Fernández:** director comercial, como socios principales). Fue uno de los primeros proveedores comerciales de Internet en el País Vasco.

1.5. *Universidad de Valencia (UV)*

Rogelio Montañana

Los principales hitos de su conexión a Internet los encontramos en el siguiente cuadro, que nos facilita **Rogelio Montañana,** responsable de la conexión a EARN de la Universidad de Valencia:

Jun 1988	Instalación de un ordenador IBM 3090.
Feb 1989	Instalación de la red local Ethernet en el campus de Burjassot; correo electrónico en modo local.
Oct 1989	Conexión a la red EARN; línea punto a punto de 4.800 bps.
May 1990	Conexión a RedIRIS, acceso Iberpac X.25 de 9.6 kbps.
Nov 1990	Se instala la red local Ethernet en el campus de Blasco Ibáñez; línea punto a punto de 2 Mbps a Burjassot.
Abr 1991	Conexiones de las universidades valencianas (UJI, UPV, UA); líneas p. a p. de 9.600 bps.
	Primeras pruebas de conexión nativa a Internet de la UV mediante creación de túneles para tráfico IP sobre conexiones SNA con el Rectorado de la UPM.
Sep 1991	Conexión a RedIRIS (ARTIX); línea punto a punto de 64 kbps.
Abr 1992	600 nodos en Internet. UV, primer centro de España: 28% del total de ordenadores conectados (UPC en segundo lugar: 23%).
Sep 1992	750 nodos, 18% del total español (UPC en segundo lugar: 15%).
Sep 1993	1200 nodos, 13% del total español (UPV en segundo lugar: 10%).
Nov 1993	Conexiones a UJI, UPV y UA mediante líneas p. a p. de 64 kbps
Ene 1994	Celebración de las Jornadas Técnicas RedIRIS en Valencia (cambio de la gestión de la red de Fundesco al CSIC).
Feb 1994	Conexión a RedIRIS mediante línea p. a p. de 256 kbps.
Jun 1994	1.700 nodos, 8% del total (UPV: 11%).
Ago 1995	2.500 nodos, 6% del total (UPV: 8%).
Oct 1995	Conexión UV-UPV a 2 Mbps.
Ene 1996	Conexión a RedIRIS a 2 Mbps.
Feb 1996	Conexiones con UJI y UA de 2+2 Mbps, Blasco Ibáñez y UPV a 34 Mbps.

Los primeros contactos con los servicios de Internet (*news,* correo electrónico, listas de distribución, etc.) los tuvieron en el IFIC, ya en 1985 a través de la red FAENET (Física de Altas Energías NETwork).

Los primeros contactos con los servicios de Internet (*news,* correo electrónico, listas de distribución, etc.) los tuvieron en el IFIC[12] ya en 1985 a través de la red FAEnet (Física de Altas Energías network). Estaba formada por los grupos de física de las Universidades de Cantabria, Zaragoza, Autónoma de Madrid, Autónoma de Barcelona, el IFIC de la Universidad de Valencia y el CIEMAT en Madrid. FAEnet era la rama española de HEPnet (High Energy Physics Network), red que utilizaba los protocolos tipo DECnet[13] y que mediante pasarelas permitía acceder a algunos servicios de Internet. En 1990, se

12 Instituto de Física Corpuscular.
13 DECnet: protocolos propietarios de comunicaciones entre ordenadores del fabricante Digital Equipment Corporation.

conectaron también a la red EARN, en la cual Rogelio Montañana participó activamente[14] hasta su desaparición en 1995.

La primera conexión "nativa" a Internet (es decir, utilizando protocolos TCP/IP) se realizó en **abril de 1991** en el Servicio de Informática de la Universidad de Valencia. Como no tenían *routers,* establecieron un túnel IP entre dos *mainframes* IBM sobre una conexión SNA que tenían con la Universidad Politécnica de Madrid. Dicha conexión se establecía sobre un circuito virtual X.25 (Iberpac) a 9.600 bps.

1.6. La red RICA y el CICA (Andalucía)

Contamos con el testimonio directo de **Gustavo Rodríguez,** de la Universidad de Sevilla:

> (...) en 1985, mi primera experiencia con Internet fue desde un punto de vista técnico, montando y configurando máquinas. Estábamos montando el germen de lo que posteriormente sería la Red Informática Científica Andaluza (RICA). En paralelo se desarrolló el proyecto de inicio de la red local (LAN) de la Universidad de Sevilla, todo ello a las órdenes de un gran maestro, mi tocayo Gustavo Sánchez Gómez, figura emblemática de los inicios de las redes en España.

Gustavo A. Rodríguez

Los campus de la Universidad de Sevilla están separados físicamente por unos cinco kilómetros en línea recta. Por lo que para conectar el campus de Reina Mercedes, donde estaban las facultades técnicas, con el campus de la Antigua Fábrica de Tabacos, donde estaba el Rectorado y la gestión de la universidad, se necesitaba una línea punto a punto, ya que no se disponía de otra alternativa. Telefónica fue capaz de ofrecer esa línea punto a punto a una velocidad máxima de 9.600 baudios.

Para conectar el campus de Reina Mercedes, donde estaban las facultades técnicas, con el campus de la Antigua Fábrica de Tabacos, donde estaba el Rectorado y la gestión de la universidad, se necesitaba una línea punto a punto, ya que no se disponía de otra alternativa.

La Universidad de Sevilla, la Junta de Andalucía y el Consejo (CSIC) fueron los tres primeros padres del CICA (Centro de Informática Científica de Andalucía). El resto de universidades, con **José Manuel Ramos** en Málaga, **Antonio Ruiz Moya** en Granada y **Juanjo Martínez** en Cádiz, que estaban preparando sus propias redes, y los múltiples centros del Consejo, se conectaron al CICA y se formó la red RICA.

Una de las primeras líneas punto a punto que funcionó fue la de la Estación Biológica de Doñana, con **Ramón Soriguer:**

> (...) Empezamos a montar las primeras máquinas. Recuerdo aún la dirección de red 130.206.1.5 que se asignó a la máquina ESEVVX (esevvx.cica.es). Esta fue (que yo sepa) la tercera o la cuarta máquina en red en España con protocolo TCP/IP (la primeras estaban en RedIRIS y otras las había instalado el equipo de Juan Riera, Julio Berrocal y José Antonio Mañas del DIT de la UPM).

---

14 Fue su presidente durante un largo tiempo.

En 1989 se produjo la creación de la red RICA, que sería coordinada y gestionada por el centro CICA, uno de los hitos más importantes desde el punto de vista andaluz. Gustavo nos explica que:

> Las líneas que teníamos inicialmente eran, en el mejor de los casos, de 9.600 bps punto a punto o con IBERPAC (una red X.25 de conmutación de paquetes) en la que encapsulábamos los protocolos TCP/IP o los DECnet. Era una red muy segura, pero demasiado pesada para el poco ancho de banda que teníamos y, además, nos cobraban por tráfico. Pero esa interconexión que ofrecía la red fue importantísima, porque empezó a dar a conocer a unos grupos y a relacionarlos con otros. Inicialmente, los líderes de Cataluña con Madrid y con nosotros en Andalucía. Luego Valencia y Galicia…

Gustavo Rodríguez nos indica cuáles cree que fueron los hitos fundamentales:

> … en mi opinión:
>
> - El paso a ARTIX[15] fue fundamental en el desarrollo de la infraestructura de telecomunicaciones. Las entidades se ahorraron mucho dinero conectándose a RedIRIS, que ha sido nuestra red y la pasarela al mundo exterior.
> - Hay que recordar que ARTIX, en sus inicios, era una red troncal o *backbone* a 64 kbps entre Barcelona, Madrid y Sevilla, a partir de la cual partían líneas de 9.600, 4.800, etc., a los demás centros que se iban conectando a esa red privada de RedIRIS.
> - La generalización del correo electrónico fue un paso extraordinariamente importante, en especial utilizando el paquete EAN…

15 ARTIX: ARTeria Iris X.25. Se trataba de la red troncal basada en el protocolo X.25.

2. La introducción de las redes internacionales en el ámbito científico y académico: La génesis de EARN

Sin duda, la interconexión entre las universidades CUNY y Yale a través de sus respectivos IBM marcó la puesta en marcha de una nueva gran red: la **BITnet**[16]. Nació en mayo de 1981 y experimentó en poco tiempo un crecimiento espectacular debido a la simplicidad de la conexión y a su relativo bajo coste. En 1985 contaba ya con 450 ordenadores de más de 200 universidades conectados. En Canadá se denominó a esta red NETNORTH.

Con la decidida apuesta de IBM por poner en marcha la red en el viejo continente, se creó una red idéntica a BITNET a finales de 1983. Su nombre fue EARN.

En Europa se daban las mismas condiciones, por lo que, con la decidida apuesta de IBM por poner en marcha la red en el viejo continente, se creó una red idéntica a BITnet a **finales de 1983.** Su nombre fue **EARN.**

La implementación de diversas pasarelas (o *gateways*) permitió la conexión de ordenadores que no fueran IBM, con lo que en tan solo un par de años más de 180 universidades y centros de investigación se unieron a ella. En **septiembre de 1985** contaba con más de 300 ordenadores: 120 IBM, 61 Digital (DEC-VAX), 14 CDC, 10 Siemens… la lista la formaban un total de dieciséis fabricantes.

Esta red permitía a las universidades conectadas disponer de correo electrónico (de difícil manejo en sus inicios) y acceder al *teleproceso,* lo que permitía mandar la orden de ejecutar un programa con determinados datos a un ordenador remoto. Además, los *gateways* permitían acceder a distintas redes, lo cual hacía aún más atractiva la utilización de la red EARN[17]. En concreto, se podía acceder a ARPAnet, CSnet, MAILnet, UUCP (USEnet) o JAnet, entre otras.

---

16 BITnet: Because It's Time Network.

17 Recordar que según la ley de Metcalfe, el valor de una red es proporcional al cuadrado del número de sus nodos.

CURIOSIDAD

En alguna de estas redes no se utilizaba el símbolo @ en las direcciones de correo electrónico. En otras era parte de la dirección, así, por ejemplo, para enviar un correo desde la red ARPAnet hacia BITnet, era preciso escribir algo como: joaquim%node1@bitnet.net

Jesús Sanz

------- Forwarded Message
Date: Mon, **19 Sep 88** 15:05 GMT-02
From: JESUS SANZ DE LAS HERAS/CIEMAT <**HERAS@ciemat.es**>
Subject: test
To: **camacho%unican@ciemat.es**
X-VMS-To: IN%"unican::camacho",HERAS

Perdona Angel, soy Jesus del Ciemat. Es una prueba,
pues tratando de poner a punto el PMDF-822.
Si te llega este mensaje, podrias hacer el favor de
replayarme ??? te estaria agradecido. Saludos
Gracias. Jesus
— End of Forwarded Message

Ejemplo de un correo real, con más de veinte años de antigüedad y recopilado a través del Dr. Angel Camacho (UNICAN). Como se puede apreciar, no se podían utilizar acentos.

Durante 1982, la UB mantuvo las primeras conversaciones con IBM para unirse a la red. Esto no ocurrió hasta **febrero de 1984,** cuando se realizó una presentación oficial de la red EARN en España por parte de su entonces presidente, el Dr. **Dennis Jennings**[18]; en el mismo acto se aprovechó para realizar la primera reunión formal de los potenciales miembros de EARN-España. Aparte de la Universidad de Barcelona, acudieron también otros representantes de las mayores universidades y en particular las de Madrid (Complutense, Autónoma y Politécnica).

Durante 1982, la UB mantuvo las primeras conversaciones con IBM para unirse a la red. Esto no ocurrió hasta febrero de 1984, cuando se realizó una presentación oficial de la red EARN en España, por parte de su entonces presidente, el Dr. Dennis Jennings.

A partir de esta reunión se pidieron ya las líneas de comunicación destinadas a unir permanentemente la Universidad de Barcelona con el Centro Científico de IBM (ubicado en el campus de la Autónoma de Madrid). Y este con la Politécnica de Madrid y con Roma. Se hizo la solicitud a la CTNE[19] y al ente público de telecomunicaciones italiano.

El **28 de junio de 1984** se celebró en el Centro Científico de IBM una reunión de los representantes de las universidades que habían solicitado conectarse a EARN (aunque las líneas aún estaban por llegar). En dicha reunión, **José Luis**

18 Director del Centro de Cálculo del University College de Dublín.
19 CTNE: Compañía Telefónica Nacional de España. Antigua denominación de la actual Telefónica de España.

Becerril[20] explicó los detalles de la última reunión del Consejo de Dirección de EARN y se nombró de forma unánime a **Luis Maté**[21] como representante español del Consejo Europeo.

El **1 de septiembre de 1984** las líneas telefónicas se encontraban ya operativas. Y el **11 de octubre** se realizó el reparto de responsabilidades y tareas, encomendándose a la UB el soporte de los servicios NETSERV[22] bajo la dirección de **Víctor Marqués**[23] y la coordinación de EARN-UB a **Miguel Ángel Campos.** No es hasta principios de 1985 que la red empezó a utilizarse de forma progresiva. Se elaboró un plan de comunicación interno a las universidades; la UB redactó una "Guía de utilización de la red EARN" que distribuyó al resto de participantes. En marzo se designó a Miguel Á. Campos (de la UB) como representante español en el Consejo Europeo de EARN.

A partir de febrero de 1985 se estableció un enlace desde el Centro de Cálculo de Montpellier (CNUSC) hasta la Universidad de Barcelona, por lo que esta se convirtió en nodo internacional, dando servicio al resto de nodos franceses. Esta conexión implicaba ampliar la velocidad de la línea Madrid-Barcelona hasta 9.600 bps.

NOTA HISTÓRICA

El 1 de septiembre de 1984, las líneas dedicadas entre Madrid y Barcelona tenían una velocidad de 1.200 bps, y las de Madrid-Roma, de 9.600 bps.

A partir de **febrero de 1985** se estableció un enlace desde el Centro de Cálculo de Montpellier (CNUSC) hasta la Universidad de Barcelona, por lo que esta se convirtió en nodo internacional, dando servicio al resto de nodos franceses. Esta conexión implicaba ampliar la velocidad de la línea Madrid-Barcelona hasta 9.600 bps, petición cursada al operador español en marzo y a la que no se dio respuesta hasta finalizado septiembre.

ARQUEOLOGÍA DIGITAL

Obsérvese que aún no se utilizaban los dominios

Ejemplo real de la cabecera de un correo de más de 25 años de antigüedad de EARN:

Subject: Shared DASD and SP4 Card
From: Josep Maria Blasco Comellas <**ZCCBJBC@EB0UB011**>
To: **LSTSRV-L@FRECP11**
Date: Wed, **10 Sep 1986** 20:48:59 ABC

La Universidad Autónoma de Barcelona se conectó en junio de 1985 a la UB. Debido a que tenía un ordenador VAX (no IBM), inicialmente su conexión a la red se limitaba a la instalación de dos terminales remotos conectados al IBM 4341 de la Universidad de Barcelona. Por ello, los que querían consultar el

20 José Luis Becerril: director del Departamento de Informática del Centro Científico de IBM.
21 Luis Maté: director del Centro de Cáculo de la Universidad Politécnica de Madrid.
22 NETSERV: Network Server. Sistema de distribución de información de la red.
23 Víctor Marqués: director del Centro de Informática de la Universidad de Barcelona.

correo en la UAB debían bajar hasta el Centro de Cálculo y abrir una sesión al IBM de la UB utilizando el terminal remoto. Durante 1987 conectaron el ordenador de Física de Altas Energías y ya en septiembre de 1988 conectaron el VAX a la red, llegando a ser un miembro de pleno derecho de EARN.

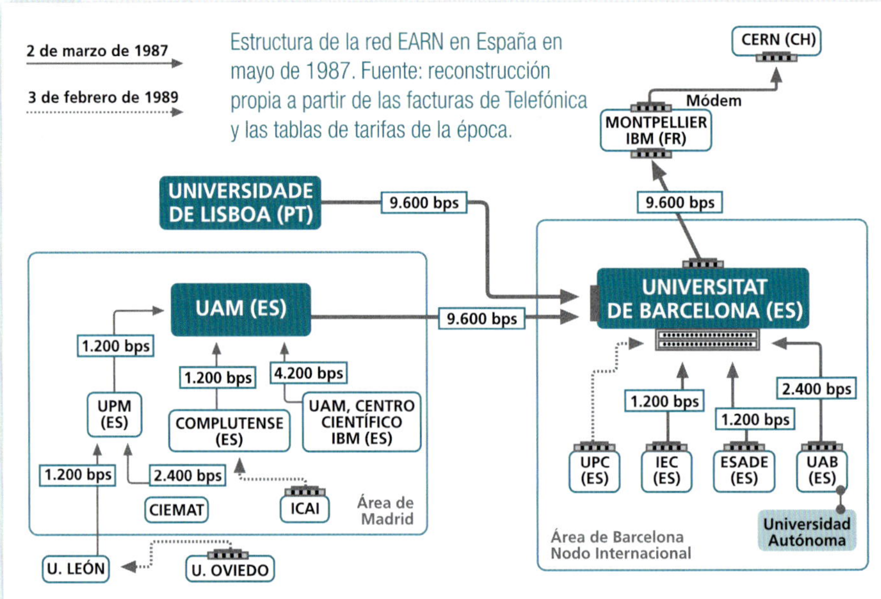

Estructura de la red EARN en España en mayo de 1987. Fuente: reconstrucción propia a partir de las facturas de Telefónica y las tablas de tarifas de la época.

EARN en España, 3 de febrero de 1989.
Fuente: oferta de IBM para la creación del CESCA.

A **1 de septiembre de 1985** estaban ya conectados a EARN la Universidad de Barcelona, la Universidad Autónoma de Madrid (Centro Científico de IBM) y la Politécnica de Madrid. Más tarde se conectaron la Universidad Autónoma de Barcelona y la Complutense de Madrid.

El centro de la conectividad en Europa quedaba en Montpellier, de donde partía la línea intercontinental que unía con la Universidad de Cornell (EEUU).

En el presupuesto de mayo de 1987, el total del Área de Madrid tenía un coste de 46.626 €/año, el de Barcelona de 15.662 €/año y las dos líneas internacionales ascendían a 45.000 €/año. Por lo que la partida de telecomunicaciones del presupuesto de EARN ascendía a **108.000** euros anuales.

A su vez, la red norteamericana NSFnet estaba prácticamente extendida en su totalidad:

A 1 de septiembre de 1985 estaban conectados a EARN la Universidad de Barcelona, la Universidad Autónoma de Madrid (Centro Científico de IBM) y la Politécnica de Madrid. Más tarde se conectaron la Universidad Autónoma de Barcelona y la Complutense de Madrid.

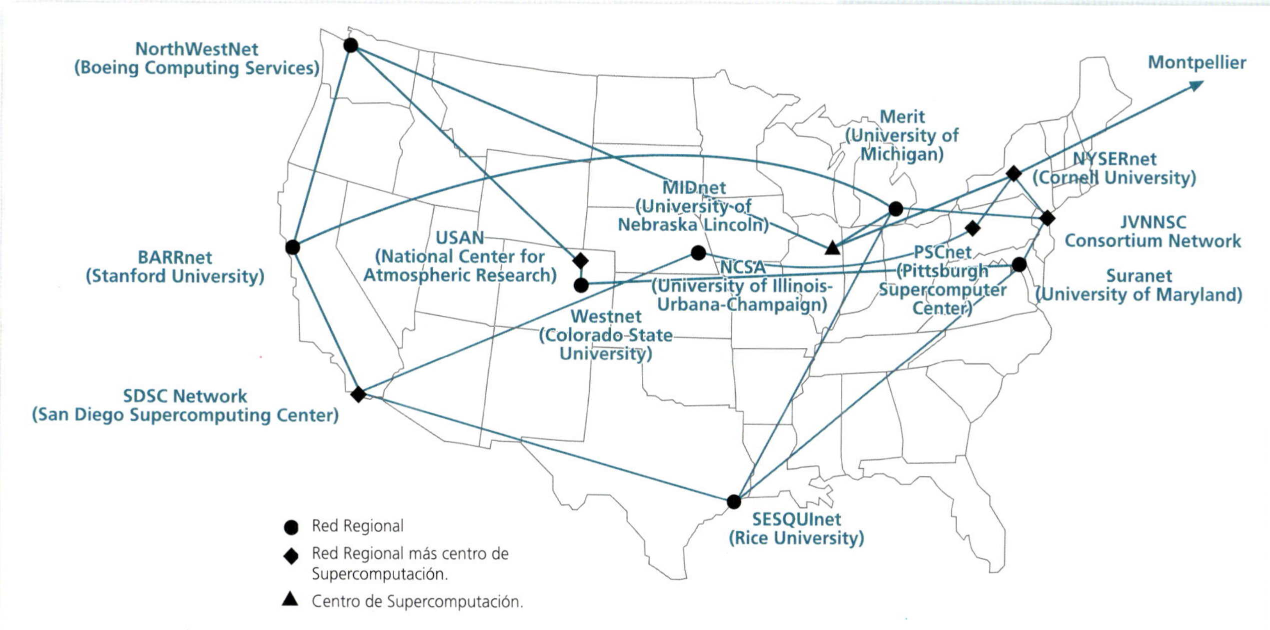

TOPOLOGÍA de la red NSFnet (1988) con enlaces de 56 Kbps que inicialmente unió a los centros de supercomputación entre sí y que posteriormente se convirtió en el embrión de internet.

3. Años ochenta: la era de los servicios telemáticos y las redes de valor añadido[24]

¿QUÉ ES UNA BBS?

Una BBS no es más que un programa que se ejecuta en un ordenador y que está pendiente del módem para atender las llamadas entrantes, a las que les va mostrando una serie de menús para que los usuarios que llaman puedan explorar su interior. El primer paso para entrar en una BBS consiste en identificarse con un nombre de usuario y una clave, salvo la primera vez, en la que nos preguntará más datos para que el SysOp o administrador del sistema revise nuestra «ficha» y le dé el visto bueno. A partir de ese momento, y dependiendo de nuestra forma de actuar, iremos mejorando nuestro nivel en la BBS y con ello aumentarán nuestras posibilidades de hacer cosas.

Dejemos a un lado el ámbito universitario y veamos qué hacían ciertos particulares, los profesionales del sector y las pequeñas empresas relacionadas con el sector tecnológico del momento.

Los orígenes de la conectividad comercial se remontan a pequeñas empresas (a veces, hasta particulares desde sus hogares) que ya a mediados de los años ochenta permitían, mediante servidores llamados BBS (Bulletin Board Systems) o *tablones de anuncios,* acceder de forma centralizada a los contenidos que ellos mismos mantenían. En la mayoría de los casos se trataba de servidores de ficheros en donde se podía encontrar la más variopinta colección de utilidades informáticas. Desde *drivers* para impresoras hasta juegos de simulación, demostraciones de nuevos productos o utilidades de lo más variado. El acceso a este tipo de servicios estaba bastante restringido a departamentos de informática y a los pioneros de la telemática en nuestro país, pues estos eran los únicos que disponían de la tecnología necesaria para poder acceder a ellos.

Se trataba pues de una máquina (o varias, en el caso de algunos sistemas multiusuario) con un *software* servidor de BBS (WildCat, PCBoard o The MajorBBS en plataformas MS-DOS; FirstClass en plataformas Macintosh y Waffle o CoSy en plataformas UNIX fueron de los más destacados de la época) en la que se creaban cuentas de usuario con determinados permisos de acceso que dependían del perfil de cada usuario.

Las BBS más simples eran un sencillo PC (procesador Intel 8088 a 4,77 MHz) con un disco duro de 10 o 20 MB y un módem de 1.200 bps conectado a la línea telefónica de casa. Un sencillo programa de comunicaciones ponía el módem en modo de respuesta automática, a la espera de una llamada. Cuando se conectaba un usuario, se le solicitaba el nombre y la contraseña, o bien se le permitía darse de alta en el sistema, y luego se le presentaba un sencillo menú con acceso a correo electrónico, a algunos directorios del disco duro y a un chat con el *SysOp*[25] (o administrador).

24 También llamadas VAN (Value Added Networks).
25 SysOp: System Operator. Administrador del sistema, responsable de contenidos y de la gestión de usuarios.

Mediante módems a velocidades a partir de 1.200 bps, los usuarios realizaban llamadas locales, interprovinciales y hasta internacionales si el servidor en cuestión era lo suficientemente interesante para *bajarse* la información. Era, pues, un modelo de conectividad totalmente centralizado, en donde muchos clientes (usuarios remotos) se conectaban a un servidor. Una vez establecida la conexión punto a punto, se realizaba la selección del contenido y su posterior descarga. La inmensa mayoría de BBS no admitía más de un usuario simultáneo, y además por tiempo limitado, por lo que si el servidor era muy popular los usuarios debían armarse de paciencia para conseguir conectarse.

El voluntariado, el ansia de difundir nuevas técnicas de comunicación y el afán de establecer contactos y relaciones entre profesionales movían a una serie de personas a montar estos servidores BBS en sus domicilios particulares.

Aunque hoy nos parezca extraño, este modelo perduró durante más de una década. Para evitar las llamadas internacionales a los clientes de una determinada BBS, el *SysOp* realizaba réplicas de otras BBS sobre la suya, con acuerdos (mayoritariamente gratuitos) de intercambio de información.

Los servicios más solicitados eran, pues, la descarga de archivos de difusión gratuita (*freeware* y *shareware*) mediante cualquiera de los protocolos disponibles en la BBS y el correo electrónico interno entre los usuarios de esa comunidad local y los de otras BBS. Cada BBS tenía sus protocolos específicos y las incompatibilidades se salvaban mediante pasarelas *(gateways)* de correo que instalaban los administradores. También tuvieron mucho éxito los grupos de discusión temáticos, llamados SIGS[26], en los que alguien formulaba una pregunta abierta y el resto se apresuraba a contestar o a ofrecer ayuda en el caso de soporte informático. En algunos casos, el *SysOp* era también el encargado de moderar el debate y de provocarlo/animarlo, aunque si ello requería demasiada dedicación se solía contar con colaboradores. Los mensajes de los grupos de discusión también se podían intercambiar o enlazar con otras redes, aumentando así su difusión.

Finales de los ochenta, principios de los noventa. Pantalla característica de una BBS.

El voluntariado, el ansia de difundir nuevas técnicas de comunicación y el afán de establecer contactos y relaciones entre profesionales movían a una serie de personas a montar estos servidores en sus domicilios particulares. Normalmente, solo estaban activos durante la noche, ya que debían compartir la línea telefónica particular. Los que disponían de más medios, con un pequeño grupo de dos, cutro o más módems (y sus correspondientes líneas telefónicas y su grupo de salto[27]) podían atender a decenas y hasta centenares de usuarios, ofreciendo además servicios multiusuario, como teleconferencia (similar a los canales de IRC) y juegos multiusuario. La filosofía era siempre la misma: el usuario llamaba al servidor, por lo que este solo tenía que pagar las

26 SIGS: Special Interest Groups (grupos de interés especial).

27 Grupo de salto: se asocian varias líneas telefónicas a un único número llamado *cabecera*, con lo que varios usuarios pueden llamar a este número cabecera sin que comunique. Se le llama de salto debido a que, cuando se recibe una llamada, si la línea está ocupada, *salta* a la siguiente.

cuotas fijas mensuales de cada una de las líneas de teléfono (unos 6 € por mes y línea en aquella época). Para sufragar estos costes, los usuarios pagaban algunas cuotas muy reducidas y de forma esporádica (y a veces voluntaria), o bien cuotas fijas mensuales más el tiempo de conexión consumido.

Este tipo de acceso a contenidos se llegó a comercializar y tuvo sus más fieles seguidores. Empresas como SICYD (desde 1989), luego Fonocom (desde 1992), con el *software* The MajorBBS y Servicom (desde 1994), con el *software* FirstClass, dotaron de contenidos sus BBS, cobrando cuotas a sus usuarios. En esa época se hablaba de las VAN (o redes de valor añadido). Si uno se conectaba a una red u otra podía obtener un valor añadido en forma de mejores contenidos o mejor clasificación de estos.

Santiago Muñoz

BBS pioneras en Barcelona:

Los primeros en dar este tipo de servicio fueron:

- Barcelona BBS (con **Joaquín Ballester**) fue la primera BBS en España.
- Paxica (con **Raymond Richmond**), primer nodo FIDOnet en España.
- Galletas (primera BBS conectada a Goya Servicios Telemáticos).
- La Conexión.
- El Libro de Arena.
- LuckLink.
- Abacus BBS (con **David Llamas**, fundador posteriormente de Abaforum).
- Nexus Servicios de Información (con **Joaquín Ballester** como SysOp).
- SICYD (fundada el 27 de julio de 1989 por **Santiago** y **Jorge Muñoz Baños**).

Las empresas barcelonesas Nexus y SICYD, fueron las primeras en ofrecer pasarelas de correo electrónico con Internet ¡ya en 1989!

Es importante hacer hincapié en que no se proporcionaba conexión a Internet, sino que se suponía que los contenidos de esas BBS eran lo suficientemente importantes y amplios para motivar la conexión (y el consecuente pago) de los usuarios. Las empresas barcelonesas Nexus y SICYD[28] fueron las primeras en ofrecer pasarelas de correo electrónico con Internet ¡ya en 1989!

En el ámbito internacional, la BBS que mayor creció fue **Compuserve,** que llegó a tener millones de usuarios por todo el mundo. Este es un buen ejemplo de contenidos, puesto que en el periodo entre 1990 y 1995, la solución para disponer de forma ordenada y rápida de los últimos *parches* de sistemas operativos o de las nuevas versiones de controladores de todo tipo de periféricos informáticos, era mediante el acceso a Compuserve, de aquí que muchos responsables de departamentos de TI[29] mantuvieran direcciones del tipo: <100634.104@compuserve.com> hasta que el servicio, comprado por American Online (AOL), cerró el 1 de julio de 2009.

28 Servicios Informáticos de Conferencia y Documentación, empresa constituida por cuatro socios (Santiago Muñoz, Jorge Muñoz, Julio González y Antonio Castillo) que fue la primera en ofrecer una pasarela Dial-Out con EEUU.

29 TI: Tecnologías de la Información.

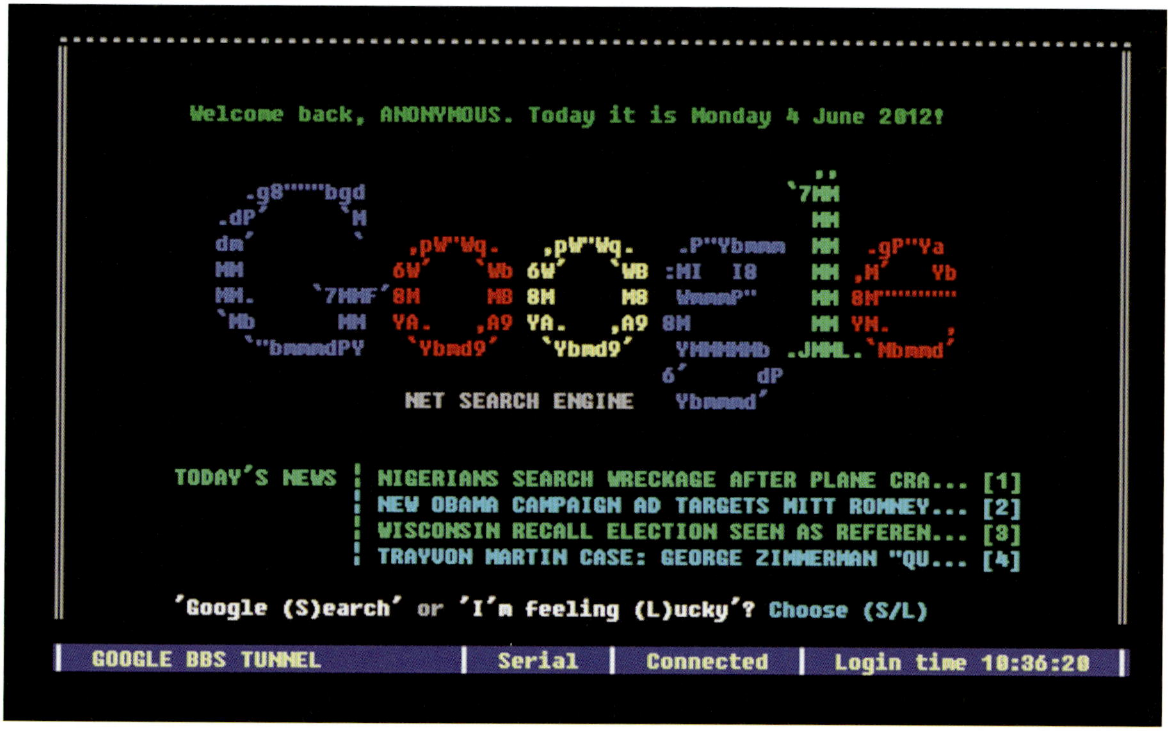

Simulación totalmente funcional de cómo veríamos Google desde una BBS <www.masswerk.at/googleBBS>.

4. RedIRIS: la semilla que hizo crecer la red en nuestro país

Exceptuando los primeros escarceos con el correo electrónico Internet, que tuvieron los usuarios de las BBS más avanzadas a finales de los años ochenta, y de las pioneras conexiones a las redes EARN y DECnet de algunas universidades, podemos asegurar que Internet aterrizó en nuestro país a principios de la década de los noventa.

4.1. Los primeros centros conectados

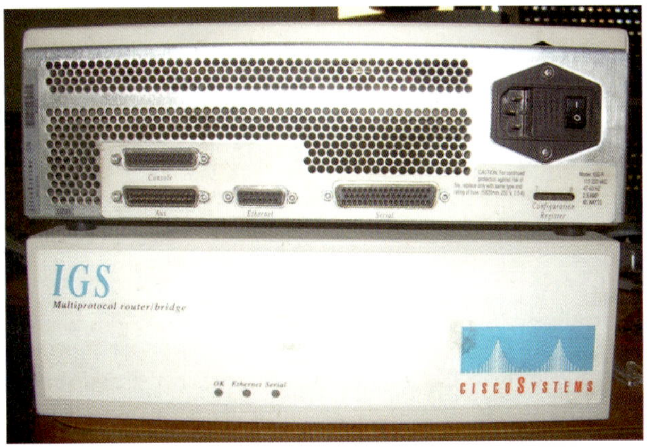

Uno de los primeros *routers* que tuvo RedIRIS, que a la vez fue uno de los primeros *routers* multiprotocolo de Cisco, el Cisco-IGS (lanzado como producto comercial a mediados del año 1990). Cortesía de Jesús Sanz de las Heras.

La puerta por donde entró, fue precisamente la de la red académica. En concreto, de la mano de RedIRIS.

En 1988 **Juan Riera**, del DIT, junto a **Francisco Ros,** de Fundesco, y con el apoyo de **Ramón López de Arenosa**, del MEC, consiguieron que dentro del Plan Nacional de I+D se aprobara un proyecto para desarrollar una red de datos que supuso la creación y puesta en marcha del Programa IRIS, que en el inicio gestionó Fundesco[30]. Posteriormente, el 1 de enero de 1994 se traspasó al Centro de Comunicaciones del CSIC[31] y, en 2004, el MCYT transfirió la gestión de RedIRIS a la Entidad Pública Empresarial Red.es.

Se trataba, pues, de una red al servicio de la comunidad científico-académica, "para proporcionarles servicios telemáticos avanzados, incluyendo las utilidades disponibles en la mayor red de ámbito mundial: Internet", según reza uno de sus principales objetivos.

30 Fundesco: Fundación para el Desarrollo de las Comunicaciones, perteneciente a Telefónica.
31 CSIC: Centro Superior de Investigaciones Científicas. En la actualidad depende del Ministerio de Economía y Competitividad.

Durante la primera mitad de 1990 se desplegó un servicio experimental de conexión a Internet y en el mes de **julio de 1990,** ya había cuatro centros con interconexión plena[32]:

- Fundesco.
- DIT-UPM <www.dit.upm.es>.
- CIEMAT (Madrid), <www.ciemat.es>.
- Centro Informático Científico de Andalucía[33], <www.cica.es>.

Posteriormente, y a partir de **marzo de 1991,** comenzó la fase de despliegue del servicio de RedIRIS, englobado en lo que llamaban Servicio de Interconexión de Redes de Área Local (SIDERAL). Sus inicios fueron mediante una conexión a NSFnet, encapsulando el protocolo IP sobre X.25 a una velocidad de **64 kbps.**

José Barberá Heredia 491

A partir de marzo de 1991, comenzó la fase de despliegue del servicio de RedIRIS, englobado en lo que llamaban Servicio de Interconexión de Redes de Área Local (SIDERAL). Sus inicios fueron mediante una conexión a NSFnet, encapsulando el protocolo IP sobre X.25 a una velocidad de 64 kbps.

CURIOSIDAD PERSONAL

Es momento de recordar que en los primeros meses de 1994 tan solo existían dos proveedores de servicio de conectividad plena a Internet:

- RedIRIS (que suponía el 99% de los equipos conectados) para instituciones.
- Goya Servicios Telemáticos, para empresas y particulares.

Recuerdo conversaciones con "Telefónica Catalunya", en las que nos miraban mal por demandar este servicio, totalmente desconocido para ellos tanto como producto como para consumo propio. Lo que imperaba era la red X.25 (febrero de 1994).

4.2. *El declive de los protocolos OSI de ISO*

La introducción del ordenador personal (PC)[34] hizo que las facultades fueran descentralizando su informática progresivamente y empezaron a surgir las redes de área local (LAN), que unían, con muy diversas tecnologías[35], los diferentes recursos informáticos distribuidos por los departamentos.

Para solucionar el problema que representaba la conexión de las distintas redes locales universitarias, RedIRIS inicialmente optó por el conjunto estándar de protocolos OSI[36].

Existen dos grandes tipos de protocolos: los de transporte y los de aplicación.

32 No debemos olvidar que la Universidad de Barcelona (mediante EARN) llevaba ya años conectada indirectamente.
33 Primer centro fuera de Madrid conectado por RedIRIS.
34 En España se introdujo en 1983 por IBM.
35 Token Ring, Token Bus, Ethernet, etcétera.
36 OSI: Open Systems Interconnection. No olvidemos que estaba financiada por Fundesco, como buen operador, seguía las directrices de los estándares oficiales del CCITT y de sus comités de normalización.

Dos tipos de redes: las de área local (LAN) y las de área extendida (WAN[37]). Y las dos grandes escuelas: Internet (TCP/IP) y el modelo OSI (X.25), cuyos protocolos están orientados a la conexión, a diferencia de los primeros, que no lo están.

Las redes de área local (con protocolos internet) ya tenían disponibles aplicaciones funcionando, lo que hacía lógico el uso de estos mismos protocolos para unirlas entre sí a través de redes de área extendida (o WAN).

Históricamente, como las redes WAN requerían de un operador de telecomunicaciones y estos dependían de los Gobiernos de cada país[38]; utilizaban el protocolo de referencia OSI X.25. Eso hacía que conectar una red local de una oficina con otra remota fuera extremadamente difícil y costoso.

Las redes WAN requerían de un operador de telecomunicaciones y estos dependían de los Gobiernos de cada país; utilizaban el protocolo de referencia OSI X.25. Eso hacía que conectar una red local de una oficina con otra remota fuera extremadamente difícil y costoso.

Las soluciones propuestas (véase entrevista con **José Barberá Heredia** de RedIRIS) pasaban por instalar pasarelas de transporte (por encima del nivel de red[39]) o bien poner IP[40] (Internet) sobre enlaces con X.25 (OSI).

Se presentaba la disyuntiva de:

- por un lado, las aplicaciones locales en donde gracias al entorno UNIX se utilizaban los protocolos TCP/IP ("de serie" en todos los sistemas operativos),
- y, por el otro, las redes de área extendida (WAN) con unos protocolos de transporte totalmente distintos, caros, incompatibles y que no disponían de aplicaciones.

Todo esto hacía necesario llenar de pasarelas que "adaptaran" entre sí estos protocolos. Entre esto, y que la solución OSI era muy compleja de instalar, a la vez que no existían casi aplicaciones[41], finalmente RedIRIS tomó la decisión de poner en marcha su programa de Interconexión de Redes DE Área Local (SIDERAL) utilizando protocolos IP de Internet y abandonando progresivamente el modelo OSI. Esta, sin duda, fue una decisión clave que en el futuro marcaría el mercado.

37 WAN: Wide Area Network. Red de área extendida. A diferencia de las Locales (LAN), utilizan circuitos de larga distancia

38 Recordemos que solía tratarse de monopolios públicos y que únicamente reconocían el modelo de referencia OSI orientado a la conexión y que permitía facturar por cualquier concepto: tiempo, distancia, paquetes, ancho de banda.

39 Colocar el nivel 3 (de red) X.25 sobre el nivel 2 (de enlace) de la LAN.

40 Pero IP estandarizado por ISO, puesto que el IP de Internet se suponía que iría migrando hacia el modelo OSI.

41 Únicamente a nivel 7 (de aplicación) se desarrolló el correo electrónico, bajo el estándar conocido como X.400.

4.3. *Universidades catalanas: de las primeras en conectarse*

Las universidades catalanas ya disponían en ese momento de otros enlaces (del tipo X.25, la mayoría destinados al correo X.400), por lo que tanto en la UB, en donde se instaló el nodo de RedIRIS de Cataluña, como en la UAB se aprovecharon inicialmente enlaces anteriores para la conexión a Internet.

De las primeras pruebas que se hicieron podemos destacar la realizada aprovechando la conexión de la UAB con el CIEMAT de Madrid, que conectaba la red de Física de Altas Energías (FAEnet) con el CERN mediante protocolos DECnet. Como era una línea de alta velocidad para la época (64 kbps) se aprovechó para realizar las primeras pruebas de Internet de RedIRIS en Cataluña.

El programa SIDERAL pretendía conectar las redes universitarias entre sí y posteriormente con Internet. Es curioso observar cómo algunas de las conexiones previstas no funcionaron, puesto que los *bridges*[42] subvencionados por IRIS no se llegaron a configurar nunca.

De izquierda a derecha: Dr. Ángel Camacho (UNICAN), primero en instalar un servidor web en España, en un momento de las múltiples entrevistas personales realizadas reuniendo en un "cara a cara" a otros pioneros, como Miguel Ángel Sanz Sacristan y Jesús Sanz de las Heras (RedIRIS), que lo certificaron como testimonios directos y neutrales de la época. 20 de noviembre de 2008.

En el mes de abril de 1991 se iniciaron los preparativos para pasar toda la conectividad IP al nodo de RedIRIS en Barcelona. Para ello deberían coordinarse las tres principales universidades catalanas: la de Barcelona (UB), la Politécnica de Catalunya (UPC) y la Autónoma de Barcelona (UAB). A su vez, cabe destacar que esta conexión interuniversitaria fue el embrión de lo que posteriormente sería la "Anella Científica". Unos meses más tarde (concretamente en abril de 1992) llegó la conexión IP oficial y permanente con RedIRIS a la Universidad Autónoma.

CURIOSIDAD

La primera conexión internacional por la línea permanente de Internet de la UAB se estableció contra la dirección: <ftp.simtel.mil> (repositorio de programas gratuitos), que a finales de 2000, cuando se llamaba simtel.net, estuvo a punto de cerrar por la crisis de las ".com" después de resistir durante más de ocho años.

42 Bridge: puente, o dispositivo de interconexión entre redes de área local.

A principios del año olímpico de 1992, ya estaban funcionando treinta instituciones, con más de mil máquinas conectadas y en abril RedIRIS participaba en la creación del Centro Europeo de Coordinación de direcciones: RIPE[43].

En **julio de 1992,** se realizó la primera descentralización del NIC[44] de Internet y RedIRIS también asumió las funciones de delegado para España, por lo que desde ese momento se erigió como registro de nombres de dominio para organizaciones españolas.

Hasta **mayo de 1994** no se llegó a las cien organizaciones conectadas (con aproximadamente 20.000 máquinas).

En 1994 el volumen de tráfico empezó a crecer. La red (SIDERAL) empezó a extenderse y su tráfico se multiplicaba mes a mes.

4.4. *Crecimiento del tráfico de RedIRIS*

En 1994 el volumen de tráfico empezó a crecer. La red (SIDERAL) empezó a extenderse y su tráfico se multiplicaba mes a mes. Veamos unos datos rescatados de uno de sus boletines internos.

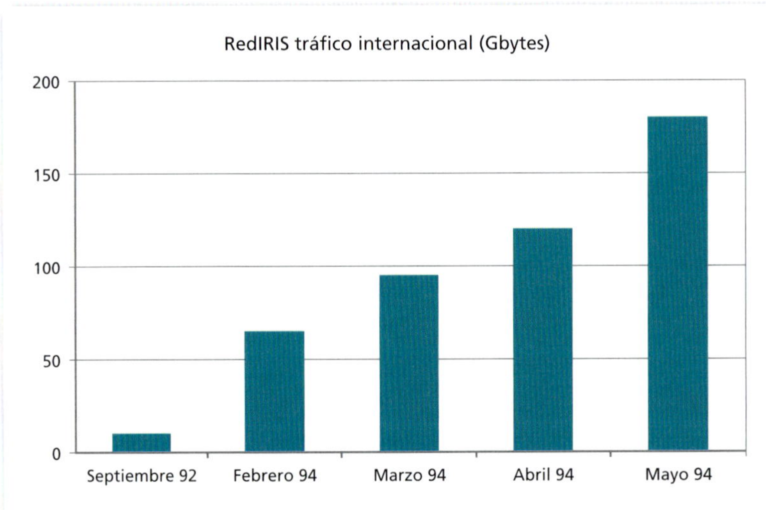

El presupuesto general de RedIRIS para 1994, año de su cambio de gestión (de Fundesco pasó al CSIC), era de un total de **3,6 millones de euros** (o 600 millones de pesetas de la época), sufragados en su totalidad por el Plan de I+D.

43 RIPE: Réseaux IP Européens. Ubicado en Ámsterdam, coordina los rangos de direcciones IP, evitando duplicados.
44 NIC: Network Information Center. (Centro de Información de Red).

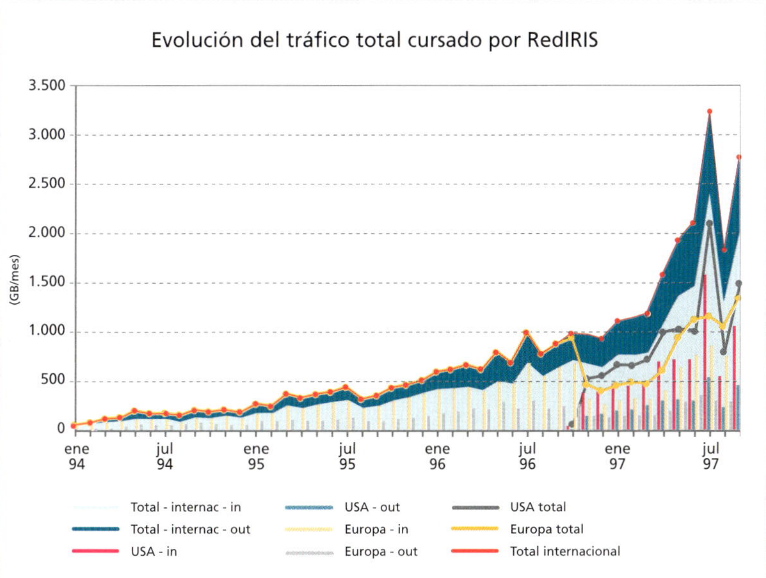

1 de octubre de 1997. Cortesía de Miguel Ángel Sanz.

Miguel Ángel Sanz 503

No sería hasta el **29 de abril de 1997,** cuando RedIRIS se incorporó a la red europea TEN-34[45] a una velocidad de 22 Mbps, que el enlace a 2 Mbps fue sustituido[46]. Aun así, la conectividad hacia los Estados Unidos era inferior a los 6 Mbps.

Más tarde, la red Europea de investigación TEN-34 se sustituyó por la TEN-155, que inició su andadura con la interconexión de las redes de veinte países el día **11 de diciembre de 1998** y duró hasta diciembre de 2001.

Los proyectos TEN (34 y 155) fueron sustituidos a su vez por el proyecto GÉANT[47], inaugurado el día **30 de noviembre 2001.** Por lo que RedIRIS se conectó a través de un enlace a 2.500 Mbps (2,5 Gbps) al nodo de acceso de GÉANT de Italia y de Francia mediante líneas STM-16.

El hecho de que tan solo hubiera dos proveedores de acceso a Internet (uno para instituciones académicas y de investigación: RedIRIS, y otro comercial ubicado en Madrid: Goya Servicios Telemáticos) llevó a situaciones claras de falta de oferta y a que, por ejemplo, el primer periódico español que hizo públicos sus contenidos en Internet *(Avui)* inicialmente estuviese utilizando recursos de la universidad, debido a la inexistencia de cualquier otra opción.

45 TEN-34 interconectaba redes académicas europeas a velocidades cercanas a los 34 Mbps. Estuvo en servicio desde febrero de 1997 hasta el 11 de diciembre de 1998.

46 Fuente: *Gaceta Informativa de RedIRIS*, 9 (junio 1997).

47 GÉANT: Gigabit European Advanced Network Technology.

Tomás de Miguel 509

Felipe García Montesinos

4.5. *Principales hitos de RedIRIS en sus primeros 25 años*

1988 Nace el Programa IRIS con el objetivo de dar servicios telemáticos a la comunidad científica española.
Se crea RICA.

1989 El Programa IRIS se responsabiliza del dominio ".es".
RedIRIS empieza a ofrecer el sistema de correo electrónico EAN
Se crea RIPE (Réseaux IP Européens).

1990 Se decide cambiar el Programa IRIS a RedIRIS.
Comienza SIDERAL (Servicio de Interconexion DE Redes de Area Local IP).
Nace ARTIX, la red X.25 de RedIRIS (red privada nacional con líneas punto a punto 64 kbps alquiladas a Telefónica)
Nace IXI (International X.25 Infraestructure Backbone Service), precursor de GÉANT.
Nace NIC.es, registro delegado de dominios ".es" en España.

1991 2.000 máquinas conectadas en España. El 99% de instituciones académicas, de investigación y de I+D afiliadas a RedIRIS.

1992 Se crea RIPE-NCC (Centro de Coordinación de redes IP europeas).
RedIRIS crea los servicios *news,* de UseNet y DECnet, coordinado por el CIEMAT.
Primer servidor web español del Grupo de Altas Energías de la Universidad de Cantabria: <esanu1.unican.es> (instalado por Ángel Camacho), y más tarde el del DIT: <www.dit.upm.es> (instalado por Joaquín Seoane).

1993 Se crea DANTE.
Finaliza la gestión de RedIRIS por parte de Fundesco.
La red ARTIX dispone de diez nodos principales.
Se crea la red Europanet, que conecta 18 países a velocidades de 2 Mbps por medio de tecnología IP.

1994 RedIRIS pasa a ser gestionado por el CSIC.
Se cancela EAN y se recomienda el correo electrónico para universidades con protocolos SMTP *(sendmail).*
Nace TERENA (Trans-European Research and Education Networking Asociation), como unión de RARE y EARN.
RedIRIS empieza a gestionar el registro de dominios ".es".

1995 RedIRIS cuenta con 55.000 nodos, la mayor parte de la Internet en España (".es").
Nace el servicio de Listas de distribución de RedIRIS (LISTSERV).

1996 RedIRIS posee un nodo por comunidad autónoma, con una conexión internacional con EuropaNet.
Nace ESNIC (registro delegado de Internet en España) como competencia de RedIRIS. Se inicia el pago por dominio.

1997 Primeras pruebas en RedIRIS con IPv6.
RedIRIS se conecta a TEN-34, Trans-European Network, a 10 Mbps.
Se crea la asociación ESPANIX.

1998 RedIRIS entra en el TEN-155.

1999 El servicio FTP de RedIRIS cuenta con 150 Gbytes.
RedIRIS entra en TEN-155, Trans-European Network, a 22 Mbps.

2000 Se lanza GÉANT, una red multi gigabit europea.
La gestión del ".es" pasa al ente público Retevisión (transformado posteriormente a red.es).

2001 RedIRIS despliega una infraestructura de red basada en enlaces de 2,5 Gb.
RedIRIS se conecta a Europa a través de GÉANT (con STM-16) y empieza a colaborar con Internet2.

2002 Desaparecen los *proxies* web debido al aumento de ancho de banda.
El nodo neutro ESPANIX, a petición de su presidente cambia los estatutos para permitir la conexión de RedIRIS.

2003 RedIRIS despliega IPv6 nativo en la red.
RedIRIS se conecta a Europa a través de GÉANT con STM-64 a 10 Gbps.
Se despliega la red RedIRIS2

2004 RedIRIS pasa a ser gestionado por red.es, del MITYC.

2005 RedIRIS lanza eduroam ES, la iniciativa de eduroam en España.
RedIRIS, usando tecnología IPv6, retransmite por la red el eclipse anular del milenio.

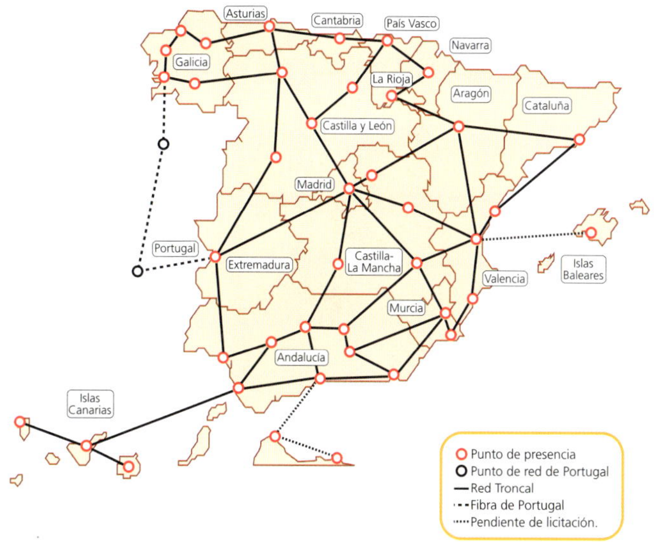

Abril de 2012: el despliegue de la red de fibra oscura que conforma RedIRIS-NOVA toca a su fin. Es importante destacar que se trata de una red mallada y redundante, y no radial como la mayoría de sus predecesoras.

2006 Se despliega GÉANT2, llegando con fibra oscura a Madrid desde Ginebra.

2007 Nace la Red Nacional de Emergencias con la colaboración de RedIRIS.
Se despliega la red RedIRIS-10.

2008 RedIRIS cumple veinte años. Se lanza el proyecto RedIRIS-NOVA.

2009 Se adjudica el pliego para el despliegue de la nueva red de fibra óptica: RedIRIS-NOVA (licitación:138 millones de euros; coste final: 100 millones de euros).

2010 Primera prueba real de servicio sobre RedIRIS-NOVA: conexión sobre fibra a 10 Gbps entre Madrid y Córdoba.
Se superan las 400 instituciones afiliadas a RedIRIS.

2011 Puesta en operación de la parte peninsular de RedIRIS-NOVA
Se despliega en pruebas el enlace de 100 Gbps entre Madrid y Valladolid (sede de las Jornadas Técnicas).
Intensa participación de RedIRIS en el ISOC World IPv6 Day (servicio activo desde 1997 y desplegado desde 2003).

2012 Puesta en operación del enlace de fibra óptica (2.000 km) entre la Península y Canarias por Canalink.
Se despliega la red privada a 10 Gbps entre principales centros participantes en el proyecto "Large Hadron Collider

2013 RedIRIS cumple 25 años celebrándolo con sus Jornadas Técnicas en Madrid.
Activación del plano de control GMPLS (conmutación multiprotocolo generalizada).

ES-NIC
REGISTRO DELEGADO
DE INTERNET EN ESPANA

El dominio ".ES" lo aprobó la IANA en abril de 1988 y fue solicitado por la UB (para el correo electrónico)

No se tuvo conexión IP a internet hasta finales de 1990 momento en que se delega el dominio y se inicia el registro de subdominios por el Programa IRIS.

Dado que su base de datos es de 1994, las fechas de dominios previos no son fiables.

4.6. *La particular evolución de los dominios en España*

A diferencia de la mayoría de países, en los que las políticas de registro las dictan aún los organismos públicos, habitualmente relacionados con los centros universitarios o vinculados al sector científico y de investigación, en España, como en Rusia y China, es el Gobierno quien las publica en el Boletín Oficial.

Las funciones de registro del dominio de primer nivel **".es"** fueron delegadas al ES-NIC[48], que inicialmente estaba adscrito a la Universidad de Barcelona, puesto que era el centro y nodo principal de la red EARN (réplica europea de BITnet, auspiciada por IBM y que situamos como la predecesora de Internet en España). Y posteriormente, desde 1990, dependió de Fundesco[49], con **José Barberá Heredia** como responsable.

A partir del día **1 de enero de 1994,** las funciones de registro de dominio ".es" pasaron a depender del CSIC (RedIRIS), con **Víctor Castelo** al frente, hasta su traspaso al Ministerio de Fomento[50], que mediante el artículo 55 de la Ley 14/2000 de 29 de diciembre define las funciones de la Entidad Pública Empresarial Red.es[51] <http://www.nic.es>.

PRIMEROS 26 DOMINIOS REGISTRADOS EN ESPAÑA (.ES)*
DICIEMBRE 1990 - DICIEMBRE 1991

iris-dcp.es (cambió a rediris.es)	uv.es
upm.es	cesca.es
fundesco.es	upf.es
ciemat.es	uniovi.es
cica.es	unican.es
us.es	uib.es
artix.es (sin uso y se dejó libre)	iac.es
uab.es	ulpgc.es
cnm.es	uji.es
ub.es	ucm.es
upc.es	iec.es
csic.es	upv.es
uam.es	ua.es

Orden cronológico aproximado. Debido a cambios administrativos de las entidades, en algún caso pudieron haber perdido su antigüedad inicial y no figurar en esta lista.
Fuentes: Listado ES-NIC; fichero Host-Count de RIPE; Proyecto fin de carrera e indicaciones de Miguel Ángel Sanz.

Si lo comparamos con Alemania ".de" en el año 2004 este dominio de primer nivel tenía 8 millones de dominios registrados, mientras que España ".es" tan solo contaba con 80.000; nos llegamos a distanciar en un factor de 100 veces menos dominios, cuando la diferencia de población es tan solo de un factor 2.

Víctor Castelo 517

Miles de empresas y decenas de miles de usuarios particulares de Cataluña se adhirieron a la Asociación Puntcat que, una vez realizados los largos y complejos trámites impuestos por ICANN, en septiembre de 2005 logró obtener el dominio de interés lingüístico y cultural de primer nivel ".cat" Este tipo de dominios no debe confundirse con los territoriales, sino que entran en el conjunto de lo que ICANN denomina como "sponsored domains".

48 ES-NIC: Network Information Center. Delegación española de este Centro de Información de Red.
49 Véase en la entrevista personal de Pepe Barberá la anécdota que cuenta sobre cómo se llevaron el registro de Barcelona a Madrid.
50 Después, Ministerio de Ciencia y Tecnología: MCYT.
51 Véanse <http://www.red.es y http://www.nic.es>.

Si tenemos en cuenta la restricción que supone un precio de 75 €/año (comparado con los 5 € que cuesta un dominio ".com") y que por definición sus páginas deben estar en cualquier idioma pero siempre incluyendo el catalán, es de destacar el gran éxito que cosechó este nuevo dominio que inició su actividad el 13 de febrero de 2006[52] y que en poco menos de cinco años superó los 50.000 dominios activos. Sin duda alguna jugaron muy a su favor las históricas y perseverantes restricciones impuestas por el dominio ".es" que bloqueaban el mercado natural de los dominios en España y que provocaron centenares de anécdotas[53].

Es interesante resaltar que el ".cat" además de llegar a ser el *sponsored domain* (sTLD) con mayor número de clientes, también es (junto con ".museum") el que más densidad de información acumula. Esta densidad se define por la cantidad de páginas que un buscador (en este caso, Google) tiene indexadas por dominio registrado, esta media llegó a las 1.800 páginas por dominio en marzo de 2011.

Finalmente, y ante el clamor de muchas organizaciones (como la Internet Society, o la Asociación de Usuarios de Internet), el 1 de junio de 2005 entró en vigor la Orden Ministerial ITC/1542/2005 de 19 de mayo por la que se aprobaba el Plan Nacional de Nombres de Dominio de Internet bajo el código correspondiente a España (".es"), que flexibilizaba por completo las antiguas y absurdas restricciones que habían llevado a España a la cola de Europa en número de dominios de país. El impacto fue inmediato.

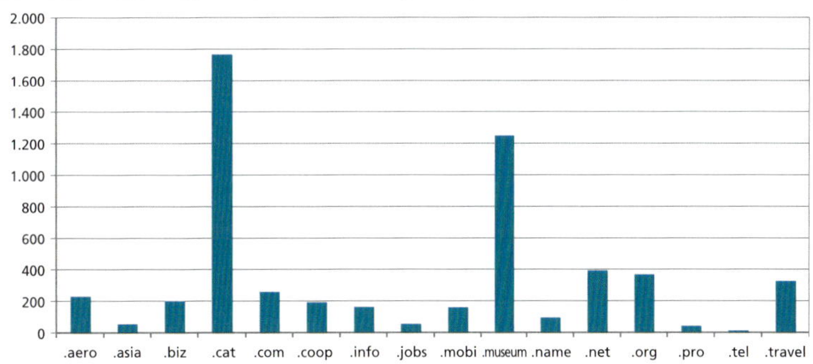

Densidad de información (cantidad media de documentos por dominio) de cada gTLD en abril de 2011.

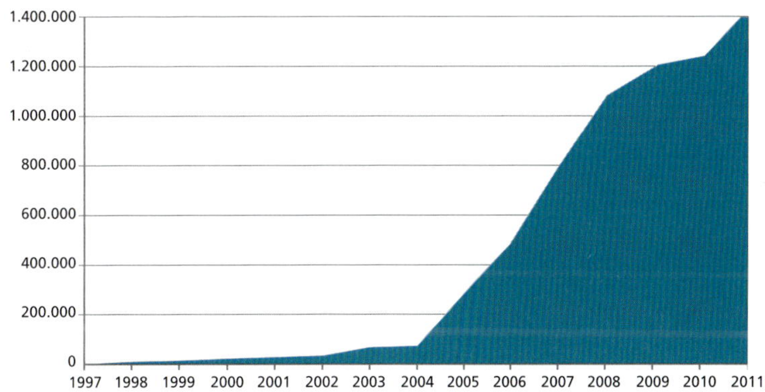

Evolución de los dominios activos españoles bajo ".es" (1997 a 2011). Fuente: <www.red.es>.

52 El período inicial de registro tutelado y supervisado (o *sunrise*) en que se dio prioridad a empresas y marcas por encima de usuarios individuales se fijó del 13 de febrero de 2006 hasta el 21 de abril del mismo año. A partir de Sant Jordi (23 de abril de 2006), el registro se abrió a todo el mundo.

53 Dado que en el formulario de registro únicamente podían darse de alta dominios cuyas marcas estuvieran registradas por la OEPM (Oficina Española de Patentes y Marcas) a un proveedor de Internet le llegaron a preguntar la fecha de constitución exacta de la "marca" de su cliente (el Arzobispado de Barcelona), a lo que este contestó jocosamente que "no estaba seguro si fue durante la Santa Cena con Jesús o al día siguiente...".

Se estaba alimentando a dos Internets en España, que crecían por separado sin "verse" localmente. El motivo de que esta situación se mantuviera durante casi cinco largos años fue una absurda traba administrativa (en forma y tipo de pago) que no permitía al CSIC (gestor de RedIRIS en aquel momento) entrar como uno más en la asociación ESPANIX.

4.7. Los nodos neutros ESPANIX y CATNIX, y su tráfico

A pesar de que suene extraño, ESPANIX es una asociación (sin ánimo de lucro) de competidores. La creación en 1997 de un "punto neutro" en España, a semejanza de otros que se crearon por todo el mundo, supuso una notable mejora en las infraestructuras españolas de internet, permitiendo a los proveedores que intercambiaran de forma directa el tráfico nacional.

El tráfico internacional, que por falta de contenidos locales, a finales de los noventa, suponía la mayor parte del total, era extremadamente costoso. Con la creación del nodo (que actúa a semejanza de una cámara de compensación bancaria con los cheques de distintas entidades), el tráfico local (con origen y destino en España) se intercambiaba por fin dentro del país entre los operadores locales, sin necesidad de malgastar recursos internacionales (caros y escasos).

A esta actividad se le denomina *peering*. Consiste en el intercambio gratuito ente "iguales", de tú a tú (seguramente el nombre resulta conocido por el concepto: *peer-to-peer* o P2P), por el cual yo te entrego el tráfico de mi red que va dirigido a la tuya, y tú haces lo mismo con el originado en la tuya que va dirigido a la mía. El *peering* se contrapone con la actividad de "tránsito", en la que un operador paga al otro para que le curse su tráfico.

Como era de esperar, los antiguos monopolios telefónicos de cada país se opusieron a estos modelos –tan típicos de Internet– de compartir y ayudar al bien común para hacer una red más robusta y eficiente. España no fue una excepción, y las tensiones y resistencias hicieron que se retrasara la puesta en marcha efectiva de este modelo de intercambio de datos y que, una vez creado, el operador dominante no quisiera intercambiar tráfico con cada uno de los socios. A pesar de ello, visto el gigantesco ahorro económico que suponía la implantación del modelo, poco a poco se fueron firmando los acuerdos de *peering* entre los operadores presentes en la asociación.

El mundo de la Internet comercial, pues, quedaba dotado de una gran ventaja competitiva, y alcanzaba y superaba en tráfico al pionero entorno de la Internet académica. Se estaba alimentando a dos Internets en España, que crecían por separado sin "verse" localmente. El motivo de que esta situación se mantuviera durante casi cinco largos años fue una absurda traba administrativa (en forma y tipo de pago) que no permitía al CSIC (gestor de RedIRIS en aquel momento) entrar como uno más en la asociación ESPANIX. Durante mi periodo como presidente ejecutivo de la asociación (representando los intereses de Retevisión –el segundo operador por aquel entonces–) pude animar y lograr el consenso de las más de treinta compañías de Internet con capacidad internacional para cambiar nuestros estatutos, de manera que se adaptaran a las inflexibles normas y que RedIRIS entrara como miembro de pleno derecho, para intercambiar su tráfico. A partir de ese momento (julio de 2002) toda la red Internet comercial pasó a poder ver a la Internet académica española y viceversa. Fue un gran día para todos.

Dada la positiva experiencia vivida en ESPANIX con un pequeño grupo de colegas del sector con el que conseguimos hacer crecer la asociación, un año más tarde, cuando se me solicitó dar cinco ideas para el "futuro de Internet", me animé a lanzar la propuesta públicamente[54] de crear un segundo nodo en Barcelona. En este caso decidimos que las políticas de *peering* serían de "todos con todos", sin tener que ir firmando acuerdos internos con el resto de operadores presentes. Tardó tan solo un año en ponerse en marcha y el 7 de abril de 1999 inaugurábamos el CATNIX.

Dada la positiva experiencia vivida en ESPANIX con un pequeño grupo de colegas del sector con el que conseguimos hacer crecer la asociación, un año más tarde, cuando se me solicitó dar cinco ideas para el "futuro de Internet", me animé a lanzar la propuesta públicamente de crear un segundo nodo en Barcelona.

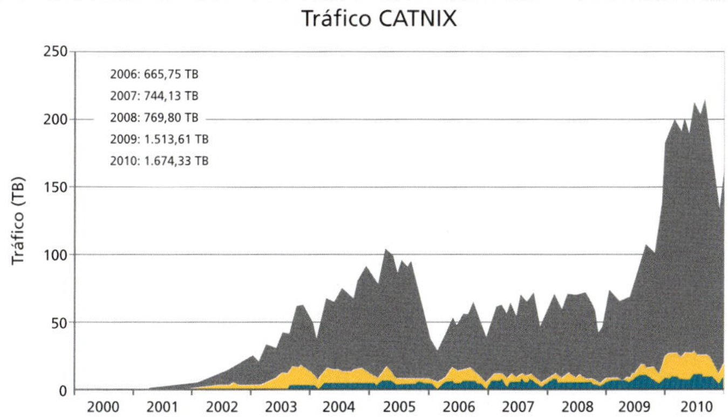

Estadísticas del tráfico total (en terabytes) intercambiado por el nodo neutro Catnix ubicado en Barcelona.

La evolución en cuanto a tráfico del nodo neutro español ha sido también espectacular. A los dos años de su puesta en marcha (en julio de 2001), ya alcanzaba una velocidad media de conmutación de 420 Mbps.

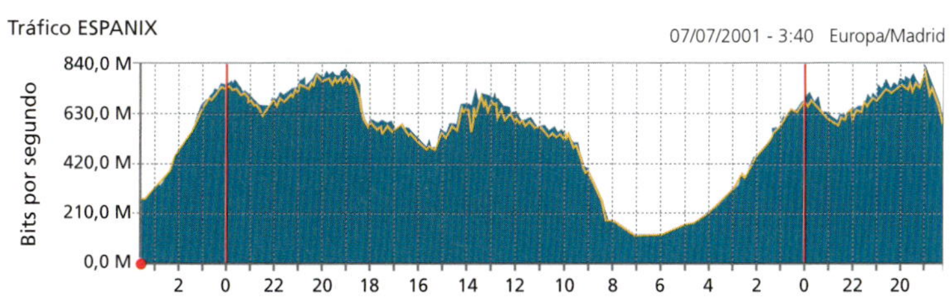

54 Ante 450 personas, en el marco de la sesión plenaria del "Pla Estratègic Barcelona 2000" (actual Pla Estratègic Metropolità de Barcelona). Véase la transcripción de la ponencia de Internet, en su acta de febrero de 1998.

Si analizamos el tráfico en julio de 2011, tenemos un tráfico medio sostenido de 100 Gbps, habiéndose multiplicado el tráfico en un factor de 240 veces respecto a 2001. Este, a su vez, se dobla en menos de un año (abril de 2012), llegando a los 200 Gbps sostenidos de intercambio de tráfico con origen y destino España.

Si analizamos el tráfico en julio de 2011, tenemos un tráfico medio sostenido de 100 Gbps, habiéndose multiplicado el tráfico en un factor de 240 veces respecto a 2001.

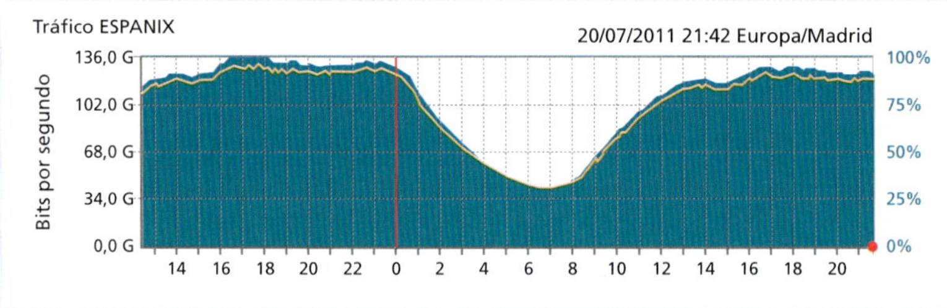

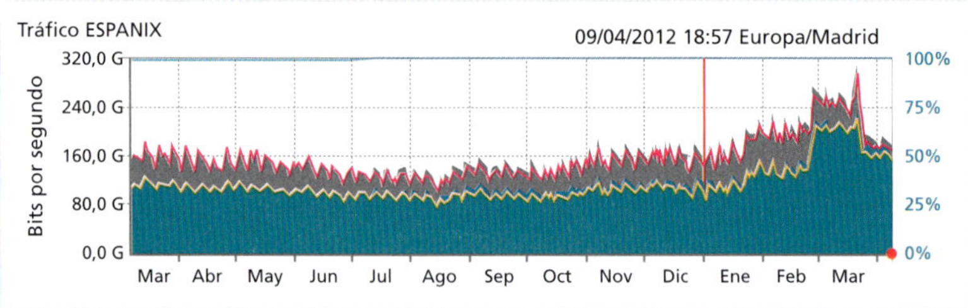

Podemos también observar el efecto que producen las descargas nocturnas de muchos usuarios de P2P. A medida que pasan los años, el "valle" de la gráfica de medias diarias, situado entre las 2 y las 8 de la mañana, es cada vez menos pronunciado. Para entender mejor este fenómeno, se puede consultar el siguiente enlace: <http://mrtg.espanix.net/total-espanix/total-espanix-total>.

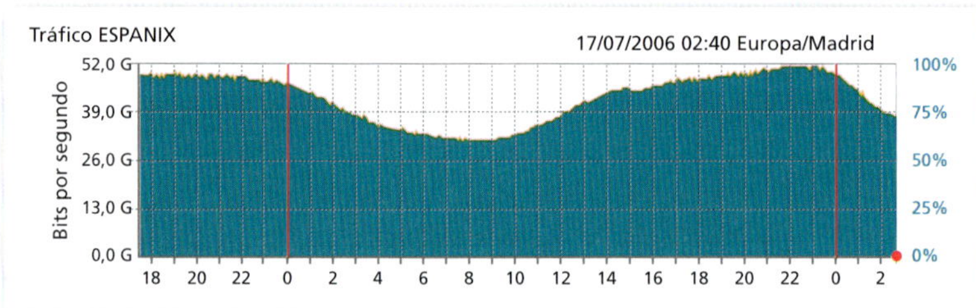

5. El ámbito empresarial: pioneros del negocio del acceso a Internet

Madrid: Goya Servicios Telemáticos. Página de inicio, diciembre de 1995.

Aunque el mundo universitario comenzaba a estar muy avanzado en lo que respecta a la conexión a Internet (fundamentalmente, las facultades técnicas, lideradas por los físicos), el mundo de los negocios comenzaba a demandar también servicios de correo electrónico. RedIRIS siguió una política muy restrictiva en lo que se refiere a ofrecer conectividad a centros que no fueran estrictamente científicos o académicos. Y por su parte, Goya Servicios Telemáticos, la única opción comercial, centraba inicialmente su comercialización en Madrid.

Eudald Domenech

Cerdanyola: Servicom. Página de inicio, noviembre de 1995.

Aunque no tuviera una gran difusión, pues pasaba bastante desapercibida, la empresa Compuserve[55] (cuya oficina comercial más cercana estaba en Grenoble) logró vender muchas cuentas de correo electrónico en España, además del acceso a sus contenidos centralizados en América. Recogían las llamadas en los nodos de Madrid y Barcelona y las llevaban hacia su central. No ofrecieron acceso a Internet hasta mayo de 1996. Es de destacar que muchos de los pioneros de la red empezaron teniendo una cuenta de Compuserve, aunque les cobraran por la suscripción, por el tiempo que estaban conectados y por la llamada telefónica, que casi nunca era local.

Antonio González-Barros

Barcelona: Cinet. Fundació Catalana per la Recerca. Página de inicio, julio de 1995.

Dada la creciente demanda empresarial, a mediados de 1994 comenzaron a surgir más iniciativas privadas para comercializar el acceso a la red. La primera de ellas fue Servicom. Le seguirían más tarde Cinet[56], Asertel, Abaforum, Intercom y, después, RedesTB, entre otros, que a finales de 1995 formaron ya la primera docena de proveedores comerciales españoles.

Barcelona: Asertel, Área de Servicios Telemáticos, julio de 1995.

55 Más tarde absorbida por America On Line (AOL), cuando contaba con 11 millones de suscriptores.
56 Perteneciente a la Fundació Catalana per la Recerca.

Sant Cugat: Intercom. Página de inicio, julio de 1995.

Sant Cugat: Abaforum. Página de inicio, octubre de 1995.

Madrid: Off Campus. Página de inicio. Septiembre de 1995.

Madrid: Teléfonica. Página principal del operador, diciembre de 1995.

Se presentan en los márgenes, las páginas de inicio de los principales proveedores existentes en diciembre de 1995.

A su vez, ya habían aparecido otros ISP como: Bitmailer (en Madrid), Encomix (en Zaragoza), Seker-BBS (en Barcelona), Jet Internet (en Vitoria), IBM, Lander Internet, Ran Internet, entre otros...

A partir de estas empresas se creó la base de un nuevo concepto empresarial: el proveedor de acceso a Internet, también llamado ISP.

En una primera época, cada proveedor instalaba grupos de módems en las ciudades más importantes y, a través de una línea permanente, llevaba todas las llamadas de sus clientes hacia su central; y de allí hacia Internet. En esta primera etapa los operadores telefónicos de todo el mundo no tenían ni el más mínimo interés por Internet.

Josep A. Aliagas

6. El quinquenio 1998-2002 y los operadores

6.1. *Operadores vs. proveedores de Internet*

Una vez los pequeños proveedores de Internet (o ISP) habían hecho el duro trabajo comercial de educación de la demanda en un sector totalmente nuevo y emergente, los operadores de telecomunicaciones se fueron posicionando lentamente y les fueron arrebatando cuota de mercado. Visto retrospectivamente, parece lógico que los operadores de telecomunicaciones de todo el continente hicieran (por fin) lo que se suponía era su trabajo, pero que curiosamente durante muchos años se habían negado a hacer: poner nodos de acceso local en cada provincia y en las grandes ciudades. La sentencia: "Si fuera por el *incumbente*[57] Internet no existiría en España" puede sonar rara en la actualidad, pero fue así durante años. Los operadores pusieron todas las barreras activas y pasivas que tuvieron a su alcance para poder mantener los productos *telco class* (X.25, Frame Relay, etcétera). En el modelo que ellos utilizaban se facturaba por todo tipo de conceptos y se huía de las tarifas planas, hoy tan corrientes en los servicios de acceso a Internet.

Una vez los pequeños proveedores de Internet (o ISP) habían hecho el duro trabajo comercial de educación de la demanda en un sector totalmente nuevo y emergente, los operadores de telecomunicaciones se fueron posicionando lentamente y les fueron arrebatando cuota de mercado.

Es muy ilustrativa del pensamiento y de la realidad de la época esta sentencia de un conocido pionero de Internet:

> Para conseguir que triunfe Internet, es importante estudiar qué hacen las PTT [operadores y compañías telefónicas]. Es importante incluso hacerlo muy seriamente, con el fin de comprender sus decisiones. Y a continuación, es preciso hacer exactamente lo contrario...
>
> Christian Huitema, *Internet... una vía al futuro*
> Barcelona, Gestión 2000, 1995, p.50

No fue hasta que los proveedores empezaron a cursar minutos que Telefónica de España intentó crear algo parecido a la red a mediados de 1995 (e inaugurada en enero de 1996) para capturar el tráfico de los usuarios. La creación fue la más que conocida Infovía.

Aunque inicialmente el objetivo fue dotarla de contenidos en castellano para que los usuarios la utilizaran sin tener que pagar nada[58], estos paulatinamente

57 En el sector de las telecomunicaciones se utiliza este término para referirse al dominante del mercado (o antiguo monopolio).

58 Se podía entrar gratuitamente, con solo disponer de un módem y el *software* necesario de Infovía. Sin necesidad (a diferencia de Internet) de ningún proveedor.

la utilizaron para acceder de forma económica a Internet, evitando el sobrecoste de llamadas interprovinciales a sus proveedores de Internet. Inicialmente esta red fue diseñada como una "internet a la española" utilizándose direcciones IP privadas que no podían ser vistas desde el exterior, como si de una isla se tratara.

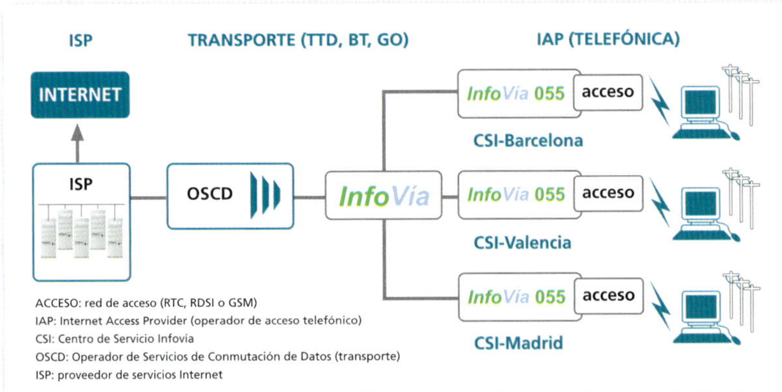

Dado que el sistema anterior no permitía la competencia y que en 1996 se inició en España la liberalización del sector de las telecomunicaciones, el regulador forzó al hasta entonces monopolio a modificar su red (cerrando Infovía), permitiendo a otros operadores de datos de la época (como Retevisión y BT) con red propia poder ofrecer sus servicios en *igualdad* de condiciones.

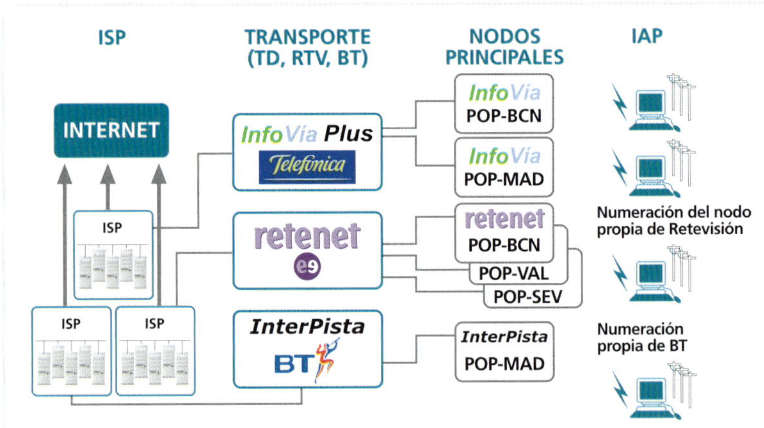

Las tres redes de acceso a Internet experimentaron un crecimiento exponencial.

Lo que localmente se vendió como la gran apuesta del operador dominante: *"El servicio de acceso a la información: Infovía"*, en enero de 1996, se convirtió en un intento del operador de crear una "red paralela" a Internet, centralizada

Dado que el sistema anterior no permitía la competencia y que en 1996 se inició en España la liberalización del sector de las telecomunicaciones, el regulador forzó al hasta entonces monopolio a modificar su red (cerrando Infovía), permitiendo a otros operadores de datos de la época (como Retevisión y BT) con red propia poder ofrecer sus servicios en *igualdad* de condiciones.

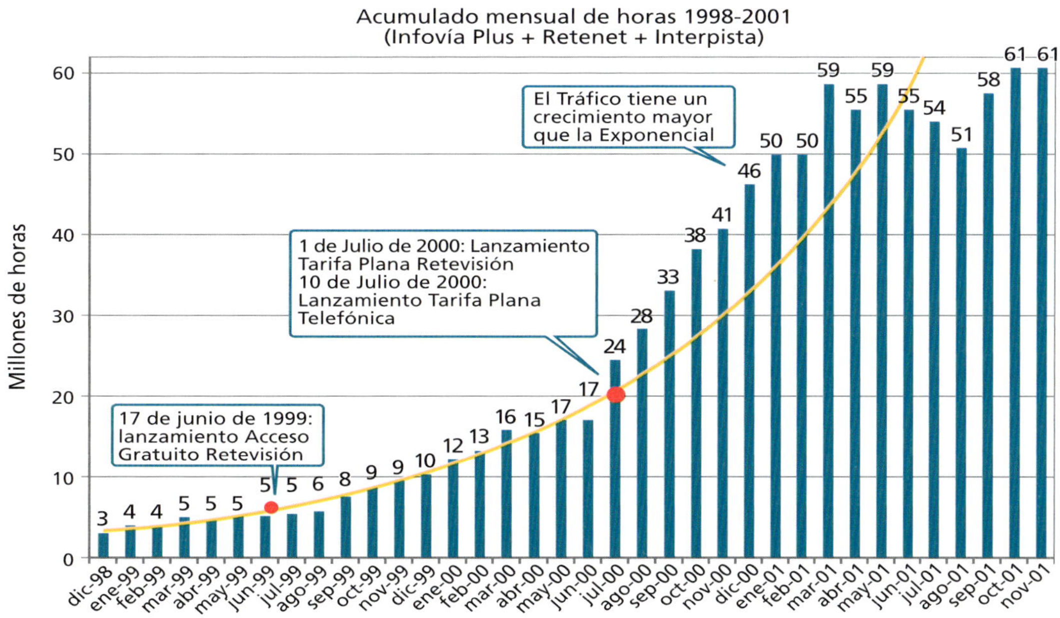

Fuente: elaboración propia a partir de las series de datos recabadas para la tesis doctoral (12 de septiembre de 2002).

y controlada por el operador y con direccionamiento IP privado (e incompatible con "la otra" Internet). Por lo que desde Internet no podía accederse a Infovía. **Vicente Sánchez Ramos** fue su responsable de Marketing durante unos años y quien procuró de forma muy intensa y apasionada hacer remontar la mala fama que se ganó esta red de acceso entre los proveedores de Internet del momento. En sí, supuso una revolución para todos los ciudadanos que no tenían un nodo local donde llamar (recordemos que durante décadas previas a la llegada de Infovía se mantuvo un esquema tarifario en el que las llamadas locales, provinciales e interprovinciales tenían un coste por minuto muy distinto). El bloqueo total a la posible competencia efectiva motivó el cierre de Infovía debido a la orden del Ministerio de Fomento de 8 de septiembre de 1997; que dio origen a Infovía Plus.

Presentamos seguidamente algunos de los hitos más importantes de esa época, en que los operadores fueron eliminando uno a uno a los proveedores de acceso a Internet (ISP), que tanto habían luchado por crear y captar clientes, bien comprándolos o bien utilizándolos como canal de venta, hasta que entraron de lleno a competir directamente con ellos. El lanzamiento del acceso gratuito Alehop (después, eresMas) por parte de Retevisión (después Auna y actual Ono) fue el inicio del final para ese subsector de las telecomunicaciones. Porque, a diferencia de los ISP, los operadores tenían ingresos por la interconexión telefónica.

Dado que el sistema anterior no permitía la competencia y que en 1996 se inició en España la liberalización del sector de las Telecomunicaciones, el regulador forzó al hasta entonces monopolio a modificar su red (cerrando Infovía), permitiendo a otros operadores de datos de la época (como Retevisión y BT) con red propia, poder ofrecer sus servicios en *igualdad* de condiciones.

7. Principales lanzamientos de los operadores en España, 1998-2001

De forma gráfica se enumeran los principales hitos y lanzamientos comerciales de los operadores en relación al mercado de Internet español. Se relacionan de forma gráfica como resumen ejecutivo; para obtener una información mucho más detallada deberá consultarse el apartado final sobre la Cronología de Internet.

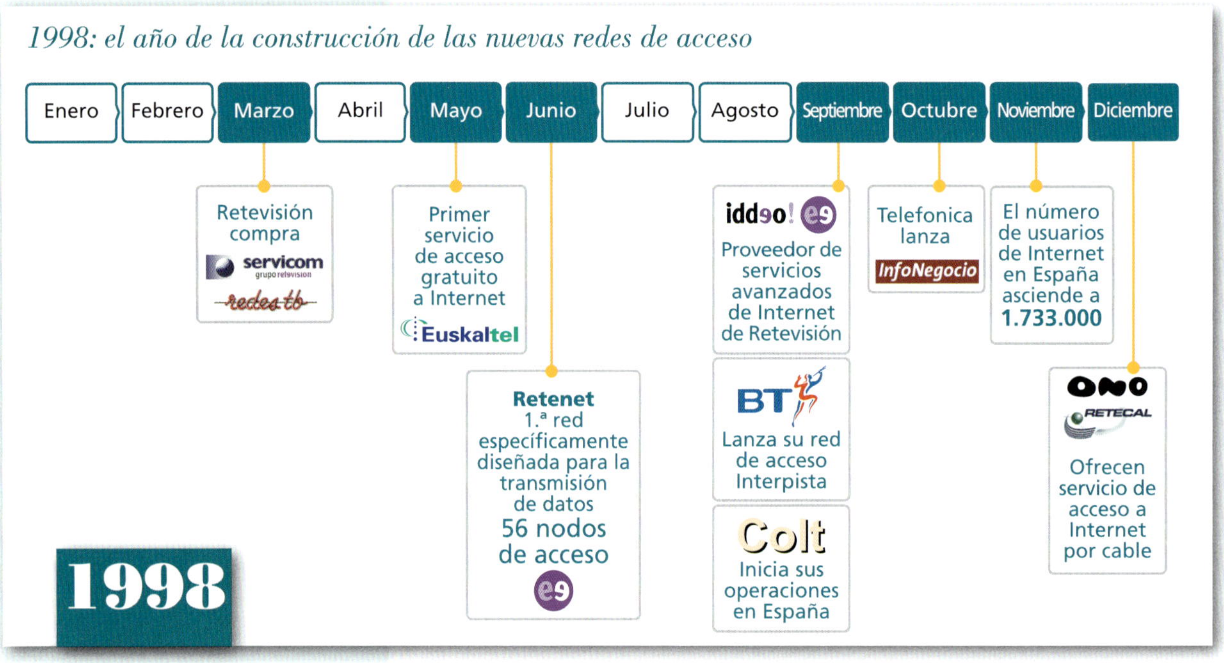

1999: el año del acceso gratuito a Internet

1999

- **Febrero**
  - iddeo! — Proveedor de servicios avanzados para empresas
  - Telefónica — Lanza bonos de acceso a Internet: Bononet
- **Mayo**
  - Se aprueba la **tarifa plana** para el acceso **ADSL**
- **Junio**
  - alehop — **1.er acceso gratuito** — retevision
- **Septiembre**
  - Telefónica — Lanza los servicios GigaADSL y MegaVía ADSL
- **Octubre**
  - ya.com — Jazztel lanza el portal YA.com
  - UNI2 grupo france telecom — Lanza el acceso gratuito, bono de conexión y portal Wanadoo
- **Noviembre**
  - BonoWeb12 — Primer acceso a Internet alternativo
  - El número de usuarios de Internet en España asciende a **2.830.000**

2000: el año de la ansiada tarifa plana de acceso telefónico

2000

- **Enero**
  - JAZZTEL — Lanza el servicio de acceso a Internet Jazznet ADSL
- **Febrero**
  - Retevisión lanza eresMas
- **Julio**
  - 1 de julio 1.ª tarifa plana 2.600 pts/mes
  - Telefónica — 10 de julio Lanza la promoción TP 2.750 pts/mes
  - terra, Wanadoo, SUPERCABLE — Lanzan acceso a Internet con tarifa plana
- **Octubre**
  - terra — Compra Lycos
- **Noviembre**
  - BT — Lanza el servicio de acceso con ADSL
  - El número de usuarios de Internet en España asciende a **5.486.000**

2001: crisis en el sector y despegue del ADSL en diciembre

8. Ámbito social. Tinet: la primera red ciudadana

Manuel Sanromá

Ajenas al devenir empresarial, a mediados de 1995 se crearon una serie de organizaciones que reunían a aquellas personas que tempranamente se habían dado cuenta de la potencia transformadora que Internet podía tener para los ciudadanos.

La mayoría de las acciones de las administraciones europeas para acercar la sociedad de la información al ciudadano seguían un enfoque de arriba-abajo (se crea un servicio y se espera a que los ciudadanos lo utilicen).

Según **Manuel Sanromá,** fundador de la primera red ciudadana española, el modelo de Tinet es justamente el inverso. De abajo-arriba: se facilita a los ciudadanos el uso de las nuevas tecnologías y el mercado reaccionará en consonancia.

Sin lugar a dudas fue la primera *freenet*[59] española, a la que siguieron muchas otras. Según nos cuenta Sanromá, tanto a él como al resto de sus fundadores **(Lluis Anaya, Joan Manel Gomez, Jaume Grau, Robert Rallo)** no les satisfacía el que su acceso a Internet fácil y gratuito (a través de la universidad) no llegara al resto de los ciudadanos. Su afán de compartir este bien *escaso* les llevó, mediante la creación de una fundación municipal[60] y con expreso acuerdo de todos los grupos políticos, a poner en marcha Tinet. El objetivo era claro: hacer llegar la sociedad de la información a Tarragona y sus comarcas, ofreciendo de forma gratuita un servicio básico de Internet a los ciudadanos, así como a todas aquellas entidades sin ánimo de lucro que lo solicitasen. A los tres meses de su puesta en marcha **(16 de octubre de 1995)** ya contaban con 600 usuarios: los llamados *tinetaires*. Estas cifras tenemos que analizarlas desde la perspectiva de que tenían un área de influencia telefónica[61] sobre una población de unas 300.000 personas. En 1995, los niveles de penetración de Internet en Cataluña se situaban sobre el 1% de la población mayor de catorce años, por lo que en esa zona podríamos estimar unos 3.000 usuarios particulares (sin contar los universitarios), de los que en pocos meses tuvieron más del 30% del mercado. Tinet fue esponsorizado en 1996 por el Ayuntamiento de Tarragona, la Diputación, la Autoridad Portuaria y la Caixa de Pensions.

59 *FreeNet:* red ciudadana de acceso gratuito.
60 Fundació Universitària Ciutat de Tarragona (creada por el Ayuntamiento como vínculo entre la Universidad y Tarragona).
61 Debido al coste metropolitano de las llamadas de sus usuarios.

Luis Ángel Fdez. Hermana

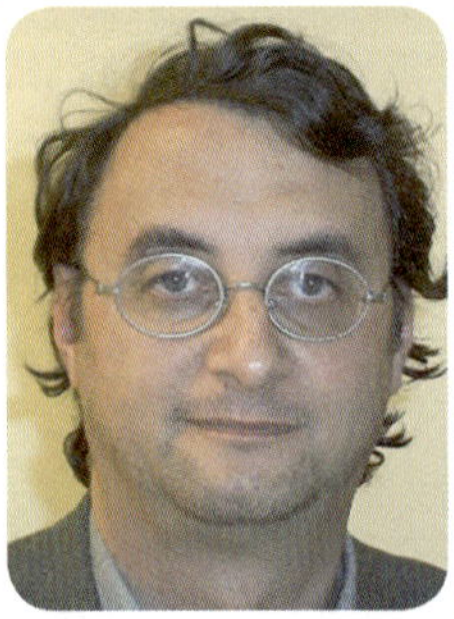

Vicent Partal

Mikel Amigot

Ángel Cortés

9. El ámbito de la comunicación: periodismo digital

Sin duda alguna, durante la segunda mitad de los años noventa, los medios de comunicación tradicionales vieron nacer un nuevo medio de difusión, no sustitutivo pero sí complementario del tradicional. Se estaba fraguando una nueva forma de hacer periodismo, lo que ha venido a llamarse el *periodismo digital*. El primer periódico que hubo en la red fue precisamente el barcelonés diario Avui. Su primera versión fue una copia en formato PDF[62] del contenido íntegro del periódico. Ahora podemos verlo como anécdota, pero en su momento resultó pionero, puesto que incluían la hemeroteca diaria de los ejemplares.

Josep Ángel Martos

Aun así, tal como cuenta la mayoría de los personajes entrevistados de este nuevo sector, los medios no entendieron la nueva potencialidad de Internet, apostando por intentar reproducir en la red lo mismo que hacían sobre el papel. De aquí que muchos de los periodistas que lideraron este cambio dejaran sus redacciones y montaran nuevos medios, de difusión únicamente electrónica. Este fue el caso de **Luis Ángel Fernández Hermana, Vicent Partal, Mikel Amigot** o **Angel Cortés,** creadores respectivos de en.red.ando, Infopista (posterior VilaWeb), iBrujula (posteriormente IBLNews), noticiasdot.com; nuevos medios electrónicos, con una difusión en algunos casos mayor que la de los propios medios tradicionales establecidos desde hace muchos años y con unos presupuestos infinitamente menores.

Lluís Reales

También hubo destacados periodistas que se especializaron cuando Internet aún no era llamada por su nombre, sino por los sobrenombres de "red científica" o "autopistas de la información", como **Josep Ángel Martos,** creador y director de la revista *Web,* y **Lluís Reales,** una de las primeras personas en escribir sobre Internet pública y divulgativamente ya en 1994.

62 PDF: Portable Data Format. Formato para el intercambio de documentos por la red que comprime los contenidos.

entrevistas con los principales pioneros internacionales

Experimento de memoria colectiva organizado por el autor el 31 de marzo de 2010 en la sede de BBN en Arlington (Virginia). Foto: Becky Hale.

Norm Abramson

Creador de ALOHAnet (la primera red de de conmutación de paquetes), predecesora de Ethernet y primera en interconectarse con ARPAnet en 1971.

«Después de investigar el tipo de datos que genera un ordenador (ráfagas y aleatorios), resultó bastante **LÓGICO** diseñar una red por conmutación de paquetes (ALOHAnet) que satisficiera las necesidades de un ordenador, en lugar de utilizar una conmutación de circuitos clásica, que está diseñada para telefonía...»

ALOHAnet está considerada la madre de Ethernet y fue la primera red en conectarse a ARPAnet.

Escucha la entrevista

Entrevista realizada el 15 de septiembre de 2004 en San Francisco, California

Nació en Boston, Massachusetts, el 1 de abril de 1932.

Estudió Física en Harvard (1953) y cursó un máster en la University of California, Los Angeles (UCLA, 1955). Se trasladó a la Stanford University, donde obtuvo el Doctorado en Ingeniería Electrónica (1958). Más tarde, consiguió un puesto como docente hasta 1964, cuando pasó a ser profesor invitado en Harvard (1964-1965). También ejerció como docente invitado en Berkeley y en el MIT. Un viaje a Tokio, haciendo escala en Hawái para hacer surf (su pasión oculta), le hizo tomar la decisión de vivir allí. Por tanto, durante casi treinta años (de 1966 a 1994) fue profesor de Ingeniería electrónica y de Ingeniería informática y Ciencias de la Información en la University of Hawaii. Allí ejerció como catedrático de dicho departamento y como director del proyecto de investigación del sistema ALOHA. Dirigió los trabajos realizados por la University of Hawaii que finalmente condujeron a la construcción y el funcionamiento de ALOHAnet, la primera red por conmutación de paquetes vía radio. Ejerció como asesor experto en Communication Systems, Data Networks y Satellite Networks para la Unión Internacional de Telecomunicaciones (ITU Ginebra), UNESCO (París) y el UNDP (Yakarta). Fue fundador y primer director general de ALOHA Networks en San Francisco (1994) y fundador, vicepresidente y CTO de Hokupaa (2004).

Norm Abramson

www.harvard.edu
www.ucla.edu
www.hawaii.edu
www.alohanet.com
www.mit.edu
www.stanford.edu
www.hokupaa.com

Norm Abramson

¿Recuerda cuándo fue su primer contacto con un ordenador?

Claro que sí. Sucedió en enero de 1953. Estaba estudiando Física en Harvard. Fue con uno de los primeros ordenadores que existieron. El Mark II. Lo usé en persona con Howard Aiken[1]. Después de esto (mientras trabajaba a tiempo parcial) utilicé ordenadores en el laboratorio de sistemas de la Hughes Aircraft Company de California (en el verano de 1953).

Norm practicando su deporte favorito en las playas de Hawai. Cortesía de Norm Abramson. Álbum familiar.

¿Cuál fue su primer contacto o experiencia con Internet o ARPAnet?

Mi primer contacto con ARPAnet tuvo lugar un año después de llegar a Hawái, cuando fui a Washington (al Pentágono) para hablar con Bob Taylor[2]. Larry Roberts estaba allí. Yo buscaba apoyo para nuestra investigación. Ellos tenían en mente la construcción de una red, aunque no vía radio como nosotros. Esto fue a finales de 1967 o principios de 1968. Propusimos ese proyecto porque, en aquel entonces, era algo muy interesante para construir. Aunque los sistemas y servicios de telefonía y comunicaciones que teníamos en Hawái eran terribles, no constituyeron la principal motivación, pero fueron la excusa perfecta para financiar nuestro proyecto. Cuando Bob Taylor dejó ARPA para ir a Xerox PARC, Larry Roberts fundó el proyecto ALOHAnet. Entonces éramos la primera red de radio digital en estar "siempre conectada", sin marcación[3] y con conexión gratuita. Antes de diseñar la red, estudiamos los patrones y características de los datos que se iban a transmitir. Los ordenadores enviaban reducidas cantidades de información en pequeños periodos de tiempo aleatorios, como si fueran ráfagas. Por tanto, en este caso, las redes telefónicas, orientadas hacia sistemas de marcación directa, no eran adecuadas para procesar este tipo de transmisión de datos, porque desaprovechaban enormemente el ancho de banda de la red[4]. Hoy en día, esto sigue siendo todo un problema: en una sesión típica de navegación por la red, cerca del 99,9% de la información que el usuario envía a Internet (en una conexión Ethernet) desaprovecha la capacidad de la línea. El enlace con el servidor es terriblemente ineficiente. Por ejemplo, vemos que cuando hacemos clic en un enlace mientras navegamos por Internet, los datos fundamentales que se han de transmitir son uno o dos bytes. Pero esta información se ha de traducir para el protocolo HTTP[5] y luego se han de añadir los protocolos de control y corrección de errores. Así que, al final, envías 5.000 bytes por ese clic. Este es un problema grave si tenemos en cuenta que en los sistemas de acceso a Internet por radio y satélite, el 90% del coste corresponde al enlace con el servidor (es decir, desde el usuario hasta la red). Esto es lo que hace a esta parte del sistema enormemente ineficaz. Así que para resolver este problema existen muchas oportunidades para una empresa.

1 **Howard Aiken** (1900-1973), diseñó el Mark I y el Mark II, subvencionados por el primer director general de IBM, Thomas J. Watson. Él creó el laboratorio de informática en Harvard y uno de los primeros másteres y doctorados en Ingeniería Informática.

2 Bob Taylor: en ese momento, director de la oficina de ARPA. Véase su entrevista.

3 Marcación directa: referido a las redes en las que hay que marcar un número para acceder; como la red telefónica convencional

4 Desaprovechamiento del ancho de banda *(overhead)*: cualquier bit de una transmisión de datos digitales que no contenga información. También se llama bit de control o, simplemente, *overhead*. Es la información digital transmitida a través de la interfaz que separa al usuario y el sistema de telecomunicaciones (o entre las distintas entidades de un sistema de telecomunicaciones) que tiene como finalidad dirigir o controlar la transferencia de información del usuario. En algunos casos, la cantidad de datos de control enviados es superior a la información que se quiere transmitir.

5 HTTP: siglas de Hyper Text Transfer Protocol (Protocolo de transferencia de hipertexto), protocolo que controla la comunicación entre un navegador y un servidor web.

El sistema de radio ALOHAnet. En Honolulu (Oahu Island, Hawái). Obsérvese la reducción en tamaño del equipo de radio.

En su opinión, ¿cuáles son las características clave de Internet?

Me gustaría remarcar los aspectos anárquicos de Internet frente a las excesivamente reguladas telecomunicaciones que había en los ochenta. Lo mejor ha sido no tener que tratar con los burócratas de las telecomunicaciones.

La ineficiencia de recursos. No puedo nombrar ninguna otra tecnología en la que la ineficiencia destaque tanto como una de sus partes clave. No tiene un mal diseño. Estaba bien en los setenta para los servicios simétricos de telecomunicaciones, pero ya no.

¿Cuáles son los hitos más importantes, en su opinión, en el desarrollo de la red?

Como logros de ALOHAnet:

1971. Un canal por satélite (64 kbps) conectado a ALOHAnet con ARPAnet.
1971. Un satélite de la NASA[6] conectado a nosotros para Alaska, Japón y Sidney (Australia).

Como logros de Internet:

1970. El establecimiento de una verdadera red de enrutamiento.

1975-1980. El desarrollo y despliegue de los protocolos de Internet que permitieron la expansión de la red hasta tal y como la conocemos ahora.

¿Cómo ha contribuido usted al desarrollo de ARPAnet?

- Dirigí el primer proyecto de comunicaciones digitales vía radio. Comenzó a finales de 1968 en Hawái.
- Propuse el canal vía radio de acceso aleatorio ALOHA. Diseñamos y construimos el equipamiento e implementamos la red en las islas Hawaianas. ALOHAnet empezó a funcionar en 1970, justo cuando Intel lanzó el primer microprocesador, así que integramos esa tecnología a nuestra red[7]. Fueron tres años de trabajo con el apoyo de la National Science Foundation, ARPA e IBM. Pero en la era Vietnam, las relaciones de ARPA con las universidades atravesaron tiempos difíciles. El proyecto continuó, pero sin dinero para implementar nuevas mejoras. La universidad nunca llegó a utilizar la red de manera interna. Nosotros la usábamos para acceder a nuestro ordenador central y para estar en contacto con otros campus de la University of Hawaii (en Oahu, Big Island y Maui). A través de repetidores de radio UHF[8] y de paquetes cubrimos más de 400 km.

6 El satélite de la NASA era *ATS-1*: Satélite de Tecnología Avanzada

7 **Chris Harrison** fue el ingeniero que mejoró el equipamiento de ALOHA para incluir un microprocesador.

8 UHF: siglas de Ultra High Frequency (Frecuencia Ultra Alta), nombre que recibe la frecuencia que oscila entre los 300 y los 3.000 MHz.

Norm Abramson

Norm con un dispositivo móvil portátil ya en 1975. Justo 20 años antes de que la telefonía móvil llegara a España (1995) de forma comercial.

Con un grupo de alumnos en la azotea de la Universidad de Hawaii. Al fondo el volcán Diamond Head que preside la playa de Honolulu.

¿Quiénes han sido las personas clave, líderes o impulsores en el desarrollo de Internet?

Larry Roberts, por ser una pieza clave en el desarrollo de ARPAnet y en el de ALOHAnet[9] también.

Bob Metcalfe, que convenció a su jefe nada más llegar a Xerox PARC para que lo mandara a Hawái. Estuvo seis meses trabajando con nosotros como posdoctorado. Hizo cosas diferentes, como coger la Radio ALOHA, que tenía dos canales, uno de ida y otro de vuelta, y ponerlos juntos en un mismo cable. Era complicado de llevar a cabo, por eso utilizó el protocolo CSMA/CD[10], que detectaba colisiones.

El **grupo de BBN Group** y especialmente el líder del equipo, **Frank Heart.** Por diseñar y construir el IMP, TIP y, más adelante el SIMP[11], que fueron los fundamentos de ARPAnet.

Paul Baran, por sus originales ideas sobre paquetes y enrutamientos.

En Hawái, quisiera recordar a los profesores **Frank Kuo, Ned Weldon, Tom Gaarder** y **Wes Peterson.** Todos ellos docentes que participaron en el programa de investigación. Y **Alan K. Okinaka, Dave Wax, Chris Harrison** y **Dick Binder,** que fueron ingenieros clave en el desarrollo de *software* y fundamentales en la implementación de ALOHAnet.

Dos anécdotas

▶ MARISAT fue el primer uso comercial de un canal de ALOHA. COMSAT lo explotó comercialmente con otro nombre. Estaban preocupados por el tema de los derechos de patente. **Irving Goldstein** (abogado jefe) de COMSAT (el representante de los Estados Unidos

9 Fue el primero que pensó en el concepto del *Slotted ALOHA channel*. Así que no era tan solo un directivo.

10 CSMA/CD: siglas de Carrier Sense Multiple Access/Collision Detection. Un esquema de transmisión de acceso múltiple por detección de portadora en el que las transmisiones que acaban en colisión son detectadas por las estaciones transmisoras, que se desconectan de la red durante un periodo de tiempo aleatorio antes de intentar de nuevo la retransmisión. CSMA/CD se utiliza como base de las redes Ethernet. Cuando se producen diversas colisiones en un mismo paquete, las estaciones Ethernet se desconectan en periodos aleatorios que se incrementan exponencialmente para reducir todavía más la posibilidad de una colisión. Los algoritmos para evitar las colisiones son también comunes en Ethernet, donde una estación escucha hasta que en el medio se oye un silencio antes de transmitir.

11 IMP: siglas para Interface Message Processor, el predecesor del actual *router*. TIP: siglas para Terminal Interface Processor, tipo especial de IMP (más simple y barato), pero con las mismas funciones. SIMP: SATnet Satellite IMP. Procesador de mensajes por satélite.

en el consorcio internacional INTELSAT) me presentó la empresa y me llevó a conocer a los ingenieros y a todo el mundo. Estuvo conmigo durante más de dos horas cuando se suponía que yo solo iba a hablar de tecnología con algunos ingenieros de diseño. No podía entender cómo uno de los directores ejecutivos[12] de una empresa tan importante me dedicara tanto tiempo. Mucho después, cuando dejé la universidad, fundé mi propia empresa y tenía una relación estrecha con mis abogados. Entonces lo entendí. Lo que realmente les preocupaba era que quisiéramos reclamarles dinero por nuestro invento. Por eso el mejor abogado de la empresa estaba siempre conmigo…

▶ Otra anécdota fue la forma en la que conseguimos tener un IMP (vía satélite) en Hawái a principios de los setenta. ARPAnet empezó a expandirse. Larry Roberts, como director del proyecto ARPAnet, tenía en su despacho del Pentágono una lista con los futuros nodos y las fechas en las que debían instalarse. Cuando me encontraba allí con él, salió de la oficina porque su jefe le había llamado y, como vi que nuestra universidad de Hawái no estaba en esa lista, la incluí con una fecha aleatoria de cinco meses más tarde. Larry volvió y yo pensaba contárselo, pero nuestra conversación derivó por otros derroteros y me fui de la oficina sin decirle lo que había hecho.

Exactamente cinco meses después, recibí una llamada de Frank Heart (director del grupo en BBN que estaba construyendo el IMP y ARPAnet) en la que me decía que en una semana deberíamos prepararnos para instalar el IMP por satélite en Hawái. Estábamos asombrados y no lo podíamos creer. Así funciona la perfecta planificación del Pentágono.

¿Qué opina acerca del futuro de Internet?

Tiene futuro como tecnología que provoca un cambio continúo en la sociedad. Lo que resultará más importante será la omnipresencia de la red, desde cuántos lugares nos podremos conectar, y no qué volumen de datos podamos transmitir en cada lugar.

12 Más adelante, **Irving Goldstein** se convirtió en director general y presidente de la empresa.

¿Ha identificado alguna tendencia tecnológica?

La conexión Wi-Fi devuelve Ethernet a los tiempos de la radio ALOHA. Es como el final de un bucle. Pero la conexión Wi-Fi se basa en un sistema de canal único y tiene una enorme cantidad de problemas que han retrasado su adopción. Estos problemas se deben al hecho de haber tomado las ideas del cable de Ethernet (con solo un canal) y haberlas querido aplicar a una configuración de radio. Como ya hemos dicho antes, la comunicación hacia el usuario es eficiente, pero desde el usuario se hace con un acceso aleatorio y muy ineficiente. Si juntas las dos vías de comunicación en un solo canal, todo se vuelve ineficiente. Por eso la conexión Wi-Fi no es tan fiable como la de cable. La velocidad real que se puede alcanzar con una conexión de 11 Mbps (un estándar de 802,11 b) es muy inferior a esta cifra, básicamente porque es un sistema de un solo canal. En países como China están intentando diseñar sus propios sistemas y evaluando la posibilidad de un estándar Wi-Fi de dos canales.

LECTURAS COMPLEMENTARIAS
ARTÍCULOS Y LIBROS RELACIONADOS CON LA ENTREVISTA

- Baran, P., et al., *On Distributed Communications,* Santa Mónica (California), RAND Corporation, 1964. <http://www.rand.org/pubs/papers/2005/P2626.pdf>
- Metcalfe, R., *Packet Communication,* San José (California), Peer-to-Peer Communications, 1996.
- Segaller, S., *Nerds 2.0.1: A brief history of the Internet,* Nueva York, TV Books, 1998.

Steve Crocker

Pionero de Internet.
Escribió la RFC Nº1 el 7 de abril de 1969.
Director general de Shinkuro.

«Estamos en la mitad del camino. Hemos pasado el principio y estamos **LEJOS** del final. Internet está llegando a muchísima gente, pero todavía es una fracción muy pequeña de cada uno…»

** RFC: Siglas de request For Comments (Petición de comentarios). En ingeniería de comunicaciones, una "RFC" es una nota publicada por el Grupo de Trabajo en Ingeniería de Internet (IETF) que describe los métodos, comportamientos, investigaciones o innovaciones aplicables a los trabajos de Internet y a los sistemas conectados a la red. Mediante la Internet Society, los ingenieros y los informáticos publican sus posiciones en forma de "RFC" para su revisión, o simplemente para expresar nuevos conceptos, información o, a veces, hasta humor típico ingenieril en forma de versos. El IETF adopta algunas de las propuestas publicadas en forma de "RFC" como estándares de Internet.*

Entrevista realizada el 13 de mayo de 2004 en Barcelona, España, y el 29 de noviembre de 2007 en Washington DC

Escucha la entrevista

Nació en Pasadena (California) el 15 de octubre de 1944. Esta ciudad está a las afueras de Los Ángeles. Su padre servía en el Ejército y estuvo destinado allí durante la Segunda Guerra Mundial. El hospital del ejército era un hotel acondicionado para ese fin y estaba ubicado en Pasadena. Cuando era pequeño, estudió matemáticas y cambió a informática en el instituto. En la Universidad estuvo matriculado oficialmente en Matemáticas, pero pasaba más tiempo en el centro de ordenadores.

Es licenciado en Matemáticas por UCLA (1968), un poco tarde porque durante unos años no fue a clase, lo dejaba y lo retomaba. Obtuvo el Doctorado en Ciencias de la Informática en UCLA (1977). Su tutor fue Gerald Estrin[1]. También estudió en el MIT con Minsky en inteligencia artificial durante un año y medio (1967-1968). Compaginó su trabajo universitario en UCLA, con un cargo en ARPA como director de programación en el periodo 1971-1974, por lo que volvió a interrumpir sus estudios.

Resumen de su extenso currículo:
1967-1968: con Marvin Minsky (inteligencia artificial) en el MIT.
1968-1971: compartió despacho como alumno universitario con Vint Cerf[2] en UCLA.
1971-1974: director de Programación en ARPA.
1974-1981: investigador en el Instituto de Ciencias de la Información de la USC.
1981-1986: director Laboratorio Informática en Aerospace Corp.
1986-1989: vicepresidente Trusted Info Systems en Los Ángeles.
1989-1994: vicepresidente de Trusted Info Systems en Maryland.
1994-1998: senior VP & CTO en CyberCash Corporation.
1998-1999: ejecutivo de DSL (proveedor de servicios de Internet).
1999-2001: Longitude Systems.
2002-actualidad: fundador y director general Shinkuro (significa 'sincronizar' en japonés).

www.ucla.edu *www.mit.edu*
www.arpa.mil *www.shinkuro.com*

Steve Crocker

1 Los Estrin son una familia muy agradable e interesante. Judy es la mediana de tres hermanas. Ahora es profesora en UCLA y antes en UCSF. La mayor de todas y su padre, Gerald Estrin, eran profesores. De hecho, él fue el tutor de tesis doctoral de Steve, y su madre, Thelma, también era profesora de UCLA aunque de otro departamento.

2 Más adelante, fue su padrino de su boda.

¿Recuerda su primer contacto con un ordenador?

Claro que sí. Aunque me crié principalmente en Los Ángeles, estuve un par de años en Illinois, a las afueras de Chicago, y pude ir a la Northwestern University. Fue en la primavera de 1960 cuando me puse delante de un IBM 650. Era una máquina de tambor, más vieja que los ordenadores con memoria central. De hecho, ni siquiera tenía memoria central. Tenía 2.000 palabras de almacenamiento, el tambor giraba y la máquina tenía que esperar a que volviera a la posición correcta para leer la siguiente instrucción o el siguiente grupo de datos. Era la primera máquina que se fabricó en serie. Antes existían ordenadores que se fabricaban de uno en uno.

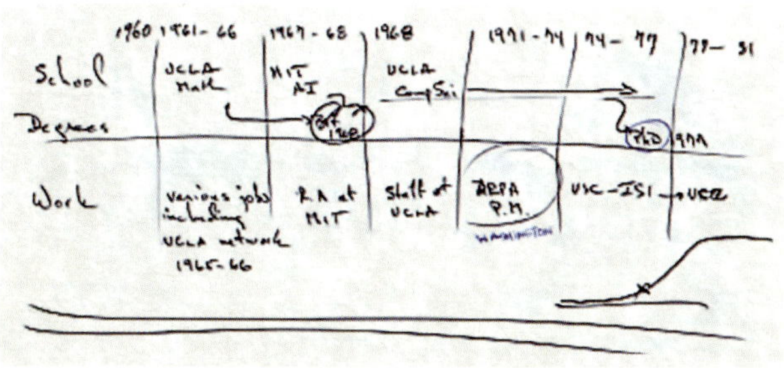

Sus títulos académicos y diversos trabajos son simultáneos en el tiempo. Fragmento de su propia explicación en Barcelona.

¿Cuál fue su primer contacto/experiencia con ARPAnet?

Bueno, yo estaba en UCLA en 1968 y la red se encontraba aún en fase de proyecto. UCLA iba a ser la primera instalación. Así que, incluso antes de que se eligiera a BBN, éramos conscientes de que se iba a crear la red de ordenadores. Me encontré con gente de las futuras instalaciones, en el SRI, la Universidad of Utah, y en la UCSB (University of California Santa Barbara). Esto ocurría en el verano de 1968, en agosto. Se celebró una pequeña reunión en Santa Bárbara y allí nos conocimos por primera vez. Todos éramos gente de segundo nivel, no cerebritos de laboratorio. Había tanto estudiantes universitarios como gente de la plantilla. La persona que dirigió la reunión no tenía un plan específico sobre cómo

«Antes existían ordenadores que se fabricaban de uno en uno.»

íbamos a usar la red. El resto de nosotros descubrió que teníamos inquietudes parecidas y que pensábamos en la misma línea, así que tomamos la importante decisión de hacer más reuniones. Éramos unos seis u ocho, y la decisión incluía que cada uno de nosotros visitaría los laboratorios de los demás. Fue muy importante por un par de razones: una es que era muy divertido porque nos daba la oportunidad de viajar, pero en lo que nos concierne, era muy educativo y también creaba unas relaciones que resultaron importantes para conseguir que nos conociéramos los unos a los otros. En los meses siguientes tuvimos una serie de reuniones. Hablábamos sobre para qué se usaría esta red. Al principio no teníamos ninguna idea específica.

Esto no era nada satisfactorio, así que tomamos la actitud de pensar ideas para decidir qué hacer y también dejar en claro que esto era un requisito formal. Extraño para nosotros.

Se inició un proceso competitivo para decidir la empresa encargada de construir la red. Se eligió a Bolt, Beranek y Newman (BBN), y empezaron a trabajar a principios de 1969. Así que, desde nuestro primer encuentro, en verano de 1968, hasta la primavera de 1969, después de que BBN completara su primera especificación, no conocíamos los detalles de la red. Sabíamos que iba a ser por conmutación de paquetes, pero desconocíamos los detalles del formato de los paquetes o el protocolo utilizado. Una ventaja es que no había nada concreto que nos distrajera; podíamos usar la imaginación.

Nuestro trabajo no era muy formal. Cada uno de nuestros laboratorios tenía sus propios proyectos y el trabajo sobre la red era una tarea secundaria. Sin embargo, formábamos un equipo común para desarrollar los protocolos. No teníamos interacción con la gente de ARPA, todo se hacía de forma indirecta. Nos pasábamos el tiempo pensando en ideas más amplias. Por ejemplo, sabíamos que se utilizaría una máquina especial de cada tipo, pero en diferentes lugares. Un superordenador en un lugar, quizá máquinas gráficas en otro o una máquina de base de datos en un tercer lugar, y teníamos que

Steve Crocker y Andreu Veà durante la entrevista en Barcelona.

pensar cómo hacer para que trabajaran juntas. También pensábamos en cómo mejorar la baja velocidad de la red. Las líneas de ARPAnet eran de 50.000 bits por segundo, muy lentas en algunos aspectos. Nos preocupaba cómo dividir el trabajo para reducir la cantidad de tráfico interactivo. Incluso al principio del proyecto pensábamos en la posibilidad de descargar un programa del servidor a la máquina local que haría la interacción más rápida y tratamos de encontrar algunas versiones anteriores de programas interactivos que se pudieran descargar al principio de la sesión. Básicamente, anticipamos Java y Active-X, en unos veinticinco años.

Los primeros meses fueron emocionantes. En febrero de 1969, nos reunimos con el equipo de BBN y creo que en abril publicaron su especificación (presentada como la Especificación 1822). En este punto, nuestra atención se centraba en los detalles del formato del mensaje y los protocolos de bajo nivel. Más o menos por aquel entonces, empezamos a escribir nuestras ideas y creamos las series de notas "RFC"[3].

3 "RFC": Las notas iniciales que escribimos. Estábamos muy nerviosos por la oficialidad. De hecho, nadie nos dio autoridad formal. Empezamos a trabajar en un segundo nivel...
Vint Cerf dijo: "En abril de 1969, Steve estableció la primera 'RFC'. Observó que solo éramos estudiantes universitarios y que no teníamos autoridad. Así que tuvimos que encontrar la manera de documentar lo que estábamos haciendo sin actuar como si estuviéramos imponiendo algo a alguien". Sobre la metodología de la "RFC" dijo: *"Por favor, comenten esto y díganos lo que les parece"*.

En su opinión, ¿cuáles son las características más importantes de ARPAnet?

Que es algo abierto:

- Los protocolos son abiertos,
- y la arquitectura también. ¿Qué quiero decir con "arquitectura abierta"? Quiero decir que las capas están disponibles para ser usadas, pero si se quiere construir algo que utiliza solo las capas inferiores, también es posible. Si no te gusta el TCP, puedes construir un protocolo diferente que se ejecute sobre IP. Eso es una arquitectura abierta.
- Otra característica abierta son las publicaciones. Todo el mundo puede escribirlas y todo el mundo tiene acceso a los documentos. Esto es más importante de lo que la gente normalmente piensa. Puedes viajar a los lugares más recónditos del planeta, muy lejos, y encontrarás estudiantes leyendo RFC y elaborando protocolos.
- Y el proceso es abierto, cualquiera puede asistir a las reuniones, colaborar en el diseño, incluso unirse al grupo para trabajar.

¿Cuáles son los hitos más importantes, en su opinión, en el desarrollo de la red?

Es un sistema muy grande. Mucha gente estuvo involucrada y cada persona elegirá hitos diferentes que han sido importantes. Yo te diré los míos. Uno fue la decisión de construir la red por ella misma, mérito que lo otorgo a Bob Taylor.

La decisión de elegir BBN como empresa constructora de la red en 1968. Hicieron un trabajo excelente: construyeron una plataforma firme, una pieza de ingeniería muy sólida. Mientras que el resto de nosotros experimentábamos, ellos construían una red extremadamente fiable.

También mencionaría la creación del proceso de protocolos abiertos. Todas las piezas: publicación, arquitectura, algo que no entendíamos claramente en aquel entonces, pero que creo que eran elementos importantes.

El 7 de abril de 1969, cuando se creó a primera 'RFC'.

Steve Crocker

Otros hitos importantes después de estos son:

- La decisión de crear la Red, 1967. Ethernet en 1970 (Bob Metcalfe y Dave Boggs)
- La creación de Internet en 1972.
- El alcance de la tecnología: formación de la CSnet (1981) y la NSFnet (1984), expandiendo la red a todas las universidades y, más tarde, extendiéndola más allá de las universidades.
- El aspecto internacional.
- La comercialización.
- La creación del correo electrónico y más tarde de la web.

«¿Le he contado alguna vez la historia de cómo le surgió a Bob Metcalfe la idea de Ethernet? Yo estaba en Washington en ARPA. Bob Metcalfe vino a visitarme. Le hablé de Norm Abramson y de la red ALOHA (la primera red de conmutación de paquetes basada en el método de disputa). Yo tenía un artículo sobre la mesa y dije que era algo bastante interesante. Lo leyó y transformó el concepto en Ethernet. Tuve el enorme privilegio de ser el invitado del padre de Ethernet.»

Steve Crocker

¿Cómo ha contribuido usted al desarrollo de ARPAnet?

Mi primera participación fue con el proceso estándar de protocolos y la arquitectura abierta. Pensaba que era útil e importante hacer la ARPAnet. No me pareció muy difícil al principio, así que no pensé en ello en términos de investigación. No era consciente de lo complicado que resultaría. Desde el punto de vista de arquitectura, la idea era tener capas muy delgadas y construir estas capas una sobre otra, pero se necesitaba a alguien que construyera la parte más compleja, de modo que me vi implicado en definir uno de los grandes principios.

Y la otra aportación, establecer que la participación fuera abierta para todo el mundo y que la selección de ideas debería proceder de un amplio consenso, y no de un proceso exclusivo.

NCP: el primer protocolo ejecutado por ARPAnet fue el Protocolo de Control de Red. Era mi diseño, pero no tuvo mucho éxito porque fue reemplazado por el TCP. Pero estuvo ahí algunos años, claro.

También la arquitectura de capas delgadas, que sobrevivió mucho más que el NCP, era el modelo entero. Después de construir ARPAnet, fui a trabajar en la verificación de programas. Cuando volví a la red unos años después, descubrí que la estructura "oficial" del protocolo tenía siete capas. Casi me muero de la risa porque la idea era que habría muchas, muchas capas, con otras nuevas emergiendo permanentemente, con capas insertadas entre otras ya existentes, con capas solapándose, etc. La idea de diseñarlo en siete capas era como un chiste. Era una simplificación, pero también un mal encauzamiento. Significa imaginarlo del modo equivocado. Si observamos el Internet de hoy en día, veremos que se ha realizado mucho trabajo en el desarrollo de la capa de transporte de HTTP, de SMTP o de cualquier otro. Por tanto, estas capas son, en cierto modo, recursivas y la idea de darles un nombre como presentación, sesión, transporte, etc., representa un punto de vista muy restringido; de hecho, es esencialmente erróneo. Si miramos en el interior de las aplicaciones, veremos las mismas cosas una y otra vez.

¿Quiénes han sido las personas clave para el desarrollo de Internet, líderes o marcadores de tendencias?

De ARPAnet mencionaría a:

- **Bob Taylor.**
- **Larry Roberts.**
- **El grupo de BBN.** Como equipo eran muy buenos.
- Con la conexión LAN, creo que **Bob Metcalfe** fue crucial y cambió el mundo completamente.
- Otro altamente involucrado en la red fue **Dave Farber.**
- **Vint Cerf** (una absoluta estrella), una persona muy, pero muy trabajadora.

Respecto a Internet:

- **Steve Wolff,** quien facilitó a las empresas comerciales conectarse a la red troncal de la NSFnet.
- **Peter Kirstein,** del University College de Londres, Reino Unido.

En realidad, desde 1974 hasta 1986, estuve completamente centrado en la verificación de programas. Volví a la red en 1986, así que no estaba muy metido en los detalles de la transformación de la ARPAnet en Internet.

Y también los jefes de programa de ARPA que me precedieron y sucedieron:

- **Barry Wessler,**
- **Bob Kahn,**
- **Steve Walker** y
- **Bill Carelson.**

Algunas anécdotas

Cuando ARPAnet se estaba construyendo, visitamos algunos laboratorios que previamente habían intentado conectar dos o tres ordenadores dentro del mismo edificio. Nos encontrábamos reiteradamente con que estos proyectos tardaban mucho tiempo y no se concluían. Vimos diferentes laboratorios que habían intentado, sin éxito, conectar tres o cuatro ordenadores en su propio laboratorio a mediados de los sesenta. Pero entonces, cada vez que se intentaba conectar un ordenador a un IMP... *¡voilà!* esos ordenadores se conectaban entre ellos como por arte de magia, y así, todos los proyectos de red que no habían tenido éxito hasta entonces, fueron reemplazados inmediatamente por esta red de uso general. Mi versión favorita era la de un ordenador de Santa Bárbara, un IBM 360/75. No sé si usted está familiarizado con su sistema operativo. Tenía particiones, de manera que se podían ejecutar múltiples programas, y durante un par de años se había intentado que los programas en dos particiones se comunicaran entre ellos. Era un simple problema de comunicación de interprocesos, y se trató de modificar el sistema operativo para tener un programa en COBOL que hablara con un programa en FORTRAN o algo por el estilo. Se presentó el IMP y se descubrió que se podían comunicar los dos programas a través del mismo. Por tanto, primero fue un proyecto de *software* sin éxito, pero funcionaba de manera automática manteniendo las particiones comunicadas como si estuvieran lejos la una de la otra.

¿Qué opina acerca del futuro de Internet?

Estamos en el medio. Hemos pasado el principio y estamos lejos del final. Internet está llegando a muchísima gente, pero todavía es una fracción muy pequeña de cada uno. Estamos en la mitad de la escalada. Todavía tenemos que llegar muy lejos.

¿Ha identificado alguna tendencia tecnológica?

Bueno, no hay mucho que decir... Más pequeño, más rápido, más barato.

La habilidad para trabajar en equipo, para que la gente pueda trabajar conjuntamente, creo que es una tendencia importante para el futuro, pero no ha tenido tanto éxito como se preveía en un principio. Trabajar juntos en un ambiente corporativo. Esa era la visión original de la red, hacer que la gente trabajara en equipo a través de organizaciones, y no se ha avanzado tanto como se esperaba en estos treinta y cinco años. Tenemos comercio electrónico, tenemos publicaciones, tenemos correo electrónico, pero todavía no tenemos colaboración cooperativa y sencilla.

LECTURAS COMPLEMENTARIAS

TRABAJOS Y LIBROS MENCIONADOS / RECOMENDADOS

Las series de "RFC" (del inglés, Request For Comments):

- "RFC 1" es una descripción muy sencilla de los protocolos *host*.
- "RFC 3" contiene todo el conjunto de especificaciones para las RFC.

Frank E. Heart

Director del grupo de desarrollo en BBN al que se le adjudicó el contrato de ARPA para el diseño, la creación y la implantación de ARPAnet.

«Ninguna aplicación militar ha sido **NUNCA UTILIZADA** para el propósito para el que fue diseñada.»

Frank E. Heart

Entrevistado el 24 de abril de 2004 en Cambridge (Boston, Massachusetts)

Nació en 1929 en Westchester County, Nueva York.

En 1952 recibió un Máster en Ingeniería Eléctrica por el Instituto Tecnológico de Massachusetts (MIT). Desde entonces, trabajó en el MIT hasta 1966. Colaboró en el desarrollo del ordenador Whirlwind[1], que llevó directamente a la creación del sistema SAGE[2] para las Fuerzas Aéreas de EEUU. En el Laboratorio Lincoln del MIT, trabajó en la conexión de radares, radiotelescopios y redes de sensores sísmicos a ordenadores, adquiriendo una vasta experiencia en sistemas en tiempo real. En el verano de 1965 conoció a Dan Bobrow (un investigador de IA de BBN, quien un año más tarde influyó para que BBN le ofreciese dejar el Laboratorio Lincoln y se incorporase a la empresa. Dick Bolt[3] le convenció para que aceptase el trabajo en BBN y gestionase un proyecto en marcha para la aplicación de tecnología informática en la gestión de datos de hospitales. Su enfoque y experiencia en fiabilidad y sistemas en tiempo real fueron cruciales para su posterior gran proyecto: liderar el equipo de BBN que diseñó y creó ARPAnet.

www.mit.edu
www.bbn.com

1 El ordenador Whirlwind fue desarrollado en el MIT. Fue el primer ordenador conectado a sistemas en tiempo real y empleaba visualización de vídeo. Fue utilizado primero por la Marina y posteriormente por las Fuerzas Aéreas de EEUU.

2 SAGE es el acrónimo de Semi Automatic Ground Environment y es un sistema automático de detección, seguimiento e intercepción de aeronaves enemigas del Comando Aeroespacial Norteamericano de Defensa (NORAD) utilizado desde finales de la década de los cincuenta hasta la década de los ochenta..

3 Dick Bolt: uno de los tres fundadores de Bolt Beranek and Newman <www.bbn.com>

¿Recuerda su primer contacto con un ordenador?

Bueno, lo que ocurrió fue que, en 1950, en mi primer año en el MIT, descubrí que existía una cosa llamada ordenador. Justo entonces el MIT estaba finalizando su ordenador Whirlwind. El Whirlwind era una de las primeras máquinas electrónicas. En un principio, fue patrocinado por la Armada y, posteriormente, las Fuerzas Aéreas se interesaron en él para un sistema de defensa aérea y apoyaron el proyecto. Así pues, me incorporé al proyecto Whirlwind cuando aún era un estudiante. Cuando llegué allí, la máquina tenía un total de 32 registros y se utilizaban interruptores de palanca para introducir instrucciones y datos. Poco después, se le añadió una memoria a válvulas y la máquina alcanzó los 256 registros, y un poco más tarde, con la introducción de la nueva memoria de núcleos de ferrita, se llegó a un total de 512 palabras.

«... en 1950, en mi primer año en el MIT, descubrí que existía una cosa llamada ordenador.»

El Whirlwind tenía varias características importantes. Una de ellas era la falta de fiabilidad intrínseca de las válvulas de vacío[4], por lo que la persona que dirigía el proyecto Whirlwind estaba muy preocupado por el tema de la fiabilidad. El tema de la fiabilidad se consideró como muy importante, y fue algo que aprendí muy bien, ya que esto fue lo que marcó una gran diferencia veinte años más tarde en ARPAnet. El Whirlwind fue uno de los primeros ordenadores digitales electrónicos (el ENIAC de la University of Pensylvania y Mark I, de Harvard, fueron máquinas anteriores, pero no del mismo tipo). El Whirlwind ocupaba mucho espacio y estaba basado en electrónica de válvulas de vacío y memoria rotativa de tambor magnético. Era tan poco fiable que tuvieron que aplicar artimañas muy sofisticadas para intentar solucionar este grave problema. Uno de los enfoques fue llamado *comprobación marginal*. Consistía en llevar a cabo una verificación especial cada varias horas, en la que se modificaba deliberadamente la tensión de alimentación de la electrónica para intentar averiguar qué válvulas de vacío iban a fallar, para de este modo sutituirlas antes de que fallasen durante el funcionamiento normal.

Por ello, me interesé mucho en conseguir que los sistemas fuesen fiables y marcaran una gran diferencia. Atribuyo parte del éxito de ARPAnet al énfasis puesto en la fiabilidad, ya que los ordenadores tenían que trabajar sin supervisión en las universidades, rodeados de estudiantes y, por tanto, la fiabilidad era muy importante.

Así pues, me uní al proyecto Whirlwind cuando aún era un estudiante trabajando como ayudante de investigación, hasta que conseguí mi título de máster y pasé a convertirme en miembro del equipo empleado a tiempo completo. Pronto el proyecto se trasladó al Laboratorio Lincoln, recién creado por el MIT para las Fuerzas Aéreas, para el desarrollo de un sistema de defensa aérea llamado SAGE. Así que nos trasladamos a Lexington, Massachusetts, donde se encontraba el Laboratorio Lincoln, y permanecí en el MIT durante los siguientes quince años. En el Lincoln fui asignado al sistema SAGE y después, y esto es bastante importante, empecé a trabajar con todo tipo de conexiones a ordenador para un sistema en tiempo real: conexiones de ordenador a un radar, conexiones de ordenador a radiotelescopio, conexiones de ordenador a redes sísmicas y conexiones de ordenador a redes acústicas submarinas. Todo esto era muy inusual en aquellos momentos.

La noción de utilizar un ordenador para conectar objetos del mundo real como un radar era muy poco frecuente; este era uno de los pocos lugares del país en los que se estaba intentando algo semejante. Así, el grupo que trabajaba conmigo adquirió una vasta experiencia en la conexión de ordenadores con sistemas físicos y en el tratamiento de datos en tiempo real. Por ejemplo, en Lincoln había un radiotelescopio extremadamente grande con un ancho de haz muy estrecho. Tenía que orientarse hacia las estrellas, planetas y otros cuerpos y el equipo que yo dirigía diseñó el sistema de orientación para dirigir el haz, gracias al cual se podían hacer cosas como escanear la superficie de la Luna de manera automática.

4 En aquellos días, la electrónica en general y los ordenadores en particular eran muy poco fiables.

«Atribuyo parte del éxito de ARPAnet al énfasis puesto en la fiabilidad.»

Me quedé en el Lincoln hasta 1966. Lo que ocurrió entonces es que durante un curso de verano (en 1965) sobre bibliotecas informatizadas, conocí a **Dan Bobrow,** investigador (de inteligencia artificial) que trabajaba en BBN, y nos hicimos amigos. Un año más tarde, BBN estaba teniendo problemas con un gran proyecto para el Hospital General de Massachusetts, sobre el tratamiento de datos informatizados en los hospitales, y Dan Bobrow se acordó de mí, así que habló con uno de los fundadores de BBN, **Dick Bolt,** e intentaron convencerme para que dejase el Laboratorio Lincoln. Fue una decisión difícil porque soy muy conservador y tenía un buen equipo y un buen trabajo, pero al final lo consiguió, y en diciembre de 1966 me incorporé a BBN, donde permanecí durante treinta años. Por tanto, solo he tenido dos trabajos en toda mi vida.

¿Cuál fue su primer contacto/experiencia con ARPAnet?

Comencé a trabajar en BBN porque tenían un proyecto sobre información médica[5]. En realidad, me incorporé a BBN para trabajar en proyectos de ciencias biológicas y el Lincoln se interesaba por este tipo de proyectos ya que se financiaba en gran medida por el Departamento de Defensa. Así que uno de los motivos por los que Dick Bolt logró que dejase el laboratorio fue ofrecerme la posibilidad de trabajar en un proyecto sobre información médica. Por ello decidí unirme a BBN.

La primera vez que oí hablar de la idea de ARPAnet fue en la Spring Joint Computer Conference de 1968, celebrada en el paseo marítimo de Atlantic City. Conocí a **Larry Roberts,** que en esos momentos llevaba trabajando en ARPA cerca de un año. Lo conocía del Laboratorio Lincoln, pero nunca habíamos trabajado juntos allí. Sabía que mi equipo en BBN era muy bueno en la conexión de ordenadores con sistemas del mundo real. Algunos de los miembros de este equipo habían estado en mi grupo cuando trabajaba en Lincoln Labs, y me siguieron cuando me incorporé a BBN, así que Larry también los conocía bien. Por entonces, Larry había estado hablando con diferentes empresas sobre su idea de la red. Creo que al principio lo intentó con AT&T e IBM, pero estas no se interesaron en absoluto por la idea. Así que habló con otras empresas y me comentó todo esto por si BBN pudiera estar interesado. Nos pareció una idea magnífica y no tuvimos que pensárnoslo mucho. Cuando finalmente nos llegó la solicitud de propuestas dedicamos un esfuerzo titánico a su redacción[6].

Se trataba de una propuesta muy detallada y creo que uno de los motivos por los que BBN consiguió el contrato fue que entendió mejor que nadie los requisitos. De hecho, había muy pocos equipos en el mundo en ese momento con experiencia en la conexión de ordenadores a sistemas en tiempo real. La propuesta fue redactada esencialmente por cinco personas: **Severo Ornstein, Will Crowther, David Walden, Bob Kahn** y yo.

5 BBN estaba trabajando en un proyecto llamado Hospital Computer Project, apoyado por el Instituto Nacional de Salud (NIH) en cooperación con el Hospital General de Massachusetts.

6 "No teníamos ni noches ni festivos…solo contábamos con 90 días para preparar la oferta… De hecho nos gastamos más de 100.000 dólares estadounidenses en la redacción de la propuesta".

«La primera vez que oí hablar de la idea de ARPAnet fue en la Spring Joint Computer Conference de 1968.»

Participaron más personas, pero esas fueron las personas clave. Bob Kahn era más bien un teórico, así que no se dedicó al *software* o al *hardware,* sino que fue el responsable de algunas de las ideas originales, como el control de errores en las líneas telefónicas. Crowther[7] y Walden fueron claves para el *software* y Ornstein para el *hardware.*

En su opinión, ¿cuáles son las características más importantes de ARPAnet?

Es una pregunta difícil. Creo que la fiabilidad era un tema muy importante; por ejemplo, los procesadores de mensajes con interfaz (IMP) tenían una función de vigilancia. Si el programa se volvía loco y no restablecía el reloj con frecuencia, el propio reloj reiniciaría la máquina de manera automática. Por tanto, la fiabilidad era algo fundamental.

La velocidad era un factor que había que tener en cuenta. La RFP[8] solicitaba la obtención de resultados en toda la red a una velocidad[9] indistinguible de la conseguida en un ordenador local. El *software* fue escrito en su totalidad en lenguaje máquina para la primera ARPAnet. Los bucles de *software* del lenguaje máquina proporcionaban una velocidad suficiente para satisfacer este requisito.

Otra característica era que la red requería monitorización. Una vez se extendió y construimos procesadores de mensajes con interfaz de terminales (TIP[10]), nos encontramos con docenas de TIP que necesitaban una verificación de estado regularmente. Por eso, empleamos un marcador automático que llamaba a todos los TIP del país alrededor de las 3 a. m., cuando no había nadie trabajando, simplemente para comprobar si la línea funcionaba. Cuando se encontraban problemas, necesitábamos que alguien los solucionase. Inicialmente contratamos a Honeywell para que se encargara del mantenimiento y fue bien; posteriormente, organizamos nuestro propio equipo de mantenimiento para asegurarnos de que la red funcionaba.

Por tanto, la fiabilidad, la velocidad y el funcionamiento de la red eran las características clave en los primeros tiempos. Para la gente que, como yo, ha participado en esto desde el principio, era difícil imaginar Internet como es hoy en día. Creo que al principio se pensaba que podría ser útil para la comunidad de investigadores, pero nadie podía imaginar que se convertiría en una herramienta y un juguete para todo el mundo. Por supuesto, el correo electrónico, la llamada *killer application* (aplicación matadora), consiguió verdaderamente que muchas personas utilizaran la red. La noción de los navegadores, la World Wide Web y la voz sobre IP surgieron mucho más tarde, y no están relacionados con el trabajo que yo realicé.

Cuando el equipo de BBN envío su propuesta detallada a ARPA el 6 de septiembre de 1968, ocupaba 200 páginas. Organigramas, ecuaciones, tablas, programación temporal detallada, enrutamiento, retrasos de transmisión y paquetes en cola. El equipo estaba seguro de que nadie más prepararía una oferta tan detallada, a pesar de que se habían presentado una docena de empresas. Cuando ARPA concedió el contrato a BBN el 1 de enero de 1969, otras empresas más grandes que habían presentado propuestas, se quedaron asombradas.

7 Will Crowther: Frank Heart lo llamó "el superprogramador". Él fue también quien escribió el primer juego de "aventura".

8 RFP: solicitud de propuestas, emitida por IPTO (Oficina para las Tecnologías de Procesado de la Información) para ARPA

9 En 1969 la alta velocidad eran 500 milisegundos de ida y retorno.

10 TIP: procesador de mensajes con interfaz de terminales. Combinación de un IMP y un pequeño servidor integrado con conexiones para terminales.

¿Cuáles son los hitos más importantes, en su opinión, en el desarrollo de la red?

Hubo muchos hitos en diferentes áreas. Por ejemplo, BBN no tenía capacidad de fabricación. Teníamos que elegir un ordenador y no había muchas opciones. Larry Roberts pensó en un principio en utilizar ordenadores de DEC[11] porque fabricaban pequeños equipos que gozaban de popularidad, pero las máquinas disponibles de DEC no eran tan apropiadas para nuestro propósito como las de Honeywell, que fueron las que finalmente elegimos. Así que tuvimos que convencer a Honeywell de que fabricase un *hardware* especial para la máquina en cuestión, y eso es algo que no suele gustar a las empresas de ordenadores. Resultó haber una división en Honeywell de una anterior adquisición de la empresa 3C. Este grupo dentro de Honeywell estaba dispuesto a considerar la construcción de un *hardware* especial y en ese momento se enfrentaban a un reto personal, ya que varios concursantes al proyecto ARPAnet habían llegado simultáneamente a la conclusión de que las máquinas de Honeywell eran las apropiadas y habían recurrido a ellos. Así que Honeywell se vio obligado a cooperar al mismo tiempo con al menos tres de los grupos que estaban redactando la propuesta, y eligieron a Honeywell como subcontratista.

Severo Ornstein y algunos de sus ayudantes diseñaron la interfaz que debería integrarse en el ordenador, y Honeywell tendría que construir el *hardware* a tiempo para la primera entrega. Nosotros nos vimos obligados a idear cómo conseguirlo antes de haber ganado el concurso.

Una vez obtuvimos el contrato, nos encontramos con varias sorpresas; por ejemplo, en el contrato original se pedía que hubiese conectado un gran ordenador en cada ubicación de la red. En BBN sería el PDP-10, en el MIT un MULTICS y en UCLA un Sigma7. Pero todos estos sitios se dieron cuenta enseguida de que disponían de más de un ordenador grande y de que, si existía una tecnología que les permitía conectar dos ordenadores remotos, también podría utilizarse para conectar dos ordenadores locales. Así que, al poco tiempo, un mes después del inicio del contrato, todos dijeron a ARPA *"No queremos conectar un solo ordenador, queremos conectar varios ordenadores",* y eso suponía un gran cambio. Entonces ARPA pidió a BBN que lo arreglase para que se pudiese conectar más de un ordenador en cada sitio.

Fue un desarrollo muy interesante, ya que los servidores nunca antes habían sido capaces de conectar

Frank Heart y el autor durante su entrevista personal en Cambridge, Massachusetts, el 24 de abril de 2004.

---

11 DEC: Digital Equipment Corporation. Fue comprada por Compaq, que a su vez fue comprada por HP.

ordenadores ni a un metro y medio de distancia, pero una vez que se tuviera la tecnología para conectar ordenadores a kilómetros de distancia, también podría ser utilizada para conectar ordenadores localmente. Por tanto, uno de los hitos fue cómo cambiamos el plan original para permitir la conexión de varios servidores en una misma ubicación.

Uno de los objetivos básicos de la red era permitir el uso de un ordenador remoto desde otro ordenador. Los propietarios de los *host* se opusieron inicialmente a esta idea porque no querían que otros pudiesen utilizar sus ordenadores.

Por suerte, el dinero con el que se iban a comprar los ordenadores provenía de la misma fuente que el dinero para financiar el proyecto de la red, es decir, de la IPTO de ARPA, por lo que Larry Roberts pudo "inducirles" a cooperar. Después de un tiempo, cuando la red se convirtió en algo verdaderamente útil, aquellos que habían objetado a la idea comenzaron a aceptarla.

Otra de las preocupaciones era conseguir las líneas de teléfono de 56 kbps. Afortunadamente BBN no tuvo que preocuparse por eso. ARPA contrató el alquiler de las líneas telefónicas de AT&T a través de una agencia militar, sin embargo tampoco fue tan sencillo para el gobierno, ya que pedirle a AT&T en 1969 que instalase líneas telefónicas de 56 Kbps entre los sitios designados bien podría suponer una respuesta como: *"De acuerdo, tardaremos un año o dos en hacerlo"*, así que conseguirlo rápidamente no era una tarea sencilla.

Los IMP tenían todo tipo de funcionalidades. Podíamos ordenar remotamente a un IMP que conectara con una línea (le diera la vuelta), para que pudiéramos comprobar si el problema estaba en la interfaz o en la línea telefónica, y podíamos hacer que el IMP enviara la información estadística de lo que ocurría.

«El 1 de octubre de 1969, llegó el segundo IMP al SRI y poco después los primeros caracteres fueron transmitidos a través de la nueva red. Había nacido ARPAnet. Los IMP número tres y cuatro fueron instalados en la UCSB y la University of Utah sin mucho bombo. Las instalaciones de IMP empezaron a convertirse en una rutina.

La red se había extendido a trece sitios para enero de 1971 y a veintitrés para abril de 1972, pero continuaba siendo prácticamente desconocida fuera de BBN, ARPA y un pequeño grupo de investigadores. La Conferencia Internacional sobre Comunicaciones de Ordenadores celebrada en Washington en octubre de 1972 lo cambió todo.»

Fragmento extraído de: The ARPAnet Forerunner of Today's Internet, véase <www.bbn.com>

Piénselo, en el uso de la red, cuando alguien marcaba una "T" en una terminal del ordenador, la "T" tenía que pasar por ese ordenador, después al IMP local y, a través de varios otros IMP, hasta el servidor de destino y, a continuación, la respuesta tenía que volver siguiendo una ruta similar. Si se producía un problema, ¿cómo saber dónde se encontraba el error? Se trata de un problema de depuración serio que estaba en manos de BBN. Por tanto aprender a realizar la depuración de los sistemas fue un desarrollo vital para nosotros, para poder determinar dónde se producían los problemas. De hecho, se dedicaron grandes esfuerzos en los primeros años de ARPAnet a la monitorización y la depuración.

A las compañías de telecomunicaciones no les era posible hacer mucho en este sentido. Reparaban líneas individuales, pero les resultaba difícil averiguar qué segmento estaba fallando. No podían saberlo si no iban probando con cada una de las líneas.

Incluso una vez que ARPAnet ya estaba funcionado, seguía suponiendo un serio problema para la comunidad investigadora la creación de protocolos *host* que permitieran a los *host* hablar entre sí[12]. Llevó años estandarizar esos protocolos. Finalmente, el Departamento de Defensa de EEUU decidió que todas las agencias utilizarían TCP/IP y esta decisión se extendió rápidamente por todo el mundo.

12 Los protocolos *host* tenían que sobrellevar el hecho de que los ordenadores *host* provenían de diferentes fabricantes, funcionaban con diferentes sistemas operativos y tenían su propio *software* propietario.

No fue hasta que los protocolos *host* se estandarizaron y los host fueron capaces de comunicarse entre sí, cuando la red empezó a convertirse en algo útil.

En realidad, la red nunca tuvo éxito en la capa de aplicación. Larry Roberts deseaba originalmente que las personas pudieran utilizar los programas de host remotos, para reducir la necesidad de reinventar el software. Quería realmente que se utilizasen más los programas remotamente que no localmente y eso no sucede ni siquiera hoy día, al menos no en el grado que él esperaba.

¿Cómo ha contribuido usted al desarrollo de ARPAnet?

Dirigí a un equipo para la construcción de ARPAnet. Sabe, resulta que mucha gente tuvo cierta influencia sobre Larry Roberts cuando este elaboró la solicitud de propuestas (RFP) de ARPAnet en 1968, pero en realidad, ninguno de ellos había construido una red. Por lo tanto, la RFP era bastante detallada en cuanto al diseño general de la red y lo que se esperaba de ella, pero fue BBN quien diseñó y creó la red, y lo hicimos desde cero.

¿Quiénes han sido las personas clave para el desarrollo de Internet?

Básicamente, ARPAnet fue construida por BBN, así que las cuatro personas que he mencionado con anterioridad fueron cruciales:

- **Severo Ornstein,** geólogo de formación pero un genio en el diseño de *hardware.*
- **William Crowther,** nuestro superprogramador.
- **David Walden,** también en el diseño del *software.*
- **Bob Kahn,** un tipo muy inusual que era bueno en casi todo. Desempeñó un papel muy importante en BBN. Era un buen escritor y se responsabilizó de la mayor parte de la escritura de la especificación 1822[13]. También se encargó de multitud de interacciones con los sitios *host.*

Otras personas de BBN que merecen mención:

- **Alex McKenzie,** por su trabajo en protocolos *host* y por su gestión del centro de monitorización de BBN.
- **Ben Barker, Bernie Cosell, Truett Thach** y **Marty Thrope.**
- **Larry Roberts,** de ARPA, que dirigió el proyecto global de ARPAnet y emitió la RFP. Si me preguntase quién fue la persona más importante, fuera de BBN, le diría que Larry Roberts.
- **Wes Clark**[14] sugirió el uso de IMP; en lugar de conectar los *host* directamente, la conexión se hacia a través de los IMP que, al ser idénticos, permitían que los host no tuvieran que aprender a comunicarse con todo tipo de ellos, sino solo a hacerlo con el IMP. Esta arquitectura fue de extrema importancia porque, de otro modo, BBN hubiese tenido que aprender los detalles de cada *host,* lo que hubiera sido prácticamente imposible. Por tanto, cada servidor necesitaba un *hardware* y un *software* especial para conectarse al IMP local, pero todos los IMP eran idénticos. De otro modo, BBN hubiese sido incapaz de realizar su trabajo en nueve meses.
  Todo un verdadero récord, porque ese fue el tiempo que tardamos, incluyendo el necesario para la fabricación del *hardware* especial por parte de Honeywell y otras muchas cosas, y todo se realizó según lo previsto en plazo y coste.

También creo que al principio de ARPAnet, las personas de los primeros sitios *host* desempeñaron un papel importante. Tuvieron que construir *hardware* y *software* para conseguir que su ordenador funcionara con el IMP y solo tuvieron alrededor de seis meses para hacerlo. No recuerdo el nombre de todos ellos, pero algunos de los destacados son:

- **Leonard Kleinrock,** de la University of California en Los Ángeles.

Y también de UCLA:

- **Vint Cerf, Steve Crocker** y **Jon Postel,** quien también estuvo implicado en la estandarización y documentación de protocolos *host.* Llevó mucho

13 La especificación 1822 define con el más absoluto detalle la interfaz que debe integrarse en los ordenadores servidores para que puedan ser conectados a los IMP (o lo que hoy en día llamamos *routers).*

14 Wesley Clark: quien influyó verdaderamente en Larry Roberts, según Frank Heart y Bob Taylor.

Creación de un IMP pluribus, mucho después de la fotografía de grupo con el IMP original. Fotografía: BBN.

tiempo desarrollar los protocolos *host* para que fuesen capaces de ir en línea con los protocolos de red. Jon Postel fue crucial para hacerlo posible.

- **Roland Bryan,** de la UCSB en Santa Bárbara, California.
- **Dave Evans,** de la University of Utah.
- **Douglas Engelbart,** del SRI (Stanford, California).

Otras personas que trabajaron con Larry Roberts en ARPA:

- **Steve Crocker,** quien se incorporó a ARPA procedente de UCLA y participó en gran medida en los protocolos servidor.
- **Barry Wessler,** y
- **Al Blue,** quien no realizó ningún trabajo técnico, pero era un experto en acelerar los trámites burocráticos. Así que si se necesitaban modificaciones en el contrato, Al Blue era capaz de conseguirlas en tres días.

Muchos años después, hubo otras personas importantes, por ejemplo:

- **Tim Berners-Lee,** creador de la World Wide Web.

¿Recuerda un par de situaciones anecdóticas?

Existe la costumbre en EEUU de que cuando se concede un contrato importante a varias empresas de un determinado estado, las agencias gubernamentales avisan al representante del Congreso de ese estado para que les haga algún tipo de reconocimiento. Así que recibimos un telegrama del senador Kennedy en el que nos felicitaba por haber ganado el contrato, solo que el mensaje decía: *"Enhorabuena por haber ganado el contrato para el procesador de mensajes interconfesionales (InterFAITH)[15]"*.

Los IMP contaban con todo tipo de *software* de monitorización integrado, así que eran capaces de supervisar todo tipo de cosas. De hecho, establecida una conexión transcontinental con BBN, con una línea telefónica de 56 kbps, podíamos ver lo que estaba pasando en cada IMP. Era parte del sistema de fiabilidad. Cada IMP verificaba su línea telefónica; cada IMP podía contar los paquetes de cada línea telefónica y enviar la información a BBN.

Eso significaba, por primera vez, que los ordenadores situados en los extremos de las líneas telefónicas de AT&T estaban siendo monitorizados, con lo que, si por ejemplo, fallaba una línea de Los Ángeles a San Francisco, o empezaba a fallar, o aumentaba su tasa de error, alguien de nosotros llamaba a AT&T y decía: *"Creemos que se está produciendo un problema en su línea entre Los Ángeles y San Francisco"*; y ellos respondían: *"¿Dónde se encuentra, en Los Ángeles o en San Francisco?"*, y la persona le informaba: *"En realidad estoy en Cambridge, Massachusetts"*, y los técnicos de AT&T no podían creérselo. Les costó bastante acostumbrarse y no pensar que les estábamos tomando el pelo…

¿Qué opina acerca del futuro de Internet?

No puedo darle una respuesta sencilla. Me gustaría creer que ayudará a la extensión de la democracia, pero no sé si será así o si las personas continuarán matándose unas a otras.

15 En lugar de felicitarnos por haber ganado el proyecto para la construcción de un procesador de mensajes con INTERFAZ o IMP.

Otra cosa es que el inglés se está convirtiendo en un idioma mundial, porque mucha de la información se encuentra en inglés.

Creo que finalmente va a influir en la educación. El MIT en 2002 decidió poner todos sus cursos disponibles en línea, de manera gratuita y para todo el mundo. Esto supone un gran impacto en la educación a nivel mundial. Si un hombre pobre en África puede acceder a los cursos del MIT, significa que esto es útil.

¿Ha identificado alguna tendencia tecnológica?

Creo que la tendencia es hacia conexiones inalámbricas. Pienso que va a existir mucha más electrónica integrada en la ropa, bien para controlar el ritmo cardiaco, comunicarse con amigos, estar informado de las citas, medir distancias recorridas, etc. Un amigo mío trabaja en una empresa que vende un producto salvavidas. Un dispositivo que se puede adquirir desde casa, es una especie de botón que conecta con el teléfono, así que si uno se cae por las escaleras, puede pulsar el pequeño botón y realizar una llamada para pedir ayuda. Mi coche actual tiene un dispositivo llamado "on-star". Si se produce un accidente y salta el airbag, el dispositivo llama automáticamente a la central para informar del accidente. Gracias al GPS, la central encuentra dónde está situada la persona para enviar ayuda.

No obstante, creo que el próximo siglo va a ser el siglo de la biología y no de las ciencias físicas, y también que la biología depende cada vez más de la tecnología de ordenadores: las dos ciencias se van a convertir en una sola.

LECTURAS COMPLEMENTARIAS

TRABAJOS Y LIBROS MENCIONADOS / RECOMENDADOS

- El libro más honesto sobre el tema: Hafner, K. y Lyon, M., Where Wizards Stay up Latte, Nueva York, Simon & Schuster, 1996. Patrocinado por BBN.
- Vídeos del Sistema de Difusión Pública (Public Broadcasting System, PBS) de EEUU: Nerds 2.0.1 <www.pbs.org/opto/nerds2.0.1>

Don Nielson

Antiguo vicepresidente de SRI International, pionero de la red Packet Radio que, junto a SATnet y ARPAnet, protagonizaron el primer experimento internacional de una internet en 1977.

«Internet es el resultado de un ensamblaje de varias redes múltiples que resulta **TRANSPARENTE** para el usuario. ARPAnet no era Internet.»

Escucha la entrevista

Entrevistado el 29 de agosto de 2006 en Menlo Park (California)

Nació el 5 de febrero de 1935 en una familia de granjeros que vivía cerca de American Falls, Idaho. Tras graduarse en Electrotécnica por la University of Idaho en 1956, se incorporó al Ejército estadounidense y fue destinado al servicio de transmisiones, donde trabajó en la radio. A los dos años de estar allí, conoció a una persona que había trabajado en AMPEX Corporation durante el desarrollo del primer grabador de vídeo. Cuando le comentó que estaba interesado en hacer un estudio de posgrado, le sugirió que echara un vistazo a Stanford y que trabajase en el instituto de investigación.

Por tanto, realizó una entrevista en el SRI (Stanford Research Institute) y le gustó lo que vio allí. Necesitaba un modo de financiar sus estudios en Stanford y el SRI ofrecía un programa adecuado. Como trabajaba a jornada completa y estudiaba a media jornada, tardó diez años en finalizar el máster y el doctorado. Acabó el máster en 1965 y el doctorado, en 1969.

Continuó en el SRI hasta 1998 y después dimitió como vicepresidente y director del Departamento de Ciencias de la Información e Informática para escribir un libro sobre el SRI y construir un refugio de montaña en Idaho. Logró culminar ambos proyectos.

www.sri.com
www.arpa.mil

Don Nielson

¿Recuerda su primer contacto con un ordenador?

Si se refiere a ordenadores digitales, yo diría que fue alrededor de 1962, aquí, en el SRI. Era la época del lenguaje FORTRAN y del viejo procesamiento por lotes. Uno se preparaba su propio programa con tarjetas perforadas, lo entregaba y, cierto tiempo después, debías volver a ir para comprobar si lo compilaban o no. Ese ciclo se repetía una y otra vez. Mi primera experiencia con un ordenador analógico fue en una clase en Stanford. No era algo que me entusiasmase. De hecho, lo odiaba. La máquina se utilizaba para resolver ecuaciones diferenciales, corría probablemente el año 1961. Asistí a las clases porque tenía que hacerlo y de lo único que me acuerdo es de que había más diales de los que uno puede contar y de que era desquiciadamente inestable. Mi primer ordenador personal fue un PC IBM. Cuando me lo compré, solo existía el Apple II y el de IBM, así que elegí el IBM en cuanto apareció y he seguido por ese camino desde entonces.

¿Cuál fue su primer contacto/experiencia con Internet o ARPAnet?

Debió de ser cuando estaba investigando la red de radiopaquetes, por lo tanto, hacia 1973, más o menos. No recuerdo haber utilizado yo mismo la ARPAnet primitiva, aunque el SRI se convirtió en 1969 en el segundo nodo. No formé parte de aquella iniciativa porque, en aquel momento, estaba trabajando en otro edificio sobre problemas de comunicación convencionales. En todos los laboratorios de investigación de comunicaciones de la época la tecnología era analógica, se investigaban las comunicaciones de onda corta y otros temas relacionados. Pero se avecinaba un nuevo enfoque por parte de una iniciativa inusual del SRI. Nosotros, los miembros del laboratorio votamos y decidimos pasarnos al Depar-tamento de Ciencias de la Información, para poder llevar nuestra experiencia en las comunicaciones al mundo de los ordenadores. Evidentemente, esto nos permitía aprender sobre comunicación digital. Nuestro laboratorio, al que llamamos Centro de Ciencias de las Telecomunicaciones, alcanzó bastante rápido la madurez para crear radios digitales e incluso sistemas operativos orientados a las comunicaciones.

En resumidas cuentas, gracias a la familiaridad adquirida en las incipientes comunicaciones digitales, ARPA confirió al SRI un papel dominante en el programa de radiopaquetes y ostentamos esa posición durante, al menos, una década. La función específica del SRI era la de integrador de sistemas o Ingeniería de sistemas y director técnico, como definía ARPA a los líderes del programa. Los cinco contratistas del programa empezaron a analizar el diseño de la red de radio digital. Como parte de nuestra función, en el SRI empezamos a hacer mediciones de canal y a diseñar receptores digitales. Poco después, en colaboración con el fabricante de radiopaquetes, Collins Radio, realizamos numerosas pruebas de aquellas radios en contextos reales y con configuraciones de red. Finalmente conseguimos un pequeño ordenador central, un *host* PDP-11 de BBN, configurado especialmente como el nodo o la estación de control de la red de radiopaquetes.

«Disponíamos de un servicio de correo electrónico porque, por aquel entonces, la comunidad ARPA debía estar unida y comunicarse mediante ARPAnet.»

Un poco más tarde, el SRI comenzó a diseñar y construir *hosts*, ordenadores centrales, muy pequeños para la red de radio que también servían como interfaz entre las terminales no programables y los radiopaquetes. Esto fue seguramente a finales de 1973 o principios de 1974. Disponíamos de un servicio de correo electrónico porque, por aquel entonces, la comunidad ARPA debía estar unida y comunicarse mediante ARPAnet. Usábamos ARPAnet principalmente para mover y depurar códigos. No podía imaginarme cómo perteneciendo a un contratista de ARPAnet, no se dispusiera de una dirección de correo electrónico. No me acuerdo de cuándo fue esto exactamente. Seguramente el Centro de Inteligencia Artificial del SRI y el laboratorio de **Doug Engelbart** usaban mucho ARPAnet con FTP, correo electrónico y todo eso. En lo que al correo electrónico se refiere, se ha de considerar una nueva etapa desde la aparición de la solución de **Ray Tomlinson** en 1971. (Ray también trabajó en el proyecto de radiopaquetes de BBN).

A pesar de que los radiopaquetes evolucionaron en un principio con una red separada e independiente, a Bob Kahn, y tal vez a otros, se le ocurrió la idea de integrar PRnet con, al menos, ARPAnet. Para conseguirlo, recibimos el *software* de la pasarela de BBN, lo que nos permitía dicha conexión. Esta es mi idea del comienzo de la interconexión de redes y de por qué ocurrió.

«... observaron que era necesaria una red de ordenadores común y un modo de simplificar las conexiones a dicha red.»

ARPA pertenece al DOD (Department Of Defense) y son ellos quienes deben explicar en qué beneficia su trabajo al Ejército. A veces la relación es escasa pero, si se hace bien, se puede defender el presupuesto ante el congreso y otros puntos de aprobación. En este caso la naturaleza robusta de las redes de paquetes y el incipiente mundo digital fueron argumentos excelentes para convencer al DOD. Por tanto, ARPAnet nació y se materializó gracias a las innovaciones de **Bob Kahn** y sus predecesores, **Bob Taylor** y **Larry Roberts.** También quedó claro que el Ejército confiaba cada vez más en los ordenadores, pero existía una gran variedad de ellos que operaban con convenciones distintas. Las distintas redes estaban asociadas a ordenadores y terminales distintos y esto empezaba a suponer una pesadilla, tanto en el plano operativo como en el de mantenimiento. Creo que fueron primero Bob Taylor y después Larry Roberts quienes se preguntaron por qué tenían todo ese lío. Además, observaron que era necesaria una red de ordenadores común, así como un modo de simplificar las conexiones a dicha red. Esto es lo que, en términos de requisitos militares, llevó conceptualmente a ARPAnet.

Sin embargo, se trataba de una red por cable y, aunque podía resultar útil al Ejército y al DOD, no era ninguna ventaja para el sector móvil del Ejército. De este modo surgió la necesidad de desarrollar un sistema de radiotransmisión basado en paquetes y, en ARPA, de un programa de radiotransmisión. Al margen de esto, también recuerdo que **Bob Kahn** pensaba que una serie de chips de radiopaquetes unidos se organizarían a sí mismos en forma de ordenador. Mientras que el concepto de radio digital propiamente dicho podría atribuirse a **Larry Roberts,** su desarrollo como red de paquetes fue incentivado por Bob Kahn, quien tal vez estuviera entonces dirigiendo la Oficina de Técnicas de Procesamiento de Información de ARPA.

También debería mencionar que Roberts facilitó la oportunidad de desarrollar la radiotransmisión a una parte distinta del SRI, una que sabía un poco de ordenadores, pero que no tenía mucha experiencia en radiotransmisión. Creo que Kahn fue el que accedió a transferir el trabajo al Departamento de Comunicaciones del SRI. De este modo, empezamos a construir una red de radio digital junto con otros contratistas. Ya habíamos visto la red ALOHA, que era una red de radio fija que conectaba varios campus de la University of Hawaii. Esta fue la primera red de radiopaquetes, pero tenía nodos fijos, ninguno de ellos era móvil. El PRnet de la región de la Bahía de San Francisco del SRI se convirtió en la primera red de radio digital móvil del mundo. Sabíamos lo suficiente sobre comunicación terrestre como para imaginar las implicaciones que tendría en el mundo digital.

El grupo de contratistas de PRnet convenció a ARPA, es decir, a **Bob Kahn,** de que era capaz de construir la red. Sin embargo, su papel en ARPA iba en aumento y Bob pidió a **Vint Cerf,** de Stanford, que se incorporara. Posteriormente, Vint se convirtió en el gestor del programa de radiopaquetes de ARPA. De este modo seguimos construyendo esta red digital de tal forma que, como había concebido Bob, sería posible lanzar todos los recursos desde un avión y estos abrirían un paracaídas y configurarían una red funcional al aterrizar.

Estos radiopaquetes tenían dos funciones. En primer lugar, almacenaban y reenviaban conmutadores. Eran lo que hoy se denominan *routers*. En segundo lugar, permitían el acceso a la red mediante la conexión del material terminal. Por tanto, estas radios aumentadas junto con el ordenador de la estación, constituían PRnet. Era capaz de realizar operaciones autónomas conectando a usuarios, móviles o no, mediante una red de radio puramente digital. Cuando PRnet empezó a funcionar, la estación regía parte de la conectividad de la red, el enrutamiento y las interacciones de los usuarios.

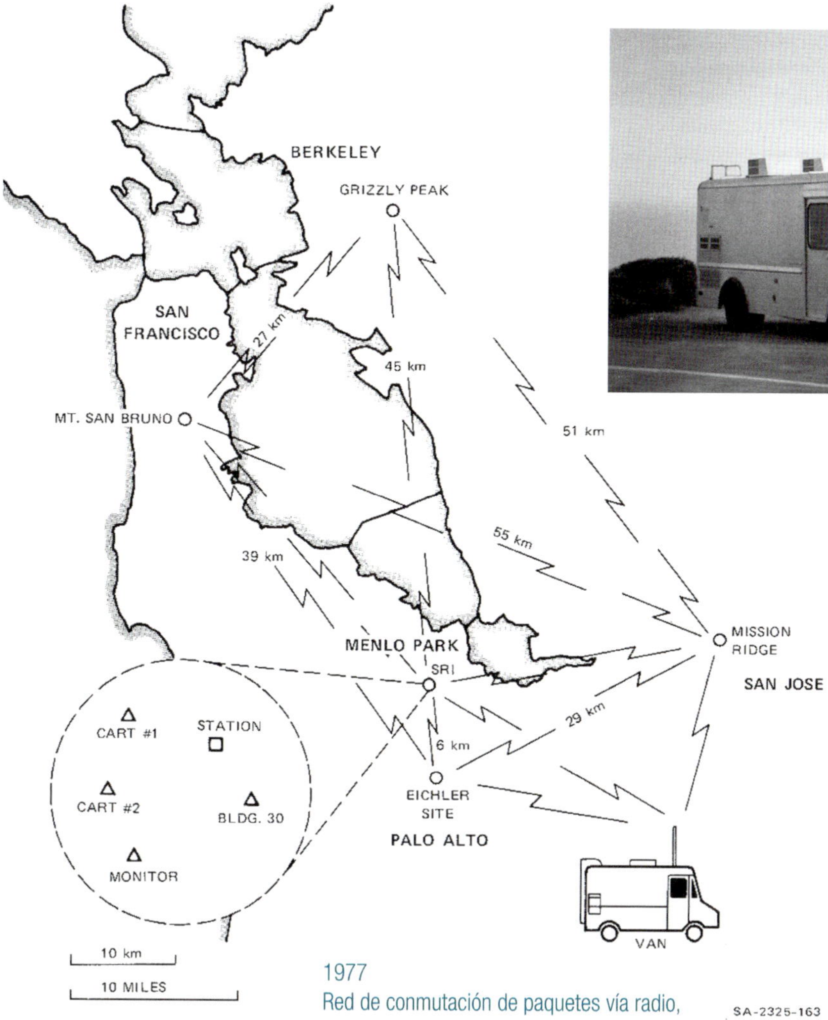

1977
Red de conmutación de paquetes vía radio, de la bahía de San Francisco. Cortesía de Don Nielson. Archivo privado de SRI.

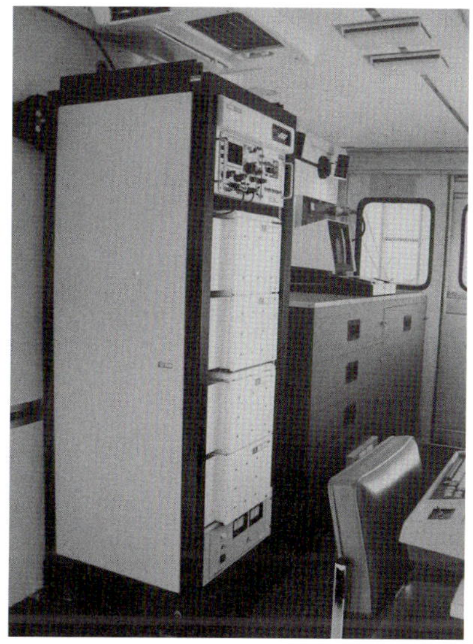

Enseguida, como ya dije, surgió la necesidad de vincular ambas redes, ARPAnet y PRnet. Esta es, en mi opinión, la principal razón para introducir el término Internet. Puedo mostrarle algunos informes en los que se usan los términos Internet e Intranet de un modo muy deliberado para remarcar la debida distinción. Muy pronto, Bob Kahn y Vint Cerf se reunieron y decidieron que, dada la existencia de una red de radio digital móvil que podría estar soportada mediante todos los grandes y costosos ordenadores que aún existían en los Estados Unidos, sería necesario conectarlos todos de algún modo. No obstante, como no existían los PC, el número de ordenadores *hosts* o principales no era muy elevado. Por tanto, se hizo necesario construir un protocolo que incluyese ambas redes distintas; es decir, crear una internet. Creo que esta idea es la primera alusión a una interconexión de redes digitales. ¿Cómo se puede hacer que estas dos redes digitales, ARPAnet y PRnet, funcionen conjuntamente de modo que un usuario no tenga que preocuparse explícitamente por su interfaz? Creo que esa transparencia fue muy perspicaz por su parte porque, en las comunicaciones del Ejército de aquella época, usar varias redes implicaba lo que se denominaban "cintas perforadas"; es decir, segmentos de cinta con perforaciones que iban físicamente de una red a la otra. Y esta es la razón del nacimiento del TCP, debido a estas dos redes digitales distintas y a la idea de que estas se podían unir automáticamente.

El 22 de noviembre de 1977 tuvo lugar la primera demostración de interconexión de redes en la que también participó una red por satélite. Había tres redes físicas: ARPAnet, PRnet y Satnet, pero, debido a que se atravesaba la red ARPA dos veces, el total es de cinco redes lógicas. Vint Cerf optó por llamar a esta la primera transmisión por Internet porque implicaba a tres redes distintas.

Vint Cerf inició el diseño y la implementación del TCP durante su estancia en Stanford. Algunos de los estudiantes participaron en los detalles de diseño del TCP. Entonces, DARPA eligió tres lugares para realizar las implementaciones: uno fue el University College de Londres, otro fue BBN y el tercero, Stanford. Uno de los estudiantes de Vint, llamado **Jim Mathis,** vino al SRI y completó un TCP que se podía usar en la red de radiopaquetes. Mientras que los desarrolladores creaban el TCP para usarlo en la interconexión de redes, este también prometía poder suplantar al NCP que empezaba a quedar obsoleto. El NCP se construyó exclusivamente para ARPAnet y por eso lo elegí, al contrario que muchos otros, para diferenciar la intranet de la nueva idea de interconexión de redes. Vint Cerf fue un agente importante a la hora de diseñar e implementar el NCP, un protocolo puramente de intranet. La interconexión entre redes no surgió hasta que no aparecieron estas otras redes. Esta fue una decisión significativa que permitiría posteriormente unir miles de redes en una internet gigante.

El 27 de agosto de 1976 (hace más de treinta años), tuvimos una celebración en el SRI en la que se conmemoraba la primera vez que se usó el TCP para transmitir un mensaje formal de un *host* en PRnet, a través de ARPAnet, a otro *host* TCP situado en el propio SRI. El motivo por el que sé que es cierto es porque en aquella época nadie más operaba con TCP en una red que no fuera ARPAnet. Con la información siguiente puedo corroborar lo anterior.

Ocurrió en 1996 cuando dirigía el departamento de Informática en el SRI. Estando en mi oficina, recibí una llamada de un programador del IEEE Spectrum. Dijo que estaba escribiendo un artículo sobre **Vint Cerf** y **Bob Kahn**, como padres de Internet. Continuó diciendo que Vint mencionó que la primera transmisión de Internet tuvo lugar en el SRI. Yo dije: *"¿Qué?"*. Después de aclararme las ideas, le dije que iría a ver si podía encontrar algo. Volví y desempolvé uno de los informes del SRI, que me costó mucho encontrar, y hallé lo que estaba buscando. A lo que Vint se había referido como la primera transmisión de Internet, y que él pensaba que había ocurrido en julio, en realidad tuvo lugar el 22 de noviembre de 1977 (en algunas ocasiones la fecha que se da es, erróneamente, el 27 de noviembre). Esta fue la primera demostración de interconexión de redes en la que también participó una red por satélite. Había tres redes físicas: ARPAnet, PRnet y Sat Net, pero, debido a que se atravesaba la red ARPA dos veces, el total es de cinco redes lógicas. Vint optó por llamar a esta la primera transmisión por Internet porque implicaba a tres redes distintas.

El 7 de noviembre de 2007, estábamos celebrando el trigésimo aniversario y estaban presentes Kahn y Cerf y muchos de los protagonistas de la demostración original. Estoy intentando tener cuidado a la hora de describir este acontecimiento, por lo que, en este contexto, me referiré a "internet", con minúscula. Es muy difícil, tal vez imposible, establecer una fecha de inicio de Internet con "i" mayúscula debido a que es algo que evoluciona constantemente. Solo en la evolución del transporte de

La furgoneta de transmisión de radiopaquetes del SRI durante una demostración. Cortesía de Don Nielson. Archivo privado de SRI.

internet se pueden observar varios puntos de referencia. Se produjo una separación en la IP, se introdujeron pasarelas y protocolos de enrutamiento, así como muchos otros desarrollos. Para que quede claro el acontecimiento de 1977, esto no fue la demostración de ARPAnet de Washington, sino algo completamente distinto, puramente una interconexión de redes.

Así que, para mí, esta es la génesis de la interconexión de redes. Después podemos añadir Gopher, Mosaic, la World Wide Web y otras aplicaciones similares. Estas resultan críticas para la evolución de Internet, pero aquí me estoy refiriendo únicamente a la conexión de redes, a lo que, sinceramente, considero que no se le ha dado mucha importancia. Imagínese dos redes distintas, una que perdiese paquetes desaforadamente, la red de radio, y otra que resultase bastante fiable, la red por cable. El diseño del TCP fue lo suficientemente audaz para adaptarse a dichas diferencias.

«En aquella época también hicimos algo que hoy sigue siendo poco habitual. Se llamó la relación dinámica entre nombre y dirección. Dicho de otro modo, se podría desconectar un terminal de una red y conectarlo en otro punto de la red y esta detectaría la ubicación lógica y podría determinar una dirección. Hoy en día se puede conectar en cualquier lugar, como cuando se usa la conexión inalámbrica, y obtener acceso a la red, aunque luego se necesite un servidor para poder trabajar.»

Para mostrar su eficacia hicimos la prueba siguiente: íbamos conduciendo por la autopista en la furgoneta del SRI con un generador de tráfico en el que giraban cifras del 0 al 9. El flujo de caracteres repetidos establecía modelos en el CRT de la terminal en los que sería sencillo detectar un error. Al pasar por debajo de un puente la rotación de cifras se detuvo y continuó al salir de él. Incluso hicimos una prueba en la que extrajimos de la radio la tarjeta del sintetizador y la volvimos a introducir. La rotación de datos se detenía y seguía después sin dar errores. Puesto que los ordenadores no pueden soportar errores, teníamos que construir un sistema de radio en el que la probabilidad de transmitir un error en todo el proceso tendiese a cero.

Un poco más tarde, DARPA quería que incorporásemos el factor voz, puesto que este es una parte importante

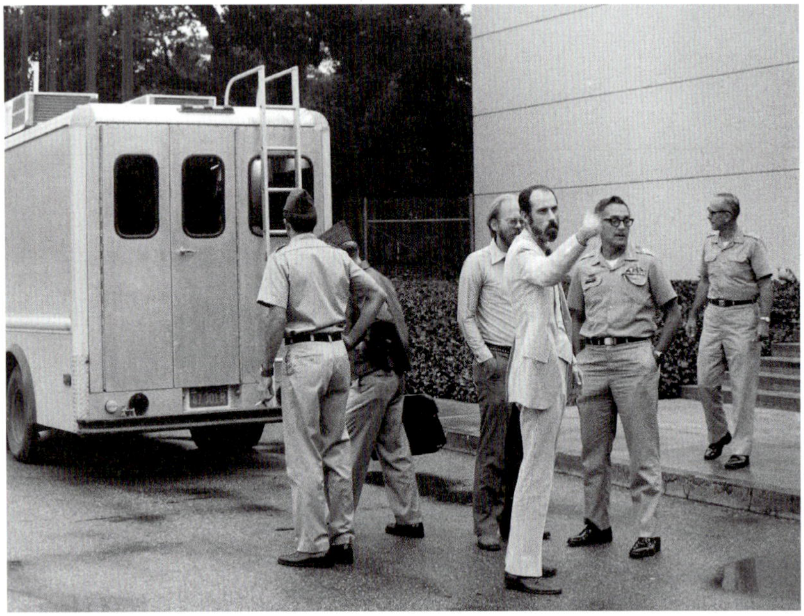

Vint Cerf, en 1977, durante una demostración de radiopaquetes para el Ejército en el SRI, Menlo Park (California). Cortesía de Don Nielson. Archivo privado de SRI.

de las comunicaciones militares. Una de las razones por las que se recurrió al IP es porque la voz no puede tolerar la variante del desfase que se da en el TCP. La capacidad de retransmisión integral del TCP crearía un desfase inaceptable en lo que debía ser un discurso ininterrumpido. Estos desfases eran más molestos para el oyente que un pequeño error en el paquete. Por tanto, se necesitaba el IP para minimizar el reparto del desfase en una conexión con voz. También había otras razones, pero en aquel momento Danny Cohen, junto con otros, sugirió a Jon Postel la necesidad de usar el IP. Jon ya había llegado a la misma conclusión por otro camino.

A pesar de que lo intentamos, no pudimos vender sistemas inalámbricos digitales durante los setenta y ochenta. Era algo lógico para los países en desarrollo en los que las líneas telefónicas no eran tan buenas o tan fiables. Ni siquiera Motorola mostró interés. Finalmente, AT&T usó un sistema de señalización basado en paquetes para la configuración de llamadas, pero no para voz o datos normales. Regresé a Nueva Jersey y les consulté sobre el tráfico de voz, pero esto no les interesaba por razones que desconozco.

Yo fui durante un tiempo el director del proyecto de radiopaquetes del SRI y también dirigí el laboratorio. Uno de los miembros del laboratorio era un ingeniero de gran talento llamado **Don Cone,** quien diseñó y construyó la furgoneta del SRI que usamos en nuestros primeros experimentos y demostraciones. Contaba con un generador incorporado a la furgoneta, muy potente y protegido, que proporcionaba la energía y el aire acondicionado de manera autónoma. Esencialmente, se trataba de un laboratorio móvil, parte del material clave del SRI que nos sirvió en múltiples proyectos.

En 1999 se celebró una gran convención de ordenadores en San José en la que se conmemoraba el trigésimo aniversario de ARPAnet. A pesar de que no tenía nada que ver con ARPAnet, quisieron erróneamente exhibir la furgoneta y nos la pidieron. Así que, fuimos al fondo del almacén y la encontramos allí con las ruedas deshinchadas. Conseguimos que un mecánico la reparara y un compañero, **Don Alves,** y yo la llevamos al túnel de lavado y de ahí al centro de conferencias. Posteriormente, el Computer History Museum dijo que también la quería y su invitación desató una actividad frenética para encontrar el material equivalente al que teníamos en la furgoneta cuando hicimos las demostraciones que ya he descrito. Solo conseguimos localizar dos radiopaquetes, uno de ellos estaba en la Jefatura del Ejército para el Desarrollo de la Electrónica en Fort Monmouth, Nueva Jersey.

La misma furgoneta de la red de radiopaquetes, treinta años más tarde (diciembre de 2007) en el Computer History Museum.

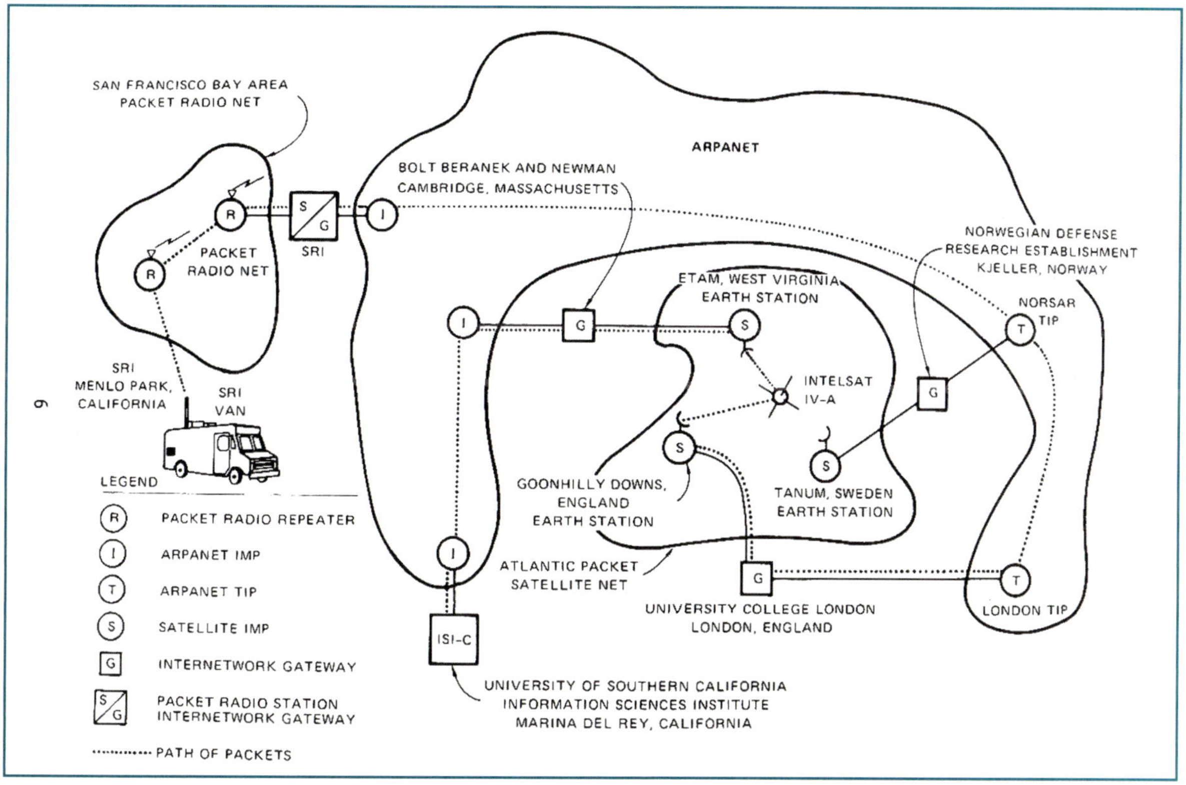

Primer experimento de conexión de tres redes diferentes. 22 de septiembre de 1977. Cortesía de Don Nielson.

Amablemente, accedieron a entregárnoslo. En un principio, los radiopaquetes consistían en dos grandes compartimentos: uno era la sección de la radio y el otro la digital. El del Ejército es el único de este tipo que queda en el mundo. También conseguí localizar una LSI-11, un miniordenador que contenía la interfaz entre terminal y radio, además del TCP. Aún siguen en la furgoneta dentro del museo.

El SRI también tuvo algo que ver con los inicios de ARPAnet. Aunque haya habido un debate constante en ARPA sobre la red digital conmutada, yo estoy razonablemente seguro de que la primera vez que hubo un elemento de programa con ese nombre, fue el SRI el que consiguió el primer contrato (un elemento de programa es un artículo del presupuesto visible para el Congreso en sus revisiones financieras). El contrato debía ayudar a DARPA en la conceptualización y permitir el lanzamiento de ARPAnet. El jefe del proyecto del SRI era Elmer Shapiro, un investigador que trabajada temporalmente con Doug Engelbart en aquella época. Creo que presidió la primera reunión del Network Working Group, a partir de entonces cedió el puesto a **Dave Crocker.** No sé si será importante, pero creo que Dave Crocker le diría que a él también se le ocurrió el término RFC. Estos neófitos estaban buscando eminencias en diseño de redes para que les dijesen cómo diseñar una red. Por supuesto, no los había, pero para no ofender a nadie en caso de que apareciesen los expertos, titularon sus escritos, humildemente, "Petición de comentarios"("RFC"). Como ya sabemos, se convirtieron en las directrices de diseño para internet. Creo que David Crocker escribió en "RFC 1000" sobre la historia y dijo que a Elmer se le ocurrió el nombre. Al principio, el contrato de ARPAnet era el estudio de los parámetros de diseño para una red de ordenadores, pero además Elmer ayudó a Larry Roberts a redactar el RFP para el IMP. La gente ha olvidado a Elmer porque a él no le interesaba mucho este campo y, como consecuencia, lo abandonó poco después.

Siguiendo con la historia, además del contrato del SRI, **Larry Roberts** también estaba hablando con otras personas sobre quién construiría los conmutadores. Incluso Vint colaboró con una compañía llamada Jacobu Systems para apoyar el contrato IMP. También se fueron desvelando otros conceptos: nociones como la de terminales virtuales de red y circuitos virtuales. Como mencioné anteriormente, **Bob Taylor,** cuando trabajaba en el Pentágono, estaba estupefacto debido a la cantidad de terminales de ordenador que lo rodeaban, cada uno de ellos enganchado a una red distinta. Una terminal virtual de red era un concepto tremendamente poderoso. De lo contrario, si se dispone de "n" ordenadores centrales y "m" terminales, lo que se obtiene son "n × m" problemas de interfaz. Shapiro era uno de los posibles participantes en este proyecto, pero se fue por otros derroteros, como también hizo el SRI.

Hubo otros dos participantes en el desarrollo inicial de ARPAnet, ambos pertenecientes a los laboratorios de Engelbart. Uno de ellos era el Centro de Información de Redes (NIC). Durante dos décadas, hasta 1991, si se quería acceder a ARPAnet, debía hacerse a través del SRI NIC. El segundo era Jon Postel. Él, como miembro del grupo de Engelbart, junto con otras dos personas que trabajaron para mí cuando Jon se fue, programaron un diseño distinto de TCP para la Agencia de Comunicación de Defensa. Aparte de los conceptos que Jon aportó al USC-ISI, esto no supuso un gran impacto.

¿Cuáles son los hitos más importantes, en su opinión, en el desarrollo de la red?

- La primera conexión de red de ordenadores entre el SRI y UCLA, en octubre de 1969.
- El primer algoritmo de enrutamiento sin bucle. Los primeros algoritmos pueden ser mortales. Por ejemplo, hubo un momento en el que el Harvard IMP falló porque decía ser la ruta más corta a cualquier sitio, así que todo se enviaba allí. El sistema se colapsó, por supuesto. Mucho después el SRI hizo algunos estudios sobre enrutamiento y pasarelas para internet.
- 1976: el primer uso del TCP entre el PRnet y ARPAnet.
- 1977: la primera demostración de TCP con tres redes.
- Conversión de NCP a TCP.
- Los primeros buscadores de información, antecesores de los navegadores. Estos iniciaron el uso de la red como postuló Engelbart; es decir, con el concepto de que la información que necesitamos y con quién queremos interactuar no debería depender de la ubicación.

¿Cómo ha contribuido usted al desarrollo de Internet?

No mucho. Yo fui el líder del proyecto de radiopaquetes en su etapa más temprana. Después me convertí en el director del laboratorio, así que cedí el cargo anterior a otro compañero. Como éramos el ingeniero de sistemas y director técnico del programa DARPA, presidí las reuniones entre varios grupos sobre la construcción de una red de radiopaquetes. Eso es lo más cerca que estuve, pero este fue un periodo crucial para esta nueva clase de trabajo en red. Yo no participé en la creación del TCP, pero los de mi laboratorio sí. Más que nada, lo que intentábamos conseguir es que el TCP funcionase. También ayudamos a introducir el TCP en UNIX resolviendo muchos de los problemas que surgieron. **Bill Croft,** un compañero de laboratorio, descubrió y solucionó muchos de ellos. Gracias a esa experiencia, consiguió finalmente trabajar para **Bill Joy,** que estaba introduciendo el UNIX de Berkeley en SUN.

¿Quiénes han sido las personas clave, líderes o impulsores en el desarrollo de internet?

- **Bob Kahn.**
- **Vint Cerf.**

Aparte de los dos primeros, están, por orden aleatorio:

- **Bob Taylor.**
- **JCR Licklider.**
- **Doug Engelbart,** por haber sabido valorar el poder de colaboración en el trabajo en red.
- **Frank Heart,** la persona de BBN que hizo que el IMP funcionara,
- **Len Kleinrock,** por haber difundido los modelos que formuló.
- **Paul Baran,** por conceptualizar una red robusta y redundante.
- **Donald Davies,** por ver el valor de la paquetización.
- **Barry Leiner,** por dirigir los radiopaquetes e internet en DARPA.
- **Ginny Strazisar** por construir la primera pasarela de BBN,

y muchos otros con los que no estoy tan familiarizado.

Del SRI:

- **Jack Feinler,** quien dirigió durante dos décadas el Centro de Información de Redes (NIC) del SRI.
- **Jon Postel,** aunque la mayoría de su trabajo se realizó en USC-ISI.
- **Jim Mathis,** por su relación con el TCP para la red de radiopaquetes.
- **Darryl Rubin,** programó algunos de los primeros Telnet para la red de radiopaquetes.
- **Ron Kunzelman,** quien se encargó de dirigir el proyecto después de mí.
- **Earl Craighill,** trabajó en la implementación de "voz sobre IP" (VoIP).

Un paréntesis adicional e irrelevante

¿Ha oído usted hablar de la Ley de Moore? Es simplemente un conjunto de observaciones que dicen que la potencia de los procesadores se duplica cada dieciocho meses. Creo que también debería haber otra ley llamada el Defecto Gates, que diga que el tamaño y la complejidad del *software* aumenta hasta más del doble cada dieciocho meses. Precisamente, el otro día intenté encontrar las fechas de producción de cada versión de Microsoft Windows para, por lo menos, determinar su tamaño en función de lo que se indica como el espacio necesario en el disco duro. Aunque no sea una comprobación del comportamiento del *software*, es más fácil de conseguir. Si comparas Windows 95 con Windows XP, verás que el tamaño es más del doble en un intervalo de 18 meses. Sé por experiencia propia que, a pesar del progreso realizado en la velocidad de los procesadores, los sistemas operativos hacen que el total del sistema sea más lento.

¿Qué opina acerca del futuro de Internet?

Ha cambiado drásticamente el mundo y seguirá haciéndolo. Como dije en la celebración de Engelbart en Stanford, creo que sigue siendo el caldo primigenio en cuanto a que se va a inventar mucho más, sobre todo cuando llegue el IPV6. Se podrán abordar muchas más cosas. Sencillamente, no le veo ningún límite. Pero, como todo sistema importante diseñado por el hombre, tiene consecuencias positivas y negativas.

Se ha de actuar para resolver dos problemas capitales de internet: la intrusión y el plagio. La veracidad de los datos, la autenticidad de la información, es extremadamente importante. Por ejemplo, las imágenes digitales y la posibilidad de reconstruir cosas sin pruebas de haber modificado la imagen. Se plantean serias dudas al respecto de las firmas digitales y la autenticación, a lo que se debería prestar mucha más atención de lo que se hace actualmente. Hay que saber cuándo algo ha sido modificado, y sobre todo si se hizo deliberadamente.

Este nuevo sistema de almacenamiento y distribución que llamamos Internet es críticamente importante para la legislación de la propiedad intelectual. No se puede asumir que Internet se convertirá en el principal medio de distribución de información, entretenimiento y muchos otros servicios, la mayoría aún no inventados. ¿Cómo se puede proteger el material con derechos de autor y compensar a sus propietarios? Sin duda, el ritmo de este desarrollo no tiene precedentes y su aceleración implica que no seamos capaces de modificar o reinventar las normas a la misma velocidad con la que se quebrantan, esquivan o, simplemente, quedan obsoletas.

«El ritmo de este desarrollo no tiene precedentes y su aceleración implica que no seamos capaces de modificar o reinventar las normas a la misma velocidad con la que se quebrantan, esquivan o, simplemente, quedan obsoletas.»

De hecho, puede que Internet se convierta en el único medio de entretenimiento, información y comunicación. Eso no es lo que a mí más me gustaría, pero parece que es lo que está ocurriendo. Todos podríamos desear unas restricciones personalizadas para todo lo que nos echan. ¿Puedo mantener mi individualismo en lo que respecta a mis necesidades y a lo que quiero ver y con quién quiero hablar y con quién no? Dicho de otro modo, ¿puedo ver lo que quiera y evitar ver lo que no quiera ver?

Esta tecnología ha engendrado nuevos aspectos en el comportamiento. La gente habla con relativa educación en persona o por teléfono, pero la distancia psicológica que crea el correo electrónico lo convierte en un medio totalmente distinto. En los primeros años del correo electrónico, el *flaming* (mensajes insultantes) era ingente. Si te enviaban un montón de mensajes de este tipo y luego llamabas a la persona para hablar del tema, de repente se volvían muy simpáticos. La gente se solía enfadar contigo si no leías su correo electrónico. Se lo tomaban como una ofensa: *"¿Pero qué es eso de que no has leído mi correo?"* Como consecuencia del correo electrónico, nació una nueva psicología en la comunicación, al igual que ocurrió con la aparición del teléfono. Cuando tenemos un teléfono frente a nosotros y suena de repente, uno se siente obligado a responder. No me preguntes por qué, pero uno no lo puede dejar sonar. Puede que sea importante. Al igual que estamos instruidos para eso, en los comienzos del correo electrónico yo me preguntaba francamente si éste se entrometería en nuestras vidas del mismo modo.

Con Don Nielson, durante la entrevista.

Una característica del correo electrónico es que se puede acceder a él cuando se quiera, siempre y cuando podamos soportar la ira de aquellos que piensan que deberíamos leerlo más a menudo. Con el teléfono yo aún no llego a ese extremo. Yo no soy de los que piensan que a medida que ambos medios se fusionen, también lo hará nuestra manera de lidiar con la instantaneidad de los dos. Lo que quiero decir es que puede que el teléfono deje de ser el medio más "importante", ya que podrá provenir del mismo aparato.

Le diré algo más sobre el emergente mundo digital. Aproximadamente a principios de los ochenta, fui a la oficina de correos a preguntarles sobre el envío postal de transacciones. Internet ya estaba funcionando y correos estaba teniendo pérdidas, por lo que pedía un aumento del precio de los franqueos. Así que fui a hablar con el director de Planificación de Estrategias de USPS para hacerle una pregunta –aquí hay que saber que la única parte de correos que aporta beneficios es la primera clase; todo lo demás está subsidiado por el correo de primera clase–: *"¿Se da cuenta de que la primera clase, que en gran parte se compone de facturas y pagos de facturas, es también lo más fácil de reemplazar por el correo electrónico?"*.

Intenté convencerle de lo siguiente: *"Nuestro sistema de telefonía está ahí inutilizado por la noche durante, al menos, tres horas cada noche. ¿Por qué no nos permite diseñarle un teléfono que funcione con datos y voz y que se conecte exactamente igual que un teléfono normal? Nosotros lo llamamos 'computófono'."* Ese era el nombre que yo le puse. Las compañías que envían facturas y otro tipo de transacciones por correo, que es la mayor parte del correo de primera clase, solo tendría que entregar en correos una cinta y las facturas se enviarían por teléfono durante toda la noche. Y no solo eso, sino que también comprobaría que las facturas se han recibido y han sido imprimidas. Era un mundo de conmutación de circuitos, pero no obstante permitía actuar de un modo fácil y barato con un sistema latente. La compañía telefónica podría hacerse con su botín porque aunque solo cobrase un centavo por transacción, este sería un valor añadido. Como ya se está pagando por la voz, no necesitarían mucho para conseguir beneficios limpios por añadir el sistema de correo. Al participar el servicio de correos, se evitaría que lo desplazara un tercero que ofreciese servicios integrales.

Él dijo: *"¡Usted no entiende al sindicato de carteros!"*. En última instancia, lo que yo proponía era que la oficina de correos se encargase de la mayoría de sus envíos de transacciones de este modo y repartiese el resto del correo y el correo basura sólo una vez a la semana: *"Podría reducir drásticamente los costes de la oficina de correos"*. Él lo rechazó sin más, así que me fui. Antes de aquello se habían hecho múltiples estudios sobre el correo electrónico para intentar averiguar cómo se podría adaptar a la oficina de correos. En mi opinión, simplemente no había nadie en la oficina capaz de apreciar el valor que tendría en el futuro.

¿Ha identificado alguna tendencia tecnológica?

Bueno, podría haber un acceso casi universal al material digital. Esa es claramente la tendencia, pero se avecina el problema de los derechos de autor al que me referí anteriormente. Sin embargo, ese fue el primer concepto que tenía Bob Kahn de Internet; es decir, que se trata de una biblioteca digital de distribución amplia. Por tanto, creo que todo lo que se puede digitalizar estará disponible en línea. Sinceramente, no sé como se podrá pagar esto. Internet se financia principalmente, y cada vez más, mediante la publicidad. Al principio, ARPAnet e Internet funcionaron con éxito sin muchos modelos comerciales complicados porque la gente quería tan solo exhibirse para que otros les vieran. Esto es un instinto natural, por lo que la gente le dedicaba su tiempo y corría con los gastos para poder poner lo que hacían a disposición de todo aquel que estuviera interesado. Esto es lo que ocurrió durante un tiempo en muchos sectores no comerciales. Puede que sea esa tendencia, esa necesidad de transmitir lo que uno mismo tiene que ofrecer lo que ahora alimenta el éxito de sitios de vídeo y otros medios para autoanunciarse.

El hecho de que la publicidad sea la contribución económica dominante para Internet me resulta molesto. Se debe considerar Internet como la red de autopistas, excepto que el hecho de que el propietario sea el Gobierno entraña muchos riesgos en cuanto a cómo se usa el sistema y la asimilación de innovaciones. Aunque exista el potencial de que Internet absorba a todos los medios de comunicación, es necesario el mantenimiento de los servicios de telefonía habitual por su disponibilidad durante los cortes de electricidad.

Pero, por encima de todo, quisiera ver el desarrollo de un medio que requiera la autenticación de toda actividad en Internet. Aunque algunas comunidades de usuarios lamentan este concepto y lo reciben con hostilidad, las ventajas son cuantiosas. Si todos los paquetes contuviesen una dirección inalterable (sin detección) e inequívoca desde la que fueran lanzados en un primer momento, y esa dirección se pudiese vincular a una ubicación geográfica determinada, se podría recurrir a la característica de Internet más necesitada, la responsabilidad. Llegaría a mejorar la capacidad de rastrear y contribuiría a controlar virus, correo basura, ataques al acceso, falsificación, timos y probablemente muchos otros usos indebidos de este valioso recurso. Preveo la creación de un módulo antiviolaciones en cada ordenador con un receptor GPS, un registro de hora (y, por tanto, una firma digital particular) y un código de identificación de errores que daría a cada paquete una fuente identificable y una forma de detectar si se ha manipulado. Lamentablemente, la tendencia del comportamiento humano probablemente no permita que esto ocurra.

LECTURAS COMPLEMENTARIAS
TRABAJOS Y LIBROS MENCIONADOS / RECOMENDADOS

- Segaller, S., *Nerds 2.0.1 A brief history of the Internet*, Nueva York, TV Books, 1998.

Quarterly Technical Report
Covering the period 1 August 1975
through 31 October 1975

1 December 1975

PROGRESS REPORT ON PACKET RADIO EXPERIMENTAL NETWORK

By: DONALD L. NIELSON, V. DONALD CONE, RALPH JONES, RONALD C. KUNZELMAN, MICHAEL A. PLACKO, DAVID L. RETZ

Prepared for:

ADVANCED RESEARCH PROJECTS AGENCY
1400 WILSON BLVD.
ARLINGTON, VIRGINIA 22209
ATTENTION: DR. R. KAHN

CONTRACT DAHC15-73-C-0187

SRI Project 2325

SRI

STANFORD RESEARCH INSTITUTE
Menlo Park, California 94025 · U.S.A.

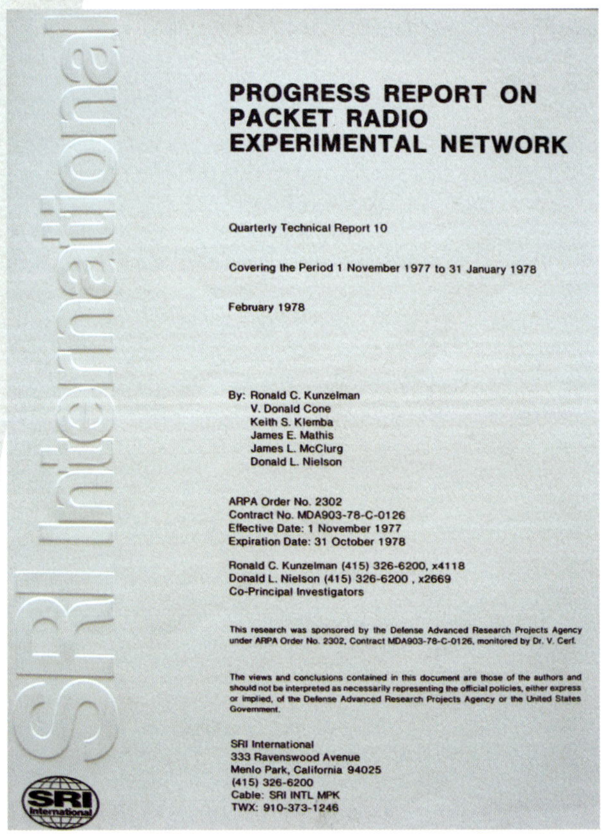
SRI International

PROGRESS REPORT ON PACKET RADIO EXPERIMENTAL NETWORK

Quarterly Technical Report 10

Covering the Period 1 November 1977 to 31 January 1978

February 1978

By: Ronald C. Kunzelman
V. Donald Cone
Keith S. Klemba
James E. Mathis
James L. McClurg
Donald L. Nielson

ARPA Order No. 2302
Contract No. MDA903-78-C-0126
Effective Date: 1 November 1977
Expiration Date: 31 October 1978

Ronald C. Kunzelman (415) 326-6200, x4118
Donald L. Nielson (415) 326-6200 , x2669
Co-Principal Investigators

This research was sponsored by the Defense Advanced Research Projects Agency under ARPA Order No. 2302, Contract MDA903-78-C-0126, monitored by Dr. V. Cerf.

The views and conclusions contained in this document are those of the authors and should not be interpreted as necessarily representing the official policies, either express or implied, of the Defense Advanced Research Projects Agency or the United States Government.

SRI International
333 Ravenswood Avenue
Menlo Park, California 94025
(415) 326-6200
Cable: SRI INTL MPK
TWX: 910-373-1246

SRI International

Informes de situación producidos por el SRI, enviados a Bob Kahn (al DARPA) cada tres meses. Exhibiendo avances técnicos.
Cortesía de Don Nielson.

Peter Kirstein

Pionero internacional de ARPAnet.

«Me he divertido mucho con todos estos grupos de **GENTE DE INTERNET.**»

A principios del desarrollo de Internet escribió (junto a Vint Cerf) uno de los primeros artículos técnicos más significativos sobre el concepto de Internet. Su grupo de investigación de la UCL desempeñó un papel significativo en los primeros trabajos experimentales sobre Internet. Fue profesor de Sistemas telemáticos en el University College of London en 1970 y llevó el primer nodo de ARPAnet a Europa en 1973.

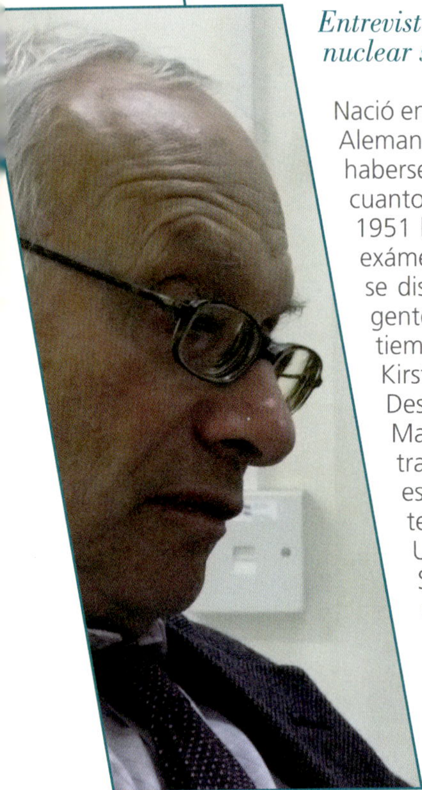

Entrevista realizada el 31 de octubre de 2006 en el búnker nuclear secreto de Kelvedon Hatch (Reino Unido)

Escucha la entrevista

Nació en Berlín, Alemania, el 20 de junio de 1933, pero se fue de Alemania cuando tenía tres años y medio. Por razones obvias, al haberse ido a esa edad, no se considera alemán sino británico. En cuanto a sus estudios, estudió en Cambridge, Inglaterra, desde 1951 hasta 1954, pero en el sistema británico se realizaban los exámenes para la concesión de becas universitarias y después se disponía de nueve meses o un año y nueve meses. Mucha gente aprovechaba para alistarse en el Ejército durante ese tiempo (todavía había servicio militar obligatorio), pero Peter Kirstein se fue a California y estuvo nueve meses en UCLA. Después volvió a Cambridge para cursar la Licenciatura en Matemáticas e Ingeniería. Durante este periodo tuvo un par de trabajos de verano (1951 y 1952) con los ingenieros del Ejército estadounidense en Los Ángeles. Así que ya por aquel entonces tenía una formación británica y estadounidense. Volvió a Estados Unidos y realizó el doctorado en Ingeniería Electrónica (EE) en Stanford, en 1957. Después volvió a Europa, en principio para quedarse un año. Dado que quería esquiar en sus ratos libres, se unió al CERN en Ginebra. Se quedó durante cuatro años, de los cuales estuvo seis meses en Dubná (Rusia). Después llegó a US General Electric y trabajó en Zúrich durante cuatro años. Volvió a Gran Bretaña en 1967 al Institute of Computer Science de la University of London y, seis años después, le trasladaron al University College de Londres (UCL), en dónde ejerció como profesor desde entonces.

A lo largo de los años ha vivido muchas experiencias en ambos lados del Atlántico. Cuando dejó General Electric no le sustituyeron durante los 25 años siguientes, así que ejerció como consultor externo para GE. Toda esa formación europea y estadounidense está muy relacionada con las actividades que ha llevado a cabo sobre Internet.

Peter Kirstein

Es miembro de la Royal Academy of Engineering del Reino Unido y asociado extranjero tanto de la American Academy of Arts and Sciences como de la National Academy of Engineering de Estados Unidos. Fue galardonado con el premio SIGCOMM de la ACM en 1999 y es miembro senior de la IEEE. Fue nombrado comandante del Imperio Británico (CBE) y recibió el premio Postel de la Internet Society en 2003.

www.ucl.ac.uk

Peter Kirstein

¿Recuerda cuándo tuvo contacto por primera vez con un ordenador?

No, no me acuerdo exactamente de cuándo fue, pero en 1951 estuve por primera vez en UCLA. Allí vi un analizador diferencial mecánico de cien metros de longitud y también el SWAC (South West Automatic Computer). Aunque este ordenador solo pude verlo desde lejos, en ese momento se construyeron dos casi al mismo tiempo: el SWAC y el SEAC (South Eastern Automatic Computer).

Ese fue el primero que vi. Más adelante, tras dos años de estudios matemáticos en la University of Cambridge, pensé en trabajar con la EDSAC en su laboratorio de matemáticas. Era uno de los ordenadores más potentes en ese momento. Después estuve en la Stanford University. El IBM 605 fue el primer ordenador que usé y tenía diecinueve palabras de almacenamiento. Era el ordenador más potente de Stanford en 1954 y fue el primero que utilicé para mi investigación sobre microondas.

¿Cuál fue su primer contacto/experiencia con ARPAnet?

Lamento contestar estas preguntas con tanta extensión, pero no sé muy bien cómo describir mi primer contacto. En 1965 o 1966 estaba en UCLA y conocí a un estudiante de posgrado que se llamaba **Vint Cerf.** El profesor **Jerry Estrin** me describió la red que estaban construyendo. En ese momento, UCLA contaba con tres IBM 360/91; uno estaba en el Departamento de Ingeniería Eléctrica, otro en el Centro de Procesamiento de Datos Occidental y el último en la Escuela de Medicina. Los tres iban a conectarse a tres IBM 360/40 como *front-ends,* lo que iba a suponer todo un experimento de redes. Esta fue la primera red que vi y la que supuso el origen de la idea de ARPAnet unos años más tarde, porque era la primera vez que se ponía un ordenador *front-end* por detrás de un servidor.

Posteriormente, seguí muy de cerca la evolución de ARPAnet, en parte porque hubo debates sobre la obtención por mi parte de un nodo internacional. A principios de la década de los setenta solía ir todos los años a UCLA, así que presencié los inicios de ARPAnet. Solía molestar a un caballero llamado **Bob Kahn** (que entonces trabajaba para BBN) preguntándole acerca de módems, de cómo conectar todo y ese tipo de temas. En realidad, él no creía que pudiera salir algo de todo esto, así que se quedó muy sorprendido cuando al final resultó ser que sí. En aquel entonces ya no estaba en BBN, se había ido a DARPA. Bob Kahn fue el diseñador de sistemas de la mayor parte de ARPAnet. El verdadero diseño del IMP lo realizaron, por supuesto, **Dave Walden** y **Frank Heart,** junto a varios otros. En este libro se pueden encontrar el resto de historias al respecto, así que no hace falta que te cuente nada más.

En octubre de 1972, cuando tuvo lugar la famosa demostración/conferencia sobre ARPAnet en Washington DC, yo me dedicaba a dar charlas sobre la situación de las redes europeas. La actividad europea fue deliberadamente complementaria a lo que estaba ocurriendo en Estados Unidos. Por lo tanto, le sugerí a **Larry Roberts** (el responsable de proyectos de ARPAnet) que nosotros, en Londres, íbamos a hacer algo diferente que nadie más en el mundo había hecho. Conectaríamos ordenadores de manera remota al TIP de ARPA, algo que no estaba pasando en la comunidad de ARPAnet. Como lo único que tenía era un pequeño ordenador (Digital PDP-9), lo iba a conectar al ordenador CDC 7600 del Centro de Informática de la University of Londres (ULCC) y al IBM 360/195 del Laboratorio Rutherford y Appleton (RAL), que se encontraba a unos 110 kilómetros de distancia. Los iba a conectar de la siguiente forma: por una parte, exactamente igual que los ordenadores de ARPAnet, con todos los protocolos correctos, y por otra parte, como un terminal IBM o CDC. En esa época todo esto era un concepto nuevo. Si nos fijamos en los primeros mapas de alrededor de octubre o noviembre de 1973, se observa que ARPAnet termina en mi PDP-9 de la UCL, pero los servidores se llaman RAL IBM 360/195 y ULCC 7600. Más adelante añadimos también el Centro de Diseño Asistido por Ordenador, que era un departamento del Centro de Industria y Comercio de Cambridge. Por tanto, los tres eran remotos desde mi lado, pero desde el lado de EEUU tenían la apariencia de servidores comunes de ARPAnet.

Para el primer enlace con el RAL utilizamos los protocolos del terminal IBM HASP. A principios de octubre de 1973, este enlace ya estaba en funcionamiento, y di una charla para informar que esta máquina estaba en ARPAnet.

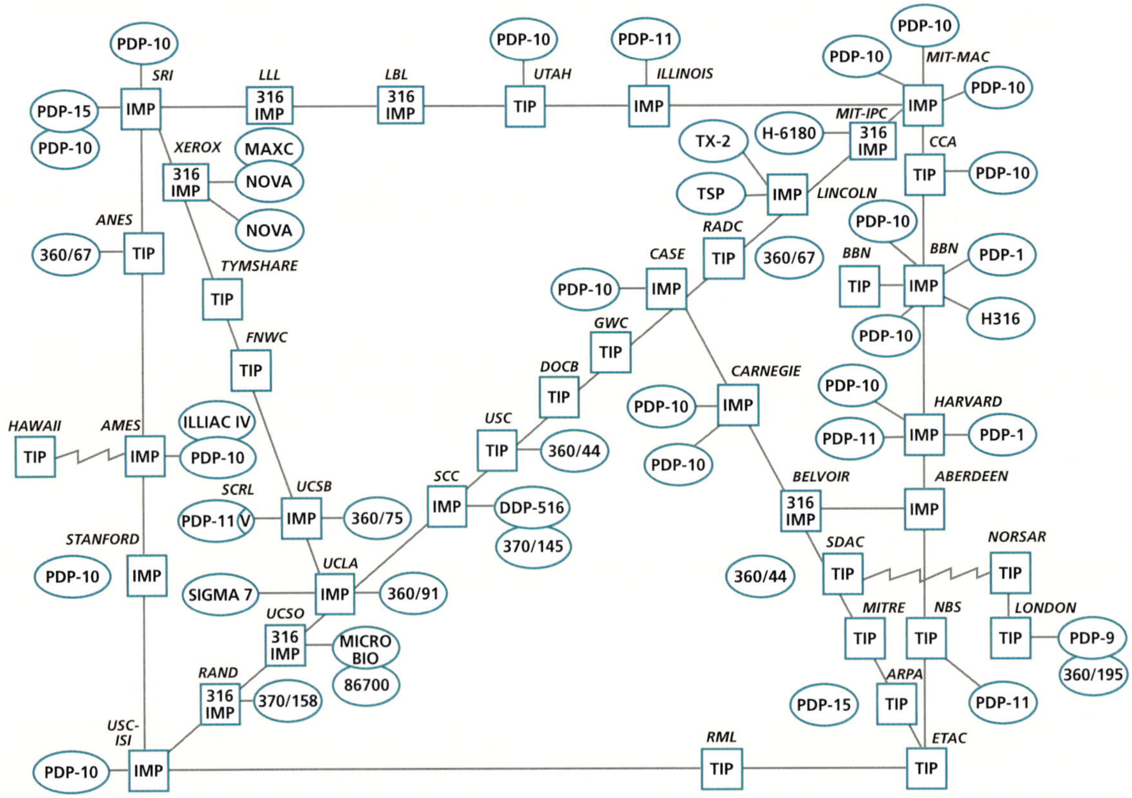

Mapa lógico de la red ARPA, en septiembre de 1973.

Tras la charla, uno de los miembros del equipo de RAL se me acercó y me dijo: *"Muy buena charla, pero no es verdad. Lo digo porque nunca hemos tenido indicios de que estuviera en ARPAnet"*. Yo le contesté: *"Tienes razón. Todo lo que ves tiene la apariencia de un terminal IBM HASP vinculado a vosotros, pero, por otro lado, está totalmente asociado a ARPAnet"*. Se mostraron bastante preocupados al respecto, pero aquello había sido parte de mi propuesta original en 1971.

Tuve problemas económicos y políticos para iniciar el proyecto. Mientras trataba de conseguir algún tipo de financiación por parte de nuestro Consejo de Investigación, que nunca obtuve, la actividad se encontraba prácticamente en ruinas. **Larry Roberts,** el entonces director de la oficina de DARPA, me ofreció un terminal IMP de ARPAnet (TIP[1]) gratuitamente y lo añadí a una propuesta para el Science Research Council británico (SRC). No se creyeron la oferta y el presidente del SRC le escribió al director de ARPA **(Steve Lukasik)** para que se lo confirmara. Steve no sabía nada de esto y le preguntó a Larry Roberts de qué se trataba todo aquello. Larry estaba molesto por que Steve se hubiera enterado

1 TIP: siglas de Terminal Interface Processor (terminal procesador de mensajes). El primero se utilizó en septiembre de 1971 y permitió la conexión directa a ARPAnet de los terminales informáticos individuales, incrementando así la facilidad de las conexiones de red (en comparación con sus hermanos mayores, los IMP) y ocasionando un crecimiento significativo. Más adelante recibieron el nombre de pasarelas y hoy en día los llamamos *routers*.

por el Reino Unido antes de que le hubieran informado sobre algo tan poco ortodoxo como "la exportación de la red ARPA a Europa"...

«Solía molestar a un caballero llamado Bob Kahn (que entonces trabajaba para BBN) preguntándole acerca de módems, de cómo conectar todo y ese tipo de temas.»

Un tiempo después, llegué a conocer en profundidad a **Steve Lukasik** y estaba de acuerdo con la idea. Dado que estaba escribiendo la propuesta para un departamento pequeño, situado en los escalones más bajos de la jerarquía, fue toda una sorpresa el hecho de que la consideraran lo suficientemente importante como para hacérsela llegar al presidente de la SRC y al director de ARPA. También estaba intentando conseguir veinte o treinta mil libras de financiación del Departamento de Industria y Comercio, así que le escribí a un colega de la empresa informática más grande de Gran Bretaña (ICL) para pedirle apoyo político, no respaldo económico. Después de esperar durante ocho meses, ICL por fin contestó que habían estudiado la propuesta detenidamente y que habían llegado a la conclusión de que merecía más la pena pasar dos semanas visitando ARPAnet en EEUU que hacerlo nosotros mismos.

No sé si esto responde a la pregunta sobre mi *primer contacto* con ARPAnet.

Aunque no recibí financiación por parte de ningún ministerio, **Steve Lukasik** no puso ninguna objeción. Conseguí cinco mil libras esterlinas de **Donald Davies** (del National Physical Laboratory británico) y la oferta de un enlace de 9,6 kbps a NORSAR, cerca de Oslo, donde terminaba el enlace transatlántico de DARPA en Washington. La financiación de Donald fue la cantidad máxima que pudo autorizar de sus propios fondos. Entre 1971 (cuando todo empezó a negociarse) y 1973 (cuando apareció el ordenador), los británicos introdujeron un Impuesto sobre el Valor Añadido (IVA), que suponía el diez por ciento del valor de cualquier bien. Así que, cuando llegó el TIP, llegó con él una factura de cinco mil libras esterlinas para poder importarlo, ¡lo que suponía toda la financiación! Dije que pagaría bajo protesta, pero que apelaría la decisión. Mientras tanto, el material debía darse a conocer.

Pasado año y medio, mi apelación fue desestimada por la Hacienda pública, que sostuvo que se trataba de un asunto político y que no podía hacer nada al respecto. Así que les contesté diciendo: *"De acuerdo, exportaré este TIP. Pero como pertenece al Ministerio de Defensa de los Estados Unidos, lo volveré a importar bajo el Acuerdo de Intercambio de Fuerzas entre EEUU y el Reino Unido"*. No les gustó cómo sonaba esto. En ese momento (1975), ya tenía contratos de seis ministerios. Me hicieron comparecer ante un funcionario de muy alto nivel de la Hacienda pública, quien me interrogó con las siguientes preguntas: *"Lo que está haciendo, ¿carece de interés para el Departamento de Sanidad?" "Sí, señor"*, le contesté, aunque había un enlace a la National Library of Medicine de los Estados Unidos. *"¿Carece de interés para la Biblioteca Británica?" "Sí"*, contesté, aunque tenía un contrato suyo. *"¿Carece de interés para el Departamento de Educación y Ciencia?" "Sí"*, aunque había un servicio de acceso a ARPAnet para todas las universidades británicas. Siguieron igual con el Ministerio de Defensa, Industria y Comercio y la Autoridad de Energía Atómica, con los que tenía contratos para ofrecer los servicios de ARPAnet. Después de esto, la Hacienda pública me escribió una carta oficial que decía:

Debido a que su actividad carece de interés para los ministerios británicos y solo lo tiene para el Departamento de Defensa de los Estados Unidos, tiene permiso para importar este y cualquier otro material de este proyecto libre de impuestos y obligaciones.

Durante los diez años siguientes, según esta carta, mi pequeño grupo de investigación ofreció un servicio internacional completo. Cuando alguien preguntaba por todo esto y pretendía llevarlo a cabo por su cuenta, yo aceptaba encantado, pero les matizaba que tendrían que pagar los impuestos sobre los ordenadores que, en ese momento, estaban establecidos para diferentes lugares, incluyendo el Ministerio de Defensa, el servicio de correos británico y varias universidades.

Poco después de que mi enlace con ARPAnet entrara en funcionamiento, **Bob Kahn** inició en DARPA un nuevo proyecto de satélites llamado SATnet. El proyecto no pudo cobrar vida hasta que se firmaron los acuerdos con COMSAT, INTELSAT, la estación del servicio de correos británico en Goonhilly Downs[2] y la estación terrestre de Tanum en Suecia, que ejecutaba el enlace transatlántico a Noruega. Para ampliar el proyecto, también habló con otros tres países: Alemania, Italia y Canadá[3].

En 1973, Gran Bretaña ya tenía acceso en todo el país al gran RAL IBM-360/195 mediante una red centralizada de IBM. Al mismo tiempo, hubo otras dos redes centralizadas: una basada en el CDC 7600 de la ULCC (centro de informática de la University of Londres) y la otra en el ATLAS, del Centro de Diseño Informático (CDC) en Cambridge. Puesto que todas ya estaban conectadas a ordenadores remotos, aunque con protocolos propietarios, cumplían los requisitos para conectarse a ARPAnet. En la práctica, el CDC no obtuvo muy buenos resultados porque no contaba con el tipo de protocolos correcto. No permitían la interactividad. El resto permanecieron operativas durante bastante tiempo y, mientras tanto, las redes a su alrededor crecieron y tuve que cambiar y convertir lo que estábamos haciendo para que continuara siendo transparente para Estados Unidos.

El **25 de julio de 1973,** el nodo de ARPAnet del University College de Londres transmitió su primer paquete de datos entre Londres y el Information Sciences Institute (ISI) en California, EEUU. Este hecho se considera como el primer ejemplo de una red internacional heterogénea de ordenadores.

Por supuesto, hubo muchos otros problemas, por ejemplo, al elegir nuestro nombre de dominio. El ".uk", a través de la UCL, fue el tercer nombre de dominio que se adoptó (después de ".edu" y ".us"). En 1983 elegí ".uk" porque incluía a Gran Bretaña e Irlanda del Norte. Alrededor de 1986, **Jon Postel** trató de poner cierto orden en torno a los dominios y quiso tener los nombres de los países de nivel superior alineados según la lista publicada por la Organización Internacional de Normalización (ISO). Por desgracia, el Departamento de Comercio británico comenzó a hablar a finales de los años veinte de la matriculación de vehículos y decidieron (incorrectamente) que el código nacional británico iba a ser ".gb". Así que Jon me dijo: "*Peter, tienes que decidir, no puedes tener los dos y '.gb' es el correcto[4]. Así que decide si vas a usar '.gb' o '.uk'*". Durante un periodo de cuatro o cinco años estuvimos debatiendo esto continuamente. Las autoridades británicas rechazaron por principios lo que los estadounidenses habían dictado acerca de este asunto; el resto lo puedes imaginar. En 1988 se estimó que el cambio de nombre de dominio a ".gb" costaría 25 millones de libras, y nadie estaba dispuesto a hacer frente a la factura. En un momento determinado le garanticé a Jon Postel que, si trasladaba todos los sitios de Estados Unidos al dominio de nivel superior ".us" yo lo haría una semana después

2 Al ser preguntado sobre el tema, Vint Cerf respondió: *"Antes de que la UCL figurara en ARPAnet, únicamente las instalaciones de NORSAR (Noruega) estaban conectadas por satélite. Bob Kahn desarrolló un acuerdo para aumentar la capacidad total del sistema y también se encargó de que la UCL se conectara a ARPAnet. Inicialmente, NORSAR se conectó a ARPAnet mediante una conexión vía satélite. La capacidad se incrementó y la UCL se conectó a NORSAR mediante una línea terrestre gracias al generoso ofrecimiento del servicio de correos británico. La estación terrestre del satélite estaba en Tanum, Suecia. Después se envió el sistema de paquetes por satélite vía INTELSAT IVA y la UCL se conectó a SATnet retirando la línea terrestre a NORSAR. La UCL se conectó a SATnet a través de una estación terrestre en Goonhilly Downs, Reino Unido. NORSAR/NDRE se volvió a conectar a ARPAnet a través de SATnet que también utilizaba una estación terrena satelital ubicada en TANUM, Suecia".*

3 Alemania e Italia no suponían ningún problema en particular, pero nunca hicieron nada porque no contaban con la infraestructura y había muchos impedimentos respecto a lo que se les permitía hacer. Noruega nunca llegó muy lejos por el mismo tipo de razones y Canadá nunca empezó por una razón diferente, que además es muy interesante. En Canadá, Bell Northern, responsable de todas las comunicaciones con Estados Unidos, fue quien se interesó. Todas las comunicaciones vía satélite canadienses eran competencia de OTC. OTC no mostraba predisposición para renunciar a sus derechos exclusivos sobre la comunicación internacional vía satélite, pero Northern Telecom tampoco lo hacía para transigir en cuanto a sus derechos exclusivos de conexión con los Estados Unidos. Como no podían llegar a un acuerdo, Canadá nunca se unió. Comsat estaba asociado y a través de ellos tuvimos también algunas pequeñas estaciones conectadas.

4 En 2010, solo un subdominio se encontraba todavía registrado en ".gb" (ISO 3166-1 código oficial para el Reino Unido) y no se aceptaban nuevos registros para el mismo. Los sitios del Reino Unido utilizan ".uk"como dominio de primer nivel en su código de país.

con los de Gran Bretaña a ".uk", pero no le hizo mucha gracia. Hubo una sugerencia incluso peor; un británico propuso utilizar ".uk" cuando se utilizaran los protocolos de ARPA/Internet, y ".gb" cuando se utilizaran los protocolos OSI (oficiales). Rechacé aquella propuesta alegando que así no se suponía que debían hacerse las cosas. De hecho ".gb" todavía existe, aunque no creo que se utilice. No estoy seguro de si el Ministerio de Defensa (MoD) ha dejado de usarlo.

ARPAnet creció de manera progresiva en los años setenta, y Cerf y Kahn propusieron su revolucionario Protocolo de Internet en 1974. En el momento en que ARPAnet (aún con el original y limitado protocolo NCP) superó en 1975 el tráfico diario de tres millones de paquetes, Bob Kahn de DARPA decidió financiar tres contratos: uno en Stanford, California (con **Vint Cerf** y sus alumnos); otro en BBN, Cambridge, Massachusetts (con **Ray Tomlinson** y **Bob Thomas**), y el tercero con nosotros, en la UCL, para desarrollar e implementar lo que en aquel momento se llamaba protocolo TCP Kahn-Cerf. El equipo de Stanford produjo la especificación detallada y un año después teníamos tres implementaciones independientes del TCP que podían interoperar.

Debido a nuestra experiencia inicial con el TCP/IP y con los protocolos OSI correspondientes adoptados por las redes británicas, la pasarela de la UCL fue la primera en utilizar los protocolos de Internet exclusivamente para servicios[5].

Uno de los principales mecanismos para mantener todo el proyecto operativo fue el establecimiento de un Comité de Gobierno Político (GC) con representantes de todas las organizaciones que proporcionaban fondos. En su origen incluía a un miembro del servicio de correos británico (parte del cual se convirtió más tarde en British Telecom), un miembro del ámbito académico y, originalmente, al NPL como representante del Departamento de Industria (DoI, por sus siglas en inglés). En 1974 escribí al Ministerio de Defensa (MoD), ya que todo el proyecto estaba en peligro de colapso. Enviaron al jefe de misiles guiados para que hablara conmigo y decidieron darme también un contrato. Hubo varios miembros del MoD en mi GC; por ejemplo, **John Taylor,** que fue el primero y que más tarde se convertiría en director de los Consejos de Investigación. El MoD siempre tuvo representación en el GC. En 1985 o 1986, cuando apareció el dilema del ".gb", **John Laws,** el miembro del GC representante del MoD, conjeturó que la batalla la ganaría el ".gb" y no el ".uk". Por consiguiente, trasladó a algunos miembros del MoD al ".gb" pero ya no pudo volverlos a trasladar de vuelta.

Hacer todo compatible en ambos lados

Mi servicio se basaba fundamentalmente en si se podían o no controlar las diferencias principales entre ambos lados. Por ejemplo, la transferencia de archivos en ARPAnet era interactiva; y en el sistema británico (que seguía los llamados "Libros de colores"), se trataba de un vínculo por lotes. ¿Cómo es posible dar respuestas razonables cuando estás en medio de los dos? Estábamos profundamente implicados con todos los sistemas británicos, todos ellos basados en lo que las compañías de telecomunicaciones estaban haciendo en aquel momento.

Las normas se describieron en los llamados "Libros de colores". Nosotros, por supuesto, participamos en su formulación, especialmente en el *Libro gris* (sobre el correo electrónico). Era un proyecto europeo, sí, y también británico. Los británicos impulsaron los "Libros de colores". Para mantener nuestra conexión y sistema de trabajo debía existir una compatibilidad total entre los "Libros de colores" por una parte y ARPAnet por la otra. Por lo tanto, lo que cada uno podía o no podía hacer al respecto ya era muy importante.

En aquel momento, estábamos muy involucrados con SATnet y con algunas de las actividades de paquetes de voz. Creo que fuimos los primeros en enviar un facsímil por ARPAnet. También tomamos algunas medidas porque,

5 Como mi PDP-9s (el cual había comprado en 1968) se estaba quedando anticuado, en 1979 me tuve que deshacer de él. No tenía sentido que me volviera a conectar con el viejo protocolo NCP de ARPAnet, así que empecé a conectarme utilizando los protocolos de Internet (TCP/IP) y empecé a llevar a cabo servicios con ellos. Después de todo, doce años era mucho tiempo para una máquina de comunicación de 32 K palabras como mucho, que había tenido que hacer todo el trabajo de traducción de protocolos, cambio de dominios, etc. De todos modos, entramos en servicio alrededor de 1981, mucho antes del cambio oficial. Nos quejamos porque aún no estaba listo, aunque tuviéramos que ejecutar un servicio internacional en él. Solo cuando nuestros colegas de Estados Unidos empezaron a ejecutar sus servicios después del día oficial del cambio (NCP a TCP, el 1 de enero de 1983), entendieron de qué nos quejábamos.

alrededor de 1977, los británicos comenzaron a utilizar su propio servicio de conmutación de paquetes[6].

Formábamos parte de los experimentos de SATnet. Pero, aproximadamente en 1979, SATnet dejó de ser un experimento y los alemanes, noruegos e italianos dejaron de participar. Sin embargo, utilizamos SATnet como servicio durante los seis años siguientes. En realidad, una parte de nuestro tráfico utilizó SATnet y la otra parte el Servicio Internacional de Conmutación de Paquetes (IPSS por sus siglas en inglés). El IPSS estaba basado en los protocolos OSI X.25. En su momento, realizamos mediciones sobre esto para British Telecom.

En su opinión, ¿cuáles son las características clave de Internet?

Bueno, creo que una de las más importantes es que existe un nivel en el que son posibles las interconexiones y que se puede aislar todo por encima y por debajo de ese nivel particular. Esto significa que se pueden tener diferentes tecnologías de red por debajo y diferentes tecnologías de aplicación por encima. El hecho de que sea un nivel universal con una interfaz conocida proporciona muchísima libertad en cuanto a las aplicaciones que se pueden utilizar para conectarse y cómo hacerlo con diferentes topologías de red.

El problema es que el protocolo no es completamente óptimo, por lo que, desde que yo recuerdo, se ha intentado atravesar los niveles rígidos y optimizar todo lo que se encuentra por debajo y por encima. Por supuesto que, si se consigue, se romperá esta universalidad, pero se conseguirá algo más eficiente. Esta dicotomía se ha planteado desde que me alcanza la memoria; y todavía sigue presente.

La gente señala la calidad de servicio, apunta las necesidades de seguridad, etc. Este siempre ha sido el problema principal: disponer de la capacidad de aislamiento y después realizar artimañas por encima y por debajo con varios mecanismos para garantizar la calidad del servicio, la seguridad o cualquier otro aspecto. Esto no supone un impedimento, sino que funciona bastante bien. Funciona mejor ahora de lo que lo solía hacer porque ahora se puede sobreequipar con el ancho de banda. En realidad es interesante. Uno de mis principales proyectos en la actualidad tiene que ver con la introducción de Internet vía satélite en los nuevos países en desarrollo. En las regiones del Cáucaso y Asia Central existe un límite de ancho de banda de 30 Mbps. No obstante, se pretende hacer llegar la voz sobre IP y las videoconferencias. Se puede conseguir utilizando la correcta calidad del servicio en los *routers.* Definimos terminales que obtienen prioridad y después van más rápido. Técnicamente estamos capacitados para ello. Pero, por otro lado, supone mucho trabajo para los *routers,* así que lo que se ha terminado haciendo es sobre abastecer el ancho de banda para aumentar la calidad disminuyendo el trabajo del *router.*

Tengo mucha confianza en la *nueva* versión del protocolo IP, el IPv6, y creo con certeza que llegará, aunque la actual aceptación sea muy lenta. La principal razón para que esto ocurra es que muchos de los nuevos protocolos se están alineando para el IPv6, así que tarde o temprano llegará.

La otra característica es la gran escalabilidad del IPv4; el hecho de que sobreviviera a todo, desde los primeros experimentos en 1975 a lo que ocurrió en 2006, es realmente increíble. Siempre pensamos en conseguir poder hablar con el protocolo IP (Voz sobre IP), pero nunca imaginamos en absoluto poder alcanzar el nivel de tráfico en tiempo real que tenemos en la actualidad.

Luego también están los diversos protocolos específicos de aplicaciones; en particular, por supuesto, la Web. Hay algo en lo que todavía tenemos que trabajar, el hecho de que existen muchas maneras diferentes de obtener seguridad, lo que provoca muchos problemas, y no veo ninguna señal de que se estén solucionando. Hay muchos intereses creados. Las VPN implican que existe una forma de control por parte de un conjunto de organizaciones. Se puede intentar exigir el IPsec (Internet Protocol Security), pero no se obtendrá en el móvil porque los operadores quieren basar la seguridad en las tarjetas SIM, que ellos controlan. El hecho de que existan tantos tipos diferentes es desacertado y, de momento, inevitable.

6 En primer lugar, en 1977 se llamó EPSS: Servicio Experimental de Conmutación de Paquetes. Más tarde se llamó PSS: Servicio de Conmutación de Paquetes, y después cambió a IPSS: Servicio Internacional de Conmutación de Paquetes.

¿Cuáles son para usted los hitos más importantes en el desarrollo de la red?

- 1974. Creo que el primer hito importante fue el concepto de Bob Kahn de tener redes con tecnologías completamente distintas (en algún nivel del protocolo) que pudieran operar conjuntamente. Se analizaron pasarelas que podrían funcionar y, finalmente, en 1977, dimos con la solución. Vint y yo escribimos (el único documento que hemos escrito juntos) sobre el análisis específico de las pasarelas y los tipos de problemas que podrían existir. Era mi jefe de proyecto[7] en DARPA en esa época. Tuvimos contratos durante más de treinta años y le di un valor significativo a los pequeños contratos que teníamos con ellos. Sin duda, el concepto de conectar redes heterogéneas fue el primer hito realmente importante.
- 1983. El siguiente hito importante fue poner en práctica la conexión de red a gran escala. Se produjo de distintas maneras: por un lado, con la introducción completa del TCP/IP y, por otro, con el crecimiento de las redes de acceso, separadas de las redes troncales pero, aun así, utilizando estructuras de protocolos similares y fácilmente conectables.
- 1984. Sin duda, el DNS, que no formó parte del concepto original del TCP/IP, fue un muy gran avance.
- 1991. Y después, por supuesto, el siguiente gran hito fue la victoria absoluta y completa en la guerra de protocolos (TCP contra el modelo "oficial" OSI de ISO).
- 1992. El hecho de que el simple concepto de la World Wide Web cubriera muchas de nuestras necesidades y pudiera utilizar una única red subyacente, aseguró el fantástico crecimiento y el despliegue casi universal de Internet que hemos presenciado hasta ahora.
- El hito que todavía estoy esperando es que en Estados Unidos se reconozca realmente que el IPv6 es una buena idea. Hasta ahora todos los fabricantes lo ofrecen, pero existe una gran falta de datos (se hace un mínimo uso). Los que verdaderamente están presionando para obtenerlo son los chinos y los japoneses. De hecho, el motivo principal por el que Cisco comenzó a desarrollar fue una gran convocatoria a licitación de NTT (el gigante japonés), que solicitó la disponibilidad de IPv6, y Cisco no pudo responder. No les hizo ninguna gracia no poder presentarse a una gran convocatoria a licitación. Así que inmediatamente implantaron un programa IPv6 y coordinaron un gran proyecto europeo (6NET). Actualmente, todas las empresas estadounidenses han implementado IPv6 en sus productos. Con esto quiero decir que es algo totalmente normal en los productos de Microsoft, es algo completamente normal en los *routers* Cisco y Juniper. Es la discusión del huevo y la gallina; no existe aún[8] escasez inmediata de espacio de direcciones en los Estados Unidos. Cuando EEUU se quede sin direcciones se dará un gran impulso a la implementación. Tan pronto como Estados Unidos dé el paso para utilizar el IPv6, otros países lo darán también. China y Japón lo han adoptado primero porque, por motivos históricos, tienen una mayor escasez de direcciones.

¿Por qué nos conectamos a la ARPAnet de EEUU a través de Noruega?

El motivo es que, en 1971, hubo una Oficina de Seguimiento de la Investigación Nuclear (NMRO por sus siglas en inglés) en DARPA. Llevaban a cabo el seguimiento sísmico y contaban con tres dispositivos sísmicos en Alaska, Montana y Kjeller (Noruega). La información se enviaba a través de enlaces de datos de 2,4 kbps al Seismic Data Analysis Center (SDAC) en Washington. Por este motivo había un enlace de 2,4 kbps vía satélite desde Washington a la estación terrestre británica en Goonhilly y desde allí a Kjeller a través de una línea terrestre.

La idea inicial de **Larry Roberts** era introducir el *array* de NORSAR (dispositivo de detección de Noruega) en ARPAnet para hacer más sencilla la transmisión de datos y después aumentar la velocidad de la línea a 9,6 kbps,

7 Como puede ver siempre he contado, por un lado, con todas las personas del Reino Unido que he mencionado y, por otro, con un conjunto distinguido de jefes de proyecto de DARPA porque tuve contratos allí desde 1973 a 2003. La lista de mis jefes de proyecto es muy distinguida. En primer lugar fue Larry Roberts, después Bob Kahn, Vint Cerf, Steve Crocker, Paul Mockapetris, **Mike St. Johns, Hillary Ormany y Doug Maughan**, todos conocidos por un motivo u otro y todos han sido mis jefes de proyecto. Siempre le dábamos un toque diferente a las cosas.

8 En el momento de esta entrevista (octubre de 2006) aún no había escasez de las direcciones antiguas: IPv4. En julio de 2010, la IANA informaba de que simplemente se terminaron, lo que hace prever que el nuevo protocolo IPv6 se implante mucho más rápido.

interrumpir el enlace en Londres e introducirnos también en ARPAnet. Consideró que este proceso sería sencillo y que no requeriría mucha financiación. Para la primera parte, fue bastante fácil añadir un IMP extra. Ya estaba utilizando 40 o 50 así que poner uno más en Noruega no iba a ser muy difícil. Ya vieron entonces que iban a tener que expandir su red de monitorización.

Para la segunda parte, Larry no supo prever el problema. Pensó que simplemente podría interrumpir la línea de Londres, re-terminarla en la UCL; añadir un IMP y después seguir hasta NORSAR por una cantidad extra simbólica. En ese momento no cayó en el problema de las tarifas internacionales. De hecho, el gasto que suponía el enlace extra hubiera sido muy significativo. Larry no estaba dispuesto a pagar este coste extra derivado de las comunicaciones internacionales, pero convencí al servicio de correos británico para que me lo donara durante un año.

De hecho, la estación terrena de comunicación por satélite nórdica entró en funcionamiento en 1972, y se produjeron otros cambios en los años siguientes. Por lo que lo mejor es verlo en formato cronológico a continuación:

- 1970: EEUU empieza a recibir datos sísmicos del dispositivo de detección de NORSAR a 2,4 kbps vía un enlace satelital a Goonhilly ".uk" y después a través de la línea terrestre a Kjeller ".no".
- 1972: los datos sísmicos llegan a EEUU directamente a través de Tanum (Suecia) vía satélite y de allí a Kjeller por línea terrestre.
- 1973: el enlace de NORSAR se actualiza a 9,6 kbps. ARPAnet se conecta al centro de informática de Kjeller. La UCL se conecta mediante el enlace terrestre de 9,6 kbps a Kjeller. Se establece el enlace de la UCL al RAL.
- 1974: se establecen los enlaces al Centro de Diseño Asistido por Ordenador (Cambridge), el Centro de Investigación de la Fusión (Culham) y el Centro de Investigación Blacknest (AWRE, Aldermaston, seguimiento sísmico).
- 1975: SATnet inicia su enlace directo EEUU-RU (servicio de correos y la UCL) mediante el Intelisat IV.
- 1976: enlace terrestre UCL-Royal Radar and Signal Establishment (RSRE) inaugurado por la reina. SATnet se extiende hasta Noruega, Alemania e Italia.
- 1977: enlace EPSS que proporciona acceso nacional a través del servicio de conmutación de paquetes.
- 1979: demostración principal usando el protocolo TCP/IP del RSRE a través de ARPAnet (UCL), después por SATnet (hasta Washington), después a ARPAnet (a SRI en Menlo Park) hasta Car en Bay Bridge (con radiopaquetes). Enlace alternativo a ARPAnet establecido vía IPSS (Servicio Internacional de Conmutación de Paquetes).

¿Cuál fue su contribución al desarrollo de Internet?

Para empezar, no solo haber internacionalizado ARPAnet, que fue cosa de **Larry Roberts** al darme el TIP y el enlace, sino contribuir al desarrollo de una comunidad de usuarios reales por primera vez en Gran Bretaña. Debemos comparar lo que ocurrió en el Reino Unido con lo que ocurrió en Noruega, Italia y Alemania, quienes posteriormente también tuvieron todos IMP vía satélite de ARPAnet. Los servicios no llegaron a desarrollarse en los otros tres países porque en ninguno de ellos existió el trabajo dedicado a conseguir una población de usuarios y coordinar todo lo que estaba sucediendo a nivel nacional con lo que estaba pasando en Estados Unidos. Era extremadamente optimista pensar que se podría introducir un concepto radicalmente diferente e importarlo directamente a los países europeos. Había que realizar un seguimiento de lo que estaba pasando en Europa y adaptar todo a cada país, tarea que requería un gran trabajo político y técnico y dedicación prolongada (a ambos lados del Atlántico). El trabajo técnico que realicé para conectar las redes heterogéneas era novedoso y dio resultado. Sin embargo, no fue eficiente. Nunca iba a llegar hasta donde pretendíamos que Internet llegara, pero al menos nos sirvió para conseguir mucha experiencia. Desde el principio, cuando se migró ARPAnet del protocolo NCP al TCP/IP (el 1 de enero de 1983), fuimos capaces también de cambiar hacia Internet tal como es hoy.

La cronología anterior muestra que la actividad de la UCL fue mucho más que simplemente académica. Los enlaces a RSRE, Culham, Blacknest y CADC fueron más que enlaces académicos y obtuvieron el apoyo necesario para mantener el servicio.

Nuestra contribución también hizo que Estados Unidos mantuviera una mentalidad más internacional. No sé

Durante la entrevista personal, en el búnker nuclear secreto de Kelvedon Hatch (Reino Unido) el 30 de octubre de 2006.

si existe el conocimiento de que, en 1981, Vint Cerf emprendió dos actividades diferentes: el International Collaboration Board (ICB) para la defensa y el Internet Activities Board (IAB). Dirigí el ICB desde 1983 hasta alrededor de 2003. Era pequeño, solo tenía seis u ocho departamentos de defensa (de Canadá, Reino Unido, Alemania, Países Bajos, a veces Noruega, la OTAN y Dinamarca). Eran pocos, pero al menos mantenía la presencia internacional. Se terminó cuando DARPA dijo que ya no podía participar si estaba fuera de las fronteras de Estados Unidos. Sentí que ya no era lo suficientemente internacional, así que ya no había razón para continuar. Y no fue tanto por reducir gastos, sino que fue más por la creciente introversión por parte de Estados Unidos.

Otro punto importante fue que se amplió el interés internacional por parte de EEUU. El éxito de nuestra actividad hizo que la NFS de EEUU se acercara a nosotros en 1983 para forjar otros vínculos internacionales. Primero se formaron de manera bilateral y después con otros países en torno a una de mis reuniones del ICB. Casualmente, esto también provocó discusiones entre las agencias estadounidenses (NSF, DARPA, Energy y la NASA) sobre la financiación conjunta de los enlaces.

Existen otras contribuciones. Estuvimos muy implicados en el tema de los contenidos multimedia durante mucho tiempo. En un principio solo participaban el Reino Unido y EEUU, pero después pasó a ser también algo entre Europa y EEUU. Por ejemplo, llevé a cabo toda una serie de proyectos europeos multimedia que me hicieron colaborar con Estados Unidos durante bastante tiempo.

Se podría decir que llevar ARPAnet al Reino Unido fue comparativamente fácil con lo que nos costó desarrollar una comunidad y poblarla de usuarios, que resultó mucho más difícil.

¿Quiénes fueron algunas de las personas clave en el desarrollo de Internet, líderes o marcadores de tendencias?

En primer lugar, sin dudas, **Larry Roberts,** por empezar todo, y después **Bob Kahn,** que tomó las decisiones clave durante los doce años siguientes. **Vint Cerf, Jon Postel, Steve Crocker** y **Paul Mockapetris,** quienes desempeñaron papeles vitales, probablemente reflejados junto a otras contribuciones en este libro. Creo que a **Dave Mills** no se le ha dado el mérito que le correspondía y se le ha subestimado. Fue la primera persona que rompió el monopolio de los *gateways* (o pasarelas). Creó su propia pasarela llamada *fuzzball*. El gran impacto que tuvo fue claro, porque en un momento determinado y crítico en los orígenes de la NSFnet hubo 50 nodos del tipo *fuzzball* en la red, todos haciendo cosas distintas.

Técnicamente, los contribuyentes más importantes del Reino Unido a las actividades de la UCL fueron **Peter Higginson, Jon Crowcroft** y **Steve Kille.** Peter fue el responsable de todo nuestro *software* inicial hasta que dejó el grupo en 1976. Jon ha desempeñado un papel fundamental desde 1979: ha sido clave en nuestras relaciones con DARPA y muy influyente en la evolución de Internet. Steve tuvo un papel muy importante en el mantenimiento de la integridad de nuestras pasarelas a lo largo de la década de los ochenta, y aseguró que el correo del Reino Unido y las normas de directorio fueran lo más compatibles posibles con Internet.

Donald Davies, por supuesto, fue clave. Su contribución ha sido mayor desde el punto de vista teórico que desde el punto de vista práctico de Internet. Davies creó la red del NPL, pero el problema que presentaba era que se trataba de una red *interna;* nunca pudieron obtener ningún tipo de financiación para salir de NPL. Davies estuvo particularmente interesado en la **EIN** (la Red Europea de Informática). Puso en marcha esa red aportando cosas del NPL y consiguiendo otras, sobre todo, de la red Cyclades de **Louis Pouzin** en Francia e ISPRA en Italia, entre otros.

También utilizamos los servicios internacionales de conmutación de paquetes (de ARPAnet), pero Donald Davies nunca logró hacerlo. Nunca fue capaz de abrirse a nada más y salir del NPL, algo que fue muy triste.

Hay que nombrar a **Paul V. Mockapetris** por crear, en 1984, el Sistema de Nombre de Dominio (o DNS).

Alguien muy importante en el ámbito de la radio, pero del que no se oye hablar mucho últimamente, es **Jim Matthis.** También en el ámbito del enrutamiento, **Dave Walden** fue siempre muy importante. **Frank Heart** (líder del grupo de BBN) realizó un buen trabajo en el ámbito de la conmutación (el IMP[9]), pero, por lo que yo sé, no participó en la parte estratégica de Internet. El IMP era un conmutador de paquetes. **Ginny Strazisar** resultó fundamental en la creación del primer *gateway* (o pasarela) de la historia. Otra persona que también está en el olvido, pero que probablemente hizo más por revolucionar las cosas que ninguna otra, es **Len Bosack** (cofundador de Cisco). Y, por cierto, en la UCL utilizamos el primer *router* de Cisco para Europa y todavía lo tenemos. Len lo estuvo mostrando en París y después nos lo dejó en la UCL. Len consiguió convertirlo en un producto de éxito cuando nadie más podía competir con Proteon (el líder en *routers* de aquel momento). Por todos es sabido que Proteon desapareció cuando Cisco empezó a prosperar. Por supuesto, fue necesaria la intervención de **John Morgridge** para convertir Cisco en lo que es ahora.

Y, cómo no, **Bob Metcalfe,** porque, una vez más, Ethernet fue totalmente fundamental y ahora está en todas partes. Alguien que pudo haber causado un gran impacto, pero que al final no lo hizo, fue **Maurice Wilkes** (Cambridge, Reino Unido). No lo hizo porque, a pesar de que inventó lo que podría haber sido una tecnología de fácil acceso (el protocolo *token ring*), no se preocupó por la normalización, por eso nunca llegó a despegar.

Uno de los verdaderos pensadores fue sin dudas **J. C. R. Licklider** (del MIT), quien no tuvo mucho que ver con Internet propiamente dicho, pero sí que pensó en términos generales sobre el tema.

No puedo dejar de mencionar a **Tim Berners-Lee,** por razones obvias. Creo que la persona que puso más orden que ninguna otra en el ámbito de la seguridad fue **Steve Kent** (de BBN). Steve es una persona muy inteligente que ha tenido en cuenta los problemas de la seguridad desde el principio.

Len Kleinrock comenzó la tarea de hacer respetables las mediciones, pero realmente la persona que más ha contribuido en el ámbito de las mediciones es **Kimberly C. Claffy**. Ha hecho más que nadie en este campo en los últimos tiempos y dirigió un centro de medición en la UCSD, a pesar de no ser una veterana.

Algunas anécdotas

▶ Por poner un ejemplo sencillo, el DNS apareció alrededor de 1984. Al mismo tiempo, los británicos estaban desarrollando el Sistema de Recursos de Red de los servidores del Reino Unido. Los estadounidenses (Paul Mockapetris y otros) decidieron que la manera de expresar mi dirección era <kirstein.cs.ucl.ac.uk.> pero los británicos, que son unos sabelotodo, decidieron que fuera <kirstein@uk.ac.ucl.cs> (justo al revés). Intenté convencer a los británicos para que cambiaran, pero me dijeron: *"¿Con qué derecho quiere cambiar un pequeño grupo de investigación americano lo que hacemos a nivel nacional?"*. Así que traté de que quien cambiara fuera ARPA y me dijeron: *"¿Con qué derecho quiere cambiar un pequeño grupo de investigación extranjero lo que hacemos en los Estados Unidos?"*. Tenía que actualizar todas las noches ambos conjuntos de tablas para que fueran compatibles. Después tenía que fijarme en cada mensaje que llegaba a través de nuestras pasarelas y resolver en qué forma estaba el nombre de dominio, ya que muchas veces la gente

9 IMP: son las siglas para Interface Message Processor (Procesador de Mensajes). Fue creado en Bolt, Beranek and Newmann en 1969.

envía sus direcciones entre sí en el mensaje al revés. Nuestros algoritmos funcionaron muy bien hasta el año 1986 o 1987. Entonces, ocurrió el desastre. ¡Checoslovaquia se unió a Internet! El código de país de Checoslovaquia es **".cs"** y cuando recibíamos un ".cs" (de Computer Science), ya no lo pude hacer más. Ya no había manera de adivinar en qué forma estaba. Finalmente, incluso los británicos lo cambiaron a principios de los noventa.

▶ Ya había comentado que tenía un Comité de Gobierno y me insistieron en que añadiera a la red un control de acceso y contabilidad porque estaban preocupados por si una parte del Consejo de Investigación pagaría demasiado poco en comparación con otra parte. Tenía que ser muy cuidadoso con los cálculos porque British Telecom me había facilitado gratis una línea de 48 kbps para que les hiciera algunas mediciones (una línea transatlántica de 48 kbps era mucho en 1979 o 1980; se trataba de la versión

El origen del *Gateway* (o pasarela)

DARPA estaba desarrollando tres redes diferentes: vía radio con radiopaquetes (PRnet), de paquetes por satélite (SATnet) y la terrestre y más conocida (ARPAnet). Siempre que alguien quisiera hacer algún cambio, estamos hablando de 1973 o 1974, los únicos que lo podían hacer eran los miembros de BBN, porque eran quienes estaban desarrollando todo el código de los conmutadores. Nos habían dicho que cada cambio supondría un retraso y costes significativos. **Bob Kahn** estaba muy descontento con todo aquello y la razón original por la que se puso en marcha el desarrollo de la pasarela fue para obtener una separación clave entre la parte dependiente de la red y su interconexión. De este modo, esperaba acabar con su total dependencia del grupo de **Frank Heart** en BBN. En la práctica, otra división de BBN se llevó el contrato para construir las pasarelas, por lo que el monopolio permaneció en manos de BBN. Sin embargo, puesto que se trataba de un grupo diferente (con **Ginny Strazisar**) el que construía las pasarelas, se consiguió marcar la diferencia y esto permitió a otras personas trabajar en paralelo. **Dave Mills** estaba desarrollando también una pasarela (el *fuzzball*), que resultó ser uno de los desarrollos más importantes para llegar a la Internet que conocemos hoy en día, conectando los enlaces de la extinta NSFnet.

Al principio, las comunicaciones conmutadas internacionales estaban completamente en manos de las operadoras de telecomunicaciones, era un monopolio total. No estaba permitido tener teléfonos conmutados anexados a dos extremos de una red dedicada para comunicaciones multinacionales. Recuerdo que al principio, en 1975, la red británica de RAL, de la que ya he hablado anteriormente, incluía las líneas alquiladas a mi complejo y al CERN en Ginebra. Recibí una petición del CERN preguntando si podían conectarse a ARPAnet a través de nosotros. Tuve que transmitir esta petición a mi Comité de Administración. Evidentemente, estábamos trabajando para impedir eso. Mi problema es que yo estaba permitiendo usar ARPAnet a cualquiera de aquella red de investigación centralizada, pero ¿tenía que evitar la entrada de alguien del CERN? Así que volví a escribir: *"Puedo impedir las comunicaciones con los siguientes cinco métodos. El sexto método que no puedo impedir es el siguiente: XYZ. ¿Aviso al CERN de que no deben utilizar XYZ, porque pasarían de manera ilegal por los Estados Unidos?".* Decidieron que no debía avisarlos.

Todas estas actividades supusieron mucho trabajo, que no fue en vano porque muy pronto empezamos a pensar en el control de acceso y la seguridad y resultó muy importante. Evidentemente, tuvimos que estar muy involucrados en ello más adelante.

"Por otro lado, los alemanes, italianos y noruegos no siguieron el mismo camino. A finales de los años setenta, el crecimiento de sus redes de investigación nacional era mucho más lento y bastante separado de cualquier enlace potente de Internet. Además, no disponían de ningún equivalente al Comité de Administración del Reino Unido y en ningún momento convencieron a sus empresas de telecomunicaciones para llegar a un acuerdo sobre las políticas de interconexión liberales adoptadas por el servicio de correos británico y más adelante por British Telecom. Por esta razón, no fue posible una implicación académica significativa por parte de estos países con sus compañeros estadounidenses hasta que USEnet, EARN y otros desarrollos de Internet similares despegaron a mitad de los años ochenta". *[Extracto de Ref #2]*

analógica de una línea digital de 64 kbits). También tenía otra de 9,6 kbps con X.25 y después, vía satélite, un enlace de 64 kbps con SATnet. Debía tener el control de acceso y la contabilidad disponibles, pero no me preocupé especialmente en aplicarlo en el sentido de

«Todos pensaban que vivían en un mundo cerrado, pero no era así.»

EEUU al Reino Unido. Establecí todo el tráfico en un sentido, de manera que pagué el mínimo y no me fijé en las cuentas en el otro sentido ya que no tenía que pagar. Después, el Comité de Administración me dio instrucciones para que estableciera el control de acceso en ambos sentidos. Por lo tanto, envié un mensaje a todos aquellos que habían pasado por mi sistema durante los tres o seis meses anteriores, utilizando las direcciones de correo electrónico que aparecían en mi sistema de contabilidad, y les dije que ya contábamos con registros automáticos y que al cabo de dos o tres meses aplicaríamos el control de acceso. Bloquearíamos todo el tráfico procedente de aquellos que no se hubieran registrado y que no contaran con autorización para usar el enlace. En ese punto, y si se me permite la expresión, *la mierda nos empezó a salpicar.* De repente, recibí una tormenta de correos electrónicos de odio como nunca antes había tenido de cerca de 5.000 personas. Muchos de ellos procedían de terceros países, a pesar de que tenía estrictamente prohibido llevar a cabo comunicaciones internacionales en aquel momento. Nadie se había dado cuenta de que Internet realmente había aparecido, que la gente iba a través del correo electrónico de UNIX, de BITnet o de cualquier otra manera diferente y que después, automáticamente, porque así es como funciona el DNS, volvían a través de la ruta más barata, más rápida, la mejor, a través de mi enlace. Los correos me reprendían diciendo: *"¿Con qué derecho bloquea usted mi correo electrónico?"*. No tenían ni idea de que estaban utilizando mi sistema. Aquella dirección fue completamente automática. De repente, nos dimos cuenta de que nadie tenía la más remota idea acerca de la topología de enrutamiento establecida. Nosotros no teníamos ni idea, pero el resto de administradores tampoco, ¡nadie! Sabíamos que pasaban a través de nosotros porque contábamos con muchas semanas de registros automáticos. Simplemente no habíamos tenido ninguna razón para consultarles. Creíamos que estábamos ofreciendo un servicio nacional; de hecho, era más que un servicio nacional, porque en ese momento también había conexiones directas europeas y nadie tenía ni idea de quién estaba pasando a través de qué. Todos pensaban que vivían en un mundo cerrado, pero no era así.

Lecciones aprendidas

«Un factor clave en los comienzos del proyecto fue que, al ser un número pequeño de personas concretas, se podían tomar decisiones e inversiones individuales para un proyecto hipotético de una manera que hubiera resultado imposible para comités más grandes.

En segundo lugar, está el golpe de suerte que supuso la intervención del Gobierno, en forma del servicio de aduanas e impuestos, que obligó al proyecto a permanecer en manos privadas en Gran Bretaña. Si lo hubiera hecho en manos de un organismo del Gobierno, seguramente se hubiera puesto fin a su andadura en un momento vital de su primera década.

Como ejemplo del peligro, recibí una petición por parte de un organismo a finales de los setenta para que dejara de trabajar en los protocolos de Internet y lo hiciera exclusivamente en los de normalización internacional (OSI de ISO). Obviamente, me negué. En manos privadas, incluso cuando la situación se complica por alguna parte, se puede movilizar otra.»
[Extracto de Ref #2]

¿Qué opina acerca del futuro de Internet?

En lo primero que pienso es en que me interesa mucho observar el impacto de Internet sobre determinadas áreas a las que todavía no ha llegado, y donde el efecto será enorme. En cierto modo, me divierte que la historia se esté repitiendo. Los problemas que surgieron en los años setenta y a principios de los ochenta por crear la necesidad y ser aceptados por las comunidades de in-

Peter Kirstein dio paso a Andreu Vèa en la Conferencia sobre la historia de ARPAnet, coincidiendo con su trigésimo séptimo aniversario, en el búnker nuclear secreto de Kelvedon Hatch (Reino Unido) el 30 de octubre de 2006.

vestigación de Gran Bretaña, del resto de Europa y de Japón a finales de los ochenta y en los noventa, están reapareciendo otra vez en muchos otros países con los que trato. Acabamos de realizar un pequeño informe sobre el estado de la financiación y los servicios en los recientes estados independientes de Asia Central y el Cáucaso, y prácticamente ninguno de ellos dispone de financiación estatal para sus redes de investigación. Estamos invirtiendo dinero de la OTAN, del PNUD y de algunas personas más, pero todavía no se cuenta con ningún tipo de financiación nacional. Todavía no son conscientes de la importancia que tiene; al igual que ocurre en África.

Cuando el IPv6 esté perfectamente listo, tendrá un gran impacto. Antes o después tratará de solucionar incluso la escasez de direcciones que se está dando en algunos lugares. Esto supondrá un gran impacto sobre los servicios que se utilizan.

Es evidente que la necesidad de velocidad siempre está aumentando. Puedo observar claramente que la batalla por disponer de todos los servicios en tiempo real sobre IP se ha ganado con creces. El impacto que tendrá sobre toda la perspectiva de la comunicación de las empresas todavía no está claro. Esto será de especial relevancia para el abastecimiento de energía, donde todavía no hay conciencia por parte de los proveedores o de los organismos reguladores de los inconvenientes que suponen el IPv4 y el sistema NAT (Network Address Translation), que permite que varios ordenadores trabajen bajo un única IP para ahorrar direcciones, escasas.

La batalla de las centrales de conmutación de circuitos telefónicos también ha terminado. La conmutación de circuitos desaparecerá a corto o medio plazo. El impacto que tendrá sobre la economía de toda la industria de las comunicaciones todavía no es evidente. A Skype[10] le ha ido muy bien decir que llamar es gratuito, pero eso implica invertir y desplegar nueva infraestructura, y el modo de mantenerla no está claro. Todo el tema de la convergencia y de la medida en que la industria de la telefonía móvil y del ocio cambiará aún no está claro.

Está en marcha una gran consolidación en el sector y muchas otras cosas están ocurriendo en la industria de las telecomunicaciones, pero si os fijáis está todo relacionado con Internet.

10 Skype: es una aplicación de *software* que permite a los usuarios realizar llamadas de voz a través de Internet. Las llamadas a otros usuarios del servicio y, en algunos países, a números gratuitos no tienen coste alguno, mientras que las llamadas a otros teléfonos fijos o móviles suponen un pequeño coste. Skype fue desarrollado en Tallin (Estonia) por **Ahti Heinla, Priit Kasesalu y Jaan Tallinn,** que anteriormente también habían desarrollado el *software* de intercambio de archivos P2P llamado Kazaa.

¿Ha identificado alguna tendencia tecnológica?

Bueno, obviamente, la fibra óptica, sí. Los conmutadores ultrarrápidos, son una tendencia. Creo que los satélites seguirán en las partes del mundo con las que trato. Es bastante evidente que la fibra óptica tomará el control en los principales lugares y ciudades, pero, si se observa la geografía y topografía de Asia Central, es imposible que la fibra óptica llegue a todas partes.

Nuestra estrategia es introducir satélites ahora. Esperamos poder introducir la fibra óptica en las principales ciudades dentro de cinco o seis años y entonces trasladaremos las estaciones terrestres a las regiones más remotas de los países. Creo que eso es lo que va a ocurrir. El trabajo es de la OTAN. Yo, por mi parte, intento llegar a algunos acuerdos. Dado que la OTAN está pagando la mayor parte de las comunicaciones, he convencido a la Comisión Europea para que financie la gestión de un proyecto de la OTAN, que creo que es la primera vez que ocurre. También convencí a Cisco para que donara una red de área local en cada país (nueve países en total), instaladas entre la estación terrena del satélite y la red de investigación nacional (o NREN). Después también recibimos un poco de dinero por parte de la Internet Society (ISOC) y un poco de varios otros. El Banco Mundial está interesado en llevar a cabo videoconferencias en algunos de los lugares remotos. Hemos instalado terminales de VoIP y un sistema de videoconferencias en cada uno de los países. Ahora estamos trabajando en las videoconferencias de escritorio. Todas estas cosas son las que hacíamos veinte años atrás en Occidente.

LECTURAS COMPLEMENTARIAS

ARTÍCULOS Y LIBROS MENCIONADOS / RECOMENDADOS

- Cerf, V. G. y Kirstein, P., "Issues in packet-network interconnection", *Proceedings of the IEEE* 66, 11 (noviembre 1978), pp. 1386-1408.
- Kirstein, P. T., "Early Experiences with the ARPAnet and Internet in the UK", Department of Computer Science, University College London, 1998.
  —, "The early history of packet switching in the UK", *IEEE Communications Magazine* 47, 2 (febrero 2009), pp. 18-26.

Pål Spilling

El europeo pionero en TCP/IP.

«Cuando se concibió ARPAnet, los ordenadores, los programas y las líneas de comunicación eran muy **COSTOSOS.** En aquel momento, el principal objetivo del desarrollo era compartir* recursos caros entre usuarios situados en distintos puntos geográficos de un modo sólido y eficaz.»

** Esto que voy a decir es un buen ejemplo: en torno a 1978, yo estaba participando en experimentos sobre voz por ARPAnet y debía modificar un programa de aplicaciones de voz para nuestro PDP-11/40, que se encontraba junto a mi oficina en el Centro Noruego de Investigación para la Defensa (NDRE). Toda la asistencia para la programación se realizaba en el ISI, al norte de Los Ángeles. Para acceder a estos recursos debía usar mi terminal conectado al NORSAR-TIP y al programa Telnet. Entonces, podía usar un editor de texto para modificar el programa existente, después compilar el programa modificado, luego usar el depurador del Xnet para cargar el programa en el PDP-11/40 mediante la red y, por último, usar las instrucciones de depuración Xnet para recorrer el programa, instrucción por instrucción, y comprobar que todo estaba bien. Después, llegaron Internet, las terminales de trabajo personales, posteriormente los portátiles y luego la Web y esta red se transformó en una base de información global.*

Pål Spilling

Entrevistado el 28 de julio de 2005 en Stanford (California) y posteriormente en Oslo (Noruega)

Nació el 29 de octubre de 1934 en Harstad, Noruega.

Recibió su Cand.Real.[1] en Física (en la Universitetet i Oslo) en marzo de 1963 y su título de doctor en Física Nuclear Experimental (en la Universiteit Utrecht), en los Países Bajos, en julio de 1968.

Es profesor en la Universitetet i Oslo, asignado al UNIK (centro universitario de estudios de posgrado de Kjeller). Ha impartido periódicamente clases de comunicación, de ordenadores y seguridad a estudiantes de licenciatura y posgrado entre 1985 y 2006, y ha centrado su investigación en la seguridad y la comunicación inalámbrica.

Entre 1963 y 1971 realizó investigaciones en física nuclear en las universidades de Utrecht y Eindhoven, y entre 1972 y 1982 trabajó en el Centro Noruego de Investigación para la Defensa (NDRE)[2], donde realizó trabajos de investigación sobre Internet.

En junio de 1973 se estableció el primer nodo de Internet fuera de EEUU, interconectado con la Internet estadounidense.

Desde finales de 1974, participó en un programa de investigación, financiado por ARPA, sobre conmutación de paquetes y tecnología de Internet bajo la tutela de **Yngvar Lundh.** Actuó como científico visitante en el SRI International entre 1979 y 1980, en Menlo Park, California, donde trabajó en el programa de radiopaquetes. Spilling dejó el NDRE en agosto de 1982 para incorporarse al Departamento de Investigación de la Administración Noruega para las Telecomunicaciones (NTA-RA), también situado en Kjeller.

Entre 1982 y 1993 trabajó en el Departamento de I+D de Telenor realizando investigaciones sobre Internet y la comunicación por fibra. Entre 1993 y 2005 fue profesor de Redes de Comunicación, Seguridad y Comunicaciones móviles en la Universitetet i Oslo.

Se jubila a finales de 2011.

---

1 Cand.Real. es un antiguo grado académico noruego equivalente a la Maestría.
2 NDRE: proviene de la traducción inglesa (Norwegian Defence Research Establishment) del nombre noruego original del Centro: Forsvarets Forskningsinstitutt o FFI.

¿Recuerda su primer contacto con un ordenador?

Mi primer contacto real con un ordenador fue en 1964, cuando tuve que procesar datos de experimentos de física nuclear registrados en grandes rollos de papel continuo. Por aquel entonces estaba trabajando en mis investigaciones de doctorado en el reactor nuclear holandés de Petten. El ordenador también era holandés y el *software* había sido diseñado por expertos en programación del Centro Holandés de Reactores.

Varios años más tarde, trabajé en la Technische Universiteit Eindhoven (Países Bajos), donde también me dediqué a la investigación experimental de física nuclear. Acababa de recibir un programa FORTRAN, de tarjetas perforadas IBM, que me facilitaría el procesamiento y análisis de mis resultados experimentales, pero no obtuve el resultado esperado. Después, me dispuse a modificar la parte de salida, lo que suponía mi primer contacto con la programación en FORTRAN. Para un programador experto, esto era sin duda una tarea trivial, pero ese no era mi caso. Por tanto, me llenó de orgullo cuando conseguí arreglar las modificaciones y que funcionaran como yo quería.

¿Cuál fue su primer contacto/experiencia con ARPAnet?

Fue cuando trabajaba en el Centro Noruego de Defensa (FFI), en 1975. Me pidieron que participara en un nuevo programa de cooperación entre el FFI y la DARPA estadounidense[3]. Acepté, pero no era plenamente consciente de lo que estaba haciendo, teniendo en cuenta que mi experiencia era en electrónica y física nuclear. Mi primera tarea fue la de asistir a una reunión del grupo del profesor Cerf en la Stanford University, en 1975 o 1976. Por mi formación, no me enteré de mucho en aquella reunión, salvo que estaban debatiendo los detalles del protocolo TCP.

Mi primer contacto con ARPAnet ocurrió por aquella época. FFI accedió a participar en el proyecto SATnet y, en este contexto, se me puso a cargo del desarrollo de un ordenador de construcción noruega, ubicado en el FFI, y conectado al nodo ARPA de Kjeller (NORSAR-TIP). Debido a la distancia al TIP, tuvimos que usar la interfaz 1822 VDH. El BBN de Boston me facilitó las características técnicas y disponía de un técnico en el FFI para construir la interfaz del *hardware*. Tenía a mi disposición un ordenador desprovisto de sistema operativo, un ensamblador, compilador y un programa de carga. Estaba claro que tendría que desarrollar primero un sistema multitarea para el ordenador y después el *driver* para la interfaz 1822. Tuve la gran suerte de conseguir un informe del SRI de Dave Retz en el que se describía el sistema operativo ELF para PDP-11/45. Eso me dio el conocimiento necesario para comprender de lo que era capaz un sistema multitarea, así que ya podía empezar a ejecutar el mío. Después de cierto trabajo y no pocas frustraciones, logré, con gran satisfacción por mi parte, conectar el ordenador al NORSAR-TIP.

En su opinión, ¿cuáles son las características clave de Internet?

- La estructura de Internet permite usar cualquier tecnología de transporte de redes básica. Esto significa que cualquier red debería conectarse con cualquier otra red sin necesidad de modificaciones externas.
- El transporte de paquetes en la red se realiza sin conexión. Se sirve del enrutamiento adaptable, por tanto, la red es muy resistente a los fallos.
- Carece de control y gestión central.
- La red es abierta, lo que significa que los ordenadores centrales o *host* siempre están operativos, lo que implica que estos son susceptibles de sufrir ataques de piratas y accesos ilegales.
- La seguridad del usuario no es una parte intrínseca de la red, sino que se gestiona desde el dominio externo de ella. Sin embargo, se puede acceder directamente desde Internet a todas las funciones de apoyo, por lo que es vulnerable y está expuesta a la piratería.
- Así que, en resumen, se podría decir que es una red de redes, la IP mantiene todo, y lo que subyace, carece de importancia.

3 DARPA: Defense Advanced Research Projects Agency (Agencia de Proyectos de Investigación Avanzados), es la organización de Defensa de los EEUU que inició y patrocinó ARPAnet.

¿Cuáles son los hitos más importantes, en su opinión, en el desarrollo de la red?

- La implementación de ARPAnet y las comunicaciones entre ordenadores principales *(host-to-host)* en el periodo entre 1969 y 1972 (incluyendo el desarrollo del correo electrónico, FTP y Telnet).
- La prueba TCP ejecutada en octubre de 1975 entre la Stanford University y el University College de Londres.
- La demostración de tres redes, de noviembre de 1977, entre un ordenador principal PRnet[4] en el SRI y un ordenador principal ARPA en el ISI[5], en la que participaron SATnet, ARPAnet y PRnet.
- La ARPAnet: Internet atravesó tres fases diferentes:

  - La fase de investigación y desarrollo básicos patrocinada y supervisada por ARPA; la ARPAnet: Internet era un grupo cerrado desde su comienzo en 1968/1969 hasta 1983, cuando todos los ordenadores centrales de ARPAnet se convirtieron al conjunto de protocolos TCP/IP. Todas las instituciones participantes debían ser aceptadas por ARPA.
  - En una fase preliminar, se dividió la red en dos partes. Una, llamada MILnet, contenía todas las instituciones de defensa. La otra parte, que se seguía llamando ARPAnet, se abrió a las instituciones de investigación en general. No solo en EEUU, sino también en Europa. Al final de la década, la NSF[6] se hizo responsable de la parte principal de la red estadounidense y tenía interconexiones con redes en Europa y otros continentes. Muchas de las redes regionales se privatizaron.
  - La World Wide Web se inventó en el CERN en 1989 y el primer navegador comercial estuvo disponible en 1993. Al mismo tiempo, se levantaron las restricciones al uso comercial de la red y se inició así la tercera fase. Esto generó un crecimiento explosivo de Internet, al permitir a las organizaciones privadas interconectar sus propias redes.

- Desde el punto de vista noruego, 1973 fue una fecha importante, puesto que fue cuando se instaló el nodo ARPAnet NORSAR-TIP en el centro de cálculo de Kjeller, en Noruega. Se conectó mediante línea terrestre con la estación terrestre del satélite *Nordic* en Tanum, Suecia, y desde allí, mediante el satélite, con la parte estadounidense de ARPAnet. El FFI disponía de una serie de terminales conectadas a NORSAR-TIP. Mediante dichas terminales y el cliente Telnet del TIP, pude acceder a mi servidor de correo[7] del ISI, en California.

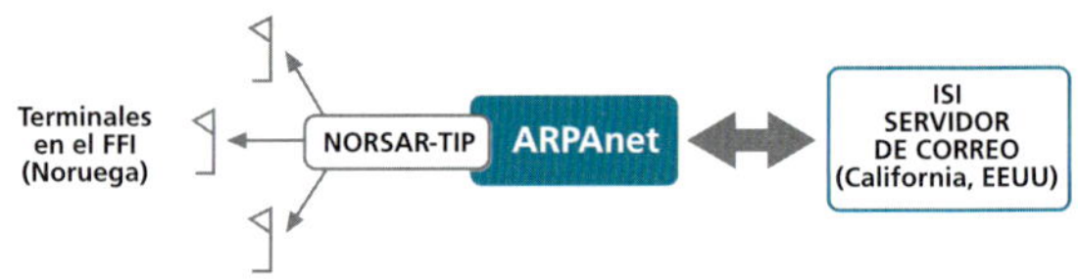

- Por aquel entonces era muy caro tener un ordenador o el *software* adecuado. La filosofía central y un objetivo fundamental para ARPAnet era hacer que todo fuera más asequible compartiendo los recursos.

¿Cómo ha contribuido usted al desarrollo de Internet?

Como le mencioné anteriormente, implementé el primer ordenador principal noruego de ARPAnet. Mediante mi primitivo ordenador central en el FFI, conectado a NORSAR-TIP, pude controlar los nodos del satélite (SIMP[8]) para generar un tráfico artificial en SATnet, recopilar datos de medición del tráfico y enviarlos a mi ordenador principal del FFI para procesarlos sin conexión. El objetivo del proyecto SATnet era estudiar algoritmos de control de acceso para diseñar uno que fuese adecuado tanto para el tráfico de datagramas normales como para el tráfico con propiedades de tiempo real (voz). Uno de mis compañeros[9] del FFI y yo participamos exhaustivamente en estas actividades,

4 PRnet: red de radiopaquetes. Red que usa el paradigma de "conmutación de paquetes" mediante enlaces de radio hercianos.
5 ISI: Information Sciencies Institute, University of Southern California.
6 NSF: (National Science Foundation).

7 El servidor de correo ISI era una máquina de Digital (DEC): PDP-11/45.
8 SIMP significa IMP por satélite. Es un procesador de mensajes con interfaz (IMP) especial.
9 **Finn Arve Aagesen,** quien más tarde sería profesor en la Universidad de Trondheim (UNiT), en Noruega.

«En la mayoría de los países europeos, el esfuerzo de estandarización se centró principalmente en el transporte en la red orientado a la conexión.»

Spilling, durante una cumbre en Stanford el 28 de julio de 2005. Detrás de Pål, a la derecha de la foto, se observan otros pioneros de ARPAnet y Ethernet (de izquierda a derecha): Yogen Dalal, Bob Metcalfe y Dave Boggs.

contribuyendo tanto teórica como experimentalmente asentar los cimientos de SATnet.

Una vez se dispuso de un algoritmo de control de acceso, se usó SATnet como una red autónoma que interconectaba redes de área local del FFI y el University College de Londres con ARPAnet. Esto resultó ser una buena base para el desarrollo y el refinamiento de la tecnología de portales de Internet. El FFI fue básicamente un observador de estas actividades.

Al final del proyecto SATnet, 1978-1979, participé en experimentos exhaustivos con voz en paquetes y en demostraciones en las que participaron principalmente los Lincoln Labs (del MIT de Boston, EEUU), el UCL (Reino Unido) y el FFI (Noruega). Mi función era estudiar el perfil del tráfico de paquetes en la red. La programación necesaria para este entorno era, como ya he mencionado, un buen ejemplo de cómo compartir recursos: incorporaba el paradigma original de ARPAnet.

Una vez concluido el proyecto SATnet en 1979-1980, se experimentó con la interconexión de redes de área local (LAN) en el FFI y en el UCL con ARPAnet. En 1982, me pasé a I+D en Telenor, también en Kjeller, y continué colaborando con la comunidad DARPA desde este nuevo puesto. El hecho de trabajar en I+D con Telenor me permitió crear una pequeña internet noruega interconectando las LAN de las universidades de Oslo, Trondheim y Bergen, y de I+D del NTA y, desde ahí, por medio de SATnet, a ordenadores principales del UCL conectados a ARPAnet.

En la mayoría de los países europeos, el esfuerzo de estandarización se centró principalmente en el transporte en la red orientado a la conexión. Esto estaba influenciado en gran medida por los modos de operación mediante líneas de los grandes monopolios europeos de telecomunicaciones e, inicialmente, fue la base de los protocolos OSI[10].

Los operadores de telecomunicaciones y los órganos de estandarización no creían en TCP/IP. Esto implicaba que yo iba 10 años por delante de algunos compañeros del FFI y el I+D de NTA. No era capaz de persuadirles para que colaborasen conmigo en la comunidad DARPA y tuve que trabajar más o menos solo durante varios años.

10 OSI: Open Systems Interconnection (Interconexión de Sistemas Abiertos). Era una norma ISO, promovida por las compañías de telecomunicación y los Gobiernos y que compitió con TCP/IP hasta 1992.

Pål Spilling con el autor durante la primera entrevista, en Stanford (California), el 28 de julio de 2005.

En su opinión, ¿quiénes fueron las personas clave, líderes o innovadores en el desarrollo de Internet?

El desarrollo de las redes de ordenadores estuvo inspirado, en muchos aspectos, por la visión presentada por **JCR Licklider** en su artículo fundamental "ManComputer Symbiosis", de marzo de 1960. De modo independiente, **Paul Baran,** en aquel entonces en RAND Corporation, **Len Kleinrock,** en UCLA, y **Donald Davies,** en NPL en Inglaterra, en la década de los sesenta, estudiaron los distintos aspectos de la conmutación de paquetes. Donald Davies fue el primero en emplearla. En 1965, **Larry Roberts,** que entonces trabajaba en los Lincoln Labs, recibió fondos de DARPA para un proyecto experimental en el que se desarrollaba la capacidad de intercambiar información digital mediante una línea telefónica entre un ordenador en los Lincoln Labs y otro en el SDC, en Santa Mónica. Poco después de que hubiera demostrado que esto era posible, en 1966, se le pidió que se incorporara a la oficina de IPTO en DARPA para dirigir un nuevo proyecto de desarrollo de una red de área amplia para comunicación digital, que después se denominaría ARPAnet.

Después de haber dirigido el proyecto y poner en marcha una ARPAnet razonable y madura interconectando ordenadores principales repartidos por todo el continente americano, Larry Roberts abandonó DARPA en 1973 para convertirse en el presidente de Telenet. Telenet estaba ofreciendo servicios comerciales para la comunicación de datos basados en la norma X.25. Esto era bastante raro. La norma X.25 se basa en una red de transmisión orientada a conexión, promovida enérgicamente por la comunidad de estandarización, mientras que la tecnología incipiente de la comunidad DARPA y la futura fundación para la tecnología de Internet se basaba en el paradigma del datagrama. Estas dos comunidades se oponían radicalmente. Eran como el perro y el gato.

Robert Kahn, con la experiencia en diseño y especificación de los IMP de ARPAnet adquirida en BBN, se unió al equipo de IPTO en 1972 y se convirtió posteriormente en su director. En 1973, él y **Vint Cerf,** quien entonces era profesor asociado en Stanford, concibieron los principios fundamentales sobre los que debería basarse Internet y los publicaron en mayo de 1974. Estas dos personas fueron la fuerza motriz del desarrollo de Internet.

No obstante, existen muchas otras personas que han contribuido a su desarrollo, participando en una sinfonía gigantesca dirigida por Bob Kahn y Vint Cerf. Tal vez debería mencionar a alguien que tuvo un impacto enorme en la manejabilidad de Internet. Esta persona es **Tim Berners-Lee** y su invención de la Web.

Foto: Lisbeth Andersen. Cortesía de Pål Spilling.

En lo que respecta a Europa, quisiera mencionar al profesor **Peter Kirstein,** del UCL de Londres. Su importancia es capital en la promoción de la tecnología de Internet en Europa, primero en Inglaterra y después en el resto del continente.

En cuanto a Noruega, quisiera mencionar a **Petter Kongshaug.** Él comprendió muy pronto las ventajas de la tecnología de Internet y promovió su uso en Noruega. Fue una de las fuerzas motrices tras la creación, a finales de los ochenta, de UNINETT, una internet noruega interconectada gradualmente con todos los centros de enseñanza superior noruegos. A partir de ahí, comenzaría a decrecer mi interés por mi *"hobby"*, Internet. Petter Kongshaug también fue clave en la creación de NORDUnet, una red que interconectaba todas las redes académicas de Escandinavia. NORDUnet también estaba interconectada a las incipientes redes europeas y a la NSFnet de EEUU.

Dos situaciones anecdóticas

Ocurrió al aterrizar en Los Ángeles en 1977 para asistir a una reunión de ARPA en California, cuando me di cuenta de que me había olvidado la información de la reunión. Afortunadamente, encontré la forma de llegar al ISI, donde un simpático estudiante de doctorado me dejó entrar y me permitió el acceso a una terminal para que pudiera leer mi correo y conseguir la información de la reunión. Por cierto, el ISI era en aquel momento el servidor de mi cuenta de correo electrónico.

En torno al 1 de noviembre de 1983, **Ronald Mark Austin,** un estudiante de diecinueve años de UCLA fue arrestado y acusado de acceder ilegalmente a un gran número de sistemas informáticos conectados a ARPAnet y de haber robado información. De estos sistemas, varios pertenecían a los servicios de Defensa estadounidenses. También se creía que Austin había irrumpido en el sistema principal del campus de Kjeller, en Noruega, que era el servidor del Centro Noruego de Investigación para la Defensa (FFI), en la base de las Fuerzas Aéreas noruegas de Kjeller y en la Universitetet i Oslo, según un periódico noruego (e hizo saltar la historia a los titulares). Resulta que lo que se invadió fue mi VAX-750, que se usaba para colaborar con la comunidad ARPA y no contenía ni secretos de defensa ni ningún otro material sensible. Me costó responder a todas las llamadas de los empleados de la seguridad nacional, los institutos de investigación de Kjeller, la Agencia de Seguridad y Defensa, y muchos periódicos. Además, recibí una citación para comparecer en los Juzgados de Los Ángeles. Cuando se enteraron de la verdadera situación, cancelaron la citación, por supuesto.

¿Qué piensa sobre el futuro de Internet?

Internet se expandirá progresivamente hasta abarcar el mundo entero, convirtiéndolo progresivamente en la denominada aldea global. Permitirá a gente de distintas culturas acceder a la misma base de información, les ofrecerá un modo de comunicarse e intercambiar opiniones fácilmente y, por tanto, se espera que reduzca las tensiones entre pueblos y culturas de la aldea global y permita una coexistencia pacífica.

Internet está penetrando en todos los aspectos de nuestra sociedad y haciendo a la humanidad cada vez más dependiente de las operaciones fiables y seguras en Internet y sus servicios. Esta situación intimida, puesto que aún no se han instaurado en nuestras redes y sistemas informáticos la calidad, la fiabilidad y la robustez necesarias frente a fallos y piratería.

El futuro de Internet es algo que apenas nos podemos imaginar. Este es un ejemplo que siempre pongo: el hecho de que Internet siempre esté disponible y facilite una comunicación barata permitirá a las personas mayores y discapacitadas estar en contacto con la familia, los amigos y la sociedad en general en todo momento e independientemente del lugar en que se encuentren mediante, por ejemplo, instalaciones de llamadas de voz adaptadas al tipo de discapacidad y a las necesidades del usuario.

¿Ha identificado alguna tendencia tecnológica interesante o importante?

Internet se basa principalmente en redes de transmisión por fibra óptica, en las que la capacidad de la red de transmisión se está incrementando progresivamente mediante el perfeccionamiento de la técnica DWDM[11].

Volviendo a mediados de la década de los setenta y a la dura lucha entre la estandarización y las comunidades DARPA, ambas variantes de la comunicación (las líneas virtuales y los datagramas) presentaban ventajas e inconvenientes.

En aquel momento, DARPA defendía arduamente los circuitos virtuales. Por tanto, es interesante que se reconozca el esfuerzo, en la última década, por integrar las ventajas de los circuitos virtuales en Internet sin poner en peligro el concepto de datagrama. Con esto me estoy refiriendo a la conmutación multiprotocolo basada en etiquetas (MPLS) y a los sistemas de control de colas de los *routers,* para solucionar los problemas que presenta el tiempo real y la calidad de los servicios de transmisión.

Los usuarios de Internet son cada vez más dinámicos y quieren hacer uso de sus servicios (incluyendo las llamadas de voz) en cualquier momento y desde cualquier lugar. Veremos cómo se produce el desarrollo más adecuado de las PDA con mayor capacidad y menor consumo, que combine la telefonía, las conferencias de voz y los servicios normales de Internet. Estos dispositivos no se usarán solo para entrar en Internet, sino también, y cada vez más, para comunicaciones de móvil a móvil.

Los elementos informáticos estarán cada vez más integrados en aviones, coches, electrodomésticos, granjas, fábricas, el área de la medicina, etc. Es decir, se convertirán en una parte de los ámbitos personal, comercial y público. Esto quiere decir que seremos cada vez más dependientes del funcionamiento fiable de estos aparatos electrónicos, con un *software* más o menos fiable. Aún no hemos avanzado tanto y veremos cómo en el futuro hay mayor interés por los métodos y las herramientas que permitan el desarrollo de un *software* sólido y fiable.

11 DWDM: Dense Wavelength Division Multiplexing que significa multiplexado denso por división de longitud de onda. Es un modo de incrementar la cantidad de información que se transmite por un canal de comunicación.

LECTURAS COMPLEMENTARIAS

ARTÍCULOS Y LIBROS CITADOS / RECOMENDADOS

- Licklider, J. C. R., "Man-Computer Symbiosis", *IRE Transactions on Human Factors in Electronics* vHFE 1, 1 (s. f.), pp. 4-11.
- Spilling, P. y Lundh, Y., "Features of the Internet History – The Norwegian contribution to the development", *Telektronikk* (marzo 2004), pp. 113-133.

Ginny Strazisar Travers

Creadora del primer router*.

«En aquellos momentos apenas podía imaginar el tremendo impacto que causaría Internet, pero veo todas las **COSAS "BUENAS"** que ha traído a la vida de las personas y me siento orgullosa de haber contribuido a ello.»

** Entonces trabajaba en BBN (el primer contratista de ARPAnet) y el* router *fue realmente un gateway: pasarela que adapta las señales y los diferentes protocolos de dos sistemas distintos no compatibles.*

Entrevistada el 28 de julio de 2005, en Stanford (California)

Nació el 5 de noviembre de 1952 en Cleveland (Ohio).

Obtuvo la Licenciatura en Ingeniería Informática en la Case Western Reserve University en 1974. Su primer empleo fue en Mitre Corporation, donde trabajó en redes para las Fuerzas Aéreas de Estados Unidos de junio de 1974 a abril de 1975. Posteriormente, se incorporó a BBN Technologies (Bolt, Beranek & Newman), donde ha estado trabajando desde abril de 1975 hasta la actualidad, cuando ostenta el cargo de científica sénior.

Diseñó, implantó e instaló el *software* para la primera pasarela de Internet (llamada *router* en la actualidad) que conectaba ARPAnet y PRnet (Packet Radio network, o red de radiopaquetes) por un lado, y ARPAnet y SATnet (Atlantic Satellite Network, o Red Atlántica de Paquetes vía Satélite) por otro.

Trabajó en el diseño y la implantación de diversos sistemas, incluyendo PRnet y Slate (uno de los primeros sistemas de documentos multimedia) y, más recientemente, en diversos sistemas de logística distribuidos, entre los que se incluye UltraLog.

En los últimos años, ha trabajado en el diseño y la implantación de un marco para la integración de sistemas de formación.

www.bbn.com

Ginny Strazisar

Ginny Strazisar

¿Recuerda su primer contacto con un ordenador?

Utilicé un ordenador por primera vez cuando inicié mis estudios en la Case University. Esto fue en 1970. Teníamos un gran *mainframe* y aprendí a programar en lenguaje de programación Pascal, con tarjetas perforadas como entrada de datos.

¿Cuál fue su primer contacto/experiencia con ARPAnet?

En mi tercer año de universidad (1972), comencé a utilizar el PDP-10 del Departamento de Informática y a ejecutar programas bajo el sistema operativo TENEX. Esta máquina pertenecía a ARPAnet. Fue entonces cuando conocí BBN, ya que el sistema TENEX fue escrito por Ray Tomlinson de dicha empresa. Mi primer contacto con Internet fue allí. Recuerdo haber trabajado en la conexión de la red del Centro Informático de Investigación (RCC o Research Computing Center) de BBN a ARPAnet utilizando una pasarela PDP-11 (ahora llamada *router*) en 1975-1976. Yo escribí el *software* para la pasarela. Posteriormente, instalé el *software* de la pasarela en PDP-11 para conectar la Red de Radiopaquetes y ARPAnet en Palo Alto, y la Red Atlántica de Paquetes vía Satélite y ARPAnet en el University College de Londres y el Instituto Noruego de Investigaciones de Defensa en Oslo, Noruega.

En su opinión, ¿cuáles son las características clave de Internet?

Una de las principales características es que fue desarrollado por un grupo de investigadores que trabajaron juntos en su diseño, implantación y puesta en marcha. Se trataba de un proceso experimental en el sentido de que poníamos en práctica nuestras ideas tan rápido como nos era posible y posteriormente nos dedicábamos a eliminar los errores. Esto se hizo en un momento en el que, en ciertos sectores de la industria del *software,* se hacía un gran hincapié en el trabajo con diseños y documentación antes de implantar nada. Nosotros demostramos que la red podía funcionar conforme la íbamos creando. Por otro lado, muchos pasaban años trabajando en el desarrollo de estándares y la aprobación de los mismos.

«Yo creo que el hito más importante lo constituye el uso de la red.»

Sin embargo, la "estandarización" de los protocolos de Internet se producía solo cuando estos mostraran su buen funcionamiento al ser ampliamente utilizados.

Otra característica clave es que, a excepción de pequeñas variaciones, los protocolos TCP/IP han conseguido pasar con éxito las pruebas del tiempo y la escalabilidad. Los mismos protocolos se utilizan para conectar dos redes o millones de ellas. Los mismos protocolos se utilizan si la red troncal o *backbone* funciona a 56 kbps o si alcanza los gigabits. Los mismos protocolos se utilizan para conectar unos cuantos *mainframes* grandes o para conectar millones de potentes ordenadores personales. Esto constituye un auténtico tributo a sus primeros investigadores.

¿Cómo ha contribuido usted al desarrollo de Internet?

Yo desarrollé el *software* para los primeros *routers* de Internet (a los que nos hemos referido también como "pasarelas" en esta entrevista). Como reconocimiento a este trabajo recibí el premio 2008 IEEE Internet Award por un: "Trabajo pionero en el desarrollo de los primeros *routers* de Internet".

¿Cuáles son los hitos más importantes, en su opinión, en el desarrollo de la red?

Yo creo que el hito más importante lo constituye el uso de la red. El correo electrónico y la World Wide Web han sido las aplicaciones de *software* que han conducido al uso extensivo de la red. Los ordenadores personales y la accesibilidad de los enlaces de comunicación, especialmente los enlaces de alta velocidad, han hecho posible que millones de personas utilicen Internet. Me parece sorprendente que muchas personas piensen que Internet y la WWW son la misma cosa y que se desarrollaron al mismo tiempo, cuando lo cierto es que la red precede en muchos años a estas aplicaciones y fue la que hizo posible su creación.

Dos situaciones anecdóticas

▶ Recuerdo que teníamos discusiones interminables sobre el número de bits necesarios para las direcciones IP. Nuestros enlaces de comunicación eran muy lentos; se trataba de *mainframes* conectados por líneas de 9,6 kbps. Nos preocupaba el tamaño de los paquetes, los bits de control, en el envío de un solo carácter, por ejemplo. Me acuerdo que me preguntaba: *"¿Por qué se preocupará esta gente de si con 16 o con 32 bits se proporcionará suficiente espacio de direcciones?"*. Nos ha llevado un año conectar dos redes a ARPAnet y a esa velocidad, ni durante todas nuestras vidas conseguiremos el espacio de direcciones suficiente.

▶ Asistí a una reunión (que se celebró en febrero de 1976 en Washington DC). Había representantes de la industria telefónica entre los que se incluían algunos de agencias europeas. Estuvimos hablando de pasarelas como ordenadores que interconectaban redes. Tenían su propia definición de pasarela, creo recordar que era algo relacionado con puntos de entrada a sus sistemas y tarifas, y no podían comprender lo que les estábamos contando. Dijeron, básicamente, que Internet no iba a despegar fuese cual fuese la velocidad utilizada.

¿Quiénes han sido las personas clave, líderes o impulsores en el desarrollo de Internet?

Las personas con las que trabajé en BBN fueron **Ray Tomlinson** y **Bill Plummer.** Contribuyeron al diseño de IP y TCP e implantaron estos protocolos en el sistema TENEX de BBN.

Las personas que recuerdo como líderes de los primeros trabajos en este campo, como **Vint Cerf** y **Bob Kahn,** son reconocidas internacionalmente en la actualidad por sus contribuciones.

¿Qué opina acerca del futuro de Internet?

Confío en que Internet continuará expandiéndose, conectando a más personas, con nuevas aplicaciones que no puedo anticipar.

Virginia Strazisar con Ray Tomlinson en el encuentro de la Universidad de Stanford (California), 28 de julio de 2005. Ambos trabajaban entonces para BBN.

¿Ha identificado alguna tendencia tecnológica?

Una de las tendencias tecnológicas más interesante está relacionada con el modo de acceso a Internet. ¿Se extenderá el uso de conectividad inalámbrica de alta velocidad en nuestras ciudades? ¿Y en las zonas rurales? ¿Y en los países en desarrollo? ¿Cuál será el modelo económico? ¿Se convertirá poco a poco el acceso a Internet en algo omnipresente y "gratuito" para el consumidor (por ejemplo, uso en bibliotecas públicas y otros lugares públicos)? ¿O continuarán existiendo unos costes relativamente altos (por ejemplo, los costes de acceso a Internet de alta velocidad en los hogares)? ¿De qué manera Internet, que proporciona acceso a cada vez más información y a cada vez más personas, cambiará nuestro modo de vida?

LECTURAS COMPLEMENTARIAS

TRABAJOS Y LIBROS MENCIONADOS / RECOMENDADOS

- Strazisar, V., "Gateway Routing: An Implementation Specification", *IEN 30,* Bolt Beranek and Newman (abril de 1979).
- Strazisar, V., "How to Build a Gateway", *IEN 109,* Bolt Beranek and Newman (agosto de 1979).

Stephen Wolff

Director del Departamento de Investigación e Infraestructura de Redes y Comunicaciones de la National Science Foundation (NSF, de 1986 a 1997).

«Internet es un **REFLEJO DEL MUNDO** que nos rodea.»

Se le considera uno de los padres de Internet por su esfuerzo en promover el interés comercial de la red de comunicaciones, que hoy está en todas partes. Quizás se le conoce principalmente por su promoción de Internet mientras trabajaba en la National Science Foundation, donde hizo posible que organizaciones privadas se conectasen a la NSFnet. Abandonó este puesto una vez logrado el objetivo de "llevar Internet al ámbito público".

Entrevistado el 24 de abril de 2004 en Cambridge (Boston, Massachusetts)

Escucha la entrevista

Nació el 27 de octubre de 1932 en Media (Pensilvania).

Steve estudió en el Swarthmore College y el Imperial College y obtuvo su doctorado en 1961 en la University of Princeton. Fue profesor de Ingeniería eléctrica en la Johns Hopkins University diez años (hasta 1973) y, posteriormente, dirigió durante quince años un grupo de investigación sobre informática y redes en el Army Research Laboratory (Laboratorio de Investigación del Ejército) de Estados Unidos (hasta 1985). En 1983, se tomó medio año sabático como director de programa en el Departamento de Matemáticas de la Army Research Office (Oficina de Investigación del Ejército) de Estados Unidos. De 1986 a 1995 fue director del Departamento de Investigación e Infraestructura de Redes y Comunicaciones de la National Science Foundation (NSF, Fundación Nacional de Ciencia) de Estados Unidos, responsable de la NSFnet y de los programas de investigación básica de la NSF en redes y comunicaciones. Se incorporó a Cisco Systems en 1995, donde es director técnico responsable de la participación técnica de Cisco en proyectos de infraestructura cibernética tanto en Estados Unidos como en el extranjero. El Dr. Wolff es titular de dos patentes y autor de varias docenas de informes y artículos técnicos; es miembro de la AAAS y la ACM, y miembro pionero de la Internet Society (ISOC). Recibió el premio Jon Postel Service[1] de ISOC 2002.

«El liderazgo personal del Dr. Wolff, a veces en situaciones de controversia pública, ha sido un elemento indispensable para superar una enorme cantidad de retos técnicos, operativos y económicos. Su extraordinario compromiso en el campo del crecimiento y el éxito de Internet es reflejo de la máxima calidad de servicio para la comunidad en red. Entre sus contribuciones se pueden destacar la orientación de tres generaciones de la NSFnet siguiendo el camino iniciado por la CSnet, la creación de redes regionales que estimularon el sector de los proveedores de servicios de Internet, la unificación de las múltiples redes de la red troncal (*backbone*) académica y de investigación de Estados Unidos y la apertura de Internet al uso general. Estas contribuciones han cambiado el mundo profundamente, y es un gran honor y un gran placer para nosotros reconocer su labor.»

Mención del Postel Award de la Internet Society.

www.princeton.edu *www.jhu.edu* *www.aro.army.mil*
www.nsf.gov *www.isoc.org* *www.cisco.com*

Stephen Wolff

1 En la carta de reconocimiento enviada por el presidente del comité evaluador de los premios (Steve Crocker) se podía leer: "Como reconocimiento por su papel clave en el desarrollo de Internet y su prolongado y honrado servicio a la comunidad de Internet, la Internet Society tiene el placer de elegirle para el Premio Postel 2002. El Premio Postel se entrega anualmente a una o más personas que hayan hecho contribuciones fundamentales al desarrollo de Internet con el espíritu desinteresado y de cooperación ejemplificado por Jon Postel [...] El comité evaluador, la presidenta de ISOC y yo queremos felicitarle". El premio se presenta cada año desde 1999 por la Internet Society para "honrar a una persona que haya hecho una contribución destacada al servicio del mundo de las comunicaciones de datos".

¿Recuerda su primer contacto con un ordenador?

Fue alrededor del año 1956-1957. Cuando era estudiante de tercer año en la universidad, visitamos un centro de producción de UNIVAC en Filadelfia y pude *andar por dentro* de una UNIVAC. Yo usaba un IBM 650 y, posteriormente, fui operador de sistemas de IBM 1604, cuando estuve en la escuela de posgrado. Mi primer ordenador personal fue un Mac.

¿Cuál fue su primer contacto/experiencia con ARPAnet?

Fue a finales de los años setenta, en 1978, creo. Cinco años antes del cambio al TCP/IP, y el protocolo de ARPAnet era el NCP. En aquel momento, trabajaba en un laboratorio de investigación militar y no estábamos preparados para el paso de cabeceras NCP de 32 bits a cabeceras NCP de 96 bits. Una persona extremadamente brillante, que trabajaba para mí, **Mike Muuss,** sustituyó el nodo original de ARPAnet de Honeywell (NCP) por un PDP-11 70 (con UNIX v6). Después de una sesión de codificación maratoniana de unas 72 horas, Mike logró que el nodo estuviese operativo a tiempo. Denominamos al sistema "BRL UNIX Network System" (BUNS, que en inglés significa *culos*, *traseros*) y dijimos a Dirección: *"Mike ha puesto el BUNS del laboratorio en línea"*. No les hizo ninguna gracia.

En su opinión, ¿cuáles son las características más importantes de ARPAnet?

Son dos:

a) La primera es que todo funciona sobre IP, y
b) la segunda, que es mi favorita, es la simetría. Se trata de la primera ecuación de simetría de masas del mundo. Actualmente, se llama *Peer to Peer* pero los elementos centrales de esto se conocen desde los primeros días de existencia de Internet. Es simetría: no hay una diferencia fundamental entre el emisor y el receptor de un mensaje, por lo que todos tienen las mismas capacidades. No es como una emisión, no es como la radio o la televisión, donde alguien controla los medios de emisión, y los medios de recepción solamente pueden elegir si reciben o no dicha transmisión, no pueden responder. El teléfono, por supuesto, es simétrico, pero constituye fundamentalmente una conexión de uno a uno: las conexiones de uno a varios, de varios a uno o entre varios, son excepciones. La red es distinta porque es completamente simétrica, al margen del número de conexiones. La aparición de las *NAT boxes* (dispositivos traductores de direcciones de red) oculta la simetría y dificulta su uso, pero bajo la superficie, sigue ahí.

¿Cuáles son para usted los hitos más importantes en el desarrollo de la red?

Yo sólo puedo hablar de la época de la NSFnet, pero todo lo que logró la NSF se apoyó en los numerosos logros y contribuciones de los fundadores, diseñadores y creadores de ARPAnet. Tuvimos mucha suerte de apoyarnos sobre los hombros de unos gigantes.

- **1985:** la primera NSFnet, una red troncal o *backbone* (red de alto nivel) de 56 kbps basada en *routers* Fuzzball LSI-11, empezó a funcionar en 1985 y vinculó los seis centros de supercomputación financiados a escala nacional (los cinco centros de la NSF: JVNC de Princeton, PSC de Pittsburgh, SDSC de UCSD, NCSA de UIUC, Theory Center de Cornell y el National Center for Atmospheric Research de Boulder). Esto hizo posible una multiplicación de las conexiones, especialmente de las universidades.

El rápido crecimiento del tráfico provocó una congestión grave de la red, y la NSF presentó una solicitud para la provisión de un nuevo servicio de red más rápido:

- **Noviembre de 1987:** la NSF eligió a Merit Network, Inc. y sus socios, MCI, IBM, y el Estado de Michigan, para gestionar y reorganizar la nueva red de alto nivel que se iba a crear. Se firmó un acuerdo de cooperación para administrar el *backbone* NSFnet. Merit, IBM y MCI financiaron posteriormente ANS (Advanced Network Services).

- **Abril de 1988:** MCI desarrolla y termina la

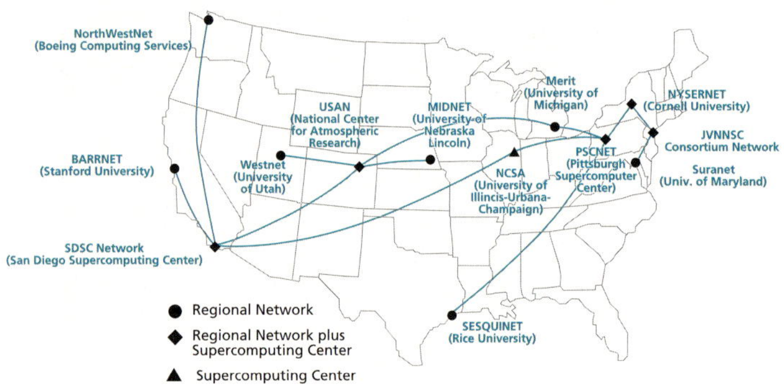

Febrero de 1988: topología inicial de la NSFnet (**56 Kbps**) migrada a **1,5 Mbps.**

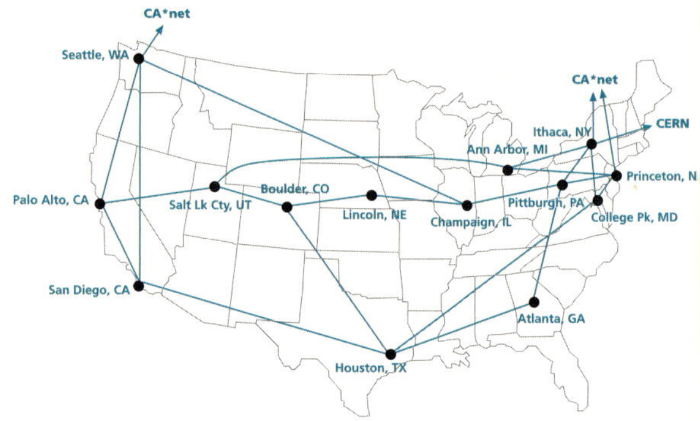

1991: red troncal NSFnet mejorada a líneas T1 (**1,5 Mbps**).

implementación de una topología de 14 circuitos.

- **Julio de 1988:** ocho meses después de la concesión de la NSF, la sociedad NSFnet terminó una nueva red troncal basada en enlaces del tipo T1 (1,5 Mbps), que interconectó trece ubicaciones[2].

- **Septiembre de 1988:** comienza la expansión internacional de la red académica de uso general con la conexión de los primeros países europeos: Dinamarca (DK), Francia (FR), Islandia (IS), Noruega (NO) y Suecia (SE), y Canadá. En 1989, muchos otros países[3] se conectaron a la NSFnet, y el número siguió aumentando en 1990[4], 1991[5], 1992[6], 1993[7] y 1994[8]. Esta expansión sirvió de complemento a las diversas conexiones internacionales anteriores de ARPAnet que, en su mayor parte, estaban limitadas al uso por parte de algunos investigadores en cada sitio.

2 Merit, NCAR, BARRnet, MIDnet, Westnet, NorthWestnet, SESQUInet, SURAnet, y los centros de superordenadores de la NSF. Otras dos redes regionales, NYSERnet y JvNCnet, también recibieron servicio por parte de la red troncall, pues cada una de ellas estaba ubicada en un centro de supercomputación. Fuente: www.merit.edu

3 1989: Australia (AU), Alemania (DE), Israel (IL), Italia (IT), Japón (JP), México (MX), Países Bajos (NL), Nueva Zelanda (NZ), Puerto Rico (PR), Reino Unido (UK).

4 Argentina (AR), Austria (AT), Bélgica (BE), Brasil (BR), Chile (CL), Grecia (GR), India (IN), Irlanda (IE), Corea (KR), España (ES), Suiza (CH).

5 1991: Croacia (HR), Hong Kong (HK), Hungría (HU), Polonia (PL), Portugal (PT), Singapur (SG), Sudáfrica (ZA), Taiwán (TW), Túnez (TN).

6 1992: la Antártida (AQ), Camerún (CM), Chipre (CY), Ecuador (EC), Estonia (EE), Kuwait (KW), Letonia (LV), Luxemburgo (LU), Malasia (MY), Eslovenia (SI), Tailandia (TH), Venezuela (VE).

7 1993: Bulgaria (BG), Costa Rica (CR), Egipto (EG), Fijy (FJ), Ghana (GH), Guam (GU), Indonesia (ID), Kazajistán (KZ), Kenia (KE), Liechtenstein (LI), Perú (PE), Rumanía (RO), la Federación de Rusia (RU), Turquía (TR), Ucrania (UA), Emiratos Árabes Unidos (AE), Islas Vírgenes de los Estados Unidos (VI).

8 1994: Argelia (DZ), Armenia (AM), Bermudas (BM), Burkina Faso (BF), China (CN), Colombia (CO), Jamaica (JM), Jordania (JO), Líbano (LB), Lituania (LT), Macao (MO), Marruecos (MA), Nueva Caledonia (NC), Nicaragua (NI), Níger (NE), Panamá (PA), Filipinas (PH), Senegal (SN), Sri Lanka (LK), Swazilandia (SZ), Uruguay (UY), Uzbekistán (UZ).

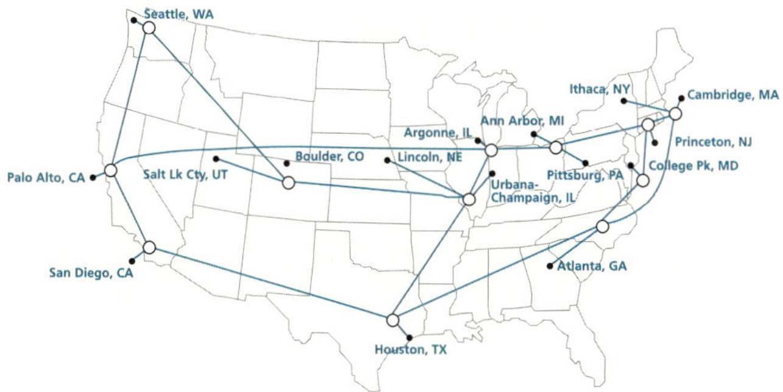

A comienzos de 1992 se traslada el tráfico remanente de la antigua NSFnet hacia el nuevo servicio de red troncal T3 (a **45 Mbps**).

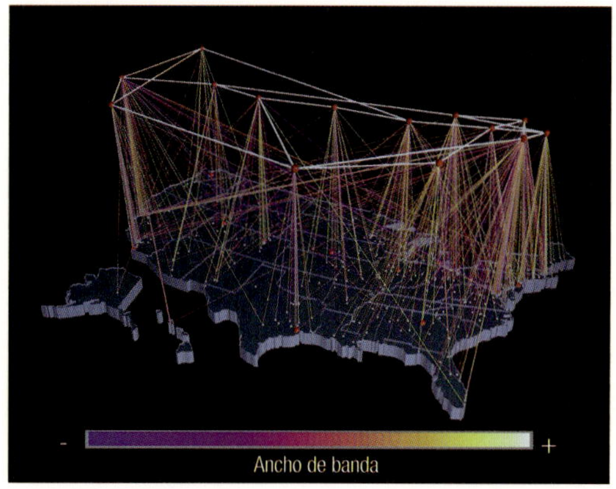

Arquitectura de la NSFnet.
Fuente: Merit Network.

¿Cómo contribuyó usted al desarrollo de Internet?

En la National Science Foundation concebimos la idea de las redes regionales y creo que mi mayor contribución fue el hecho de no darles suficiente dinero y decirles que si querían seguir existiendo, tenían que conseguir algunos clientes comerciales y usar la economía de escala para financiar sus servicios.

Es cierto que en aquel momento había dos proveedores de servicios de Internet puramente comerciales: UUnet establecido por **Rick Adams**, y PSInet, de **Bill Schrader**, pero estos se encontraban fuera de la red original. PSInet era una *spin-off* comercial de NYSERnet en la región de Nueva York; UUnet, a pesar de tener importancia a nivel nacional, era básicamente un pequeño proveedor de servicios de Internet. Las redes regionales introdujeron Internet en las empresas comerciales por todo el país.

Por eso, creo que mi contribución fue fomentar la comercialización de Internet.

Otra contribución que creo que resultó bien fue la decisión –tras una conversación con **Dave Farber**– sobre la administración de Internet y la orientación para su evolución técnica. Sabíamos que ARPAnet tenía una estructura de administración técnica en el IAB, la IETF y la IRTF; pero DARPA estaba reduciendo su financiación a ARPAnet a medida que la financiación de la NSFnet aumentaba, y la cuestión que se planteaba era: ¿debemos conservar la metaestructura de ARPAnet o sustituirla por algo nuevo, centrado en la comunidad académica y apoyado en ella? Finalmente, entre los dos llegamos a la conclusión de que sería una tontería realizar esta sustitución, porque podíamos beneficiarnos del soporte y la continuidad de la estructura de ARPAnet. Por ello, tomamos la decisión consciente de conservar y fortalecer la estructura del IAB y la IETF como estructura de soporte técnico para la red en su conjunto. Así, la NSFnet pasaba por la IETF, mediante la redacción de peticiones de comentarios (RFC) y cosas así, cada vez que teníamos que hacer un cambio, y no actuábamos por nuestra cuenta, de forma aislada. Creo que esto es muy importante, pues así se mantuvo a la IETF como un organismo de administración técnica fuerte, y se proporcionó una continuidad para lo que iba a ser la posterior explosión de Internet.

«Mi contribución fue fomentar la comercialización de Internet.»

> *«Steve Wolff es la persona (en mi opinión) más responsable de Internet tal y como la conocemos hoy en día. Tomó la mayor parte de las decisiones difíciles, las decisiones realmente controvertidas que hicieron comercial la red. Y fueron cosas realmente difíciles de hacer.»*
>
> Allan H. Weiss
> Presidente de ANS (Advanced Network Services) [9]

Conviene señalar que, durante la transición a la inclusión de actividad comercial en la red, creamos la norma de que todo el tráfico que tuviese que ver con la educación sería gratis; por todo lo demás, habría que pagar.

Creo que puedo haber contribuido de forma indirecta. Algunas de las personas que trabajaban en el Centro de Operaciones de Merit (las mismas que dirigían la NSFnet) se enfrentaban a un volumen de tráfico enorme, y sin las herramientas adecuadas para gestionarlo o comprenderlo. Cada siete meses, el tráfico de la red de alto nivel se duplicaba, y este ritmo de crecimiento exponencial originó grandes retos para el equipo de la NSFnet. Así que Merit utilizó el protocolo GateD[10]. De manera similar, en una reunión de FARnet[11] (donde todas las redes regionales se reunían e intercambiaban documentos técnicos) dije que se estaba volviendo muy difícil administrar tantos *routers*, que necesitábamos una forma de gestionar más eficaz. En la siguiente reunión, **Jeff Case** (de la University of Tennessee) y **Marty Schoffstall** (cofundador de PSInet) anunciaron el Simple Gateway Management Protocol (SGMP, Protocolo Simple de Gestión de Pasarelas), que en un plazo de seis meses había sido transformado a SNMP (Simple Network Management Protocol, Protocolo Simple de Gestión de Redes). Yo no participé en esto personalmente; me limité a conseguir que la gente hiciera cosas.

20 de abril de 1994. Directores del Programa NSFnet: Priscilla Huston, George Strawn, Doug Gale, Jane Caviness y Steve Wolff. Cortesía de Steve Wolff.

«Cada siete meses, el tráfico de la red de alto nivel se duplicaba, y este ritmo de crecimiento exponencial originó grandes retos para el equipo de la NSFnet.»

De todas formas, si quieres destacar la mayor contribución, creo que ha sido dar los pasos para que la NSF dejase de financiar el *backbone*, es decir, privatizarla. La historia ha demostrado que hice esto demasiado pronto, pero la idea cuando comenzamos el Programa NSFnet era de que se trataba de algo temporal. La NSF financiaría la red de alto nivel durante algún tiempo, pero a la larga, tendría que autofinanciarse o ser financiada con fondos propios.

La financiación gubernamental no perduraría indefinidamente. Anuncié esto una y otra vez. Y al mismo

9 Cuando la National Science Foundation (NSF) encargó a una sociedad formada por IBM, MCI Corporation y Merit Network (un grupo de universidades de Michigan y un organismo estatal) administrar la red troncal, la organización sin ánimo de lucro resultante, Advanced Network Services, originó un fuerte resentimiento entre los proveedores de servicios de Internet anteriores.

10 GateD (pronunciado "Gate D") fue creado inicialmente por **Mark Fedor** en Cornell, y Merit lo adoptó para su uso con la red troncal NSFnet. Los investigadores del mundo académico aportaron nuevas ideas, se formó un consorcio de la industria y, finalmente, Merit vendió GateD a Nexthop. Se trata de un mecanismo creado para proporcionar una interfaz entre sistemas autónomos que comprende múltiples protocolos (tanto IGP como BGP). También puede publicar rutas de su sistema autónomo usando BGP. Las normas que sigue GateD permiten a un administrador de sistema especificar exactamente qué redes puede o no publicar GateD. Desempeña un papel importante en el enrutamiento.

11 FARnet: Federation of American Research Networks.

tiempo, proporcionamos un mecanismo que garantizaría que cuando las redes regionales adquiriesen servicios de larga distancia de alguno de los proveedores de servicios de Internet que se estaban terminando de establecer, la comunidad académica (y sus redes) no se fragmentarían y no se quedarían aisladas.

Con esta finalidad, especificamos la **Norma 3 NAP** (Network Access Points, puntos de acceso a la red). Su función era que la red regional pudiese recibir financiación de la NSF para adquirir *backbones* de cualquier proveedor[12] del mercado privado solo si el proveedor aceptaba el *peering* sin pago *(settlement-free)* en dos o más de los NAP con todos los demás proveedores de servicios de Internet. Con esto se garantizó que incluso si una red regional obtenía un servicio de larga distancia de un proveedor A y otra red regional lo obtenía de un proveedor B, ambas podrían intercambiar tráfico, gracias a nuestro requisito de hacer *peering* sin pago en los NAP.

¿Quiénes fueron algunas de las personas clave en el desarrollo de Internet, líderes o marcadores de tendencias?

Mike Muuss hizo el sistema en red UNIX del BRL (Ballistic Research Laboratory, Laboratorio de Investigación Balística) y además, en 1982, ya sabía del cambio inminente a TCP desde el protocolo que se usaba en ese momento, el NCP. Sin embargo, sabía también que mucha gente en el país no estaba preparada, así que inició una lista de correo sobre el TCP/IP y la dirigió durante, probablemente, un año, comenzando muchos meses antes de la fecha límite (la fecha en la que toda la red debería haberse convertido al TCP/IP) con el fin de ayudar a la gente a prepararse, como por ejemplo, cambiar sus códigos y cosas similares. Tuvo una enorme influencia. También es conocido por su creación (en diciembre de 1983) del Ping de mil líneas (*thousand-line Ping,* aplicación de internet) mientras trabajaba en el Ballistic Research Laboratory.

Los directores del programa NSFnet: **Jane Caviness, Doug Gale, Priscilla Huston;** usando como única herramienta su persuasión y su integridad personal, consiguieron que se mantuviese la estructura original de la NSFnet cuando no había dinero suficiente para hacerlo. Así que se dedicaron a hablar amistosamente con los directores de las redes regionales para que no se cambiasen a BITnet: *"No dejéis la red, será mejor en el futuro, y se convertirá en algo importante"*. En aquel momento, BITnet y USEnet eran competidores, sobre todo BITnet, porque tenía el apoyo de IBM, así que los directores podrían haber cambiado de dirección, pero no lo hicieron.

Los inventores de los primeros routers comerciales: **Noel Chiappa** y **Len Bosack.** Hay una historia sobre ellos, no sé quién la contó, pero el caso es que Len fue a Stanford y Noel al MIT. Noel originó el código C Gateway del MIT (el primer código de *router* escrito en C en el MIT). Len escribió su código *router*, también en C, en Stanford. El *router* de Noel se acabó convirtiendo en Proteon, y el de Len, en Cisco. Debe de haber alguna razón por la cual Proteon cayó en el olvido, mientras que Cisco, al contrario, logró prosperar.

Rick Adams, seguro que tiene opiniones muy claras sobre la NSFnet "medieval".

Doug Van Howeling, que era director de Tecnologías de la Información (CIO) en la University of Michigan y que dirigió el consorcio que desarrolló y manejó la red de alto nivel sobre conexiones T1 y, posteriormente, la de NSFnet.

Allan H. Weiss, de IBM, que dirigió el proyecto NSFnet para IBM y que tuvo una gran influencia en la comercialización de la NSFnet.

12 En ese momento, solamente estaban disponibles UUnet, PSInet y algunos servicios de MCI y Sprint.

Merit[13] **Network, Inc.** que en 1987, junto con IBM y MCI y el Estado de Michigan, presentaron la propuesta ganadora a la NSF para implementar un nuevo *backbone* para NSFnet. El nuevo servicio NSFnet comenzó el 1 de julio de 1988, y permitió interconectar superordenadores de Estados Unidos a 1,5 Mbps, que era una velocidad 24 veces superior a los 56 kbps de la red anterior.

Eric Aupperle, director y, después, presidente, de Merit Network de 1974 a 2001, y gerente sénior del Departamento de Tecnologías de la Información de la University of Michigan.

Hans-Werner Braun, coinvestigador principal e ingeniero jefe del proyecto NSFnet de Merit.

Marjory Blumenthal, directora del Computer Science and Telecommunications Board (CSTB, Consejo de Informática y Telecomunicaciones) del National Research Council (NRC, Consejo Nacional de Investigación) y actualmente rectora de la Georgetown University. Dirigió una serie de estudios sobre el futuro de Internet para la National Academy of Sciences (Academia Nacional de Ciencias de EEUU).

Una anécdota sobre los protocolos ISO

Hacia el año 1989, estábamos comprometidos (como todo el mundo) con llevar a cabo una transición hacia ellos o con usarlos siempre que fuese viable hacerlo, y una de las quejas que recibimos en la NSF consistía en que no podían utilizarse al no estar implantados en las máquinas de los usuarios. Resulta que fui a visitar a **Marshall Rose** a Northrop Research Labs y estaba creando algo que denominó ISO Development Environment (ISODE, entorno de desarrollo ISO), que permitía a los protocolos ISO ejecutarse sobre TCP/IP. Así pues, era posible implementar estos protocolos y ejecutarlos sobre la NSFnet (o ARPAnet) existente para

«En su diseño básico, Internet es igualitaria, imparcial y universal.»

hacer pruebas, pues eran una superposición sobre la red. La cuestión que se planteó era que, al tratarse de un empleado de Northrop, había que pagarle por su trabajo. Por eso, teníamos que encontrar la manera de pagar a Northrop. Yo no disponía de dinero (como director de Departamento de la NSF) en el presupuesto en aquel momento, ni siquiera para este interesante proyecto. Como mencionó Bob Kahn, hubo un acuerdo entre la NSF y DARPA según el cual la NSF podría especificar la localización de un determinado número de nodos nuevos de ARPAnet Así que hablé con el director de Northrop Research (que en aquel momento era **Steve Lukasik**) y le dije: *"No puedo pagar por este trabajo, pero merece la pena llevarlo a cabo y debe hacerse para facilitar el desarrollo de los protocolos ISO en nuestro país. No me puedo permitir pagarle, pero le ofrezco un nodo de ARPAnet, si desea tener uno. ¿Acepta esto como pago por el trabajo de Marshall Rose?"*. Y él dijo: *"¡Sí!"*. De esta forma, Marshall desarrolló el ISODE y elaboró el *software* (*software* de código abierto), que se usó bastante manteniendo un cierto interés por los protocolos ISO.

Pero, por supuesto, DARPA ya no ejercía el control de ARPAnet, operaba bajo la dirección de la Defense Communications Agency (DCA, Agencia de Comunicación de la Defensa), una organización conocida por moverse a la velocidad del caracol. Cuando se realizó la instalación del nodo en los locales de Northrop Research, ARPAnet había dejado de existir[14]; por eso, esto nunca llegó a producirse y, por desgracia, no hubo ningún pago por el trabajo de Marshall Rose.

Una vez desplegada la NSFnet y con esta en pleno funcionamiento, se estableció una Política de Uso Aceptable (AUP)[15] para la red troncal de alto nivel de

13 Merit Network, Inc. es una organización sin ánimo de lucro propiedad de sus miembros fundada en Ann Arbor (Michigan) en 1966. Durante su existencia, Merit ha sido pionera en nuevas tecnologías de redes. Desde 1987 a abril de 1995, administró y reorganizó el proyecto del servicio de red troncal (backbone service) de la red de la National Science Foundation (*National Science Foundation Network,* NSFnet) en colaboración con la NSF, ANS, IBM, MCI y el Estado de Michigan.

14 ARPAnet fue desmantelada en junio de 1990. Llegado aquel momento, la NSFnet y sus redes locales ya habían ocupado el lugar de ARPAnet. La arquitectura de Internet había crecido hasta tal punto que, cuando se desconectó ARPAnet, solamente fueron conscientes de ello los miembros del personal de redes.

15 Política de Uso Aceptable o Política de Uso Razonable: es un conjunto de normas aplicadas por el dueño/administrador de una red, sitio web o sistema informático de gran tamaño que restringe las maneras de utilizar la red, sitio o sistema.

Steve Wolff con el autor durante su primera entrevista en la oficina central de la NSF en Washington DC (11 de febrero de 2005).

NSFnet en la que se indicaba lo siguiente: "Este *backbone* es para uso con fines académicos exclusivamente". Si una universidad tenía que comunicarse con una tienda para comprar sillas, mesas, etc., se consideraba algo académico, y estaba admitido. Sin embargo, si la comunicación era puramente comercial (de compañía a compañía), no estaba permitido. No obstante, las redes regionales no estaban sujetas a esta Política de Uso Aceptable. Y en las redes regionales había clientes comerciales. Se vieron forzadas a esto porque la NSF no disponía de fondos para financiar completamente las redes regionales. Por este motivo, tuvieron que vender conexión a clientes comerciales. Su trabajo en las tablas de enrutamiento era asegurarse de que el tráfico comercial que estaba permitido se limitara a la Red Regional y no atravesara la red troncal de NSFnet. Era algo que se podía hacer, y lo hicieron. Esto desencadenó una serie de situaciones paradójicas, como puede imaginarse. En un momento, cuando estaba testificando ante el Congreso, me preguntaron: *"¿Cuál es el mayor problema al que se ha enfrentado como administrador?"*. Y yo contesté: *"Cumplir con esta Política de Uso Aceptable"*. Y fue entonces cuando Rick Boucher, congresista por Virginia, añadió una cláusula adicional a alguna ley mediante la cual se permitió el tráfico comercial en la red troncal de NSFnet. Esto ocurrió en marzo de 1991. Sin embargo, como aquella dejó de usarse poco tiempo después[16], no supuso ninguna diferencia en la práctica. De todas formas, esto supuso un avance simbólico importante que contribuyó al crecimiento del tráfico comercial.

¿Qué opina acerca del futuro de Internet?

En su diseño básico, Internet es igualitaria, imparcial y universal. Fomenta la innovación, otorga poder a los individuos y permite la "exageración publicitaria". Por eso, siempre va a recibir los ataques de quienes querrían usar su poder con fines delictivos, los que se benefician de la "exageración publicitaria" y los que se aferran al poder. Si nosotros, como ciudadanos,

16 El servicio de red troncal de NSFnet deja de existir el 30 de abril de 1995 y es reemplazado por múltiples redes troncales conectadas en los Puntos de Acceso a la Red (conocidos como NAP, de Network Access Points).

recordamos sus principios a la hora de votar, su futuro como fuerza para el bien social y el progreso técnico será brillante.

¿Ha identificado alguna tendencia tecnológica?

Esto no tiene ninguna relación con mi puesto en Cisco. Sin duda, todo el mundo está invirtiendo mucho tiempo y energía en tratar de averiguar cómo hacer que Internet sea menos rentable para aquellos con fines no éticos y delictivos, pero yo siempre he dicho que Internet es un reflejo del mundo que nos rodea. Posee todo lo que tenemos a nuestro alrededor, tanto lo bueno como lo malo y, al igual que en el mundo, debemos premiar lo bueno y disuadir lo malo. Podríamos destacar la convergencia tecnológica, la conexión sin cables, las redes en todos los lugares, la movilidad, el acceso en dispositivos portátiles, y muchas cosas más. También la adopción de la tecnología de Internet siempre que se necesite una comunicación abierta y heterogénea, como en el campo de la seguridad pública o los servicios públicos, por citar solo dos.

LECTURAS COMPLEMENTARIAS
TRABAJOS Y LIBROS MENCIONADOS / RECOMENDADOS

- Waltner, Ch., "Stephen Wolff - Hustling for Innovation", 30 de julio de 2002, <newsroom.cisco.com/dlls/ts:073002.htm>.

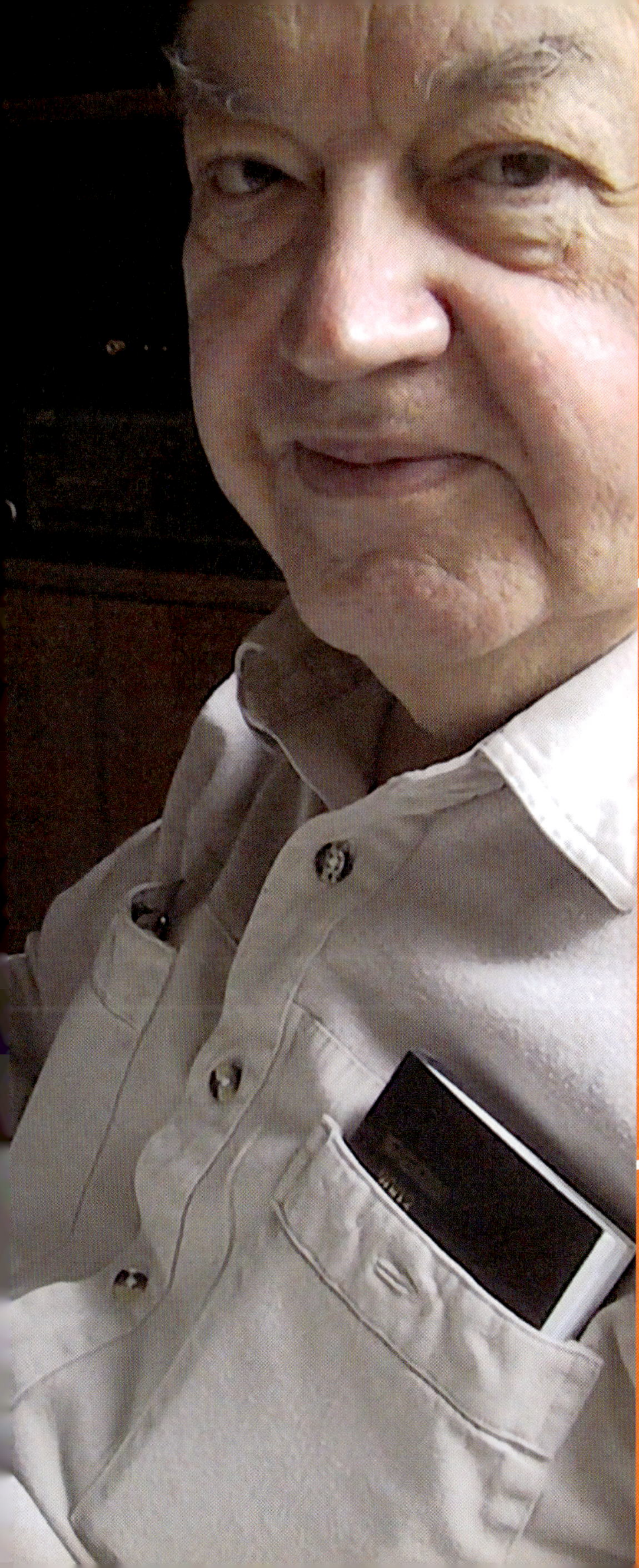

Paul Baran

Creador de la conmutación de paquetes (técnica en la que se basan las comunicaciones modernas). RAND Corporation, California.

«... De vez en cuando me adjudican méritos por todo tipo de cosas que yo no he hecho. Por ejemplo, yo no soy el **RESPONSABLE** de ARPAnet. Su iniciador fue Robert Taylor y el director del proyecto Larry Roberts.»

Escucha la entrevista

Entrevistado el 27 de septiembre de 2003 en Atherton (California). Revisada el 28 de octubre de 2003 y en junio de 2005

Nació el 29 de abril de 1926 en Grodno, Polonia (actualmente Bielorrusia) y se trasladó a los Estados Unidos a los dos años de edad: *"La mejor decisión que he tomado nunca"*. Muere el 26 de marzo de 2011 en su casa de Atherton (California) lugar en donde se realizaron las entrevistas.

Obtuvo la Licenciatura en Ingeniería Eléctrica en la Drexel University en 1949 y un Máster en Ingeniería Eléctrica en UCLA en 1959. Trabajó en la empresa aeroespacial y de defensa Hughes Aircraft Company y posteriormente se incorporó a RAND Corporation[1], en la que, mientras trabajaba en un sistema para la infraestructura de comunicaciones de EEUU que fuese capaz de sobrevivir a un "primer ataque"[2], concibió ideas que se convirtieron en los fundamentos de Internet y la conmutación de paquetes digitales.

A partir de la década de los setenta, como emprendedor e inversor privado, creó siete[3] empresas en Silicon Valley, cinco de las cuales se convirtieron en empresas públicas. Trabajó como miembro del consejo de administración y director de diversas ONG, entre ellas la Charles Babbage Foundation, el IEEE History Center y la Marconi International Fellowship Foundation, hasta marzo de 2011, cuando murió en su casa de Atherton (California). Fue titular de 30 patentes estadounidenses y recibió innumerables reconocimientos profesionales.

http://www.rand.org   *http://www.com21.com*

Paul Baran

1 RAND fue establecida por las Fuerzas Aéreas de EEUU para preservar las capacidades de investigación sobre operaciones creadas por las Fuerzas Aéreas en la Segunda Guerra Mundial y trabajar en asuntos de seguridad nacional. Según Baran, la libertad del personal para elegir los proyectos, probar nuevos enfoques y discrepar de la burocracia es difícil de imaginar en el panorama actual.

2 Era la época de la Guerra Fría entre Estados Unidos y la URSS. Baran viajaba continuamente de Santa Mónica (California) a Washington y explica que tuvo que realizar una gran parte de su trabajo en los aviones.

3 Cabledata Associates (creación de nuevas tecnologías), Comprint Inc. (impresoras para ordenadores de bajo coste), Equatorial Communications Co. (la primera empresa VSAT), Telebit Inc. (módems telefónicos de alta velocidad para líneas deficientes); Packet Technologies (servicios digitales de banda ancha para hogares a través de televisión por cable), Stratacom (vendida a Cisco) y Com21 (módems de televisión por cable basados en tecnología ATM).

Paul Baran

¿Recuerda su primer contacto con un ordenador?

Trabajé en el primer ordenador comercial, el Univac I[4], como técnico en la empresa Eckert Mauchly Computer (cuyos fundadores fueron los "fabricantes" del primer gran ordenador electrónico, el ENIAC). Entre mis tareas se incluía calcular el ciclo de vida de los componentes y en ese momento pensaba que los ordenadores eran demasiado poco fiables para ser rentables.

Posteriormente, trabajé en dos empresas electrónicas y, en 1955, me trasladé de Nueva York a California con mi esposa, Evelyn Murphy, me incorporé a Hughes Aircraft y en mis horas libres asistía a clases en UCLA[5].

¿Cuál fue su primer contacto/experiencia con ARPAnet?

Se puede decir que mi trabajo fue anterior a ARPAnet. Después de Hughes Aircraft, me incorporé a la institución sin fines de lucro RAND Corporation en 1959. RAND recibía sus fondos una vez al año de las Fuerzas Aéreas y disponíamos de una considerable libertad para elegir los temas que queríamos investigar. Como resultado de mi experiencia en el procesado de la información de radar en Hughes, me interesé por los temas de vulnerabilidad y comando y control.

A finales de la década de los cincuenta, la Guerra Fría se encontraba en un momento delicado y el principal problema al que se enfrentaba el país, y el mundo entero, era que ambos lados[6] planeaban construir sistemas de misiles altamente vulnerables. Los estudios realizados por RAND mostraban que los sistemas de comando y control estratégico estadounidenses serían destruidos por los misiles soviéticos dirigidos a las armas de contrarrestación estadounidenses. Pensé que este era un problema grave y que podría contribuir en la búsqueda de una solución. Entonces ideé un diseño de sistema basado en una red distribuida de nodos. En mis frecuentes visitas al Pentágono, cuando trabajaba para una comisión del Departamento de Defensa, me di cuenta poco a poco de la necesidad de una "red capaz de sobrevivir".

Mi concepto básico fue el paralelismo en las comunicaciones (tienen que fallar muchas partes para que no exista ninguna ruta entre dos nodos cualesquiera). Este requería el uso de señales digitales y de paquetes o lo que yo llamaba entonces "bloques de mensajes". Yo propuse el "enrutamiento de patata caliente" (Hot Potato Routing)[7], también llamado enrutamiento por deflexión.

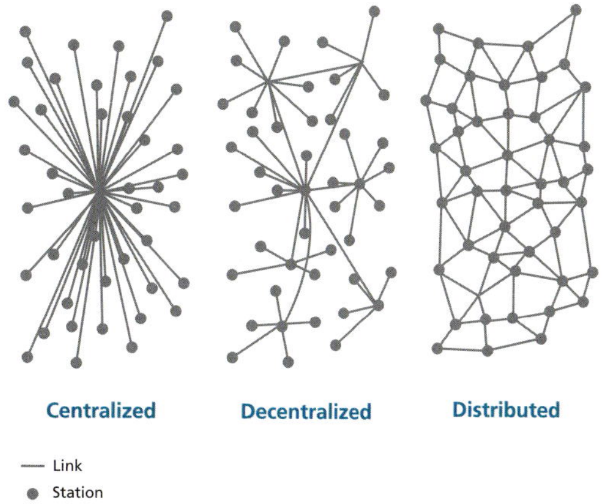

Conocidos diagramas de red, que se encuentran en la introducción del artículo de Baran: "On distributed Communications Networks" manuscrito enviado para su publicación el 9 de octubre de 1963.

La mayor parte de mi trabajo lo realicé en el periodo entre 1960 y 1962. Impartí sesiones informativas a las fuerzas armadas, agencias gubernamentales, laboratorios de investigación, empresas privadas y universidades. A lo largo de estas más de 30 sesiones, iba refinando mis ideas con cada iteración. Publiqué diversos trabajos desde 1960 en adelante y una especie

4 Entregado a la Oficina del Censo de EEUU, fue el primer ordenador comercial que atrajo ampliamente la atención pública.

5 Recibió un Máster en Ingeniería por la Universidad de California (UCLA) en 1959.

6 La antigua URSS y EEUU .

7 La idea principal es que se ha de conservar una "copia exacta" del mensaje enviado a la siguiente estación hasta que se sepa que el mensaje ha sido recibido sin errores.

de colección de memorandos finales en 1964[8]. En 1965, desde la RAND Corporation envío una recomendación formal a las Fuerzas Aéreas para la construcción de la red. Finalmente se aprobó su financiación. Pero debido a la existencia de una impenetrable barrera a la hora de entender nuestras ideas en la agencia asignada[9], decidimos esperar a que llegasen mejores tiempos para su implantación.

ARPAnet no se convirtió en una realidad hasta finales de la década de los sesenta (1969). Dicha red fue propuesta por Robert Taylor de la IPTO de ARPA[10] para poder conectar terminales a múltiples ordenadores. Larry Roberts dirigió el proyecto. Optó por la conmutación de paquetes en lugar de la conmutación de circuitos que se había contemplado originalmente. Yo comencé a involucrarme de manera periférica cuando Roberts me contrató (1967) para asesorar al grupo de trabajo de planificación de ARPAnet.

Y el análisis detallado de mi trabajo en comunicaciones distribuidas tenía aplicación plena para este proyecto.

En su opinión, ¿cuáles son las características clave de Internet y cuáles sus hitos más importantes?

No es fácil de determinar, ya que se trata de una cuestión multidimensional, pero en primer lugar diría:

- Las redes distribuidas, en las que la inteligencia se dispersa dentro de la red.
- Una política de enrutamiento simple y replicada en cada nodo.
- La implantación cooperativa: un sistema abierto.
- Evitar la gestión y control centralizados.
- El trabajo de las personas que generan de forma independiente las *RFC (Request for Comments)* o peticiones de comentarios, para considerar varias ideas y seleccionar las mejores, tras una revisión por parte de un amplio colectivo, como ejemplifica el trabajo de Jon Postel[11].

RAND Corp.: Ordenador Johnniac en la época en que Baran estuvo trabajando en la RAND Corporation. Frank McGee inspecciona los elementos de memoria.

«El objetivo principal de ARPAnet no era militar, sino interconectar usuarios remotos a múltiples ordenadores.»

¿Cómo ha contribuido usted al desarrollo de ARPAnet?

Mi trabajo tuvo lugar años antes de la creación de ARPAnet. El crecimiento de ARPAnet fue un esfuerzo colectivo. De vez en cuando me adjudicaban méritos por todo tipo de cosas que yo no había hecho. Por ejemplo, yo no soy el responsable de ARPAnet. Su iniciador fue Robert Taylor y el director del proyecto, Larry Roberts. Yo comencé a involucrarme cuando Roberts me contrató para asesorar al grupo de trabajo de planificación de ARPAnet, sobre comunicaciones distribuidas y conmutación de paquetes.

8 Todo este trabajo se hizo público, se difundió y se comentó por doquier a todo el mundo. Estábamos convencidos de que "era mejor que el destino del mundo estuviera respaldado por una red de comunicaciones más robusta".

9 El entrevistado se refiere a la DCA (Agencia de Comunicaciones para la Defensa) que no poseía "ninguna experiencia digital".

10 ARPA (Advanced Research Projects Agency) es la Agencia para Proyectos de Investigación Avanzados e IPTO (Information Processing Technique Office), la Oficina para las Tecnologías de Procesado de la Información.

11 Las *RFC* (*Request For Comments;* petición de comentarios) son una serie de estándares de Internet: el primero del 7 de abril de 1969.

Paul Baran (derecha) junto a Danny Cohen durante los Premios Turing celebrados en el Computer History Museum de California, 10 de junio de 2005.

Baran posando con el autor durante la entrevista el 23 de septiembre de 2003.

"El grupo de ARPAnet evaluó las ideas de Paul Baran y Donald Davies (NPL[12]), y acabaron convencidos de que la conmutación de paquetes y las redes distribuidas eran factibles y adecuadas para ARPAnet"[13].

Puede consultarse una descripción más completa de mis contribuciones en el artículo de 2002 que se menciona al final de este capítulo.

¿Quiénes fueron las personas clave en las primeras fases del desarrollo de Internet?

ARPAnet creció gracias al esfuerzo de muchas personas, incluyendo a muchos recién licenciados, que transformaron la red inicial y rudimentaria de conmutación de paquetes de BBN en una red de comunicaciones informática. No se ha reconocido lo suficiente a muchas de las personas que hicieron todo esto posible. Creo que es un buen momento para hacer mención a aquellos que desempeñaron un papel fundamental en las primeras fases de trabajo. Por ejemplo, **Robert Taylor** es una de las personas que no ha recibido todo el reconocimiento que merece. Sus contribuciones al proyecto ARPAnet no suelen mencionarse con la debida relevancia.

Pero, respondiendo a su pregunta sobre los nombres que me vienen a la mente, incluiría, entre otros a:

- Vint Cerf
- Larry Roberts
- Danny Cohen
- Steve Crocker
- Howard Frank
- Frank Heart
- Bob Kahn
- Len Kleinrock
- Elmer Shapiro
- Severo Ornstein
- Jon Postel
- J.C. R. Licklider

¿Qué opina acerca del futuro de Internet?

La difusión de correo basura y de virus, que no cuenta con una rápida respuesta de identificación y eliminación del código malicioso, es síntoma de un problema fundamental.

12 NPL son las siglas de National Physical Laboratory (Laboratorio Nacional de Física de Londres), donde se acuñó el término "conmutación de paquetes".
13 J. Abbate, *Inventing the Internet, Cambridge (Massachussets),* MIT Press, 1999, pp. 36-37.

Galardonado con la Medalla Nacional de Tecnología e Innovación por el expresidente de EEUU, George Bush, 29 de septiembre de 2008. Foto cortesía de Paul Baran.

«La ventaja clave de Internet es su creciente capacidad para permitir que cualquier persona del mundo pueda acceder a la información de todo el globo a un precio muy bajo.»

Hacer un mal uso de Internet es muy sencillo debido al miedo paranoico que existe en torno a la pérdida del anonimato. Si eliminásemos este requisito, los creadores de códigos maliciosos no dispondrían de la misma libertad para causar problemas de la que disponen hoy en día. Internet es un sistema demasiado valioso como para que permitamos que se estropee de esta manera.

La ventaja clave de Internet es su creciente capacidad para permitir que cualquier persona del mundo pueda acceder a la información de todo el globo a un precio muy bajo, y para permitir comunicaciones de bajo coste, incluyendo las comunicaciones de voz y la transmisión de vídeo a nivel internacional. Probablemente acabará sustituyendo a muchos de los sistemas telefónicos de voz de la actualidad.

¿Ha identificado alguna tendencia tecnológica?

La mayor tendencia en las comunicaciones está encaminada a la reducción de costes. Las principales bases para ello son la fibra y el satélite para larga distancia y la radio para los últimos tramos. La radio es apropiada para corta distancia en los últimos tramos, ya que sus requisitos de espectro son mínimos gracias a la reutilización de frecuencia. El competidor de la radio en los últimos tramos de zonas urbanas es la transmisión de televisión por cable híbrido de fibra óptica y coaxial, capaz de portar más de 5 gigabits/segundo operado en modo completamente digital.

LECTURAS COMPLEMENTARIAS

TRABAJOS Y LIBROS MENCIONADOS / RECOMENDADOS

- Baran, P., "The beginnings of packet switching: Some underlying concepts", *IEEE Communications Magazine* (julio 2002), pp. 42-48.
- Baran, P., et al., *On Distributed Communications*, Santa Mónica (California), RAND Corporation, 1964.
- Bartlett, K.; Davies, D.; Scantlebury, S., y Wilkinson, P., "A digital communication network for computers giving rapid response to remote terminals", *ACM Symposium on Operating Systems Principles, October 1-4, 1967, Gatlinburg, Tennessee,* Nueva York, ACM Press, 1967.
- Davies, D. W., "An historical study of the beginnings of packet switching", *British Computer Society Journal* 44, 3 (2001), pp. 151-162.
- IEEE, 1999 http://www.ieeeghn.org/wiki/index.php/Paul_Baran
- Vallée, J., *The Heart of the Internet,* Charlottesville (Virginia), Hampton Books, 2003.

Roger Scantlebury

Pionero europeo en el campo de redes informáticas.

«¡HA SIDO DIVERTIDO!»

Trabajó en el National Physical Laboratory (NPL) de Londres, formando parte del equipo de Donald Davies, y en 1967 presentó públicamente en los Estados Unidos el artículo pionero donde acuñó el término "conmutación de paquetes".

Entrevistado el 30 de octubre de 2006 en Shepperton, Reino Unido

Escucha la entrevista

Nacido en Ealing, Londres Oeste, Reino Unido, el 9 de agosto de 1936.

Estudió Física y Matemáticas en la University of Londres, en el Birkbeck College, y se graduó en 1958.

Se unió al NPL[1] el 1 de setiembre de 1955. Formaba parte del equipo que construía el ordenador ACE del NPL. En 1966, fue nombrado jefe de equipo del nuevo Grupo de Redes de Datos creado por Donald Davies (director del Departamento de Ciencias Informáticas). Este grupo fue responsable del diseño y la construcción de la red del NPL, basada en la propuesta de Donald Davies centrada en la "conmutación de paquetes". Finalmente, se convirtió en el PSO[2] del Grupo de Redes de Datos y dirigió los trabajos sobre la interconexión de redes realizados en el NPL; en concreto, la participación del Reino Unido y el NPL en la Red Europea de Informática. Dejó el NPL el 31 de marzo de 1977 y empezó a trabajar en Logica Ltd. Once años más tarde, se fue de Logica y creó su propia empresa junto con dos compañeros llamada Eclipse Consultant Services, PLC. Más tarde, en 1994, formaron otra compañía denominada WSO, Wait, Scantlebury & Overgage, y cuando posteriormente WSO fue adquirida por Braid Systems Ltd. se incorporó a la nueva empresa. Se trata de una empresa proveedora de mensajería *middleware* para instituciones financieras, bancos, brókers y entidades de inversión. Más tarde, la propia Braid fue comprada por una empresa llamada Mercator. Ellos se hicieron cargo de Braid aproximadamente en el año 2000 y permaneció con ese grupo hasta que estuvieron a punto de ser absorbidos, entonces decidió que era un buen momento para irse. De modo que se marchó en 2002 y desde entonces ha estado trabajando como consultor independiente.

www.npl.co.uk
www.mercator.com

Roger Scantlebury

1 NPL: National Physical Laboratory (Laboratorio Nacional de Física).
2 PSO: Principal Scientific Officer (jefe técnico científico). Pasó a ocupar este cargo en el NPL el 1 de junio de 1969.

Roger Scantlebury

¿Recuerda su primer contacto con un ordenador?

Fue en 1955 cuando me incorporé al NPL. En esa época, el NPL tenía un modelo piloto del ordenador ACE (ACE es el acrónimo de Automatic Computing Engine) construido en 1950, que era el resultado de los trabajos de 1945 realizados por Alan Turing. Turing y otros colaboradores trabajaron en el secretísimo Bletchley Park durante la Segunda Guerra Mundial, donde realizaron todas sus investigaciones criptográficas. Construyeron uno de los primeros ordenadores electrónicos y lo llamaron Colossus[3]. La conmutación electrónica estaba basada en válvulas, a diferencia de los relés electromecánicos, las cuales aceleran el tiempo de conmutación en un factor de mil. Cuando yo empecé a trabajar en el NPL, el proyecto era construir una nueva versión más grande del ACE, denominada "full-scaleACE", que probablemente fue el último equipo termoiónico que se construyó. Utilizaba líneas de retardo de mercurio para la memoria RAM.

El modelo piloto de ACE fue uno de los primeros ordenadores electrónicos con "programa almacenado". Con una velocidad de reloj de 1 MHz, durante bastante tiempo fue el ordenador más rápido del mundo. DEUCE, la versión de producción del modelo piloto de ACE, fue fabricado por la English Electric Company. En total se vendieron más de 30 unidades y estuvieron en uso hasta principios de los setenta. El ACE a gran escala del NPL empezó a funcionar en 1958.
Foto: Crown, 1950.

¿Cuál fue su primer contacto o experiencia con ARPAnet?

Bueno, supongo que en el sentido de que participamos en las primeras investigaciones, el primer contacto debió de ser cuando asistí en Gatlinburg (Tennessee, Estados Unidos) al primer Simposium de ACM[4] en octubre de 1967 para presentar un artículo sobre conmutación de paquetes elaborado para esta conferencia. Allí conocí personalmente a **Larry Roberts,** quien en esa época estaba preparando los planes para construir ARPAnet. Así, toda la labor que realizamos en los años siguientes, junto con la de los colegas de ARPA, se considera como el inicio de lo que más tarde sería Internet, por lo que supongo que sí, ese fue mi primer contacto porque creo que realmente ayudamos a iniciar todo el sistema.

Curiosamente, la reunión se llamaba Symposium on Operating System Principles (Simposio sobre principios de sistemas operativos) y en el programa se incluyó una sesión sobre telecomunicación, porque en ese momento el acceso remoto a ordenadores y la idea de conectar estas máquinas entre sí empezaba a estar de moda. Todo esto era algo nuevo, pero también era algo real, por así decirlo. Se celebró una sesión de redes de ordenadores y comunicaciones donde presentamos el artículo sobre conmutación de paquetes, conceptos que habíamos creado en el Reino Unido. En ese momento se trataba de una idea novedosa que los participantes no habían oído nunca antes. Una de las otras contribuciones fue el artículo de Larry Roberts sobre la futura red ARPAnet, que principalmente era una red de ordenadores que se iba a instalar en las universidades y en laboratorios de investigación del Gobierno. La idea era conectar entre sí los recursos informáticos y poder dar acceso a los recursos compartidos.

---

3 Las máquinas Colossus fueron unos de los primeros dispositivos informáticos utilizados por los descifradores de códigos británicos para leer los mensajes encriptados alemanes durante la Segunda Guerra Mundial. El Colossus fue una máquina electrónica digital binaria realmente pionera.

4 ACM: Association for Computing Machinery, es una conocida sociedad científica sobre informática que fue fundada en 1947, contaba con más de 100.000 asociados en 2013 y es presidida por Vint Cerf. Tiene su sede central en Nueva York.

> The short messages in fixed format which are carried by the high level network are called packets. They are directed through the network by an adaptive routing technique. For each destination, the output links are listed in a table in the node computer in order of preference. The highest preference link will be taken, subject to certain links being unavailable due to faults or congestion.

Extracto del documento presentado en Gatlinburg el 4 de octubre de 1967. Se acuña el término **paquete:** "*Los mensajes cortos de formato fijo que son transportados por la red de alto nivel son llamados paquetes*". Documento cortesía de Roger Scantlebury.

La comunicación no formaba parte realmente de su plan original, excepto para decir que estarían interconectados por una red...

Mi aportación a Larry Roberts fue utilizar esta técnica de la conmutación de paquetes que estábamos presentando. Creo recordar que, al principio, Larry no fue totalmente receptivo con la idea, pero en 1969 cuando los de Bolt, Beranek and Newman (BBN) instalaron el primer nodo para ARPA, por supuesto la idea fue ampliamente aceptada. Así que creo que nuestro artículo (Davies, Wilkinson, Bartlett y Scantlebury) vino a ser la primera vez que la gente de ARPA se enfrentaba a esta idea. Lo divertido fue que ya existían algunos trabajos del californiano Paul Baran (en 1964 en RAND Corporation) sobre el tema y yo se los mostré a Roberts en aquella reunión.

> The most relevant previous work has been by Paul Baran and is reported in a paper "On Distributed Communications"(2). Our proposal is like Baran's in its high-level network but the similarity does not extend to the manner of using the network. Baran's proposal was intended for a military communication system in the future, and carried secure speech.

Fragmento de la introducción del pionero artículo: D. N. Davies, K. A. Bartlett, R. Scantlebury y P. T. Wilkinson: "A digital communications network for computers giving rapid response at remote terminals". ACM Symposium on Operating Systems Principles, Gatlinburg (Tennessee, Estados Unidos), 1-4 de octubre de 1967. Documento cortesía de Roger Scantlebury.

«Nos enteramos del trabajo de Paul Baran después de redactar nuestro artículo pionero, pero antes de publicarlo.»

Así que estoy seguro de que este artículo fue el inicio del concepto de la utilización de la transmisión de alta velocidad y de la conmutación de paquetes; fue la primera vez que el equipo de ARPA veía esta idea. Ahora bien, ya existía el artículo de Paul Baran que hemos comentado y que apareció durante el periodo que medió entre la redacción de nuestro artículo y su presentación, y resultó que Paul Baran había tenido una idea muy semejante a la nuestra, pero su diseño estaba destinado a una red de voz muy segura, una red táctica militar que sobreviviera a un ataque nuclear y utilizó la misma idea de la conmutación de paquetes en un principio, pero no la llamó así. Recuerdo que, de hecho, a Larry Roberts y a los demás les señalé este artículo. Ahora bien, el artículo de Baran no trataba exactamente de lo mismo, ya que no estaba destinado a redes de ordenadores, más bien planteaba una red de voz y una red militar segura. ARPA era un proyecto de defensa, pero la mayor parte de gente que trabajaba allí eran académicos de universidades, patrocinados y financiados por ARPA, de modo que el trabajo era realizado por personal no militar y era un proyecto no clasificado[5].

«En la reunión de Gatlinburg, celebrada el 4 de octubre de 1967, le mostré a Larry Roberts los primeros trabajos de Paul Baran elaborados en 1964.»

5 En ningún momento el proyecto ARPAnet fue clasificado como secreto militar. Fue un proyecto siempre abierto, que consideraba que lo que pudiera ser bueno para la "informática militar" sería bueno para todos. Es importante recordar que, en aquellos momentos, el Departamento de Defensa de los Estados Unidos era el mayor usuario de ordenadores.

En su opinión, ¿cuáles son las características clave de Internet?

La ubicuidad y, por supuesto, el hecho de que no está controlado por nadie, por lo que, en gran medida, no está regulado, lo que es a la vez bueno y malo, y también bastante inusual para todos aquellos que crecimos con la estricta regulación y control impuestos por los PTT (monopolios de telecomunicaciones) de este mundo. Cuando ahora vemos la libre circulación en las áreas de telefonía, comunicaciones e Internet, se debe a que los conceptos "abierto" y "libre" lograron vencer. Pero, por otro lado, estamos expuestos a todas y cada una de las contribuciones que se pueda imaginar, incluso en fraude y pornografía, y estas son algunas de las cosas que debemos evitar como ciudadanos honrados y responsables.

¿Cuáles son los hitos más importantes, en su opinión, en el desarrollo de la red?

1969-1974. La creación de la red ARPA y de la red del NPL y otras similares, como la Cyclades francesa. No olvidemos que los franceses hicieron grandes contribuciones. Estamos hablando de 1969 y durante los cinco años siguientes se realizó un gran trabajo y grandes avances en las redes de ARPA, del NPL y en la Cyclades.

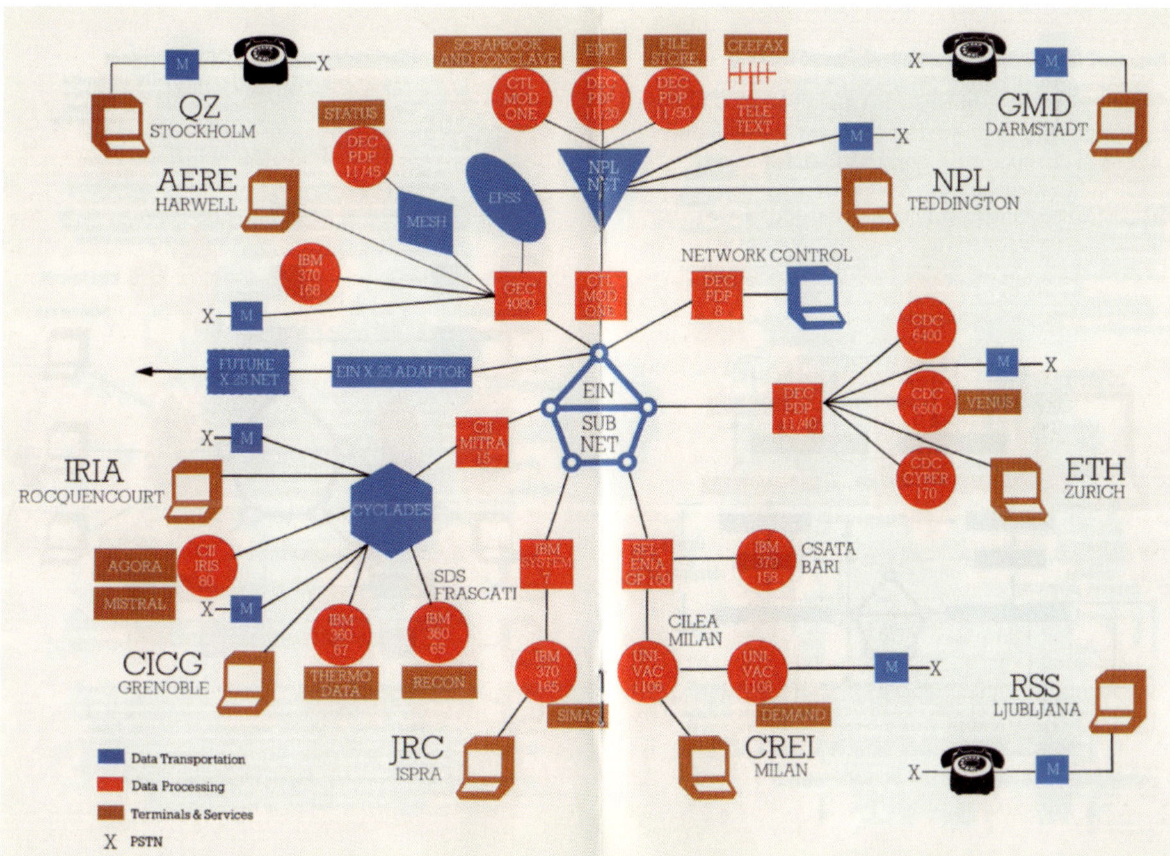

La EIN o red europea de informática fue presentada públicamente el 5 de abril de 1978. Cortesía de Derek L.A. Barber.

1968-1978. La EIN o red europea de informática (COST Proyecto 11), que fue una iniciativa europea para construir una red de cinco centros: uno en el NPL, uno en París, uno en Milán, uno en ISPRA y otro en Zúrich. Creo que fue la interconexión entre todas estas redes heterogéneas lo que condujo a la idea y a la necesidad de una "inter-red" (o sea, una internet).

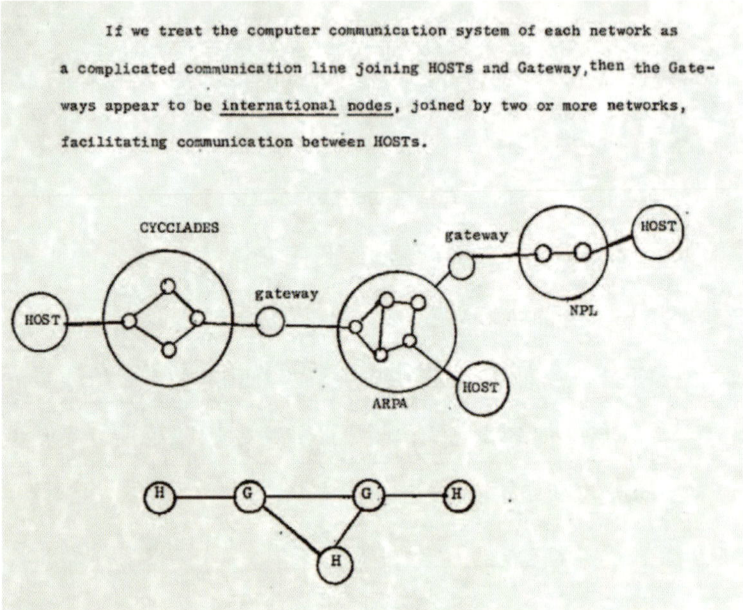

Diagrama de las redes NPL, Cyclades y ARPAnet como prototipo de una internet. Cortesía de Louis Pouzin.

Creo que el otro gran hito fue la creación (a instancias de **Vint Cerf**) del International Network Working Group (Grupo de trabajo internacional sobre redes, INWG). Vint Cerf tenía la noción de que podíamos disponer de una serie de ordenadores conectados, lo que llamaba una *internetwork* (interconexión de redes o interred). Dentro del grupo empezamos a trabajar en la idea de que los ordenadores de estas redes diferentes realmente podrían hablar entre ellos en una especie de protocolo común y, de hecho, existe un artículo escrito conjuntamente por Vint Cerf, **Alex McKenzie, Hubert Zimmerman** y yo mismo[6] en el que describimos un protocolo para la interconexión y la interred de ordenadores, y creo que el término "una internet" procede de aquí.

Creo que esa idea de un protocolo de internet condujo al "IP" y, por supuesto, el protocolo IP fue más tarde aplicado a ARPAnet. Pensemos que, al inicio, ARPAnet no era conectable con ninguna red más. Posteriormente, (1 de enero de 1983) se añadió el nivel TCP. Habíamos tenido una idea muy similar en la red del NPL, llamada de otro modo, pero que era exactamente la misma idea; de aquí es de donde proceden básicamente los TCP/IP (Protocolo de Control de Transporte/Protocolo Internet).

Y estos fueron los principales hitos, pero creo que obviamente debemos distinguir entre Internet y la World Wide Web, que apareció veinte años más tarde y que fue, en parte, una contribución de **Tim Berners-Lee**, quien tuvo la idea de dar nombre a los ordenadores de una forma unificada, y de esta idea proceden los servicios de dominio, etcétera, utilizados para localizar estos servicios en la Web. Sin embargo, la Web no es lo mismo que Internet, sino que se asienta sobre esta. Además de la Web, hay un montón de otros servicios (correo, noticias, P2P, VoIP) que funcionan "sobre" Internet y la gente confunde ambos conceptos.

6 Proposal for an international end to end protocol. *ACM SIGCOMM. Computer Communication Review* 6, 1 (enero 1976), pp. 63–89.

¿Cómo ha contribuido usted al desarrollo de ARPAnet?

Creo que el equipo de NPL fue el primero en estudiar y documentar oficialmente la idea de la conmutación de paquetes y, a continuación, pasamos a construir lo que creo que fue la primera conmutación de paquetes y red de área local del mundo.

Nuestro *software* de red se ejecutó por primera vez en 1969, pero se tardó un año en instalar todos los kits digitales construidos y las conexiones a todos los terminales en los diversos edificios de NPL. De modo que la red, como un servicio al Laboratorio, no empezó a funcionar hasta 1970 o 1971 y se fue expandiendo y mejorando a lo largo de los siguientes años.

Así que nuestra contribución fue una solución demostrable al problema de la conexión en red de ordenadores y, por supuesto, posteriormente participamos y colaboramos con la gente de la red ARPA, con la gente de Cyclades y con todas las otras redes para establecer unas redes interconectadas que, finalmente, han conducido al concepto de Internet y a unos protocolos estandarizados que todo el mundo utiliza.

A finales de 1970 nos desviamos por culpa de la aparición del X.25. ¡Se trataba de una versión de la conmutación de paquetes diseñada por ingenieros de telefonía! Esto nos desvió de la idea del "datagrama", que es lo que es IP, y en los recovecos del "circuito virtual", que era la idea que tenían los monopolios de telecomunicaciones (PTT) para intentar que pareciera una conmutación de circuito telefónico. Creo que los franceses fueron mucho más diligentes que el resto de nosotros haciendo presión a favor del datagrama; creo que nosotros nos pusimos a hacer otras cosas y nos olvidamos del asunto: nos encontramos con que los Gobiernos nos impusieron el X.25. Con la llegada de Internet, el X.25 tuvo una muerte natural. Curiosamente, hasta 2005, la red SWIFT estuvo utilizando X.25 como protocolo de red. SWIFT estaba basada en X.25 y la World Wide Funds Interchange Network se basaba también en X.25 debajo del nivel de mensaje. De modo que no fue hasta 2005 (treinta años más tarde) que finalmente pasaran a ser una red IP.

No debemos olvidar a los fabricantes de ordenadores y productos de red, como SNA (de IBM) y DECnet (de Digital). Curiosamente, tanto SNA, como DECnet eran muy semejantes a los protocolos de paquetes, puesto que no utilizaban circuitos virtuales.

Otra cosa que hicimos cuando construimos nuestra red dentro de NPL fue construir una red de área local (LAN) para conectar los terminales y los ordenadores todos juntos. De hecho, decidimos hacer esto porque el NPL se basa en un sitio privado, podíamos utilizar alta velocidad y usamos una velocidad, en aquel entonces (1968) extraordinaria, de un megabit por segundo (1 Mbps) como velocidad de transmisión digital y construimos una red de área local que permitió que todo estuviera conectado a esa velocidad.

Empezamos a finales de los sesenta (1969), pero la red no estuvo realmente a punto y operativa hasta 1970. En gran parte fue posible gracias a **Derek L.A. Barber**, quien tuvo la previsión de instalar cable coaxial en todas las zonas de NPL, que ocupaba 32 hectáreas. De modo que pudimos construir una red de área local sobre la red

En general, el término "paquete" se aplica a cualquier mensaje formateado como un paquete, mientras que el término "datagrama" se suele reservar a los paquetes de un servicio "poco fiable". Un servicio "fiable" es aquel que notifica al usuario si la entrega ha fallado, mientras que uno "poco fiable" no lo notifica. Por ejemplo, el IP proporciona un servicio poco fiable. Cuando unimos el TCP y el IP obtenemos un servicio fiable, mientras que el UDP junto con el IP da un servicio poco fiable. Todos estos protocolos utilizan paquetes, pero a los paquetes UDP se les suele llamar datagramas. Cuando ARPAnet introdujo de forma pionera la conmutación de paquetes, proporcionó un procedimiento fiable de entrega de paquetes a sus nodos conectados mediante su interfaz 1822. Un servidor central simplemente se encargaba de los datos en el formato de paquete correcto, insertaba la dirección del servidor central de destino y enviaba el mensaje a través de la interfaz a su IMP conectado. Una vez que el mensaje había sido entregado al servidor de destino, se enviaba una confirmación al servidor que había enviado el mensaje. Si la red no podía entregar el mensaje, enviaba un mensaje de error al servidor de envío.

Mientras tanto, los desarrolladores de Cyclades (Louis Pouzin, Francia) y ALOHAnet (Norm Abramson, Hawái) demostraron que era posible construir una red de ordenadores efectiva sin proporcionar una transmisión fiable de paquetes. Esta lección fue más tarde adoptaba por los diseñadores de la Ethernet (Boggs y Metcalfe, en Palo Alto, California).

Si una red no garantiza la entrega de un paquete, entonces el proporcionar la fiabilidad para detectar y retransmitir los paquetes perdidos pasa a ser una responsabilidad del servidor. La experiencia de ARPAnet indicó que la red por sí misma no podía detectar de un modo fiable todos los fallos de entrega de paquetes y, en cualquier caso, se trasladó la responsabilidad de detectar los errores al servidor de envío. Esto nos conduce al desarrollo del principio de extremo a extremo, que es uno de los supuestos fundamentales de diseño de Internet.

J. Kurose y **K. W. Ross**, *Computer Networking: A top-down approach"*, Boston, Pearson/Addison Wesley, 2007.

Donald Davies

Derek L. A. Barber

Roger Scantlebury

Keith A. Barlett

troncal de cable coaxial. Así que disponíamos de una línea a velocidad de 1 Mbps y todo, incluso el terminal más humilde, estaba conectado a esta velocidad global. Todo el mundo pensó que estábamos locos y que no debíamos conectar los terminales lentos a esa velocidad.

Así que creo que la idea de la velocidad superrápida en una red de área local probablemente es casi contemporánea, sino anterior, a Internet. Aunque en aquel momento nosotros no lo pensamos, de hecho construimos una LAN. Dentro de la red del NPL, disponíamos de unos 500 terminales (debido a la dimensión del laboratorio) y teníamos un único (ahora lo llamaríamos así) *hub* (o terminal de enrutamiento).

Un sistema multiplex digital manejaba todas las conexiones digitales y la conmutación estaba basada en memoria y todos los datos se transmitían a través de la memoria del ordenador como paquetes y entonces el ordenador organizaba el "intercambio a través del servidor central" y la retransmisión al receptor. Así que la velocidad y la respuesta eran tales que una pantalla completa en un terminal se actualizaba en una fracción de segundo. Esto impresionó especialmente a Larry Roberts cuando vino a visitar el NPL.

¿Quiénes han sido las personas clave, líderes o promotores en el desarrollo de Internet?

En 1972 había tres actividades importantes de redes de paquetes en el mundo:

- Estados Unidos.
- Cyclades/Cigale (Francia).
- INWG[7].

7 INWG: acrónimo de International Network Working Group (Grupo de Trabajo Internacional de Redes). Se creó oficialmente en 1972 durante una reunión del ICCC en Washington en la que estaban presentes Cerf y Kahn (Estados Unidos), Derek L.A. Barber (Reino Unido) y Pouzin (Francia).

En mi opinión, las personas clave fueron aquellas que formaban parte del grupo INWG, incluido nuestro equipo en el Reino Unido:

- **Donald Davies,**
- **Derek L. A. Barber,**
- **Peter Wilkinson,**
- **Keith A. Bartlett,**
- **Leslie Pink** (fabricante de *hardware*),
- y **Roger Scantlebury** (yo mismo).

También **John Laws,** que trabajó en EIN (european Informatics Network)

Alan Gardner, que en aquel momento trabajaba para la British Post Office (Oficina postal británica, actualmente llamada British Telecom). Trabajamos con la British Telecom en el desarrollo de algo llamado EPSS (Experimental Packet Switching Service, servicio experimental de conmutación de paquetes). Otras personas de British Post Office que habría que destacar fueron **George Allery, Phil Kelly** y **M. B. Williams,** en particular porque él introdujo la idea de redes digitales en BT, por lo que se les puede considerar pioneros.

Peter Kirstein, del University College de Londres.

Por supuesto, debe mencionarse a personas como **Vint Cerf** de ARPA, aunque había muchísima gente con la que entramos en contacto en ARPA y todos trabajaban en diversos aspectos de ARPAnet, creo que Vint debe ocupar un lugar destacado, en concreto porque fue suya la idea de reunir y poner en marcha el grupo internacional, INWG, y lo que él denominó una "interred de ordenadores", que más tarde se abrevió como internet, y que finalmente se convirtió en Internet. Recuerdo las veces que nos sentábamos y hablábamos sobre protocolos, IP y todo lo que vino después.

El equipo completo de Donald Davies (de NPL). De izquierda a derecha: Keith Bartlett, Derek L.A. Barber, Roger Scantlebury y Peter Wilkinson, con motivo del encuentro especial de WiWiW Project celebrado en Shepperton, Reino Unido, durante el mes de octubre de 2006.

Otras personas que debo mencionar serían nuestros colegas franceses de IRIA. Creo que **Louis Pouzin** tenía una visión y tomaba la dirección correcta, y, por supuesto, la gente que trabajaba con él, por lo que me gustaría destacar a **Hubert Zimmerman** y **Michelle Gien** de IRIA (más tarde, INRIA).

También cabe destacar a nuestros compañeros de trabajo en Suiza: **Peter Schicker, Ann Dunckie** y **Walter Bachie.**

Y la gente de ISPRA (Italia), el chico que dijo: *"Mi nombre es... pero podéis llamarme Jesús"*. Era italiano, pero estaba seguro de que su padre había cruzado la frontera en algún momento durante la guerra, porque era rubio, con ojos azules y muy alto.

Luego están los colegas de la Universita degli Studi di Milano, el profesor **Gesualdo Le Moli.**

Había gente de GMD que participaba en Alemania y del PTT de Suecia y **Martin Waarner** del PTT de Noruega (quizá porque el enlace de ARPAnet se extendía hasta Noruega y luego volvía a bajar a Inglaterra).

Había muchas otras personas que contribuyeron de una forma u otra a lo que estábamos construyendo, porque éramos un enorme grupo internacional de colaboradores. Todo el equipo que trabajó para nosotros en NPL; por ejemplo, **Leslie Pink** realizó gran parte del diseño de nuestra tarjeta de circuitos y **Pat Woodroffe** construyó el equipo de transmisión de un megabit. Todas estas personas contribuyeron de algún modo a la red inicial.

Un par de anécdotas

▶ Una velocidad superalta para aquella época.

Recuerdo cuando Larry Roberts viajó a Inglaterra y nos visitó en 1970 o 1971. Vino a mi oficina y le mostré nuestra red. Conecté mi terminal a uno de nuestros servidores de base de datos y se abrió una página de información y, por supuesto, a esa velocidad (1 Mbps) la pantalla se cargó en una fracción de segundo y se quedó de piedra, porque estaba acostumbrado a terminales lentos que operaban a velocidad de tortuga de 9,6 kbps y aquí todos operábamos a 1 Mbps y creo que en ese momento se dio cuenta (de un modo práctico) de la potencia de las comunicaciones digitales a alta velocidad.

Cuando vio nuestra red de alta velocidad por primera vez, fue todo un *shock* para él, quedó estupefacto por la rapidez.

▶ Detalles de la Conferencia de Gatlinburg celebrada en 1967.

Otra cosa que quería comentar fue la primera vez que me encontré con Larry Roberts, en 1967, durante la Conferencia de Gatlinburg, donde él presentaba[8] su artículo sobre ARPAnet. Estaba más centrado en el punto de vista de unir ordenadores entre sí, mucho más preocupado por cómo funcionan los ordenadores o por cómo funcionarían juntos y no pensaba demasiado en cómo construiría la red, y mi artículo era, en cierto

8 Dado que no trataban los temas principales de la conferencia, la ponencia británica en la que se acuñaba el concepto de conmutación de paquetes y la ponencia norteamericana en la que se presentaba la idea de ARPAnet estaban programadas para la última sesión de la última tarde. Primero habló Roger Scantlebury (del NPL, Reino Unido) y después Larry Roberts (de ARPA, Estados Unidos).

Roger Scantlebury después del almuerzo que compartimos durante esta entrevista personal en Shepperton, Reino Unido, el 30 de octubre de 2006.

modo, complementario al suyo, ya que trataba de cómo construir la conexión. Al principio, él no aceptó nuestras ideas, pero en el bar, después de la sesión, mientras estábamos sentados con otros delegados, discutimos acerca de lo buenas que eran esas ideas. Recuerdo que **Jack Denis** (el diseñador jefe del sistema operativo Multics del MIT) fue allí donde pensó que la "conmutación de paquetes" era una buena idea y había muchas otras personas, cuyos nombres se me escapan ahora, pero quisiera incluir a **Walt Kozinsky**, que apoyó fervientemente la idea.

Fue una situación interesante, donde uno presenta una idea y alguien la recoge y, de hecho, la explica a otra persona por ti, ¡fue una experiencia interesante!

Obviamente, al final Larry se dejó persuadir porque eso fue exactamente lo que construyó finalmente Bolt, Beranek and Newman (contratista de ARPAnet). De hecho, se dieron cuenta de que era una buena idea, la recogieron, la ejecutaron y ARPAnet vio la luz, aunque con líneas de 50 kbps en lugar de líneas de un megabit, pero mucho más rápidas que las líneas de 2,4 kbps de velocidad de las que hablaban en un principio.

▶ Conectados a la red de NPL, teníamos un cierto número de lo que ahora llamaríamos servidores que proporcionaban servicios para ser utilizados en la red y, aunque realmente no era una red de área amplia (WAN), contaba con servicios como, por ejemplo, "bloc de notas", que era uno de los sistemas de recuperación de información. Teníamos un sistema que proporcionaba funciones de un lenguaje de programación básico y la gente podía crear nuevos programas básicos en línea, y disponíamos de un sistema de edición de textos llamado Editor y también de un sistema de almacenamiento de archivos que actuaba como un servidor de copias de seguridad. Este sistema soportaba una cantidad de memoria sin precedentes para la época, teníamos un almacén de discos grandes, de 200 megabytes, que ocupaba toda una habitación y nadie pensó que pudiéramos llegar a llenar todo ese espacio con información.

▶ Hay algo que me divirtió de un libro publicado recientemente en el que se hace una exposición sobre *El código Da Vinci* de Dan Brown. El autor dice: "Esto son hechos y esto no son hechos". *"Uno de los hechos, por supuesto, era que el CERN no tenía este cohete ultrarrápido, pero lo que es cierto es que ellos inventaron Internet"*. Tim Berners-Lee, del CERN, promulgó la World Wide Web, pero no Internet... Mucha gente confunde ambos términos: Internet y la Web.

¿Qué piensa sobre el futuro de Internet?

Está claro que está aquí para quedarse. Ahora es interesante ver cómo el péndulo oscila de un modo y luego vuelve de otro. Tomemos como ejemplo el uso cada vez mayor de la voz sobre IP. Parece que se ha trazado un círculo completo, porque nosotros empezamos construyendo una red alejada de la red telefónica (específicamente para ordenadores) y ahora nos encontramos que la red que construimos de hecho puede llevar tráfico de voz humana.

«Todo se reproyectará, y no solo la voz y los datos, sino también el vídeo y todo lo demás.»

Creo que el problema principal con la voz sobre IP (VoIP), tal como existe en estos momentos, es lo que denominamos "calidad de la llamada", ya que a menudo no tiene la calidad de voz ni el grado de servicio que ofrece la red telefónica. Todos los servicios VoIP disponibles, como Skype, son muy "poco fiables" y creo que esto es seguirá siendo así a corto plazo.

Lo que ocurre es que la tecnología digital ahora proporciona la red troncal con una mínima capacidad de conmutación. La red está cada vez más construida sobre la tecnología de paquetes y se está apoderando de lo que originalmente ofrecían los sistemas analógicos.

Diciembre de 2009, en la inauguración de la Galería NPL en el Museo de la Informática de Londres (Reino Unido). Cuatro miembros del equipo de Donald Davies que desarrolló su concepto de conmutación de paquetes, de izquierda a derecha: Brian Aldous, Keith Bartlett, Roger Scantlebury y Peter Wilkinson.

Así que creo que todo se reproyectará, y no solo la voz y los datos, sino también el vídeo y todo lo demás. Creo que ese será el camino que seguirá en un futuro.

También opino que existe otra "patata caliente" interesante de la red y no tengo ni idea de cuándo explotará: se trata de la regulación de la red frente a la desregulación. La falta de regulación es la causa en parte de los problemas que se producen en la red, como el fraude y la pornografía, etc. Es un hecho que se trata de una red no regulada. No sé cómo se podrá llegar a regular, porque una vez que dejas salir al genio de la botella, ya es muy difícil volverlo a meter dentro.

¿Ha identificado alguna tendencia tecnológica?

Sin duda, creo que se impondrán las comunicaciones basadas más en la óptica que en el cable de cobre y, por supuesto, un cambio rápido hacia lo óptico. Pienso que veremos cómo se acaba la capacidad del silicio para soportar el ancho de banda y la velocidad.

El IPv6. Un gran problema es que hay demasiado IPv4 instalado en el mundo; será difícil de reemplazar por IPv6.

LECTURAS COMPLEMENTARIAS
TRABAJOS Y LIBROS MENCIONADOS / RECOMENDADOS

- Los documentos del NPL que se produjeron a lo largo de los años.
- Abbate, J., *Inventing the Internet,* Cambridge (Massachusetts), MIT Press, 1999.
- Campbell-Kelly, M. (ed.), *IEEE Annals of the History of Computing,* desde 1970.
- Cerf, V.; McKenzie, A.; Scantlebury, R., y Zimmerman, H., "Proposal for an international end to end protocol", *Computer Communication Review* 6, 1 (enero de 1976), pp. 63-89.
- Davies, D. W.; Bartlett, K. A.; Scantlebury, R. A., y Wilkinson, P. T., "A digital communication network for computers giving rapid response at remote terminals", *Proceedings of the first ACM symposium on Operating System Principles,* Nueva York, ACM, 1967, pp. 2.1-2.17.
- Roberts, L., "Multiple computer networks and intercomputer communications", *Proceedings of the first ACM symposium on Operating System Principles,* Nueva York, ACM, 1967, pp. 3.1-3.6.
- Yates, D. M., *Turing's Legacy: A history of computing at the National Physical Laboratory, 1945-1995,* Londres, Science Museum, 1997.

Larry Roberts

Arquitecto de ARPAnet. Fundador de Telenet, Anagran y Caspian Networks.

Fue el motor principal del desarrollo de ARPAnet mientras fue el director de la Oficina de Técnicas de Procesamiento de la Información de ARPA (a finales de los sesenta).

«Internet es el primer paso para tener todo el **CONOCIMIENTO** al alcance y es un cambio importante en la forma de distribuir ese conocimiento. El bajo coste cambiará el mundo.»

Entrevista realizada el 31 de marzo de 2004 en Woodside (California). Revisada el 2 de enero de 2011

Escucha la entrevista

Nació el 12 de diciembre de 1937 en Newark, New Jersey.

Larry es reconocido como una de las autoridades más importantes del mundo en cuanto a conmutación de paquetes y arquitectura de redes. Lideró el equipo que diseñó y desarrolló ARPAnet, la primera gran red de paquetes del mundo que fue el germen de la Internet actual.

Durante su estancia en el MIT en 1965 creó la primera conexión ordenador a ordenador mediante un enlace de paquetes entre el MIT y SDC. Fue contratado por Bob Taylor como investigador jefe en ARPA en diciembre de 1966 y comenzó el diseño de ARPAnet en 1967 para aumentar la red a muchos nodos. Diseñó y gestionó la construcción de ARPAnet por BBN durante los seis años siguientes. Los primeros cuatro ordenadores se conectaron en 1969 y, en 1973, ya había veintitrés ordenadores conectados en todo el mundo. En ese momento dejó el desarrollo en manos de Bob Kahn y otros[1] y se fue de DARPA para constituir la primera compañía de transmisión de datos *(carrier)* comercial: Telenet[2] (1973-1980). Años más tarde fue el fundador y director ejecutivo (CEO) de otras dos compañías de cajeros automáticos: NetExpress (1983-1993) y ATM Systems (1993-1998). Más recientemente fue fundador y director de tecnología de la información (CTO) de Caspian Networks (1999-2004), líder en sistemas IP de alto rendimiento, donde diseñó y construyó los *routers* de flujo IP. Se dio cuenta de que sus *routers* de primera generación eran grandes, caros y no aprovechaban todas las simplificaciones de las que podían disponer, así que dejó Caspian en 2004 para crear un sistema de gestión de flujo más eficiente y económico, y fundó Anagran Inc. Ha sido galardonado con numerosos premios en el ámbito de la informática y las telecomunicaciones: Premio Draper en 2001 de la Academia Nacional de Ciencias de EEUU o el Premio Príncipe de Asturias (España) en 2002. Larry es licenciado en Ciencias, máster en Ciencias y doctor por el Instituto Tecnológico de Massachusetts (MIT).

www.mit.edu *www.caspiannetworks.com* *www.anagran.com*
www.arpa.mil *www.packet.cc (Más información biográfica e histórica)*

Larry Roberts

1 En cuanto al proyecto de ARPAnet, **Bruce Dolan** tomó el relevo cuando Larry se fue. Después lo hizo **Craig Fields** durante poco tiempo hasta que Licklider se fue y Dave Russell asumió la dirección de la IPTO. Steve Walker ostentó entonces el mando de ARPAnet pero a mediados de 1975 el proyecto fue declarado en funcionamiento y Russell transfirió las operaciones diarias, que controlaba BBN, y la gestión a la entonces Defense Communications Agency (DCA).

2 Telenet: se vendió a GTE en 1979 y posteriormente se convirtió en la división de datos de Sprint.

¿Recuerda cuándo tuvo contacto por primera vez con un ordenador?

Sí, fue en el verano de 1958 y la mayor parte de 1959. Estaba en el MIT (el antiguo centro de IBM) haciendo algunos trabajos con el IBM-740. Pasé alrededor de 700 horas en línea con el TX-0[3], la mayor cantidad de tiempo que había pasado nunca nadie con un ordenador. Nadie había conseguido tener un ordenador propio y este estaba disponible en el MIT. En ese momento yo, estaba desarrollando un programa de reconocimiento de escritura a mano, una especie de red neuronal informática. También estaba trabajando en mi tesis del máster sobre un programa de reducción del ancho de banda de imágenes para transmitir fotografías que fue utilizado en la Luna en aquel primer viaje al espacio de 1969.

Ordenador TX-0 del MIT, a finales de los años cincuenta.
Fuente: <ed-thelen.org>

¿Cuál fue su primer contacto o experiencia con ARPAnet?

No tuve una primera experiencia, yo la diseñé. El primer experimento[4] se llevó a cabo en octubre de 1965, cuando conectamos el TX-2 (el gran ordenador de los Lincoln Labs en el MIT) con el Q-32 de la SDC de **Thomas Marill** (una empresa de desarrollo de sistemas de Los Ángeles). Completé un experimento que consistía en probar si era posible establecer una comunicación basada en paquetes entre ellos y enlazarlos. No fue una comunicación conmutada, simplemente se hizo a través de una línea telefónica regular.

El sistema telefónico básico nunca fue óptimo porque era demasiado ruidoso, demasiado lento y caro, además de que debíamos tener la conexión siempre establecida, por lo que no podía manejar los paquetes[5] de comunicación. Por lo tanto, estaba claro que el sistema telefónico no era el más adecuado para transmitir las ráfagas de paquetes de datos generados por un ordenador.

Así que, más tarde, **Leonard Kleinrock** y yo pensamos en utilizar el concepto de conmutación de paquetes en vez de las comunicaciones tradicionales (red telefónica basada en conmutación de circuitos). Kleinrock tenía experiencia con muchas funciones informáticas y en sistemas de mensajes. Yo ya había aprendido a crear paquetes y solo tuve que hacer algunas comprobaciones y después decidir su tamaño. Debido a la tasa de error que se obtuvo con la línea telefónica, debía crear los paquetes con una determinada longitud para poder obtener la tasa máxima de eficiencia en la retransmisión. Realizamos todo eso, pero después había que hacer algo también con la conmutación ya que, obviamen-

3 Prototipo de ordenador que se construyó en los Lincoln Labs. Era muy similar al PDP-1 de Digital.

4 En febrero de 1965, el director de la oficina IPTO de DARPA, Ivan Sutherland, ofreció a Roberts un contrato para desarrollar una red informática y, en julio, se lo ofreció a Thomas Marill (que también se había inspirado en Licklider) para programar dicha red. En octubre de 1965, el TX-2/ANS/Q-32 de los Lincoln Labs "habló" con el ordenador Q32 de la SDC de Marill en una de las primeras comunicaciones de red digitales del mundo. El experimento se plasmó por escrito un año después en un documento titulado: *Toward a Cooperative Network of Time-Shared Computers,* que se presentó en la conferencia de otoño de AFIPS en octubre de 1966.

5 A diferencia de los humanos, los ordenadores hablan en ráfagas de información y permanecen en silencio la mayor parte del tiempo, por lo que la línea telefónica siempre establecida mientras dura la llamada no es adecuada para que se comuniquen entre ellos.

te, el sistema telefónico no era muy apropiado. Se me ocurrió el concepto y el diseño de la red y se lo conté a **Ivan Sutherland** (que estaba en ARPA). Pensó que era importante que me desplazara a ARPA en Washington DC y me hiciera cargo del proyecto.

El criterio en ese momento (y casi siempre en ARPA), de **J. C. R. Licklider** en adelante, era que el jefe de la oficina de DARPA pidiera a todos los investigadores que trabajaban allí (los jefes de cada proyecto) que votaran a aquella persona que consideraban más apropiada para hacerse cargo y me eligieron[6] a mí. Así que Sutherland decidió que yo me encargara y me pidió que lo hiciera antes de que se fuera de ARPA porque yo no quería irme de Boston. Me insistió mucho pero yo me negué muchas veces porque me encontraba muy feliz donde estaba. Cuando finalmente se fue de ARPA, dejó como sustituto en el cargo a Bob Taylor[7] y este continuó pidiéndome que fuera hasta que se le ocurrió que Charles Herzfeld (el nuevo director de ARPA) podría conseguir convencerme. Así que Bob le pidió a Herzfeld que contactara conmigo y este llamó al jefe de los Lincoln Labs y le dijo: *"Haz venir a Larry"*. El jefe de Lincoln me llamó en cuanto Herzfeld habló con él y me pidió que entrara en razón, argumentando que era bueno para mi carrera.

«Cuando Bob Kahn llegó a ARPA procedente de BBN, optó por no trabajar en ARPAnet ya que había sido un arquitecto clave en la construcción del *router* (IMP por sus siglas en inglés) de ARPAnet. De hecho, las normas legales sostenían que no podía gestionar proyectos que hubieran sido asignados al proveedor BBN en los que hubiera trabajado debido a un posible conflicto de intereses. Hubo un programa de fabricación en el que quiso participar, pero el Congreso recortó la financiación. Él quería volver a BBN, pero Larry Roberts le convenció para que se quedara. Bob puso en marcha una red de paquetes por satélite (SATnet) y la convirtió en una red distinta de ARPAnet. También inició el programa de paquetes por radio (PRnet) y el proyecto de interconexión que, lógicamente, supuso el origen del desarrollo del TCP/IP e hizo posible la interconexión de múltiples redes totalmente heterogéneas. ARPAnet se mantuvo sin cambios durante esta transición, pero se añadieron o se adaptaron servidores y pasarelas para que pudiera funcionar en modo Internet (admitiendo conectarse con otras redes).»

Así que me mudé a Washington y me convertí en el investigador jefe de ARPA[8]. **Bob Taylor** se fue a PARC en 1969 y yo me hice cargo de su oficina, pero mientras tanto yo diseñé la red, escribí la especificación inicial (y el pliego de condiciones para el concurso público) y obtuve varios contratistas para su construcción. La empresa privada BBN consiguió la contrata.

Aunque estaba especificado muy detalladamente, Bob Kahn (en BBN entonces) escribió la respuesta al concurso público que habíamos lanzado desde ARPA. Aquella respuesta contenía una gran cantidad de innovaciones, estaba muy bien diseñada, ya que tenían que desarrollar algunas técnicas muy novedosas. Más tarde me pasé por todas las universidades para conseguir que participaran, porque nadie quería hacerlo (debían disponer de sus propias máquinas), a excepción de, por supuesto, Kleinrock en UCLA, SRI, Utah y UCSB. Estas cuatro (que más tarde se convertirían en los cuatros primeros nodos de ARPAnet) se mostraron muy cooperantes a la hora de empezar.

Por eso, cuando lanzamos el concurso y se ofreció como una licitación abierta, IBM y SDC dijeron que era imposible. Ellos contaban con grandes ordenadores y afirmaron que el proyecto no se podía llevar a cabo con miniordenadores. Como probablemente ya sepas, en la reunión de investigadores principales en San Luis donde presenté la idea de ARPAnet y le conté a todo el mundo lo que pretendía hacer, **Wes Clark** me preguntó: *"Bueno, ¿por qué no utilizas un miniordenador o algo similar en vez de un ordenador mainframe para hacer la conmutación?"*. Mi intención era realizar la conmutación con un *mainframe,* cosa que ya había hecho previamente en los Lincoln Labs. Pero esa idea era buena, porque simplificaba el trabajo en gran parte, puesto que suponía una máqui-

6 **Edward Feigenbaum,** de Stanford, formó parte de ese grupo y me contó aquella historia, pues yo no estaba implicado.

7 N. del A.: es interesante leer lo que dice Bob Taylor en su entrevista sobre este episodio de contratación.

8 Realmente no trabajé para Bob Taylor sino que lo hice para Herzfeld porque ese fue el puesto que obtuve. Trabajaba con Bob. Los dos dirigimos el programa de la oficina (IPTO). Yo era el técnico y él era el gerente.

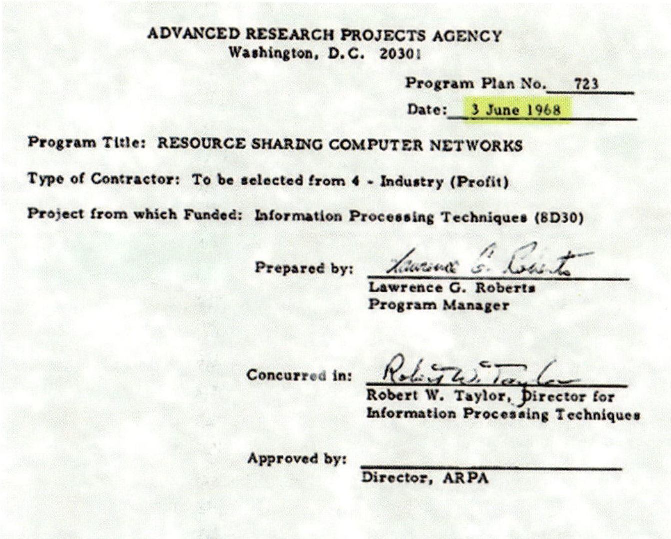

ADVANCED RESEARCH PROJECTS AGENCY
Washington, D.C. 20301

Program Plan No. 723
Date: 3 June 1968

Program Title: RESOURCE SHARING COMPUTER NETWORKS

Type of Contractor: To be selected from 4 - Industry (Profit)

Project from which Funded: Information Processing Techniques (8D30)

Prepared by: Lawrence G. Roberts
Program Manager

Concurred in: Robert W. Taylor, Director for
Information Processing Techniques

Approved by:
Director, ARPA

Copia escaneada del plan original del programa ARPAnet (1968), firmado por Roberts y Taylor. Cortesía de Barry Wessler.

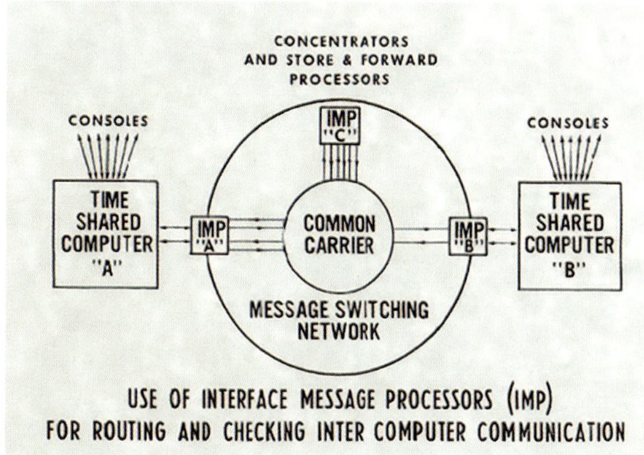

Esquema aparecido en 1967 en su artículo sobre ARPAnet presentado en Gatlinburg. Cortesía de Larry Roberts.

na estándar con todo el mundo. Así que conseguí que el conmutador (lo que actualmente llamaríamos *router*), pudiese instalarse en un miniordenador, pero había muy pocos disponibles en aquella época: el DDP 338 de Honeywell, el PDP-10 de Digital (DEC) y pocos más. No había mucha disponibilidad y encima SDC e IBM no contaban con ninguno por aquel entonces.

Yo no sabía cuántas empresas se habían presentado al concurso público porque se trataba de una licitación abierta, pero **Elmer Shapiro** (de SRI) presentó una crónica muy detallada al respecto. Unas quince empresas enviaron sus ofertas. Contraté a varias personas para que ayudaran con el trabajo: a **Steve Crocker** y a un grupo de alumnos universitarios de UCLA, para que formularan un protocolo e hicieran la interfaz. Tal como quedó patente en los documentos, pude observar que no tenían ni idea de lo que estábamos haciendo. Sin embargo, el grupo logró presentar el protocolo llamado NCP, que fue desarrollado y mejorado posteriormente hasta convertirse en el TCP/IP. No obstante, al principio, era solo TCP, pero **Vint Cerf** habló con mucha gente y lo convencieron de que había que dividirlo en dos partes (TCP e IP) o de lo contrario no funcionaría[9] adecuadamente.

Todo esto estaba ocurriendo en octubre de 1967 en Gatlinburg, en donde publiqué el primer artículo que se escribió sobre ARPAnet. Después conocí a **Donald Davies** y a su equipo **(Roger Scantlebury)** en Reino Unido y hablamos y discutimos sobre algunos conceptos generales que dieron lugar a dos ideas: los paquetes de red (él fue quien acuñó la palabra "paquete") y los 50 kbps de velocidad; que era mucho más de lo que teníamos en aquel momento.

Hasta donde yo sabía, la velocidad máxima de un módem era de 9,6 Kilobits por segundo, pero a él se le ocurrió que debía solicitar al Gobierno un programa de líneas analógicas de 50 kbps. Y resultó que podía, tenían líneas a 9.000 bps disponibles a través de la red de AT&T. Era una

9 Opinión de Vint Cerf al respecto: *"Bueno, puede que esta fuera la percepción y así lo viera Larry. Aunque la razón para separar el IP fue apoyar las aplicaciones de comunicaciones en tiempo real. El TCP funcionaba correctamente, pero no era compatible con los paquetes de voz ni con el vídeo en tiempo real"*.

Carnet de identidad de Larry Roberts que certifica su pertencia al conocido Instituto Tecnológico de Boston (MIT) en el curso 1958-1959. Cortesía de Larry Roberts.

caja horriblemente grande, pero también era muy barata. Aquello no duró para siempre porque poco después implanté una red digital de 56 kbps, pero mientras tanto todas nuestras redes eran de 50 kilobits. Todo esto supuso una gran mejora en la capacidad, ya que antes solo disponía de un montón de líneas más pequeñas.

Así que realicé el diseño. Hice diseños de probabilidad para optimizarlo e intentar reducir al máximo los canales de baja calidad en la red. Había estado preguntando en todas las universidades qué tipo de tráfico podían crear para saber cómo organizar la red, quién podría hablar con quién.

«En realidad, si yo no hubiera nacido o no hubiera hecho nada y Bob Taylor e Ivan Sutherland no me hubieran impulsado a hacerlo, el resultado hubiera sido que Europa lo hubiera llevado a cabo unos años más tarde y entonces la historia de la conmutación de paquetes se centraría en Europa en vez de en Estados Unidos.»

Diseñé la red y expuse sus nodos formando un orden en 1967 y después pensé en lo que haríamos cuando la tuviéramos operativa y preparé la mejor topología. Pero más adelante, a medida que la red crecía, evidentemente seguí refinando el diseño.

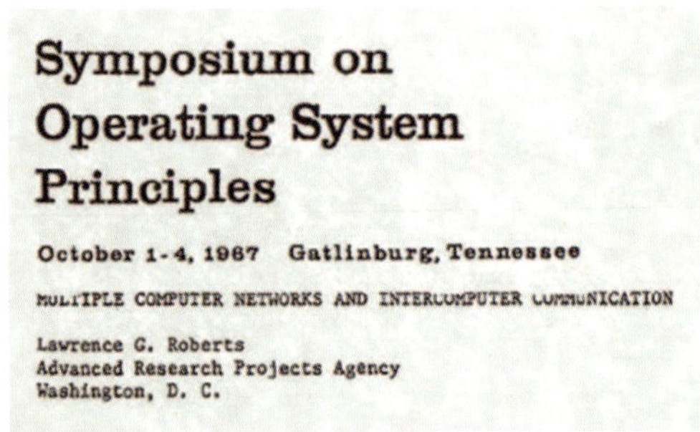
Symposium on Operating System Principles

October 1-4, 1967 Gatlinburg, Tennessee

MULTIPLE COMPUTER NETWORKS AND INTERCOMPUTER COMMUNICATION

Lawrence G. Roberts
Advanced Research Projects Agency
Washington, D. C.

Carátula del artículo presentado por Roberts en el famoso congreso celebrado en Gatlinburg en octubre de 1967, en donde se pusieron en común los logros descubiertos en paralelo por los distintos grupos de investigación sobre conmutación de paquetes. Fuente: archive.org

Finalmente, **Howard Frank** hizo gran parte del trabajo debido a que su empresa estaba realizando diseños de topologías utilizando métodos de análisis de ramificación y acotación, pero eso fue bastante después. En realidad, desarrollé la estructura de los paquetes en 1965: cómo hacer los paquetes y cómo interactuar[10] con el ordenador, así que la tarea principal era encontrar el modo de llevar a cabo la conmutación de dichos paquetes, labor que finalmente se le encomendó a BBN utilizando los miniordenadores.

Entonces, me puse en contacto con todas las universidades con las que estábamos trabajando porque empezaba a pensar que sus informáticos no lo harían. En realidad, fue algo muy curioso porque nadie perteneciente al mundo de las comunicaciones se mostraba dispuesto a realizar el trabajo y pensaban que era imposible. Ni siquiera las universidades lo querían, alegando: "Queremos los ordenadores para nosotros" (la mayoría de los centros de investigación informática de las universidades pensaba que la red les robaría potencia a sus ordenadores). **Len Kleinrock** en Los Ángeles (California) sí que la quería porque así tendría una red para probar sus teorías de colas y podría realizar mediciones, por lo que le pareció buena idea. SRI también la quería[11] porque pretendían utilizarla con el Gobierno. Creo que, aparte de eso, no

10 Bob Kahn escribió el documento titulado *BBN Report 1822* que describía con detalle la relación entre el IMP y un servidor.

11 El interés de SRI se basaba en el trabajo de **Douglas Engelbart** sobre aumento del intelecto humano mediante el uso de ordenadores para el trabajo intelectual. Su oNLineSystem o NLS estaría a disposición del público a través de ARPAnet.

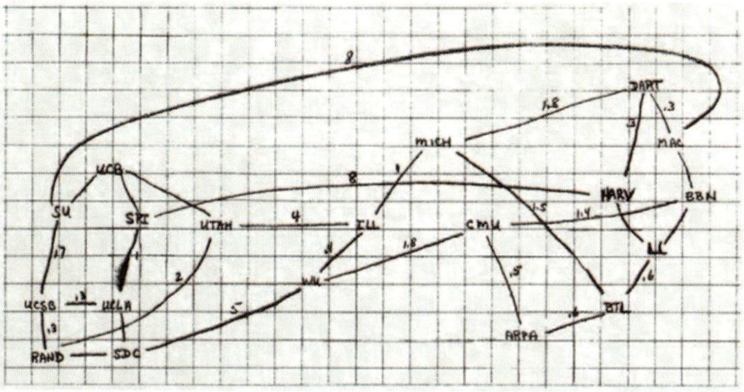

Principios de los años setenta. Boceto de ARPAnet de 18 nodos. Cortesía de Larry Roberts. Los primeros nodos fueron: UCLA, SRI, UCSB, Utah, Dartmouth, MIT, BBN, Harvard, Lincoln Labs, Laboratorios Bell, Pentágono, Carnegie M., U. Michigan, Illinois, Washington, UC Berkeley, Stanford, RAND Corporation y SDC.

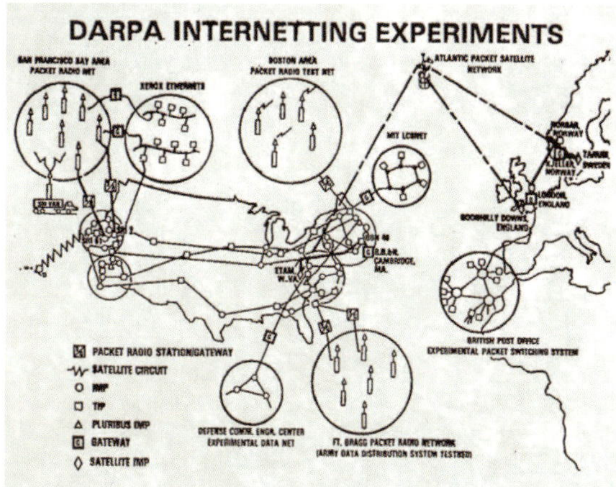

Esta imagen apareció en 1967 en su influyente artículo presentado en el congreso de Gatlinburg. Cortesía de Larry Roberts

recibió mucho apoyo por parte del mundo a excepción de ARPA, donde sabíamos que sería algo positivo lograr el objetivo, porque podría tambien ir bien a los militares.

Paul Baran (de RAND corporation) era en realidad totalmente independiente; era obvio que estaba embarcado en su propio viaje. Nadie en ARPA le conocía[12]. Yo arranqué con las ideas y la visión de J. C. R. Licklider. Podría haber obtenido el grado de doctor en la observación de todos los conceptos gráficos del mundo y algo parecido con la geometría proyectiva en tres dimensiones para la visualización tridimensional y el reconocimiento de objetos en pantalla. Pero me encontraba muy lejos de donde quería estar y, puesto que sabía que nada funcionaría, quería hacer algo que funcionara; así que me pareció una buena idea y empecé a trabajar en ella. Donald Davies y yo hablamos en un determinado momento de ese periodo de tiempo[13].

Después de esto, en el invierno de 1965, **Donald Davies** vino al MIT para una reunión, pero no recuerdo lo suficiente para saber exactamente quién dijo qué. Recuerdo cómo empezó y que fue con **Licklider**.

12 Hasta que Roger Scantlebury (del equipo de Donald Davies, en National Physical Laboratory) hizo referencia a su trabajo en el congreso de Gatlinburg en 1967.

13 Aproximadamente a finales de 1968, tras el simposio de Gatlinburg en el que había conocido a Roger Scantlebury.

Empecé a hablar con otras personas y recuerdo que en 1968 contacté finalmente también con Paul Baran y me enteré de lo que había estado haciendo. Esto fue antes de terminar la red. Hablé con Paul aproximadamente durante la época en la que construí la estructura. Paul tenía algunas ideas muy buenas, pero se había rendido. Lo había intentado y había fracasado, así que en ese momento realmente estaba metido en otros asuntos. Tuvo que aceptar que era una buena idea, pero no llegó a ninguna parte. Donald Davies lo había intentado con el Gobierno británico y había construido un pequeño conmutador.

Donald tenía grandes ideas, de verdad que sí. Pero Inglaterra todavía estaba pensando y trabajando en ello y, finalmente, hubieran podido convencer a alguien. Pero ocurrió un poco tarde y no pudieron conseguir el dinero por parte de nadie. En realidad, el problema era conseguir el dinero. Así que resultó ser que a ARPA le gustó el plan, ya que era muy bueno. Iba a beneficiar a los militares y al país, por lo que dieron el visto bueno. Contaban con grandes programas en aquel entonces. Cuando comencé, el presupuesto de la oficina IPTO en DARPA era de 15 millones de dólares. Durante 1973, cuando yo ya me iba de DARPA, Licklider volvió como director de la IPTO durante un corto periodo de tiempo para ayudar. Como Bob Kahn no podía dirigir ARPAnet directamente (porque había trabajado en el proveedor BBN antes de llegar a ARPA), **Steve Walker** se encargó de la dirección

In order to develop an effective store and forward processor, a contractor will be selected competitively to take on the system responsibility for the communications subsystem. The following schedule outlines the expected events:

a. July 1968 -- Award IMP contract

b. March 1969 -- Demonstrate initial net operation with four nodes

c. April 1969 -- Approve design and extend contract to include installation of 19 IMPs

d. December 1969 -- Complete network operational

e. 1970 -- Add communication lines as necessary

f. 1971-1972 -- Arrange with a common carrier the transfer of the communications system

The funds required to implement this plan will not be known precisely until the RFP responses are received. However, it is estimated that the IMPs will cost $50K each and that the contractor will require about $40K per month. Thus the initial phase of the contract will require $560K of FY 68 funds. The second phase will be funded from FY 69 funds and will require about $1 Million. The communications will be procured separately from DECCO and for the initial net will cost about $10K per month. As the network expands, the communications cost will rise to $900K per year. This should provide communications at the remarkably low cost of 10^{-5} cents/bit.

Calendario de acontecimientos previstos, extraído del plan del programa original de ARPAnet (1968). Cortesía de **Barry Wessler**.

Con el fin de desarrollar un procesador de almacenamiento y reenvío (IMP) efectivo se seleccionará de manera competitiva un contratista para que asuma la responsabilidad técnica para el subsistema de comunicaciones. El siguiente calendario describe los eventos esperados:

a. Julio de 1968 — Concesión del contrato del IMP
b. Marzo de 1969 — Demostrar el funcionamiento inicial de la red con cuatro nodos.
c. Abril de 1969 — Aprobar el diseño y extender el contrato para incluir la instalación de 19 IMP
d. Diciembre de 1969 — Completar el funcionamiento de la red.
e. 1970 — Añadir las líneas de comunicación necesarias.
f. 1971-1972 — Concertar con un operador de telecomunicaciones la transferencia del sistema de comunicaciones.

Los fondos necesarios para implementar este plan no se conocerán con exactitud hasta que no se reciba la respuesta a la solicitud de propuesta. No obstante, se estima que los IMP costarán 50.000 dólares cada uno y el contratista necesitará unos 40.000 dólares al mes. Por lo tanto, para la fase inicial del contrato se necesitarán 560.000 dólares de los fondos del ejercicio fiscal de 1968. La segunda fase se financiará con los fondos del ejercicio fiscal de 1969 y se necesitarán alrededor de 1 millón de dólares. Las comunicaciones se obtendrán de manera independiente del DECCO y para la red inicial tendrán un coste de 10.000 dólares mensuales. A medida que la red se expanda, el coste de las comunicaciones se incrementará hasta 900.000 dólares al año. Con todo ello, las comunicaciones se proporcionarán al increíblemente bajo precio de 10 centavos/Mbit.

del proyecto de ARPAnet. Más adelante, en 1976, un coronel muy eficaz llamado **Dave Russell** fue nombrado director de la IPTO durante un tiempo y, fue en esos momentos cuando Vint Cerf fue fichado por ARPA.

La salida de Roberts de ARPA

Me fui de ARPA en 1973. Las cosas estaban ya encaminadas hacia donde yo pensaba en nuestro trabajo de investigación. Había iniciado, diseñado y desarrollado el programa de conmutación de paquetes vía satélite; contaba con un satélite en funcionamiento y sabíamos como funcionaba. Así que todo estaba avanzando. Creíamos saber cómo era la red y cómo iba a evolucionar, así que me puse en contacto con la mayor empresa de telecomunicaciones del momento (AT&T) y les dije: *"Tengo una red de 56 kbps y os la cederé completamente para que la podáis poner en funcionamiento y gestionéis el servicio de la red"*. Nuestro servicio llegaba hasta Nueva York y ellos no tenían servicio allí, así que era una gran oportunidad para AT&T. Tardaron mucho en responder y después encontraron algunas incompatibilidades con nuestro diseño, con nuestra red. Realmente perdieron una grandísima oportunidad. Me dije: "Vale, pero tengo que poder salir de este trabajo". Y tardé seis meses en dejarlo y encontrar a una persona que se hiciera cargo de mi puesto.

En su opinión, ¿cuáles son las características clave de Internet?

Es una tecnología que es compatible con todo tipo de comunicaciones y funciones en una red interna.

Por lo tanto, se pueden producir pérdidas en algunas comunicaciones a través de Internet. Los ordenadores más grandes pueden procesar mucha más información y se requiere de mucha más velocidad de transmisión. En la actualidad (2004) tenemos una capacidad de línea de 10 GBps y todavía adquirirán más velocidad. Por lo que es mucho más fácil construir una red mejor hoy en día de lo que podría haberlo sido en el pasado. En nuestro país, la gente decía que querían empezar a reproducir vídeos[14] en Internet y no lo pueden hacer con la red que existe hasta ahora, pero la demanda hará que el cambio se produzca bien pronto.

14 Es importante recordar que el conocido sitio web YouTube, en el que los usuarios pueden subir y compartir vídeos, y creado por tres antiguos empleados de PayPal, se puso en marcha en febrero de 2005, casi un año después de la realización de esta entrevista. En noviembre de 2006, Google Inc. lo adquirió por 1.650 millones de dólares, y ahora opera como una de sus filiales. YouTube usa un reproductor en línea basado en Adobe Flash y otro en HTML5 para servir su contenido. Es muy popular gracias a la posibilidad de alojar vídeos personales de manera sencilla.

Tampoco me preocupa tanto la simplicidad del TCP porque hoy en día la simplicidad es irrelevante para nuestros ordenadores. Mientras sea lineal y funcione, lo seguiremos usando. Y después está el *software*. Lo más importante reside ahí. El protocolo de *software* se utiliza para la señalización desde el origen de la historia de la red. ATM, RFTP, LTP... todos han sido *software*, pero como el *software* de señalización no se puede ejecutar a una velocidad más allá de unos pocos miles de ciclos, e Internet maneja millones de técnicas de *software* para hacerlo, no evoluciona ni escala bien. Ni siquiera funciona bien. No lo hace, es demasiado lento. Por eso está condenado a morir y debemos conseguir el *hardware* (mucho más rápido) tanto para la señalización como para el enrutamiento. El BGP[15] y el RTS también deben cambiar, pero puede ser dentro de diez años. Todos los protocolos lo han conseguido, y el IPv6 es muy potente para esta tarea.

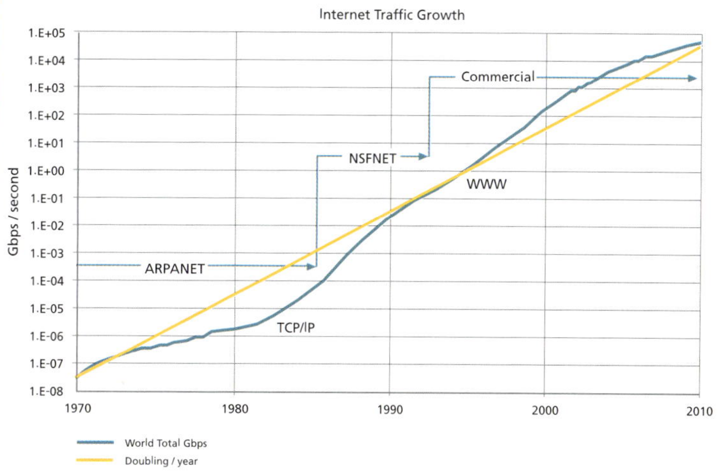

Crecimiento del tráfico de Internet. Cortesía de Larry Roberts.

El BGP (que gestiona el nivel más alto de enrutamiento) actualmente resulta inapropiado por su complejidad. Esto tendrá que cambiar porque es un protocolo realmente complejo y con tendencia a dar errores.

En su opinión, ¿cuáles son los hitos más importantes en el desarrollo de la red?

- **1965.** El primer experimento con paquetes, que se hizo desde los Lincoln Labs (MIT, Massachusetts) a SDC (Los Ángeles). Fue el primero que observó un movimiento de paquetes como resultado de una comunicación entre dos máquinas. Aquel primer experimento demostró que los paquetes funcionaban y que los ordenadores podían hacer frente a la idea.
- **1972.** La red generó otras subredes, se añade un nodo en el Reino Unido a través de satélite (SATnet), se crea en Hawái la red Aloha de radiopaquetes (precursora del Wi-Fi), se desarrolla y conecta Ethernet y Bob Kahn se une a mí en ARPA y se encarga del programa de redes.
- **1974.** Kahn y Cerf publican su artículo con el diseño del TCP.
- **Agosto de 1976.** Vint Cerf llega a ARPA y continúa trabajando en el nuevo protocolo TCP ayudando al crecimiento de la red.
- **1983.** El cambio (llamado *cut over*) de protocolo que se hizo en ARPAnet (del antiguo NCP al nuevo TCP)

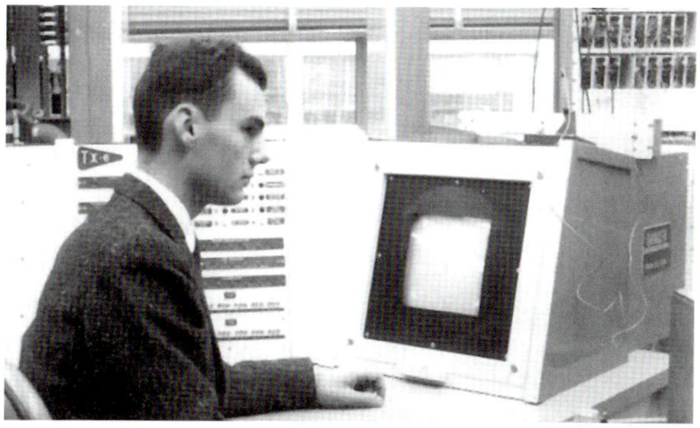

Roberts trabajando con un terminal gráfico en el MIT. Primera mitad de los años 1960. Cortesía de Larry Roberts.

15 BGP: siglas de Border Gateway Protocol. Es el protocolo de enrutamiento principal de Internet. Mantiene una tabla de redes IP o "prefijos" que designan la accesibilidad de la red entre sistemas autónomos (AS, por sus siglas en inglés). Toma decisiones de enrutamiento basadas en rutas, políticas de red y reglas. La mayoría de usuarios de Internet no utiliza el BGP directamente, pero como casi todos los proveedores de servicios de Internet deben hacerlo para establecer el enrutamiento, es uno de los protocolos más importantes de Internet.

el 1 de enero de 1983, a las 0:01 h, el cual funcionó de maravilla y nos demostró que era posible construir la red (se pudo hacer porque "solo" había 5.000 máquinas). Actualmente esto es imposible.

- **1982.** Normalización por parte de Bob Kahn del protocolo TCP/IP en el Departamento de Defensa (DoD) y también en el mundo. El NCP de Steve Crocker se mantuvo durante catorce años, de 1969 a 1983. Era bueno, pero tenía un par de grandes limitaciones:
  a) no funcionaba en el contexto de Internet (dependía del IMP de ARPAnet para tener fiabilidad).
  b) no iba a durar en una gran red. Se precisaba algo más escalable.

  Por lo que a partir de entonces tuvimos un protocolo abierto estandarizado que podía ser usado por todo el mundo.
- **1990.** Berners-Lee diseña el protocolo de hipertexto: HTML y la Web (WWW).
- El próximo paso será la evolución del TCP y del IPv4 al IPv6.

Creo que estos son los grandes hitos. El crecimiento de ARPAnet, y posteriormente de Internet, fue absolutamente exponencial. Lo predije anualmente desde 1969 y su crecimiento anual se duplicó. De hecho, durante un par de años se ha triplicado, pero mayoritariamente ha seguido una media de dos veces por año y solamente se ha duplicado el número de paquetes, no así el número de servidores. Los servidores dejaron de duplicarse y se comenzó a incrementar el tráfico por persona a principios de los noventa.

Lo que ocurrió fue que se produjo una saturación en cuanto a la gente que se lo podía permitir (en los países desarrollados económicamente), se añadieron las proporciones de ancho de banda y eso es lo que ha estado ocurriendo desde entonces. Dispongo de un gráfico que ilustra lo que pasó.

Hoy en día, los Gobiernos de todo el mundo están muy asustados por la conversión de voz a la red porque, si se hiciera, todo el ancho de banda desaparecería (ya que con Internet no existen mecanismos para las situaciones de emergencia), con lo que todo se colapsaría si se produjera un acontecimiento del tipo del 11-S, que las autoridades no pueden prever para poder abordarlo (terremotos o cualquier otra situación que derrumbe el sistema telefónico).

Esa es una condición que observaremos en caso de catástrofe, puesto que aun teniendo la capacidad de desvío, no ejecutamos ese mecanismo hasta que la situación empeora y causa problemas al *router*. Habría que estar más pendiente de ellos. Si el tráfico es demasiado elevado no puede enrutar, ya que predice que hay un problema en esa ruta. Pero todavía hay otro problema en caso de terremoto, catástrofe nacional o cualquier otra. Sabemos que la red se congestionará o el satélite también. Tiene que haber alguna manera de priorizar el tráfico de las autoridades al de la gente llamando a sus madres para comprobar que están vivas o lo que sea. Nos dimos cuenta de este problema hace mucho tiempo con el sistema telefónico, pero todavía no se ha aplicado a Internet por una diferencia filosófica. La gente en realidad no quiere eso, pero deben empezar a ponerlo en práctica para que exista un control. Nos encanta que Internet sea tan abierto, pero es necesario hacer efectivo todo esto que no se construyó en la red inicial. Por eso se van a producir muchos cambios. La gente no se ha centrado realmente en el hecho de que ya está cambiando.

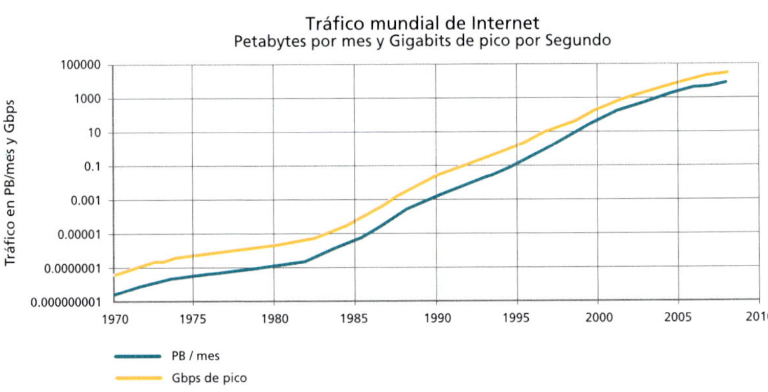

Tráfico de Internet en petabytes/mes (1 PB = 1.024 teras) y en pico de gigabits/segundo. Datos recogidos por Larry Roberts: <www.packet.cc/Traffic.html>.

Tenemos que cambiar para evitar la congestión y pasar a IPv6 porque esta (la escasez del IPv4) probablemente sea la peor amenaza[16] a la que hacer frente y debemos hacerlo.

¿Cómo contribuyó usted al desarrollo de Internet?

Durante mi estancia en el MIT, en 1965, realicé el primer experimento de una red de ordenador a ordenador utilizando un enlace de paquetes del MIT a SDC para comprobar que funcionaba y demostrar que la red telefónica no era la apropiada para la comunicación de datos. Se decidió que era necesaria una nueva red que fuera de paquetes y no de circuitos.

De 1967 a 1973, mientras estuve en ARPA, diseñé la red de paquetes (llamada ARPAnet), realicé las subcontratas (creación de los primeros *routers,* líneas de transmisión, protocolo, *software* de aplicación) y la hice crecer desde cero a 38 nodos y 50 ordenadores.

Después me fijé en la red porque sabía que una de las redes "sola" no era suficiente para hacer del proyecto una realidad. Y construí la primera empresa comercial de comunicación de datos: Telenet, que se vendió a GTE y posteriormente se convirtió en la división de datos de Sprint.

En ese momento, toda la comunidad estaba utilizando lo que hoy se llama mensajería instantánea (a partir de lo que hizo Ray Tomlinson en BBN). Entonces, Steve Lukasik, que fue director del programa en ARPA, quiso utilizar el correo electrónico para estar en contacto con todo el mundo y organizar el trabajo. Me dijo que las comunicaciones por correo electrónico en la red eran un desastre y que yo debería mejorarlas, indicándome algunas especificaciones, así que escribí el primer programa para organizar el correo. A este primer cliente de correo electrónico lo denominé comunicaciones RD. Toda la comunidad estuvo contenta con él en aquella época.

16 Amenaza que se hizo realidad a mediados de 2010, cuando el organismo IANA advirtió del agotamiento de las direcciones IP versión 4.

¿Quiénes fueron algunas de las personas clave en el desarrollo de Internet, líderes o marcadores de tendencias?

Leonard Kleinrock y yo mismo. Ya he dicho que yo realicé el diseño físico y lo construí; Kleinrock hizo el artículo sobre el concepto de paquete[17], que fue un paso fundamental. Si no lo hubiera hecho, no sabríamos que existe una cosa llamada paquete.

Vint Cerf y **Bob Kahn** hicieron la mayoría del protocolo TCP aunque todo el mundo en la universidad les ayudó y después funcionó. Fue en gran medida un trabajo de equipo.

Bob Kahn dirigió la IPTO de ARPA y elevó el estándar del protocolo hasta el nivel en que era algo real y todo el mundo lo podía utilizar.

Tim Berners-Lee hizo la estructura de la Web y fue la primera persona que organizó los documentos en la red.

17 Aunque la participación de Kleinrock en la creación teórica de la "conmutación de paquetes" sea un tema controvertido entre el resto de la comunidad de ARPAnet, el autor ha decidido mantener las palabras originales de Roberts que probablemente sean fiel reflejo de su gran amistad con Kleinrock. Kleincrock realizó mucho trabajo en el ámbito de la "teoría de colas", pero no directamente en la conmutación de paquetes. Está omitiendo todo el trabajo que Bob Kahn y BBN llevaron a cabo en la creación de la especificación que consiguió ganar (como respuesta al concurso público de ARPA) y en la construcción de la red desde cero.
[Vint Cerf comentó al respecto: *"El trabajo de la disertación de Len Kleinrock se centró en el modelado matemático de los sistemas de conmutación de mensajes utilizando métodos teóricos de colas. Estos modelos eran válidos tanto para la conmutación de paquetes como para la de mensajes. El término 'paquete' lo introdujo Donald Davies en el National Physical Laboratory. La prueba que Larry Roberts y Thomas Marill hicieron en el MIT utilizó un protocolo de enlace orientado a paquetes, aunque el término 'paquete' no se utilizara en el momento de la prueba. El trabajo de Kleinrock estableció una base teórica para la utilización de una red de conmutadores de paquetes (o mensajes) como alternativa a la conmutación de circuitos. Las redes de colas de Kleinrock y su introducción al llamado supuesto de independencia hizo posible obtener los resultados para la ejecución de estas redes. Estoy bastante seguro de que el concurso público de ARPA hacía referencia a la división de mensajes en unidades más pequeñas llamadas paquetes. Parece probable porque Donald Davies supuestamente introdujo este término en 1967 en la conferencia de Gatlinburg por medio de Roger Scantlebury, quien informó sobre el trabajo de Davies, y de Paul Baran a Larry Roberts, y creo que trató el tema de la velocidad de la línea con Roberts, abogando por la mayor velocidad posible para reducir los retrasos"*.]

Jonathan Postel dirigió la oficina de *RFC* actuando como el editor de protocolo durante décadas. Ha contribuido mucho, ya que participó mucho en las especificaciones del TCP/IP y otros protocolos de Internet. También fue el zar de las direcciones IP y de los nombres de dominio durante más de treinta años.

Steve Crocker por el NCP, el primer protocolo de ARPAnet realizado en UCLA. Probablemente fuera la empresa más atrevida porque nadie sabía lo que era un protocolo en ese momento. Posteriormente, trabajó en la IPTO de ARPA durante un tiempo para ayudar a construirlo. También lideró el grupo de trabajo de la red que desarrolló los protocolos de aplicación para el NCP. Iniciando y creando las series de protocolos *RFC* (*Request For Comments,* o petición de comentarios). No se ha escrito demasiado sobre su trabajo.

Andreu Veà con Larry Roberts durante una de las entrevistas en su domicilio el 31 de marzo de 2004

Frank Heart, jefe del grupo en BBN y todo el competente equipo que trabajó con él en la creación y construcción de los IMP.

Wes Clark contribuyó con algunas ideas muy importantes, como la inclusión y utilización de mini-ordenadores específicos para las comunicaciones (IMP, actual *router*).

Bob Taylor, por contratarme y casi forzar mi aceptación para trabajar en ARPA.

Dos situaciones anecdóticas

▶ AT&T rechazó la red cuando se la ofrecí, cosa que pienso que fue la peor decisión que podían tomar. Hubieran podido tener un monopolio sobre la red. Esa decisión cambió la historia. Antes, IBM y SDC dijeron que el concepto de ARPAnet no podría funcionar.

▶ La mensajería instantánea se utilizó desde los comienzos, incluso antes que el correo electrónico (Kleinrock irrumpió en mi ordenador a principios de los setenta para charlar conmigo y me pidió un favor personal).

▶ Yo fui el primero en llegar a la conclusión de que los costes de los sistemas informáticos caían a un nivel determinado en comparación con la velocidad del byte. Fue dieciocho meses antes de que lo dijera **Gordon Moore,** pero nunca llegué a ser muy conocido por eso (aunque se publicara en 1969).

«El futuro es moverse y observar todo el flujo y no los paquetes individualmente.»

¿Qué opina acerca del futuro de Internet?

El futuro es moverse y observar todo el flujo y no los paquetes individualmente, porque observar los paquetes fue una decisión simple al principio, cuando no disponíamos de tantos ordenadores. Pero controlar el flujo es más barato que no hacerlo, y así se mantienen los paquetes en orden y se desechan aquellos innecesarios. Así que eso es lo que se hará y se cambiará la manera de actuar. Con el IPv6 existe seguridad y movilidad. Cambiará el funcionamiento de las cosas porque resolverá todos los problemas actuales. Evidentemente esto cambiará la economía mundial y, a medida que se mejore la calidad, todo el mundo obtendrá ancho de banda, que implica el concepto de poder ofrecer cualquier in-

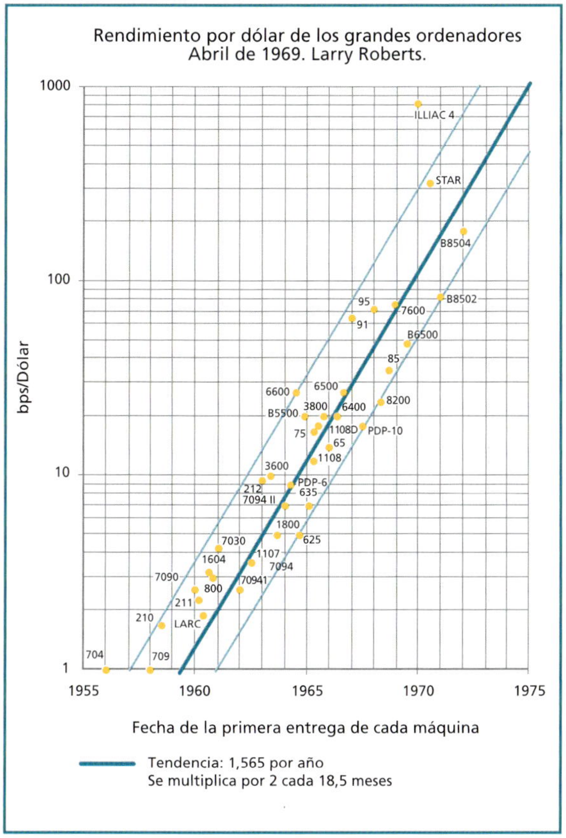

formación que se desee. Incluso hoy en día, al realizar mi investigación, encuentro todo lo que quiero en Internet; incluso los niños en edad escolar lo hacen y todo ello cambia el rostro de la sociedad. El problema que observo es que, en otros países, no todos los Gobiernos quieren que sus ciudadanos tengan conocimiento sobre todo de un modo tan rápido, ya que esto cambia a la gente y al país, tal como ocurre en Corea del Sur, donde la cultura evoluciona a gran velocidad y trata de imitar a Estados Unidos. Por otro lado, el regulador (FCC), a través de la política, decide controlar físicamente la red estableciendo que las conexiones de banda ancha deben hacerse a través de conexiones cableadas. Como resultado, el crecimiento del ancho de banda de la red se ha visto obstaculizado. En Corea del Sur, actualmente (2004) disponen de 100 Mbps (1 Gbps en 2012) de ancho de banda en sus casas, mientras que en Europa la velocidad media es casi el doble que la de EEUU.

En Corea, están en lo cierto al decir que la distribución puede hacerse mitad con cable y mitad inalámbrica. Por eso los coreanos han comenzado a construir sus propias redes, porque las necesitan para alcanzar unas velocidades tan altas. Evidentemente, en Corea la política funciona en cierta manera de modo diferente y la mentalidad es tal que el país se encuentra muy por delante del resto del mundo en términos de acceso a la información con fines educativos o recreativos. El resto del mundo sufre debido a la resistencia pasiva que ofrecen los Gobiernos.

Si se calcula el tráfico por persona, realmente parecía que iba a mantenerse estable durante muchos años, pero después comenzó a crecer a medida que la gente empezó a utilizar más ancho de banda por persona y aprendieron a hacerlo. Así que ahora hacemos de todo en la red y dentro de algunos años más, nos desharemos de la red de correos y de la televisión aumentando el uso de Internet per cápita de forma drástica.

¿En qué punto se encontrará Internet en la próxima década?

	2010	2020
% Población mundial *on-line*	30%	99%
Tráfico total PB/mes	14.600	300.000
Tráfico por usuario GB/mes	6	40
GB/mes × usuario de zonas desarrolladas	9	250
GB/mes × usuario de zonas menos desarrolladas	0,3	3
Las personas de las zonas menos desarrolladas tendrán más capacidad de la que existe hoy en las zonas desarrolladas.		
Los usuarios de las zonas desarrolladas podrían llegar a ver entre 5 y 10 horas de vídeo en alta definición al día.		
Requiere un aumento de 60 veces la capacidad (Ley de Moore).		
PB: petabyte = 1.024 terabytes. TB: terabyte = 1.024 gigabytes GB: gigabyte = 1.024 megabytes		

Esta proyección de futuro la preparó Roberts en 2003, unos meses antes de realizar esta entrevista.

¿Ha identificado alguna tendencia tecnológica?

- El control del flujo de datos y su movimiento con cierta consistencia, así como el control de las rutas de datos. Las técnicas de reenvío también representan un gran paso, y se darán ahora en la transición (del IPv4 al IPv6). Básicamente se puede hacer un uso más inteligente de la red. Por lo tanto, la gestión de flujos parece ser una mejora importante para la economía y la calidad. Es una mejora para el siguiente paso y creo que la introducción de IPv6 la llevará a cabo y corregirá el resto sin problemas, incluida la seguridad (aunque todavía se trate de un tema olvidado). Pero todavía se tardará otro siglo en resolver todos esos problemas.

- El afloramiento de las características más importantes de IPv6 tales como la seguridad. Lo más importante es asegurar quién eres, lo que cambia la seguridad de la red porque se pueden asignar controles de acceso a la misma.
- La movilidad, porque habrá muchísimos dispositivos móviles, por lo que debemos ser capaces de ser móviles sin caídas en las conexiones.

- Los protocolos de *hardware*. Creo que todo pasará del *software* al *hardware*. La gente guardará todo en un chip.

- La conexión de aparatos físicos y equipos pesados a Internet. El uso de Internet para interactuar en las compras en los centros comerciales. El ordenador dispondrá de todo tipo de sensores, incluso sensores genéticos.

Sin embargo, todas estas cosas cambiarán en cierto punto porque la única manera de conseguirlas es entrometiéndote en la vida de las personas.

LECTURAS COMPLEMENTARIAS

ARTÍCULOS Y LIBROS MENCIONADOS / RECOMENDADOS

- Roberts, L. "Multiple computers networks and intercomputer communication" ACM, New York, 1967. *ACM Symposium on Operating Systems Principles, October 1-4, 1967, (Gatlinburg, Tennessee).*

[Todavía no he encontrado ningún libro que no sea parcial desde algún punto de vista. Todos se hicieron basados en entrevistas a algunos grupos de personas. Los libros pocas veces tratan de descubrir todo lo que va más allá de aquello que se dice.]

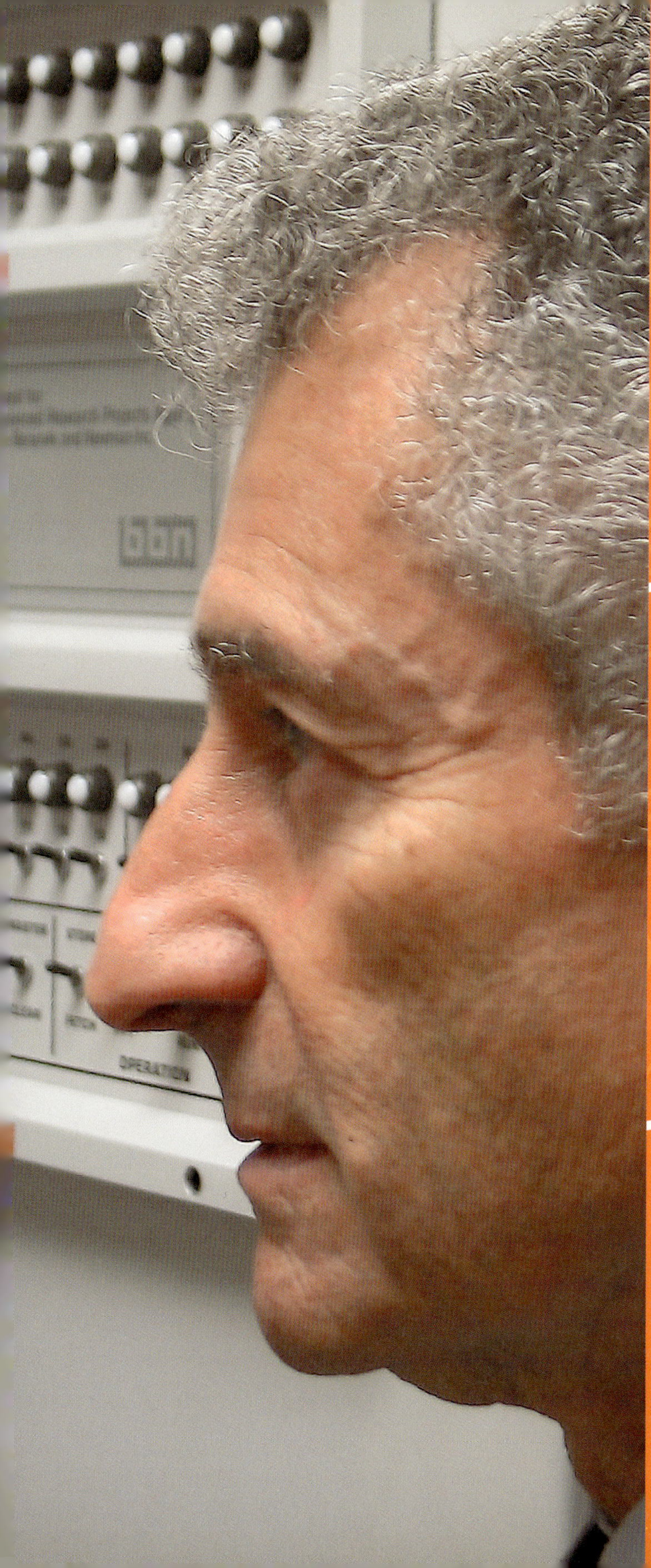

Leonard Kleinrock

Pionero de ARPAnet.
Creó la teoría de colas, útil para el análisis de redes de paquetes y puso en marcha el Centro de medidas de ARPAnet.
Profesor del Departamento de Ingeniería Informática de UCLA.

«Internet es probablemente el mayor agente de cambio que hemos visto en el último medio siglo, y lo más probable es que siga teniendo un profundo impacto durante el siglo XXI. Ha sido un privilegio participar en su desarrollo.»

Leonard Kleinrock

Entrevistado el 10 de noviembre de 2003 en Los Ángeles (California)

Escucha la entrevista

Sus padres eran inmigrantes polacos que llegaron a la Isla de Ellis a principios de 1900. Su padre era un tendero de barrio que triunfó gracias a su propio esfuerzo. Nació el 13 de junio de 1934 en Harlem, en medio de la Gran Depresión, y creció en Washington Heights, al norte de Manhattan, cerca del puente George Washington. Fue a PS 173, una escuela pública de enseñanza primaria con muchos niños inteligentísimos. Aprendió a sobrevivir en la calle muy pronto, lo que le permitió burlar a las pandillas de la ciudad de Nueva York.

Cuando era niño, le encantaban los artilugios, las maquetas de aviones, los juegos, los deportes y los cómics. A los seis años, estaba leyendo un cómic de Superman en su apartamento de Manhattan cuando, en el póster central, encontró unos planos para construir algo llamado "radio de cristal". Para hacerla, necesitaba la cuchilla de afeitar usada de su padre, un trozo de mina de lápiz, un rollo de papel higiénico vacío y alambre; todo lo cual no tuvo ningún problema en conseguir. Además, necesitaba un auricular, que se apropió rápidamente de la cabina telefónica pública que había en la tienda de caramelos del otro lado de la calle. La pieza que faltaba era algo llamado "condensador variable". Para ello, convenció a su madre de que le llevara en el metro hasta Canal Street, el centro de componentes electrónicos para radios. Al llegar a una de las tiendas, se dirigió al dependiente y le dijo con orgullo que quería comprar un condensador variable, a lo que el dependiente le respondió: *"¿De qué tamaño lo quieres?"*. Esto le desenmascaró, y confesó no solo que no tenía ni idea de qué tamaño, sino que tampoco tenía ni idea de para qué servía la pieza. Después de explicar por qué quería uno, el dependiente le vendió justo lo que necesitaba. Construyó la radio de cristal y estaba totalmente entusiasmado cuando salió música "gratis" por los auriculares: ¡sin pilas, sin electricidad, todo gratis! En ese momento, nació un ingeniero. Pasó los siguientes años desmontando radios desechadas, construyendo radios nuevas y mejorando sus conocimientos electrónicos. Le admitieron en la legendaria Bronx High School of Science y compaginó sus estudios allí con cursos de ingeniería radioeléctrica. De allí pasó a la universidad nocturna para poder trabajar de día y logró una beca para seguir estudiando en el MIT, donde se graduó y doctoró. Ya casado, le ofrecieron una plaza en UCLA (University of California, Los Angeles) y desde entonces ha desarrollado su investigación y trabajo allí.

«¡Creo que un cómic me dio la inspiración para mi carrera en Internet!»

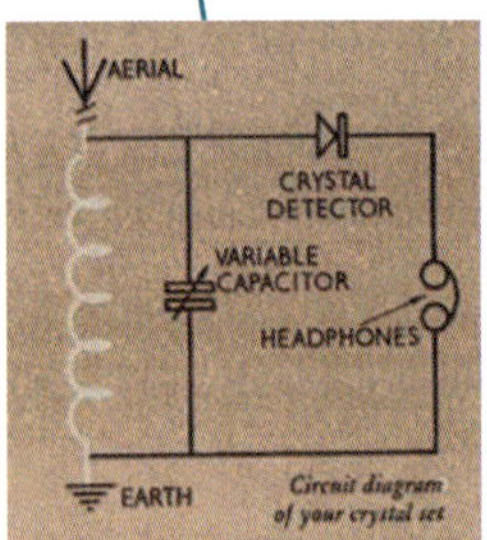

Leonard Kleinrock

¿Cuáles fueron sus motivaciones originales?

Mi padre contrajo una efermedad crónica mientras yo estaba en la escuela primaria, así que unos años más tarde, cuando llegó el momento de ir a la universidad, me encontré con que no podía permitirme asistir a las clases gratuitas del City College of New York (CCNY). En lugar de ello, me matriculé en el programa nocturno de Ingeniería Eléctrica mientras trabajaba a tiempo completo como ingeniero/técnico electrónico en una empresa llamada Photobell, Inc., lo que me permitía llevar un buen sueldo a casa para mis padres. Me casé a los veinte años, aún era estudiante universitario. Durante mi estancia en el CCNY, tuve el privilegio de trabajar con un grupo de compañeros de clase y de trabajo muy diverso. Esta fue una experiencia inestimable y me llevó a ganar una beca completa para el Departamento de Ingeniería Eléctrica del Massachusetts Institute of Technology (MIT) con ayuda del Lincoln Lab. del MIT.

Así fue cómo llegué al MIT en 1957 para cursar un Máster en Ingeniería Eléctrica. No tenía ninguna intención de realizar un Doctorado, no estaba interesado en el mundo académico y tenía poca confianza en que pudiera realizar una investigación verdaderamente avanzada (no sabía que los estudiantes de posgrado realizaban buena parte de los trabajos de investigación más innovadores). Aunque mis planes eran entrar a trabajar en el Lincoln Lab. del MIT una vez finalizados mis estudios, mi director de proyecto, el profesor **Frank Reintjes,** me convenció para que me quedara en el MIT y cursara un Doctorado. Decidí hacerlo solo si encontraba un tema de investigación cuyo resultado tuviera repercusión. Así que me puse en contacto con el legendario profesor del MIT, **Claude Shannon,** que había creado la teoría de la información, y le pedí que me aceptara en su grupo de trabajo, a lo cual accedió, afortunadamente para mí. No obstante, cuando miraba a mis compañeros de grupo, veía que la mayoría trabajaba en el campo de la teoría de la información, en el que Shannon ya había resuelto la mayoría de los problemas importantes. Esto no era para mí, ya que consideraba que los problemas que quedaban por resolver eran muy complicados y relativamente irrelevantes. Al mismo tiempo, al haber trabajado en el Lincoln Lab. y en el MIT, donde me encontraba rodeado de ordenadores, se me ocurrió que tarde o temprano esos ordenadores deberían comunicarse entre sí. También me di cuenta de que la red telefónica existente era completamente inadecuada para ese tipo de comunicaciones y que lo que se necesitaba era una nueva tecnología de redes de datos. Por aquel entonces, mantuve una conversación con el profesor **Ed Arthurs,** que había estado trabajando como asesor en un proyecto confidencial sobre el que no podía revelar nada, salvo que estaba relacionado con los problemas a los que se enfrentaban las comunicaciones de ordenador a ordenador. Me di cuenta de que buscar una solución eficaz a estos problemas era un reto fascinante y que, esperaba, tendría una gran repercusión en la tecnología y los ordenadores. El desafío intelectual y su posible trascendencia me parecieron muy atractivos, así que en 1959 empecé mi doctorado en este campo.

«Mi trabajo estaba motivado por un fuerte sentido de comunidad, donde las ideas y los resultados de la investigación se compartían libremente entre todos. La satisfacción para mí no provenía de la propiedad exclusiva, sino del uso intensivo de mi trabajo por otros.»

En 1962 finalicé mi tesis doctoral, en la que desarrollaba una teoría matemática de redes de paquetes, que es la tecnología en la que se basa Internet hoy en día. El MIT publicó la investigación de mi tesis en 1964 como un libro titulado *Communication Nets* (Redes de comunicación). En mi investigación trataba las cuestiones de escalabilidad, la evaluación de rendimiento, el diseño de redes de gran tamaño, el control adaptativo distribuido, el enrutamiento jerárquico, los recursos compartidos, el acceso bajo demanda, la paquetización de los mensajes y las ventajas de los sistemas compartidos de gran tamaño. Además, establecí los principios básicos del comportamiento de estas redes. En una publicación anterior a abril de 1962, fui el primero[1] en presentar la idea de la fragmentación de mensajes en bloques de tamaño fijo (que posteriormente recibirían el nombre de "paquetes") y establecí *analíticamente* las principales ventajas de la conmutación de paquetes. La mayor parte de estos primeros trabajos se resume en una publicación reciente. Uno de mis principales objetivos era desarrollar una metodología de diseño que se pudiera aplicar a redes muy extensas y la única manera de lograrlo era introducir el concepto de control distribuido, que implica que todos los nodos comparten la responsabilidad del control del enrutamiento de la red, de manera que ninguno de los nodos esté excesivamente atareado; de esta forma, la red es más robusta y eficiente.

Para mí ha sido una satisfacción ver cómo en la actualidad esta metodología de diseño se ha exportado a miles de millones de nodos en Internet.

THEOREM 3: The expected value, T_n, of the total time spent in the late-arrival system for a unit whose service time is nQ seconds, is

$$T_n = \frac{nQ}{1-\rho} - \frac{\lambda Q^2}{1-\rho}\left\{1 + \frac{(1-\sigma a)(1-a^{n-1})}{(1-\sigma)^2\,(1-\rho)}\right\}$$

where

$$a = \sigma + \lambda Q.$$

Reproducción de un Teorema de teoría de colas en procesos estocásticos, expuesto en su tesis doctoral de 1961.

Al terminar mi Doctorado en el MIT, pensé quedarme como investigador en el Lincoln Lab. del MIT. Pero unos meses más tarde, UCLA me ofreció un puesto de profesor y no sabía qué hacer, ya que pensaba que lo correcto era permanecer en el Lincoln Lab. con el fantástico puesto de investigador que tenía. Magnánimamente, mis colegas del Lincoln dijeron: *"¿Por qué no pruebas? Si te gusta, bien. Si no, vuelves con nosotros"*. Así que decidí correr el riesgo; cogí a mi mujer, mis dos hijos y un periquito, crucé el país en coche y acepté un trabajo en el que me pagaban la mitad de lo que ganaba en el Lincoln, en un lugar lejano en California llamado UCLA. Llegué en agosto de 1963 y me uní al profesorado de UCLA. Rápidamente descubrí que me gustaba la docencia, la investigación, los estudiantes de posgrado, la independencia, los viajes, las ideas frescas, los desafíos y ¡todo lo demás que me ofrecía y me ha ofrecido desde entonces este trabajo maravilloso!

¿Recuerda su primer contacto con un ordenador?

Experimenté con ordenadores analógicos mientras estaba en el CCNY. Diseñé y construí varios dispositivos digitales para control industrial mientras trabajaba en Photobell como estudiante universitario. Pero los primeros ordenadores digitales a gran escala los conocí en el MIT en 1957 y vi el ordenador Whirlwind y el ordenador SAGE[2] en el Lincoln Lab. Eran unas máquinas muy grandes e impresionantes. El ordenador principal en el que trabajé era el TX-2 del Lincoln Lab. Esa fue la máquina en la que realicé mis extensas simulaciones de redes de datos. Aún tengo la carpeta que contiene una copia impresa de mi programa de simulación; contiene dos mil quinientas líneas de código que depuré todas a la vez –me llevó cuatro meses depurarlas–. Disponía de la máquina desde medianoche hasta la 7 de la mañana, cuatro noches por semana, durante casi un año. Era muy importante que esta simulación funcionase para poder probar que mi teoría (sobre el comportamiento estocástico[3] de las redes de datos) era acertada. Había una suposición muy importante en mi teoría y tenía que probar que era acertada –y finalmente resultó ser correcta–.

1 Paul Baran (RAND Corporation, EEUU) comenzó su trabajo en 1962 y Donald Davies (National Physical Laboratory, Reino Unido) empezó incluso más tarde. No se conocían entre sí ni sabían de su trabajo paralelo hasta que Roger Scantlebury (del equipo de Davies) presentó el trabajo de Baran en 1967 a Larry Roberts (arquitecto de ARPAnet y buen amigo de Leonard Kleinrock).

2 SAGE: el sistema SAGE (Semi-Automatic Ground Environment) fue el primer sistema importante de mando y control en tiempo real basado en ordenadores. Se diseñó en los años cincuenta como un nuevo sistema de defensa aérea para proteger a Estados Unidos de los bombarderos de largo alcance y de otras armas.

3 Aunque se dice que Paul Baran (RAND Corporation) y Donald Davies (National Physical Laboratory) son los inventores de la teoría de conmutación de paquetes, Vint Cerf destaca la contribución del Dr. Kleinrock en este campo: *"Tengo que decir que Len Kleinrock merece igual mención por su trabajo de 1961 sobre el comportamiento estocástico de los sistemas de almacenamiento y envío. En eso consiste la conmutación de paquetes, aunque Len no utilizó el término tal como fue acuñado después de 1961 por Don Davies."*

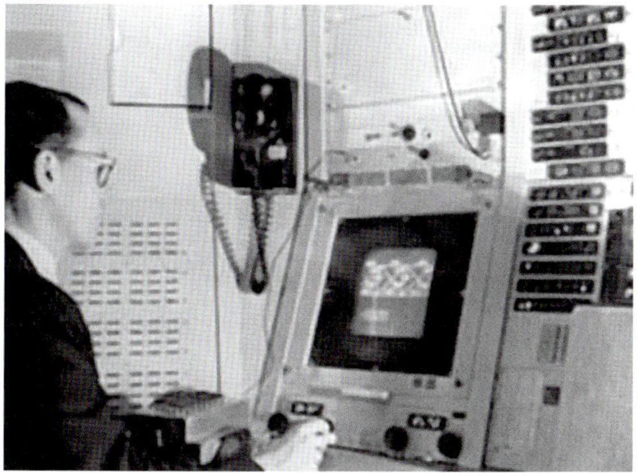
Ordenador TX-2, 1959. Cortesía del MIT.

Poco después de crear la teoría matemática de las redes de datos, me encontré con que al mundo comercial no le importaba en absoluto. La compañía de comunicaciones más grande del mundo en aquel momento, AT&T, dijo que la idea de (lo que en el futuro se convertiría en) la *conmutación de paquetes* no funcionaría y que aunque lo hiciese, ¡no querían saber nada de ella!

Puede imaginarse lo frustrante que fue, pero no me disuadió de continuar mi investigación sobre redes y dar conferencias por todo el mundo para promover las ideas y las ventajas de las redes de datos.

Afortunadamente, se estaban produciendo otros acontecimientos en el Departamento de Defensa de Estados Unidos, como la creación de la Advanced Research Projects Agency (ARPA). De hecho, el entonces presidente Eisenhower había creado ARPA en 1958 en respuesta al lanzamiento del *Sputnik* por parte de la Unión Soviética en 1957. En 1962, ya había una oficina en ARPA (Information Processing Techniques Office, IPTO) que respaldaba la investigación en ciencias informáticas en todo el país y cuyo director era un inteligente investigador llamado **JCR Licklider.** Lick ya había propuesto una visión de una red galáctica, que fomentaría una gran simbiosis entre el hombre y el ordenador. Él ignoraba por completo que yo ya había creado el diseño de la infraestructura subyacente de dicha red, del mismo modo que yo ignoraba su visión. A mediados de los años sesenta, ARPA siguió respaldando la investigación avanzada en ordenadores mientras la Dirección pasó de Licklider a **Ivan Sutherland** y posteriormente a **Robert Taylor.** En 1966, Taylor se dio cuenta de que muchos investigadores universitarios e industriales a los que respaldaba necesitaban compartir sus recursos colectivos (*hardware, software,* aplicaciones, etc.). El modo correcto de hacer esto era crear una red de datos que conectaría todos esos ordenadores y sus recursos, y convenció a su jefe **Charles Herzfeld** (director de ARPA en aquel momento) para que financiase la idea. Por supuesto, unos años antes, yo ya había diseñado la estructura subyacente y los principios de dicha red, y las estrellas estaban entonces alineadas para hacer esta visión realidad.

¿Era el uso compartido de recursos informáticos el objetivo principal de su investigación?

Sí, fundamentalmente. Los recursos que tenía en mente para ser compartidos eran los elementos de la infraestructura de red subyacente (líneas de comunicación, *buffers,* conmutadores, etc.). Existía la posibilidad de hacerlo mientras se compartían simultáneamente los dispositivos finales (es decir, los propios ordenadores *host* conectados y sus servicios).

¿Cuál fue su primer contacto con ARPAnet?

Cuando el Departamento de Defensa estadounidense se mostró interesado en implantar una red de datos, que llamaron ARPAnet. Contactaron con Larry Roberts y le pidieron que dirigiera y se encargara de su desarrollo. Él se puso en contacto conmigo y me dijo: *"Len, necesito tu ayuda".* Esto fue en 1966. Larry y yo habíamos sido compañeros de trabajo[4] en el MIT. Él también estaba en el mismo programa que yo en el Lincoln Lab. y nos graduamos exactamente en el mismo momento. Los Comités de Tesis de nuestros Doctorados tenían miembros en común, incluyendo el brillante Claude Shannon. Conocía a Larry desde 1959, habíamos trabajado juntos en el TX-2 y él sabía todo sobre mi investigación de redes. De hecho, Larry estuvo muy influenciado por mi investigación y, antes de aceptar el cargo en ARPA, se afirma que Larry Roberts dijo: *"La*

4 También lo fue Ivan Sutherland, que creó la primera interfaz gráfica de usuario y sistemas orientados a objetos.

Años setenta. Durante sus inicios como profesor asociado a la UC de Los Angeles (California). Cortesía de Leonard Kleinrock.

conmutación de paquetes era algo nuevo y radical en los años sesenta. Para planear gastar millones de dólares y arriesgar mi reputación, necesitaba saber que iba a funcionar. Sin el trabajo de Kleinrock sobre redes y la teoría de colas nunca hubiera dado un paso tan arriesgado. Toda la comunidad de las comunicaciones defendía que no funcionaría. Este libro fue fundamental para hacerles frente y apostar que iba a funcionar"[5].

En ese momento las cosas empezaron a avanzar rápidamente. En 1967, Roberts nos reunió a varios de nosotros para establecer las especificaciones de ARPAnet y determinar los aspectos clave de su diseño. **Wes Clark** propuso la idea de instalar un ordenador independiente frente a cada nodo para que sirviera de pasarela a la red y descargar la mayoría de las funciones de conexión de los ordenadores *host* conectados. A este ordenador independiente se le denominó más tarde Interface Message Processor (IMP). Yo insistí en que si esta iba a ser una red experimental, entonces debíamos incluir definitivamente en su diseño herramientas que permitieran realizar mediciones. Una vez propuestas las herramientas pertinentes y establecidos sus fundamentos teóricos, ARPA decidió que mi laboratorio de UCLA sería el primer nodo de la red y que se convertiría en el Network Measurement Center (Centro de Mediciones de la Red). Roberts preparó entonces un plan para ARPA que fue rápidamente aprobado por Robert Taylor. A mediados de 1968, se envió una solicitud de ofertas para construir la red propuesta y el contrato fue otorgado en enero de 1969 a una empresa de Cambridge (Massachusetts): Bolt, Beranek and Newman (BBN). El jefe de proyecto de BBN era **Frank Heart.**

En UCLA, reuní a un equipo de investigación formado por estudiantes de posgrado de Ciencias Informáticas:

- **Jack Zeigler,**
- **Gerry Cole,**
- **Carl Hsu,**
- **Al Dobieski,**
- **Gary Fultz**,
- y **Mario Gerla**

para que realizaran los estudios analíticos, el diseño y las mediciones para la futura red.

Un equipo de *software* dirigido por:

- **Steve Crocker** y formado por
- **Jon Postel,**
- **Vint Cerf,**
- **Charley Kline,**
- **Bill Naylor**, y otros

5 *<http://www.ziplink.net/~lroberts/SIGCOMM99_files/v3_document.htm.>* Por otro lado, Frank Heart (jefe del equipo de BBN, la empresa que construyó el primer IMP para ARPAnet) niega explícitamente haber utilizado las teorías de Kleinrock para construir el IMP para ARPAnet. Vint Cerf comenta que sin duda es cierto, pero el hecho es que Larry Roberts las conocía y basó su descripción de lo que quería que hiciese el IMP en la idea de fragmentar los mensajes en bloques de tamaño fijo (denominados "paquetes" por Donald Davies).

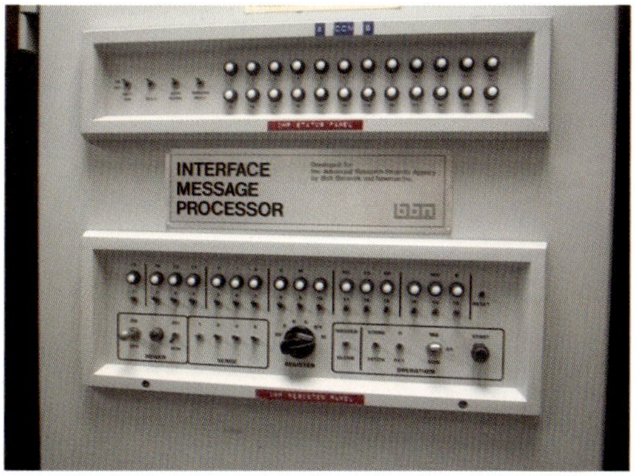

Len Kleinrock con equipos de comunicaciones. El primer Interface Message Processor (IMP, actual router) diseñado y fabricado por BBN en Boston. Noviembre de 2003: Len con el primer IMP instalado, que aún conserva cerca de su despacho.

para diseñar e implantar protocolos de red avanzados.

Y un ingeniero de *hardware* **(Mike Wingfield)** para implantar la interfaz Host-IMP. El equipo contaba también con muchos otros miembros. Básicamente, nuestro trabajo consistía en preparar las conexiones para el primer nodo de ARPAnet. BBN fue contratada para entregar el primer IMP a UCLA el 2 de septiembre de 1969 y, en efecto, lo hizo en ese fin de semana del Día del Trabajo.

Probablemente, el hito más importante de ARPAnet ocurrió cuando se envió el primer mensaje de *host* a *host* desde UCLA, que hizo que el bebé Internet balbuceara sus primeras palabras. Esto sucedió a las diez y media de la noche del 29 de octubre de 1969, cuando uno de mis programadores, **Charley Kline,** y yo procedimos a conectarnos al *host* del SRI (Menlo Park, California) desde el *host* de UCLA. Conseguimos enviar al SRI solo en mensaje parcial ˝Lo˝ antes de que su sistema se cayera. Así que el primer mensaje en ARPAnet fue la palabra profética ˝Lo˝, como en la expresión inglesa "lo and behold!" (¡alabado sea Dios!).

El 3 de julio de 1969, UCLA emitió un comunicado de prensa en el que se anunciaba la inminente puesta en funcionamiento de ARPAnet. En ese anuncio, describí el aspecto que tendría la red y cuáles serían típicamente sus aplicaciones, y expresé la siguiente visión para la futura red: *"En estos momentos, las redes de ordenadores están todavía en pañales, pero a medida que vayan creciendo y sean más sofisticadas, probablemente asistiremos a la difusión de los 'servicios de ordenador' que, al igual que ocurre en la actualidad con la electricidad y el teléfono, estarán presentes en los hogares y oficinas de todo el país"*. Me sorprende gratamente comprobar cómo mi comentario se anticipó a la aparición de los servicios IP basados en la Web, cómo la referencia a la electricidad y el teléfono se adelantó a la capacidad de conectarse en cualquier lugar a una red siempre disponible e "invisible" y cómo la observación sobre los hogares y las oficinas se anticipó al acceso ubicuo. Lo que no fui capaz de prever fue que mi madre, ya fallecida, se conectaría a Internet a sus noventa y nueve años; o sea, no supe anticiparme al fuerte impacto social que implica Internet y a su repercusión sobre todos los aspectos de nuestra sociedad.

Bill Duvall (SRI, izquierda) y Charley Kline (UCLA, derecha) fueron los que lograron comunicar los dos IMP por primera vez.
Foto Bill Duvall: Bobbie Johnson 2009.

En su opinión, ¿cuáles son las características clave de Internet?

Internet permite a cualquier persona (a todo el mundo) participar, contribuir, utilizar e involucrarse en el ciberespacio. Las características específicas de Internet que posibilitan lo anterior podrían ser las siguientes:

- Abierta.
- Compartida.
- Distribuida.
- Escalable.
- Permite que interactúen comunidades de personas.
- Anónima en la identidad del usuario, en la naturaleza de la tecnología de comunicaciones subyacente, en las características del tráfico transportado y en los objetivos de su aplicación.

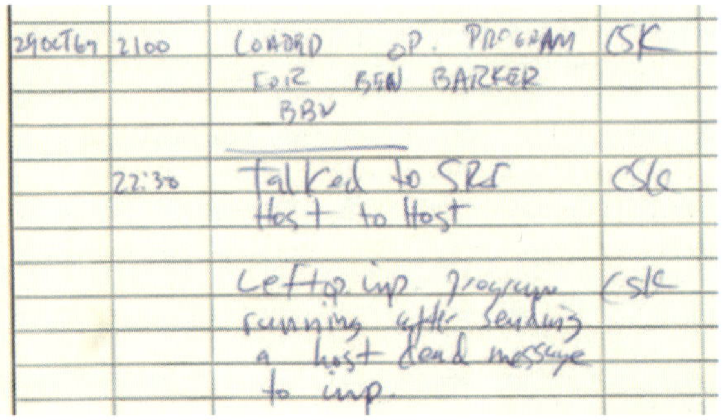

Primer registro de IMP ARPAnet. Un registro del primer mensaje enviado a través de ARPAnet, que fue transmitido a las diez y media de la noche del 29 de octubre de 1969. Cortesía de Len Kleinrock (UCLA).

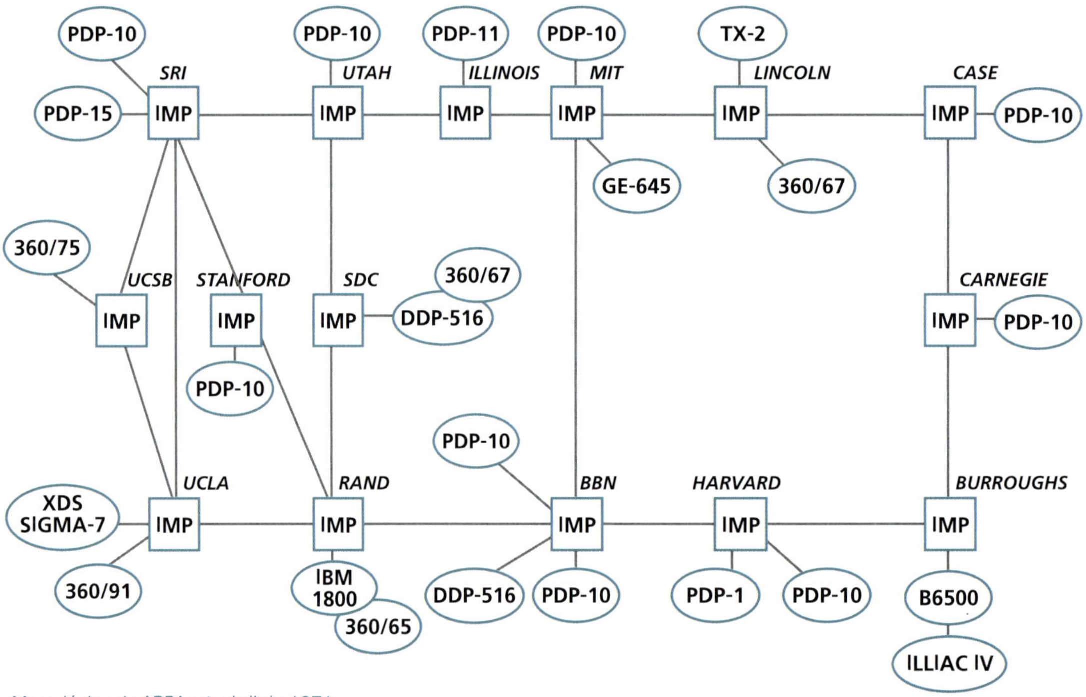

Mapa lógico de ARPAnet, abril de 1971.
Cortesía de Bob Bell.

De izquierda a derecha: Len Kleinrock, Larry Roberts, Vint Cerf y Robert Kahn.

¿Cuáles son los hitos más importantes, en su opinión, en el desarrollo de la red?

El prólogo de Internet y sus hitos son toda la historia de la tecnología de las comunicaciones, que incluye el telégrafo, el teléfono, la radio, la televisión, el vídeo, los ordenadores, etc. Estos avances establecieron los precursores de la tecnología y las aplicaciones que dieron lugar al Internet de hoy en día.

Específicos a la creación de Internet, quizá los acontecimientos clave son los siguientes:

- 1960-1962. Mi tesis doctoral en la que creaba la tecnología subyacente de Internet.
- 1962. Visión de Licklider de una "red galáctica".
- 1962. Trabajo de Paul Baran sobre redes de comunicación distribuidas.
- 1965. Roberts y Marill realizan un experimento de conmutación de circuitos de ordenador a ordenador.
- 1966. Propuesta de Donald Davies para una red de comunicación digital.
- 1966. Decisión de ARPA de construir ARPAnet.
- 1969. Se despliega el primer nodo de ARPAnet en UCLA (Los Ángeles, California).
- 1969. Se envía el primer mensaje a través de ARPAnet desde UCLA hasta SRI (Menlo Park, California).
- 1969. Steve Crocker publica el documento de Protocolo de Host a Host.
- 1970. Se lanza el primer protocolo de *host* a *host*, llamado NCP.

Esta lista prosigue en un artículo mío reciente [véase Artículos Relacionados al final de este capítulo].

¿Cómo ha contribuido usted al desarrollo de ARPAnet/ Internet?

Yo desarrollé la teoría matemática de las redes de paquetes (la tecnología subyacente de Internet), fui el primero en describir y evaluar analíticamente la fragmentación de mensajes en paquetes, escribí el primer artículo y publiqué el primer libro sobre el tema.

El nacimiento de ARPAnet se produjo en mi laboratorio de UCLA cuando nuestro ordenador *host* se convirtió en el primer nodo de ARPAnet en septiembre de 1969. También dirigí la transmisión del primer mensaje enviado a través de ARPAnet. Creé y dirigí el Network Measurement Center de UCLA desde los comienzos de ARPAnet.

Formé un pequeño ejército de estudiantes de doctorado graduados que impulsaron el desarrollo de Internet durante muchos años. Entre los temas de investigación en los que fuimos pioneros se encuentran: las redes de paquetes, por satélite, por radio, las redes de área local, las redes de banda ancha, las redes entre pares (P2P), los agentes inteligentes y los sistemas distribuidos. También establecí las herramientas analíticas básicas para la evaluación del rendimiento de las redes y publiqué libros que son todo un clásico en estos campos.

¿Quiénes han sido las personas clave, líderes o impulsores en el desarrollo de Internet?

Bueno, en la foto que nos hiciste aparecemos cuatro; fuimos nosotros quienes ganamos el premio Charles Stark Draper 2001 por nuestras contribuciones individuales al desarrollo de ARPAnet.

A continuación, se incluye una lista parcial de algunas de las múltiples personas que deberían mencionarse en orden cronológico con al menos una de sus contribuciones (no he incluido las aplicaciones más recientes que son tan populares en Internet):

1961 **Leonard Kleinrock**
Por desarrollar los principios de la teoría de colas, aplicable (entre a muchas otras cosas), a la conmutación de paquetes. Por crear el Centro de Mediciones de ARPAnet y enseñar a múltiples pioneros de Internet.

1962 **J. C. R. Licklider**
Por sus visionarias ideas de una "red galáctica".

Paul Baran
Por describir una arquitectura para las redes de paquetes.

1964 **Ivan Sutherland**
Por recomendar una red de tres nodos en UCLA.

1965 **Larry Roberts**
Por dirigir el equipo que diseñó y desarrolló ARPAnet.

Thomas Marill
Por conseguir la primera conexión a larga distancia entre dos ordenadores mediante conmutación (con Roberts).

1966 **Robert Taylor**
Por su liderazgo visionario al iniciar el proyecto ARPAnet.

Donald Davies
Por su temprana teoría de conmutación de paquetes. Por implantar una de las primeras redes PS y acuñar el concepto de "paquete".

1967 **Charles Herzfeld**
Por ceder 1 millón de dólares estadounidenses de los fondos del gobierno para lanzar ARPAnet. Fue director de ARPA en 1969.

1967 **Wes Clark**
Por sugerir el uso de un ordenador dedicado que actuase como conmutador de red; llamado IMP, posteriormente *gateway* (pasarela) y finalmente *router*.

1969 **Steve Crocker**
Por desarrollar el NCP y publicar el primer *RFC*.

Frank Heart
Por trabajar como jefe de proyecto del equipo BBN que diseñó y construyó el IMP.

Equipo de BBN:
Willy Crowther, Bob Kahn, Dave Walden, Bernie Cosell, Hawley Rising, Severo Ornstein, Ben Barker, Marty Thrope.

Equipo de UCLA:
Steve Crocker, Vint Cerf, Jon Postel, Mike Wingfield, Charley Kline, Bill Naylor.

Howard Frank
Por su diseño de la topología de red de la temprana ARPAnet.

1970 **Norm Abramson**
Por desarrollar ALOHAnet.

1972 **Ray Tomlinson**
Por la creación e introducción del correo electrónico en ARPAnet.

1973 **Bob Kahn y Vint Cerf**
Por coinventar el protocolo TCP/IP.

Bob Metcalfe y Dave Boggs
Por inventar Ethernet.

Pål Spilling e Yngvar Lundh
Por establecer el primer nodo internacional de ARPAnet (NDRE en Noruega).

Peter Kirstein
Por contribuir al desarrollo internacional de ARPAnet.

1978 **Danny Cohen, David Reed y John Shoch**
Por promover la división de TCP en TCP e IP, permitiendo así que el UDP sobre IP soportase tráfico en tiempo real.

1979 **Larry Landweber, Dave Farber, Tony Hearn, Peter Denning**
Por la concepción y el desarrollo de CSnet.

1981 **David Clark**
Por desarrollar una de las primeras implementaciones *host* de los protocolos de red de ARPA. Y la primera implementación en un ordenador personal de TCP/IP.

1983 **Paul Mockapetris y Jon Postel**
El primero por inventar el Sistema de Nombres de Dominio (DNS por sus siglas en inglés) y el segundo por crear IANA y encargarse de ella durante más de treinta años.

Barry Leiner
Por recopilar y editar un artículo clave titulado "A Brief History of the Internet" (Una breve historia de Internet).

1986 **Dave Mills, Steve Wolff, Dennis Jennings**
Por promover y desarrollar NSFnet.

1988 **Al Gore**
Por proporcionar un fuerte apoyo a Internet en el Gobierno de EE.UU.

1989 **Tim Berners-Lee**
Por concebir e iniciar HTML y la World Wide Web.

1993 **Marc Andreessen y Eric Bina**
Por la implantación temprana de Mosaic, el primer navegador web gráfico de uso generalizado.

1995 **Van Jacobson**
Por rediseñar los algoritmos de control de flujo de TCP/IP para solucionar la congestión

Cuénteme algunas situaciones anecdóticas

▶ En 1972, tuvimos la primera demostración pública de ARPAnet en la International Conference on Computer Communications (ICCC), celebrada en Washington DC. En 1972 no había ningún nodo de ARPAnet en el propio Washington DC, así que llevamos un conmutador de paquetes, un procesador de interfaz de terminal (TIP)[6], y lo conectamos a la red para la demostración. Estábamos en el Hotel Hilton en Washington DC y la publicitamos entre nuestra propia comunidad de personas –la red era un experimento relativamente nuevo y excitante en aquel momento, así que todo el mundo quería participar y ver una demostración. La idea era llevar a la gente a una gran habitación donde teníamos terminales conectados al IMP que estaba conectado a la red. Les decíamos que probaran a utilizar la red, a la vez que les entregábamos un pequeño folleto donde se explicaba lo que podían hacer y también que había gente para ayudarles. La anécdota está relacionada con la demostración que habíamos preparado desde UCLA: tú te sentabas en un terminal teletipo en el hotel en Washington DC y entrabas en el ordenador de BBN en Cambridge, Massachusetts. Desde allí, llegabas a través de la red al ordenador de UCLA en Los Ángeles, California, para compilar y ejecutar un programa, y finalmente enviabas los resultados a una impresora situada justo al lado del teletipo en el hotel de Washington DC. En la actualidad, eso no es nada; pero en aquellos días era: *"¡Guau! ¡Hasta Boston, pasando por Los Ángeles y de vuelta a Washington!".* Probamos nuestra demostración la noche antes de la conferencia y le pedimos a **Jon Postel** que se sentase en el terminal y realizase el experimento. Entró en BBN, absorbió un programa y lo envió a UCLA, lo compiló y ejecutó en UCLA, y después envió los resultados a la impresora que estaba a su lado en Washington. ¡Pero no ocurrió nada! Miramos la habitación y nos dimos cuenta de que la Tortuga que había llevado el MIT actuaba de un modo muy extraño (la Tortuga era un pequeño robot que deambulaba por la habitación y que, si chocaba contra algo, ¡aprendía a no volver a chocar contra ello!). Resultó que los resultados obtenidos se habían enviado accidentalmente a la Tortuga en vez de a la impresora –y la Tortuga saltaba por toda la habitación–. Finalmente lo arreglamos y obtuvimos la copia impresa –pero fue asombroso ver a esa cosa saltando por todos lados–.

> «A finales de 1971, Larry Roberts, de DARPA decidió que la gente necesitaba una motivación seria para hacer que las cosas funcionasen. En octubre de 1972 iba a desarrollarse una conferencia internacional de comunicaciones por ordenador, así que Larry le pidió a Bob Kahn de BBN que organizase una demostración pública de ARPAnet.
> A Bob le llevó casi un año que todo el mundo llegase lo suficientemente lejos como para demostrar una serie de aplicaciones en ARPAnet. La idea era instalar un conmutador de paquetes y un procesador de interfaz de terminal (TIP) en el sótano del Hotel Hilton de Washington, y dejar al público entrar y utilizar ARPAnet, ejecutando aplicaciones por todos los Estados Unidos...
> La demostración fue todo un éxito, para sorpresa de la gente de AT&T, que se mostraban escépticos sobre si funcionaría o no.»
>
> *Vint Cerf*

▶ Una segunda anécdota está relacionada con lo que probablemente fue el primer uso ilegal de ARPAnet. Y yo me atribuyo la responsabilidad de ello. En septiembre de 1973, había una conferencia en la University of Sussex en Brighton, Inglaterra. Era una conferencia de comunicaciones por ordenador y alojaron a los asistentes, incluyéndome a mí, en residencias de estudiantes. Resultó que tuve que abandonar la conferencia un día antes. Cuando llegué a casa y deshice el equipaje, me di cuenta de que había dejado mi maquinilla eléctrica en la residencia y quería recuperarla. Eran entonces las 3 de la mañana en Londres (las 7 de la tarde para mí). Y me

6 El procesador de mensajes (IMP, por sus siglas en inglés) fue el nodo de conmutación de paquetes utilizado para interconectar las redes participantes en ARPAnet desde finales de los años sesenta hasta 1989. Fue la primera generación de pasarelas, que hoy en día se conocen como *routers*. Un IMP era un miniordenador Honeywell DDP-516 reforzado, con *software* e interfaces de propósito específico. Un IMP requería conexión a un ordenador *host* a través de una interfaz especial, definida en el Informe 1822 de BBN. El *software* del IMP y el protocolo de comunicación de red de ARPA sobre el IMP se discutió en la Solicitud de Comentarios o *RFC 1* (de Steve Crocker), el primero de una serie de documentos de normalización publicados por el Internet Engineering Task Force (IETF). Existía una variante del IMP, llamada TIP, que conectaba terminales en lugar de ordenadores a la red; se basaba en el Honeywell 316.

pregunté: "¿Quién estará en la red en este momento? ¿Qué loco estará conectado?". Decidí que podría ser **Larry Roberts**. Yo tenía un programa concebido para conocer si alguien estaba en la red; se llamaba Resource Sharing Executive (RSEXEC). Lo encendí y tecleé: *"¿Dónde está Roberts?"*. Ese programa entró entonces en todos los ordenadores *host* de la red, miró en la lista "Quién" de cada *host*, y encontró a Roberts conectado al ordenador de BBN desde Inglaterra. Así que abrí una sesión de chat con él (probablemente una de las primeras sesiones de la historia) y le dije: *"Larry, necesito mi maquinilla"*. ¡Al día siguiente la recuperé cuando Danny Cohen regresó a casa a Los Ángeles de la conferencia! Así fue básicamente el que probablemente fue el primer uso ilegal de la red, ¡ya que fue por motivos personales en vez de profesionales!

Leonard Kleinrock con el autor durante la entrevista personal, el 10 de noviembre de 2003.

¿Cuál ha sido su implicación con las empresas emergentes durante este tiempo?

A comienzos de mi carrera académica decidí que era fundamental mantener una estrecha relación con la industria si quería proporcionar a mis alumnos una comprensión adecuada de la ciencia, la tecnología y la interrelación entre ellas. Así que era natural que me implicase en la asesoría y formación de algunas empresas a lo largo mi carrera.

Como ya conoce, creé tres empresas bastante interesantes. La primera llamada LINKABIT CORPORATION que cofundé con **Irwin Jacobs** y **Andrew Viterbi**. Los tres estábamos en un avión de regreso de una conferencia técnica a mediados de 1968 cuando comentamos que sería interesante formar una empresa. Por casualidad, unos meses más tarde, el Laboratorio de Investigación Naval estadounidense (NRLC, por sus siglas en inglés) se dirigió a mí para realizar unas consultas sobre comunicaciones de datos. En aquel momento, yo ya estaba trabajando como asesor para Jet Propulsion Laboratory realizando una labor muy excitante y por una tarifa de asesoría superior a la que me ofrecía el NRLC. Así que le pregunté al NRLC si podrían pagarme una tarifa más alta si tuviera una empresa. Respondieron inmediatamente que sí y dijeron que podían contratarme con un tipo de contrato llamado *stub*, es decir, de una duración inferior a un año y con renovaciones a corto plazo, por un importe de 2.000 dólares estadounidenses, lo cual era una excelente oferta económica. Así que me puse en contacto con Irwin y Andy y formamos una empresa en octubre de 1968 para encargarnos del trabajo. Le puse el nombre de Linkabit y los demás estuvieron de acuerdo en que era un descriptor adecuado de lo que planeábamos hacer, esto es, comunicaciones digitales. Decidimos que una de las habitaciones de mi casa sería nuestra oficina inicial, que mi garaje se convertiría en una sala de reuniones y que yo sería el presidente. ¡Estábamos listos! El trabajo fue sumamente bien y unos meses más tarde nos trasladamos a unas instalaciones más grandes en Westwood Village y empezamos a contratar a algunos doctores para que trabajaran con nosotros a medida que asumíamos más compromisos. Al mismo tiempo, en la primavera de 1969, el trabajo en ARPAnet empezó en serio. Como el IMP estaba previsto que llegara a mi laboratorio de UCLA el fin de semana del Día del Trabajo de aquel septiembre, me di cuenta de que iba a estar tremendamente ocupado durante julio y agosto, así que Irwin, Andy y yo acordamos que me tomaría dos meses de permiso de Linkabit. Luego resultó que el desarrollo de ARPAnet fue enormemente exigente y excitante, así que acordamos que yo reduciría mi nivel de esfuerzo en Linkabit. Un poco después, Irwin y Andy trasladaron la empresa a La Jolla (California), cerca de San Diego. Linkabit creció de manera espectacular en diez años siguientes y se vendió en 1979. De hecho, Linkabit se convirtió en la bisabuela de las empresas de comunicaciones inalámbricas que surgieron en la zona de San Diego y lanzó toda una industria inalámbrica, de la cual la descendiente directa más conocida es Qualcom.

La segunda empresa que fundé fue el TECHNOLOGY TRANSFER INSTITUTE (TTI). En 1976 publiqué el primer libro que trataba sobre redes informáticas y el desarrollo de ARPAnet. Este fue el Volumen II de mi serie de dos tomos sobre sistemas de colas (el primer tomo trataba sobre la teoría necesaria y se convirtió en todo un clásico de la teoría de colas). El segundo tomo trataba sobre la experiencia de ARPAnet, la conmutación de paquetes, la conmutación de paquetes por satélite, la conmutación de paquetes por radio, cómo analizar y diseñar redes de datos, cómo era ARPAnet y otras aplicaciones clave relacionadas con las comunicaciones de datos. Cuando salió este libro, decidí que sería muy útil para la industria y que yo podía correr la voz rápidamente, ya que había una enorme sed y demanda de esta información. Así que, junto a mi mujer, Stella, formé el Technology Transfer Institute en verano de 1976 y creé un seminario intensivo de tres días sobre la tecnología y el desarrollo de ARPAnet en base a mi libro y mi experiencia. Ese verano, los dos comercializamos el seminario y lo presentamos en tres ciudades del país: Dallas, Washington DC y Los Ángeles. Aún recuerdo aquel primer seminario en Dallas, en el Hotel Fairmont. Como era el primero, había tan pocos asistentes que no pudimos permitirnos que Stella me acompañase, así que viajé allí con las maletas llenas de notas, monté las mesas de inscripción, inscribí a catorce personas, cerré la inscripción, me dirigí al escenario y presenté al ponente, ¡y empecé con el seminario! Los otros dos seminarios de aquel verano fueron un gran éxito, ya que se había corrido la voz. Decidimos desarrollar la empresa y contratamos a otras personas que estaban en lo más alto de sus campos en tecnología de sistemas informáticos y de comunicación para realizar seminarios especializados para esta empresa. Las otras personas que contratamos en aquel año siguiente incluían a: **Larry Roberts, Howard Frank, Norm Abramson, Peter Denning, Robert Lucky** y **Paul Green.** TTI ha estado presentando seminarios, conferencias, exposiciones comerciales, etc., durante más de treinta años y es hoy en día una próspera empresa (bajo el nombre de TTI/Vanguard) que presenta una serie continua de conferencias por todo el mundo sobre tecnologías emergentes y su impacto.

A principios de los años noventa desarrollé una visión que anticipó el crecimiento de la informática nómada (esto incluye las aplicaciones móviles y las redes inalámbricas). En 1998, en medio de la explosión de las punto com, decidí formar mi tercera empresa, llamada NOMADIX Inc., con uno de mis recientes alumnos de doctorado graduados en UCLA, **Joel Short.** La empresa creció rápidamente, desarrolló e implantó tecnología nómada por todo el mundo, se vendió y ahora es propiedad de la japonesa NTT Docomo.

«En medio de estos esfuerzos empresariales, he continuado como profesor de informática en UCLA, fui presidente del Departamento desde 1991 a 1995 y he graduado a 47 estudiantes de doctorado que forman un pequeño ejército de los mejores expertos en redes de datos e Internet.»

¿Qué opina acerca del futuro de Internet?

El futuro de Internet no radicará en su estructura central, sino en los márgenes. Es en los márgenes donde se están produciendo la mayoría de las innovaciones. Este futuro consistirá en encontrar maneras de fomentar y aprovechar el poder de las masas, ya que ellas crean sus aplicaciones de redes sociales y actividades básicas, así como en gestionar el lado oscuro de Internet, responsable de causar molestias y problemas a tantos usuarios. Este es un interesante acertijo, ya que la naturaleza abierta de Internet permite que cualquiera llegue a millones de personas con facilidad, rapidez, básicamente sin coste alguno y de forma anónima, y esta combinación es una fórmula perfecta para la existencia del lado oscuro de Internet. Así que, aunque por un lado queremos fomentar la innovación, encontramos que se están poniendo límites y restricciones a la naturaleza abierta de Internet en un intento por proporcionar la seguridad y privacidad de las que el lado oscuro ha abusado.

Internet ya ha penetrado en un cuarto de la población mundial, con más de 2.000 millones de usuarios actualmente, y creo que está en la vía rápida para continuar su penetración en una parte muy importante de la humanidad.

En la actualidad, la mayor parte de los usuarios ven el ciberespacio como si estuviera atrapado detrás de la pantalla de sus dispositivos informáticos. Creo que nos estamos acercando rápidamente al momento en que el mundo del ciberespacio pasará de detrás de esa pantalla al mundo físico. La mayoría de los objetos de nuestro entorno estarán habilitados para conectarse a Internet e interactuarán con nosotros para realizar multitud de aplicaciones a través de interfaces de usuario muy naturales.

¿Ha identificado alguna tendencia tecnológica?

Hay cinco fases a través de las cuales es probable que evolucione Internet en los próximos años: informática nómada, espacios inteligentes, informática ubicua, convergencia y agentes inteligentes.

Algunas de ellas ya están teniendo lugar. La **informática nómada** se centra en las dificultades con las que se encuentra un usuario móvil cuando llega a lugares que están apartados de su entorno empresarial o doméstico. De pronto se encuentra como un "extranjero" en esos lugares, en lo que respecta al acceso a Internet y sus servicios. El objetivo de la informática nómada es permitir que dichos usuarios móviles sean "compatibles" y obtengan acceso y servicios tan fácilmente como en sus entornos originales.

Un **espacio inteligente** se refiere a una situación en la cual los dispositivos con suficiente inteligencia se integran en un entorno de manera que este pueda interactuar con los usuarios de modo natural y efectivo. Estos dispositivos (por ejemplo, sensores, accionadores, lógica, cámaras, pantallas, micrófonos, altavoces, etc.) estarán presentes en paredes, suelos, en nuestras mesas, lámparas, ropa, gafas, neveras, coches, habitaciones de hotel, en nuestros relojes de pulsera, cinturones, uñas y otras partes de nuestros cuerpos.

La **informática ubicua** se refiere a la posibilidad de acceso a Internet desde cualquier lugar donde se encuentre el usuario nómada.

La **convergencia** se refiere a pequeñas plataformas informáticas que unen dispositivos, contenidos, funciones y servicios. Estas plataformas ya están generando aplicaciones increíblemente innovadoras que han permitido crear industrias de miles de millones de dólares.

Los **agentes inteligentes** son módulos de *software* autónomos que se implantan en Internet y que prestan servicios al usuario que se ajustan a su perfil, preferencias y privilegios.

Estos avances están en camino de hacer realidad la visión que expresé en 1969, que básicamente decía que Internet estaría en todas partes, siempre funcionando, siempre accesible, que cualquier usuario podría conectarse desde cualquier lugar en cualquier momento y con cualquier dispositivo, y que sería invisible. Aún no hemos llegado a todo esto, pero los progresos han sido increíbles y soy muy optimista respecto a su futuro.

LECTURAS COMPLEMENTARIAS

ARTÍCULOS Y LIBROS de L. Kleinrock relacionados con la entrevista:

- Leiner, B.; Cerf, V.; Clark, D.; Kahn, R.; Kleinrock, L.; Lynch, D.; Postel, J.; Roberts, L., y Wolff, S., "The past and future history of the Internet", *Communications of the ACM 40,* 2 (febrero 1997), pp. 102-108.
- Kleinrock, L., *Communication Nets; Stochastic Message Flow and Delay,* Nueva York, McGraw-Hill, 1964 (descatalogado). Reimpr. por Dover Publications, 1972. Publicado en ruso, 1971. Publicado en japonés, 1975.
  —, "Creating a mathematical theory of computer networks", *INFORMS-Operations Research* (enero-febrero 2002), pp. 125-131.
  —, "History of the Internet and its flexible future", *IEEE Wireless Communications* (febrero 2008), pp. 8-18.

Y como lectura para conocer su enfoque de lo que realmente ocurrió en la historia de ARPAnet/Internet, él recomienda el libro siguiente, por ser una historia bastante exacta:

- Segaller, S., *Nerds 2.0.1: A brief history of the Internet,* Nueva York, TV Books, 1998.

ARTÍCULOS MENCIONADOS:

- Kleinrock, L., "Information Flow in Large Communication Nets". *RLE Quarterly Progress Report* (abril 1962).

Robert W. Taylor

Exdirector de la Oficina de Técnicas de Procesamiento de Información (IPTO) de ARPA.
Exdirector de Xerox PARC.
Exdirector del Centro de Investigación de Sistemas de Digital.

«Me sorprende que se haya tardado tanto en desarrollar Internet: en 1975, la mayoría de la tecnología ya estaba **DISPONIBLE;** en 1985 ya era asequible; pero no despegó hasta mediados de los noventa. Elegí el momento equivocado…»

Entrevistado el 26 de noviembre de 2003 en Woodside, California

Escucha la entrevista

Nacido en Dallas (Texas) el 10 de febrero de 1932, se licenció en Psicología Experimental en la University of Texas en Austin, pero nunca ejerció. Obtuvo una Licenciatura (BS) y un título de posgrado (MS) en 1958. Impartió clases durante un año y trabajó durante dos años en la industria como ingeniero de sistemas. Después pasó cuatro años (1961-1965) en las oficinas centrales de la NASA[1], en Washington DC. Durante este periodo, otorgó un contrato de investigación al grupo de Doug Engelbart en el SRI que financió la invención del ratón para el ordenador y también conoció a una persona de ARPA que contribuyó decisivamente al concepto de la red ARPAnet: J.C.R. Licklider[2]. En 1965 se incorporó a la agencia ARPA (Advanced Research Project Agency)[3] hasta 1969, donde inició el proyecto ARPAnet en febrero de 1966. En diciembre de 1966 reclutó a **Larry Roberts** como director de programa del proyecto ARPAnet, bajo las órdenes de Taylor. En 1969, cuando Taylor vio que el proyecto iba a funcionar dado que todas las pruebas de BBN estaban dando resultados correctos al simular nodos y enviar paquetes con éxito, se fue de ARPA y pasó un año en la University of Utah dirigiendo un laboratorio. En 1970, Taylor ayudó a arrancar el legendario Xerox PARC (Palo Alto Research Center) en California, donde en sus trece años en la dirección se crearon muchas de las tecnologías de la informática moderna: el protocolo Ethernet LAN, la primera estación de trabajo personal en red, el paradigma cliente-servidor, el monitor de mapas de bits con la primera interfaz de usuario gráfica, y la primera impresora láser, entre muchas otras. En 1983 se fue de PARC para construir un laboratorio nuevo para Digital (DEC): el Centro de Investigación de Sistemas[4], del que fue director durante doce años hasta que se jubiló en 1996.

Robert Taylor es miembro de la National Academy of Engineering estadounidense y recibió el Premio Draper en 2004. Es miembro de la ACM (Association for Computer Machinery), que le entregó el Software Systems Award en 1984. En 1999, el presidente de los Estados Unidos le hizo entrega de la National Medal of Technology and Innovation *"por su visionario liderazgo en el desarrollo de la tecnología informática moderna, incluyendo la iniciación del proyecto ARPAnet"*.

Robert W. Taylor

1 Muy poca gente sabe que la NASA fue el grupo que financió el invento del ratón del ordenador, desarrollado por el Stanford Research Institute en 1963.

2 Véase el libro "The Dream Machine" de Mitchell Waldrop. Licklider estaba en ARPA cuando Taylor estaba en la NASA y fue decisivo en su traslado a ARPA, aunque no se conocieron allí, sino en un comité formado por personas que trabajaban para el Gobierno y que apoyaban la investigación informática.

3 Dependiente de la Oficina del Secretario de Defensa (Pentágono, Washington DC).

4 El Centro de Investigación de Sistemas de DEC (Digital Equipment Corporation-Systems Research Center) estaba en el 130 de Lytton Avenue, en Palo Alto (California).

Robert W.
Taylor

Robert W. Taylor, durante la entrevista.

¿Recuerda cuándo tuvo su primer contacto con un ordenador?

Sí. Fue cuando estaba cursando el último año de mi Licenciatura, mientras investigaba con un profesor un proyecto que requería muchos cálculos estadísticos. En 1957, el centro de informática de la University of Texas en Austin tenía una máquina IBM-1620. Yo tenía que analizar datos para modelos estadísticos. Me explicaron que para poder escribir programas tenía que perforar unas tarjetas. Como eso lo veía ridículo, volví a mi laboratorio y durante varias semanas realicé todos los cálculos con una calculadora manual. Solo se utilizarían una única vez, así que la atracción de tener un programa de ordenador no resultaba muy fuerte. Me irritaba el "procesamiento por lotes" y eso me preparó para estar muy abierto a las ideas de Joseph Licklider sobre la informática interactiva, publicadas en 1960[5].

Supongo que mi mayor contribución mientras estuve en la NASA, desde el punto de vista informático, fue financiar el diseño del ratón. Y después, en 1966 en ARPA, comencé el proyecto ARPAnet para compartir información a través de ordenadores. En 1969, cuando vi que iba a funcionar porque todas las pruebas de BBN habían tenido éxito, me fui.

En 1969 pasé un año en la University of Utah ejerciendo como director de su laboratorio y después, en 1970, me pidieron venir a Xerox PARC para construir un laboratorio en un nuevo centro de investigación de Xerox en Palo Alto. Me trasladé a la Costa Oeste y he vivido aquí desde entonces.

Xerox no aprovechó la inmensa ventaja tecnológica que le dimos. No la entendían. Como es bien conocido, creamos mucha tecnología nueva. Pero de las cosas que inventamos y construimos, la impresión láser fue lo único que aprovecharon. Era fácil para Xerox entender la impresora láser, ya que utilizamos una copiadora Xerox con un sistema óptico rediseñado como parte de la estructura de impresión. Xerox creó un negocio que vale miles de millones de dólares con las impresoras láser, que pagó con creces lo que invirtieron en la investigación. Pero dejaron perder mucha tecnología valorada en miles de millones de dólares porque no entendieron su potencial. Es bastante increíble. Otras compañías utilizaron esa tecnología y prosperaron, entre ellas: Adobe, Apple, Cisco, Microsoft, Novell, Sun y 3Com.

Finalmente agoté mi paciencia con la miopía de Xerox y me fui en 1983. Me llevé conmigo una docena de sus mejores personas y abrí un laboratorio de investigación para DEC en Palo Alto, a finales de 1983. Entre los logros del Centro de Investigación de Sistemas de DEC están los pioneros avances en fiabilidad, velocidad y recuperación de redes de área local (LAN), avances en tecnologías de

5 Véase el artículo de J. C. R. Licklider, "Man - Computer Symbiosis", *IRE Transactions on Human Factors in Electronics HFE* 1,1 (s. f.), pp. 4-11.

programación y contribuciones como la tecnología que soportó uno de los primeros motores de búsqueda de información en Internet: Altavista[6].

Durante doce años fui director del centro DEC-SRC, hasta que en 1996 me jubilé.

¿Cuál fue su primer contacto/experiencia con Internet o ARPAnet?

Un poco de historia para poner los hechos en contexto. En 1962, J. C. R. Licklider fue a ARPA para crear un programa de investigación centrándose en la informática interactiva. Licklider, psicólogo e informático, creía que los ordenadores se podían utilizar para aumentar el pensamiento humano y sugirió que se estableciera una red informática interactiva para permitir a los investigadores de los contratistas de ARPA (principalmente grandes universidades) intercambiar información entre ellos de manera eficaz. Licklider no construyó esta red que propuso, pero su idea siguió viva cuando se fue de ARPA en 1964 (justo un año antes de que yo llegara).

Robert Taylor durante su etapa como director de Xerox PARC. Foto cortesía de Ken Beckman.

Durante aquel tiempo (1966-1969) como director de la IPTO de ARPA, quería encontrar una manera eficiente de permitir a los numerosos investigadores de la IPTO compartir sus intereses. Así que me interesé en la idea de Licklider de una red.

Un estudio, publicado en 1968 por Licklider y por mí mismo, titulado "The computer as a communication device"[7], expone el futuro de Internet tal como en efecto después ha llegado a ser. El estudio, empieza: *"En unos pocos años, los hombres podrán comunicarse más efectivamente a través de una máquina que cara a cara".*

Contestando a la pregunta sobre mi primer contacto con ARPAnet, quisiera indicar que me trasladé de ARPA a la University of Utah a finales de 1969. Utah fue uno de los cuatro primeros nodos de ARPAnet. Así pues, fui uno de los primeros usuarios de los cuatro primeros nodos. La agencia ARPA en sí misma no fue uno de los primeros nodos, y cuando yo estaba allí la red todavía estaba siendo desarrollada por la empresa Bolt, Beranek and Newman (BBN), por un equipo encabezado por Frank Heart.

En su opinión, ¿cuáles son las características claves de Internet?

Hay una principal que describe su singularidad: que está distribuida y que no está sujeta a un control monopolístico.

¿Cuál considera que es el hito más importante en el desarrollo de la red?

Más que un hito, el hecho clave, a veces olvidado, es el apoyo y la financiación pública a largo plazo, primero en el desarrollo de la mayor parte de la tecnología y después en el mantenimiento de la red. De hecho, ARPAnet y los proyectos subsiguientes de Internet tuvieron financiación durante el periodo entre 1969 y por lo menos 1990[8].

6 El antiguo <http://altavista.digital.com> fue uno de los primeros buscadores de Internet.

7 *Science and Technology* [abril 1968].

8 Comentario de Vint Cerf: *"La financiación prolongada de proyectos a largo plazo es maná del cielo para los investigadores que deben abordar proyectos de varios años o décadas. Y ese (de 1969 a 1990) es un periodo muy largo para la mayoría de estándares de financiación de investigación y desarrollo (I+D). Incluso se puede retroceder a 1965 e incluir la financiación de los dos vínculos informáticos que Tom Marill y Larry Roberts utilizaron para probar exitosamente la idea de paquetes y las actividades relacionadas a con radiopaquetes y satélite, que creo que continuaron más allá del cierre de ARPAnet en 1990".*

Robert W.
Taylor

Robert W. Taylor, con el autor, durante la entrevista.

¿Cómo contribuyó al desarrollo de Internet?

Fue mi decisión, con la aprobación del director de ARPA (Charles Herzfeld), construir ARPAnet, el antepasado directo de Internet. Además, Internet no podría existir sin emplear la tecnología creada por mi grupo en Xerox PARC.

En ese momento, la meta era permitir que la gente con acceso a la informática interactiva pudiera compartir intereses e ideas. Los militares no tuvieron nada que ver.

Después resultó que la tecnología de ARPAnet revolucionó los sistemas de "comando y control" de los militares; cambiando completamente la forma en que los militares se comunican. Pero esa no es la razón por la que ARPAnet se construyó. Lo que ocurre es que esa tecnología es muy útil, no solo para los militares, sino también para otra mucha gente.

ARPA era una agencia de muy alto nivel bajo las órdenes del secretario de Defensa. Había invertido en investigación en asuntos clasificados y en algunos que no estaban clasificados. Mi programa no estaba clasificado y sus objetivos eran intentar crear nueva tecnología que cambiara totalmente la manera en que se estaban haciendo las cosas. En cuanto a lo relativo a la defensa, el Departamento de Defensa fue y es el mayor usuario de ordenadores del mundo. No existe otra organización que gaste tanto dinero o que tenga tanto invertido en ordenadores como el Departamento de Defensa estadounidense. Cualquier cosa que puedas hacer para mejorar la tecnología informática ayudará al Departamento de Defensa. Pero también vas a ayudar en muchas otras cosas.

Había un programa en ARPA sobre ciencias del comportamiento, por ejemplo, el cual también lideré durante un periodo corto de tiempo y que tampoco estaba clasificado. Se trataba de hacer investigaciones básicas en conductismo, porque cualquier cosa que uno puede averiguar sobre los seres humanos y su conducta va a ayudar a los militares, claro está, ya que el Ejército está formado por seres humanos. ARPA tenía otro programa no clasificado llamado Ciencia de Materiales. Los avances en la ciencia de materiales ayudarán a los militares y también ayudarán a mucha gente. Así se dirigía ARPA en esa época. Hoy en día no se dirige así.

¿Qué personas considera que fueron clave en el desarrollo de ARPAnet, líderes o iniciadores de tendencias?

Me gustaría mencionar por sus contribuciones en ARPAnet a:

- **Charles Herzfeld:** director de ARPA (aprobó la creación de ARPAnet).
- **Larry Roberts:** director del proyecto ARPAnet.
- **Frank Heart,** jefe del grupo de 6-8 personas en BBN que lo construyeron. El grupo incluía a:
  - **Will Crowther:** diseñador de *software* y programador de código máquina.
  - **Severo Ornstein:** diseñador de sistemas y *hardware*.
  - **Bernie Cosell:** programador.

- **Ben Barker:** diseñador de *hardware.*
  - **Alex McKenzie:** coordinador de sistemas.
  - **Dave Walden:** diseñador de sistemas y programador.

- **Bob Kahn:** también en BBN, aunque miembro externo de este grupo; su contribución a mi entender fue más teórica.
- **Wesley Clark:** quien tuvo la idea del IMP (Interface Message Processor[9]), asegurando la naturaleza distribuida de ARPAnet.
- **Steve Crocker:** quien organizó, coordinó y contribuyó a una gran parte de las actividades cruciales de diseño y desarrollo de muchos grupos de redes antes y después de que la red estuviera en marcha y operativa.
- **Vint Cerf** y **Bob Kahn:** por el desarrollo del TCP y por los años de su importante relación con Internet.
- **Paul Baran** y **Donald Davies:** quienes independientemente inventaron la conmutación de paquetes.

La conmutación de paquetes fue inventada a principios de la década de los sesenta, independientemente, por **Paul Baran,** en EEUU, y por **Donald Davies,** en Reino Unido, antes de que comenzara el proyecto ARPAnet, y fue una de las ideas clave para el éxito de la red.

Algunas situaciones anecdóticas

▶ Como director de la IPTO de ARPA, **Taylor** necesitaba que alguien dirigiera el proyecto de la red de comunicaciones. Le preguntó a **Larry Roberts,** que estaba trabajando para los Lincoln Labs del MIT (en Boston), si le interesaba el proyecto, pero Roberts rechazó la oferta durante casi un año. Después, Taylor le pidió a su jefe, Charles Herzfeld (el director de toda ARPA), que llamara al director de los Lincoln Labs para pedirle que le dijera a Roberts que les convendría mucho que Roberts se uniera al proyecto de red en ARPA (hay que tener en cuenta que ARPA financiaba más de la mitad de los Lincoln Labs). El resultado fue que, al poco tiempo, el jefe de Roberts le comunicó que sería aconsejable que aceptara el puesto en ARPA. Aunque Roberts tuvo que ser "chantajeado", pasó a formar parte del proyecto ARPAnet y posteriormente sucedió a Taylor como director de IPTO.

9 Caja negra entre líneas de comunicación, abuelo de los *routers* actuales.

«Las dos únicas personas que saben por qué se inició el proyecto ARPAnet somos mi jefe en ARPA, Charles Herzfeld, y yo.»

▶ Mencionamos antes otro punto que les encanta a la gente que escribe libros. Hay muchos artículos de revistas y libros que afirman que ARPAnet fue construida para ayudar a los militares. Hace unos años, la revista *Time* publicó dos artículos, con más o menos un año de diferencia entre los dos, que afirmaban esto. Ignoré el primer artículo, pero después de leer el segundo un año después, les escribí una carta donde les informé de que ARPAnet no fue construida con fines militares. ARPAnet se construyó –y les di la frase que dije antes– *"para permitir que la gente con acceso a la informática interactiva pudiera compartir intereses comunes".* En la carta dije: *"¿Cómo sé esto? Porque yo soy la persona que tomó esa decisión: construir ARPAnet".* No publicaron mi carta en la revista *Time.* Me contestaron para agradecerme el envío de la carta y asegurarme que sus fuentes eran correctas. Sus fuentes vinieron de muchos otros libros, todos equivocados sobre este punto.

Las dos únicas personas que saben por qué se inició el proyecto ARPAnet somos mi jefe en ARPA, **Charles Herzfeld,** y yo. Charlie Herzfeld es un buen amigo y he mantenido el contacto con él a través de los años (vive en el área de Washington DC). Él era el director de ARPA cuando yo empecé ARPAnet. Me ha dicho que ha intentado muchas, muchas veces decirle a la gente lo mismo que yo. Pero seguimos oyendo que ARPAnet fue construida con fines militares.

Muchas personas contribuyeron al desarrollo de ARPAnet y había una variedad de motivaciones entre ellas. Algunos pueden haber creído que el fin era ayudar a los militares; otros creían que el propósito era posibilitar que se compartieran cargas informáticas entre los contratistas financiados por ARPA-IPTO. Ninguna de estas fue la razón por la cual inicié el proyecto ARPAnet.

Robert W.
Taylor

«¡Mi objetivo era posibilitar que la gente con acceso a la informática interactiva pudiera compartir intereses comunes!»

Este también fue mi objetivo cuando se construyó el grupo de investigación de Xerox PARC. Es sencillo: vi el ordenador como un vehículo para la comunicación. Eso es todo. Punto. Punto final.

El IMP (o predecesor de los actuales *routers*) fue idea de **Wesley Clark.** Antes de que Wes inventara el IMP, **Larry Roberts** y la gente que estaba trabajando en las especificaciones para ARPAnet estaban pensando en un gran ordenador en el centro del país –en Omaha, Nebraska, porque el Departamento de Defensa tenía una gran instalación ahí– que controlaría ARPAnet. ¡Qué mala idea hubiera sido eso! Les expliqué a Wes y a Licklider el rumbo que estaban tomando las cosas y lo mal que eso estaría y Wes y Lick estuvieron de acuerdo. Wes concibió el IMP, lo que le dio a ARPAnet una de sus características más importantes: el control distribuido.

Wes Clark influyó mucho en esta parte de la historia porque él era mayor que Larry Roberts y el principal diseñador del TX-2, que era el ordenador en Lincoln Labs que **Larry Roberts** utilizó cuando era un joven estudiante de posgrado. Larry trabajaba en el grupo que Wes había creado unos años antes. Si Wes (una persona extremadamente inteligente) exponía una idea sobre diseño de un sistema informático, y tú eras un "informático", le tenías que escuchar porque era más que bueno en lo que hacía. Ha recibido poco o ningún reconocimiento por su contribución, pero la idea de diseño más importante para ARPAnet/Internet fue el IMP porque, como ya he dicho, aseguró que el control fuera distribuido.

Yo sabía que era una mala idea tener un ordenador (central) para controlar ARPAnet, pero también sabía que necesitaría ayuda para convencer a **Larry Roberts.** Así que hablé con alguien a quien yo sabía que Larry escucharía: Wes Clark. Nos pusimos de acuerdo y le comunicamos su idea a Larry después de una reunión entre los principales investigadores de ARPA. Yo presidía una reunión con todos ellos una vez al año y esta en particular fue en Michigan. Después de la reunión, estábamos en un coche alquilado regresando al aeropuerto. En el coche iban Wes Clark, Larry Roberts, un administrativo que trabajaba para mí y David Evans, quien encabezaba el proyecto en la University of Utah. Fue precisamente allí cuando Wes Clark nos describió el IMP a todos. David Evans y yo respaldamos la idea de Wes y Roberts cambió sus planes.

¿Ve alguna tendencia tecnológica?

Los ordenadores continuarán proliferando en formas que no reconocemos como ordenadores. Abundarán nuevas aplicaciones y no tengo idea de cuáles serán las más influyentes. Acaba de comenzar la revolución de los ordenadores. La nanotecnología y la biotecnología se fusionarán con la tecnología informática en los próximos cincuenta años.

¿Qué piensa sobre el futuro de Internet?

No soy muy bueno prediciendo el futuro, a pesar de lo que leíste en el trabajo que escribí con Licklider. A lo mejor soy bastante bueno prediciendo de alguna manera, pero elijo el momento equivocado. Me sorprende que se haya tardado tanto en desarrollar Internet: en 1975, la mayoría de la tecnología ya estaba disponible; en 1985 ya era asequible; pero no despegó hasta mediados de los noventa.

Espero que Internet no sea controlada por un monopolio. Quiero que continúe siendo un medio que fomente y ofrezca una libertad de expresión responsable, la cual es críticamente importante para una sociedad libre.

Por otro lado, tenemos un problema muy serio con el mal uso de esta libertad de expresión, los virus por ejemplo y otras formas de hacer el mal. Así pues, tenemos que encontrar alguna manera de conservar la libertad de expresión, por un lado, y aumentar la fiabilidad y seguridad de Internet, por el otro. Esto es tan típico de cualquier cosa en la que los humanos estén metidos donde la *libertad* y la *seguridad* son importantes, porque están siempre en conflicto.

No tengo una solución…

Robert Kahn

Coinventor del protocolo TCP/IP junto a Vint Cerf. Presidente y director ejecutivo del CNRI.

«Además de los avances en la tecnología de banda ancha e **INALÁMBRICA** de los últimos años, los retos más importantes puede que no sean en absoluto tecnológicos.»

Acuñó el término Infraestructura de Información Nacional (NII, por sus siglas en inglés) a mediados de la década de los ochenta, que se hizo más popular con el nombre de "superautopista de la Información". CNRI : la Corporación para Iniciativas de Investigación Nacionales (CNRI) asume, fomenta y promueve la investigación de las tecnologías de la información basadas en redes, ofreciendo liderazgo y financiación para la investigación y el desarrollo de la Infraestructura de Información Nacional americana (NII). <http://www.cnri.reston.va.us>.

Entrevista realizada el 14 de mayo de 2004 en Barcelona Revisada, actualizada y enriquecida en Arlington (Virginia, EEUU) el 12 de junio de 2011

Escucha la entrevista

Nació el 23 de diciembre de 1938 en Brooklyn, Nueva York. Oficialmente, estudió Ingeniería Eléctrica. En enero de 1960, obtuvo la Licenciatura[1] en el City College de Nueva York. Más adelante, cuando impartió clases en el MIT, lo hizo también en el Departamento de Ingeniería Eléctrica.

Después de acabar la universidad, obtuvo un Doctorado (1964) en Princeton University; aunque también recibió clases en el Departamento de Ingeniería Eléctrica, el plan de estudios que eligió contenía básicamente asignaturas de física y matemáticas aplicadas. En realidad, tenía una base teórica mayor que la que tenía la Ingeniería.

Al finalizar el doctorado, se trasladó a Boston y ejerció como profesor colaborador en el MIT impartiendo principalmente clases de Teoría de las comunicaciones, Teoría de la probabilidad, Sistemas, Circuitos y asignaturas similares. Uno de los docentes del MIT, Jack Wozencraft, le sugirió que una excedencia para adquirir experiencia práctica en la industria, sería beneficiosa para su carrera en el MIT. Le propuso varios lugares para que los tuviera en cuenta, los Lincoln Labs fue uno, y BBN (Bolt, Beranek and Newman) fue otro. Tras hablar con algunas personas de allí, decidió ir a BBN, fundamentalmente porque era más pequeño. Lincoln Labs era un lugar más grande, pero en aquel entonces habían congelado temporalmente las contrataciones. BBN no estaba todavía trabajando en el campo de las redes, por lo que representaba la oportunidad de empezar algo desde cero. Por lo tanto, se unió a Bolt, Beranek and Newman (BBN) en octubre de 1966 con la intención de volver al MIT pasados unos años. En BBN empezó a trabajar en redes de ordenadores, sin ser consciente de lo que por aquel entonces era DARPA, ni mucho menos de lo que estaba haciendo.

www.bbn.com *www.arpa.mil*
www.darpa.gov *http://cnri.reston.va.us*

Robert Kahn

1 Cuando obtuve el grado no sabía que iba a realizar un curso de posgrado. Así que, acepté un trabajo en los laboratorios Bell y, mientras estaba allí, recibí una beca de la National Science Foundation (Fundación Nacional de la Ciencia) y trabajé allí nueve meses a tiempo completo. Después fui a la escuela de posgrado y, durante ese periodo, pasé dos veranos en los laboratorios Bell.

¿Recuerda cuándo tuvo su primer contacto con un ordenador?

Creo que el primer ordenador que usé de manera formal fue un IBM 704, aunque anteriormente ya había tenido la oportunidad de utilizar algunos de los modelos anteriores de la misma empresa. Mucho después, recuerdo que mi primer ordenador personal fue un PC IBM con dos unidades de disquete y sin disco duro.

¿Cuál fue su primer contacto o experiencia con ARPAnet o Internet?

Mientras trabajaba para BBN, tuve mi primera toma de contacto con los planes que tenía ARPA respecto a una red de ordenadores que se conocería más tarde como ARPAnet. BBN ganó la contrata para construir una versión pequeña de cuatro nodos de la red en el concurso público convocado por la agencia ARPA. En BBN construimos un conmutador de paquetes basado en miniordenadores llamado IMP (Interface Message Processor), y utilizamos varios en conjunto para conectar varias líneas de 50 kilobits por segundo en una sola red. Durante ese periodo formé parte del grupo que finalmente diseñaría el IMP y, por lo tanto, establecería las bases técnicas de lo que sería ARPAnet. Yo fui el responsable del diseño general del sistema basado en los requisitos establecidos por ARPA. Los primeros nodos de red se instalaron a finales de 1969. La primera demostración de una red tuvo lugar en 1972; y unos pocos días después me uní a ARPA (que en ese momento había cambiado su nombre a DARPA[2]).

Dos personas dirigían BBN en ese momento: uno era **Leo Beranek,** director de lo que yo entendía como la parte de ciencias físicas de la empresa, que es donde históricamente comenzaron como grupo de diseño y consultoría en acústica. Y la otra parte de BBN, responsable de áreas como la de ordenadores, control de sistemas y psicología experimental, estaba dirigida por **Jerry Elkind.** Jerry era un director de investigación al que llegué a conocer muy bien. Más adelante dejó BBN, se unió al MIT durante poco tiempo para posteriormente trasladarse a Xerox PARC, en la Costa Oeste.

2 DARPA: Defense Advanced Research Projects Agency (Agencia de Investigación Proyectos Avanzados de Defensa).

«Pedí una excedencia en la facultad del MIT en 1966 para unirme a una pequeña consultora (BBN) y dedicarme a las redes de ordenadores. En ese momento, muy pocos expertos pensaban que aquella sería un área fructífera de investigación. Era un área que prácticamente se encontraba aún sin explorar y me pareció apasionante desde el punto de vista intelectual y con un gran potencial para beneficiar a la sociedad. Este cambio supuso para mí un paso práctico importante, que alguien con un bagaje en matemáticas aplicadas aprendiera a crear y construir sistemas reales. Pensé que la experiencia me serviría para convertirme en un profesor e investigador más eficaz. Sin embargo, al final mi carrera tomaría un camino muy diferente.

Después de unirme a DARPA, el éxito obtenido con ARPAnet me animó a involucrarme en el desarrollo de otras dos redes de paquetes muy diferentes; concretamente, una red de paquetes por radio y una red de paquetes por satélite. Al tratar de conectar las tres juntas empezó todo (el problema de interconexión de redes)».

Fragmento extraído de su discurso en el Premio de Japón. Julio de 2008.

Frank Heart dirigía la división de sistemas informáticos y dependía de Jerry Elkind. Conocí a Frank en la primavera o principios de verano de 1968. Se presentó en mi oficina una tarde y me dijo: *"Jerry Elkind me ha dicho que estás trabajando con redes"*. Le pregunté quién era y aquello resultó ser el comienzo de una serie de años de esfuerzo conjunto en ARPAnet.

En un momento, probablemente fuera a principios de 1967, Jerry me sugirió que le enviara los documentos sobre los que había estado trabajando a **Larry Roberts** de ARPA, cosa que hice. Yo no sabía entonces quién era Larry, pero se los envié con una carta que decía: *"Jerry Elkind me ha sugerido que le envíe esto. Espero que le resulte de interés. Si tiene alguna pregunta, dígamelo"*. Recibí una llamada de respuesta por parte de **Bob**

Taylor, que en ese momento dirigía la IPTO[3] –Larry había sido contratado recientemente por ARPA y había sido asignado a la IPTO–. Taylor me invitó a ir al Pentágono, donde se encontraban las oficinas de ARPA, para reunirme con él y con otros miembros del equipo. Me dio la impresión de que su intención era averiguar quién era yo y discutir algunas de mis ideas.

Después de que se convocara el concurso público para la construcción de ARPAnet, a mediados de 1968, me pidieron que escribiera la parte técnica de la propuesta de BBN, cosa que hice con la ayuda de **Severo Ornstein,** sobre todo en la parte de *hardware*. Parte de la propuesta describía el *hardware* que en realidad íbamos a construir. Me sentaba con Severo y le describía lo que el sistema tenía que hacer y él me decía: "Vale, sé cómo construir esto... Sé cómo construir aquello..." Dave Walden desarrolló la estrategia inicial de implementación de *software*. La propuesta no solo constaba de una parte técnica, sino que hicimos ya algunas pruebas y desarrollos, cosa que nos llevó (incluyendo a Heart, Walden y otros miembros de BBN) varios meses elaborar. Pasado un tiempo, en ese mismo año, después de que ARPA evaluara todas las propuestas presentadas, nos enteramos de que BBN había ganado el concurso.

¿No era Frank Heart el director del grupo?

Frank dirigía un grupo de diseño e implementación de sistemas informáticos. A mí me consideraban como un profesor del MIT que contaban en sus filas. Exceptuándome a mí, el grupo estaba formado en esencia por personas que habían trabajado para Frank cuando él estuvo en los Lincoln Labs. Era un grupo muy pequeño de gente que construía cosas, y después estaba yo. Mi formación estaba basada en las matemáticas, la teoría y, más recientemente, en la arquitectura y el diseño de sistemas. Como consecuencia, yo no estaba considerado parte del grupo responsable de la implementación. Sin embargo, para que continuara trabajando en el proyecto ARPAnet después de conseguir su financiación, Frank me insistió para que trasladara mi oficina del grupo de investigación y me quedara con el resto de su grupo de sistemas. Aunque ambos trabajábamos para **Jerry Elkind** en ese momento, decidí trasladarme de oficina y me quedé allí durante tres años muy productivos. En ese tiempo logramos construir la red y hacerla operativa.

Involucrarme en el proyecto de la red resultó tan práctico como quería. Mi intención era volver a dar clases. La razón principal por la que no lo hice en ese momento fue que muchas de las cuestiones que habían surgido durante la elaboración de la propuesta de ARPAnet seguían sin solución y había que abordarlas[4].

En realidad, mi papel no era únicamente teórico, como algunos han apuntado. Además de otras cosas, escribí una serie de documentos técnicos; entre ellos, uno que la comunidad utilizó para construir las conexiones entre los servidores (sus *hosts* locales) y ARPAnet. El último que redacté fue un documento técnico conocido simplemente como *BBN Report 1822: Interface Message Processor*[5].

3 IPTO: siglas en inglés de Information Processing Techniques Office (Oficina de Técnicas de Proceso de la Información).

4 Pongamos un ejemplo: necesitas oxígeno para respirar. Si tuvieras que diseñar un sistema para hacer circular el oxígeno, tendrías presente la noción de que no es necesario preocuparse por las moléculas de oxígeno porque de algún modo se dirigen allá donde las necesites. Si te sientas en la esquina, no te preocupas por asfixiarte ni por morirte por falta de oxígeno, porque sabes que el oxígeno llegará hasta allí. Pero con la red, tenía muy claro que si no se tomaban medidas para garantizar que no se formasen cuellos de botella ni puntos muertos, estos terminarían por aparecer. Por desgracia, no pude convencer a nadie del grupo. Dijeron que era igual de tonto como preocuparse por el oxígeno que no llega a la esquina, que no hacía falta preocuparse por eso hasta que se demostrara que era un problema real.

5 El *BBN Report 1822* no tiene autor declarado porque Frank Heart no quería nombres en él. Parte del informe causó un poco de controversia dentro del grupo al principio, porque gran parte de lo que contenía todavía no se había discutido con el resto de compañeros y no estaban preparados para aceptarlo sin haberlo discutido antes. Sin embargo, no teníamos tiempo para esas discusiones y se publicó de todos modos. Si hubiéramos retrasado la publicación del informe, el resto de la comunidad habría instalado sus IMP en sus sitios, pero no habría tenido el tiempo adecuado de preparación para construir el *hardware* y desarrollar el *software* para conectarse a ellos.

El primer nodo de red se instaló en la University of California, Los Angeles (UCLA) a principios de septiembre de 1969, casi nueve meses después de la obtención de la contrata, y se instalaron otros tres IMP en otros sitios un poco más tarde en ese año. Fuimos a hacer los primeros tests de la red en UCLA con un compañero de BBN llamado David Walden[6]. Nuestra primera prueba de la red tardó cerca de doce paquetes en saturar el sistema, es decir, en crear una situación de bloqueo en la que no pudieran fluir más paquetes. Cuando volvimos a BBN y se lo contamos a Frank, no nos creyó. Bill Crowther había sido contratado para responsabilizarse del desarrollo del *software* del IMP. Dave Walden trabajó con él y, meses después, Bill empezó a preocuparse por fin del hecho de que había algo en la actual implementación que no estaba bien del todo; y por eso creó su propia simulación y pudo comprobar la situación de bloqueo que Dave y yo habíamos demostrado seis meses antes. De hecho, yo ya había tenido conocimiento de este tipo de problema de red antes de que realmente nos concedieran la contrata. Utilicé un programa de simulación creado por otro compañero de BBN, Warren Teitelman, para simular el comportamiento de la red. Lo quería para analizar ese tipo de problemas de red.

Fui residente en el grupo de Frank desde enero de 1969 hasta mediados de 1971, momento en el que volví al grupo de investigación; y allí, a petición de DARPA, empecé a preparar la demostración pública de ARPAnet. Al Vezza, del MIT, y yo organizamos después esta gran demostración, que contó con la participación de la mayoría de los investigadores de la red de DARPA en ese momento. Después de terminar la demostración, dejé BBN para unirme a DARPA.

¿Cuál fue la influencia del trabajo de Len Kleinrock y Paul Baran en la escritura de la propuesta técnica para el concurso público que DARPA hizo para construir ARPAnet?

Conocía el trabajo de Len Kleinrock sobre teoría de colas y, más tarde, leí algunos de los documentos de Paul Baran, que eran bastante conceptuales, pero también incluían algunos resultados de la simulación. Conocía en términos generales el trabajo de Baran sobre la supervivencia de las redes en la RAND Corporation, pero no era algo que se pudiera utilizar como referencia para comprender cómo hacer un diseño de red detallado. Len había hecho un trabajo analítico y teórico muy básico y, desde el punto de vista teórico, siempre lo encontré muy interesante; pero no me pareció relevante para la labor que estábamos realizando en ese momento. No está claro cómo se habrían utilizado directamente. Larry Roberts dijo que lo convenció de que se podía conseguir que la conmutación de paquetes funcionara, pero nuestra labor era crear un diseño del sistema global y luego construir un prototipo que funcionara y cumplir con la fecha de entrega. Tratábamos de diseñar y construir un conmutador de paquetes en nueve meses. Teníamos una tarea creativa de diseño combinada con una tarea de implementación, y no disponíamos de tiempo para pensar en otra cosa que en terminar el primer conmutador de paquetes (o IMP) a tiempo. Si había algo que no necesitábamos, ni recurríamos a ello ni contábamos con ello.

«El primer nodo de red se instaló en la University of California, Los Angeles (UCLA) a principios de septiembre de 1969.»

MEMORANDO

Para: ARPA NETWORK COMMITTEE
De: Robert E. Kahn
Asunto: Control de errores en la RED ARPA
Fecha: 25 de enero de 1968

Estamos interesados en ofrecer un método eficiente de control de errores para lograr una probabilidad mínima de errores no detectados en la red ARPA. Se ha realizado un estudio para determinar la forma apropiada de control de errores a usar en la red. Adoptamos la premisa fundamental de que el tiempo medio entre errores no detectados debería ser al menos un orden de magnitud mayor al del tiempo de depuración para la red. Hemos llegado a la conclusión de que debería adoptarse un esquema de detección de errores utilizando un código 24 *parity check* BCH con retransmisión.

6 Más tarde, Dave Walden ascendió a jefe de los laboratorios de BBN.

Mi época en DARPA

Me uní a DARPA a finales de 1972 y uno de los primeros asuntos que consideré fue: dado que vamos a construir varias redes diferentes, ¿cómo las hacemos funcionar juntas? Esto es lo que me llevó a formular el problema de la interconexión[7]. Tenía un enfoque básico para tratarlo, que pude reflejar en un artículo, parte del cual se encuentra plasmado en un documento que realizamos décadas más tarde entre muchos de los principales investigadores de la red en ese momento[8].

¿Cómo conocí y escogí a Vint Cerf?

De mis viajes con BBN a UCLA conocía a Vint Cerf, joven estudiante allí. Así que hablé con él y le describí lo que tenía en mente y lo que quería hacer, y ya sabes que, cuando realmente le interesa algo, Vint es capaz de cualquier cosa. Se interesó enseguida por trabajar conmigo en lo que yo ahora describiría como el "esfuerzo de Internet" y se involucró muchísimo. Los dos tuvimos muchas reuniones, tanto en la región de Washington como en la de San Francisco. En ese momento yo me refería al esfuerzo simplemente como *internetting* (interconexión) porque era tan solo un concepto; y todavía faltaba mucho para que hubiera una internet real lista para usar por la comunidad de investigadores.

La primera vez que me encontré con Vint Cerf fue cuando estaba en BBN y él trabajaba en el laboratorio Len Kleinrock de UCLA. ¿Te acuerdas de que dije que había ido a hacer la primera prueba de ARPAnet con Dave Walden? En realidad, fuimos varias veces y normalmente trabajábamos con Vint, que se encargaba de la programación de la conexión del servidor de UCLA. También formaba parte del grupo de pruebas del sitio del servidor de UCLA. Fue una colaboración muy productiva que mejoró con los años. Vint también se había involucrado mucho con un pequeño grupo, en el que también estaba Steve Crocker, en el desarrollo del primer grupo de protocolos de servidor para ARPAnet.

El protocolo *host-to-host* inicial se denominó Programa de Control de Red o Protocolo de Control de Red, también conocido como NCP por sus siglas en inglés.

7 El llamado *internetworking problem* en inglés.

8 *A Brief History of the Internet* (Una breve historia de Internet) que contó con muchos autores diferentes; Barry Leiner fue el autor principal *<http://www.internetsociety.org/internet/internet-51/history-internet/brief-history-internet>*.

Como consecuencia importante de ese desarrollo, los miembros del pequeño grupo aprendieron a integrar los protocolos en los diferentes sistemas de tiempo compartido que se usaban en aquella época. Y yo en ese momento carecía de esa experiencia con los sistemas operativos, aunque estaba familiarizado con ellos debido a mi interacción con el grupo de desarrollo de TENEX en BBN. Por esa razón técnica conecté con Vint, porque tenía experiencia práctica relevante en la implementación del NCP en los distintos sistemas operativos y, desde mi punto de vista, esa experiencia con los sistemas operativos y el protocolo sería útil a la hora de desarrollar e implementar el protocolo TCP/IP. También conectamos a nivel personal, lo que resultó ser un factor importante en un proyecto que todavía está evolucionando cuarenta años después.

Origen del TCP

Para diseñar y después integrar un protocolo en varios sistemas operativos diferentes, había que tener conocimientos extensos de los sistemas operativos; esto es comparable a intentar encontrar la salida en un laberinto de pasadizos tortuosos: si conoces el camino, es fácil si no, es difícil. Empecé con un concepto de arquitectura general, pero no era suficiente para poder crear el sistema de trabajo global real. Vint tenía una formación más orientada a las ciencias de la informática que a las comunicaciones, que es donde yo empecé, pero estaba familiarizado con los pasadizos tortuosos de este contexto. Por lo tanto, así es cómo empezamos a colaborar y terminamos redactando el (ahora conocido) documento que fue presentado en una conferencia especial sobre redes en la University of Sussex, Inglaterra, en septiembre de 1973. También hubo una reunión del INWG[9] celebrada en relación con la conferencia. En primer lugar dimos a conocer la idea del protocolo TCP (que más tarde se dividió en TCP/IP) en la conferencia y ofrecimos una descripción de la arquitectura de Internet. Titulamos el documento (una versión del cual se puso a disposición de los asistentes):

9 INWG son las siglas en inglés de International Network Working Group (Grupo Internacional de Trabajo de la Red). El INWG se formó aparentemente a finales de 1972 durante la International Conference on Computer Communications (Conferencia Internacional sobre Comunicación entre Ordenadores), donde se hizo la primera demostración pública de ARPAnet. Como estaba ocupado organizando la demostración de la red, no me involucré en las discusiones del INWG en ese momento ni por el mismo motivo, tampoco más adelante.

Acerca del artículo sobre el TCP de 1974:
«Se publicó en el *IEEE Transactions on Communications* en mayo de 1974, pero el documento realmente lo escribimos los dos en el verano de 1973. Las ideas con las que trabajamos eran parte de la Costa Este y parte de la Costa Oeste. Nos sentamos y escribimos el documento en unos días en el hotel Cabana Hyatt, en Palo Alto. El primer borrador se entregó en la reunión de septiembre de 1973 en Sussex, Inglaterra. Así es cómo empezó. Trabajábamos en un problema de I+D realmente interesante y que suponía todo un reto, que se podía resumir en: "¿Cómo enlazar redes de paquetes diferentes para que los ordenadores que trabajan con ellos puedan conectarse entre sí y trabajar conjuntamente?".

A Protocol for Packet Network Intercommunication (Un protocolo para la intercomunicación de redes de paquetes).

Así que, ¿ves por qué teníamos que crear toda esta arquitectura? El protocolo NCP tenía un problema desde el principio: en este protocolo, al enviar un mensaje, recibías una confirmación de recepción, y entonces podías enviar el siguiente. Pero si se perdía algo por el camino, se consideraba un error del sistema y había que reiniciar. Para ser justos con los diseñadores del NCP, se les pidió que asumieran que la red entregaría todo el tráfico sin errores, pero en la práctica ninguna red alcanza jamás ese nivel de perfección en todos los casos. En un entorno completamente diferente, como el que existía en las redes de radio, se podía perder un paquete por interferencias, por falta de comunicación en un túnel, detrás de una montaña o por la colisión que se puede dar entre dos señales de radio en el mismo receptor. Por todo ello, para trabajar en un entorno así, el protocolo debía ser bastante más sólido. Esa fue una de las razones para construir un mecanismo que pudiera controlar errores y recuperarlos. Decidimos incluir algo muy simple: detección de errores y retransmisión, con el fin de no hacerlo demasiado complicado. Ese fue el problema número uno.

El segundo problema se presentaba en la forma en que se entregaban los mensajes a ARPAnet. La primera parte de cada mensaje indicaba dónde se suponía que tenía que ir. Cuando llegaba al otro extremo, el IMP de destino cambiaba la primera parte para indicar solo el servidor fuente original. Esto funcionaba porque solo había una máquina al final de cada cable externo conectado a la red. En un entorno de redes múltiples, donde un cable no está conectado a una única máquina sino a otra red, necesitas indicar a qué máquina de la otra red o, de manera más general, a qué otra red necesitas que lleguen los datos. Todo esto dio lugar a la idea de una dirección IP (protocolo de Internet) y a la idea de las pasarelas (ahora llamadas *routers*), capaces de procesar los paquetes que contienen direcciones de Internet para determinar adónde enviarlos.

Estas fueron las dos motivaciones principales para la creación de este nuevo protocolo. Hubo otro pequeño detalle al que tuvimos que enfrentarnos: que las redes eran mayoritariamente todas diferentes. El tamaño de los paquetes, la tasa de transmisión o las interfaces podían diferir. Si una red recibía un paquete cuyo tamaño era demasiado grande para poder manejarlo, la red lo tenía que romper y dividir en piezas más pequeñas, y así sucesivamente. Cuando las cosas se rompían en pedazos, podían tomar rutas distintas o retransmitirse en ciertos nodos, por lo que podían llegar a su destino final en otro orden. Este era otro asunto que el protocolo tenía que abordar. Y, por último, imagina que envías un mensaje largo que se divide en muchos mensajes más pequeños de información dirigida por separado y que, en lugar de obtener un solo mensaje, al final recibes, por ejemplo, 500 piezas más pequeñas, algunas de las cuales pueden estar duplicadas y, además, puede que falten algunas partes del mensaje original. Sin usar técnicas sofisticadas de cifrado, cosa que queríamos evitar para simplificar el diseño general del protocolo, para poder reunir la totalidad del mensaje original habría que contar con todas las partes. En ese momento, era muy poco común enviar el equivalente de un manuscrito largo mediante muchas postales pequeñas, así que tuvimos que enfrentarnos a este asunto como parte del protocolo. En realidad, algunos mensajes se enviaban como paquetes individuales lo suficientemente pequeños como para mantenerse por debajo del tamaño mínimo que se podía encontrar. Los paquetes de mayor tamaño podían fragmentarse en piezas (también representadas como paquetes) y había que reunir en el lugar de destino toda la información enviada. Cada paquete contenía la dirección IP de la máquina de destino.

Las pasarelas se usaban entre las redes para permitir la interpretación de las direcciones IP con el fin de enrutar paquetes de Internet a través de la siguiente red, por encapsulación, si no había cambios a la red entonces existente, o de forma nativa, si la siguiente red podía entender el protocolo de Internet. Las pasarelas iniciales fueron desarrolladas por BBN con la financiación de DARPA. El *software* inicial de pasarela se ejecutó en *hardware* comercial de bajo coste, que tenía que configurarse con las interfaces de red apropiadas.

Los cuatro principios del **nuevo protocolo** (aún vigentes desde 1974) fueron:

- No se debería necesitar ningún cambio para cada red componente de Internet (aunque hubiera sido posible realizar cambios en cada una de las redes iniciales para aceptar y manejar las direcciones IP, se tomó esta pragmática decisión de diseño inicial para poder comenzar, y no como un requisito para la arquitectura de Internet).
- Las comunicaciones deberían estar basadas en el paradigma del "mejor esfuerzo" (y, si un paquete no llega a su destino, se ha de retransmitir tan pronto como sea posible)
- Las redes que no puedan manejar direcciones IP, se interconectarán mediante 'cajas negras' llamadas pasarelas (ahora conocidos como routers – ninguna de las redes iniciales fue modificada para manejar direcciones IP)
- Sin control global

En su opinión, ¿cuáles son las características clave de Internet tal como usted se las imaginaba originalmente?

Tres de los aspectos claves de Internet fueron en un principio:

1. Conectividad universal y fiable entre redes y ordenadores.
2. Independencia para elegir la red a la que tu ordenador está conectado.
3. Interfaces y protocolos definidos, formando así una arquitectura abierta.

Esa es precisamente la solución al reto original que supuso Internet: interconectar diferentes redes y ordenadores entre ellos sin perder sus características de diseño iniciales.

Poco después, probablemente, habría añadido la capacidad de interacción entre máquinas y usuarios para llevar a cabo las prácticas deseadas y el intercambio de información.

¿Qué hitos considera los más importantes en el desarrollo de Internet?

Después de entrar en DARPA, me interesé por el problema de enlazar múltiples redes de paquetes. Estábamos a punto de toparnos con ese problema, ya que DARPA iba a construir otras dos redes, aparte de ARPAnet; concretamente, de paquetes por radio y de paquetes por satélite. En la red de paquetes por radio, todos los nodos eran pequeños nodos de radio móviles[10] (la llamábamos **PRnet**) y SRI fue uno de los principales contratistas, junto con BBN y Collins Radio.

Esta red de paquetes por radio fue uno de mis proyectos. Era el arquitecto jefe de la red. Los radiopaquetes se construyeron en una empresa de Texas llamada Collins

10 Fueron un precursor de lo que es hoy en día la tecnología CDMA y WCDMA (para teléfonos móviles). Utilizaba el espectro ensanchado por secuencia directa, no era un sistema de división de tiempo. También podría decirse que fue uno de los primeros sistemas distribuidos, si es que no fue realmente el primero, en utilizar la tecnología del microprocesador, que había sido introducida justo en ese momento.

Radio Company (más tarde adquirida por Rockwell). También participé en la creación de un sistema de paquetes por satélite basado en *Intelsalt IV* que se utilizó para enlazar Italia, Alemania, Reino Unido, Noruega y EEUU en un canal satélite único que operaba en modo de transmisión por satélite. En ese momento, también estaba trabajando en el envío de paquetes de voz a través de ARPAnet, una especie de precursor de la VoIP (voz por IP) actual. ARPAnet no disponía del suficiente ancho de banda como para manejar más de una o dos conversaciones de voz simultáneas.

Len Kleinrock data el inicio de Internet en la instalación del primer nodo de ARPAnet en UCLA. Vint y yo lo datamos en 1973, que es cuando comenzó el trabajo del protocolo TCP/IP; porque esa fue la primera vez que varias redes trabajaron juntas, que es la esencia de Internet. Se pueden discutir ambos casos porque, evidentemente, si nunca hubiéramos demostrado que podía funcionar una red sola, no habría sido posible demostrar que varias redes pueden funcionar juntas. Sin embargo, desde el punto de vista técnico, la construcción de una sola red es un problema muy diferente al de encontrar la manera de conseguir que redes diferentes con características diferentes funcionen juntas. También se podría discutir si Internet empezó en 1975 o 1977, ya que las primeras pruebas de TCP/IP entre dos redes se llevaron a cabo en 1975 y entre tres redes en 1977. Algunos sostienen que Internet empezó en 1983, cuando se normalizó el uso de los protocolos TCP/IP, o a principios de los noventa, cuando comenzó a despegar su uso comercial.

Bueno, ya que estamos hablando de Internet, desde mi punto de vista:

- El hito número uno de la lista sería el desarrollo de la arquitectura de Internet y, en especial, del protocolo TCP/IP. Porque sin este desarrollo técnico no se habría podido dar Internet, nada de lo que existía antes habría podido poner en marcha el concepto de *internetting*.
- Los números dos y tres probablemente serían procesos, más concretamente la continua evolución de la tecnología de conmutación de paquetes y, con el mismo peso, el continuo desarrollo de técnicas para que los ordenadores se comuniquen entre ellos en una red informática, es decir, mover información entre máquinas. Supongo que se podría decir que los otros hitos son también procesos.
- El cuarto y quinto hito en mi lista probablemente serían la creación del ordenador personal (PC, por sus siglas en inglés) y la industria del PC y, más tarde, los dispositivos móviles inalámbricos. Estos desarrollos hicieron posible tener millones, luego cientos de millones y ahora miles de millones de usuarios/ordenadores/dispositivos, en lugar de tal vez un centenar de grandes ordenadores en unas pocas grandes empresas. Aquí incluiría la instalación del TCP en un PC –esto se concibió (inicialmente) como una tarea técnica para encontrar la manera de exprimir el protocolo en la memoria limitada disponible y hacerlo funcionar–. Evidentemente, los avances en los semiconductores impulsaron este crecimiento.
- Otro hito fue la aparición de la competencia en la industria de las comunicaciones de EEUU Porque creo que, sin esas alternativas, Internet no se hubiera desarrollado en EEUU tal como lo hizo. Y es probable que no se hubiera desarrollado por todo el mundo.
- Y hay otras dos cosas que añadiría a esta lista de hitos. Una fue la creación de la infraestructura social para apoyar la evolución de Internet. Y con esto me refiero a la creación del ICCB, el IAB, la IETF, IANA, ICANN, etc. Creo que la infraestructura social fue crucial para la evolución de Internet y que, probablemente, fue una de las razones por las que los protocolos ISO no despegaron, ya que, simplemente, no disponían de la infraestructura necesaria para dar nombres y números y dar pie a los esfuerzos que Jon Postel (en USC/ISI) y SRI realizaron durante tantos años.

Desde luego que la decisión de permitir el uso comercial de NSFnet, después de que esta sustituyera a ARPAnet, fue muy importante. La posibilidad de utilizar las instalaciones del Gobierno en EEUU con fines comerciales, que fue el resultado de lo que yo llamé el "proyecto de ley Boucher", en 1993; y también la voluntad por parte del Gobierno de permitir que se pudieran dar aplicaciones comerciales a las instalaciones gubernamentales, que comenzó en 1988, aproximadamente con la aprobación por parte del Gobierno del uso de MCIMail a través de Internet. Aunque esta fue la primera aplicación comercial en Internet, muchas otras empresas hicieron lo mismo poco después.

Bob Kahn, el 7 de noviembre de 2007, delante de la furgoneta original restaurada de paquetes por radio durante la celebración del 30.º aniversario del primer experimento de Internet con tres redes diferentes, el 22 de noviembre de 1977.
Foto cortesía de Don Nielson.

¿Quiénes son algunas de las personas clave, líderes o que marcaron tendencia en el desarrollo de ARPAnet/Internet?

En cuanto a ARPAnet, yo empezaría por **Larry Roberts,** que fue el responsable de la dirección general del proyecto. Larry tuvo mucha importancia en la estructura. Si no hubiera ocupado ese puesto en ARPA, probablemente no habríamos tenido ARPAnet[11]. Disponía de un comité asesor para ayudarle a formular los requisitos generales de ARPAnet. Aunque yo no formé parte del comité asesor, más tarde desempeñé el papel de técnico experto encargado del diseño del sistema de los IMP de ARPAnet. Y este grupo solo lidiaba con la parte de redes de comunicación; hay que recordar que también tenían lugar muchas otras actividades.

En el grupo de BBN estaba **Frank Heart,** que encabezó un pequeño grupo compuesto por **Dave Walden,** un programador excelente experto en sistemas de tiempo real; **William Crowther,** un programador experimentado que se especializó en la producción de código complejo; **Severo Ornstein,** un experto en *hardware* y algunos otros, incluido yo.

Los compañeros que trabajaron en la parte del protocolo también fueron esenciales. Creo que **Steve Crocker** estableció un grupo de trabajo de red con compañeros de BBN, el MIT, NDRE, Stanford[12] y algunos visitantes de varios países europeos. Las series de peticiones de comentarios (*RFC* por sus siglas en inglés) surgieron de ese grupo. Steve dirigió el grupo, pero supuso realmente el comienzo de la parte social de esto.

En cuanto a los primeros líderes y creadores de tendencias, mencionaría claramente a **Len Kleinrock, Paul Baran, Donald Davies** y **JCR Licklider.** Más adelante, personas de otros países como **Peter Kirstein,** del Reino Unido y **Yngvar Lundh,** de Noruega, se involucraron en el esfuerzo de ARPAnet. **Louis Pouzin,** entonces en IRIA, también desempeñó un papel internacional importante en relación con el desarrollo de CYCLADES, una red de datagramas de Francia.

11 Ver imagen de la placa de ARPANET al final de la entrevista.

12 Una placa con muchos de estos nombres se erigió en Stanford en 2005. Dice así: "Nacimiento de Internet: la arquitectura de Internet y el diseño del protocolo de interconexión TCP (que más tarde se convirtió en TCP/IP) fueron concebidos por Vinton G. Cerf y Robert E. Kahn durante 1973 mientras Cerf estaba en el Laboratorio de Sistemas Digitales de Stanford y Kahn en ARPA (que más tarde sería DARPA). En verano de 1976, Cerf dejó Stanford para gestionar el programa con Kahn en ARPA. Su trabajo se dio a conocer en septiembre de 1973 en una conferencia sobre redes en Inglaterra. El documento fundamental de Cerf y Kahn se publicó en mayo de 1974. Cerf, Yogen K. Dalal y Carl Sunshine escribieron la primera especificación completa del TCP en diciembre de 1974. Con el apoyo de DARPA, las primeras implementaciones del TCP (y del IP más tarde) se probaron en 1975 por Bolt, Beranek and Newman (BBN), y Stanford University y el College de Londres. BBN construyó la primera pasarela de Internet, ahora conocida como *router,* para vincular redes. En años posteriores, investigadores del MIT y de la USC-ISI, entre otros, desempeñaron papeles clave en el desarrollo de los protocolos de Internet. Los investigadores asociados de Stanford y visitantes extranjeros clave fueron Vinton Cerf y su equipo: Dag Belsnes, Ronald Crane, Yogen Dalal, Judith Estrin, Richard Karp, Gerard Le Lann, James Mathis, Bob Metcalfe, Darryl Rubin, John Shoch, Carl Sunshine, Kuninobu Tanno. DARPA: Robert Kahn. Grupos colaboradores: Bolt, Beranek and Newman (BBN): William Plummer, Ginny Strazisar, Ray Tomlinson; MIT: Noel Chiappa, David Clark, Stephen Kent, David P. Reed. NDRE (Noruega): Yngvar Lundh, Paal Spilling. University College London (UCL), Reino Unido: Frank Deignan, Martine Galland, Peter Higginson, Andrew Hinchley, Peter Kirstein, Adrian Stokes. USC-ISI (CA): Robert Braden, Danny Cohen, Daniel Lynch, Jon Postel. Por último, decenas, si no centenares, de miles de personas han contribuido con su experiencia a la evolución de Internet. Dedicado el 28 de julio de 2005".

Muchos otros también desempeñaron papeles importantes, como **Ray Tomlinson** y sus colegas de BBN, **Howard Frank** en la Network Analysis Corporation, el trabajo del Centro de Medición de Red en UCLA bajo la dirección de Len Kleinrock y las labores del Centro de Información de Red en el SRI, que mantuvo (entre otras cosas) las tablas de servidores de ARPAnet.

Por último, es importante recalcar el papel importante que desempeñaron otras personas en ARPA, incluyendo, en particular, a **Charles Herzfeld, Bob Taylor** y **Steve Lukasik.**

Respecto a Internet:

- Claramente, creo que **Vint Cerf** y yo mismo. Después, la lista se hace más larga. Añadiría a **Dave Clark** del MIT a la lista. Dave encontró la manera de instalar ordenadores personales con TCP/IP y hacerlos funcionar a través de redes de área local (LAN por sus siglas en inglés) conectadas a Internet. También participó en algunas de las estructuras de Internet. Fue el primer presidente de ICCB y después lo fue también de IAB. En la década de los setenta, el desarrollo del ordenador personal en Xerox PARC alteró de manera irreversible la trayectoria del campo de la informática y, por lo tanto, de Internet, mientras que el trabajo de **Bob Metcalfe** y **Dave Boggs** en PARC en Ethernet posibilitó las comunicaciones de área local eficientes. También se dieron importantes trabajos en redes de área local en otros lugares, como AT&T y en el MIT. En Irvine, el trabajo de **David Farber** sobre un sistema informático distribuido basado en área local fue particularmente notable.
- Mencionaría, entre otros, a dos jóvenes de la Fundación Nacional de la Ciencia (NSF por sus siglas en inglés): **Steve Wolff** y **Dennis Jennings** (en excedencia durante quince meses procedente de Dublín City University, Irlanda). Por lo que yo sé, la intención inicial de Dennis era que la NSF basara NSFnet en el protocolo TCP/IP; pero fue Steve Wolff quien siguió con el proyecto y lo llevó a cabo. Consiguió que Internet tuviera una apertura más allá de las comunidades educativas y de investigación de EEUU, dando lugar a la participación internacional, y fomentó el tráfico comercial. En este sentido también habría que destacar a **Jun Murai,** de Japón. Pero hay muchos otros que desempeñaron un papel clave a escala internacional también, incluyendo a **Peter Kirstein** y a **Louis Pouzin,** a los que he mencionado anteriormente en relación a ARPAnet. Hay otras personas importantes de la NSF, como **Gordon Bell, Bill Wulf** y **Erich Bloch.** DOE, NASA y otras agencias gubernamentales de Estados Unidos también desempeñaron papeles importantes.
- Añadiría a la lista a **Barry Leiner,** que falleció en abril del 2003. Barry ejerció de administrador de programas en DARPA y guió la evolución del proceso de estándares de Internet. En un principio, Vint y yo lo hacíamos personalmente, pero, posteriormente, Barry tomó la iniciativa de establecer una estructura para el crecimiento de Internet en el futuro. Concretamente, Barry creó la Internet Activities Board (Junta de Actividades de Internet) y, dentro de ella, un conjunto de grupos de trabajo encabezados por gente experimentada que participaba en el diseño y la evolución de Internet. Uno de esos grupos fue Internet Engineering Task Force (Grupo de Trabajo sobre Ingeniería de Internet), que se convirtió en la principal parte superviviente de la estructura. La Internet Activities Board se convirtió en la Internet Architecture Board (Junta de Arquitectura de Internet) bajo los auspicios de la Internet Society y, en paralelo con el Internet Engineering Task Force, también se creó el Internet Research Task Force (Grupo de Trabajo sobre Investigación de Internet).
- El desarrollo del Sistema de Nombres de Dominio (DNS por sus siglas en inglés) por parte de **Paul Mockapetris** y sus colegas, a principios de los ochenta, hizo que las direcciones IP fueran más cómodas de usar.
- En la década de los noventa, el trabajo de **Tim Berners-Lee, Robert Cailliau, Marc Andreessen, Eric Bina** y, por supuesto, **Jim Clark** hicieron de la Web una aplicación de gran utilidad en Internet.

Probablemente debería incluir en la lista a muchas más personas, pero lo voy a dejar aquí por ahora.

Algunas situaciones anecdóticas

▶ La creación del TCP fue solo el comienzo de un largo proceso para crear Internet. Durante todo ese tiempo, la gente no ha tenido muy claro lo que es Internet en realidad. Es algo que Vint Cerf y yo ya habíamos visto antes. Concedimos una entrevista de una hora de duración para la televisión. El entrevistador estuvo toda la hora hablando de ARPAnet. Además de preguntar acerca del papel que los dos desempeñamos en ARPAnet, las preguntas también incumbían a Paul Baran, Len Kleinrock, Larry Roberts, Bob Taylor, J.C. R. Licklider, a la conmutación de paquetes, etc. El entrevistador pensaba que aquella era la historia de Internet. *"Espere un momento* –le dijimos nosotros–, *no ha llegado a la historia de Internet, todo lo que hemos hablado era de ARPAnet. Internet es algo muy diferente." "Ah..., voy a hablar con mi redactor."* Así que llamó al redactor y obtuvo permiso para realizar otra hora más de entrevista mientras estábamos los dos todavía en el estudio. Y, por supuesto, realizó la entrevista de manera muy rigurosa. Empezó la segunda hora diciendo algo así: "En 1993 utilicé por primera vez una cosa llamada World Wide Web. ¿Me pueden explicar cómo funciona?". Nos pasamos la siguiente hora hablando de la Web. Cuando pasó la segunda hora dijo: *"Esta es nuestra segunda entrevista dentro de la serie sobre la historia de Internet"*. Cuando terminamos le dijimos: *"Pero esto ha sido todo sobre la Web, todavía no hemos hablado de Internet"*. Y contestó: *"No lo entiendo"*.

▶ Tras la sesión maratoniana en la que creamos el borrador del documento en aquel hotel de Palo Alto[13] y decidimos ponerlo a disposición en la próxima conferencia sobre redes en Sussex, Inglaterra, terminamos tirando una moneda al aire para decidir qué nombre aparecería primero... si sería un documento de Robert Kahn y Vinton Cerf o un documento de Vinton Cerf y Robert Kahn. Ganó Vint. Si nos fijamos en los primeros documentos que se han escrito sobre el tema, todavía no lo llamaban protocolo TCP, lo llamaban el Protocolo Kahn-Cerf, así que, si buscas en Google **"Protocolo Kahn Cerf",** probablemente encontrarás algunas de las primeras referencias a esta terminología. Ambos contribuimos al documento en la misma medida.

▶ **"Creo que hay mercado mundial para quizá seis ordenadores",** es una frase que se le atribuyó a

Bob Kahn a mediados de 1972 tal y como aparece en la película preparada para la demostración de ARPAnet en Washington DC.

Thomas Watson, presidente de IBM. También está la historia de Henry Ford y el automóvil: "El país podría ser capaz de usar unos pocos cientos de automóviles". Ambos estaban pensando en la sociedad tal como la conocían entonces. En nuestro caso, Vint y yo estimamos el número de posibles redes: pensamos que habría una en el Departamento de Defensa, otra red pública en los Estados Unidos, una o quizá dos en Europa, una en África, quizá una en la OTAN y, posiblemente, una o dos en la zona de Asia-Pacífico. Así que decidimos utilizar 8 bits (un máximo de 256 redes posibles) para la parte de red de la dirección IP y después, los 24 bits restantes para identificar la máquina o servidor en esa red (unos 16 millones por red). Como supuestamente cada red tenía gran cobertura, esta asignación de bits parecía tener sentido. Pero rápidamente todo esto se vio superado por los acontecimientos con la aparición de las redes de área local (LAN) poco tiempo después y la elección de Ethernet como LAN preferida. En lugar de unas pocas docenas de redes como máximo, ahora contemplábamos cientos, miles o más. Llegados a este punto, el uso de direcciones IP se dividió en varias clases que permitían muchas más redes, cada una de las cuales con un número mucho más pequeño de máquinas.

¿Qué opina sobre el futuro de Internet?

Todavía está por ver. Aún no está claro cómo puede evolucionar a largo plazo. Tiene muchas posibilidades, pero solo si las distintas partes implicadas (en las industrias

13 El protocolo TCP se redactó originalmente en una sala de conferencias del primer piso del hotel Cabana Hyatt de Palo Alto, California (EEUU).

Robert Kahn

Bob Kahn, junto a la placa conmemorativa de ARPAnet situada frente a las antiguas oficinas de DARPA, en Arlington (Virginia)

de comunicaciones y *software*/informática) colaboran en seguir manteniendo su funcionamiento. El poder de Internet puede resultar una amenaza en algunos países. Puede ser algo que las grandes empresas quieran conseguir y controlar, sobre todo en los países donde las condiciones políticas o económicas lo permitan. Por lo tanto, considero que debemos estar muy atentos al hecho de mantener la naturaleza abierta de la arquitectura de Internet.

Además de los avances en la tecnología de banda ancha e inalámbrica de los últimos años, los retos más importantes puede que no sean en absoluto tecnológicos. Pero eso ya es todo un tema en sí mismo, así que lo voy a dejar aquí y hablaré sobre el trabajo en el que he participado.

Desde principios de la década de los noventa, me he centrado en cómo reconceptualizar Internet en torno al concepto de la gestión de la información.

Llamo al enfoque ***arquitectura de objetos digitales.*** En lugar de tratar solo con paquetes individuales, estás tratando con objetos digitales que son básicamente estructuras de datos identificadas. Cada uno de estos objetos digitales tiene un único identificador permanente identificado que permite localizarlo en Internet, independientemente de en qué máquina ó máquinas se encuentre e independientemente de la tecnología que lo procesa o almacena. Los identificadores simplemente identifican las estructuras de datos, si se trata de una estructura química, de la estructura de un libro o película o cualquier otra cosa representada de forma digital. Es una salida muy radical desde donde nos encontramos hoy, o nos encontrábamos a principios de la década de los noventa.

Si quieres obtener más información, existe un sitio en Internet llamado <www.handle.net>. Contiene muchos detalles del mecanismo de resolución, llamado Handle System. Un breve resumen de la arquitectura de los objetos digitales se encuentra disponible en <http://hdl.handle.net/4263537/5041>.

¿Observa algún tipo de tendencia tecnológica?

Bueno, tal como he indicado antes, existe un claro empuje continuo hacia la banda ancha, lo que permite tener un acceso más rápido a la información prácticamente desde cualquier lugar. Creo que el acceso inalámbrico ubicuo (también con velocidades cada vez mayores) es otra de las tendencias. Muchísimos aparatos funcionan actualmente mediante conexiones inalámbricas. Por último, creo que todo el asunto de cómo tratamos la información representada de forma digital en Internet es cada vez más importante: ¿podemos confiar nuestra información a los servicios de red proporcionados por otros?, ¿cómo se puede gestionar la información en formato digital a la vez que se asegura la protección de los derechos e intereses de las personas? (pagándote por ello, sin perder nada, etc.). Parte de esta información puede ser sobre entidades reales en el mundo, como personas o cosas. Otra parte puede ser sobre recursos de redes o servicios, o incluso sobre dispositivos de red, como por ejemplo los *routers.* Lo que está en Internet no se puede ver, solo es accesible (y quizá se pueda ver en ese momento, si se cuenta con autorización). El acceso puede conllevar el inicio de un proceso o alguna otra operación como la recuperación de registros sanitarios, información financiera o fotos familiares. Las personas (y quizá sus sistemas) tendrán problemas para recordar lo que está a su disposición, incluso si es de su propia creación, y mucho más para saber cómo acceder a ello y cómo utilizarlo. Los registros privados de cualquier tipo probablemente desempeñarán un papel importante al respecto.

Por último, seguramente se llevarán a cabo nuevos esfuerzos que minarán incluso los mejores diseños de sistemas. Como consecuencia, los usuarios deberán permanecer atentos y defender sus sistemas, servicios y recursos frente a ataques no deseados o incluso dañinos. En los próximos años, se necesitarán técnicas más efectivas para la gestión de la información en Internet, y sobre eso he estado trabajando en los últimos años.

LIBROS Y DOCUMENTOS MENCIONADOS / RECOMENDADOS

- *A Brief History of the Internet* (versión 3.32, revisada por última vez el 10 de diciembre de 2003) Barry M. Leaner, Vinton G. Cerf, David D. Clark, Robert E. Kahn, Leonard Kleinrock, Daniel C. Lynch, Jon Postel, Larry G. Roberts, Stephen Wolff. Disponible en la página web de la Internet Society: http://www.isoc.org/internet/history/brief.shtml#Origins
- *The Interface Message Processor for the ARPA.* Computer Network.
- Frank W. Heart, R.E. Kahn, S.M. Ornstein, W.R. Crowther, y D.C. Walden, *Actas de la conferencia de la AFIPS,* Spring Joint Computer Conference, vol. 36, p. 551-567, mayo 1970.
- A Protocol for Packet Network Intercommunication. Vinton Cerf y Robert Kahn, 1974 IEEE Transactions on Communications, Vol Com-22, pag. 637-648 Nº 5, mayo 1974.
- The Digital Library Project: Volume 1: The World of Knowbots (BORRADOR): An Open Architecture for a Digital Library System and a Plan for Its Development. Robert E. Kahn Y Vinton G. Cerf, Corporation for National Research Initiatives, marzo 1988.
- *Computer Communication Network Design-Experience with Theory and Practice,* H. Frank, R.E. Kahn, L. Kleinrock, AFIPS 1972 Spring Joint Computer Conference, Vol. 40, p. 255-270.
- *Flow Central on a Resource Sharing Computer Network.* R.E. Kahn, W.R. Crowther, Actas del 2nd ACM/IEEE Symposium on Problems in the Optimization of Data Communications Systems, p. 108-116, octubre 1971.
- Advances in Packet Radio Technology, Actas del IEEE, Vol. 66, Nº. 11, p. 1468 -1496, noviembre 1978.
- *A Framework for Distributed Digital Object Services.* Robert Kahn y Robert Wilensky, International Journal on Digital Libraries, Springer-Verlag, Vol. 6, Nº 2, p.115-123, Abril 2006 (Difundido por primera vez por los autores en mayo de 1995 y reimpreso por Springer en 2006)

Jon Postel

Una vida al servicio de la red.

«Sé **LIBERAL** en lo que aceptas, **CONSERVADOR** en lo que envías»*.

Esta frase, que tuvo una gran influencia en generaciones de ingenieros de Internet, proviene de la RFC 793, que se ha venido en llamar Ley Postel. Las implementaciones del TCP deberán seguir un principio general de robustez: sé conservador en lo que haces, sé liberal en lo que aceptas de los demás.

Entrevista póstuma. Realizada a partir de las opiniones de amigos y escritos suyos, así como de antiguos correos que definen su personalidad

Jonathan Bruce Postel, conocido por Jon, nació el 6 de agosto de 1943, en Altadena, California. Murió el 16 de octubre de 1998 en Santa Mónica, California.

En 1974 se doctoró en Computer Sciencie, por UCLA. Considerado sin discusión como una de las personas más influyentes de Internet en los tiempos en que la red funcionaba en el entorno académico, encajando y liderando muy bien su paso hacia una Internet comercial.

Siendo estudiante de UCLA, ayudó a instalar el primer IMP en 1969. Más tarde, junto a Craig Partridge y a Paul Mockapetris, codiseñó el DNS (Domain Name System), sistema para identificar a los ordenadores en la red que acuñó los sufijos, ya universales, como: ".com",".org" y ".net"; este diseño y su gran escalabilidad jerárquica, permitió el crecimiento y desarrollo homogéneo de las comunicaciones entre ordenadores y dispositivos de cualquier lugar del mundo, soportando un crecimiento aceleradísimo.

Su papel dentro de la "comunidad" de Internet fue capital, así como su actividad desde la dirección del IANA (Internet Assigned Numbers Authority), entidad destinada precisamente a controlar los nombres de los dominios.

Postel murió repentinamente en 1998, cuando llevaba más de treinta años cuidando altruistamente del DNS, y actuando como editor de las *RFC* (formato en que se presentan los protocolos de Internet).

En 1999, la ISOC constituyó en su reunión de San José (California), el Jon Postel Award para reconocer a aquellos que han contribuido de forma suprema al desarrollo de la red. Debemos tener en cuenta que entre el 7 de abril de 1969 (fecha de la publicación de la primera *RFC*) hasta octubre de 2010, se han editado más de 5.400 documentos (alrededor de 160.000 páginas) sobre temas de red en general y protocolos de Internet en particular. Jon fue su editor los primeros veintinueve años desde el Information Sciences Institute (ISI) en Marina del Rey, California.

http://www.postel.org *http://www.usc.edu* *http://www.isi.edu*
http://www.iana.org *http://www.icann.org*

Jon Postel

«Jon ha sido durante décadas, nuestra guía, nuestra Estrella Polar... fue el gurú de Internet y su conciencia técnica...»
Epitafio de Vint Cerf

Jon Postel

Caricatura de Rhonda Hagen (ICANN Wiki)

El nombre de **Jon Postel** se escribe, en mayúsculas, en la lista de pioneros que forjaron la red. Estandarte de unos ideales actualmente casi ahogados por la vorágine comercial; fraternidad y altruismo definen a una figura sin la cual Internet no podría asociarse a ese supuesto ideal de libertad (cada vez más diezmado). *The Economist* definió a Postel con una palabra: *God.** Su carisma era tal que unas palabras suyas bastaban para que miles de ingenieros se pusieran a trabajar en una dirección. No quería ningún poder, pero gozaba de la mayor autoridad.

Pocas organizaciones del mundo de Internet han tenido una presencia tan preponderante como IANA **, encargada de coordinar todo lo referente al sistema de los nombres de dominio (DNS), y al plan de numeración de la Red. Ha actuado como homogeneizador del caos, otorgando a cada ordenador una dirección que lo identificase en la red (un número IP), para que funcionara en modo análogo a los números telefónicos. La gran contribución de Postel y de sus equipos de colaboradores, repartidos a lo largo del mundo entero, fue la de definir una serie de políticas claras y sencillas y de ordenar, durante décadas, la masiva producción de nuevas ideas que solucionaban los problemas que iba planteando el crecimiento de la red, plasmándolas como protocolos. Hasta que le sorprendió la muerte, el 16 de octubre de 1998, Jon Postel fue el director de IANA.

* God: Dios.

** IANA: Internet Assigned Numbers Autorithy; véase <http://www.iana.org/>. No solo gestionaba las direcciones IP, sino que coordinaba todos los aspectos adyacentes: parámetros técnicos, números de protocolo, de puertos de comunicaciones…

¿Cuál fue su primer contacto con un ordenador?

Fue en Los Angeles Valley College. En este centro tenían un ordenador. Un día Postel llegó muy temprano y se interesó por un fascinante e intrigante puzle que unos estudiantes estaban llevando a cabo. Le preguntó a uno de ellos qué estaba haciendo y este le respondió: *"Oh, estoy escribiendo un programa de ordenador"*, a lo que Postel respondió: *"¿Cómo lo haces?"*. Este fue el detonante de la carrera posterior de Jon Postel. Él mismo cuenta que, en los inicios de los sesenta, había muy poca gente dedicada a la programación y que el tipo de programas que se hacían eran mucho más simples que los actuales.

De izqda. a derecha: Jon Postel, Steve Crocker y Vint Cerf, en una foto aparecida en *NewsWeek* el 8 de agosto de 1994, en el 25.º aniversario de ARPAnet. Vint Cerf dice: "Jon realizó todos los dibujos y Steve y yo pasamos los calabacines y las calabazas. Pasamos casi 8 horas en conjunto para prepararle la escena al fotógrafo. Nótese que esta red no puede funcionar puesto que no hay un enlace boca-oreja en ningún sitio". Cortesía de Vint Cerf.

Durante casi tres décadas, Jon mantuvo la raíz del sistema de dominios a nivel global desde su despacho del ISI. Fotografía de Irene Fertik, del servicio de notícias de la USC. Copyright 1994, USC.

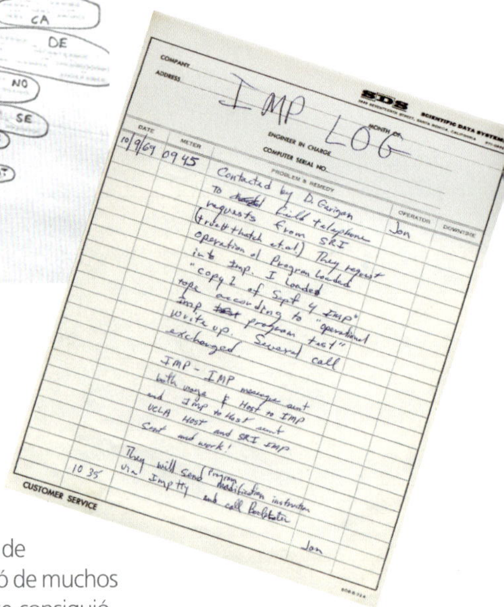
SDS SCIENTIFIC DATA SYSTEMS

COMPANY

ADDRESS

IMP LOG

MONTH OF

ENGINEER IN CHARGE

COMPUTER SERIAL NO.

DATE	METER	PROBLEM & REMEDY	OPERATOR	DOWNTIME
10/9/69	0945	Contacted by D. Garigan		
		To ~~[illegible]~~ field telephone		
		requests from SRI	Jon	
		(Truett + hatch et.al.) They request		
		operation of Program loaded		
		into Imp. I loaded		
		"copy 2 of Sept 4 IMP"		
		tape according to "operational		
		imp ~~test~~ program test"		
		write up. Several call		
		exchanged.		
		IMP - IMP message sent		
		both ways & Host to IMP		
		and IMP to Host sent		
		UCLA Host and SRI IMP		
		Sent and work!		
	10 35	They will send Program modification instruction		
		via Imp tty and call Rochester		
			Jon	

CUSTOMER SERVICE

Hoja del diario del laboratorio de UCLA del 9 de octubre de 1969, en donde se aprecia la firma de Jon en las distintas pruebas que se hicieron hasta lograr establecer la primera comunicación entre dos *hosts* (el de UCLA y el de SRI).

¿Y su primer contacto con ARPAnet?

Fue en UCLA, donde se instaló el primer nodo de ARPAnet (septiembre de 1969, en el laboratorio de Leonard Kleinrock). Postel era uno de los estudiantes de informática que asistió en primera persona a estos momentos históricos.

Mirando hacia atrás, ¿qué hitos le parecen clave en el desarrollo de Internet? [1]

La transición de ARPAnet a Internet y la llegada del TCP/IP. Los antiguos protocolos de ARPAnet[2] estaban destinados a trabajar sobre IMP[3], lo que no permitía adaptarlos a la comunicación entre redes de diferente naturaleza: satélite, radio… Era necesario crear un protocolo lo suficientemente sencillo, a la vez que robusto, que permitiese transferir información entre Ethernets y redes de satélites… Esto requirió de muchos esfuerzos, pero al fin se consiguió.

¿A quién destacaría por su aportación al desarrollo de Internet?

Gran parte del mérito lo tiene **Vint Cerf,** ya que él y **Bob Kahn** desarrollaron la idea del protocolo. Posteriormente, Vint, como profesor de la Stanford University, encabezó al grupo de estudiantes que desarrolló la primera versión del código junto a la documentación y las especificaciones necesarias. Este fue un gran punto de partida para múltiples iniciativas posteriores.

Sobre su contribución personal.

Postel ejercía de mediador, de garante de la red, y desde su cargo en IANA era consciente de su papel. Por este

1 Palabras de Postel extraídas de una entrevista de David Bennahum en 1995. Véase <*http://memex.org/meme4-01.html*>.

2 NCP: Network Control Protocol. (Protocolo de Control de Red). Predecesor del TCP/IP.

3 Internet Message Processor: antigua denominación de los *routers*.

Jon Postel

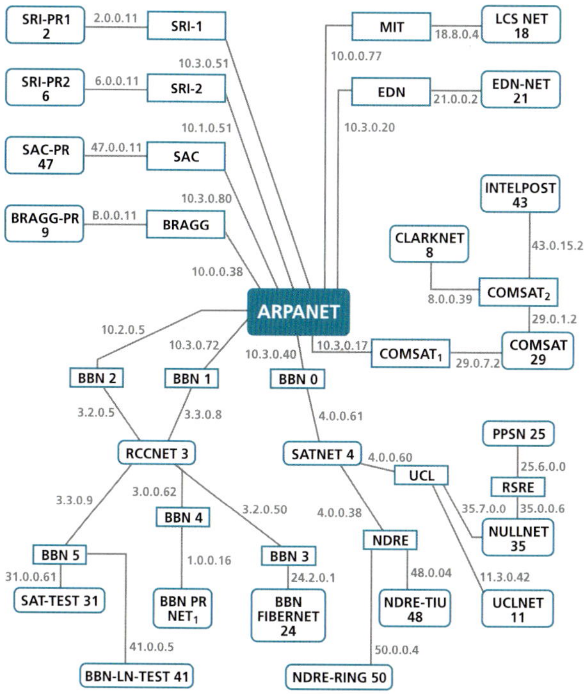

Así era ARPAnet el 25 de Febrero de 1982 cuando Jon Postel la dibujó esquemáticamente.

motivo, y poco tiempo antes de fallecer, entregó a **William Daley** (secretario estadounidense de Comercio), una propuesta para transferir el control de los DNS desde sus poseedores: las organizaciones americanas dependientes del Gobierno (como, por ejemplo IANA), a corporaciones internacionales con fines no lucrativos, encabezadas por múltiples personalidades de diversos ámbitos sociales: el económico, tecnológico, etc. Este paso, que le era por supuesto contraproducente (su influencia hubiera descendido notablemente), ilustra una virtud: el altruismo, y la anteposición del bien común frente al logro personal, valores que definen lo que supuso **Jonathan Bruce Postel** para Internet. En 1997[4] declaraba que le gustaría ser reconocido por su contribución al desarrollo del protocolo IP.

4 Entrevista realizada por Diane Krieger y publicada por *Networker*, revista dependiente de la University of Southern California, en su edición de verano de 1997.

Sus previsiones de futuro.

Sus últimos proyectos giraron alrededor del establecimiento de 150 nuevas terminaciones de dominio de primer nivel (expandiendo los reducidos sufijos: ".com" ".org" y ".net") y sobre comercio electrónico, aplicaciones a través de Internet y multinivel (entre múltiples ordenadores), conferencias multimedia, correo electrónico, redes de gran tamaño y comunicaciones de alta velocidad. Pero, sobre todo, alrededor de un sueño: Internet de alcance universal.

¿Alguna anécdota?

Hombre parco en palabras, al recibir la medalla de plata de la Unión Internacional de Telecomunicaciones (habitualmente reservada para jefes de Estado que han contribuido al desarrollo de las telecomunicaciones), su discurso al recoger el galardón fue simplemente: "*Gracias*". Sus dos grandes aficiones: el *birdwatching* (observación ornitológica) y la gestión de los dominios.

¿Ha identificado alguna tendencia tecnológica?

Funcionamiento más rápido, más barato y más y más usuarios... y cada vez más ansias de mayor velocidad.

Nota: estos apuntes biográficos sobre la vida de Jon Postel se han nutrido de las entrevistas realizadas en 1995, por David Bennahum y publicada en <http://memex.org/meme4-01.html> y en 1998, por Diane Krieger y publicada por *Networker* (USC) en verano de 1997. Así como de múltiples referencias publicadas en las páginas que hacen referencia a su ingente obra y de algún correo mantenido con el autor a lo largo de 1997 en pleno establecimiento de los nuevos dominios (".nom" ".store"...), que finalmente paró el asesor personal de Bill Clinton, Ira Magaziner, al ver que Estados Unidos perdía influencia. Es la única entrevista no realizada personalmente cara a cara con el entrevistado.

Date: Fri, 17 Jul 1998 15:16:55 -0700 (PDT)
From: Jon Postel <postel@ISI.EDU>
Message-Id: <199807172216.PAA11648@boreas.isi.edu>
To: iana-announce@ISI.EDU
Subject: IANA By Laws Proposal for Discussion
X-Sun-Charset: US-ASCII
Cc: postel@ISI.EDU, iana@ISI.EDU
Sender: owner-iana-announce@ISI.EDU

~~~~~~~~~

Hello:
The Internet Assigned Numbers Authority (IANA) is pleased to welcome you to this list of people with an interest in the formation of a new IANA. To help focus efforts and facilitate consensus towards the implementation of a new organization, we will be sending you various announcements and drafts for your review and comments.

--jon.

~~~~~~~~~

A BY LAWS PROPOSAL FOR DISCUSSION

After receiving many suggestions to consolidate the principles in the earlier discussion drafts that IANA has issued, the following is a set of draft bylaws for a new organization that essentially put in legal form the principles contained in the earlier documents. These are offered as an aid to further discussion and comment, and not intended to reflect anything other than the principles previously set forth. Comments and suggestions on all aspects of this document are welcomed and encouraged. IANA would expect to issue new drafts based on the comments received directly and the results of the discussions at the Geneva and subsequent meetings.
....
~~~~~~~~~~~

Send your public comments to <comments@iana.org>.

~~~~~~~~~~~

If you know someone who should be added to this list, please have them send a message to majordomo@iana.org with the line "subscribe iana-announce" as the body of the message. To remove yourself from this list, please send a message to majordomo@iana.org with the line "unsubscribe iana-announce" as the body.

====================================
The Internet Assigned Numbers Authority (IANA)
P.O. Box 12607 Marina del Rey, CA 90295-3607
"Dedicated to preserving the central coordinating functions of the global Internet for the public good."

UNO DE LOS ÚLTIMOS CORREOS DE JON POSTEL

En él podemos observar su característica forma de proponer cambios: concisión en sus correos, ideas claras y ninguna imposición.

Vinton G. Cerf

Pionero y padre de Internet.
Co-inventor del TCP/IP.

«Envidio a los niños de ocho años que dominan la Red. Lo han hecho veinte años antes que yo. **TUVIMOS QUE INVENTARLA** para hacer lo que ellos hacen.»

La historia de Internet no se podría entender sin su contribución. Sin duda, este documento refleja por qué Cerf recibe el apodo cariñoso de "padre de Internet", aunque él insiste en llamarse "pionero de Internet". Vint es un hombre que ha dedicado su vida a resolver complicados problemas tecnológicos mediante ideas sencillas y soluciones brillantes.

Entrevista realizada[1] el 8 de diciembre de 2007 en McLean, Virginia

Cerf nació el 23 de junio de 1943 en New Haven, Connecticut, en el hospital de la Yale University. Su madre vivía allí con él mientras su padre estaba en el escenario europeo de la Segunda Guerra Mundial. Estaba en la Marina y servía como oficial de artillería a bordo de un submarino. Antes de que la bomba atómica cayera en Japón, se estaba preparando para embarcarse hacia el escenario del Pacífico, donde habían intentado invadir Japón. Pero tras el lanzamiento de los artefactos nucleares, la guerra terminó y al volver se mudaron de New Haven a Los Ángeles en 1946.

Así que, en realidad, Vinton Cerf creció en Los Ángeles. Vivía en el Valle de San Fernando, al norte de la ciudad, en una pequeña población llamada Van Nuys. Fue al instituto allí, donde resultó que Steve Crocker, Jon Postel y Karl Auerbach también habían estudiado. No coincidieron en el mismo curso. Jon Postel iba a un curso menos que Steve y este un curso menos que Vinton Cerf. Steve era su mejor amigo en el instituto, y todavía lo es, pero ninguno de los dos conocía a Jon Postel por aquel entonces. De hecho, no conocieron a Jon hasta que no terminaron la carrera en UCLA.

Escucha la entrevista

Cuando terminó el instituto, se matriculó en la Stanford University donde, desde 1961 hasta 1965, se especializó en matemáticas y, de manera secundaria, en alemán[2].

En 1965 comenzó a trabajar para IBM en la sede conocida como el centro de datos de Los Ángeles.

A partir de 1967, tras cursar un Doctorado en Ingeniería Informática en UCLA, se encontró trabajando en ARPAnet, desarrollando el primer protocolo entre ordenadores centrales, y en 1972 volvió a Stanford como docente.

En 1976 regresó a ARPA hasta que en 1982 se unió a MCI. En 1986 pasó por CNRI para volver a MCI en 1994 hasta 2005.

www.ucla.edu www.ibm.com www.stanford.edu
www.arpa.mil www.mci.net www.google.com

1 Entrevista realizada a través de conversaciones el 25 de junio de 1999 (en San José, California), el 20 de mayo de 2000 (Tarragona), el 12 de junio de 2001 (Estocolmo) y completada mediante correspondencia electrónica los días 23 de junio de 2001 (Tenerife) y 23 de noviembre de 2001 (Barcelona). Y también la entrevista grabada en McLean (Virginia) durante la tarde del 8 de diciembre de 2007.

2 He estudiado alemán desde que tenía trece años más o menos. Mi padre invitaba a un profesor de alemán a venir a casa una vez a la semana y él me enseñaba. Fui a Stanford en Alemania, un campus en una zona cerca de Stuttgart, donde vivíamos en una pequeña ciudad llamada Beutelsbach que tenía cerca de 3.000 habitantes y se ubicaba a 30 km aproximadamente de Stuttgart. La casa en la que vivíamos era una granja en la cima de una colina llamada Landgut Burg y allí había unos 70 estudiantes. Stanford llevó profesores y las clases se daban allí, a veces en inglés pero la mayoría en alemán. Llegamos a conocer a toda la gente del lugar y viajamos por Europa durante los seis meses que estuve allí. A Bonn, Praga, Roma, Estocolmo, etc., porque aprovechábamos los fines de semana y en Europa las distancias son bastante cortas. Volví en diciembre de 1962 y continué los estudios en Stanford.

Vinton G. Cerf

¿Recuerda su primer contacto con un ordenador?

Fue en 1958, no me acuerdo del mes. Sucedió en Santa Mónica, California, en una empresa que se llamaba Systems Development Corporation, que era una *spin-off* de RAND que en ese momento realizaba investigación clasificada para el Ejército del Aire de Estados Unidos. En particular, Paul Baran en RAND Corporation escribió uno de los primeros documentos extensos sobre lo que se convertiría en la conmutación de paquetes, aunque él no lo llamó así en aquel momento. RAND había estado trabajando en comando y control para el Ejército y una de las ideas que surgieron de su trabajo fue colocar radares en el norte de Canadá orientados hacia Rusia y transmitir la información del radar a través de líneas fijas hasta Santa Mónica, California, donde se recogerían los datos en un sistema informático que se conocía por el acrónimo SAGE (SemiAutomatic Ground Environment). Este sistema se construyó utilizando válvulas de radio. La idea era que los datos se transmitieran desde el radar y se mostraran a través de grandes pantallas de radar que serían procesadas por SAGE. Aquella sensación de estar en el centro del sistema –literalmente entrabas en el ordenador para usarlo– era enorme. Había salas llenas de válvulas de vacío por las paredes. Recuerdo estar completamente fascinado ante la idea de tener un ordenador conectado con algo que estaba a tanta distancia. Unos dos años después, Steve Crocker obtuvo el permiso para utilizar algunos de los ordenadores de UCLA. Esto sería en 1960, más o menos. Íbamos un curso separados el uno del otro en el instituto de Van Nuys. Steve y yo éramos los mejores amigos y me invitó a que fuera con él a probar el ordenador Bendix G-15 de UCLA. Un poco después, fui a Stanford como estudiante y, por supuesto, enseguida hice todos los cursos que me fueron posibles sobre Ingeniería Informática. Usábamos una máquina Burroughs B5000 que había sido actualizada a B5500, programábamos en ALGOL, o lo que se llamaba Burroughs ALGOL. Todo esto fue muy emocionante para mí, la época de universitario en Stanford, pero también la época en el instituto utilizando ordenadores de UCLA. Tengo todos esos vívidos recuerdos de haberme enfrascado en la informática impregnándome por completo de la emoción de usar aquellas máquinas.

¿Cuál fue su primer contacto/experiencia con Internet o ARPAnet?

El primer contacto con ARPAnet fue con **Len Kleinrock** en el Centro de Medición de la Red[3], que sería en 1969 o quizá en 1968. En ese año, RFQ se intercambió por IMPS (Interface Message Processors, las conmutaciones de paquetes de ARPAnet) y, lo suficientemente interesados, Steve Crocker y yo nos ofrecimos para el proyecto de ARPAnet mientras aún éramos estudiantes pero trabajábamos de asesores en una empresa que se llamaba Jacobi Systems por aquel entonces. Jacobi presentó una propuesta por ARPAnet; era un competidor de Bolt, Beranek y Newman (BBN) y llegamos hasta las últimas rondas. Creo que terminamos entre las últimas cuatro. Escribí una simulación de la Red de conmutación de paquetes utilizando el lenguaje de programación GPSS. Jacobi Systems no consiguió el contrato, pero por suerte Steve y yo todavía éramos estudiantes y trabajábamos en el grupo de Len Kleinrock. Cuando BBN ganó, UCLA obtuvo el contrato del Centro de Medición de la Red y fuimos a trabajar allí. Así que empecé a trabajar en ARPAnet a pesar de que Jacobi Systems no ganó la contrata. Seguramente Jacobi era el nombre del fundador de la empresa; la sede estaba en Santa Mónica.

«En sus inicios, trabajé en este proyecto con mucha pasión porque quería solucionar el problema del Departamento de Defensa: no pretendían una red patentada y no buscaban limitarse a una única tecnología de red.»

En Internet, ya es obvio porque yo empecé a trabajar en el proyecto en 1973, de modo que allí tuve mi primer contacto. Cuando iniciamos el proyecto, lo llamábamos *internetworking* (operación de interconexión de redes) y la idea era seleccionar redes por conmutación de paquetes y conectarlas entre ellas. Pero recuerdo ver referencias a la frase abreviada "Internet" en diciembre de 1974 o incluso antes. La primera especificación del protocolo TCP hacía referencia al protocolo de Internet TCP, y creo que ya adoptamos en el discurso normal la

3 En el original inglés el centro es denominado: Network Measurement Center.

idea de esta red múltiple, formada por algo llamado Internet. Yo siempre lo escribía con I mayúscula. Cuando la red se extendió en 1983 y se hizo accesible, la gente decía: "Bueno, a veces se pueden construir piezas de red utilizando la tecnología de Internet, que no forma parte de la red pública". Entonces nos planteamos escribir con minúscula las redes que usaban protocolos TCP/IP. Internet se empezó a escribir deliberadamente en mayúscula para referirse al proyecto ARPA, mientras que en minúscula se refería a las redes que usaban tecnología de Internet pero no estaban conectadas a la Internet de DARPA. Al final, cuando Internet se hizo público, tomé la costumbre de referirme a la Internet pública con mayúsculas y a cualquier otra red privada que usara la misma tecnología en minúsculas. Pero el término Internet pretendía reflejar la idea de que había múltiples redes que se conectaban entre ellas. De este modo, las interconexiones de la red y la estructura en la que se encontraba era el centro de atención de la investigación.

¿Cuál ha sido su experiencia profesional en el desarrollo de Internet?

Cuando terminé la carrera en Stanford, en junio de 1965, comencé a trabajar para IBM en la sede conocida como el centro de datos de Los Ángeles. Utilizaba un sistema de tiempo compartido para IBM llamado Quiktran. Era un sistema interactivo de FORTRAN con el que se manejaba en remoto el ordenador central IBM 7044 para escribir y ejecutar programas FORTRAN. Realizaba análisis de tensión en los edificios y teníamos un cliente que utilizaba el servicio para programar algoritmos empleados en la compra y venta de acciones. Existía una gran variedad de aplicaciones, cualquiera que se pudiera programar en FORTRAN. Dirigí este centro operativo como ingeniero de sistemas durante dos años, hasta mediados de 1967. Después obtuve una licencia para volver a clase porque sentía la necesidad de obtener preparación avanzada en procesamiento.

En UCLA cursé un Máster y después un Doctorado en Ingeniería Informática durante cinco años y mi tutor de tesis fue **Gerald Estrin.** Para Jerry hice una tesis sobre sincronización de multiprocesos, varios ordenadores funcionando en paralelo. Pero también trabajé para Len Kleinrock como programador principal para el Centro de Medición de la Red. Nuestro trabajo consistía en inyectar tráfico y recopilar datos desde ARPAnet para validar el modelo de cola que **Kleinrock** y sus alumnos estaban desarrollando para las redes de conmutación de paquetes. Fruto de estas experiencias, rápidamente me atrajeron las actividades de ARPAnet a finales de los sesenta y terminé trabajando con **Steve Crocker, Stephen Carr** y **Jon Postel** en el primer protocolo entre ordenadores centrales *(host-to-host)* llamado NCP (Protocolo de Control de Red). Lo llevamos a cabo y después mostramos el sistema en público en octubre de 1972, en el Hotel Hilton de Washington, en la primera Conferencia Internacional de Comunicaciones por Ordenador (ICCC: International Conference on Computer Communications). Bob Kahn organizó la demostración a petición de Larry Roberts, que dirigía el programa ARPAnet para ARPA, y algunas personas a las que ya has entrevistado estaban en el acto, incluyendo a Louis Pouzin (Cyclades, Francia). En aquella reunión formamos un grupo llamado INWG[4] o Grupo internacional de trabajo sobre redes que, finalmente, se convirtió en el grupo de trabajo 6.1 IFIP (Federación Internacional de Tratamiento de Información) el cual se ocupaba de las comunicaciones de datos. Este grupo estaba muy interesado en los conceptos de ordenadores en red y conmutación de paquetes en particular. Por recomendación de **Steve Crocker,** me convertí en presidente. A pesar de que opino que de este grupo no salió ningún desarrollo específico como grupo de trabajo, sí que hubo debates muy útiles acerca de arquitectura de redes y protocolos.

En septiembre de 1973 **Bob Kahn** y yo presentamos al grupo el diseño básico de Internet en un documento que llamamos *INWG #39.* El grupo produjo gran cantidad de documentos de trabajo, y algunas de las personas que han sido entrevistadas estaban relacionadas con este grupo o lo documentaban haciendo de editores de las series de notas. Desconozco qué habrá sido de esas notas[5], y sería interesante saber si se encuentran, o no, en el Computer History Museum[6].

Tras la demostración en octubre de 1972, Bob Kahn dejó BBN (Bolt, Beranek and Newman) y fue a ARPA, y yo dejé

4 International Network Working Group.
5 Alexander McKenzie exempleado de BBN, quizá sabe qué ha pasado con ellas y creo que Peter Sevcik también podría saberlo porque me parece que ambos fueron editores de las series.
6 Conocido por sus siglas en inglés: CHM, Museo de Historia de los Ordenadores. Está situado en Mountain View, California.

UCLA y me fui a Stanford, esta vez como miembro docente y me uní al Departamento de Informática y al de Ingeniería Electrónica. Allí se iniciaron investigaciones sobre Internet que contaban con el apoyo de DARPA, y muchas de las personas a las que has entrevistado trabajaban para Bob mientras yo estaba enseñando en Stanford.

Desde 1973 hasta 1976 se desarrollaron los protocolos TCP/IP. La parte IP, en realidad, no se separó hasta 1977 y fue gracias a la insistencia de **Danny Cohen, David Reed** y **Jon Postel** que hicimos la separación de la capa de protocolo IP de la de TCP. En un principio estaba motivado por el deseo de llevar tráfico en tiempo real que no necesariamente debía ser entregado, mientras que el TCP intenta entregar todo al otro extremo, de manera ordenada y sin duplicados. El tráfico en tiempo real necesitaba entregarse rápidamente, aunque no todo llegara realmente e incluso podía entregarse desordenado si fuera necesario. Por eso, la división del IP y el TCP nos permitió establecer una base en el transporte de paquetes incluyendo el tráfico en tiempo real. Probábamos cosas como voz sobre IP, que ya se había tenido en cuenta en los setenta aunque no se hizo visible y popular para el público hasta 1990[7]. Pero en los setenta ya lo estábamos probando.

«Lo que hace especial al sistema de voz sobre IP es que es simplemente una cosa más que puedes hacer en Internet, mientras que la voz es lo único (o casi lo único con la excepción del módem de marcado y el fax) que se puede hacer en la red de teléfono pública.»

Después de trabajar en Stanford, ARPA me pidió que fuera a Washington a dirigir el programa de investigación de Internet para ellos. Acepté y en julio o agosto de 1976 me fui a Washington y allí me he quedado (aunque no en ARPA) desde entonces, de eso hace ya treinta y un años. Me comprometí a dirigir el programa de Internet, el programa de la radio por paquetes, el programa de paquetes por satélite y el programa de seguridad, que heredé de **Steve Walker,** otro de los directores del programa de ARPA.

Estuve en ARPA hasta finales de 1982 y después dejé el Gobierno para unirme a MCI con objeto de desarrollar lo que entonces se llamaba MCI Mail, que era un servicio de correo electrónico comercial que se lanzó el 27 de septiembre de 1983. Me quedé tras el lanzamiento y continué evolucionándolo hasta junio de 1986, cuando Bob Kahn, que se había ido de ARPA por ese entonces, decidió crear una empresa llamada Corporation for National Research Initiatives (CNRI). Aquella organización de investigación se formó para centrarse en las infraestructuras de la información y Bob me preguntó si quería participar en las investigaciones. Acepté y en junio de 1986 me uní a CNRI hasta octubre de 1994, cuando me invitaron a volver a MCI para introducirlos en el negocio de Internet. Acepté también y volví como vicepresidente de Arquitectura de Datos. Finalmente, heredé la actividad de ingeniería de Internet en MCI y me quedé en la empresa durante sus peores momentos, porque Bernard Ebbers y su organización la adquirieron en 1998 y en cuatro años la destrozaron. En junio de 2002 la empresa se declaró en bancarrota y supongo que podría haberme ido junto con mucha otra gente, pero pensé que era más ético quedarme y ayudar a restablecerla. No me adjudico ningún papel importante,

7 La primera presentación en público la hizo una empresa llamada Vocal Tech en Israel en 1996. Skype ha sido un buen ejemplo del público interesado que pedía voz sobre IP. Mi estimación hoy en día acerca de la cantidad de usuarios de Internet a finales de 2010 se aproxima posiblemente a los tres mil millones, y la razón es que muchos de ellos utilizan el móvil para conectarse a Internet.

pero destaqué por tratar de hacer todo lo que tenía que hacer por la gente que dependía de mí. Me quedé en MCI hasta finales de 2005 y entonces se anunció que Verizon iba a adquirir la empresa. Si le soy sincero, en ese momento pensaba que había realizado una gran cantidad de trabajo en la infraestructura de Internet durante los últimos once años y que sería razonable e interesante para mí volver a las aplicaciones otra vez, tal como había hecho con Bob Kahn en CNRI. Se me ocurrió que, probablemente, Google sería el lugar más interesante al que ir para las aplicaciones en Internet, así que le envié un correo electrónico a Eric Schmidt, que era el presidente de Google y a quien conocía desde hacía varios años, preguntándole si necesitaba algún tipo de ayuda. Me contestó una breve nota en la que me decía que sí, así que entré a formar parte de la empresa en octubre de 2005. He estado allí hasta ahora. Debatimos acerca de cuál debería ser mi título y cuando me preguntaron qué título prefería yo les sugerí "archiduque". Parecía un muy buen título pero me recordaron que el anterior archiduque había sido Francisco Fernando y que fue asesinado en 1914, hecho que desencadenó la Primera Guerra Mundial, así que quizás ser archiduque no era tan buena idea. Me sugirieron, teniendo en cuenta el trabajo que había estado realizando durante los últimos treinta años, que debería ser jefe evangelizador de Internet en Google, así que ese es mi título y paso mucho tiempo viajando para desempeñar ese papel.

En su opinión, ¿cuáles son las características clave de Internet?

Creo que la característica más importante es que **es agnóstica en cuanto al transporte.** No importa si el paquete se transporta a través de fibra óptica, canal por satélite, radio, línea fija o una Ethernet. No importa y además no sabe lo que transporta. Lo único que sabe es que está transportando esos paquetes de Internet, pero no sabe lo que significan los bits que contienen los paquetes. De este modo, el contenido en las aplicaciones de Internet está sujeto a la interpretación que de él hagan los ordenadores en los extremos de la red, y no a la de la red misma. Creo que este principio, el principio de conectividad de extremo a extremo, es muy importante. Lo que ha hecho es apoyar una explosión de aplicaciones que la gente ha sido capaz de escribir y que son relativamente independientes de la arquitectura básica de Internet. Únicamente opera en ella, así que no se necesita ningún permiso de un ISP para experimentar nuevas ideas. Simplemente se hace, y esta es una condición que genera grandes incentivos para el desarrollo de nuevos productos. No se necesita permiso de nadie para intentar cualquier cosa.

¿Cuáles son los hitos más importantes, en su opinión, en el desarrollo de la Red?

- 1972-1973. Cuando Bob Kahn y yo empezamos a hablar sobre esto
- Diciembre de 1974. Primera especificación completa del TCP. Tenía errores, pero Yogen Dalal, Carl Sunshine y yo programamos aquella versión. Poco después empezó la implementación y aparecieron una serie de nuevos diseños.
- El 22 de noviembre de 1977 hicimos una demostración de una red triple de Internet utilizando la red de radio en la zona de la Bahía de San Francisco, la de satélite sobre el Atlántico y la línea de cable de ARPAnet, que en aquel entonces se extendía hasta Noruega y el University College de Londres.
  Aquella demostración hizo ver que realmente se podían conectar las tres redes y hacerlas funcionar correctamente.
- El 1 de enero de 1983 se produjo la mayor extensión de Internet para toda la comunidad de investigación de ARPA, ya que se abandonaba el protocolo NCP para usar el nuevo TCP/IP.
- La primera aparición en 1989 de los servicios comerciales. Aunque creo que los chicos de UUnet discreparían y afirmarían que ellos ya disponían de servicios comerciales de Internet en 1987. Ellos no se conectaban a NSFnet, lo que me parece correcto. NSFnet permitió el primer servicio comercial con el respaldo del Gobierno en 1989. Bob Kahn y yo acordamos conectar MCI Mail a Internet en 1988 y, en junio o julio de 1989, lanzamos la interconexión MCI Mail y la tuvimos operativa a mediados de año.
- La red ARPAnet se retiró en 1990.
- La NSFnet, que empezó en 1986, se retiró en 1995 y todos estos hitos demostraron que Internet tenía vida propia. Dispone de servicios comerciales para aquellos que pueden permitírselos y eso no significa que sea necesario tener equipos de investigación para ser operativos.

- Tim Berners-Lee inició la World Wide Web en 1989.
- En 1992, Marc Andreessen y Eric Bina, del National Center for Supercomputing Applications escribieron la versión Mosaic del navegador WWW. Eric no siempre conseguía el tipo de visibilidad que debería, un poco como le ocurría también a Robert Cailliau (CERN) en el caso de la World Wide Web.
- En 1994, Marc Andreessen y Eric Bina (del NCSA) se fueron a Palo Alto con Jim Clark (que estaba empezando con Silicon Graphics and Telemetry) y lanzaron Netscape Communications. Por aquel entonces, yo había vuelto a MCI y el chico que estaba conmigo en ese momento, Bob Harcharik, y yo nos fuimos a Netscape Communications para ver si podíamos obtener la licencia de su tecnología de cliente para una aplicación de centro comercial electrónico que estábamos planeando hacer en MCI. Y, una vez más, MCI estaba cerca de diez años por delante. Sacamos al mercado el MCI Mail con una interfaz basada en un navegador, pero no fue muy satisfactorio porque nadie estaba realmente enterado de la existencia de Internet todavía. Pero esto fue un hito importante porque era literalmente como un centro comercial *on-line,* se alojaban páginas web y se podía comprar y completar transacciones *on-line.* No tuvo excesivo éxito y, en algunos aspectos, tampoco lo tuvo el MCI Mail, que empezó en 1982 y fue operativo en 1983, cuando todavía no había mucha gente acostumbrada a estar conectada.
- En 1996 se produce el *boom* "punto com".
- En abril de 2000 el "punto com" explota junto a las inversiones y demás. El auge de Internet finalmente cae porque muchos no disponían de un adecuado modelo de negocio.
- Después vino el renacer de Internet durante el periodo entre 2006 y 2007, cuando se produjo una continuada demanda de servicios de Internet independiente del declive sufrido por varias empresas de aplicaciones de Internet. La demanda continuó creciendo cerca de un 100% al año y en la actualidad calculo que será del 40% al año, que sigue siendo una tasa de crecimiento enorme. Creo que la cifra está muy inflada por los móviles, que actualmente disponen de acceso a Internet. Había tres mil millones de móviles en el mercado en 2007, de los cuales se cree que el 10% tenía conexión a Internet. Esto significa cerca de 300 millones. Y si a ello le sumamos otros 500 millones de dispositivos que también gozan de conexión, tenemos un total de 800 millones de dispositivos con conexión a Internet. Todo esto nos conduce hasta el momento presente, donde estamos debatiéndonos contra la expansión de Internet, manejando aspectos como el IPv6 y añadiendo dominios con caracteres no latinos en Internet gracias a ICANN.

Vint Cerf predicando en el refectorio o comedor del Monasterio Cisterciense de Poblet (Tarragona). Fotografía cortesía de Joan Batet i Pons.

¿Cómo ha contribuido usted al desarrollo de ARPAnet?

En términos de mi propia contribución, destaco el diseño original, junto con Bob Kahn, del TCP y la posterior división al TCP/IP. Estuve en el IAB durante años y como miembro de la Presidencia por un tiempo. Fundé la

Internet Society junto con Bob Kahn y otros, y fui su presidente durante tres años. Finalmente formé parte de la Junta Directiva de ICANN en 1999 y fui su presidente desde noviembre de 2000 hasta noviembre de 2007. Me sucedió en el cargo Peter Dengate Thrush, que es un abogado de la propiedad intelectual en Nueva Zelanda. Así que creo que he hecho contribuciones considerables. Se encuentra ya en marcha el funcionamiento de Internet a través del espacio interplanetario. El trabajo se inició en 1998, en el Jet Propulsion Laboratory de Pasadena, California. Espero que la NASA y otras agencias espaciales internacionales adopten nuestros protocolos DTN para obtener comunicaciones interplanetarias, que pueden solucionar los efectos adversos de los largos e inciertos retrasos en dichas comunicaciones. El retardo puede ser fácilmente de horas cuando te encuentras en el espacio exterior. A la velocidad de la luz, Marte está a 40 minutos de viaje como mucho y a 6 minutos como poco, pero cuando hablamos de Saturno, Júpiter, Urano, etc., hablamos de horas de viaje y de muchas incertidumbres también.

Creo que mis contribuciones abarcan diferentes aspectos. En Google estoy tratando de trabajar duro en el tema de aplicaciones, intentando ayudar a mis compañeros a crear nuevas ideas y llevarlas a cabo mediante las aplicaciones de Internet.

He estado en dos de los foros sobre el gobierno de Internet, uno en Atenas y más recientemente en Río de Janeiro. No pude asistir al último celebrado en la India. La gente del grupo y yo hemos contribuido también deliberando acerca de lo que significa realmente el gobierno de Internet.

¿Quiénes han sido las personas clave para el desarrollo de Internet, líderes o marcadores de tendencias?

Relacionados con Internet:

- **Robert E. Kahn** (ARPAnet e Internet); **David Clark; Jon Postel; Robert Braden; Stephen T. Kent; Dan Lynch** (jefe de migración de NCP a TCP el 1 de enero de 1983 en ARPAnet); **Yogen Dalal, Carl Sunshine, Richard Karp, James Mathis, Ronald Crane,** todos ellos licenciados en Stanford con los que trabajé en el TCP en mi laboratorio de Stanford; **Dennis Jennings** de NSF (National Science Foundation) por elegir TCP/IP para NSFnet; **Stephen Wolff** (NSFnet), **Hans-Werner Braun** (Merit-NSFnet); **Gerard LeLann** (trabajó en Stanford en el diseño del TCP aunque era de IRIA, Francia); **John Shoch y Bob Metcalfe,** que trabajaban en Xerox PARC y asistían a mis seminarios de Stanford sobre TCP; **Peter Kirstein** y sus alumnos del UCL (University College de Londres); **Ray Tomlinson y Bill Plummer,** de BBN; **Noel Chiappa** (MIT), que trabajó con *routers;* **Virginia Strazisar** (que diseñó el primer portal en BBN)... es una lista muy larga, sobre todo por toda la gente a partir de 1983. **Larry Landweber** y **David Farber** (CSnet); **David Crocker, John Vittal, Ray Tomlinson,** por diseñar uno de los primeros servicios de correo electrónico para ARPAnet e Internet.

De la época de ARPAnet:

- **Stephen D. Crocker,** por su trabajo pionero en el predecesor del TCP: el NCP que trabajó durante los orígenes de ARPAnet hasta 1983; **Larry Roberts** (ARPAnet), **Len Kleinrock** y **Howard Frank** (por la definición de ARPAnet); **Frank Heart, Bob Kahn, Dave Walden, Severo Ornstein, Willy Crowther** y el resto del equipo de BBN por construir y diseñar el primer IMP y red; **Donald W. Davies, Roger Scantlebury,** entre otros del National Physical Laboratory en Londres, Reino Unido (como inventores de la conmutación de paquetes); **Paul Baran** (RAND, EEUU) otro de los inventores de la conmutación de paquetes.

Algunas anécdotas

Una fue con la red de radiotransmisión de paquetes que SRI International estaba implementando y probando. Hicimos muchas demostraciones del sistema de radiotransmisión de paquetes interconectado a ordenadores en ARPAnet. Siempre que yo estaba presente en estas demostraciones, podía decir si el paquete funcionaba o no porque recibía la señal a través de un audífono. Transmitía en la banda de 1.710 a 1.850 MHz y el audífono era sensible a estas frecuencias. Por lo tanto, debería escuchar ese sonido de crujir de papeles siempre que se transmitiera el

Vint Cerf
con Andreu Veà
durante la entrevista
el 8 de diciembre de 2007
en McLean (Virginia).

paquete. Tan pronto como el sonido paraba sabía que la radio había muerto y por debajo de la mesa le daba una patada al chico de SRI para que reiniciara la radio que sabía que se había apagado. Esto ocurría mientras estabas sentado en la sala de conferencia con un sistema de radiotransmisión de paquetes. Tan solo necesitaba estar a unos pocos metros de la radio para detectar si se transmitía el paquete, por esto era divertido.

¿Qué opina acerca del futuro de Internet?

Respecto al futuro de Internet, estoy convencido de que continuará expandiéndose, se alcanzarán los cinco mil millones de usuarios, quizás seis mil millones. Creo que se llegará a esta cifra en 2015. Tan solo faltan ocho años, pero si no estoy equivocado en mi predicción de tres mil millones para 2010, esto nos da otros cinco años para conseguir la otra mitad y la mayoría será debido a los móviles con acceso a Internet. Así que no parece que sea totalmente imposible.

También pienso que podremos disfrutar de todos los medios de comunicación en la red: radio, televisión, prensa, etc. Ya está pasando, así que es bastante predecible. Creo que la gente utilizará Internet para controlar todos sus dispositivos electrónicos de modo que los aparatos en casa, en el coche, en la oficina o aquellos que lleves contigo serán accesibles mediante Internet. Vamos a tener que luchar para saber cómo indexar e interpretar el contenido digital de la red. Me preocupa que se pierda la habilidad de interpretar los bits. Si se dispone de archivos para los bits pero no existen programas que sepan cómo interpretarlos, los datos e imágenes perderán todo su significado. Serán solo bits, lo cual sería terrible. Por eso, es importante que encontremos una manera de asegurarnos de que podemos continuar interpretando los bits que están en Internet y, probablemente, esto significa que no solo debamos actualizar las copias mediante nuevas aplicaciones, sino que tratemos de usar otras viejas que de otro modo hubieran desaparecido. Alguien dijo: "No voy a usar más esta aplicación". A nosotros, la comunidad de usuarios de Internet, nos gustaría tener acceso a ese *software* para comprobar que todavía

«Es importante que encontremos una manera de asegurarnos de que podemos continuar interpretando los bits que están en Internet.»

funciona porque, de otro modo, nuestros archivos ya no serían accesibles. Esto incrementa las preguntas respecto a la propiedad intelectual, pero creo que lo debemos tener en cuenta si no queremos acabar en lo que sería el bit corrompido.

¿Ha identificado alguna tendencia tecnológica?

Las tendencias más claras en la actualidad son el aumento de la movilidad, el aumento del ancho de banda en los extremos de Internet, el aumento de simetría en los servicios de acceso a la red en vez del ancho de banda asimétrico que existe actualmente. Creo que habrá más móviles conectados y espero que haya mucha interacción interplanetaria mediante Internet.

LECTURAS COMPLEMENTARIAS

TRABAJOS Y LIBROS MENCIONADOS / RECOMENDADOS

- Cerf, V. y Kahn, R., "A Protocol for Packet Network Intercommunication", *IEEE Transactions on Communications* 22, 5 (mayo 1974), pp. 637-648

Vinton G. Cerf was born in New Haven, Conn., in 1943. He did undergraduate work in mathematics at Stanford University, Stanford, Calif., and received the Ph.D. degree in computer science from the University of California at Los Angeles, Los Angeles, Calif., in 1972.

He was with IBM in Los Angeles from 1965 through 1967 and consulted and/or worked part time at UCLA from 1967 through 1972. Currently he is Assistant Professor of Computer Science and Electrical Engineering at Stanford University, and consultant to Cabledata Associates. Most of his current research is supported by the Defense Advanced Research Projects Agency and by the National Science Foundation on the technology and economics of computer networking. He is Chairman of IFIP TC6.1, an international network working group which is studying the problem of packet network interconnection.

★

Robert E. Kahn (M'65) was born in Brooklyn, N. Y., on December 23, 1938. He received the B.E.E. degree from the City College of New York, New York, in 1960, and the M.A. and Ph.D. degrees from Princeton University, Princeton, N. J., in 1962 and 1964, respectively.

From 1960 to 1962 he was a Member of the Technical Staff of Bell Telephone Laboratories, Murray Hill, N. J., engaged in traffic and communication studies. From 1964 to 1966 he was a Ford Postdoctoral Fellow and an Assistant Professor of Electrical Engineering at the Massachusetts Institute of Technology, Cambridge, where he worked on communications and in-

Vint Cerf y Bob Kahn tal y como aparecen en su famoso artículo "A Protocol for Packet Network Intercommunication" de 1974 donde definen el protocolo TCP.

Hubert Zimmermann

Padre del modelo de referencia OSI, pionero y líder.

«El modelo de referencia OSI constituye una base común para el trabajo conjunto y **COLABORATIVO** de las personas.»

En la organización de normalización (ISO) el trabajo se estructuró en diferentes grupos de trabajo. Uno de ellos fue el de la arquitectura general de redes de ordenadores, que se llamó Grupo de Arquitectura OSI. Me pidieron dirigir ese grupo y allí fue donde personas de todo el mundo trabajaron juntas y elaboraron el famoso modelo OSI estructurándolo en siete capas.

Hubert Zimmermann

Entrevista realizada el 15 de febrero de 2008 en París (Francia). Revisada y aumentada por Louis Pouzin y el propio Hubert durante 2010.

Escucha la entrevista

Nació el 15 de noviembre de 1941 en Saint-Étienne, en el centro de Francia. Murió el 9 de noviembre de 2012.

Fue ingeniero de telecomunicaciones y de ingeniería general. Estudió en la École Polytechnique (1963) y en la École Nationale Supérieure des Télécommunications (1966). Desde ese momento hasta 1971 trabajó para el Ministerio de Defensa en Sistemas de Mando y Control. Se encargaba de la definición de protocolos para recolectar datos de campo en un mapa con una pantalla gráfica. Fue allí donde se especializó en ordenadores y comunicaciones de datos. Después, en 1972, se reunió con Louis Pouzin para que le hablara de su estancia y experiencia en el MIT (Estados Unidos). Pero le dijo: *"¿Por qué no te unes a nosotros en el proyecto Cyclades?"* Y se unió[1]. Más tarde, en 1986, fundó Chorus Systèmes y se convirtió en su director ejecutivo elaborando sistemas operativos basados en micronúcleos[2] que varios fabricantes de sistemas informáticos utilizaban para crear superordenadores, como Cray Research, Unisys e ICL. También los utilizaron un gran número de fabricantes del sector de las telecomunicaciones, desde conmutadores centrales telefónicos, como fue el caso de Nortel, y otros conmutadores públicos como AT&T (más tarde Lucent), Alcatel PBX, Nokia, Ericsson y Fujitsu. Era un gran sistema y una gran empresa que se vendió a Sun Microsystems a finales de 1997 (una empresa con sede en California, comprada por Oracle en enero de 2010). Así es cómo terminó trabajando para Sun desde 1997 hasta 2003, momento en el que regresó a París. Su mujer echaba de menos su casa y Hubert echaba de menos iniciar nuevas empresas tras cinco años trabajando en una gran empresa como Sun Microsystems. Por eso volvieron y trabajaron otra vez en nuevas empresas.

En 1991, Hubert Zimmerman fue galardonado con el premio SIGCOMM Award por sus *"veinte años de liderazgo en el desarrollo de redes informáticas y el avance en la normalización internacional"*.

1 Jean-Louis Grangé estaba trabajando en esta red francesa de conmutación de paquetes pionera en todo el mundo a nivel de paquetes y *host-to-host*. Louis Pouzin diseñó el datagrama y nosotros diseñamos el protocolo de extremo a extremo con compañeros de Estados Unidos.

2 Chorus OS empezó como el sistema operativo distribuido de tiempo real en Francia en el INRIA (Instituto Nacional de Investigación en Informática y Automática) en la década de los ochenta.

¿Recuerda cuándo tuvo contacto por primera vez con un ordenador?

Sí, estaba en la Escuela de Ingeniería de Telecomunicaciones y nos presentaron uno de los primeros ordenadores. Tenías que usar tarjetas perforadas para introducir datos y programas. Creo que fue en 1965. Era algo muy simple que estaban utilizando en la escuela, así que no era algo grande que se pudiera encontrar en un laboratorio o en una instalación gubernamental. Utilizaba lenguaje ensamblador. Mi primer ordenador personal propio fue un Apple Macintosh, probablemente en 1986.

¿Cuál fue su primer contacto/experiencia con Internet o ARPAnet?

El primer contacto con ARPAnet fue trabajando y debatiendo con los chicos que la estaban iniciando. Eso ocurrió allá por el 1972; Louis Pouzin podría contarte más. Nosotros estábamos empezando un proyecto similar en Francia y como Louis había trabajado en el MIT durante varios años, conocía a mucha gente de la comunidad científica estadounidense, por lo que a través de esos contactos empezamos a debatir y cooperar con los chicos de ARPAnet: **Larry Roberts, Alex McKenzie, Vint Cerf** y **Bob Kahn.** Por aquel entonces nos comunicábamos utilizando el sistema operativo de tiempo compartido Multics (creado en el MIT) para intercambiar correos electrónicos, y también utilizábamos los teletipos, líneas telefónicas, módems con acopladores acústicos y llamadas internacionales, así que era interesante. Más adelante, a medida que fuimos progresando en la construcción de nuestra red, nos conectamos a nuestros puntos de acceso locales y tuvimos algunas conexiones internacionales con otros sistemas.

Este proyecto se llamaba Cyclades y Louis era el gran científico que lo inició e impulsó, una gran persona. Fue uno de los pioneros de las comunicaciones por ordenador, había trabajado en un ordenador del fabricante Control-Data diseñando un nuevo sistema operativo, específico para la agencia de meteorología francesa.

También está **Jean-Louis Grangé.** Louis dirigía todo el asunto, era el que tenía más experiencia. Jean-Louis trabajaba más a nivel de paquetes y yo más a nivel de comunicación *host-to-host*. En ese momento Louis inventó y diseñó el concepto de datagrama; y nosotros diseñamos los protocolos de extremo a extremo, con debates con Vint Cerf, Bob Kahn y otros.

«Trabajamos personas de todo el mundo y elaboramos el modelo OSI de siete capas.»

En 1974, como consecuencia de estos debates internacionales y debido a la similitud de los objetivos que todos teníamos (promover el desarrollo abierto de las redes informáticas), empezamos a trabajar conjuntamente en la normalización. Todo ello nos llevó a formar la IFIP[3] TC-6. Era una asociación científica. Era distinta al IEEE[4] porque era una federación de asociaciones. IFIP era un organismo por propio derecho, de gran alcance internacional, que reunía a gente de varios países de todo el mundo y que condujo a empezar el trabajo sobre normalización dentro de la ISO[5], además de contribuir a la normalización de sistemas abiertos dentro del CCITT[6]. Así que en el contexto de IFIP, ISO, CCITT, trabajamos juntos Vint Cerf, Alex McKenzie y yo. Elaboramos una propuesta para un protocolo de transporte. Fue, de alguna manera, tomar lo mejor de ARPAnet y Cyclades, y ofrecer algo a la comunidad internacional.

3 IFIP es el acrónimo de International Federation of Information Processing Societies (Federación Internacional para el Procesamiento de la Información), comité técnico 6.

4 IEEE el Institute of Electrical and Electronics Engineers (Instituto de Ingenieros Eléctricos y Electrónicos).

5 Teniendo en cuenta la necesidad urgente de normas que permitiesen la constitución de redes informáticas heterogéneas, ISO creó un nuevo subcomité para la Interconexión de Sistemas Abiertos (ISO/TC97/SC16) en 1977. La prioridad principal era desarrollar una arquitectura. Como resultado de dieciocho meses de estudios y debates, el SC16 adoptó una arquitectura que comprendía siete capas. En julio de 1979 se aprobaron las especificaciones de esta arquitectura con el nombre de "Modelo de Referencia OSI" por el Comité Técnico 97 de Procesamiento de Datos junto con las recomendaciones para iniciar de manera oficial un conjunto de proyectos de normalización de protocolos que cubrieran las necesidades más urgentes. El TC-97 adoptó estas recomendaciones a finales de 1979 como la base para el desarrollo de las normas para OSI dentro de la ISO. IEEE *Transactions on Communications* 28, 4 (abril 1980).

6 CCITT: Comité Consultivo Internacional Telegráfico y Telefónico, dentro de la ITU (Unión Internacional de Telecomunicaciones por sus siglas en inglés).

Este documento fue presentado a la ISO como propuesta para el protocolo de transporte y condujo a la normalización del protocolo de transporte ISO. El trabajo de la normalización ISO empezó alrededor de 1976. Dentro de la ISO el trabajo se estructuró en diferentes grupos de trabajo que abordaban diferentes áreas; uno de ellos se encargaba de la arquitectura general de redes de ordenadores, y se llamaba Grupo de Trabajo de Arquitectura OSI. Yo dirigí ese grupo de trabajo, en el que trabajamos personas de todo el mundo y elaboramos el modelo OSI de siete capas.

Hasta 1983 no fue una norma ISO completa.

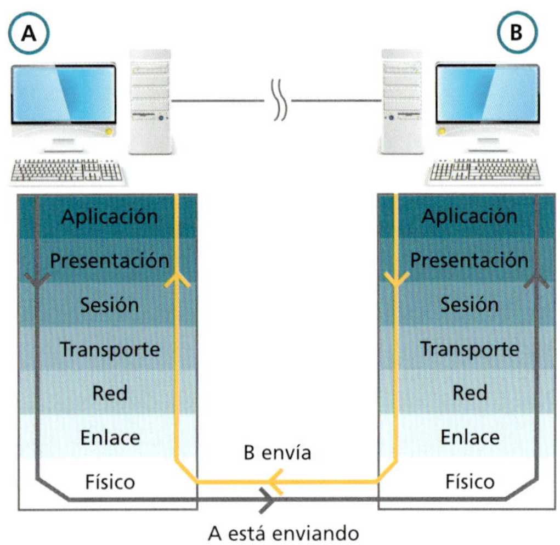

1983. Modelo de Referencia OSI (de ISO). Cuando los ordenadores A y B se comunican, los datos circulan a través de la pila del protocolo de siete capas: nivel 7 o de aplicación, presentación, sesión, transporte, red, enlace y nivel 1 físico.

En su opinión, ¿cuáles son las características clave de Internet?

Una característica es su **naturaleza abierta.** Naturaleza abierta en el sentido de que permite a mucha gente, a muchas organizaciones y empresas de todo el mundo aportar algo y añadirlo a Internet; y ya será el mercado o la comunidad la que decida si es útil o si va a morir, porque incluso si se trata de una gran idea, puede que nadie la llegue a usar realmente.

La naturaleza abierta se basa en el hecho de que existen estándares, en el hecho de que existe una red real. Por lo tanto, cuando alguien pretende cambiar algo, se encuentra con la limitación de que ese algo ya se está ejecutando, por lo que no puede decidir cambiarlo sin tener en cuenta lo que ya existe. Eso es la naturaleza abierta. Y si comparamos esto con un sistema operativo, tenemos a Windows como ejemplo. Cuando Microsoft decide cambiar Windows, simplemente lo hace porque tiene el control. Nadie puede decidir cambiar Internet. Se puede contribuir, realizar una mejora, probar algo y, si es bueno, tal vez conquistar el mundo entero o tal vez no; pero nadie puede decidir el destino de estas cosas tan grandes.

Otra característica clave es la **tecnología base universal.** Tecnología base en cuanto al transporte de información y en cuanto al hecho de poder direccionar cualquier cosa en todo el mundo de forma unívoca y "sin prefijos". Así que, desde mi punto de vista, estas dos son las características clave de Internet.

¿Cuáles son para usted los hitos más importantes en el desarrollo de la red?

Década de los setenta y ochenta: el primer hito fue el establecimiento de la infraestructura de transporte que permitía mover paquetes por toda la red. Hubo muchas contribuciones diferentes, por lo que convertir esto en un estándar que funcionara creo que fue un hito muy importante.

Década de los noventa: en ese momento Internet se utilizaba bastante para el envío de correos electrónicos y la transferencia de archivos. El siguiente paso creo que fue la invención de la World Wide Web, los navegadores y los enlaces a otros sitios. En mi opinión, todo esto fue algo muy importante porque permite moverse de una manera muy cómoda. Antes de todo esto, si querías acceder a algún sitio para obtener información había que pasar por todo un infierno de programación.

Primera década del siglo XXI: el siguiente hito fue la banda ancha y los contenidos multimedia que aparecieron prácticamente con el ADSL. Así que el ADSL proporcionó de algún modo los medios para difundir al público la banda ancha.

El próximo gran avance (y creo que estamos avanzando en esa dirección) será la movilidad. Se trata de tener aplicaciones de gran usabilidad en un dispositivo móvil, ya sea un teléfono, una PDA o un *smartphone*... cualquiera de ellos. Algo que te permita acceder a esta red donde todas las aplicaciones, la información y los medios estén disponibles a través de un dispositivo que puedas transportar de forma cómoda.

¿Cuál fue su contribución al desarrollo de Internet?

He hecho muchas cosas, pero creo que lo más importante ha sido la normalización del Modelo de Referencia OSI . Y el valor del modelo de referencia, tal como yo lo veo, fue que cimentó la base para que todos los diseñadores de redes, ingenieros de redes e investigadores de todo el mundo tuvieran la misma referencia, un lenguaje común con el que debatir y llevar a cabo acciones que se iban sumando, todo respecto a las redes telemáticas e Internet. En mi opinión, los detalles exactos de la arquitectura son secundarios. En aquel momento, creó, capturó, sintetizó y consolidó diversos trabajos que se habían llevado a cabo en diferentes entornos: universidades, fabricantes de ordenadores y fabricantes de telecomunicaciones.

El Modelo de Referencia OSI permitió que la gente trabajase junta y contribuyó de manera significativa a la productividad de esta comunidad, a pesar de la variedad de intereses y de culturas.

Desde luego que Internet es el resultado de una multitud de contribuciones y cabe destacar que ha sido capaz de reunirlas todas en algo que no es lo más bonito, perfecto y puro del mundo, pero que tiene un gran valor y, además, está en continuo crecimiento y desarrollo. Tiene un valor enorme, y una de las razones es la naturaleza abierta de la red.

El equipo que lideraba este proceso de normalización estaba formado por alrededor de treinta personas de quince países distintos y, dentro de estos países, había representantes de las principales organizaciones o fuerzas industriales, por lo que hubo representación de IBM en diferentes países, de la industria y de los operadores de telecomunicaciones. También participaron otros fabricantes de ordenadores que estaban a la espera de que se definieran las normas. Por aquel entonces, IBM estaba impulsando la arquitectura de red SNA y los demás fabricantes tenían miedo de que IBM dominara la industria de la informática. Temían que impusiese una norma privada cerrada que los excluyese, por lo que estaban ejerciendo presión para que se definieran las normas. Se utilizó a los operadores de telecomunicacio-

Modelo de Referencia OSI

En 1977 se empezó a trabajar en un modelo de arquitectura de red por capas, y la Organización Internacional de Normalización (ISO por sus siglas en inglés) empezó a desarrollar su arquitectura marco OSI. OSI consta de dos componentes principales: un modelo abstracto de red llamado Modelo de Referencia Básico o modelo de siete capas y un conjunto de protocolos específicos. Todos los aspectos del diseño OSI evolucionaron a partir de las pruebas realizadas en la red francesa Cyclades (dirigida por Louis Pouzin), que también tuvo una gran influencia en el diseño de Internet. El nuevo diseño se plasmó en la ISO 7498 alrededor de 1983. En ese modelo, un sistema de red estaba dividido en capas. El Modelo de Referencia de Interconexión de Sistemas Abiertos (o modelo OSI) es una descripción abstracta de las comunicaciones por capas y el diseño de protocolos de redes informáticas. En su forma más básica, divide la arquitectura de red en las siguientes siete capas, nombradas de arriba a abajo: la capa de aplicación, la de presentación, la de sesión, la de transporte, la de red, la de enlace de datos y la física. Una capa es un conjunto de funciones conceptualmente similares que prestan servicios a la capa inmediatamente superior y reciben servicios de la capa inmediatamente inferior.

nes para definir las normas para las redes, de manera que para ellos fue algo muy natural moverse en esa dirección. Entre otros, se encontraban AT&T, France Telecom, Deutsche Telecom, NTT o British Telecom.

Así que empezamos el proceso con Cyclades en Francia y, más adelante, se dio inicio a un equivalente europeo a principio de la década de los setenta. En este ambiente, distintos países europeos tuvieron la oportunidad de trabajar juntos y definir un proyecto que principalmente era de tipo universitario. Este programa se conocía como COST 11[7] (más adelante recibió el nombre de Red Europea de Informática, EIN por sus siglas en inglés). De algún modo, desde Cyclades realizamos una serie de contribuciones a este proyecto europeo, pero otras personas también realizaron sus aportaciones. En definitiva, todos estábamos interconectados.

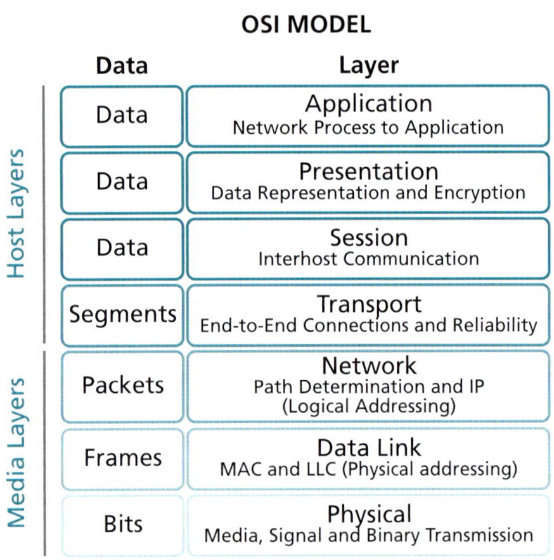

7 COST: COopération Scientifique et Technique (Cooperación científica y técnica). Conjunto de acciones que los países de la comunidad europea decidieron utilizar como área de cooperación. Tuvieron una serie de proyectos potenciales, y el número 11 fue una red de ordenadores. De este modo, en 1971 el Proyecto COST 11 se convirtió en una red europea de investigación compuesta por varios países y una copia virtual del Cyclades francés. En 1973, COST 11 pasó a llamarse Red Europea de Informática (EIN) y Derek Barber del NPL (Londres) fue elegido director del proyecto.

La guerra entre la OSI y el TCP/IP (de 1989 a 1994)

La cuestión es que la comunidad de ARPAnet formaba parte de los debates de la IFIP. Cuando correspondió a la ISO establecer las normas oficiales, la comunidad de ARPAnet no formaba parte, por lo que la representación estadounidense se compuso básicamente de gente de la industria (AT&T, IBM y otros fabricantes de ordenadores), y en este punto mi suposición es que la comunidad ARPAnet estaba mucho más centrada en sacar adelante su proyecto y que, de algún modo, no eran conscientes de que en la normalización internacional estaba ocurriendo algo.

«Para mí la guerra OSI es algo anecdótico.»

Cada país envía una delegación de representantes y esa delegación decide qué hacer. Así que yo no puedo acercarme a un amigo y decirle: "Oye, ¿por qué no vienes a la reunión de la ISO?". Solamente había unos pocos representantes de ARPAnet, así que la comunidad de ARPAnet no era muy influyente en las discusiones. Al final se definió algo un poco distinto. Mientras, y en paralelo, ARPAnet seguía avanzando por su lado y con un enfoque diferente en cuanto a la preparación de un estándar, la cual era crear algo y probarlo. Y como resultado, el TCP/IP de ARPAnet se difundió porque era algo "práctico" y común a los distintos fabricantes. Contaban con una aplicación común que funcionaba y esto sustituyó a lo que se había hecho como norma "teórica" del comité. Y eso está bien. Lo mismo ocurre con la normalización de los sistemas operativos. El IEEE trató de normalizarlos. Empezaron con la normalización de POSIX a la que siguió la implementación de UNIX y el actual LINUX, que es la norma de facto. Pero creo que la normalización de POSIX ayuda a avanzar en el concepto de naturaleza abierta y a establecer que debería ser algo abierto. Simplemente se trata de que, si tienes una especificación que se está ejecutando y una especificación definida por un comité, es probablemente más sencillo decantarse por algo que ya está en funcionamiento. Lo mismo ocurre con Java, que es una implementación de referencia de algo complicado. Una implementación de referencia es una buena forma de establecer normas, pero así no se hacían las cosas en la década de los setenta. Lo que pretendo decir es que tenemos el TCP/IP, que comenzó como una implementación dentro de una comunidad importante respaldada por DARPA y, paralelamente, se estaban definiendo normas oficiales, incluido el modelo de referencia que también servía para ARPAnet, así como para otros protocolos específicos. En lo que respecta al protocolo de transporte (capa 4 del modelo de referencia), cuando llegó el momento en que el mercado tenía que decidir qué hacer, resultó que una serie de fabricantes (involucrados en ARPAnet) contaban con una implementación del TCP/IP en sus máquinas. Así que les fue más fácil utilizar esta implementación en vez de volver a iniciar el proceso con algo (el protocolo de transporte de OSI) no muy alejado de lo que tenían pero diferente. De hecho, el trabajo de la ISO (el modelo de referencia OSI) y el de ARPAnet (TCP/IP) al final terminaron fusionándose. Y ahora disponemos de un protocolo de transporte estándar (TCP/IP). ¡Y me parece estupendo! El mensaje que les doy a todos los que han trabajado en el protocolo de transporte OSI es: *"Compañeros, esto es fantástico. Tanto vosotros como nosotros hemos trabajado duro para obtener una norma y la tenemos. El hecho de que la norma no sea exactamente vuestra especificación no importa. Hemos trabajado para alcanzar el objetivo de tener una norma y ahí está. Por lo tanto, ¡hemos logrado el objetivo!"*.

Lyman Chapin

Sin embargo, sí que hay gente que yo diría que trata de enfrentar esta escuela técnica con la otra. Mientras que mi punto de vista es que no tiene importancia. El objetivo no era decir: "Yo pensaba en poner este bit aquí y este bit allí". No. Necesitamos una norma, pues vamos a tratar de conseguirla. Ahora la tenemos, perfecto. Así que para mí la guerra OSI es algo anecdótico.

En el comité de la ISO había algunas personas relacionadas con ARPAnet, como **John Day** y **Lyman Chapin.**

Por un lado, el objetivo era obtener normas y las obtuvimos, así que todos deberíamos estar contentos. Ahora bien, existía un conflicto de intereses o gente que trataba de defender intereses distintos. Se trataba de los operadores de telecomunicaciones y no les hacía ninguna gracia ver llegar a los informáticos y que definieran las normas de la red. Pensaban que quizás así la industria informática comenzaría a apoderarse de la industria de las telecomunicaciones. Y tampoco iban muy desencaminados. Ellos defendían sus intereses y, detrás del debate técnico, creo que se escondía el debate de quién iba a controlar el mercado. Efectivamente, la industria informática empujaba en la otra dirección. Había gente que tenía una visión y la defendía a capa y espada. Era como una especie de religión y creían que las cosas debían hacerse según su visión. Así que tuvimos estas "visiones enfrentadas" por encima del resto, pero creo que el motivo fundamental de la mayor parte de estas disputas fue que miembros importantes de ambos bandos (operadores de telecomunicaciones y fabricantes de ordenadores) defendían su territorio o trataban de invadir el territorio contrario. Es decir, hubo un conflicto claro que enfrentó los intereses del mercado de las telecomunicaciones con los intereses del mercado de la informática.

Otro de los elementos que para mí también tiene mucha importancia en el desarrollo de Internet es Ethernet y el hecho de que se definiera esta red de comunicación de área local (medio, protocolos y arquitectura). Su creación fue algo relativamente sencillo. Todos los beneficios que proporcionaba Ethernet condujeron a utilizarla como medio de comunicación local entre ordenadores que iban desde *mainframes* a minis y, más adelante, los PC. Así, la comunicación entre ordenadores se fue haciendo más importante y la industria informática tuvo una arquitectura de red con Ethernet en la que no había necesidad de llegar a acuerdos con la industria de las telecomunicaciones, lo que permitió el crecimiento de la infraestructura, arquitectura e industria de las comunicaciones. Todo ello influyó enormemente porque en este entorno se desarrollaron las comunicaciones locales en Ethernet, todos los protocolos de comunicación entre ordenadores y las verdaderas aplicaciones. Más adelante, cuando la gente pretendió extender estas comunicaciones a sitios remotos, el peso recayó en todo lo que se había desarrollado y ya estaba funcionando, por lo que los estándares recibieron el apoyo de los operadores de red y los operadores de telecomunicaciones no tuvieron casi peso ni influencia.

Si pensamos, por ejemplo, en el protocolo X.25, en gran medida estaba muy orientado a los operadores de red, con su visión del mundo a lo "teleco", su manera

Hubert Zimmermann y el autor durante su entrevista personal en París (Francia), 15 de febrero de 2008.

de acercarse a las comunicaciones, una manera de beneficiarse de la conmutación de paquetes. Pero era su manera de beneficiarse de ello, facturando y cobrándole al cliente por tiempo, por paquete, por ancho de banda..., facturando por cada concepto. Por lo que finalmente la industria informática les arrolló y creo que en gran parte fue por la gran cantidad de productos que desarrollaron y que estaban funcionando en el entorno de las LAN, y ahí no tenían compromiso alguno con la industria de las telecomunicaciones.

En la industria de las telecomunicaciones, por un lado existía la cultura que mantenía que, cuando te comprometes a ofrecer un servicio, debes garantizarlo (lo que se conoce como *telco class*). Y, por otro lado, estaba Louis Pouzin, que decía que la garantía no es absoluta. Por lo tanto, ¿por qué no conseguir algo que es muchísimo más barato aunque sin garantía y colocar este protocolo de extremo a extremo[8] por encima? Con los protocolos de extremo a extremo envías los paquetes y, si hubiera atascos, los omites (o al menos omites primero los paquetes de menor importancia). Con esto se consigue un uso más eficiente de los recursos que si pretendes garantizar que todos los paquetes que se transmitan lleguen con cierto retraso. Y Ethernet, por su lado, era en gran parte algo compartido. Hay mucho ancho de banda y si todo el mundo lo intenta usar a la vez no va a funcionar, pero en la mayoría de los casos funcionará, y cuando no lo haga contamos con el protocolo de extremo a extremo para recuperar la pérdida de paquetes.

La verdadera historia del famoso protocolo del modelo de referencia OSI de siete capas

Yo presidía el grupo de trabajo de arquitectura de la OSI y en nuestra primera reunión acordamos en consenso que debíamos tener una arquitectura. Así que pedimos a cada delegación que nos describirera lo que para ellos sería la arquitectura y todos coincidieron en una arquitectura de capas en la que teníamos esta y aquella función. Estaba bastante claro que organizar los protocolos y las capas era algo que tenía sentido. Era en gran medida la base de lo que todo el mundo estaba utilizando. La gente estaba haciendo divisiones de diferentes maneras, había tres capas, cinco capas, diez capas, etc. Después, observando y tratando de llegar a algo con lo que la gente se sintiera lo suficientemente cómoda, llegamos a la conclusión de las siete capas.

8 El principio de extremo a extremo es uno de los principios de diseño centrales de Internet. Establece que, siempre que sea posible, las operaciones del protocolo de comunicaciones deben producirse en los puntos finales de un sistema de comunicaciones o lo más cerca posible del recurso que se está controlando. Esto nos conduce a un modelo de "red tonta y mínima" con terminales inteligentes. Un modelo completamente diferente al del paradigma anterior de la red inteligente con terminales tontos.

No estoy seguro del todo de cómo ocurrió, pero creo que, mientras trabajaba en ello con compañeros como John Day y otros del operador americano AT&T, se nos ocurrió durante la noche la descripción de esta arquitectura de siete capas y, cuando llegamos al grupo de trabajo a la mañana siguiente, dijimos: *"Chicos, ¿qué os parece esta arquitectura de siete capas?"*. A lo que respondieron: *"Pues no está mal. Parece lo bastante buena para la intención que tenemos. Vamos a empezar por ahí y después perfeccionaremos la descripción de la arquitectura"*. Algo en lo que insistí mucho, debido a las opiniones diferentes de la gente y a sus diferentes intereses, fue decir: *"Tenemos algo, no debemos dejarlo escapar"*. Así que conseguimos una primera versión del modelo de referencia. Todo el mundo estaba de acuerdo en que era un buen punto de partida. Lo que había que hacer en ese momento era contribuir a mejorarlo, por lo que las contribuciones que pedí se llamaron "mejoras en el modelo de referencia". Por lo tanto, se le pidió a la gente que dijera: "Vale, yo propongo una mejora de esta forma", y que explicaran lo que aportaba, por qué y en qué mejoraba lo que ya estaba hecho, para intentar obtener solamente contribuciones positivas que consolidaran lo que teníamos en lugar de permitir que alguien con una opinión diferente tratara de destruirlo. Creo que la gente demostró mucha voluntad y que hubo un sentimiento general de que disponer de una arquitectura común tenía mucha importancia. Por eso, la gente se mostró predispuesta a comprometerse en conseguirlo.

El otro asunto que surgió en esa época fue el planteamiento de la pregunta: "¿De verdad necesitamos convertir esto en una norma?". Y algunas personas comenzaron a sermonearnos con que "una norma es algo que puedes implementar" y la arquitectura no es algo que se pueda implementar, es algo que se utiliza como referencia para hacer otras cosas. Y yo dije que sí, pero que necesitábamos tener una referencia común y que esta tenía que ser sólida y estable. Y la manera de estabilizar algo en la organización ISO es convertirla en una norma. No es el tipo de norma que se ha hecho con anterioridad, pero si convertimos este modelo de referencia en una norma, una norma ISO oficial, obtendremos la estabilidad que buscamos.

Tuvieron lugar algunos debates, pero finalmente convertimos el Modelo de Referencia OSI en una norma y creo que fue algo muy positivo, porque nos proporcionó una referencia común y, en vez de decir: "Huy, podría ser mejor, bla, bla, bla", simplemente se comenzó a utilizar en lugar de discutir sobre ello. Creo que todo ello tiene un valor excepcional.

No es algo difícil de implementar. Es algo que te dice cómo representar los protocolos sin entrar en la definición de lo que debería ser el protocolo. Se parece a los idiomas español y francés. Es una forma, una especie de forma estándar de expresar algo, pero sin decirte lo que vas a expresar. Por eso, para mí el modelo de referencia era similar a tener un idioma común. Dicho esto, el TCP/IP y muchos otros protocolos encajan con el modelo de referencia. Con el tiempo, el modelo de referencia evolucionó al considerar que, como no es necesario que todas las capas estén presentes en todo momento, algunas pueden solaparse. Y esto es bueno siempre y cuando siga proporcionando una base para que las personas puedan trabajar en conjunto.

¿Quiénes han sido las personas clave para el desarrollo de Internet, líderes o marcadores de tendencias?

Los verdaderos pioneros (de ARPAnet y Cyclades):

- **Larry Roberts,** porque dirigió en sus comienzos el programa de ARPAnet para DARPA.
- **Alex McKenzie** en el lado de los protocolos.
- **Vint Cerf,** por sus eternas contribuciones.
- **Louis Pouzin** realizó una contribución muy notable a la manera de enfocar las redes de conmutación de paquetes con los datagramas.
- **Bob Metcalfe** y **Dave Boggs,** por su gran contribución creando Ethernet.
- **Tim Berners-Lee,** por el HTML y la Web.

De la época de normalización ISO:

- **John Day.** Estuve trabajando con él en el IFIP TC-6 y la ISO. Era el enlace con la comunidad de ARPAnet y también alguien muy activo, inteligente y entendido en la materia.
- El presidente de la delegación de EEUU era **Richard desJardins** de la NASA y estuvo presidiendo el comité de la ISO sobre la OSI.

Algunas anécdotas

▶ En el momento en que trabajábamos en el modelo de referencia, la noche previa a la mañana de la votación, un grupo de personas, unos siete, trabajamos juntos en París. Era muy tarde, yo diría que estuvimos hasta las 4 de la madrugada revisando los documentos y realizando las copias para que todo estuviera listo en la reunión de clausura de la mañana siguiente, donde se procedería a la votación. Cuando terminamos, todas las estaciones de metro estaban cerradas y no había taxis cerca, así que todo el equipo (¡siete personas!) se montó en mi Citroën 2CV y los llevé por París. Con el coche abarrotado, les fui dejando en sus hoteles por toda la ciudad.

▶ Durante la época de Cyclades, la primera discusión que tuvimos con los miembros de ARPAnet fue concretamente con Dave Walden (de la empresa BBN). Hubo muchas discusiones intensas y fue la primera vez que trabajaba directamente con un estadounidense. Me sorprendía la manera intensa que tenía de discutir, en lugar de guardar las formas. Me pareció muy curioso y creo que de esa experiencia aprendí que puedes defender con uñas y dientes tu opinión, y a la vez dar lugar a una buena discusión sin necesidad de ser siempre educado, de tener cuidado con lo que se dice o no se dice. Simplemente, puedes saltar y discutir para sacar algo en claro de esa discusión, hacer un buen trabajo y seguir siendo amigos. Pero para mí fue todo un choque cultural.

¿Qué opina acerca del futuro de Internet?

No estoy seguro. Se pueden decir muchas cosas. Lo que está claro es que se está moviendo hacia los contenidos multimedia, a ser una red de comunicación universal que abarca distintos tipos de dispositivos. La banda ancha estará por todas partes y ofrecerá movilidad. Con el trabajo conjunto de todos, es probable que mi frigorífico se conecte a Internet..., ¿quién sabe?

¿Ha identificado alguna tendencia tecnológica?

La unificación de todos los medios de comunicación, ya sean por cable, inalámbricos, fibra óptica, etc. Todos funcionarán juntos y sin problemas.

LECTURAS COMPLEMENTARIAS
TRABAJOS Y LIBROS MENCIONADOS / RECOMENDADOS

- Zimmermann, H., OSI Reference Model – The ISO Model of Architecture for Open Systems Interconnection, *IEEE Transactions on Communications* 28, 4 (abril 1980) pp. 425-432.

★

Hubert Zimmermann received degrees in engineering from Ecole Polytechnique, Paris, France, in 1963, and from Ecole Nationale Superieure des Telecommunications, Paris, France, in 1966.

He is presently in charge of the computer communications group at IRIA, Rocquencourt, France. He was involved in development of command and control systems before joining IRIA in 1972 to start the CYCLADES project with L. Pouzin. Within CYCLADES, he was mainly responsible for design and implementation of host protocols.

Dr. Zimmermann is a member of IFIP WG 6.1 [International Network Working Group (INWG)]. He also chaired the Protocol Subgroup and co-authored several proposals for international protocols. He is an active participant in the development of standards for Open Systems Interconnection (OSI) within ISO, where he chairs the working group on OSI architecture.

Hubert Zimmermann se graduó en ingeniería en la École Polytechnique de Paris, Francia, en 1963, y en la École Nationale Supérieure des Télécommunications de Paris, Francia, en 1966.
Actualmente se encuentra a cargo del grupo de comunicaciones por ordenador del IRIA en Rocquencourt, Francia. Participó en el desarrollo de los sistemas de mando y control antes de entrar en IRIA, en 1972, para dar comienzo al proyecto Cyclades junto a L. Pouzin. En el proyecto Cyclades, fue responsable del diseño e implementación de los protocolos *host* del sistema.
El Dr. Zimmermann es miembro del WG 6.1 del IFIP [grupo de trabajo sobre redes internacionales (INWG por sus siglas en inglés)]. También presidió el subgrupo de protocolo y fue coautor de varias propuestas para los protocolos internacionales. Participa de manera activa en el desarrollo de las normas para la Interconexión de Sistemas Abiertos (OSI) de la ISO, donde preside el grupo de trabajo sobre la arquitectura OSI.

Danny Cohen

Pionero de la Voz sobre IP (VoIP). Creador de la primera aplicación en tiempo real en ARPAnet.

«Fue **UNA LOCURA** utilizar aplicaciones interactivas en tiempo real sobre la red en los años setenta. **HEMOS VISTO SOLO EL PRINCIPIO,** va a haber mucho más»

Danny Cohen

Entrevistado el 14 de junio de 2005 en Menlo Park (California)

Escucha la entrevista

Nació en 1937 en Haifa, Israel. Obtuvo la Licenciatura (Bachelor of Science) de Matemáticas en el Technion (Israel). Estudió Matemáticas Aplicadas en el MIT durante dos años (1965-1967); posteriormente, fue a Harvard durante otros dos años (1967-1969) para estudiar Informática con el profesor **Ivan Sutherland.** Danny se doctoró finalmente por Harvard en 1969.

Es miembro de la National Academy of Engineering (NAE), miembro de IEEE y fue ingeniero distinguido de Sun Microsystems hasta su desaparición en 2010.

Danny fue pionero en la simulación interactiva de vuelo (visual) en tiempo real en ordenadores de propósito general y también en la simulación de radar en tiempo real. Posteriormente, dirigió innovadores proyectos de aplicaciones en tiempo real en ARPAnet y en Internet, como la simulación de vuelo o la Voz sobre IP (o Voz sobre Protocolo de Internet o VoIP, por sus siglas en inglés), teleconferencias, *packet-video* y DIS (Simulación Interactiva Distribuida para el Departamento de Defensa de los Estados Unidos).

Después de pasar por la Facultad de Informática de Harvard (1969-1973), se incorporó al USC/ISI (1973-1993), donde inició numerosos proyectos relacionados con redes, como *packet-voice, packet-video,* Internet Concepts, MOSIS (que comenzó en 1980 y que se sigue utilizando, treinta años después), FastXchange (e-Commerce), Digital Library y ATOMIC, que fue el precursor del sistema Myrinet[1].

En 1994, fue cofundador de Myricom (1994-2000) con **Chuck Seitz** y otros, la cual comercializó Myrinet, una red de área de sistema (SAN) de altas prestaciones.

En 2001 se incorporó a Sun Microsystems y allí trabajó en la comunicación a gran velocidad en distancias cortas, usando señalización óptica y eléctrica.

Danny quizá sea conocido principalmente por su artículo "On Holy Wars and a Plea for Peace" en el que acuñó los términos informáticos Big Endians y Little Endians, que tomó de la obra de Jonathan Swift. Danny es también piloto comercial (con SEL/MEL/SES y la cualificación "instruments ratings") y miembro de pleno derecho de la International Flat Earth Research Society.

www.harvard.edu
www.myri.com
http://isi.usc.edu
www.sun.com

1 Myrinet es un sistema de comunicación de alto rendimiento que se hizo famoso en España con el superordenador de Barcelona: el más rápido de Europa en aquel momento. Es un *multicluster* de ordenadores con procesadores IBM interconectados mediante esta red de procesadores llamada Myrinet.

¿Recuerda cuándo tuvo contacto por primera vez con un ordenador?

Sí, fue en 1962, con el Wegematic-1000, en el Weizmanm Institute de Israel; era un ordenador muy lento y rudimentario. No tenía compilador ni ensamblador, ni tampoco sistema operativo; escribías todo en hexadecimal, lo que era muy tedioso, pero educativo. Usar este ordenador era mejor que hacer las cosas a mano (pero no mucho mejor).

El Wegematic-1000 se fabricó a mediados de los años cincuenta para su uso en entornos académicos y en el ejército. Se caracterizaba por el uso de tubos de vacío como tecnología de conmutación. La técnica de memoria más popular en aquel momento era el tambor rotativo, un dispositivo electromecánico que era lento, pero que, gracias a su fiabilidad y bajo coste, resultaba adecuado para máquinas a pequeña escala, como el IBM 650 y Alwac III-E, que se quedaron anticuadas por la introducción del transistor y las memorias de núcleos de ferrita a finales de los años cincuenta.

La unidad de procesamiento del Wegematic-1000 estaba formada por una unidad operativa y unos seis metros de chasis que sostenían una memoria de tambor magnético (a 3.600 rpm) orientada verticalmente con 261 canales (pistas), unos 10.000 diodos y aproximadamente 500 tubos electrónicos sobre placas de circuito laminadas. El consumo de energía era de aproximadamente la friolera de 15 kW.

¿Cuál fue su primer contacto/experiencia con ARPAnet?

Hasta 1966, **Larry Roberts** trabajó en el MIT Lincoln Laboratory (de Boston) utilizando su ordenador TX-2. Yo trabajé para él como programador durante mi etapa de estudiante de posgrado de Matemáticas Aplicadas en el MIT. Antes de que se incorporara a ARPA (en Washington DC), en 1966, para comenzar ARPAnet, conecté un ordenador gráfico DEC-338 que estaba en la oficina de ARPA del Pentágono (3D-169), en Virginia, con el ordenador TX-2 del Lincoln Laboratory utilizando líneas telefónicas; el DEC-338 era un DEC PDP-8 con capacidades de gráficos que se utilizó como terminal gráfico remoto del TX-2. Conectamos estos dos ordenadores de tal forma que, cuando Larry dejó el Lincoln Laboratory y se marchó a ARPA[2], pudo tener acceso remoto al ordenador TX-2 del Lincoln, a través del DEC-338, como si todavía estuviese en el Lincoln Laboratory. Esta fue, con toda seguridad, la primera actividad relacionada con ARPAnet; de hecho, fue una actividad "preARPAnet".

Esta interconexión de ARPA/IPTO y el Lincoln Laboratory era un tipo de red sencilla, no la red general que se desarrolló posteriormente. Era una conexión simple de teléfono a teléfono, sin conmutación entre nodos. En mi caso, fue mi primera relación con las telecomunicaciones y las redes.

Mi segunda experiencia se produjo cuando era profesor adjunto en Harvard y conecté los ordenadores PDP-1 y PDP-10 a ARPAnet, a través del IMP número #6 (Interface Message Processor, de BBN), convirtiendo a Harvard en el nodo #6 de ARPAnet. Los cuatro primeros nodos fueron UCLA (University of California, Los Angeles), SRI (Stanford Research Institute), UCSB (University of California, Santa Barbara) y UTAH (University of Utah); MIT fue el quinto, probablemente.

Siempre me han interesado mucho las aplicaciones en tiempo real. Entre 1967 y 1971 programé la simulación de vuelo visual en varios ordenadores de propósito general (como el PDP-1). De hecho, mi programa de 1967 (en un SEL-840) constituyó la primera utilización de gráficos de ordenador para la simulación de vuelo en tiempo real en ordenadores de propósito noespecífico.

En 1970 quería mejorar la simulación logrando el acceso, a través de ARPAnet, a mejores instalaciones informáticas, que estaban en el MIT. La idea era usar el PDP-1 de Harvard para la interfaz de usuario (pantallas y varios botones, como el *stick* y el *throttle*) y usar el PDP-6 del MIT para el cálculo de la dinámica de los aviones, y el LDS-1 del MIT (que estaba conectado al PDP-6 allí) para toda la gestión de gráficos. Todo el sistema estaba dirigido por el PDP-10 de Harvard.

Un sistema distribuido de estas características podría admitir modelos World con varios cientos de líneas

2 Fue casi chantajeado por Bob Taylor y su jefe. Véase la entrevista de Bob Taylor.

3D (que definen el "mundo" [world] como si fuese observado a través de la ventana), mientras que la implementación original del PDP-1 podía admitir únicamente menos de cincuenta líneas en tiempo real, lo cual es lo mínimo necesario para lograr una simulación visual interactiva de apoyo al entrenamiento de vuelo.

El LDS-1 (Line Drawing System) que usamos en MIT era un motor de gráficos comercial, que fue desarrollado en 1967 en Harvard por Ivan Sutherland y comercializado posteriormente por Evans & Sutherland.

La simulación de vuelo obviamente era en tiempo real. Capturaba, en Harvard, las acciones y tiempos del piloto y las enviaba al MIT (a través de ARPAnet) para calcular la dinámica del avión, los gráficos en los que se muestran los instrumentos de vuelo y la vista a través de la ventana. Después se enviaba la información de vuelta a Harvard (a través de ARPAnet) para mostrársela al piloto.

Las máquinas que formaban parte de este sistema eran: Harvard-PDP-1, Harvard-PDP-10, Harvard-IMP, BBN-IMP, MIT-IMP, MIT-PDP-6 y MIT-LDS-1.

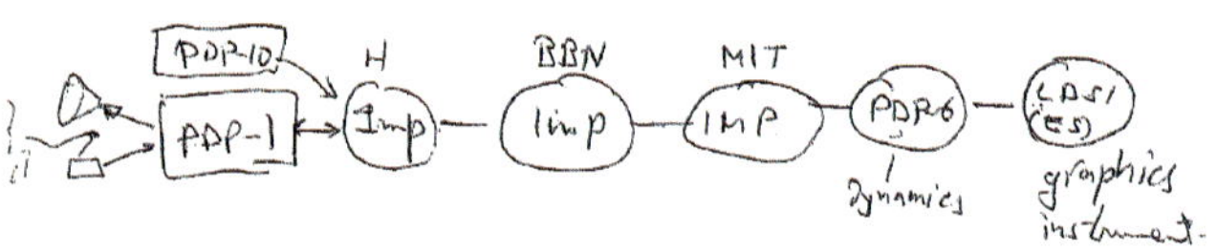

Esta simulación distribuida se llevaba a cabo con varios participantes en Harvard y en el MIT, que aparecen enumerados en la "RFC89". Sólo uno de nosotros, **Bob Metcalfe,** que luego escribió la "RFC89", se dio cuenta de que lo que estábamos haciendo era algo histórico. Esto también constituía un ejemplo de *uso compartido de recursos de forma remota,* que era el objetivo[3] real e inicial de ARPAnet.

Muchas cosas de las que hice en el campo de los gráficos eran nuevas en aquel momento, como la simulación de vuelo visual, DAO (Diseño Asistido por Ordenador) y EAO (Enseñanza Asistida por Ordenador).

3 Y no el de sobrevivir a una catástrofe nuclear, mito que se empeñan en difundir muchos periodistas y libros sobre el tema aparentemente "bien informados".

Danny Cohen durante la entrevista en Sun Microsystems, Menlo Park (California), 14 de junio de 2005.

En su opinión, ¿cuáles son las características clave de Internet?

ARPAnet fue diseñada para el uso compartido de recursos, el multiprocesamiento; nuestra simulación de vuelo visual fue uno de los pocos ejemplos que logró cumplir realmente este objetivo. Este simulador de vuelo en tiempo real fue una de las primeras aplicaciones de uso compartido de recursos. Esto se debía a que la mayor parte de la gente usaba ARPAnet como cliente-servidor. El objetivo de compartir recursos lo señaló en un artículo Larry Roberts, donde describió lo que debería ser la red e indicó que el aspecto principal era el uso compartido de recursos y la capacidad para usar fuentes remotas;

Danny Cohen

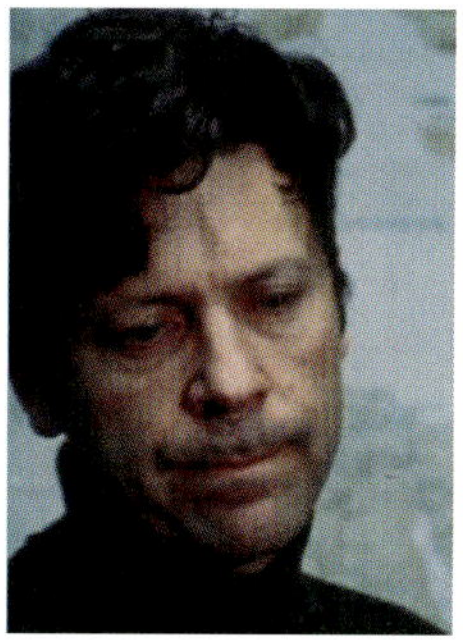

«Fui pionero en la aplicación de la conmutación de paquetes a aplicaciones en tiempo real, lo que incluyó gráficos, velocidad y vídeo.»

por eso, FTP y TELnet fueron los principales usos de ARPAnet, antes de la introducción de las aplicaciones en tiempo real (como voz sobre IP, teleconferencias, Skype, YouTube y *movie streaming*).

¿Cuáles son los hitos más importantes en el desarrollo de la red?

Una vez que estuvieron operativos algunos IMP (Interface Message Processor, antecesores de lo que hoy son los *routers*), se probó el concepto de las redes de conmutación de paquetes (tal como fueron descritas por **Len Kleinrock** y creadas por **Larry Roberts**). Esta era la lección más importante.

El artículo sobre TCP (de **Cerf** y **Kahn**) muestra que es posible crear un sistema unificado de comunicación (por conmutación de paquetes, o sea una internet) a partir de redes distintas y heterogéneas sin tener que cambiarlas al conectarlas.

Nuestro trabajo demostró que la conmutación de paquetes puede admitir aplicaciones en tiempo real, lo que proporcionó la base para el trabajo en aplicaciones como voz sobre IP, teleconferencias y vídeo sobre IP. La mayor parte de este trabajo fue desarrollado por nosotros (USC/ISI) y el Lincoln Laboratory del MIT.

La división del TCP original en los TCP e IP actuales fue otro momento fundamental; era necesario para las aplicaciones en tiempo real (mejorando la velocidad, el tiempo de espera y el control de flujo).

¿Cómo contribuyó usted al desarrollo de Internet?

Fui pionero en la aplicación de la conmutación de paquetes a aplicaciones en tiempo real, lo que incluyó gráficos, velocidad y vídeo.

En 1980 (en USC/ISI), desarrollé MOSIS (que todavía se utiliza), un sistema que permite al diseñador de chips VLSI[4] enviarnos diseños a través de una red de datos para su fabricación. Cuando estaban listos, los enviábamos de vuelta a los diseñadores mediante UPS. MOSIS tiene una interfaz de usuario muy sofisticada, que está completamente automatizada; es similar a lo que hoy denominamos comercio electrónico, que no existía entonces. Las interacciones de MOSIS con sus usuarios están completamente automatizadas, hasta el punto de que muchos de los usuarios no se daban cuenta de que sus interacciones estaban siendo realizadas por programas, no por personas. Esto es una práctica habitual actualmente, pero no lo era entonces, hace treinta años, antes de la introducción de la World Wide Web (WWW).

4 VLSI: Very Large Scale of Integration. Concepto utilizado en el diseño de chips, avanzados y con un gran nivel de integración (mucha densidad de transistores por unidad de superficie).

El NCP (Protocolo de Control de Red, el primer protocolo de ARPAnet) tenía diseñada la retransmisión automática de paquetes para mejorar la integridad de los datos, en detrimento del tiempo de espera. Esta característica es buena para aplicaciones del tipo FTP y TELnet, pero no para la voz interactiva en tiempo real. Esta comunicación en tiempo real se logra usando paquetes de tipo 3 sin control de flujo ni retransmisión. Para conseguir voz en tiempo real tuvimos que usar otro tipo de comunicación, con paquetes tipo 3 en vez de los paquetes estándar tipo 0. Éramos los únicos que usábamos paquetes de tipo 3 (que hoy en día sería como usar UDP). El uso de paquetes de tipo 3 hizo posible el funcionamiento de aplicaciones en tiempo real sobre ARPAnet.

BBN no permitía a nadie usar paquetes de tipo 3 porque podría inundar la red; así que estaban en contra de esto, pero finalmente el acuerdo al que llegamos fue que los llamaríamos y les avisaríamos de cuando queríamos usar paquetes de tipo 3. De esta forma, nos dejarían usarlos durante periodos cortos de tiempo.

Cuando se inventó el TCP, pero antes de su implementación, le dije a **Bob Kahn** que el TCP necesitaba el equivalente al tipo 3 en Internet y me respondió: *"Habla con **Vint Cerf**";* Y yo le dije: *"¿Quién es?"* Y él contesto: *"Es profesor adjunto en Stanford"*. Así que, en enero de 1974, fui a ver a Vint y le dije que necesitábamos paquetes sin control de flujo, sin detección de errores binarios y sin retransmisión.

No queremos sacrificar el tiempo de espera por la integridad de los datos. Dame fiabilidad siempre que esta no suponga perder tiempo real. Así que Vint dijo: *"Danny quiere paquetes no fiables";* y yo dije: *"No, quiero fiabilidad, pero no quiero pagar esa fiabilidad con tiempo de espera"*. Así que empecé a hacer presión para la división antes de que fuese implementado el TCP. La decisión final sobre la división se hizo en la reunión del NWG (Network Working Group) de 1977 en California, y se implementó durante la primavera de 1978, como el TCP versión 3.

Esta división significa prácticamente que todo el tráfico de Internet utiliza el protocolo IP. Y cuando la integridad de los datos es más importante que el tiempo de espera, entonces también se usa el TCP reducido. En los demás casos, se usa UDP (protocolo más ligero utilizado para aplicaciones en tiempo real).

Antes de la división, cuando no había UDP, el funcionamiento de las aplicaciones en tiempo real era tan malo como en ARPAnet sin paquetes de tipo 3. Después de la división, cuando se disponía de UDP, el funcionamiento de las aplicaciones en tiempo real era tan bueno como en ARPAnet con paquetes de tipo 3.

¿Quiénes han sido las personas clave, líderes o promotores en el desarrollo de Internet?

Por orden alfabético:

- **Vint Cerf** (ARPA)
- **Bob Kahn** (ARPA)
- **Len Kleinrock** (UCLA)
- **Jon Postel** (USC/ISI)
- **Larry Roberts** (ARPA)

Imágenes que muestran a Danny Cohen en la película de Annette del Zoppo de 1978: *Digital Voice Conferencing* (proyecto patrocinado por ARPA). Cortesía de Bob Gray.

Danny Cohen

Danny Cohen con el autor, durante la entrevista en la ya desaparecida sede global de Sun Microsystems (en Menlo Park, California), 14 de junio de 2005.

¿Alguna anécdota que le haya ocurrido?

▶ En enero de 1971 ejecutamos el simulador usando toda esta cadena de medios informáticos. A la mañana siguiente, llamé a Larry Roberts de ARPA y se lo conté; y él me dijo: *"Genial, ¿cuándo crees que estará lista?"* Y yo le dije: *"Ayer por la noche"*. Y él respondió: *"No, quiero decir que cuándo estará en funcionamiento"*. Tuve que repetírselo varias veces hasta que se dio cuenta de lo que le estaba diciendo, porque en aquel momento no era nada fácil tener 7 máquinas funcionando al mismo tiempo... Le costó trabajo creerlo.

▶ Desarrollamos un sistema de voz para trabajar en ARPAnet, y se suponía que también funcionaba en el nodo de SRI, así que Steve Casner (USC/ISI) fue al SRI (en Menlo Park, California) para instalar allí nuestro *software*. Una vez estuvo todo conectado, hablamos a través del sistema. Por teléfono, pudimos oír que recibían nuestros paquetes siguiendo un orden distinto, y también oímos a Steve explicando que probablemente esto estaba causado por varios punteros que se habían mezclado. La verdadera razón, sin embargo, fue que en ISI habíamos preparado una cinta con paquetes de voz siguiendo un orden aleatorio. En cuanto sustituimos aquella cinta por un micrófono, el sistema funcionó perfectamente.

▶ Al principio, decíamos "IP bajo Voz" y no "Voz sobre IP". Ya teníamos "voz en paquetes" varios años antes de tener IP; así que; lo que pasó es que se inventó el protocolo IP (dividiendo el TCP en TCP/IP) para admitir voz, no es que se inventara la voz sobre IP.

¿Qué piensa sobre el futuro de Internet?

Esta pregunta no debería hacerse a los que han desarrollado Internet, sino a los usuarios. Para comprender y predecir el futuro de las películas, no debes preguntar a Kodak u otras entidades que fabriquen películas fotográficas y cámaras. Será mejor, en cambio, asistir a la noche de los Óscar. Y se puede decir lo mismo del futuro de la televisión, los periódicos, los libros, las revistas, los coches y la atención sanitaria. Internet no es una excepción.

Esperamos tener, gracias a las redes, la información y los conocimientos del futuro, un servicio público más, que es de esperar que el Gobierno proporcione a la población.

¿Ha identificado alguna tendencia tecnológica?

Funcionamiento más rápido, más barato y más y más usuarios... y cada vez más ansias de mayor velocidad.

LECTURAS COMPLEMENTARIAS

TRABAJOS Y LIBROS MENCIONADOS / RECOMENDADOS

- Danny es quizá conocido sobre todo por haber acuñado los términos informáticos "Big Endian" y "Little Endian" el 1 de abril de 1980 en su histórico artículo "On Holy Wars and a Plea for Peace", *IEEE Computer Magazine* (1981).
- Brooks, R. P., *The Mythical Man-Month,* Reading (MA), Addison-Wesley, 1975.
- Cohen, D. y Finnegan J., "AI as the ultimate enhancer of protocol design", en D. Partridge (ed.), *Artificial Intelligence and Software Engineering,* Norwood (NJ), Ablex, 1991, capítulo 22, pp. 463-472.

Louis Pouzin

Pionero europeo de las comunicaciones entre ordenadores (telemática). Padre del "datagrama".

«En los datagramas, todo es **SIMÉTRICO**, cada red considera de la misma forma a la otra y viceversa.»

Padre del concepto de datagrama. Diseñó y dirigió el desarrollo de la red Cyclades (Cigale) de Francia, la primera en usar protocolos de datagramas y de extremo a extremo (datagram & matching end-to-end protocols). *Vinton Cerf , Robert Kahn y muchos otros se basaron en gran medida en su trabajo a la hora de desarrollar Internet y el TCP/IP (Protocolo de Control de Transmisión/Protocolo Internet). Fue una red que implementó la conmutación de paquetes, como la que se usa actualmente en IP, pero ya en 1972. Además, acuñó el término CATEnet.*

La red Cyclades fue la primera que hizo a los hosts responsables de la entrega segura de los datos, en vez de a la propia red, usando datagramas poco fiables y mecanismos de protocolo de extremo a extremo asociados. Estos conceptos se utilizaron posteriormente en el TCP/IP, el protocolo de Internet, y Cyclades fue sin duda la influencia técnica más importante en Internet, después de ARPAnet.

Vint Cerf, coautor junto a Bob Kahn del TCP/IP, señala el valor de sus ideas, que fueron fuente de inspiración para él bajo el mando del director de DARPA, Stephen Lukasik.

Escucha la entrevista

Louis Pouzin

Entrevistado el 15 de febrero de 2008 en París (Francia)

Nacido el 20 de abril de 1931[1] en Chantenay-Saint-Imbert (en un departamento llamado Nièvre, en Francia), que es un pueblo antiguo de unos 1.500 habitantes.

Después de terminar el Bachillerato, fue a una "escuela preparatoria" en 1946: una especie de escuela superior en que los alumnos se preparan para lograr entrar en las universidades más importantes (Grandes Écoles). Estuvo allí cuatro años y luego se fue a estudiar a la École Polytechnique de Paris (de 1950 a 1952). Este centro establece un número predeterminado de alumnos. El hecho de conseguir entrar o no supone una competición entre los aspirantes. Posteriormente, pasó un año (1952) haciendo el servicio militar en la Marina y, justo después, en 1953, se incorporó a una compañía llamada Compagnie Industrielle des Téléphones (CIT), que era la filial de un grupo industrial francés denominado Compagnie Générale d'Électricité (CGE). Estas empresas han cambiado muchísimo desde aquella época; CIT se convirtió en el núcleo de lo que hoy es Alcatel. Estuvo varios años en esa compañía, en el Departamento de Fabricación, dedicado principalmente a elaborar estudios sobre fabricación y cosas similares.

Algunos premios que ha recibido son el Silver Core de IFIP, el SIGCOMM de ACM, los premios IEEE Internet y la Legión de Honor francesa.

Ha publicado más de 80 artículos y un libro sobre telemática y redes de ordenadores.

1 Louis apunta: "El mismo día (de un año diferente) que Joan Miró, Adolf Hitler o Napoleón III de Francia".

¿Recuerda cuándo tuvo contacto por primera vez con un ordenador?

Sí. Hay dos respuestas para esto: la primera vez fue en Bull en 1957. Allí "toqué" ordenadores. Pero los ingenieros no podían programar ordenadores, no estaba bien, igual que no estaba bien teclear en una máquina de escribir; solo los programadores podían programar ordenadores. Para un ingeniero, aquello se consideraba perder el tiempo, como lavar los platos o barrer el suelo, algo así. Unos años después, cuando me fui al MIT (proyecto MAC) en 1963 como programador, estaba perforando tarjetas, metiendo mis programas, delante de un IBM 7090, que fue actualizado a un 7094 un año después.

En 1957, me fui a Bull donde actué sobre todo como enlace entre el Departamento Comercial y el Departamento de Ingeniería. Se trataba de ver cómo usar y adaptar sistemas. Yo era una especie de mediador entre estos dos mundos. Esta empresa trabajaba en el campo de las tarjetas perforadas, se dedicaba a la venta de máquinas de tarjetas perforadas. En Bull tenían uno de los primeros ordenadores gestión que hubo, el Gamma 3; el sistema Bull era mayor y un poco más rápido que el IBM 650, pero eran el mismo tipo de máquina.

Hacia 1958, IBM trajo a Francia un ordenador científico, el IBM 704, que hizo que las máquinas de Bull pareciesen un poco obsoletas, porque seguían siendo todavía máquinas de tarjetas perforadas, mientras que el IBM 704 era una máquina de cinta magnética. Bull decidió que tenían que adelantar a IBM y empezaron a desarrollar un ordenador enorme, denominado Gamma 60, que tenía una serie de características que no tenía ningún otro ordenador de la época, como el paralelismo; esta máquina también utilizaba cintas (no había tambores en aquel momento), podría ejecutar varios trabajos simultáneamente y unas instrucciones específicas para la máquina conectadas al sistema podrían sincronizar los procesos. Esto era algo que todavía no estaba disponible en otros ordenadores; sin embargo, lo que no tenía era protección de memoria, lo que quiere decir que los procesos que podían ejecutarse en paralelo, si no eran depurados, podían eliminarse mutuamente. En cierto sentido, esto era una gran deficiencia. Vendieron máquinas a grandes compañías, como la compañía de ferrocarriles franceses, la compañía eléctrica francesa y L'Union (una empresa de seguros muy importante): a todas las compañías que querían grandes máquinas para gestionar todas sus actividades comerciales. En aquel momento, Bull empezó a tener problemas económicos, porque su desarrollo era bastante costoso, por lo que firmaron un acuerdo técnico con RCA. Esta empresa estadounidense estaba fabricando en aquel momento un ordenador llamado RCA 301[2] (también fueron los inventores de la televisión y destacaron en muchos otros mercados, porque eran un gran grupo), que la red comercial de Bull podría distribuir en Europa. En Francia, se llamó Gamma 30, que también era una máquina de cinta.

«... Pero los ingenieros no podían programar ordenadores; no estaba bien, igual que no estaba bien teclear en una máquina de escribir.»

En aquella época (principios de los sesenta), me di cuenta de que, si querías entender realmente los ordenadores, tenías que saber inglés, y yo no sabía inglés. En mi juventud había estudiado alemán como segunda lengua, por lo que podía leer a duras penas textos técnicos en inglés, pero no sabía hablar inglés. Por eso decidí que tenía que hacer algo al respecto y empecé a buscar maneras de pasar algún tiempo en Estados Unidos.

Por suerte, en 1962, en un congreso de la IFIP[3] (celebraban un congreso cada cuatro años), coincidí en Múnich (Alemania) con el **Dr. Fernando José Corbató**[4] (que, aunque de padre portugués, había nacido en Oakland, California). Estuve hablando con Corbató tanto tiempo como me fue posible, pues no

2 El RCA 301 era un ordenador para gestión de tamaño mediano introducido en 1960 y comercializado en Europa por Siemens, ICT en Reino Unido (como ICT 1501) y por la Compagnie des Machines Bull como Gamma 30.

3 IFIP: International Federation for Information Processing.

4 La causa era que estaba comenzando un nuevo proyecto destinado a desarrollar un sistema informático de acceso múltiple (Multiple Access Computing system, denominado proyecto MAC), que condujo a la creación de un sistema de tiempo compartido compatible (Compatible TimeSharing System) y, posteriormente, al sistema operativo Multics, que inspiró directamente a Ken Thompson para desarrollar el sistema operativo UNIX.

sabía mucho inglés, y me dijo que me propondría ir a trabajar al MIT[5].

Se trataba del proyecto MAC. La idea era compartir[6] el ordenador entre varios usuarios; MAC significa Multi Access Computing. Era un proyecto importante, financiado por ARPA (que estaba dirigida por **J. C. R. Licklider**). Estuve allí durante dos años y medio y desarrollamos el sistema en un IBM 7094. El objetivo era compartir la máquina entre actividades de procesamiento por lotes *(batch)* y actividades de tiempo compartido *(timesharing);* por eso, tenía dos bancos de memoria de núcleos, uno dedicado a los lotes y otro dedicado al tiempo compartido; cada uno tenía 32 K palabras *(words)* de memoria.

El proyecto MAC estaba desarrollando un sistema de tiempo compartido para manejar los terminales y las tareas del ordenador, haciendo intercambio de memoria; obtienes una imagen de la memoria cuando ejecutas un proceso concreto, y luego lo guardas en el disco y obtienes otra. El almacenamiento se hacía solo en disco; en aquella máquina no había tambores. Una unidad de disco era una pila de discos movidos por un solo eje. Ninguno era extraíble. Por supuesto, podías anticiparte en función del trabajo e introducir un nuevo proceso al tiempo que retirabas otro. La eficacia del sistema no superaba el 50% probablemente, pero por otra parte era posible tener a treinta personas trabajando al mismo tiempo, lo que significaba que podías obtener una producción mucho mayor a la hora de desarrollar programas. Así que lo que hice primero fue aprender suficiente inglés para poder entender a mis colegas, y después aprendí a programar, ya que nunca había programado ordenadores antes. Me hice bastante experto en el desarrollo de comandos, porque todos los programadores del MIT en aquella época usaban código ensamblador. Al mismo tiempo que aprendí el código, aprendí a usar macros. Una macro es un prototipo de instrucciones: le das un nombre y así, en vez de tener que reescribir las instrucciones, solo hay que escribir el nombre de la macro. Me convertí en uno de los expertos en usar macros, pero aun así no me parecía suficientemente eficaz. Así que empecé a usar MAD (Michigan Algorithmic Decoder), que era una especie de lenguaje Algol simplificado, desarrollado por la University of Michigan. Yo era capaz de escribir programas en MAD, que era mucho más sencillo y me llevaba mucho menos tiempo que si usaba el código ensamblador. Desarrollé muchos comandos en MAD, pero todavía no me sentía satisfecho, porque al programar un comando, siempre tenía que escribir el mismo tipo de proceso para manejar argumentos, cambiar palabras, verificar la validez, etc. Por eso, escribí un programa llamado Runcom, que permitía la ejecución de comandos contenidos en un único archivo, que podría ser considerado como el ancestro del intérprete de comandos y los *scripts* de Shell. Por lo que podías escribir una lista de comandos, con argumentos, para que fuese posible parametrizar el proceso, y entonces era viable usar un bloque de comandos como un único comando. Era el comienzo de los macrocomandos[7].

Propuse (hacia finales de 1964 o principios de 1965) el término "Shell" para designar el lenguaje de control de procesos de Multics (aun cuando no lo había escrito yo, sino **Glenda Schroeder,** del MIT), yo solo escribí las especificaciones y el diagrama de flujo del programa.

Dejé el MIT a mediados de 1965 y volví a Bull Francia, que en ese periodo se había convertido en Bull General Electric. Estaban comercializando una máquina de GE llamada GE 635, que se vendió a cuatro clientes anteriores de Gamma 60, porque Gamma 60 había originado muchos problemas: problemas de fabricación, de fiabilidad, de falta de protección de memoria y cosas

5 MIT: Massachusetts Institute of Technology, en Boston.

6 En aquel momento, no era posible usar los ordenadores a través de terminales; tenías que perforar tarjetas y colocarlas en un lector. Después, el ordenador ejecutaba el proceso por lotes realizando una tarea tras otra, y entonces tú obtenías tus listados de una impresora y examinabas el contenido para ver qué iba mal en el programa; después, arreglabas las tarjetas y esperabas al siguiente lote; de este modo, solo era posible hacer dos o tres lotes al día. El proyecto MAC consistía en desarrollar un sistema interactivo, creando una forma para que los programadores desarrollasen programas y los depurasen *on-line* compartiendo el mismo ordenador, pues un ordenador era demasiado caro como para dárselo solo a un programador cada vez.

7 Yo había desarrollado esto en el IBM 7094 como parte del proyecto MAC y todo el mundo pensó que era muy práctico. Así que lo que hice antes de dejar el MIT fue escribir las especificaciones y un diagrama de flujo de un programa para la siguiente generación de tiempo compartido. Se llamaba Multics y se iba a ejecutar en la máquina de General Electric GE 645. No trabajé en Multics porque regresé a Francia. Lo único que hice por Multics fue diseñar el intérprete de comandos (Shell), que luego se hizo muy famoso en el sistema operativo UNIX.

así. Gamma 60 tuvo una vida muy corta. Y GE 635 se convirtió en su sustituto. Como había estado en Estados Unidos durante dos años y medio, conocía el tiempo compartido y sabía inglés, me asignaron el papel de anunciante y de comercial, y para dar charlas a todos los clientes de GE 635 para intentar que se actualizasen y se pasasen a *tiempo compartido*. Esto se hizo durante aproximadamente un año, pero esta máquina GE 635 también presentaba muchos problemas, sobre todo de mantenimiento. Muchas veces dejaba de funcionar, algunas cosas no funcionaban bien, los clientes se quejaban de su bajo índice de disponibilidad... GE llegó a la conclusión de que no estaban ganando suficiente dinero con ello (de hecho, estaban perdiendo dinero), así que decidieron dejar de distribuir el GE 635.

Justo antes de esto, me habían puesto al cargo de un proyecto para el servicio de meteorología francés[8].

En 1967 dejé BULL para incorporarme a *Steria* (una empresa de consultoría) para desarrollar un sistema para el servicio de meteorología francés.

En 1969 me incorporé a una empresa de fabricación de coches llamada Simca para hacerme cargo del departamento de informática: en concreto, de la parte operativa del departamento, pues había otra parte dedicada a desarrollar aplicaciones para la fabricación de coches. IBM era el rey de Simca, y decidía, prácticamente, lo que Simca debía encargar. Era un búnker de IBM y yo no era demasiado aficionado a IBM; por eso, una de las primeras cosas que hice fue analizar el comportamiento de los ordenadores.

Esto era interesante porque, en aquel momento, las máquinas de IBM se alquilaban, y la factura se basaba en el tiempo en el que la CPU estaba encendida.

El segundo aspecto fue desarrollar un sistema de consulta en línea, que permitía a la gente usar terminales para averiguar dónde estaba la producción en planta, qué tiempo se empleaba en esto o en aquello... Eran

8 Querían una gran máquina para la predicción del tiempo, y esta actividad necesita de una gran potencia de cálculo. Como estaba un poco cansado de dar charlas sobre tiempo compartido, dijeron: *"De acuerdo, vas a ser director del proyecto para el servicio de meteorología"*. Así que, poco después de que empezase a estudiar su aplicación y sus problemas, GE decidió que no seguiría comercializando la máquina. Sin embargo, en los pocos meses que había dedicado a trabajar con la gente de meteorología, observé que mostraban entusiasmo hacia lo que yo deseaba hacer. Nunca habían tenido un ordenador comercial antes. Tenían un ordenador exclusivo que había sido creado casi para ellos. Por lo tanto, su experiencia con los ordenadores era de un nivel muy bajo, con una máquina que estaba sin funcionar la mayor parte del tiempo, pero querían algo muy especial para cubrir sus necesidades. Pensaban que utilizar un ordenador puramente comercial como IBM podría no satisfacer todas sus necesidades. Aunque estaban muy satisfechos, estaban preparados para desarrollar un sistema concebido exclusivamente para sus necesidades. Tenían que elegir otra máquina, así que iniciaron el típico proceso en la administración: convocar un concurso, negociar el contrato, etc.; finalmente, eligieron una máquina Control-Data 6400. Era incluso más rápida que la GE 635, pero en el campo de la meteorología, solo tenía una ventaja: la velocidad. El sistema operativo no era un sistema bueno para hacer que funcionase; era un sistema de procesamiento por lotes muy primitivo y por eso tuvimos que desarrollar todo para hacer que se pudiese usar en el campo de la meteorología. Reuní a un pequeño equipo, formado sobre todo por personas que estaban en el servicio militar; en aquel momento, estar en meteorología era trabajar para una institución del Estado. Este servicio formaba parte del Ministerio de Transporte, así que podía contar con algunas personas que supuestamente estaban haciendo el servicio militar, y que provenían de universidades, para comenzar a desarrollar el sistema. Diseñé un sistema que iba a hacer procesamiento en paralelo y tener un sistema de archivos permanente. Al principio, todavía estaba en Bull, cuando el servicio de meteorología había pedido la máquina de GE, pero cuando eligieron la máquina de Control Data, Bull me dijo que no podían seguir pagándome porque no estaba trabajando en una máquina de Bull. Inmediatamente, todas las empresas de consultoría de París deseaban contratarme, pues, si me contrataban, conseguirían el contrato con el servicio de meteorología. Me incorporé a una de ellas, llamada Steria. El jefe de Steria era un antiguo cliente de Bull, así que le conocía bastante; había creado una empresa de consultoría. Yo me incorporé a su compañía y él consiguió el contrato del servicio de meteorología. Así que me dediqué a desarrollar el sistema, con todos los tipos de cosas que una máquina Control Data era capaz de hacer, pero no estaba haciendo. De hecho, fue una especie de UNIX previo. Los programas podrían empezar automáticamente en determinados momentos, porque en meteorología, las tareas tienen que llevarse a cabo siguiendo un calendario definido previamente. Al igual que en una línea de montaje, ellos recibían datos de líneas de telégrafo, almacenaban los datos, los limpiaban, los procesaban y, entonces, contaban con una cadena de aplicaciones para producir distintos resultados, mapas, estadísticas, etc. Esto tenía que estar organizado en una especie de gráfico de tareas automatizado. El sistema que desarrollamos tenía un calendario de programas que ejecutar. Un grupo de programas que tenía que transmitir resultados mientras se ejecutaba lo que se denominaba "cluster". Los programas del mismo *cluster* podían proporcionarse datos mutuamente usando un mecanismo que posteriormente se denominó interconexión *(pipe)* en UNIX. Nuestro sistema constituyó en cierta medida un paso previo a UNIX. Fue en 1967, así que me llevó dos años poner a punto el sistema con mi equipo; después, en el servicio de meteorología pensaron que, como ya estaba hecho casi todo el trabajo, no tenían que seguir pagando a Steria por mis servicios. El sistema estuvo operativo en la meteorología francesa durante quince años, es increíble..., no pudieron encontrar nada mejor, estaban acostumbrados al sistema y les encantaba.

Entre 1967 y 1975 El ordenador Iris 50 fue producido por CII como parte del Plan Calcul. Fue el primer sistema desarrollado siguiendo ese plan y el único que se creó partiendo de cero. Su nombre en clave original era P1. Cortesía de Louis Pouzin.

tan solo consultas en base de datos, salvo por el hecho de que en aquel momento no había un sistema de bases de datos real. En Simca habían tenido una mala experiencia antes de mi llegada a la empresa; habían intentado instalar cierto tipo de sistema IBM que había sido un completo fracaso. Era una infraestructura cara, con cableado y terminales especiales; nunca funcionó bien y se suspendió. Como la gente se quedó un poco traumatizada por esto, tenían miedo de acceder en línea al ordenador. Yo tenía un colega en una empresa de consultoría al que ofrecí un contrato para desarrollar un sistema de control muy pequeño, que robaba tiempo a la CPU y ejecutaba un programa independiente de manejo de terminales. En vez de terminales IBM y cableado, muy costosos, usamos teletipos y líneas telefónicas baratas. A los de IBM esto les sentó aún peor, porque dijeron: *"Bueno, no conocemos los teletipos, no sabemos cómo conectar teletipos"*. Pero luego llamamos a su oficina de servicio, y allí usaban teletipos. Hablé con el tipo que no sabía que yo estaba al cargo de esto y le pedí el número de referencia de un gestor de teletipos. Así que, cuando el comercial de IBM vino y dijo *"No hacemos eso"*, yo respondí: *"Bueno, sí que lo hacéis, este es el número de serie"*. Así que instalamos teletipos. En vez de usar los caros módems de IBM, teníamos módems de un fabricante francés, que fueron amortizados en menos de un año. En otras palabras: que alquilarlos a IBM por un año hubiera costado más que comprarlos. También sustituí dos de los tres armarios de disco duro de IBM por discos compatibles, más rápidos y más baratos. Mi jefe tenía miedo. Por este tipo de cosas, los de Simca empezaron a considerar a IBM como una especie de proveedor sumiso, en vez de considerarlo como un "rey" o un "dios" como hacían antes.

Por otra parte, en una empresa de fabricación de coches lo importante son los coches, no los ordenadores; por eso, teníamos que ser parte de la producción de coches y de todo tipo de tareas de fabricación. A mí eso no me interesaba. Pasado un año y medio, aproximadamente, hacia marzo de 1970, recibí llamadas de varias personas, porque el Gobierno francés estaba bastante decidido a apostar por el desarrollo de la informática. Bull existía todavía, excepto por el hecho de que se había dividido y se había creado otra empresa llamada CII[9]. Era una empresa cien por cien francesa, hecha de gente procedente de Bull o de otros fabricantes anteriores; en otras palabras, era un conjunto de varias unidades que estaban muriendo o que estaban bajo control estadounidense, como Bull General Electric[10].

En aquel momento, el Gobierno estaba bastante decidido a tener una industria francesa bajo su control. En 1970 o principios de 1971, enviaron a un grupo de gente de visita a Estados Unidos, para ver qué cosas interesantes había allí, y descubrieron ARPAnet. Este grupo regresó con la recomendación de que, en el seno de CII, en Francia, deberíamos desarrollar una tecnología como ARPAnet para liderar la industria europea con ese tipo de producto. Luego me llamaron y me preguntaron si quería estar a cargo de aquel proyecto. No tardé mucho en decirles: *"De acuerdo, lo haré"*.

En octubre de 1971 dejé Simca y empecé a trabajar en la Délégation à l'Informatique francesa dirigida por Maurice Allegre. Las conversaciones empezaron en 1971, en marzo o abril, pero me llevó un tiempo acordar el sueldo y cómo me iban a pagar (porque en la administración francesa siempre es difícil pagar a gente).

El objetivo de crear la red era desarrollar una tecnología que CII pudiera usar en sus productos. Por otra parte,

9 Compagnie Industrielle pour l'Informatique.
10 Por cierto, que Bull General Electric pasó a ser Honeywell Bull.

«Simplificamos ARPAnet para que fuese más escalable, barata y fácil de implementar que la primera ARPAnet. Esta red de paquetes era autoincompatible (porque si tomábamos dos de estas redes, no era posible conectarlas porque cada una de ellas consideraba a la otra el *host*; no era simétrica).»

era necesario tener una justificación para la administración francesa: no podía ser un dinero gastado por el Estado simplemente para el beneficio de CII, tenía que tener otros objetivos. El otro objetivo fue un poco raro: se trataba de tener una red que permitiese a las distintas administraciones compartir sus bases de datos. Además, en aquel momento estaba muy de moda desarrollar bases de datos. Cada parte del Gobierno quería su propia base de datos, y estas, por supuesto, eran incompatibles unas con otras; por eso, la idea era compartir todas esas bases de datos y sus contenidos entre administraciones. Esto nunca ocurrió porque estaban muy celosos de su territorio, pero fue la excusa para llevar adelante el proyecto de la red.

Pude contratar a **Hubert Sumerjan,** que estaba buscando algo interesante que hacer, y también elegí a **Jean-Louis Grangé,** que estaba en mi equipo en Simca y en el servicio de meteorología, además de otras personas con las que establecí contacto a través de anuncios en periódicos, llamadas a colegas, etc. Empecé con media docena de personas, aunque durante los tres primeros meses, estuve yo solo.

Inmediatamente, empecé a redactar un informe. Escribimos dos libros, uno desde el punto de vista técnico y el otro desde el punto de vista de la gestión, para explicar qué eran las redes, cómo las queríamos, su uso, etc. Nos llevó unos tres meses hacerlo, pero fue algo muy eficaz, porque entonces la administración tuvo algo de qué hablar. Lo llamé **des.** Así que querían saber qué era y qué no era Cyclades.

Luego tuvimos Cyclades funcionando, hasta teníamos un logo. Una cosa que no sabía es que, durante los dos años siguientes, siempre que un funcionario, un ministro o alguien así daba un discurso en el que hablase de

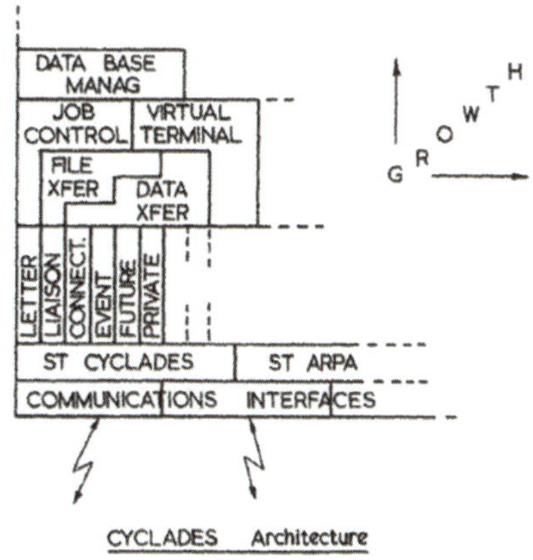

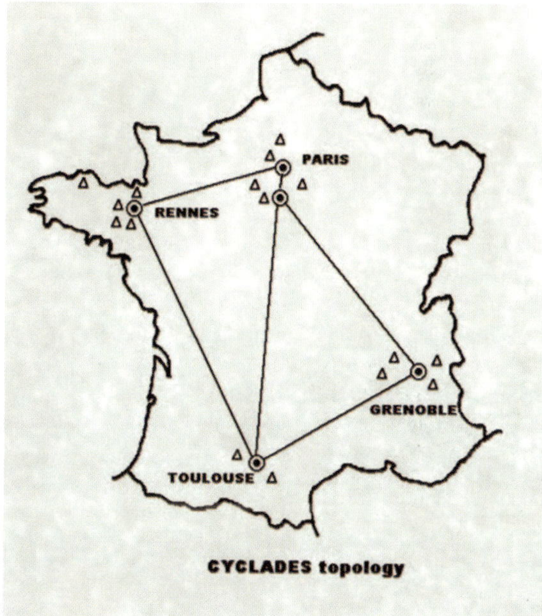

cyclades

Logo original de Cyclades, escaneado a partir de material de archivo y restaurado (no existía hasta ahora una versión digital del mismo). Cortesía de Louis Pouzin.

redes, tomaban citas, páginas y partes literales de aquel libro, sin citar la fuente, por supuesto.

Usaron el libro para elaborar discursos, lo cual, en cierto sentido, nos sirvió de ayuda, porque se trataba del mismo discurso.

«Yo siempre pongo nombre a las cosas porque para mí, las cosas que no tienen nombre no existen.»

Cyclades era una red de ordenadores de conmutación de paquetes.

Se basaba en el mismo principio que ARPAnet, pero introduje algunos cambios para que las cosas fuesen más fáciles de implementar y desarrollarse. La decisión de crear y usar datagramas fue en aquel entonces la primera de este tipo. Yo había tomado esa decisión después de observar la simulación realizada por **Donald Davies** y su laboratorio en el National Physical Laboratory (Reino Unido). Estaba bastante convencido de que, teniendo un mecanismo adecuado para manejar la congestión, sería posible tener una red eficaz, y esto, por supuesto, era algo polémico.

Catenet es un término obsoleto que designa un sistema de redes de comunicación por conmutación de paquetes interconectadas mediante pasarelas. Término acuñado por Louis en 1974 en su primer artículo, en un momento en el que "red" significaba lo que hoy denominamos "red de área local". Catenet hacía referencia al concepto de unir estas redes en una red de redes con especificaciones para la compatibilidad en direccionamiento y en enrutamiento. El término Catenet fue reemplazado gradualmente por la forma corta del término *internetwork*, internet (con i minúscula), cuando el protocolo de Internet (TCP) sustituyó al protocolo anterior (NCP) en ARPAnet: 1 enero de 1983.

Una cosa que hice fue usar protocolos comerciales para conectar *host* a la red de conmutación de paquetes. Mientras, en ARPAnet, habían diseñado un *hardware* especial que era un estorbo, porque nadie quería hacerlo. Tenía que ser específico para cada ordenador al que iba conectado, así que era un lío.

Así que decidí usar protocolos comerciales disponibles en máquinas comerciales. Al hacer esto (usar *software* estándar disponible para varios tipos de *hosts*), no tuvimos ningún problema importante para conectar todos los ordenadores. Aunque, como en ARPAnet, también usábamos un tipo de IMP (Interface Message Processor).

Se construyó la subred Cyclades basándose en ordenadores Mitra 15 (máquinas francesas creadas por CII[11]) y eso me llevó a la parte política del proyecto. La Délégation à l'Informatique era bastante poderosa, tenía dinero pero no era lo mejor que podíamos encontrar en Francia; dado que teníamos que tratar con CII, y CII no habría cooperado si no hubiese sido una máquina francesa, se utilizó ese ordenador y punto.

Además, teníamos que tratar con la empresa estatal francesa de correos, teléfonos y telégrafos, que era como un Estado dentro de otro Estado. Esta empresa estatal había empezado ya (casi en secreto) a trabajar en una red de conmutación de paquetes usando un ordenador DEC[12]. Sin embargo, su idea era solamente conectar terminales a una red. Así que, cuando le dije al Délégué à l'Informatique posteriormente que la empresa estatal francesa de correos, teléfonos y telégrafos (PTT) había empezado a hacer conmutación de paquetes en un ordenador DEC, se enfadó muchísimo, y dijo: *"¿Y no me lo han dicho?"*. El problema era que necesitábamos líneas telefónicas para hacer una red, y las líneas eran monopolio de la empre-

11 En 1971, en el seno de la CII (Compagnie Industrielle pour l'Informatique), nació la gama de productos Mitra. Mitra era un miniordenador de 16 bits. Se usó su modularidad para adaptar la configuración, los periféricos y el *software* a cada aplicación de cada cliente. Tenían TTL y la tecnología de la memoria era de núcleo magnético. El armario principal reagrupaba un sistema completo con hasta 32 K "palabras" y 18 adaptadores de periféricos. La memoria de control utilizaba tecnología bipolar y tenía una capacidad de 512 a 4.096 "palabras" de 16 bits. *Software*: MTR: Moniteur Temps Réel, sistema operativo en tiempo real. Una unidad incluía un disco duro y un disco extraíble de 5 MB de capacidad.

12 DEC: siglas de la empresa fabricante de ordenadores Digital Equipment Corporation. Fue adquirida por Compaq y esta a su vez por HP (Hewlett Packard).

sa estatal francesa de correos, teléfonos y telégrafos: si tuviésemos que pagar por ellas al precio oficial, nos habría costado lo mismo que todo el presupuesto para el proyecto de la red. Finalmente, tuve un jefe que era diplomático y que logró convencer a la empresa estatal francesa de correos, teléfonos y telégrafos de que deberían colaborar cediendo las líneas telefónicas gratis y que serían parte del comité director del proyecto. Luego se hizo evidente que era difícil cooperar con ellos porque querían hacer algo diferente a lo que nosotros hacíamos. Durante un tiempo, mantuvimos un cierto compromiso, según el cual yo escribiría las especificaciones de la red de paquetes y ellos la implementarían. A mí me parecía que aquello no iba a funcionar, y así fue. Yo conocía a su equipo, eran tres o cuatro personas, y no eran programadores eficaces. No estaban bajo presión y decían: "Bueno, podríamos hacerlo en un año, con un retraso razonable en el plazo, que sea válido"; y un retraso razonable en la empresa estatal francesa de correos, teléfonos y telégrafos pueden llegar a ser dos años más. Así que yo dije que si malgastábamos más de seis meses, estábamos acabados, que nadie aceptaría seguir gastando dinero en el proyecto sin que ocurriese nada. El segundo aspecto es que no confiaba en ellos desde el punto de vista de la capacidad técnica, porque no tenían suficiente experiencia en el tema. No habían implementado sistemas grandes antes, y yo sí: había implementado varios sistemas antes así que sabía qué tipo de problemas podríamos tener o podrían surgir al desarrollarlos. Lo primero que dijeron es que usarían mis especificaciones, pero que usarían un *hardware* de su elección, lo que significaba que iban a usar una máquina (americana) DEC y esto, obviamente, iba a ser un problema con la Délégation à l'Informatique y CII. Finalmente, convencí a mi jefe de que, para que el proyecto tuviese éxito, teníamos que hacer algo rápido: desarrollaríamos nuestra conmutación de paquetes y, una vez que ellos estuviesen listos, tomaríamos su red (algo parecido a lo que pasó con OSI y TCP). Así que ellos siguieron trabajando en su máquina DEC, desarrollaron circuitos virtuales y nosotros desarrollamos nuestra red de paquetes en paralelo usando datagramas.

«Durante la primera demo que hicimos de la red (en noviembre de 1973), pusimos altavoces en los módems y, cada vez que pasaba un paquete, se oía un crujido (muy parecido al sonido que hace una cigarra *(cigale)* y decíamos: "¡Esto es Cigale!".»

«… el hecho de que ARPAnet estuviera basada en *hardware* se debió tanto a la casualidad como al diseño. ARPA había empezado diseñando la subred (la red que iba permitir a los IMP hablar unos con otros), y solo posteriormente se preocupó sobre cómo usarían la red los *hosts*. Pouzin, gracias a la experiencia de ARPA (visitó varios sitios de ARPAnet haciendo las veces de espía para conocer los puntos débiles de ARPAnet, con el objetivo de que su red fuese mejor), podría hacer las cosas al revés. Pensó en la manera en que le gustaría que sus *hosts* hablasen unos con otros, y luego diseñó la subred para que encajase…»

Robert Cailliau, *How the Web was burn*, Oxford, Oxford University Press, 2000, p. 37.

Al principio, llamé a esta red **Mitranet**[13] pero hubo gente en la administración (algunos burócratas) que se opusieron porque "net" no sonaba a francés, sonaba a inglés; por este motivo, cambié el nombre a **Cigale**[14], que sonaba muy francés.

Construimos la red en un año: no estaba terminada, pero era suficiente para hacer demostraciones; por supuesto, la empresa estatal francesa de correos, teléfonos y telégrafos no estaba lista. Después nos ocupamos del protocolo de transporte, el *software* para la máquina que habíamos desarrollado. Fue bastante laborioso

13 Mitranet: pues la red estaba basada en máquinas Mitra-15 francesas.

14 Cigale (palabra en francés para 'cigarra') es un saltamontes; esta palabra también puede referirse a un crustáceo, pero en Francia la mayor parte de la gente entendería la palabra *cigale* como un tipo de insecto que está en los árboles. Para la primera demostración, el equipo había conectado un altavoz a cada módem y, cada vez que pasaba un paquete, se podía oír cómo pasaba, porque hacía el típico crepitar "criiip, criiip" que hacen las cigarras.

hacerlo porque tenía que corresponderse con el sistema operativo existente, que a veces era un poco caótico (la documentación no estaba siempre disponible, el tiempo para depurarlo estaba limitado, etc.), y nos llevó bastante tiempo; pero, finalmente, logramos que este *software* funcionase lo suficientemente bien con la red de paquetes y empezamos a hacerlo disponible para permitir que otros hicieran también depuración de nuestro *software*.

A partir de ese momento, empezamos a abrir la red; establecimos una cooperación entre media docena de universidades, y teníamos a gente trabajando con nosotros mediante contratos para que desarrollaran su propio *software*, sus propias aplicaciones. En otras palabras, hubo un gran apoyo mutuo en esta comunidad de investigadores (que trabajaban en redes) en Francia. Como había un gran apoyo, hicimos que la red estuviese disponible durante seis horas al día y, progresivamente, lo aumentamos hasta 24 horas al día, y la gente podía hacer lo que quería en la red. Se volvió lo suficientemente operativa como para que, llegado un momento, el *mainframe* de IRIA[15] (el equipo del CII que estaba desarrollando el compilador ADA[16] por encargo del Departamento de Defensa (DoD) de los Estados Unidos), tubo un problema relacionado con el aire acondicionado que causó daños en el *mainframe* de IRIA y se tardó varios meses en repararlo, por lo que el equipo de ADA pudo seguir con su trabajo en un *mainframe* ubicado en Grenoble a través de Cyclades. Nadie podrá negar que Cyclades estaba realmente operativa...

Con todas estas universidades y centros de investigación trabajando con nosotros, la red se convirtió en una plataforma de investigación bastante famosa. Las estaciones de transporte (ST-xx en el diagrama de Cyclades de la derecha) estaban basadas en ordenadores franceses Mitra-15, pero los hosts eran diversos: teníamos hosts de BULL, de CII, de IBM, de DEC... no éramos extremistas en ese sentido en absoluto.

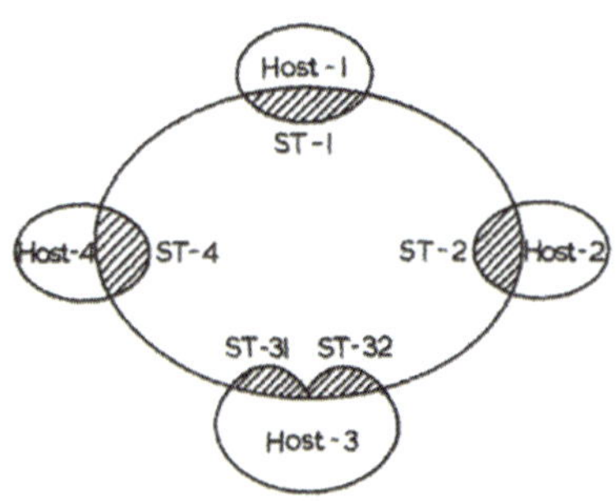

15 IRIA significa Institut de Recherche d'Informatique et d'Automatique.
16 ADA es un lenguaje de programación.

Fue en 1976 cuando la red estaba plenamente desarrollada con veinte nodos, con conexiones al NPL de Londres (National Physical Laboratory, con el equipo de **Donald Davies** en Reino Unido), a la Agencia Espacial Europea (ESA) de Roma, a la Red Informática Europea (European Informatics Network, EIN) y a la gente encargada de la gestión de la documentación nacional en Francia; teníamos varias conexiones con todas esas redes privadas. En la empresa estatal francesa de correos, teléfonos y telégrafos no estaban demasiado contentos con esto, porque resultó que su experimento con máquinas DEC y sus circuitos virtuales no suscitó mucho interés, salvo por parte de IBM. Estaban presionando en cierta medida a IBM para que desarrollaran algún tipo de interconexión con su propia red. Sin embargo, salvo por una cantidad limitada de experimentos, en general no tuvieron éxito. La verdad es que IBM no estaba interesada en la red de la empresa estatal francesa de correos, teléfonos y telégrafos en sí misma, solo les interesaba mantener una buena relación con ellos.

Durante años, empresas importantes de Francia ejercieron presión para que la empresa estatal francesa de correos, teléfonos y telégrafos proporcionara algo de infraestructura de comunicación de datos, más fiable, más rápida, más barata, etc. A pesar de ello, la empresa no hizo nada.

Una vez que habíamos desarrollado el Proyecto Cyclades, algunas compañías empezaron a convocar concursos para tener sus propias redes con la misma tecnología que se usó en la red de paquetes que llamamos Cigale. Entre ellas estaban, por ejemplo, los ferrocarriles franceses, un banco francés e incluso la Policía y la Marina francesas. Las compañías que participaron en el concurso eran las mismas con las que habíamos trabajado.

Cyclades tenía un presupuesto razonable de la Délégation à l'Informatique, pero era dinero público. Como no había presupuesto asignado para la contratación de personal, llamé a empresas de *software* y les ofrecí contratos por sus mejores programadores.

Les dije: *"Están vendiendo a su gente por cinco veces su salario; les voy a pagar 2,2, no más de 2,5 veces su salario, a condición de que trabajen para nosotros; y no se preocupen por que pueda ser un periodo de inactividad para ellos, en absoluto: los tendremos con nosotros durante un año o más tiempo, les daremos formación y les devolveremos a unos expertos en red de primera categoría".* Todas las empresas de *software* estuvieron de acuerdo. Pedí currículums, seleccioné los que eran buenos, entrevisté a su gente y elegí a los mejores. En cuanto estos trabajadores regresaron a su puesto con su empleador, los pusieron a trabajar inmediatamente en concursos convocados por compañías francesas o extranjeras muy importantes que querían una red. Y como es natural, ellos proponían aquello que habían conocido: Cyclades/Cigale. La transferencia de tecnología del mundo de la investigación a la industria era muy rápida.

La empresa estatal francesa de correos, teléfonos y telégrafos intentando defender su monopolio histórico

La empresa estatal francesa de correos, teléfonos y telégrafos empezó a estar muy preocupada por esto porque pensaban que si todas las grandes empresas estaban optando por redes privadas con datagramas, su idea de crear una red pública con circuitos virtuales no tenía mucho futuro. Por eso, empezaron a hablar de su futura red pública y, llegados a ese punto, por supuesto, dijeron: "Bueno, Cyclades no tiene ningún futuro, porque nosotros vamos a tener una red pública", **"vamos a dejar de cederles líneas"**, etc., y "no van a poder continuar".

Así que empezaron a convencer a la gente de que no trabajasen con nosotros. Y esto les funcionó, en el sentido de que pudimos continuar pero tuvimos dificultades para tener el apoyo de la empresa estatal francesa de correos, teléfonos y telégrafos; por ejemplo, teníamos líneas más rápidas, líneas de 50 kbps con algunos centros, pero dejaban de funcionar con bastante frecuencia, tardaban tres semanas en arreglarlas, y cosas así. Estaba claro que estaban intentando hundir el proyecto. Pero aquí se me olvida señalar una cosa: en 1974 murió el presidente francés Pompidou, que padecía cáncer, y fue sustituido por Giscard d'Estaing, que tenía una visión completamente diferente de la industria.

Louis Pouzin en la Universidad de Santiago de Compostela. 1976. Cortesía de Louis Pouzin.

Una vez transcurrido un año con Giscard d'Estaing en el poder:

- Disolvieron la Délégation à l'Informatique. Cancelada, abolida.
- Retiraron todo el presupuesto para el Proyecto Cyclades.
- Fusionaron CII con Bull General Electric.
- Decidieron reemplazar la máquina de CII con la máquina de GE; fue un giro completo de política.
- Los alemanes no estaban del todo satisfechos en el marco de Unidata porque les habían empezado a cerrar sus oficinas en Francia para dejárselas a la CII, mientras que la CII estaba usando las oficinas de Siemens en Alemania. Debido a este cambio repentino de política, disolvieron finalmente el consorcio.

Era una época bastante difícil para la industria informática en Francia. Los clientes estaban especialmente confundidos porque tenían que anticipar los cambios, otra vez, a diferentes máquinas, etc., y no teníamos dinero; nos abandonaron a nuestra suerte. Prácticamente, nos hicimos cargo de la red durante unos dos años más, hasta 1978, sin dinero, gracias solo a que las máquinas que teníamos las habían cedido gratuitamente y los conmutadores seguían allí, los *hosts* pertenecían a universidades y tenían a investigadores trabajando que eran pagados por sus instituciones; así, seguimos trabajando en la red sin hacer ruido.

Creo que en determinado momento tuvimos veinte nodos, pero luego el número se redujo a una docena o algo menos.

Una vez que fue abolida la Délégation, estábamos vinculados al Ministerio de Industria. La persona que estaba en el Ministerio de Industria no estaba dispuesto a seguir colaborando. Oficialmente, yo ya no estaba al cargo y recibí una carta del director de IRIA en la que se me prohibía trabajar en redes. Pensé que no estaban muy convencidos de que eso fuese a ser así. Quizá pensaban que yo iba a seguir haciendo lo que quería de cualquier manera. Pero yo ya no tenía el respaldo oficial para hacerlo.

Así pues, las cosas fueron a peor, y esto no fue lo último. Una de las cosas que el nuevo Gobierno dijo es: "Vosotros, los investigadores, habéis hecho un gran trabajo a la hora de desarrollar la tecnología y bla, bla, bla..., pero ahora debéis transmitir vuestros conocimientos y dejar que siga la industria. Dedicaos a otras cosas". Por tanto, no había necesidad de mantener el equipo de investigadores, porque no se necesitaba hacer ninguna investigación en redes. De hecho, querían crear un nuevo organismo en Francia, porque lo más urgente ya no era llevar a cabo estudios técnicos, sino extender el uso de ordenadores en Francia, enseñar a los franceses a usar ordenadores, aplicaciones informáticas, etc. Crearon un nuevo organismo llamado Agence de l'Informatique (ADI), pero siempre que uno crea una nueva estructura, hace falta dinero para sobrevivir, y el Ministerio de Economía dijo: *"Puedes crear una nueva estructura, pero no tenemos más dinero; es decisión tuya si quieres seguir adelante con esta limitación"*. Para conseguir a gente que fuese a esta agencia, decidieron que fuera la mayor parte de mi grupo. No todo el mundo estaba contento con esto y, al principio, no querían. En el caso de mi gente, varias personas, incluido yo, lo rechazamos; teníamos la opción de ser despedidos o de trabajar para este organismo, así que dijimos: *"No"*.

Mientras tanto, me puse en contacto con el director del laboratorio de investigación de la empresa estatal francesa de correos, teléfonos y telégrafos, el lugar que estaba desarrollando la red de dicha empresa estatal inicialmente, la red **RCP**. Sin embargo, debido al cambio de Presidencia, el director había cambiado y el nuevo director estaba mucho más interesado en hacer el mismo tipo de proyecto piloto que estábamos haciendo en IRIA y estaba dispuesto a contratarme. En cuanto me despidieron de la agencia me incorporé a CNET[17], en 1979. Era parte de la empresa estatal francesa de correos, teléfonos y telégrafos, donde previamente habían desarrollado la otra red, que no había tenido éxito, y donde su equipo había preparado las especificaciones para la red pública.

Como el director estaba mucho más dispuesto a cooperar, me incorporé a CNET en 1979. Pero entonces no tuve demasiadas cosas interesantes que hacer. Como me había contratado para hacer y comenzar proyectos piloto del mismo tipo que había estado gestionando en el IRIA, pensé que iba a hacer lo mismo en el CNET. De hecho, era mucho más difícil, porque había una estructura jerárquica mucho más fuerte y las interacciones entre los centros de poder del CNET eran más complejas, pero así estaban las cosas. También formé parte de grupos de estandarización y asistí reuniones en Bruselas por asuntos de estándares de telecomunicaciones; no era muy emocionante en general, pero (al menos) me mantenía en actividades relacionadas con las redes internacionales.

La empresa estatal francesa de correos, teléfonos y telégrafos también tenía un Departamento de Formación; tenían las competencias para formar a ingenieros de telecomunicaciones. Habían estado en contacto con varias compañías francesas importantes y habían identificado la necesidad de un tipo de estudios que todavía no existía en aquel momento. Esta formación era para los ingenieros de primera categoría, que recibirían al mismo tiempo preparación en asuntos comerciales. Todas estas empresas necesitaban redes. El problema al que se enfrentaban es que las personas que sabían de redes eran demasiado técnicas, y la gente del ámbito comercial no sabía absolutamente

17 CNET: Centre national d'étude des télécommunications (Centro Nacional de Estudio de las Telecomunicaciones de Francia).

nada de redes. Y por eso, no podían tomar decisiones útiles. Necesitaban a personas que comprendiesen las dos caras del tema. Dijeron que teníamos que formar a ingenieros con una orientación empresarial. Por este motivo, crearon una escuela de negocios con contenidos técnicos, en la costa sur de Francia, cerca de Niza, y eligieron a un joven ingeniero para que la pusiese en marcha. Era un colega mío y me propuso ir allí como decano de tecnología. La escuela se llamaba **Theseus.** Era el año 1989.

Creé un programa e invité a profesores a enseñar diversos temas. Yo mismo traté algunos temas como parte de ese programa. Estuve allí durante dos años y medio. Me fui a principios de 1993.

Precisamente en 1993, cuando decidí que era hora de jubilarme, se hablaba mucho en Francia sobre el hecho de que los grupos de jubilación y los planes de pensiones estaban en peligro porque cada vez había más gente en edad de jubilarse y menos gente para contribuir al fondo. Yo me adelanté a lo que ocurriría después (que sería más difícil jubilarse). Por este motivo, no esperé hasta los sesenta y cinco años, aun cuando me pasé los siguientes seis años impartiendo clase en este lugar. Pero ya no era parte del profesorado permanente en la escuela. Después de jubilarme, pasé buena parte de mi tiempo preparando cursos para Theseus.

En el año 2000, después de haber estado casi completamente aislado del ámbito del desarrollo de Internet, descubrí los problemas de Internet, originados en su despliegue a gran escala. Volví a estar activo en el campo de las redes, pero principalmente en el lado político, en el contexto del WSIS[18]. Ya no estoy muy metido en temas técnicos.

En 2012, sigo contribuyendo en varias asociaciones y grupos de trabajo relacionados con el desarrollo de Internet: Eurolinc[19] (para promover las lenguas maternas en Internet) y NLIC[20] (para fomentar el uso de palabras clave en lengua materna para acceder a Internet). Algunos premios que he recibido son el Silver Core de IFIP, el ACM SIGCOMM, el IEEE Internet Award y la Legión de honor francesa.

18 World Summit on the Information Society (Cumbre Mundial sobre la Sociedad de la Información).
19 European Linguistic Internet Consortium.
20 Native Language Internet Consortium.

¿Cuál fue su primer contacto/experiencia con Internet o ARPAnet?

En dos fases: la primera fue a finales de 1971, una vez que visité Estados Unidos y conocí a algunas personas de BBN y a gente que estaba trabajando en ARPAnet. Esta primera visita me dio muchas ideas sobre cómo mejorar las cosas, pero todavía no pude ver ARPAnet. Conocer a **Frank Heart** en BBN fue memorable; no le gustó saber que íbamos a desarrollar una red de paquetes cuando ya existía esta maravilla creada por BBN. No le compré su producto, pero más adelante, un miembro de su plantilla, **Dave Walden,** estuvo haciendo consultoría para nosotros en las etapas iniciales del desarrollo de Cigale.

Observé personalmente cómo funcionaba ARPAnet en la primera conferencia de la ICCC[21] en octubre de 1972, estuve en la gran demostración de ARPA en Washington DC. Fue bastante impresionante, porque había una sala de demostración con un montón de máquinas de escribir, impresoras, etc. (en aquel momento no había muchas pantallas). La gente venía de diferentes lugares de Estados Unidos con su equipo y aprendía a conectarlo. Examinaban los documentos técnicos, se pasaban varias horas poniendo a punto su sistema y al final funcionaba. Era muy impresionante. Por supuesto, lo que estaban haciendo con la red no era nada especial, básicamente eran demostraciones dentro de una conferencia. Conocí a **Doug Engelbart** (inventor del *mouse*) entre otros.

Me puse por primera vez en contacto con ellos mediante cartas y télex. Yo tenía sus datos porque habían publicado documentos y artículos. Conocía a gente del MIT porque había estado allí (conocía a **Bob Metcalfe** de cuando todavía estaba en el MIT). En California, estaba el jefe del Departamento de Informática de la UCLA, **Michel Melkanoff;** era un ruso que había emigrado a Francia y luego a Estados Unidos; él me presentó a **Leonard Kleinrock** y a otras personas. Había trabajado durante algunos años en Francia y hablaba francés perfectamente, aparte del hecho de ser ruso. Era fácil

21 International Conference on Computer Communications.

hablar con la gente cuando él te presentaba a alguien, muy fácil. No recuerdo cómo establecí contacto con ellos por primera vez, pero recuerdo que lo hice a través del agregado científico francés de la Embajada francesa. Estaba muy contento, porque me dijo: *"Si no fuese por ti, nunca habría conocido a Larry Roberts"*. Probablemente tenía fama entre ellos, aunque no sé seguro qué tipo de fama, pero quizá me recordaban del MIT.

En su opinión, ¿cuáles son las características clave de Internet?

Conecta los ordenadores de los usuarios finales, proporciona **acceso remoto** a través de un terminal, utiliza **conmutación de paquetes** (una tecnología nueva por aquel entonces, pero que ya no es nueva). Posee unas aplicaciones principales que son extremadamente importantes: el **correo electrónico** y **la Web.**

Como *aspectos negativos* tenemos el hecho de que carece de seguridad. El direccionamiento no es adecuado; está demasiado ligado a su infraestructura. Tiene una escalabilidad limitada para nombrar cosas porque tienes que usar cada vez más y más caracteres; lo que lo hace imposible de manejar. En relación con el direccionamiento, si trabajamos con IPv6 de la misma forma que con IPv4, necesitaremos máquinas enormes para el encaminamiento. Además está sesgado a favor del inglés. No se está haciendo ningún esfuerzo, o casi ninguno, por ocuparse de todas las lenguas. Deberíamos tener acceso a diferentes lenguas fácilmente y este no es el caso en los Estados Unidos, lo que no es algo muy bueno políticamente.

Si la tecnología de Internet no hubiese sido tan barata, no habría tenido tanto éxito. Es **fiable** en el sentido de que, aunque a veces puede no ser muy eficaz, es bastante fiable porque hay mucha redundancia. Puede que no pueda ser optimizada, pero es resistente.

¿Cuáles son para usted los hitos más importantes en el desarrollo de la red?

- En los años setenta, diría que los elementos más importantes que hicieron atractiva la red Internet inicialmente fueron el correo electrónico y el Telnet (o acceso remoto), porque ofrecieron a la gente la posibilidad de hacer en la red lo que habían estado haciendo durante años en un ordenador.
- Lograr que toda la red fuese como un solo ordenador; en aquel momento, había muchos sistemas de correo electrónico privados distintos, pero realmente no estaban muy desarrollados; básicamente, se trataba de mensajes destinados a técnicos, pero la gente corriente no los usaba porque no teníamos demasiado acceso a estos sistemas. Uno podía, por ejemplo, intercambiar documentos con otras personas, pero eran sobre todo programas para programadores, no existía realmente una interfaz sencilla para usar el correo electrónico que no fuese mediante programación.
- En 1974 el diseño del TCP, y el momento en el que se convirtió en un estándar de hecho (principios de los noventa).
- La creación de la Web en 1989 de manos de **Tim Berners-Lee** (CERN[22]) y **Robert Cailliau.**

¿Cómo contribuyó usted al desarrollo de Internet?

En nuestra red Cyclades se implementó de forma básica por primera vez la técnica de los datagramas. Es un protocolo de transporte que utiliza unas herramientas específicas, que no inventamos nosotros. Lo he tomado prestado de un esquema de telecomunicaciones, el esquema *windowing* (BBN, los constructores de ARPAnet, no tenían conocimiento de esto en aquel momento). El remitente tiene un crédito para mandar una cantidad específica de mensajes. Esto se denomina *window* (ventana). Puede usarlo y luego debe dejar de utilizarlo hasta conseguir más crédito del receptor.

Tú envías información y recibes el acuse de recibo más tarde. Puedes enviar cierta cantidad de información con antelación, pero no puedes traspasar un determinado límite. De esta forma, puedes controlar la producción de datos "manteniendo llena la tubería". Hace que la carga útil (información enviada) sea mucho mayor. Uti-

22 Conseil Européen pour la Recherche Nucléaire (Consejo Europeo para la Investigación Nuclear)

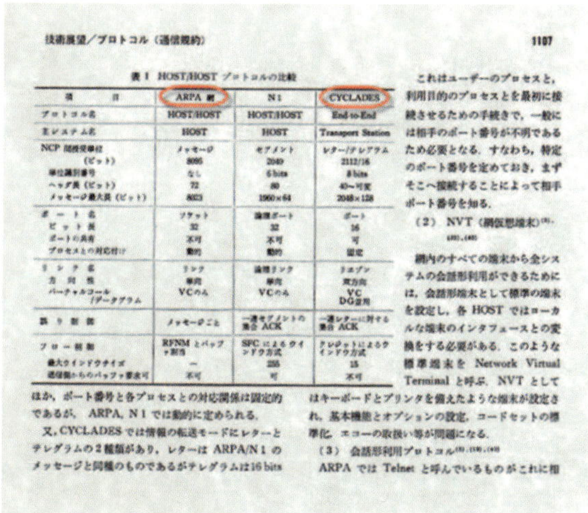
技術展望/プロトコル (通信規約) 1107

表1 HOST/HOST プロトコルの比較

	ARPA	N1	CYCLADES
プロトコル名	HOST/HOST	HOST/HOST	End-to-End
システム名	HOST	HOST	Transport Station

Universidad de Tokio. Comparativa de protocolos y redes donde se observan las diferencias entre las redes ARPAnet (EEUU) y Cyclades (Francia) y sus distintos protocolos en 1974.

lizamos esto y lo denominamos esquema *windowing*. Aunque este esquema *windowing* existía con anterioridad en protocolos de línea (como el HDLC[23]), no se utilizó a plena capacidad, no transportaba suficiente información. Lo mejoramos de forma que pudiese funcionar en un protocolo *host-to-host* (comunicación entre dos ordenadores), en vez de en un protocolo de línea.

El retardo de tránsito del protocolo de línea es muy corto, ya que la información en tránsito es muy pequeña; en protocolos *host-to-host*, puedes tener muchos más datos en tránsito. Por lo que tuvimos que mejorar el sistema; en aquel momento, esto supuso una contribución novedosa, ya que no se había implementado en la ARPAnet inicial.

En ARPAnet (con el protocolo original NCP), enviabas un paquete y esperabas el acuse de recibo: era un esquema de eficacia muy baja. Nuestra técnica más tarde pasó a formar parte del TCP/IP; Vint Cerf tomó prestada nuestra técnica, pero hubo una parte que no hizo bien, es el hecho de que, en nuestra red Cigale, las direcciones eran virtuales; en otras palabras, una dirección (como IP) no estaba vinculada a una interfaz física, tan solo era una entrada en una tabla que apuntaba a una interfaz física; la tabla se encontraba en el interior del conmutador al que estaba vinculada la interfaz física. De esta forma, podíamos mover interfaces físicas sin cambiar direcciones, no como en el protocolo IP.

He contribuido introduciendo el tema del direccionamiento por zonas *(zone addressing)*: tienes una lista de puertos, así que puedes redireccionar el tráfico examinando primero un par de bits y luego ir más allá descendiendo por la dirección. Creo que no tomaron prestada de la manera correcta esa parte del diseño de Cigale. Esto puede haber ocurrido porque se intentaba aumentar la eficacia o para incrementar la velocidad de la implementación, no lo sé, pero no se hizo de la forma en que yo lo habría hecho. De hecho, esta técnica fue redescubierta algunos años después en Internet.

Sigue sin haber direcciones virtuales en Internet; no hay un esquema de direccionamiento que sea de verdad físicamente independiente. Además, el sistema de nombres de dominio (DNS) depende de una estructura de bases de datos "nosequé punto nosequé punto nosequé punto", y eso es algo técnico; si cambias la estructura, cambias el nombre.

Por otro lado, está la URI, donde tienes "archivo-archivo-archivo" o algo similar, que está vinculado a una implementación especial; no puedes moverlo a distintos lugares. Así pues, está demasiado ligado a la implementación. Mira, por ejemplo, el sistema telefónico: antiguamente, un número de teléfono estaba formado por la concatenación del número de país, zona, número de central, etc., estaba bastante establecido. Hoy en día, el número es virtual: consultas una base de datos (que es una especie de DNS del sistema telefónico) y consigues otro número. Es verdad que en la mayor parte de servicios de telefonía del mundo, si cambias de barrio o de ciudad, no puedes mantener tu número, pero no es porque no sea posible hacerlo, sino porque es más caro, pues harían falta muchas bases de datos y se incrementaría el tiempo de conexión; pero hay números de red inteligente 800/900 que son así, que pueden estar en cualquier sitio.

23 High level Data Link Control (Control de Enlace de Datos de Alto Nivel).

Internet, la idea de una sola red interoperable que trascendería todas las demás, fue inventada por Bob Kahn y Vint Cerf.

También participaron otras personas: la idea de la interconexión entre redes *(internetworking)* estaba alcanzando su plenitud, pero el momento está claro, ocurrió a mediados de la década de los setenta. Ahí fue cuando la idea se llevó a la práctica.

Sin embargo, la idea de que ARPAnet era una "Internet" es bastante errónea. ARPAnet fue una de las piezas que creó la oportunidad para la existencia de Internet, pero si lo que quieres encontrar es el principio de las comunicaciones basadas en paquetes, ¿por qué no examinar la comercialización del SNA de IBM (por **Ed Sussenguth**)? Los paquetes, evidentemente, no son *internetworking.*

La visión oficial sobre el origen de Internet no es correcta. Si entendemos Internet como una red con un protocolo de transporte de circuitos virtuales en capas sobre un protocolo de datagramas en la capa de la red, esto fue llevado a la práctica en Francia en la red Cyclades ya en 1973 (véase: L. Pouzin, E. André *et al., The Cyclades Computer Natwork,* Ámsterdam, North-Holland, 1982) El protocolo de transporte se llamó TS y el protocolo de datagramas se llamó Cigale. Cyclades abarcó todos los centros de investigación de Francia, y a la larga se conectó a Reino Unido y otros puntos de Europa.

Vint Cerf, sabiamente, usó la arquitectura de Cyclades, al igual que hicieron los diseñadores de DECnet. Y Cerf no oculta este hecho, como se puede ver en las referencias a Louis Pouzin, el inventor de Cyclades, otros miembros de su equipo y asesores comunes en BBN en el primer artículo de Cerf y Kahn sobre el TCP, de 1974, y la primera *RFC* (petición de comentarios) sobre TCP, cuyos coautores fueron Vint Cerf, Carl Sunshine y Yogen Dalal, también en 1974. En los ochenta, la gente de Internet, misteriosamente, dejó de dar crédito a Cyclades.

Así que, en realidad fue IRIA, en Francia, dirigida por Louis Pouzin y en estrecha colaboración con BBN, quien primero llevó a la práctica la interconexión entre redes *(internetworking).*

Fuente: fragmentos de correos electrónicos de la lista de Dave Farber, 7 de septiembre de 2009. Reproducido con autorización.

Se puede decir lo mismo de los números de teléfono GSM. Por lo tanto, si no se hace es más bien por el tema económico, porque la mayor parte de la gente no cambia mucho de sitio. Pero si hace falta, lo hacen. Sin embargo, ARPAnet no puede hacerlo, es más anticuado que el viejo sistema telefónico.

¿Quiénes han sido las personas clave, líderes o promotores en el desarrollo de Internet?

Desde el punto de vista de la red **Cyclades:**

- **Hubert Zimmerman.**
- **Jean-Louis Grangé.**
- **Gérard Le Lann.** En 1972, Gérard se incorporó al INRIA (entonces llamado IRIA). Para poder controlar más de cerca el trabajo llevado a cabo en ARPAnet, le pedí a Gerard Le Lann que se pasara un año en Stanford (1973-1974), uno de los cuatro centros de ARPAnet en aquel momento, como científico visitante. Durante este periodo, terminó su investigación sobre la simulación de protocolos.
- **Jean Le Bihan.**
- **Najah Naffah.**
- **Michel Gien.**
- **Edouard André** (CII).
- **Jean-Claude Chupin.**
- **Vincent Quint.**
- **Guy Sergeant.**

Y el más conocido:

- **Paul Baran** (de RAND Corporation, California, Estados Unidos)
- **Donald Davies** (NPL, Reino Unido)
- **Len Kleinrock** y su equipo en UCLA (University of California, Los Angeles).
- **Larry G. Roberts** (arquitecto de ARPAnet).
- **Vint Cerf.**
- **Bob Kahn.**
- **Bob Metcalfe** (el inventor de Ethernet con **Dave Boggs**).
- **André Danthine.**
- **Derek Barber** (NPL).
- **Carl Sunshine.**
- **Frank Heart** (director del equipo de BBN).
- **Alex McKenzie** (BBN).

Equipo de Cyclades: Louis Pouzin, Jean-Louis Grangé, Najah Naffah, Hubert Zimmermann y Jean Le Bihan. Noviembre de 1984. Cortesía de Louis Pouzin.

- **Barry D. Wessler.**
- **Robert M. Balzer.**
- **Tim Berners-Lee** (CERN, creador de la WWW y el HTML).
- **Robert Cailliau** (CERN, contribuyó a la creación de la WWW).

entre otros muchos.

Algunas anécdotas

El nombre Cyclades (en español, Cícladas) procede de Grecia; si uno observa el mapa de Grecia, se parece al mapa de una red de ordenadores, excepto en que es necesario algo para conectarlos. Yo elegí el nombre: tiene solo dos sílabas, se pronuncia (/siklad/), y era una especie de aliteración de Cigale, Cyclades Cigale. Desde el punto de vista semántico, es interesante saber que las islas Cícladas, antes de los tiempos de Jesucristo, eran ya una república y tenían comercio, aunque también había disputas entre ellas; y esto es bastante típico también en las redes de ordenadores, en donde hay dispositivos que se pelean unos con otros, cooperan y se pelean al mismo tiempo.

Yo no inventé el principio de los paquetes independientes, lo que se llamó después "datagramas"; lo introdujo por primera vez Paul Baran. Como sabe, Baran es un ingeniero polaco que emigró a Estados Unidos y que trabajaba para RAND Corporation (en California). En 1964, publicó un informe importante, que apenas fue tenido en cuenta; sin embargo, no todo el mundo ignoró este documento: Donald Davies, en Reino Unido, había leído el informe y tuvo la idea (acuñando el término "paquete") de usar el concepto de Baran, pero no para las comunicaciones de datos; lo que Davies tenía en mente era usarlo en la parte de señalización del sistema telefónico. En los sistemas telefónicos (tal como trabajaban antes), cuando llamabas a alguien, el sistema intentaba establecer una conexión de voz con el destino, luego intentaba llamarle y, si no había respuesta, enviaba una señal de ocupado y cerraba la conexión. La idea de Davies era no hacer eso, sino enviar un paquete "¿estás disponible?" al destino. Si estaba disponible, y solo entonces, se abriría una conexión de voz; con esto, se ahorra mucho ancho de banda. Davies pensaba que los datagramas podrían usarse principalmente en el sistema telefónico. Entonces, él y su equipo del National Physical Laboratory (Reino Unido) simularon el comportamiento de paquetes libres en una red (qué es lo que crearía congestión, etc.), pero nadie había implementado este tipo de red ni había trabajado sobre este principio. Para mucha gente, era imposible hacer que esto funcionase: sin limitaciones, no hay control; decían que habría congestión, que estaría saturada, que perderías paquetes, etc. Así que mi contribución fue esta, hacer que funcionase, crear una red de conmutación de paquetes que era práctica y que funcionaba basada en esta teoría.

A finales de 1974 y principios de 1975, nació la denominación datagrama. Se la inventó un ingeniero de la administración de correos, teléfonos y telégrafos (PTT) de Noruega, llamado Halvor Bothner-By, un día que viajaba en tren por Francia para asistir a una reunión en Rennes. Todavía no había denominaciones específicas para los datagramas, los llamaban paquetes; dado el lugar en el que trabajaba este hombre, tenía en mente

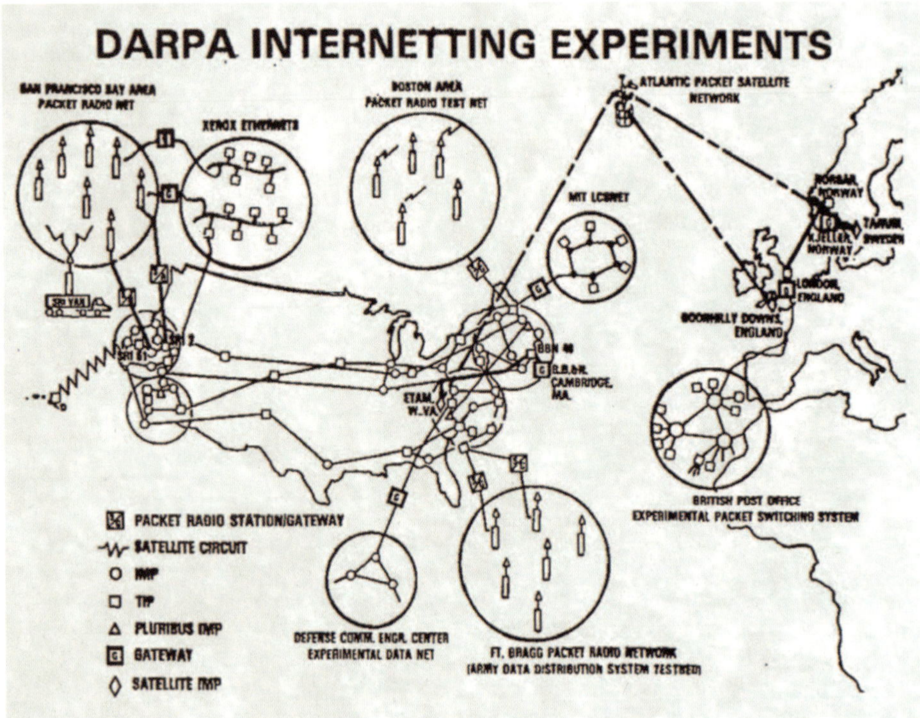

Muestra de los experimentos de *internetting* de DARPA con circuitos de radio, satélite y líneas terrestres (de 1977 a principios de 1980). Cortesía de Louis Pouzin.

los telegramas..., y pensó: "¿Por qué no llamarlos datagramas?". El término se hizo popular enseguida a pesar de que las administraciones de correos, teléfonos y telégrafos estaban en contra de este concepto. Bothner-By fue coordinador de sesión *(special reporter)* sobre conmutación de paquetes en el grupo de estudio VII del CCITT, en el que se desarrolló la recomendación X.25 (1976) basada en circuitos virtuales. Muy pocos actores principales llevaron la batuta en el CCITT: Reino Unido, los franceses, los alemanes, algunos españoles y algunos italianos. Los japoneses estuvieron allí solamente para hacer algún comentario muy de vez en cuando, pero básicamente se dedicaron a escuchar. Los franceses estaban radicalmente en contra de los datagramas, porque éramos competidores. Los alemanes estaban en contra de cualquier tipo de conmutación de paquetes; ellos querían conmutación de circuitos digitales usando X.21. El Reino Unido tenía inicialmente su propio tipo de conmutación de paquetes EPSS, pero apoyaron la idea del X.25 impulsada por Larry Roberts (ya fuera de ARPA y en su empresa Telenet). Los delegados de IBM se mantuvieron en silencio. Las discusiones eran eternas, pero había una cosa clara: "Si no creamos un estándar rápidamente, IBM impondrá su propio estándar". Esta idea, alimentada por Roberts, se usó para asustar a la gente... y funcionó. El único interés de IBM era proteger su SNA, que era su producto de redes sin conmutación de paquetes. Así fue cómo nació el nuevo estándar X.25. En 1978, ISO aceptó formalmente la denominación datagrama.

Después de la demostración de ARPAnet en la ICCC :

- Redactamos un artículo con Vint Cerf en un barco en 1974.
- Allí también organizamos el INWG (International Network Working Group), estábamos presentes Cerf, Kahn, Derek Barber (NPL) y yo. En aquel momento era miembro del IFIP TC-6 (International Federation for Information Processing, Technical

Louis Pouzin (a la derecha) con el autor durante la entrevista personal y la comida en Le Victor Hugo (en el centro de París, Francia). 15 de febrero de 2008.

Committee 6). El TC-6 estaba a cargo de las comunicaciones de datos. Acepté la labor de conseguir que nuestro informal grupo INWG recibiese "acreditación" como grupo de trabajo 1 del IFIP TC-6 con la finalidad de lograr cierto prestigio internacional. Esto hizo que fuese inadecuado desde el punto de vista político que yo ocupase la Presidencia de INWG, al igual que Derek Barber, que tenía responsabilidades en la EIN (European Informatics Network). Estos factores tuvieron mucho que ver con la elección de Vint Cerf como presidente de INWG. Yo me convertí en el delegado francés y, en colaboración con Peter Kirstein (el delegado británico), Keith Uncapher (director de ISI, Estados Unidos) y Yogen Dalal (que trabajaba con la especificación de TCP en Stanford con Vint), redactamos distintos artículos para acordar unas directrices. Estas directrices se distribuyeron, pero no se publicaron. Como todavía no teníamos correo electrónico, distribuimos copias impresas en las conferencias.

La primera versión de ARPAnet era autoincompatible. Cada una de las redes consideraba a la otra el *host*, por lo que (de haber existido) no se hubieran podido conectar dos o más de ARPAnets.

¿Qué opina acerca del futuro de Internet?

Tenemos que seguir haciendo que sea más sencilla y más barata.

¿Ha identificado alguna tendencia tecnológica?

Sí, sensores inalámbricos para seguridad, usuarios de móviles, perfiles de personas, localización, estafas *(scam)*.

Se utilizarán las armas para destruir la infraestructura de Internet en un país. Será parte de las nuevas guerras. En el futuro, Internet no va a ser uniforme.

Puedes llamarme *"el padre de los datagramas"*, pero no hay mucha gente que sepa lo que son los datagramas, así que hay otro sobrenombre que la gente usa muchas veces: el abuelo de Internet; cualquiera puede entender eso, mientras que, en el caso de los datagramas, necesitas un gran nivel técnico para entenderlo.

LECTURAS COMPLEMENTARIAS
TRABAJOS Y LIBROS MENCIONADOS / RECOMENDADOS

- Pouzin, L., "Presentation and Major Design Aspects of the Cyclades Computer Network", *Proceeding of the third ACM sysposium on Data communications and Data networks: analysis and design,* Nueva York, ACM, 1973, pp. 1023-1036. Este es un buen artículo introductorio sobre la red Cyclades. Es una visión general (no minuciosa) sobre la red en su conjunto.
- Pouzin, L., "A Proposal for Interconnecting Packet Switching Networks" *Proceedings of EUROCOMP,* Brunel University (mayo 1974), pp. 1023-36. Artículo de gran influencia en el que Louis introduce el término "Catenet". En julio de 1978, Vint Cerf (IEN-48) adoptó el término para ARPAnet. El proyecto de investigación de DARPA (Estados Unidos) adoptó el término con el significado aproximado de "el conjunto de redes de paquetes que están conectadas unas con otras."
- Pouzin, L., André, E., et al. *The Cyclades Computer Network: towards layered network architectures,* Ámsterdam, North Holland, 1982. Este libro es el volumen 2 de una serie monográfica del International Council for Computer Communications (ICCP). Louis Pouzin editó el libro, pero este tiene varios autores, entre ellos, Édouard André, Jean-Claude Chupin, Michel Gien, Jean-Louis Grangé, Jean Le Bihan, Gérard Le Lann, Najah Naffah, Louis Pouzin, Vincent Quint, Guy Sergeant y Hubert Zimmermann. Es un libro muy detallado que extrae información de varios artículos sobre Cyclades.

Lawrence **Landweber**

Pionero de Internet. Creador de CSnet.

«Es importante que la gente entienda que, en los comienzos, las cosas eran muy diferentes a como son en la actualidad. **NO EXISTÍA INTERNET,** solo ARPAnet, y únicamente una pequeña comunidad de investigadores sabía lo que eran los protocolos TCP/IP.»

Además de sus esfuerzos para organizar los primeros Talleres Landweber (1983-1998) y las conferencias INET, que difundieron la tecnología mundialmente, también trabajó con personas en muchos países que deseaban conectar sus universidades o sus redes a Internet a través de CSnet, haciendo todos los preparativos para que estos grupos recibieran el software y el soporte técnico necesarios. De este modo, proporcionó la primera conexión a Internet académica abierta a un sinfín de países. Las conexiones iniciales eran solo para correo electrónico, pero la mayoría emigraron tarde o temprano a una conectividad TCP/IP completa. Algunos ejemplos son Suecia (1983), Israel (1983), Alemania (1984), Japón (1984), Corea (1984), China (1987) y Costa Rica (1990).

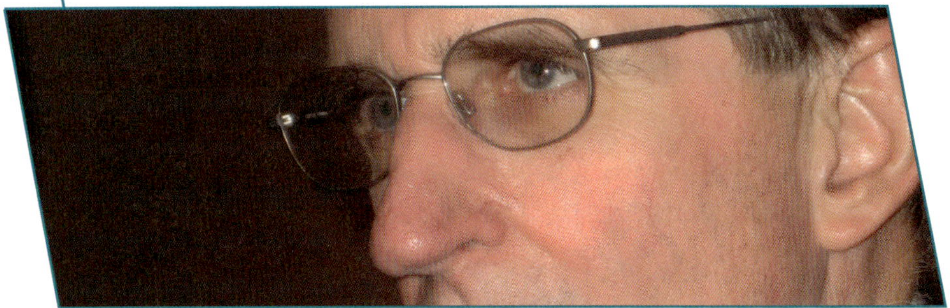

Escucha la entrevista

Entrevistado el 11 de febrero de 2005 en la National Science Foundation (NSF), en Washington DC

Lawrence Landweber

Nacido el 29 de noviembre de 1942 en Brooklyn, Nueva York.

Profesor emérito de Ciencias de la Informática por la University of Wisconsin-Madison donde, hasta julio de 2001, ocupó la cátedra John P. Morgridge. Obtuvo la Licenciatura en Matemáticas en el Brooklyn College y el Doctorado en Ciencias de la Informática en la Purdue University en 1967. Es miembro de la ACM y asesor principal del director adjunto de Informática y Ciencias de la Información de la NSF de los Estados Unidos. El doctor Landweber ha sido miembro del Board of Internet2 (Junta de Internet2), vicepresidente, presidente ejecutivo y presidente de la Internet Society, y miembro de la Junta de la Computer Research Association. Ha sido galardonado con el premio 2005 IEEE Award in International Communications y el año 2009, junto con sus cofundadores del CSnet, recibió el premio Jonathan B. Postel Service Award que entrega la Internet Society.

El doctor Landweber inició su carrera en Ciencias de la Informática Teórica. Desde 1977 ha estado trabajando en el ámbito de la telemática. El objetivo fundamental de su trabajo ha sido el desarrollo de redes de telecomunicación que sirvan de apoyo a la investigación y educación en los Estados Unidos y en el resto del mundo.

El primer proyecto de redes creado por Larry, TheoryNet, estaba relacionado con un sistema de correo electrónico destinado a científicos de la informática teórica. En 1979 propuso CSnet, "la Red de las Ciencias Informáticas". El objetivo de CSnet era convertirse en una red para todos los grupos de investigación en informática de los Estados Unidos. La CSnet, financiada por la

NSF, proporcionó la primera validación a gran escala del concepto de Internet. Landweber fue presidente del comité de gestión y codirigió un proyecto que construyó uno de los primeros sistemas de directorio (páginas blancas) basado en red: "el servidor de nombres CSnet." Más tarde, trabajó junto con la NSF en el desarrollo de la NSFnet. Desde 1987 hasta 1992, dirigió la parte de Wisconsin dentro del proyecto Gigabit Testbed de la NSF-DARPA.

El Dr. Landweber ha sido un líder en el desarrollo de Internet destinado a la investigación y la educación a nivel internacional. En los años ochenta ayudó a establecer las primeras pasarelas de la red entre los Estados Unidos y muchos países de Europa, Asia y Latinoamérica, y también aconsejó a dichos países sobre el desarrollo de sus propias redes nacionales.

Desde 1984 hasta 1989, organizó una serie de talleres internacionales sobre redes (a veces conocidos como las "Conferencias de Landweber"). Estos talleres, que reunieron a las personas de todo el mundo que en ese momento lideraban, planificaban o implementaban las redes de investigación o académicas en sus países, desempeñaron un papel crucial en la difusión de Internet en los países desarrollados. Tras el taller de 1989 celebrado en Jerusalén, la demanda era tan grande que decidió programar una conferencia internacional abierta a todos los interesados. Esto condujo a la primera INET, la conferencia definitiva de la Internet Society. Durante muchos años, la Conferencia INET fue el foro clave que ofrecía formación y la oportunidad de conectar con grupos variados de personas de todo el mundo (procedentes de los gobiernos, las industrias y las universidades, y que contaban con experiencia técnica, financiera y política). Durante la década de los ochenta, y hasta 1995, Larry Landweber estuvo en contacto, trabajó o recibió consultas de personas clave en el desarrollo de la red de casi todos los países del mundo.

La Junta Directiva del IEEE le ha galardonado con el premio 2005 IEEE Award International Communication y han mencionado lo siguiente:
«Por crear y hacer posible la conexión de redes y las tecnologías de Internet en países de todo el mundo.»

Extracto de su nominación al premio de 2005

Como vicepresidente de la Internet Society, ayudó a iniciar los talleres de la sociedad destinados a los países en desarrollo. Estos talleres fueron un factor clave en la difusión de Internet en los países en desarrollo.

www.isoc.org *www.nsf.gov* *http://cs.wisc.edu*

¿Recuerda cuándo tuvo contacto por primera vez con un ordenador?

Yo era estudiante en el Brooklyn College de Nueva York, en 1961. Acababan de adquirir un IBM 1620 y me apunté a un curso de programación en FORTRAN. Ese curso cambió mi vida. Era un estudiante que destacaba en física y matemáticas, pero decidí que me interesaban mucho más los ordenadores que las matemáticas. Esto me llevó a matricularme como estudiante de posgrado en Ciencias Informáticas en Purdue. Después de finalizar mi Doctorado, me trasladé al Departamento de Ingeniería Informática en la University of Wisconsin-Madison.

Mi primer ordenador personal fue un Apple I. Lo compré a finales de 1976, cuando Apple lo puso a la venta. Antes había trabajado en Purdue y Wisconsin con el IBM 7094, el IBM 1401, el CDC 3600 y el Digital PDP-11. Yo programé en lenguaje ensamblador, así como en FORTRAN, Algol, PL1, Lisp, SNOBOL y una amplia variedad de lenguajes.

¿Cuál fue su primer contacto/experiencia con Internet o con ARPAnet?

El verano de 1977 me introduje en la creación de redes casi por accidente. Estaba trabajando con algunos colegas **(Rich DeMillo, Dick Lipton, Ed Robertson)** en informática teórica, y nos quejábamos de la falta de acceso a comunicaciones en red, es decir, a ARPAnet. De modo que una tarde escribí una propuesta acerca de un sistema de correo electrónico para investigadores de informática teórica, y lo llamé Theorynet. Gracias al aliento de **Rick Adrion** (que entonces estaba en la NSF) lo presentamos en la NSF y nos dieron 170.000 dólares para el proyecto. De modo que, de pronto, tenía todo ese dinero y tuve que aprender acerca del correo electrónico. Utilizamos un sistema de correo electrónico casero, que había sido desarrollado en Wisconsin en un Univac 1108. Los participantes usaron Telenet, un proveedor de servicio X.25 comercial, para acceder a un servidor en Wisconsin. Todos ellos eran teóricos brillantes, pero la mayoría nunca había utilizado antes un ordenador, por lo que tuve que explicarles cómo ponerlo en marcha. Les dimos terminales de impresora, pero no ordenadores. Eran unos TI-745 con impresoras térmicas y un acoplador acústico incorporado de treinta caracteres por segundo. Se conectaron a la oficina local de Telenet mediante el teléfono, y entonces utilizaron el X.25 para conectarse al ordenador en Wisconsin, de modo que podían recoger y enviar el correo directamente en el servidor de correo. Esta fue mi primera experiencia con una red informática. De hecho, se trataba de un sistema con disposición en estrella dotado de un servidor de correo central, muy diferente a la red ARPAnet.

En esa época (1977-1980), yo era el director del Departamento de Ciencias Informáticas de la University of Wisconsin y deseaba que nuestro departamento se conectara a ARPAnet, pero no teníamos contratos con el Departamento de Defensa, por llo que no pudimos justificar nuestra inclusión entre esa docena de universidades "privilegiadas".

Mi filosofía siempre ha sido que es posible crear las oportunidades si tú mismo te colocas en medio de una y a partir de ese momento debes trabajar a jornada completa para lograr rápidamente el máximo rendimiento. Lo peor que puede ocurrir es que no lo logres. Por tanto, en mayo de 1979 invité a algunos colegas, la mayoría de ellos jamás había utilizado una red, para que vinieran a Madison a hablar acerca de construir una nueva red informática. Asistió **Bob Kahn,** que entonces trabajaba en ARPA, y una docena de personas más. Hablamos de desarrollar una nueva red, una Red para la comunidad de científicos en informática a la que llamaríamos CSnet (Computer Science Network). Bob Kahn comentó que preferiría que simplemente nos conectáramos a ARPAnet, pero que, desde luego, eso no era posible, pues era demasiado caro. Como resultado de estas conversaciones, organicé una propuesta, que **Ken Curtis,** de la NSF, nos animó a redactar y que, en otoño de 1979, un grupo de universidades enviaron a la NSF. La propuesta consistía en utilizar X.25 como protocolo principal con los servicios proporcionados por redes comerciales como Telenet o Tymnet. Por desgracia, recibió críticas extremadamente negativas y fue rechazada.

Así pues, la primera propuesta fue rechazada, pero Ken Curtis (que era el jefe de la sección de informática de la

NSF, era un visionario y deseaba fervientemente disponer de una red. De modo que ampliamos el grupo y fue entonces cuando **Dave Farber**[1] se unió a nosotros. En la primavera de 1980 nos reunimos en Berkeley[2], donde, después de revisar la idea, Vint Cerf (que entonces era gerente de programa en ARPA) indicó que ARPA quería cooperar con nosotros para lograr la interconexión y que le gustaría que utilizáramos los TCP/IP como protocolos subyacentes. Por supuesto, aceptamos ambas cosas, ya que contaríamos con el apoyo de Cerf y Kahn, y por que esto haría posible la comunicación en red entre la amplia comunidad de informáticos y la comunidad de DARPA.

En junio de 1980, presentamos a la NSF una segunda propuesta de CSnet y las críticas fueron de nuevo negativa, y también fue denegada. Entre los comentarios había dudas acerca de la idoneidad del TCP/IP para las redes (puesto que, por ejemplo, se indicaba que no podrían escalar si la red crecía). En ese momento, todavía no era obvio que Internet era la tecnología adecuada. Había un pequeño grupo de investigadores que estaban experimentando con TCP/IP, pero no existía una comunidad importante que diera su apoyo a la tecnología de Internet. La gente tiende a pasar por alto la década de los ochenta, cuando los protocolos ISO/OSI y TCP/IP estaban compitiendo. También había protocolos utilizados ampliamente, como UUCP, SNA de IBM, DECnet de Digital Equipment y el IPX de Novell.

Pero entonces, de nuevo Ken Curtis, desde la NSF reiteró que realmente quería seguir adelante. Muchos departamentos de informática nos apoyaban, pero también encontramos una importante oposición. Algunos decían que preferirían tener dinero para un estudiante de posgrado extra antes que para una red, o que si ya tenían teléfono, para qué querían una red. En ese momento no existía el fax y, por supuesto, tampoco el correo electrónico, pero tenían teléfonos y podían enviar documentos y cartas por correo postal. Este es otro punto que aún hoy muchos no entienden; en 1980 para muchos no era obvio el porqué querrían poder enviar correos electrónicos. Por supuesto, resultaba evidente para los informáticos que deseaban conectarse a la ARPAnet, pero esta concepción aún no estaba muy extendida.

Por tanto, en 1980 no estaba claro que:

- existiría una tecnología de red abierta que sería la dominante, o
- que el vencedor sería Internet.

La mitología comúnmente aceptada es que la adopción universal de Internet fue obvia desde el principio. Es importante que la gente entienda que, en los comienzos, las cosas eran muy diferentes a como son en la actualidad. No existía Internet, solo ARPAnet, y únicamente una pequeña comunidad de investigadores sabía lo que eran los protocolos TCP/IP.

Tras un largo proceso de revisión, Ken Curtis formó un nuevo panel revisor, al que tampoco le gustó la idea. Lo que hizo posible que CSnet saliera adelante fue la influencia de Curtis dentro de la NSF y la cooperación de DARPA (Cerf, Kahn). Así pues, después de algunas negociaciones intensas, la NSF finalmente aprobó la red CSnet en enero de 1981 y concedió al proyecto un presupuesto de cinco millones de dólares para cinco años. Como condición para la aprobación, la NSF nombró a uno de sus directores de programa, un químico (Bill Kern) interesado en la tecnología, como director oficial del proyecto.

Una vez obtenida la financiación y las bendiciones de la NSF y DARPA para ejecutar el proyecto, se creó un Comité de Gestión formado por cinco personas: **Peter Denning, Dave Farber, Tony Hearn, Bill Kern** y yo mismo, que ejercía de presidente.

La NSF estableció algunas condiciones. En primer lugar, la red CSnet debía ser para todos los grupos de investigación informática, es decir, universidades, Gobierno e industria. En segundo lugar, tenía que ser capaz de autofinanciarse pasados cinco años. Lo cierto es que logramos las dos cosas. Las universidades pagaban dos mil dólares al año y las empresas, veinticinco mil dólares al año. Sin este impresionante apoyo de la industria, CSnet no habría tenido éxito. En 1984, había más de 180 sitios conectados a CSnet, bien utilizando directamente TCP/IP, bien mediante nuestras conexiones de correo electrónico.

1 Dave Farber trabajaba por entonces en el Departamento de Ingeniería Eléctrica de la Universidad de Delaware.
2 Por cierto, el lugar donde me encontré con Vint Cerf por primera vez fue en Berkeley.

«El proyecto inició la tarea de conseguir una solución de coste relativamente bajo que permitiera un drástico aumento de las dimensiones de Internet. Uno de los efectos inmediatos de la adjudicación de la NSF fue conectar Madison y los otros puntos clave de desarrollo (Purdue, RAND y Delaware) a ARPAnet. Para el resto del mundo de la CSnet, existían tres niveles de conectividad: el intercambio de correo electrónico, la utilización de un nodo de servicios y una conectividad TCP/IP completa.

DARPA había acordado que los sitios conectados a CSnet podrían intercambiar correo con los sitios conectados a ARPAnet. Este fue, por tanto, el primer ejemplo de dos sistemas autónomos interconectados con puertas de enlace.

El acuerdo que permitía la conexión fue cuidadosamente redactado y prohibía a los sitios con CSnet enviar datos procedentes de ARPAnet a "usuarios no autorizados". El tema de la tarificación se resolvió especificando que no habría cargos entre los sistemas autónomos: tú aceptas mi tráfico y yo acepto el tuyo (este modo de proceder llamado "peering" se ha mantenido como una tradición en Internet, incluso hoy en día).»

Carl Malamud, *Exploring the Internet: a technical travelogue*, Indianápolis, Prentice Hall, 1993

«La primera conexión a Internet que realizó IBM fue a través de CSnet.»

Desde 1983 también contábamos con sitios conectados a CSnet fuera de los Estados Unidos. Yo había negociado con Bob Kahn los permisos para conectar el correo electrónico de sitios de la CSnet a ARPAnet, lo que significaba que estos sitios internacionales también estarían indirectamente conectados, por lo menos mediante correo electrónico, con ARPAnet. Los sitios internacionales tuvieron que aceptar que no podían enviar correos electrónicos desde ARPAnet a sitios no autorizados. La flexibilidad de Kahn en este sentido fue muy importante en la consecución del éxito de la red.

- Las líneas alquiladas eran muy caras; por esto, un servicio importante de CSnet fueron los TCP/IP a través de X.25. Purdue desarrolló el *software* y nosotros fuimos los primeros en ofrecer un servicio de este tipo.
- Nuestros retransmisores de correo electrónico utilizaban un *software* (MMDF) desarrollado en Delaware. Este servicio se llamaba Phonenet.
- El tercer servicio era un directorio de direcciones de correo electrónico, implementado en Wisconsin, que se denominó CSnet Name Server (Servidor de nombres de CSnet).

1980. Mi opinión es que, en 1980, Internet era una tecnología desarrollada por investigadores, que era utilizada por pequeñas redes, principalmente para proyectos relacionados con los Departamentos de Defensa y de Energía. Ni la tecnología ni la idea del valor de las redes se habían extendido al conjunto de la comunidad académica. La contribución de CSnet fue, básicamente, proporcionar un puente entre la tecnología y la posibilidad de que una comunidad adoptara Internet a gran escala. Veo la CSnet como el proyecto que presentó la red a la comunidad informática en los Estados Unidos, que permitió la conectividad entre los Estados Unidos y otros países, y que abrió el camino a la NSFnet. La NSFnet se creó utilizando la tecnología de Internet debido al éxito de CSnet.

Communications services to be provided include memo and file transfer and interactive terminal access to remote systems and databases. The new Department of Defense (DoD) internet host-to-host protocols (TCP/IP) will be used. These protocols are being implemented by a number of industry and university groups for many computer systems of the type used by the computer science research community. Availability of these already developed and tested implementations will significantly reduce the cost of CSNET implementation.

Extracto del informe preparado por Larry Landweber para el Comité de Gestión de CSnet, 23 de junio de 1981.

Lawrence Landweber

1982. Peter Kirstein (University College de Londres) organizó una reunión con gente de los Estados Unidos y del Reino Unido para hablar sobre las redes. En 1983 organizó una reunión de seguimiento en Oslo con más países participantes, pero él no asistió y me comentó que no quería seguir más, por lo que yo tomé la responsabilidad. Después de esto, me convertí en el enlace internacional para la CSnet y cada año organizaba un taller e invitaba a cualquier persona que tuviera la intención de construir, o que ya estuviera construyendo, una red nacional en cualquier lugar del mundo. El propósito de estos "Talleres internacionales" era compartir experiencias y planes. Esta idea creció para incluir a los pioneros de Internet de Europa, Sudamérica y Asia. Estas reuniones también nos sirvieron para compartir *software* de CSnet que permitía la conexión a Internet mediante la CSnet. Es importante tener en cuenta que, a lo largo de la década de los ochenta, muchas, por no decir la mayoría, de estas redes nacionales no estaban basadas en la tecnología de Internet. Los protocolos ISO/OSI y UUCP eran los más comúnmente utilizados aunque en el Reino Unido, se utilizaban los protocolos del "Coloured Book" (o Libro de Colores).

«La primera red troncal de la NSFnet estaba basada en FUZZ BALLS (miniordenadores PDP-11 adaptados específicamente que actuaban como puertas de enlace). Tenía enlaces con líneas dedicadas a 56 Kbps y routers conectados LSI-11 que habían sido construidos por ***Dave Mills*** *de la Universidad de Delaware. Fue dirigida por* ***Dennis Jennings.*** *Conocí a Dennis en uno de mis seminarios en París. En aquel momento la NSF estaba buscando a alguien para responsabilizarse de la creación de redes, por lo que yo le concerté una entrevista y consiguió el puesto. A Dennis se le ocurrió la idea de las redes regionales y de los múltiples niveles, y* ***Steve Wolff*** *utilizó más tarde este modelo para construir la NSFnet a gran escala.»*

1983. Empecé a recibir cartas por correo postal procedentes de gente de todo el mundo que me preguntaban qué hacer para conectarse a Internet.

1984. CSnet tenía mucho éxito y había demostrado que los científicos informáticos tenían la voluntad de pagar para disponer de una red, por lo que resultó evidente que había llegado el momento de dar el siguiente paso. La NSF estaba desarrollando centros de superordenadores, pero muchos científicos, de los que iban a utilizar estos centros, no querían una red y la mayoría de ellos no quería Internet. Querían conexiones directas desde sus laboratorios a los superordenadores. Se libró una gran batalla y, en gran medida, fue gracias al éxito de CSnet por lo que la gente que estábamos a favor de interconectarnos con una red y la tecnología de Internet lograron ganar. Pero la decisión final fue difícil y en el último momento.

1989. De 1984 a 1989 organicé los Networkshops (talleres de redes) internacionales, a los que la gente se refería como los "Talleres de Landweber". Estos se celebraron en París, Estocolmo, Dublín, Princeton, Jerusalén y Sidney. Después de 1989, tanta gente deseaba asistir a estos seminarios que decidimos crear INET, la International Networking Conference (Conferencia Internacional de Redes).

1991. Durante la reunión de la INET en Copenhague me encontré con Vint Cerf y Bob Kahn, que estaban creando la Internet Society (ISOC). Me convertí en vicepresidente de Educación de la ISOC y acordamos hacer coincidir la conferencia INET con la reunión anual de ISOC. En Copenhague, Enzo Puliatti y Stefano Trumpy organizaron el primer "Taller para países en

Encuentro celebrado en 1993 del Comité de Gestión de la CSnet en la UCAR, en Boulder (Colorado). Dick Edmiston (BBN), Dave Farber, Leonard Romney (UCAR), Larry Landweber (Univ. de Wisconsin), Rick Adrion (NSF), Tony Hearn (RAND). Cortesía de Larry Landweber.

desarrollo". A partir de 1992 llevó a cabo esta labor George Sadowsky. Durante la década de los noventa, los talleres de ISOC formaron a ingenieros que más tarde fueron los responsables del establecimiento de Internet en sus países de origen.

1995. George, Randy Bush y yo lanzamos conjuntamente una propuesta para crear redes en África, y Tom Kalil, que trabajaba en la Casa Blanca, organizó una reunión para hablar con la gente de USAID. Les encantó el proyecto. Les gustó tanto que lo llamaron la Iniciativa Leland, en honor a un congresista que murió en un accidente de aviación en África. Después de que lo adoptaran, excluyeron a la Internet Society, por lo que no estuvimos involucrados en su aplicación, a pesar de haber estado muy implicados en desarrollar el plan.

En su opinión, ¿cuáles son las características clave de Internet?

En primer lugar, la tecnología es abierta. Esta es una de las razones principales por las que venció frente a los protocolos "oficiales" ISO/OSI. Debemos recordar que en los años ochenta hubo una fuerte competición respecto a este tema. Internet podría haber perdido. Un factor a su favor fue que el proceso de los estándares era abierto.

Una segunda razón es la filosofía de construcción, prueba y error, antes de la aprobación de los protocolos. Con los OSI era justo lo contrario.

En tercer lugar, el protocolo IP proporciona una capa uniforme con una interfaz muy sencilla para acceder a protocolos de nivel superior. Los usuarios no tienen por qué saber nada de la complejidad de las redes subyacentes. Y por último, la inteligencia se encuentra en los extremos de las redes, por lo que los *routers* pueden ser muy sencillos, pero muy eficaces.

¿Cuáles son los hitos más importantes, en su opinión, en el desarrollo de la red?

- 1969. Puesta en marcha e inicios de la primera ARPAnet.
- 1973. Desarrollo de los protocolos TCP/IP y más tarde (1 de enero de 1983) la migración de ARPAnet hacia ellos.
- 1977. Primera demostración de que redes muy diferentes (SATnet, PRnet y ARPAnet) pueden integrarse utilizando IP.
- 1981. Financiación de NSF para crear CSnet, la primera "internet" (a gran escala en ese momento) basada en una comunidad.
- 1984. Paul Mockapetris desarrolla el Sistema de Nombres de Dominio: DNS.
- 1985. Desarrollo de la NSFnet con un modelo de red de tres niveles: una red troncal, las redes regionales y las redes locales.
- 1990. Desarrollo de los protocolos HTTP (la World Wide Web: www) y la navegación con texto.
- 1992. Desarrollo de los proveedores comerciales de servicios de Internet (ISP), como UUnet y PSInet.
- 1993. Desarrollo del primer navegador web con gráficos e imágenes: Mosaic.
- La aparición del *spam* (o correo electrónico no solicitado).

Otro factor que fue muy importante, y que no ocurrió en un momento determinado en el tiempo, fue el desarrollo de las redes nacionales basadas en Internet en cada país.

¿Cómo contribuyó usted al desarrollo de Internet?

Bueno, como ya he explicado detalladamente antes, yo establecí la Theorynet, una primera comunidad conectada por red de científicos de informática teórica, basada en el correo electrónico.

- Propuse y, en sus principios, cogestioné CSnet. Pasé dos años dedicado completamente a desarrollar la idea, trabajando para lograr la financiación y, más tarde, dirigiendo el Comité de Gestión. Al demostrar la utilidad de Internet a la comunidad de investigadores de informática, CSnet desempeñó un (¿el?) papel clave para poder justificar el uso de la tecnología internet posteriormente en NSFnet, proporcionando así un puente (en los ochenta) entre la investigación realizada en los años setenta y el Internet comercial de los noventa.

- Desde 1984 hasta 1989 organicé los Networkshops internacionales, que más tarde se convirtieron en la INET, las conferencias internacionales de la Internet Society. También organicé la INET desde 1991 hasta 1996. Estos talleres y conferencias resultaron ser un foro clave para aprender e intercambiar información sobre el emergente Internet global.
- Durante los años ochenta ayudé a muchas personas de todo el mundo a conectar sus redes a Internet.
- Como vicepresidente y presidente de la Internet Society, he desempeñado un papel en el despliegue de la red, especialmente en países en desarrollo.
- Como presidente de la Internet Society, inicié la actividad que culminó en la formación de la ICANN.

¿Quiénes han sido las personas clave para el desarrollo de Internet, líderes o marcadores de tendencias?

- **Jonathan Postel,** un desarrollador fundamental de la tecnología de Internet.
- **Kent Curtis,** directivo de la NSF responsable de que CSnet obtuviera financiación.
- **Rick Adams,** estableció UUnet, en un principio como un ISP sin fines de lucro.
- **Dennis Jennings,** directivo de NSF que ideó el modelo de tres capas de NSFnet.
- **Ira Fuchs,** desarrolló la BITnet y la BITnet2, que utilizaban IP.
- **Steve Wolff,** directivo de NSF responsable del desarrollo de NSFnet.
- Y, desde luego, cualquier lista debe incluir a **Vint Cerf** y a **Bob Kahn.**
- Y al equipo de CSnet: **Doug Comer, Peter Denning** (Purdue); **Tony Hearn** (RAND); **Dave Crocker, Dave Farber** (University of Delaware); **Laura Breeden, Dick Edmiston, Dan Long, Craig Partridge** (BBN); **Mike Litzkow, Marvin Solomon** (University of Wisconsin); **Rick Adrion, Bill Kern** (NSF); y **Leonard Romney** (UCAR).

Algunas anécdotas

▶ En 1981, yo quería aprender a implementar protocolos. El mejor modo de aprender es haciéndolo, por lo que propuse a IBM que implementáramos la serie de protocolos de Internet (TCP, IP, FTP, Telnet, SMTP) para el sistema IBM-VM. Por desgracia, el único lenguaje adecuado que estaba disponible era Pascal, por lo que supuso todo un reto. El *software* lo llamamos Wiscnet y una licencia costaba 500 dólares, y se vendió a escuelas de todo el mundo. Esto ayudó a que IBM vendiera un gran número de *hardware* debido a que la estricta normativa de compras del DoD de los Estados Unidos requería e imponía el uso de TCP/IP, pero, por desgracia, no teníamos ningún derecho comercial. En 1981, ni nosotros ni IBM creíamos que el *software* de Internet tendría valor comercial alguno, por lo que no negocié derechos comerciales. De hecho, IBM nos financió principalmente como parte de su iniciativa para aumentar las interacciones con departamentos de informática.

▶ También trabajamos en otro proyecto (1983) con IBM para implementar los protocolos ISO/OSI, pues yo quería aprender sobre ellos. El *software* iba a ser incluido en la versión BSD4.4, pero esto nunca ocurrió. Sin embargo, con este *software,* ejecutamos un *gateway* en Wisconsin que conectaba el correo X.400 europeo con el correo de Internet. Durante bastante tiempo, Wisconsin era el único lugar donde esto era posible. Como resultado, incluso los usuarios de X.400 en Europa utilizaban nuestro *gateway* para comunicar con colegas conectados a Internet en sus países.

▶ A principios de los ochenta la sintaxis de las direcciones no era totalmente estándar (había muchos caracteres del tipo: "!", "@", "%" y otros), por lo que direccionar adecuadamente un correo electrónico que debía atravesar varias redes era todo un arte. Por consiguiente, muchos correos no pasaban a través de nuestras puertas de enlace. Estoy hablando de volúmenes de información pequeños en comparación con los estándares actuales, por lo que yo solía buscar entre los correos desechados y arreglaba las direcciones manualmente. ¡Algunos accidentes aislados que permitieron ver el contenido del correo evidenciaron la importancia de la protección de la privacidad del correo electrónico!

▶ Esta es una anécdota sobre China. Werner Zorn, desde Karlsruhe (Alemania), trabajaba con Siemens y la ICA en Pekín para establecer un enlace entre Karlsruhe y Pekín. Este requería una variedad de líneas terrestres y conexiones por satélite. Él quería conectar a los chinos con los Estados Unidos para poder enviar y recibir correos electrónicos. Para esto CSnet solicitó y recibió el permiso de Steve Wolff (director de NSFnet). Rápidamente pusimos en marcha la conexión, pero, aproximadamente un día más tarde, llegó una carta de alguien del Gobierno de los Estados Unidos diciendo que el permiso quedaba cancelado. Pero la conexión ya estaba funcionando y decidimos no interrumpirla…

▶ En 1991, decidí rastrear la difusión de las redes en todo el mundo. Esto me llevó a elaborar mis mapas de "conectividad internacional". Fue muy divertido, ya que me permitió entrar en contacto constante con los pioneros de la red de casi todos los países del mundo. También tenía que aprender a programar en PostScript. El último, la versión 16, se publicó en junio de 1997, cuando casi todos los países disponían de conectividad con Internet. Los mapas y las tablas asociadas se pueden consultar en: http://pages.cs.wisc.edu/~lhl/maps.

¿Qué opina acerca del futuro de Internet?

Entre los retos actuales está la ampliación para dar cabida a miles de millones de usuarios y la integración de nuevas tecnologías (óptica, movilidad/inalámbrica, sensores). Y si se tienen en consideración las nuevas aplicaciones relacionadas con la salud y el medio ambiente, así como las redes *peer-to-peer* (P2P), los mundos virtuales y las comunicaciones multimedia, en el futuro probablemente utilizaremos protocolos muy diferentes. Cuando todo esto esté hecho, puede ser que la red todavía se llame Internet, pero será muy diferente de la que conocemos actualmente. Me figuro que en algún punto se rediseñará todo el sistema y habrá cambios revolucionarios. Independientemente de esto, el futuro de Internet será muy emocionante.

¿Ha identificado alguna tendencia tecnológica?

Nuevas aplicaciones y tecnologías que sostienen y permiten formas muy distintas de comunicarse. Las tecnologías inalámbricas, ópticas o de sensores están cambiando el modo en que vemos Internet. La web fue una sorpresa, las redes *peer-to-peer* (P2P) fueron una sorpresa, y seguro que habrá muchas más sorpresas. En algún momento la arquitectura incorporará inteligencia interna. Diferentes dispositivos y modos de comunicarse (voz, datos e imágenes) se están fundiendo, como con las nuevas PDA y los teléfonos inteligentes. También se crearán nuevas arquitecturas que permitirán formas más eficientes de distribuir datos y de acceder a las redes. En 2005 estuve trabajando en un proyecto de investigación que estudiaba cómo proporcionar una conexión de 100 Mbps a cada hogar de los Estados Unidos. Con estas velocidades tendremos que replantearnos muchas suposiciones básicas.

LECTURAS COMPLEMENTARIAS
ARTÍCULOS Y LIBROS MENCIONADOS / RECOMENDADOS

- *Proposal paper for CSnet* se puede consultar en www.archive.org
- Brainerd, W. S. y Landweber, L. H., *Theory of Computation,* Nueva York, Wiley, 1974.
- Denning, P. J.; Hearn, A., y Kern, C. W., "History and Overview of CSnet", en ACM, *Communications, architectures & protocols: SIGCOMM '83 Symposium,* 8 y 9 de marzo de 1983, Austin (Texas), pp. 138-145. Disponible en: <http://www.isoc.org/internet/history/documents/Comm83.pdf>.
- Landweber, L.; Litzkow, M.; Neuhengen, D., y Solomon, M., "Architecture of the CS net Name Server", en ACM, *Communications, architectures & protocols: SIGCOMM '83 Symposium,* 8 y 9 de marzo de 1983, Austin (Texas).
- Landweber, L. y Solomon, M., "Use of Multiple Networks in CSnet", *Proceedings of COMPCON Spring 1982* (febrero 1982), pp. 398-402.
- Malamud, C., *Exploring the Internet: a technical travelogue,* Nueva Jersey, Prentice-Hall, 1993.

Lawrence
Landweber

PIONEROS INTERNACIONALES

Asistentes al International Academic Networkshop *(organizado por L. Landweber)*

AÑO	CIUDAD	NOMBRE	APELLIDO	ORGANIZACIÓN	e-MAIL
AUSTRALIA					
1986	SIDNEY	Piers	Dick-Lauder	Sidney University (CS)	munnari!cluster.cs.su.oz.au!piers@uunet.uu.net,
		Robert	Elz	University of Melbourne	
	VICTORIA	Trevor	Hales	CSIRO (CTO)	hales@ditmela.oz.au hales%ditmela.oz@uunet.uu.net
		Arthur K.	Hartwig	.	
	SIDNEY	Bob	Kummerfeld	University of Sydney	munnari!cluster.cs.su.oz.au!bob@uunet.uu.net,
1987	SIDNEY	Piers	Dick-Lauder	Sidney University (CS)	munnari!cluster.cs.su.oz.au!piers@uunet.uu.net,
	VICTORIA	Robert	Elz	University of Melbourne	
	VICTORIA	Trevor	Hales	CSIRO (CTO)	hales@ditmela.oz.au hales%ditmela.oz@uunet.uu.net
	SIDNEY	Bob	Kummerfeld	University of Sydney	munnari!cluster.cs.su.oz.au!bob@uunet.uu.net,
1988	VICTORIA	Trevor	Hales	Computer Networking Group	..!munnari!ditmela.oz!hales hales@ditmela.oz.au
	SIDNEY	Bob	Kummerfeld	University of Sydney	bob@cs.su.oz.au
1989	VICTORIA	Trevor	Hales	CSIRO (CTO)	hales@ditmela.oz.au
	SIDNEY	Bob	Kummerfeld	University of Sydney	bob@cs.su.oz.au
BÉLGICA					
1984	BRUSSELS	Christopher	Horn	EEC	horn%hirst1@ucl-cs
1985	BRUSSELS	Nicholas K.	Newman	Commission of the European Community	nick_newman@qzcom.mailnet nkn1@alvey nkn1%uk.alvey@ucl-cs.arpa
1986	BRUSSELS	Nicholas K.	Newman	Commission of the European Community	nick_newman@qzcom.mailnet nkn1@alvey nkn1%uk.alvey@ucl-cs.arpa
1987	BRUSSELS	Nicholas K.	Newman	Commission of the European Communities	nicholas_newman_cec%qzcom.bitnet@cunyvm.cuny.edu
1988	BRUSSELS	Nicholas K.	Newman	European Commission	EARN:nicholas_newman@qzcom
1989	BRUSSELS	Nicholas K.	Newman	European Commission	EARN:nicholas_newman@qzcom
BRASIL					
1987	RIO DE JANEIRO	Paulo H	de Aguiar Rodrigues	NCE/UFRJ	
	RIO DE JANEIRO	Alexandre	Grojsgold	Laboratorio Nacional de Computaçao	
1988	RIO DE JANEIRO	Paulo H	de Aguiar Rodrigues	NCE/UFRJ	userphar@lnccvm.bitnet
	RIO DE JANEIRO	Alexandre	Leib Grojsgold	Laboratorio Nacional de Computaçao	leib@lnccvm.bitnet
1989	RIO DE JANEIRO	Paulo H	de Aguiar Rodrigues	UFRJ e LARC	userphar@lnccvm.bitnet
	RIO DE JANEIRO	Alexandre	Leib Grojsgold	Laboratorio Nacional de Computaçao Cientifica	leib@lnccvm.bitnet
	SAO PAULO	Tadao	Takahashi	CNPQ	
CANADÁ					
1984	VANCOUVER	John	Demco	University British Columbia Dept CS	demco.ubc@csnet-relay.arpa
1985	VANCOUVER	John	Demco	University of British Columbia CDNNET	demco@ean.ubc.cdn demco@ubc.csnet demco@ubc-vision.uucp
	VANCOUVER	Brent	Hilpert	University of British Columbia CDNNET	hilpert@ean.ubc.cdn hilpert@ubc.ean.uucp hilpert@ubc.csnet
1986	VANCOUVER	John	Demco	University of British Columbia CDNNET	demco%ubc@relay.cs.net
1987	OTTAWA	John	Curley	National Council for Research & Development	curleyj%nrcvm01.bitnet@cunyvm.cuny.edu
	VANCOUVER	John	Demco	University of British Columbia CDNNET	demco%ubc@relay.cs.net
1988	VANCOUVER	John	Demco	University of British Columbia CDNNET	demco@relay.ubc.ca
1989	OTTAWA	John	Curley	National Research Council of Canada	curleyj%nrcvm01.bitnet@cunyvm.cuny.edu
	VANCOUVER	John	Demco	University of British Columbia CDNNET	demco@relay.ubc.ca
CHILE					
1987	SANTIAGO	Florencio	Utreras	Universidad de Chile	futreras%uchcecvm.bitnet@cunyvm.cuny.edu
1989	SANTIAGO	Florencio	Utreras	Universidad de Chile	futreras%uchcecvm.bitnet@cunyvm.cuny.edu
CHINA					
1987	BEIJING	Shao-Hong	Li	Institute of Computer Applications	rzli%beijing%germany.csnet@relay.cs.net
	BEIJING	Kenneth	Qian	Institute of Computer Applications	
	BEIJING	Chu-Quan	Yang	Academy of Machinery Equipment	
1988	BEIJING	Chiung	Li	ICA	li.c.c.%beijing@ira.uka.de
	BEIJING	Fung	Wang	ICA Institute Peking	wang%beijing@ira.uka.de
1989	BEIJING	Chiung	Li	ICA	rzli%beijing@ira.uka.de
	BEIJING	Fung	Wang	ICA Institute Peking	wang%beijing@ira.uka.de
COSTA RICA					
1987	SAN JOSÉ	Claudio	Gutierrez	Universidad de Costa Rica	gutierre@udel.edu
1988	NEWARK, DE	Claudio	Gutierrez	Univ of Delaware CS Dept	gutierre@udel.edu
1989	NEWARK, DE	Claudio	Gutierrez	University of Delaware (EE)	gutierre@udel.edu
DINAMARCA					
1988	COPENHAGEN	Frode	Greisen	UNI-C	neufrode@vm.uni-c.dk
1989	COPENHAGEN	Frode	Greisen	UNI-C	neufrode@vm.uni-c.dk
INGLATERRA					
1984	LONDON	Derek	Barber	Alvey Directorate Millbank Tower	dlab%alvey@ucl-cs.arpa
	OXON	Paul	Bryant	Computing Division Rutherford Appleton Labs	bryant%rlgb@ucl-cs.arpa
	OXON	Jim	Craigie	Computing Division Rutherford Appleton Labs	j.craigie%rlgb@ucl-cs.arpa
	OXFORDSHIRE	James S.	Hutton	Computing Division Rutherford Appleton Labs	jsh%rlib@ucl-cs.arpa
	LONDON	Peter T.	Kirstein	University College of London (CS)	kirstein@ucl-cs.arpa
1985	OXON	Paul	Bryant	Computing Division Rutherford Appleton Labs	peb@cearn.earn bryant%rlgb.uk@ucl-cs.arpa paul_bryant@qzcom.mailnet
	OXFORDSHIRE	Jim	Craigie	Computing Division Rutherford Appleton Labs	j.craigie@uk.ac.rutherford.gec-b
1987	OXFORDSHIRE	Robert	Cooper	Rutherford Appleton Laboratory	r.cooper@rutherford.ac.uk
	LONDON	Peter	Kirstein	Univ College of London (Dept of CS)	kirstein@nss.cs.ucl.ac.uk
	LONDON	Roland A.	Rosner	Univ of London (Comp Centre)	rosner@ncdlab.ulcc.ac.uk
	LONDON	Michael A.	Stanton	University College of London (CS)	stanton@nss.cs.ucl.ac.uk
1988	CHILTON, DIDCOT	Paul	Bryant	Rutherford Laboratory	peb@ib.rl.ac.uk
1989	OXON	Paul	Bryant	Rutherford Appleton Lab (Computing Division)	peb@ib.rl.ac.uk
	OXFORDSHIRE	Robert	Cooper	Rutherford Appleton Lab (Joint Network Team)	r.cooper@rutherford.ac.uk
	OXFORDSHIRE	Jim	Craigie	Rutherford Appleton Lab (Joint Network Team)	RFC822: J.Craigie@rutherford.ac.uk
FINLANDIA					
1984	HELSINKI	Ari	Ahtiainen	University of Helsinki Computing Center	ari_aht%qzcom.mailnet@mit-multics.arpa
	ESPOO	Ari	Rikkila	Finnish State Computer Center	ari_rikkil{_finnish_state_computer_center%qzcom.mailnet@mit-multics.arpa
1985	HELSINKI	Lars	Backstrom	University of Helsinki Computing Center	lars_backstrom@qzcom.mailnet
	ESPOO	Ari	Rikkila	Finnish State Computer Centre FUNET	ari-rikkil{@qzcom.mailnet
1986	HELSINKI	Lars	Backstrom	University of Helsinki Computing Center	
	TAMPERE	Juha	Heinanen	Tampere Univ of Technology	jh@tut.fi
1987	TAMPERE	Juha	Heinanen	Tampere Univ of Technology	jh@tut.fi
1988	TAMPERE	Juha	Heinanen	Tampere Univ of Technology	jh@tut.fi
	ESPOA	Harri	Salminen	FUNET (FSCC/CSC)	hks@funet.fi
1989	TAMPERE	Juha	Heinanen	Tampere Univ of Technology	jh@tut.fi
	ESPOA	Harri	Salminen	FUNET (FSCC/CSC)	hks@funet.fi

AÑO	CIUDAD	NOMBRE	APELLIDO	ORGANIZACIÓN	e-MAIL
FRANCIA					
1984	PARIS	Jean-Pierre	Ansart	Agence de l'Informatique	
	PARIS	Alain	Auroux	IBM - Europe	
	PARIS	Herb	Budd	IBM - Europe	
	PARIS	Stan	Budkowski	Agence de l'Informatique	
	TOULOUSE	Alain	Costes	LAAS	
	LE CHESNAY	Michel	Gien	INRIA - CNET Domain de Voluceau	gien@mit-multics ...mcvax!inria!gien
	LE CHESNAY	Jean-Louis	Grange	InRIA - Project Nadir	grange@mit-multics.arpa
	PARIS	Robert	Mahl	Agence de l'Informatique	robert_mahl%qzcom.mailnet@mit-multics.arpa
	ISSY-LES MOLINEAUX		Louis	Pouzin	CNETpouzin@mit-multics.arpa
	PARIS	Jean-Claude	Rault	Agence de l'Informatique	j_rault%qzcom.mailnet@mit-multics.arpa
	PARIS	Jacques	Sakarovitch	Ministrie de l'Industrie et de la Recherche	
	ISSY-LES MOLINEAUX		Hubert	Zimmermann	CNEThzim@mit-multics
1985	PARIS	Daniel	Fauvarque	Agence de l'Informatique	daniel_fauvarque@qzcom.mailnet fauve@france.csnet
	PARIS	Robert	Mahl	Agence de l'Informatique	mahl@france.csnet robert_mahl@qzcom.mailnet mcvax!inria!geocub!mahl
1986		Mr.	Aulam	.	
		Jean-Pierre	Aulas	.	
	PARIS	Alain	Auroux	IBM - Europe	
		Jean-Luc	Bernard	.	
		Daniel	Fauvaque	.	
1987	VALBONNE	Christian	Huitema	INRIA	huitema@mirsa.inria.fr
	RENNES	Jean Paul	Le Guigner	CICB	jplg%frcicb71.bitnet@cunyvm.cuny.edu
	VALBONNE	Gligor	Tashkovich	DECTE	gligor%lerouf.dec@decwrl.dec.com
1988	CHESNAY	Yves	Devillers	INRIA	yves.devillers@inria.fr
	VALBONNE	Christian	Huitema	INRIA	christian.huitema@inria.fr
	RENNES	Jean Paul	Le Guigner	CICB Campus de Beauleu	EARN:leguigne@FRCICB81 leguigne@cicb.acb.fr
1989	LE CHESNAY	Yves	Devillers	INRIA	yves.devillers@inria.fr
	VALBONNE	Christian	Huitema	INRIA	christian.huitema@inria.fr
	RENNES	Jean Paul	Le Guigner	CICB	EARN:leguigne@FRCICB81
HONG KONG					
1987		Kam P	Chow	University of Hong Kong	hkucs!chow@uunet.uu.net
1989	HONG KONG	Kam P	Chow	University of Hong Kong	hkucs!chow@uunet.uu.net
ISLANDIA					
1989	REYKJAVIK	Johann	Gunnarsson	SURIS Ministry of Finance Bureau of the Budget	johg@rhi.hi.is.
INDIA					
1987	BOMBAY	Anil	Garg	National Center for Software Technology	garg@cs.wisc.edu
	BOMBAY		Ramani	National Center for Software Technology	
1989	BOMBAY	Anil	Garg	National Center for Software Technology	anil%shakti@uunet.uu.net
INDONESIA					
1986	JAKARTA	Joe	Luhukay	NETLAB Computer Science Center	mcvax!indovax!luhukay@uunet.uu.net
1987	JAKARTA	Joe	Luhukay	NETLAB Computer Science Center	mcvax!indovax!luhukay@uunet.uu.net
1988	JAKARTA	Joe	Luhukay	NETLAB Computer Science Center	luhukay@indovax.uucp
1989	JAKARTA	Joe	Luhukay	Computer Science Center, Univ. of Indonesia	luhukay@indovax.uucp
IRLANDA					
1984	DUBLIN	Dennis	Jennings	University College of Dublin (Computer Centre)	d_jennings__u_coll_dublin%qzcom.mailnet@mit-multics.arpa
1985	DUBLIN	Dennis	Jennings	National Science Foundation	jennings@gwvvm.bitnet nsf-cs@usc-isi.arpa dennis_jennings on eurokom
1985	DUBLIN	Ahmed	Patel	University College of Dublin	ahmed_patel_ucd@eurokom ahmed_patel_ucd@qzcom.mailnet
1986	DUBLIN	Simon	Kenyon	ICL-Information Technology Centre	iclitc!simon@uunet.uu.net
1986	DUBLIN	Ahmed	Patel	University College of Dublin	ahmed_patel_ucd@eurokom ahmed_patel_ucd@qzcom.mailnet
1986	DUBLIN	Michael	Walsh	University College of Dublin (Computer Centre)	walsh%irlearn.bitnet@cunyvm.cuny.edu
1987	DUBLIN	Dennis	Jennings	University College of Dublin (Computer Centre)	jennings%irlearn.bitnet@cunyvm.cuny.edu
1987	DUBLIN	Simon	Kenyon	ICL-Information Technology Centre	iclitc!simon@uunet.uu.net
1987	DUBLIN	Michael	Walsh	University College of Dublin (Computer Centre)	walsh%irlearn.bitnet@cunyvm.cuny.edu
1988	DUBLIN	Michael	Walsh	University College of Dublin	walsh@irlearn.ucd.ie
1989	DUBLIN	Dennis	Jennings	University College Dublin	jennings@irlearn.ucd.ie
1989	DUBLIN	Michael	Walsh	University College Dublin	walsh@irlearn.ucd.ie
ISRAEL					
1984	JERUSALEM	Shmuel	Peleg	The Hebrew University CS Dept	peleg.israel@csnet-relay.arpa
1984	JERUSALEM	Menachem	Tassa	National Council for Research & Development	ncrd.israel@csnet-relay.arpa
1985	TEL AVIV	Avi	Cohen	Computer Center	a32@taunivm.bitnet
1985	JERUSALEM	Shmuel	Peleg	The Hebrew University CS Dept	peleg@israel.csnet peleg@hujics.bitnet mcvax!huji!peleg
1986	JERUSALEM	Danny	Braniss	The Hebrew University CS Dept	
1986	JERUSALEM	Shmuel	Peleg	The Hebrew University CS Dept	peleg@israel.csnet peleg@hujics.bitnet mcvax!huji!peleg
1987	RAMAT AVIV	Henry	Nussbacher	Tel Aviv University	hank%taunivm.bitnet@cunyvm.cuny.edu
1987	JERUSALEM	Shmuel	Peleg	The Hebrew University CS Dept	peleg%hujics.bitnet@cunyvm.cuny.edu,
1988	TEL AVIV	Gideon	Ariely	Ministry of Science and Development	EARN:gideon@ilncrd
1988	JERUSALEM	Danny	Braniss	The Hebrew University CS Dept	danny@humus.huji.ac.il
1988	RAMAT AVIV	Avi	Cohen	Tel Aviv University	EARN:A32@taunivm
1988	RAMAT AVIV	Henry	Nussbacher	Tel Aviv University	EARN:hank@taunivm
1988	JERUSALEM	Shmuel	Peleg	The Hebrew University CS Dept	peleg@humus.bitnet
1988	BEER SHEVA	Kenneth	Preiss	University of the Negev	EARN:preiss@bengus
1989	JERUSALEM	Danny	Braniss	The Hebrew University CS Dept	danny@humus.huji.ac.il
1989	RAMAT AVIV	Avi	Cohen	Inter University Computer Center	EARN:hank@taunivm
1989	JERUSALEM	Shmuel	Peleg	The Hebrew University CS Dept	EARN:peleg@humus
1989	BEER SHEVA	Kenneth	Preiss	Univ. of the Negev	EARN:preiss@bengus
ITALIA					
1984	ISPRA/VARESE	Adriano	Endrizzi	Join Research Center	
1985	PISA	Marco	Sommani	CNUCE - C.N.R.	vnetmnt@icnucevm.earn
1986		Gianni	Mainetto	.	
1987	PISA	Laura	Abba	CNUCE	earnmnt%icnucevm.bitnet@cunyvm.cuny.edu
1987	PISA	Marco	Sommani	CNUCE	vnetmnt%icnucevm.bitnet@cunyvm.cuny.edu
1988	PISA	Laura	Abba	CNUCE Institute of CNR	EARN:earnmnt@icnucevm
1988	PISA	Stefano	Trumpy	CNUCE	EARN:trumpY@icnucevm
1989	PISA	Laura	Abba	CNUCE	EARN:earnmnt@icnucevm
1989	PISA	Marco	Sommani	CNUCE	EARN:vnetmnt@icnucevm
1989	PISA	Stefano	Trumpy	CNUCE Institute of CNR	EARN:trumpy@icnucevm
COSTA DE MARFIL					
1988	ABIDJAN	Athanase	Adou	CIRCL Ministere d'ETAT	EARN:adou@ciearn
1989	ABIDJAN	Athanase	Adou	CIRCL Ministere d'ETAT II SGI	EARN:adou@ciearn

Lawrence Landweber

AÑO	CIUDAD	NOMBRE	APELLIDO	ORGANIZACIÓN	e-MAIL
JAPÓN					
1987	TOKYO	Hiroshi	Inose	National Center for Science Information	
1987	TOKYO	Haruhisa	Ishida	University of Tokio (Comp Center)	ishida%utokyo-relay.csnet@relay.cs.net
1987	TOKYO	Jun	Murai	University of Tokio (Comp Center)	jun%zappa.cc.u-tokyo.junet%utokyo-relay.csnet@relay.cs.net
1987	TOKYO	Hide	Tokuda	Carnegie Mellon University	Hide.Tokuda@k.cs.cmu.edu
1988	TOKYO	Haruhisa	Ishida	University of Tokio (Comp Center)	ishida%u-tokyo.ac.jp@relay.cs.net
1989	TOKYO	Jun	Murai	Univ. of Tokyo (Computer Center)	jun@xroads.cc.u-tokyo.ac.jp
1989	TOKYO	Hide	Tokuda	Carnegie Mellon University (CS Dept)	Hide.Tokuda@k.cs.cmu.edu
COREA DEL SUR					
1985	SEOUL	Kilnam	Chon	KAIST	chon@kaist.csnet seismo!kaist!chon
1986	SEOUL	Kilnam	Chon	KAIST	chon@sorak.kaist.ac.kr ansa@gm.rl.ac.uk
1987	CHUNGNAM	Yang Hee	Choi	ETRI	yhchoi@etrivax.etri.re.kr
1987	SEOUL	Yong Jin	Park	Hanyang University	park@hyuee.hanyang.ac.kr
1988	SEOUL	Kilnam	Chon	KAIST	chon@sorak.kaist.ac.kr
1989	SEOUL	Kilnam	Chon	KAIST	chon@sorak.kaist.ac.kr
MALASIA					
1987	KUALA LUMPUR	Mohamed B	Awang-Lah	Malaysian Inst. of Microelectronic (MIMOS)	mimos!mal@uunet.uu.net
1989	KUALA LUMPUR	Mohamed B	Awang Lah	Malaysian Inst. of Microelectronic (MIMOS)	mal%rangkom.my@uunet.uu.net
MÉXICO					
1987	MONTERREY	Daniel	Trujillo	ITESM Centro de Calculo	daniel%tecmtyvm.bitnet@cunyvm.cuny.edu
1989	MEXICO DF	Enrique	Melrose	CONTEL Instituto Mexicano de Comunicaciones	
1989	MEXICO DF	Enzo	Molino	Consejo Nacional de Ciencia y Tecnología	
1989	MONTERREY	Daniel	Trujillo	ITESM Centro de Calculo	daniel@tecmtyvm.bitnet
HOLANDA					
1985	AMSTERDAM	Piet	Beertema	EUNET / CWI	mcvax!piet piet%mcvax.uucp@seismo.arpa
1985	AMSTERDAM	Teus	Hagen	EUNET / EUUG	seismo!mcvax!ace!teus teus%mcvax.uucp@seismo.arpa
1985	AMSTERDAM	Kees	Neggers	University of Nijmegen	u030101@hnykun11.earn
1986	AMSTERDAM	Kees	Neggers	University of Nijmegen	u030101@hnykun11.earn
1987	AMSTERDAM	Piet	Beertema	CWI	piet@cwi.nl
1987	AMSTERDAM	James S.	Hutton	RARE Secretariat	jsh@ib.rl.ac.uk
1987	AMSTERDAM	Daniel	Karrenberg	CWI	dfk@cwi.nl
1987	NIJMEGEN	Kees	Neggers	University of Nijmegen (Computing Centre)	u030101%hnykun11.bitnet@cunyvm.cuny.edu
1988	UTRECHT	Kees	Neggers	SURFnet	EARN:neggers@HUTSUR51
1989	AMSTERDAM	Piet	Beertema	Center for Mathematics and CS	piet@cwi.nl
1989	AMSTERDAM	James S.	Hutton	RARE Secretariat	jsh@ib.rl.ac.uk
1989	AMSTERDAM	Daniel	Karrenberg	CWI	dfk@cwi.nl
1989	UTRECHT	Kees	Neggers	SURFnet	EARN:neggers@HUTSUR51
NUEVA ZELANDA					
1987	WELLINGTON	John	Hine	Victoria University (CS Dept)	vuwcomp!hine@uunet.uu.net hine@comp.vuw.ac.nz
1987	HAMILTON	John	Houlker	University of Waikato	j.houlker@waikato.ac.nz
1989	HAMILTON	John	Houlker	University of Waikato	j.houlker@waikato.ac.nz
NORUEGA					
1984	OSLO	Kjell	Aage Bringsrud	Universitetet i Oslo	kjell_]ge_bringsrud%qzcom.mailnet@mit-multics.arpa
1984	OSLO	Knut	Smaaland	University of Oslo	knut_smaaland_U%qzcom.mailnet@mit-multics.arpa
1984	KJELLER	Paal	Spilling	Norwegian Telecommunications Authority	paal@nta-vax.arpa
1986	TRONDHEIM	Alf	Hansen	RUNIT	alf-hansen%vax.runit.unit.uninett@tor.nta.no
1986	TRONDHEIM-NTH	Trond	Skjesol	RUNIT / UNINETT	skjesol%vax.runit.unit.uninett@nta-vax.arpa trond_skjesol@qzcom.mailnet
1988	TRONDHEIM	Haavard	Kvernelv	RUNIT-F, SINTEF	EARN:kvernelv%vax.runit.unit.uninett@norunix
1989	TRONDHEIM	Alf	Hansen	ELAB-RUNIT	EARN: alf-hansen%vax.runit.unit.uninett@norunix
1989	TRONDHEIM	Haavard	Kvernelv	RUNIT-F, SINTEF	EARN:kvernelv%vax.runit.unit.uninett@norunix
SINGAPUR					
1987	SINGAPORE	Wai Lung	Loh	National University of Singapore	aawai%NUSVM.bitnet@cunyvm.cuny.edu
1989	KENT RIDGE	Wai Lung	Loh	National University of Singapore	aawai@NUSVM.bitnet
ESPAÑA					
1984	MADRID	Jesús	García Tomas	UPM	jesus_garcia_tomas%qzcom.mailnet@mit-multics.arpa
1984	BARCELONA	Manuel	Medina	E. T. S. E. Telecomunicacio	medina%qzcom.mailnet@mit-multics.arpa
1984	MADRID	Juan	Riera	E.T.S.I. Telecomunicacion	
1986	MADRID	Juan	Riera	E.T.S.I. Telecomunicacion	
1987	MADRID	Jose	Barberá	FUNDESCO Programa IRIS	EARN fundesco@etsitm.iris mcvax!goya!fundesco@uunet.uu.net
1987	MADRID	Juan	Riera	Univ. Politecnica Madrid DIT (ETSI Telecom.)	mcvax!goya!riera@uunet.uu.net EARN: riera@etsim.iris
1988	MADRID	Jose	Barberá	FUNDESCO Programa IRIS	barbera@iris-dcp.es
1988	MADRID	Ignacio	Martínez	FUNDESCO Programa IRIS	martinez@iris-dcp.es
1989	MADRID	Jose	Barberá	FUNDESCO Programa IRIS	barbera@iris-dcp.es
1989	MADRID	Ignacio	Martínez	FUNDESCO Programa IRIS	martinez@iris-dcp.es
SUECIA					
1984	GOTHENBURG	Ulf	Bilting	Chalmers Univ of Technology Dep CS	bilting@csnet-sh.arpa ulf_bilting%qzcom.mailnet@mit-multics.arpa
1984	STOCKHOLM	Tommy	Ericson	Stockholm University Computing Center	tommy_ericson__qz%qzcom.mailnet@mit-multics.arpa
1984	STOCKHOLM	Jacob	Palme	Stockholm University Computing Centre	jacob_palme_qz%qzcom.mailnet@mit-multics.arpa
1985	STOCKHOLM	Birgitta	Carlson	QZ	birgitta_carlson@qzcom.mailnet
1985	STOCKHOLM	Tommy	Ericson	QZ	tommy_ericson@qzcom.mailnet tommy_ericson%com@york
1985	UPSALA	Hans	Eriksson	University of Upsala (CS)	hans@kuling.uucp hans_eriksson@qzcom.mailnet
1985	FARSTA	Johan	Lundberg	Swedish Telecom	johan_lundberg@qzcom.mailnet
1985	STOCKHOLM	Jacob	Palme	QZ	jacob_palme_qz@qzcom.mailnet jacob_palme_qz%qzcom@york
1985	GOTHENBURG	Sven	Tafvelin	Chalmers University SUNET (CS)	sven_tafvelin@qzcom.mailnet mcvax!enea!chalmers!talvelin
1985	UMEA	Hans	Wallberg	UMDAC	hans_wallberg@qzcom.mailnet
1986	STOCKHOLM	Jacob	Palme	Stockholm University Computing Centre	jacob_palme_qz%qzcom.bitnet@cunyvm.cuny.edu
1987	GOTHENBURG	Ulf	Bilting	Chalmers University SUNET (CS)	bilting@cs.chalmers.se
1987	STOCKHOLM	Bjorn	Carlsson	Stockholm University Computing Centre	bjorn_carlsson_qz%qzcom.bitnet@cunyvm.cuny.edu
1989	KISTA	Mats	Brunell	SICS	matsb@sics.se
1989	UMEA	Hans	Wallberg	UMDAC	hwg@biovax.umdc.umu.se
SUIZA					
1984	GENEVA	François	Fluckiger	CERN	
1985	GENEVA	David	Lord	CERN	pfkdn@cernvm.earn
1986	GENEVE	Juergen	Harms	CUI	harms@sun.cui.unige.ch
1986		Robert	O'Brien	CERN	
1987	ZURICH	Bernhard	Plattner	Institut fuer Informatik	plattner@ifi.ethz.ch
1989	GENEVE	Juergen	Harms	CUI	harms@sun.cui.unige.ch

AÑO	CIUDAD	NOMBRE	APELLIDO	ORGANIZACIÓN	e-MAIL
REINO UNIDO					
1986	OXFORDSHIRE	Jim	Craigie	Computing Division Rutherford Appleton Labs	j.craigie%uk.ac.rutherford.gec-b@ucl-cs.arpa
1986	AMSTERDAM	James S.	Hutton	RARE Secretariat	jsh@ib.rl.ac.uk
NACIONES UNIDAS (ONU)					
1989	NEW YORK	Enzo	Puliatt	UNDP RBLAC	cdp!enzop@arisia.xerox.com
ESTADOS UNIDOS					
1984	NEWARK DE	Dave	Farber	University of Delaware (EE)	farber@udel-ee.arpa
1984	NEW YORK	Ira	Fuchs	City University of New York	g.cunyvm=ihfcu@berkeley.arpa
1984	MADISON WI	Lawrence H.	Landweber	University of Wisconsin-Madison (CS)	landweber@uwisc.arpa
1984	CAMBRIDGE, MA	Dan	Long	BBN	long@bbn-unix.arpa
1984	PRINCETON	Daniel J.	Oberst	EDUCOM	oberst%educom.mailnet@mit-multics.arpa
1985	NEW YORK	Ira	Fuchs	City University of New York	ihfcu@cunyvm.bitnet
1985	MADISON WI	Robert	Hagens	University of Wisconsin-Madison (CS)	hagens@wisc-rsch.arpa hagens@wiscvm.bitnet seismo!uwvax!hagens
1985	MADISON WI	Lawrence H.	Landweber	University of Wisconsin-Madison (CS)	landweber@wisc-rsch.arpa lhl@wiscvm.bitnet
1985	PRINCETON	Daniel J.	Oberst	EDUCOM/MAILNET/BITNET	oberst@educom.mailnet oberst@bitnic.bitnet doberst-telemail
1985	CAMBRIDGE	Dennis	Rockell	BBN / CSNET	drockwel@csnet-sh.arpa
1986	NEWARK DE	Dave	Farber	University of Delaware (EE)	farber@udel-ee.arpa
1986	MADISON WI	Lawrence H.	Landweber	University of Wisconsin-Madison (CS)	landweber@cs.wisc.edu
1986	WASHINGTON DC	Steve	Wolf	NSF Div of Networking	steve@note.nsf.gov
1987	ARLINGTON VA	Rick	Adams	Center for Seismic Studies	rick@seismo.css.gov
1987	WASHINGTON	Bill	Bostwick	US DOE (Dept of Energy) Office of Scientific Computing	bostwick%mfe.mfenet@nmfecc.arpa
1987	ANN ARBOR MI	Hans-Werner	Braun	University of Michigan	hwb@mcr.umich.edu
1987	NEWARK DE	Dave	Farber	University of Delaware (EE)	farber@udel.edu
1987	PRINCETON NJ	Ira	Fuchs	Princeton Univ (VP for computing & IT)	fuchs%pucc.bitnet@cunyvm.cuny.edu
1987	MADISON WI	Lawrence H.	Landweber	University of Wisconsin-Madison (CS)	landweber@cs.wisc.edu
1987	LIVERMORE CA	Jim	Leighton	Lawrence-Livermore National Laboratory	leighton%mfe@nmfecc.arpa
1987	ROCHESTER NY	Richard	Mandelbaum	Univ of Rochester Vice Provost for Computing	rma@cs.rochester.edu
1987	WASHINGTON DC	Steve	Wolff	NSF Div of Networking	steve@note.nsf.gov
1988	ANN ARBOR MI	Bernard	Galler	University of Michigan	galler@um.cc.umich.edu
1988	MADISON WI	Lawrence H.	Landweber	University of Wisconsin-Madison (CS)	landweber@cs.wisc.edu
1988	CAMBRIDGE, MA	Dan	Long	CSNET	long@nnsc.nsf.net
1988	ROCHESTER NY	Richard	Mandelbaum		rma@cs.rochester.edu
1989	ARLINGTON VA	Rick	Adams	Center for Seismic Studies	rick@seismo.css.gov
1989	ANN ARBOR MI	Hans-Werner	Braun	MERIT	hwb@merit.edu
1989	BOULDER CO	Joe	Choy	National Center for Atmospheric Research	choy@ncar.ucar.edu
1989	PRINCETON NJ	Ira	Fuchs	Princeton Univ (VP for computing & IT)	fuchs@pucc.bitnet
1989	ANN ARBOR MI	Bernard	Galler	University of Michigan	galler@um.cc.umich.edu
1989	WASHINGTON	Steven	Goldstein	NSF Div of Networking & Com Research & Infrastructure	sgoldste@note.nsf.gov
1989	MADISON WI	Lawrence H.	Landweber	Univ. of Wisconsin CS Dept	landweber@cs.wisc.edu
1989	CAMBRIDGE, MA	Dan	Long	BBN (CSnet)	long@nnsc.nsf.net
1989	ROCHESTER NY	Richard	Mandelbaum	University of Rochester (VP for Computing)	rma@cs.rochester.edu
1989	COLLEGE PARK, MD		Glen	Ricart	University of Maryland (CS Center) ricart@umdc.bitnet
1989	WASHINGTON DC	Tony	Villasenor	NASA Science Internet (Headquarters)	villasenor@ames.arpa
1989	WASHINGTON DC	Steve	Wolff	NSF Div of Networking	steve@note.nsf.gov
VENEZUELA					
1989	CARACAS	Edgar	Zorilla	Consejo Nacional de Investig Científicas y Tecnológicas	
ALEMANIA					
1984	WESSLING	Gerhard	Glas	DFVLR-NT Oberpfaffenhofen	
1984	KARLSRUHE	Michael	Rotert	University of Karlsruhe (Faculty of Informatics)	rotert%germany@csnet-relay.arpa
1984	ST AUGUSTIN	Horst	Santo	GMD	
1984	DUESSELDORF	Rolf	Speth	Rechenzentrum der Universitat Duesseldorf	rolf_speth_univ_duesseldorf%qzcom.mailnet@mit-multics.arpa
1984	BERLIN	Klaus	Ullmann	DFN	
1984	KARLSRUHE	Werner	Zorn	University of Karlsruhe (Faculty of Informatics)	zorn%germany@csnet-relay.arpa
1985	BERLIN	Gerrit	Henken	DFN	gerrit_henken@qzcom.mailnet
1985	ST AUGUSTIN	Volkmar	Kobelt	GMD	mcvax!unido!gmdzi!kobelt
1985	KARLSRUHE	Michael	Rotert	University of Karlsruhe (Faculty of Informatics)	rotert@germany.csnet seismo!mcvax!unido!uka!rotert
1985	KARLSRUHE	Werner	Zorn	University of Karlsruhe (Faculty of Informatics)	zorn@germany.csnet
1986	BERLIN	Gerrit	Henken	DFN	gerrit_henken@qzcom.mailnet
1986	BERLIN	Peter	Kaufmann	DFN-Verein	kaufmann@zpl.dfn.dbp.de
1986	KARLSRUHE	Michael	Rotert	University of Karlsruhe (Faculty of Informatics)	rotert@germany.csnet seismo!mcvax!unido!uka!rotert
1987	BERLIN	Peter	Kaufmann	DFN-Verein	kaufmann@zpl.dfn.dbp.de
1987	KARLSRUHE	Michael	Rotert	Universitat Karlsruhe Informatik Rechnerabteilung	rotert%germany@relay.cs.net
1987	KARLSRUHE	Werner	Zorn	Universitat Karlsruhe Informatik Rechnerabteilung	zorn%germany@relay.cs.net
1988	BERLIN	Peter	Kaufmann	DFN-Verein	kaufmann@zpl.dfn.dbp.de
1988	KARLSRUHE	Michael	Rotert	University of Karlsruhe (Faculty of Informatics)	rotert@ira.uka.de
1988	KARLSRUHE	Werner	Zorn	University of Karlsruhe (Faculty of Informatics)	zorn@ira.uka.de
1989	BERLIN	Peter	Kaufmann	DFN-Verein	kaufmann@zpl.dfn.dbp.de
1989	KARLSRUHE	Michael	Rotert	University of Karlsruhe (Faculty of Informatics)	rotert@ira.uka.de
1989	KARLSRUHE	Werner	Zorn	Universitat Karlsruhe Informatik Rechnerabteilung	zorn@ira.uka.de

Sedes y fechas de los eventos organizados por Larry Landweber, embrión de lo que serían los INET de la Internet Society a partir de 1992.

1984	PARIS (Francia)	3-4 Julio	Workshop on Academic Research Network Collaboration
1985	ESTOCOLMO (Suecia)	22-24 Julio	Academic Network Cooperation Workshop
1986	DUBLÍN (Irlanda)	8-10 Septiembre	International Academic Networkshop
1987	PRINCETON (EEUU)	9-11 Noviembre	International Academic Networkshop
1988	JERUSALÉN (Israel)	26-28 Octubre	International Academic Networkshop
1989	SIDNEY (Australia)	28-30 Noviembre	International Academic Networkshop

Dennis Jennings

Pionero irlandés de la NSFnet y de Internet.

«¡Ya te dije que esto de **INTERNET** iba a cuajar!»

Responsable de las decisiones que desembocaron en la creación de NSFnet durante el periodo en que trabajó en la National Science Foundation (NSF), entre 1985 y 1986, durante una excedencia del University College de Dublín (UCD), y se encargó especialmente de la decisión de adoptar TCP/IP como el protocolo para NSFnet (la enorme y absolutamente desconocida red estadounidense de investigación que precedió y dio lugar a Internet. La red troncal NSFnet soportó gran parte del tráfico de Internet durante muchos años en la década de los ochenta).

Dennis Jennings

Entrevistado el 28 de noviembre de 2007 en Washington DC (Estados Unidos)

Nació el 11 de julio de 1945 en Mánchester, Inglaterra. Sus padres eran médicos, él del oeste de Irlanda y ella de Leipzig, en Alemania. Su madre fue de Alemania a Inglaterra en 1938 para investigar enfermedades tropicales en el Lister Institute de Londres. Cuando estalló la guerra en septiembre de 1939, su investigación recibió la clasificación de secreta, ella perdió su trabajo y pasó bastantes penurias. No obstante, con la ayuda de los cuáqueros se convirtió en médico sustituto y, en su día, conoció al padre de Dennis Jennings y se casaron. El padre era médico general en Blackburn antes de convertirse en residente del hospital pediátrico de Booth Hall, en Mánchester. Sus padres llegaron a Dublín en 1947, por lo que creció y pasó casi la mitad de su vida en Irlanda.

Se educó con los jesuitas en el Gonzaga College de Dublín, estudió Física experimental entre 1963 y 1967 en el University College de Dublín (UCD) y realizó la investigación para obtener el Doctorado entre 1967 y 1972 en el, por aquel entonces, aún nuevo campo de la astronomía de rayos gamma. La gran sensación en 1968 fue el descubrimiento de los púlsares (estrellas de neutrones colapsadas) y se estudiaban como fuentes potenciales de rayos gamma. No detectaron ningún rayo gamma, pero pudieron establecer los límites superiores del nivel de radiación gamma de púlsares, relevante para varias teorías cosmológicas. Posteriormente, otros investigadores con instrumentos más sensibles sí que descubrieron rayos gamma procedentes de púlsares.

Tras finalizar el Doctorado, trabajó para una empresa de *software* y consultoría en Dublín durante unos cuantos años (de 1972 a 1977) y en 1977 regresó al UCD como director de Servicios Informáticos. Allí permaneció hasta 1999. Mientras dirigía los servicios informáticos del UCD, trabajaba con algunas compañías *start-up* surgidas del campus y, en 1999, tuvo la suerte de ganar dinero cuando compraron Euristix Ltd., una empresa emergente (no universitaria) en la que había invertido. Tras ese golpe de suerte fue cuando pudo prolongar la excedencia del UCD y se convirtió en inversor y consejero y, en 2002, creó un fondo de capital riesgo llamado 4th Level Ventures (4lv). En 2005 se retiró formalmente de la actividad universitaria.

Su carrera en los negocios ha sido una progresión desde la pura investigación en física, pasando por la consultoría informática y la gestión informática, hasta las inversiones actuales. Paralelamente a esa trayectoria, ha pasado una parte considerable de su tiempo trabajando activamente en las redes de investigación.

¿Recuerda cuándo entró en contacto con la informática y las redes informáticas?

Sin lugar a dudas. La primera vez que vi un ordenador fue en 1964 en el UCD, mientras estudiaba. Era un IBM 1620, una máquina basada en tarjetas perforadas que ocupaba dos habitaciones grandes. ¡Tenía una memoria enorme de 10.000 caracteres! En 1964 di mi primer curso de programación, en FORTRAN2.

En los setenta fue cuando me empecé a interesar por las redes informáticas. En 1979 participé en la dirección del primer proyecto de redes de investigación de Irlanda, llamado IUN (Irish Universities Network, la red de universidades irlandesas). Era un enlace simple entre dos universidades: entre el UCD, donde yo trabajaba, y el Trinity College de Dublín, en el que un compañero trabajaba como profesor de Informática. La "red" incluía un simple conmutador X25 que desarrollamos desde cero y líneas dedicadas que enlazaban los sistemas centrales *(mainframes)* de tiempo compartido de ambas universidades, lo que, en resumidas cuentas, facilitaba el acceso terminal de un ordenador central al otro. Era bastante innovador en aquella época.

«En los setenta fue cuando me empecé a interesar por las redes informáticas.»

En 1982 hice la primera propuesta para una red de investigación que interconectara a todas las universidades de Irlanda. Sin embargo, los otros directores informáticos de las universidades consideraron que no se les había consultado y desestimaron la idea. Esta fue mi primera experiencia con las "políticas" del trabajo en red y la necesidad de persuadir a todas las partes implicadas antes de realizar nuevas propuestas. Sin embargo, como resultado de mi iniciativa, la Higher Education Authority (HEA), el órgano universitario de subvenciones irlandés, encargó un estudio, aunó a las universidades y, en 1983, con el apoyo de otros directores informáticos, lideré una propuesta para lo que se conocería como HEAnet (Higher Education Authority Network, la red de órganos de enseñanza superior). En la actualidad, HEAnet es una red nacional avanzada de investigación y educación (NREN).

¿Cómo se involucró en NSFnet?

En 1983, me comentó mi amigo **Ira Fuchs,** que por aquel entonces estaba en la City University de Nueva York (CUNY), que IBM iba a patrocinar una ampliación de la red BITnet a Europa. Esto se convertiría en la red EARN[1]. IBM quería interconectar las universidades más destacadas de los principales países europeos y, cuando Ira (no IBM) me informó de ello, encontré el modo de participar. Que yo recuerde, la primera reunión de los miembros iniciales de la red EARN propuesta fue en el CERN en 1983 y, a raíz de esto, los otros miembros me invitaron a presidir la nueva red. En realidad, la red EARN no se estableció oficialmente hasta febrero de 1985, así que participé como presidente de EARN antes de que la red EARN existiese formalmente (e incluso antes de que se instalaran y estuvieran operativas las primeras conexiones de línea dedicada). Las instituciones financiadoras del proyecto procedían del Reino Unido, Alemania, Francia, Italia, Países Bajos, Suecia y Suiza... e Irlanda, claro. Como yo participaba, las universidades irlandesas también. En 1985 se unió España, a través de la iniciativa de la Universidad de Barcelona (UB).

Mi participación en EARN resultó ser bastante importante para mí. Como consecuencia, me invitaron a asistir a la primera reunión (Workshop on Academic/Research Network Collaboration) de Landweber en París, el 3 y 4 de julio de 1984. Allí conocí a **Larry Landweber.** Larry me sugirió que presentase mi candidatura para el puesto de director de CSnet en EEUU. Me invitó a ir a conocer al personal de CSnet, y así lo hice en agosto de 1984, en Washington DC. Además, asistí a la reunión del Comité sobre trabajo en red de la NSF (National Science Foundation, Fundación Nacional para la Ciencia de EEUU), donde oí por primera vez acerca de los planes de establecer una red de acceso de superordenadores nacional.

Estando en la zona de Washington DC, Larry sugirió que fuese a hablar con **John Connolly** en la NSF porque estaba buscando a alguien que dirigiese la red de acceso de superordenadores propuesta. Así pues, fui a hablar con John y le convencí de que yo podría ocupar el puesto de la NSF. El resultado fue que, tras considerables

1 EARN: European Academic and Research Network (red europea académica y de investigación).

John Connolly

negociaciones, me ofrecieron tanto el puesto en CSNET como en la NSF. Opté por trabajar en la NSF porque parecía que sería un trabajo más interesante. Estaba mucho menos especificado que el puesto en CSnet, no quedaba claro cómo había que hacer el trabajo, pero tenía que ver con una red estadounidense de investigación y eso me pareció una autentica oportunidad para cambiar las cosas y contribuir significativamente en la investigación. Traje a mi familia a EEUU y comencé formalmente el 1 de enero, aunque en realidad fue el **2 de enero de 1985,** como el primer director del programa para redes de la NSF.

Mucha gente me pregunta "¿Cómo diantres te eligieron a ti?" Yo suelo responder: *"Bueno, a John Connolly le estaba costando muchísimo convencer a alguien con experiencia en redes para trabajar en Washington DC y resulta que yo tenía bastaste idea de redes de investigación por aquella época y había participado en redes de investigación nacionales e internacionales durante varios años. El personal de IBM que trabajaba en la red EARN me conocía y confiaba en mí y estoy seguro de que tranquilizaron a Erich Bloch, el director de la NSF, y a John cuando comprobaron sus referencias antes de contratarme".*

¿Cuáles eran los antecedentes del programa NSFnet?

Los antecedentes del trabajo en red son importantes: en aquel entonces, ARPAnet tenía varios años de existencia, pero hacía poco que se había pasado a TCP/IP (el 1 de enero de 1983) y había confirmado el valor de la integración de redes.

Y lo que es más importante, la NSF había subvencionado a CSnet, la red de ciencias informáticas propuesta y dirigida por **Peter Denning,** Dave Farber, Larry Landweber y Tony Hearn, para interconectar la comunidad de investigación en ciencias informáticas. CSnet era una red basada en TCP/IP y los líderes de CSnet habían negociado el poder acceder a ARPAnet y compartir recursos con ella. De este modo se ampliaba el conjunto de redes interconectadas para incluir a la comunidad educativa y de investigación de Ciencias informáticas de los EEUU. CSnet fue el primer gran experimento nacional (y después internacional) de redes de colaboración a gran escala. La misma importancia que tuvieron los investigadores principales en el éxito de CSnet también la tuvo el director de la NSF, **Kent Curtis**[2], que había apoyado al programa CSnet dotándolo de una subvención de cinco millones de dólares durante cinco años. CSnet demostró el valor del trabajo en red para la comunidad informática y sentó las bases de una ampliación de la red para todos los investigadores.

Peter Denning

El contexto de la investigación estadounidense también fue importante para el desarrollo del programa NSFnet. A principios de los ochenta, aumentó progresivamente la preocupación de la comunidad científica por la falta de acceso a los superordenadores. En respuesta a esta preocupación, la NSF estableció la oficina de informática científica avanzada Office of Advanced Scientific Computing (OASC), dirigida por John Connolly, con el objetivo de desarrollar un programa clave para establecer centros de superordenadores y apoyar a los usuarios de los mismos. Desde el principio, el programa de superordenadores de la NSF contenía la idea de una red de acceso de superordenadores. Algunos investigadores destacados, entre los que estaba el ganador del premio Nobel **Ken Wilson** de la Cornell University, alzaron la voz para pedir que el programa de superordenadores contara con presupuesto para in-

2 En 1982, una comisión de la NSF presidida por Peter Lax, del Courant Institute, denunció que los científicos estadounidenses carecían de acceso a los superordenadores. Contaba con el testimonio del astrofísico de la University of Illinois, Larry Smarr, según el cual algunos trabajadores de ese campo se habían visto obligados a viajar a Alemania para utilizar superordenadores de fabricación estadounidense. Posteriormente, en julio de 1983, un grupo de trabajo de la NSF presidido por Kent Curtis emitió un plan para "un entorno informático nacional para la investigación académica" que pusiera fin a los problemas descritos en el informe. Tras unas audiencias en el Congreso, se aconsejó a la NSF ejecutar un plan aún más ambicioso para poner los superordenadores a disposición de los científicos. Fuente: <www.computerhistory.org>

Ken Wilson

corporar una red, de modo que los usuarios de los superordenadores se pudieran conectar a un centro de superordenadores, en lugar de tener que viajar para poder utilizar los sistemas.

Así que, cuando llegué a la NSF el 2 de enero de 1985, los componentes clave ya se habían incluido: las exigencias de investigadores destacados, un presupuesto significativo para la red (aproximadamente un 10% del presupuesto de todo el programa de superordenadores se destinó a dicha red) y la experiencia de CSnet que aportaba confianza en el concepto de la integración de redes, además de la tecnología (TCP). Lo que se requería era un catalizador, y esa era mi función.

¿Cómo ha contribuido usted al desarrollo de NSFnet / Internet?

Cuando me incorporé a la NSF, tenía la misión de crear una **red de acceso** de superordenadores que permitiera a los investigadores acceder a los superordenadores de la NSF.

La primera decisión capital fue **desarrollar una red nacional** con **fines generales** para la ciencia y la ingeniería en conjunto, en lugar de crear una red especializada para usuarios de superordenadores. A mí me parecía que el objetivo de dotar a la comunidad de investigación científica y de ingeniería del poder de la supercomputación podría lograrse mediante una red con fines generales, del mismo modo que con una red de acceso de superordenadores exclusiva.

La segunda decisión fue la de elegir el modelo de CSnet y desarrollar una red de redes, una internet, en lugar de una única red de superordenadores exclusiva. Esbocé la idea en una presentación ante la *national science board* (Junta Científica Nacional) en enero de 1985. La idea era que ninguna red podría llegar por sí sola a toda la comunidad científica (y, sin duda, tampoco se contaba con el presupuesto suficiente), por lo que para tener éxito el programa

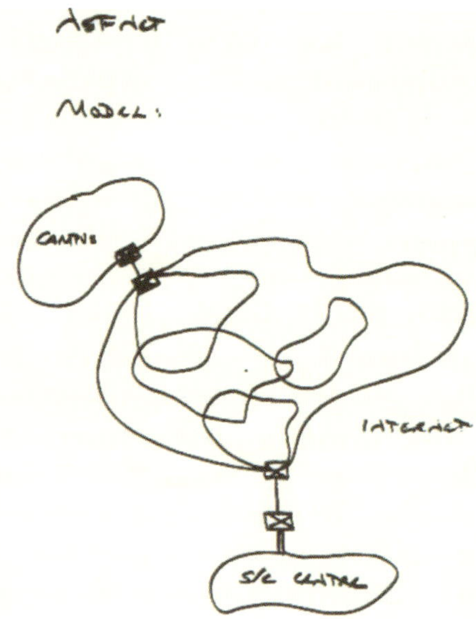

Esquema de NSFnet. Incluye una red del campus, una red con fines generales y el centro de superordenadores en el extremo opuesto. Cortesía de Dennis Jennings. Alrededor de 1985.

NSFnet debía apoyarse en muchos otros proyectos de redes rivales.

Una decisión capital, y por la que más se me recuerda, fue la de adoptar el conjunto de protocolos TCP/IP (DARPA), los protocolos de Internet, en NSFnet. Esta fue una decisión bastante obvia. Estábamos creando una internet y el único protocolo disponible para integración de redes era el conjunto de protocolos TCP/IP.

Sin embargo, esto resultó ser muy polémico en aquel momento por muchas razones: muchos científicos e ingenieros usaban ordenadores DEC VAX y protocolos DECnet y no querían cambiar; muchos reputados centros de superordenadores, incluyendo el centro de superordenadores de San Diego de la NSF (SDSC), usaban los protocolos de MFEnet[3]; la mayoría de los centros de datos académicos estaban usando los protocolos SNA de IBM o los protocolos BITnet y, de to-

3 Los protocolos MFEnet estaban basados en una versión preliminar de los protocolos utilizados en la red DECnet antes de su primer lanzamiento público como producto de la empresa Digital Equipment Corporation (DEC).

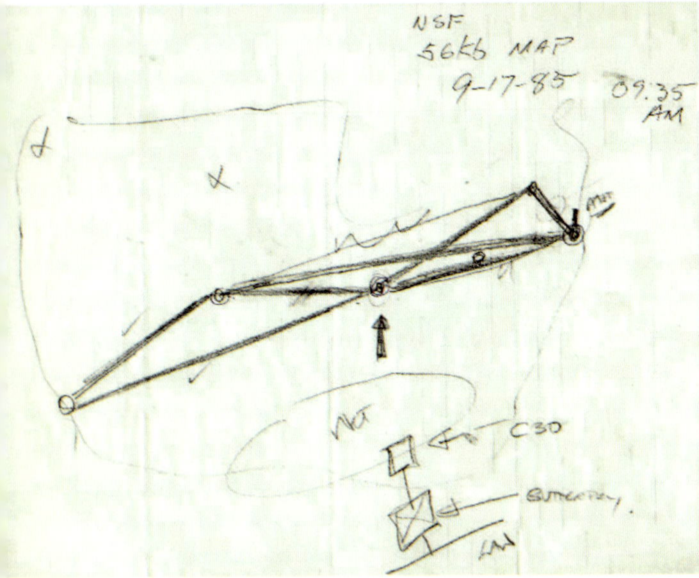

La red troncal temporal de NSF a 56 kbps.
17 de septiembre de 1985, 9:35 de la mañana.
Esquema original reproducido por cortesía de Dennis Jennings.

dos modos, el conjunto de protocolos TCP/IP no estaba disponible en superordenadores. Además, aparte de la implementación de protocolos TCP/IP de Berkeley 4.3 en Sun y otras estaciones de trabajo de UNIX, las implementaciones de las que disponían otros ordenadores eran generalmente de mala calidad y bajo rendimiento. La adopción de los protocolos TCP/IP no fue solo una recomendación, sino una **orden** para todas las redes subvencionadas por el programa Advanced Scientific Computing de la NSF, incluyendo posteriormente a los centros de superordenadores de la NSF existentes en el SDSC de San Diego y el John von Neumann Center (JvNC) de Princeton.

En lo que respecta a la arquitectura de la red, una decisión clave fue crear una red de tres niveles, basada en redes LAN del campus, regionales (por ejemplo, NYSERnet) y comunitarias (como CSnet, BITnet), y una red central nacional. Esta fue una decisión muy potente. En aquella época, los campus universitarios estadounidenses estaban comenzando a desarrollar redes en el campus y tenían que lidiar con toda una mezcolanza de redes y protocolos distintos. La decisión del programa NSFnet de adoptar TCP/IP ayudó mucho a la hora de fomentar la adopción de TCP/IP en los campus. Además, esta decisión implicaba que la responsabilidad de conectar a los investigadores mediante superordenadores se transfería a los campus y, aparte de las pequeñas financiaciones del programa NSFnet para conectar las redes de los campus con varias redes regionales, las universidades corrían con los gastos de la red del campus. Esta transferencia de responsabilidades hacia los campus también fue polémica porque muchos usuarios de superordenadores habían esperado obtener comunicaciones enlazadas directa y exclusivamente entre un superordenador y su ordenador local o estación de trabajo y no les hacía gracia tener que depender de la administración de la red del campus.

«... cada vez se hacía más patente la necesidad de una red troncal como elemento esencial.»

La decisión de subvencionar nuevas redes regionales surgió tras una visita a la Cornell University y una conversación sobre los planes para establecer una red de investigación en el estado de Nueva York (NYSERnet) que interconectase todas las universidades del estado. Como consecuencia, el programa NSFnet ofrecía una subvención inicial para NYSERnet y, posteriormente, la posibilidad de alojar otras redes a nivel estatal y regional (incluyendo SURAnet, BARRnet, MIDnet, Westnet, Merit, NorthWestNet, etc.). Este enfoque sacaba provecho del presupuesto del programa NSFnet y de las donaciones estatales, regionales y de las universidades, y permitió la conexión de un gran número de universidades con mucha rapidez.

Además, claro, el programa NSFnet financió la red SDSC (que en un principio usaba protocolos MFEnet y, después, TCP/IP) y la red JvNC TCP/IP (la primera red T1 (1,5 Mbps). El programa NSFnet también donó fondos a CSnet para permitirle expandirse como parte de la incipiente Internet y también subvencionó un programa

Primer *fuzzball*. Aproximadamente 1978. La NSF realizó una selección en 1985 entre Cisco, Proteon, BBN y Fuzzball: tres tigres y un gatito. Al final ganó Fuzzball, el gatito. No porque fuese más mono y unas 10 veces más barato, sino porque era 30 veces más rápido que las puertas de enlace BBN ARPAnet de la época. Fotografía y texto por gentileza de Dave Mills.

para trasladar la enorme red BITnet desde los protocolos de IBM a TCP/IP. Por último, el programa NSFnet aportó dos millones de dólares anuales durante dos años (1985 y 1986) a DARPA para la ampliación de ARPAnet a otras universidades de investigación. No obstante, y lamentablemente, esta fue la parte más costosa y menos eficaz de todo el programa NSF porque el personal de operaciones de red del Departamento de Defensa, que se encargaba de las operaciones y el despliegue de ARPAnet, fue incapaz de reaccionar y ejecutar la ampliación en un plazo razonable.

Una decisión clave fue implementar una red troncal nacional que interconectase los centros de superordenadores (y, a través de ellos, las redes regionales y de los campus). Se anunció la decisión en la reunión de revisión del centro de superordenadores de la NSF del 17 de septiembre de 1985, celebrada en Boulder, Colorado. Para mi gran sorpresa, la decisión no fue bien recibida en un primer momento por los directores de los centros de superordenadores allí reunidos. Aquellos centros, que tenían sus propias redes, no veían la necesidad de tener una red troncal. Aquellos que carecían de redes sí percibían esa necesidad, pero les preocupaba el alojamiento de sus nodos de red. Sin embargo, tras un largo debate durante la cena del primer día y una vez que todos se dieron cuenta de que una red troncal que conectase a los cinco[4] centros les brindaba la oportunidad de que cada centro ofreciera sus servicios a toda la comunidad investigadora nacional, cambiaron de actitud. De hecho, se aplazó inmediatamente el comienzo de la reunión del segundo día para esbozar un plan para la nueva red troncal. Este *backbone* provisional de 56 kb se lanzó en julio de 1986 y quedó inmediatamente desbordado por el tráfico, cada vez se hacía más patente la necesidad de una red troncal como elemento esencial y mi sucesor en la NSF, **Steve Wolff,** supervisó la ampliación de la red troncal y el aumento de la capacidad de los 56 kb iniciales a Gigabits por segundo durante la década posterior. La red troncal de NSFnet tuvo tanto éxito que muchos solo recuerdan el programa NSFnet por su red troncal, pero en realidad el programa NSFnet comprendía una gran cantidad de redes que, al añadir posteriormente las redes IP comerciales, evolucionó gradualmente hasta transformarse en la Internet que hoy todos conocemos.

La decisión de implementar la red troncal de NSFnet en 1985 supuso una serie de avances tecnológicos interesantes. El primero fue el desarrollo de una especificación para un enrutador de red de área extendida (WAN) estándar *(RFC 985).* El problema que surgió es que el único enrutador que cumplía con los requisitos técnicos para la troncal NSFnet solo se podía obtener de BBN, con el descuento de DARPA, por 180.000 dólares cada uno... ¡y el presupuesto del programa NSFnet no daba tanto de sí! Con una subvención del programa NSFnet, la University of Illinois at Urbana-Champaign estudió la disponibilidad de nuevos enrutadores comerciales de bajo coste (10.000 dólares), incluido uno de una compañía emergente llamada Cisco, pero ninguno de ellos tenía las características necesarias. Durante una reunión celebrada en Urbana-Champaign, se estudiaron las opciones para los enrutadores

4 Los 5 centros de superordenadores conectados eran: General Atomics -- el San Diego Supercomputer Center, SDSC - Universidad de Illinois en Urbana-Champaign: el National Center for Supercomputing Applications, NCSA - Universidad Carnegie Mellon: el Pittsburgh Supercomputer Center, PSC - Universidad Cornell: el Cornell Theory Center, CTC - Universidad de Princeton: el centro de supercomputación John von Neumann National Supercomputer Center, JvNC Además de las instalaciones de supercomputación existentes en el National Center for Atmospheric Research (NCAR, Centro nacional de investigación atmosférica).

troncales y **Dave Mills** de la University of Delaware, sugirió que su código *fuzzball, software* que funcionaba en ordenadores DEC PDP-11, podría cumplir con los criterios exigidos. Ninguno de los presentes en la reunión estaba a favor de esta solución, pero tampoco era capaz de encontrar otra solución adaptable y se decidió finalmente utilizar los *fuzzballs* para que la red troncal pudiese continuar según lo previsto.

Mi escasa contribución técnica fue preguntar si se podrían eliminar los conmutadores X.25 (y con ello sus costes), que se consideraban necesarios entre el enrutador y las líneas dedicadas, enrutando los paquetes directamente a las líneas (y los *fuzzballs* también podían desempeñar esta función). Esta actividad también provocó que una serie de miembros[5] de la comunidad técnica desarrollara el RFC 985 y, posteriormente, su publicación posibilitó que emergieran proveedores comerciales que desarrollaron enrutadores de redes WAN (o de área amplia).

A pesar de que las decisiones descritas anteriormente parezcan razonablemente obvias en retrospectiva, ninguna de ellas fue considerada evidentemente necesaria o correcta en aquel momento y todas fueron controvertidas, debatidas acaloradamente y, a menudo, refutadas. Por supuesto que estas decisiones no se tomaron fácilmente como se podría desprender del resumen anterior. Surgieron como el resultado de días y días de debates y consultas angustiosas, comienzos fallidos, replanteamientos, disputas y discusiones y, finalmente, acuerdos provisionales antes de que emergiese la decisión final. Con la perspectiva del tiempo, parece que se puede esclarecer el cúmulo de incertidumbre y confusión de aquel momento y articular con claridad las ideas y decisiones principales que surgieron.
A principios de enero de 1985, una de las primeras decisiones que tomé fue crear un grupo de asesoramiento técnico para redes, o NTAG (Network Technical Advisory Group). Con la ayuda de **Dan van Belleghem,** el director adjunto del programa NSFnet, redacté la lista de expertos en redes (incluyendo a los expertos en CSnet y TCP/IP, **Peter Denning** y **Larry Landweber)** e invité a **Dave Farber** a presidir el grupo. Este NTAG[6] fue muy útil y un gran apoyo a la hora de implementar la visión del programa NSFnet y de lidiar con las complicadas decisiones técnicas que surgieron.

«Una de las primeras decisiones que tomé fue crear un grupo de asesoramiento técnico para redes.»

Aparte de lo mencionado anteriormente, mi función principal como director del programa para redes de la NSF era la de comunicar la "visión y misión" de dicho programa y convencer a la comunidad investigadora de EEUU, a la comunidad de redes y a la comunidad de usuarios de superordenadores de que creyeran en el programa NSFnet. Viajé a lo largo y ancho de EEUU haciendo presentaciones, participando en debates, reuniones y conferencias, discutiendo, persuadiendo, hablando, comunicando y asegurándome de que todo el mundo entendiera el planteamiento del programa NSFnet y la necesidad de obtener una Internet asociada al conjunto de protocolos TCP/IP.

Me concedieron una excedencia del UCD de quince meses y fueron exactamente quince los meses que estuve en la NSF hasta que lo dejé en marzo de 1986. Durante ese tiempo se gastaron o asignaron 17 millones de dólares de la NSF y no solo se obtuvo la red troncal (aunque esta no se lanzó realmente hasta después de mi salida), sino también el programa NSFnet completo. Mi papel fue ser el catalizador que colocaba todas las piezas para obtener la internet nacional de investigación de EEUU.

5 Los miembros del subcomité para los requisitos del *gateway* del NTAG y las instituciones a las que pertenecían eran: Hank Dardy, NRL; Dave Farber, University of Delaware; Dennis Jennings, JvNC; Larry Landweber, University of Wisconsin; Tony Lauck, DEC; Dave Mills (presidente), Linkabit; Dennis Perry, DARPA/IPTO. Invitaron a otros colaboradores y a moderadores para crear las especificaciones del RFC 985 para este nuevo *gateway* como a: Len Bosack, Stanford University/Cisco; Robert Braden, ISI; Hans-Werner Braun, University of Michigan; Noel Chiappa, MIT/Proteon; Doug Comer, Purdue University; Ira Fuchs, Princeton University; Ed Krol, University of Illinois; Barry Leiner, RIACS; Mike Muuss, BRL; Ron Natalie, BRL; Harvey Newman, CIT; Jon Postel, ISI; Marshall Rose, NRTC; Jeff Schiller, MIT, y Lixia Zhang, MIT.

6 Presidido por el Dr. David Farber, de la University of Delaware, los miembros eran: el Dr. Henry D. Dardy, NRL; el Dr. Peter Denning, RIACS; el Dr. A. Frederick Fath, de Boeing; el Dr. Alexander G. Fraser, de Bell Labs; el Dr. Ira Fuchs, de CUNY; el Dr. Lawrence Landweber, de la University of Wisconsin; el Dr. Anthony Lauck, DEC; el Dr. James Leighton, de Livermore Labs; el Dr. Barry Leiner, de DARPA; el Dr. Dave Mills, de la University of Delaware; el Dr. Harvey Newman, de Caltech; y los organizadores: el Dr. Dennis Jennings y Dan van Belleghem, de la NSF.

Dennis Jennings

Dennis consultando el libro del proyecto WiWiW en Washington el 28 de noviembre de 2007: vigésimo aniversario de NSFnet.

¿Quiénes han sido las personas clave, líderes o promotores en el desarrollo de Internet?

En sus comienzos, algunos como **Bob Kahn** y **Vint Cerf,** quienes realizaron el trabajo del protocolo TCP y luego del protocolo IP, fueron muy importantes. Sin embargo, no fueron los únicos, había mucha más gente por esa misma época que participaba en ARPAnet.

Posteriormente, algunos como **Larry Landweber, Peter Denning** y otros que propusieron y crearon CSnet. Esto fue muy importante porque convencieron a la Fundación Nacional para la Ciencia (NSF) de que les subvencionara, lo que creó la sensación general de que la NSF estaba interesada en el trabajo en red y en financiar redes.
Además de la gente a la que ya me he referido, debo mencionar a **Bill Schrader,** que trabajó en Cornell y dirigió la NYSERnet (red de investigación y educación del estado de Nueva York). Bill apoyó con mucho entusiasmo la idea de la red troncal NSFnet y dirigió al equipo que implementó el *backbone* una vez tomada la decisión. Bill estuvo presente en la reunión de Boulder y, en cuanto se definió la red, saltó de la silla y se fue corriendo a una cabina (en aquel entonces aún no había móviles) y llamó a AT&T para encargar las líneas de 56 kb. Después, Bill creó PSInet, una de las primeras redes IP comerciales (a la que después se llamó proveedor de servicios de internet o ISP).

También debería mencionar a **Scott Brim** de la Cornell University. En 1985, los protocolos de enrutamiento IP eran aún muy primitivos y se basaban en la suposición de la existencia de una única red troncal: ARPAnet. La implementación de una segunda red troncal, el *backbone* NSFnet y la complejidad surgida de las redes con interconexiones múltiples generadas por el programa NSFnet, eran un desafío para la tecnología de enrutamiento de la que se disponía. Scott es uno de los que trabajaron con los protocolos de enrutamiento y que hicieron que todo esto funcionara.

Dave Mills el autor y creador de los famosos *fuzzballs,* un predecesor de los *routers* actuales. Decidimos instalarlos, puesto que eran 30 veces más rápidos que las puertas de enlace que fabricaba BBN. Esa decisión dio a la industria (Cisco, Proteon) el tiempo necesario para crear otros nuevos, con unas especificaciones concretas y con mejores prestaciones.

Doug Van Houweling de la red MERIT y, posteriormente, del proyecto Internet.2.

Steve Wolff, por supuesto, quien me reemplazó en la NSF. Fue importantísimo a la hora de sacar adelante el programa NSFnet y, en particular, su red troncal. Accedió a interconectar la primera red no pública, sino comercial, a NSFnet. Se trataba de MCI Mail, por petición de **Vint Cerf** en 1989, y después le seguirían muchas otras compañías hasta que se creó la Internet que hoy conocemos.

Ken Wilson, premio Nobel procedente de Cornell University: ganó el Premio Nobel de Física por su aportación a la cromodinámica cuántica (teoría de los quarks). Fue una de las personas que estuvo detrás de todo, junto con **Larry Smarr.** Larry Smarr y Ken Wilson eran las dos personas que promovían el programa de supercomputación, pero Ken fue uno de los que dijo: "Tiene que existir una red asociada al programa de supercomputación que permita a la gente acceder a los superordenadores".

Dennis Jennings durante su memorable discurso en el vigésimo aniversario del lanzamiento de la red troncal NSFnet T1 en Washington, D.C., en noviembre de 2007. (La red troncal NSFnet temporal inicial fue acordada y diseñada en 1985 y se lanzó en julio de 1986. *Véase el texto*). Sentado: Larry Landweber.

Ira Fuchs, de BITnet, fue un personaje muy importante. Trabaja en la Mellon Foundation. Aunque BITnet no se convirtió en una red TCP/IP hasta los últimos días, BITnet fue la primera en conectar todos los centros de datos, los centros de informática de las universidades. Al igual que CSnet aportó la informática a la comunidad científica, BITnet aportó el trabajo en red a los usuarios generales de los centros de cálculo. Por tanto, Ira es un componente muy importante de esta historia.

Dave Farber, quien presidió el grupo de asesoramiento técnico de la red NSFnet desde el principio.

¿Cuáles son los hitos más importantes, en su opinión, en el desarrollo de la red NSFnet?

- A principios de 1985 se inició el programa.
- A principios de 1985 se creó el NTAG (grupo de asesoramiento técnico de la red).
- A mediados de 1986 entró en funcionamiento NSFnet con un *backbone* de líneas dedicadas a 56 kbps que interconectaba cinco sitios de supercomputación subvencionados por la NSF.
- Julio de 1987: MCI, IBM y Merit Network Inc. (University of Michigan) se asocian para presentar una licitación ante la venta de NSFnet.
- Noviembre de 1987: NSFnet concede un proyecto de cinco años a Merit y sus socios.
- Abril de 1988: MCI finaliza su implementación de una topología de catorce circuitos.
- Julio de 1988: ceremonia de inauguración de NSFnet (red troncal de 1,5 Mbps) en Washington, DC.
- Septiembre de 1988: expansión internacional a Europa.
- Julio de 1989: NSFnet, con una nueva configuración de topología de diecinueve circuitos, triplica su capacidad y mejora la redundancia de la red significativamente.
- Principios de 1991: NSFnet (con un *backbone* o tred troncal de 45 Mbps) comienza a funcionar (los cuatro primeros de los ocho nodos finales T3 estaban instalados en San Diego, Urbana-Champaign, Ann Arbor y Palo Alto).

Dennis Jennings con el autor en Washington DC (EEUU) el 28 de noviembre de 2007.

- ARPAnet: la burocracia impide que se emplee para interconectar centros y NSFnet nace con la ayuda de la NASA y el Departamento de Energía de EEUU. Esto permite la multiplicación de las conexiones, especialmente de universidades.

Un par de anécdotas

▶ Una de las cosas interesantes que ocurrieron cuando **John Connolly** accedió a contratarme como director del programa para redes de la NSF es que él e Irene Lombardo (que era la directora administrativa de OASC[7]), tuvieron que pasar por todas las formalidades necesarias para la contratación de personas no estadounidenses. Descubrieron que el Gobierno federal de EEUU no puede contratar a ciudadanos de naciones que no sean aliadas; es decir, solo podían contratar a ciudadanos de países que fueran aliados militares de EEUU Así pues, como Irlanda era (y sigue siendo) un país neutral, los ciudadanos irlandeses no podían trabajar para el Gobierno federal de EEUU. Sin embargo, como se refleja en mi biografía, yo nací en Inglaterra. Así que, a pesar de ser irlandés (soy ciudadano irlandés e irlandés en mis pensamientos, mi actitud y en cualquier otro rasgo), también soy oficialmente ciudadano británico por mi nacimiento y poseo la doble nacionalidad: irlandesa e inglesa. Al dar mi nacionalidad británica, se me permitió trabajar en la NSF y aceptar el puesto en NSFnet.

▶ Otra experiencia interesante fue que, en lugar de regresar directa e inmediatamente a casa tras finalizar mi periodo en la NSF, pasé cuatro meses en el centro de supercomputación John von Neumann Supercomputer Center (JvNC) de la Princeton University como presidente en funciones. El JvNC atravesaba dificultades de gestión e Ira Fuchs (en aquel entonces, vicepresidente de Informática en Princeton) me pidió ayuda. El presidente de Princeton solicitó al UCD de Irlanda mi traslado temporal al JvNC durante cuatro meses, tiempo que pasé instaurando el centro y comenzando a proveer servicios. El día en que me fui (15 de agosto de 1986), la NSF concedió al JvNC una subvención de 11,7 millones de dólares para continuar con sus actividades durante un año más. Esto es interesante por dos razones: una, como acababa de irme de la NSF, no podía interactuar con ella de ningún modo y toda comunicación con el personal de la NSF la gestionaba el personal del JvNC; dos, el personal de redes del JvNC había planeado usar DECnet en la red para los miembros del consorcio, sin tener en cuenta el mandato de usar TCP/IP que realicé mientras era el director del programa para

7 OASC: Office of Advanced Scientific Computing.

redes de la NSF. Como presidente de JvNC dije que no, naturalmente. Por tanto, la red JvNC usó TCP/IP (y con mucho éxito, además).

Por último, mientras que John Connolly comprendió muy bien la lógica de la arquitectura de NSFnet y la insistencia de usar TCP/IP, a veces le frustraba el ritmo lento con el que empezó el programa NSFnet en 1985 y mi insistencia en que se hiciesen las cosas correctamente e imponer el TCP/IP. En la fiesta de Navidad de diciembre de 1985, me dio una maravillosa chapa de 12 centímetros de diámetro para mi chaqueta en la que ponía en inglés: *"Nos pasamos casi toda la vida en el plan B"*.

LECTURAS ADICIONALES Y LIBROS MENCIONADOS O RECOMENDADOS

- Jennings, D.M.; Landweber, L.H; Fuchs, I.H.; Farber, D.J., y Adrion, W.R., "Computer network for scientists", *Science* 231, 4741 (28 de febrero de 1986), pp. 943-950.
- *RFC985 Requirements for Internet gateways,–Draft, NSF, mayo de 1986.*

Gordon Bell

Pionero de la informática y antiguo arquitecto de NSFnet.

«Espero no dejar de interesarme nunca por construir **COSAS NUEVAS.** Como ingeniero, cuando paras, probablemente es que estás listo para morir.»

Entrevista realizada el 5 de noviembre de 2004 en San Francisco (California)

Nació el 19 de agosto de 1934 en Kirksville, Misuri.

Gordon Bell posee un currículum increíble y ha participado en casi todas las etapas de la era informática. Posee la licenciatura (BS) y el máster (MS) en ciencias[1] (1956-1957) como Ingeniero Eléctrico en el MIT[2] y el Doctorado honoris causa de Ingeniería por el WPI[3] (1993). Ha estado veintitrés años (1960-1983) en DEC[4] como vicepresidente de Investigación y Desarrollo. Fue el arquitecto de varios ordenadores mini y de tiempo compartido (por ejemplo, el PDP-6), dirigió el desarrollo del VAX y participó en el diseño de alrededor de treinta multiprocesadores[5]. Durante el periodo entre 1966 y 1972 obtuvo un permiso para ejercer como profesor en la Carnegie Mellon University, volvió a DEC hasta 1983, cuando se unió a Encore. Su papel importante en el internet moderno empezó cuando, en 1986, fue nombrado el primer subdirector de la Junta Directiva de Informática de la NSF[6]. En la NSF dirigió (1987) el grupo interagencial que llevó a cabo "el plan" para la NREN National Research and Education Network, Red Nacional de Investigación y Educación, que se convirtió en el NII/GII[7]. Siempre ha sido un emprendedor, y se estableció a sí mismo como asesor de *start-ups* (empresas emergentes) durante el periodo de 1983 hasta 1989. Desde entonces, y hasta 1995 participó en más de ochenta *start-ups,* y se unió a Microsoft como investigador sénior en 1995 en el Media Presence Research Group[8]. Centrándose en la telepresencia, comenzó un interesante proyecto que consiste en almacenar digitalmente la información diaria que genera y consume en su ciberespacio local, llamado "MyLifeBits". Ha recibido muchos premios profesionales que incluyen la National Medal of Technology en 1991: "Por sus continuos logros intelectuales e industriales en el campo del diseño de ordenadores".

Escucha la entrevista

www.mit.edu *www.nsf.gov* *www.digital.com*
research.microsoft.com *www.americanhistory.si.edu/csr/comphist/bell.htm*

Gordon Bell

1 BS: Bachelor in Science. (Licenciatura en Ciencias) MS: Master in Science. (Máster en Ciencias).
2 MIT: Massachusetts Institute of Technology. (Instituto de Tecnología de Massachusetts, Cambridge).
3 WPI: Worcester Polytechnic Institute. (Instituto Politécnico de Worcester).
4 DEC: Digital Equipment Corporation. Adquirida por Compaq, que a su vez fue adquirida por Hewlett-Packard.
5 Multiprocesadores: se incluyen el PDP-1, PDP-4, PDP-5, PDP-6, PDP-11, PDP-16, TSS/8, VAX-11, Encore Multimax, Encore Ultramax y el Ardent Titan Graphics Supercomputer.
6 NSF: National Science Foundation, Estados Unidos.
7 NII/GII: National/Global Information Infrastructure.
8 Este grupo está ubicado en el BARC: Bay Area Research Center, situado en San Francisco, California.

¿Recuerda su primer contacto con un ordenador?

Asistí a todos los cursos de informática que el MIT ofreció desde 1952 a 1957. No existía aún ni una optativa de informática. Lo que sí había era un curso de diseño digital, otro de teoría de conmutación, de análisis numérico, de programación en lenguaje ensamblador. Allí aprendí a programar el IBM 650 y 704. El Whirlwind del MIT fue la máquina progenitora del tiempo real, además de interactiva. Me fascinaba el diseño de sistemas digitales y los ordenadores. Así que, respondiendo a tu pregunta, mi primer contacto fue en 1955.

«Asistí a todos los cursos de informática que el MIT ofreció desde 1952 a 1957.»

El TX-0 fue la máquina que nos atraía a todos[9]. La utilicé como miembro del grupo Speech Research en el MIT en 1959, donde trabajé tras volver de Australia como becario de Fullbright. Así que, cuando vi que DEC presentaba el PDP-1 (que seguía al TX-0), quise formar parte de esto.

¿Cuál fue su primer contacto/experiencia con ARPAnet?

En 1969, yo estaba en un comité donde creo que propuse la conexión entre nuestro servidor y un IMP[10] en la Carnegie Mellon University. La realidad era que yo no estaba muy interesado en juntar aquella estructura. DEC hizo lo mismo, y se creó DECnet. En aquel momento no vi la necesidad de un IMP, se podía hacer la parte de comunicaciones[11] dentro del ordenador. A mi entender, sin utilizar un ordenador de conmutación especializado.

En su opinión, ¿cuáles son las características más importantes de Internet?

Desde el punto de vista de la infraestructura, las principales características son:

- Su composición fractal y escalabilidad. Mejor que una red de conmutación de circuitos.
- La elegancia del TCP/IP.
- El principio de extremo a extremo que todo el mundo necesita entender.
- Que no se trata de una red de control centralizada.
- Que sustituirá a la red telefónica.
- Y, por supuesto, la WWW como aplicación primordial.

¿Cuáles son los hitos más importantes, en su opinión, en el desarrollo de la red?

A principios de los setenta, **la creación y uso de TELnet y FTP.** El correo electrónico fue descubierto de casualidad, ¡y no se consideró en el diseño!

Noviembre de 1987: **el plan público del nuevo internet.** El proyecto de **Al Gore** en 1986 impulsó a la National Science Foundation a preparar y publicar un plan de tres volúmenes. Este plan fue la primera, y probablemente la última vez, que todos los organismos públicos cooperaron juntos. Más tarde, este plan se convirtió en la National Research & Education Network (NREN), que dio lugar al internet propiamente dicho.

El esfuerzo de situar todas las redes juntas. En aquel entonces, la comunidad de ciencias de la informática estaba utilizando la CSnet, la comunidad de investigación de ciencias de la tierra contaba con las redes de la NASA y los físicos estaban utilizando

9 "No había prácticas de informática cuando yo estudiaba, aunque a veces podíamos utilizar el IBM 650. Solo los investigadores asociados tenían acceso a las máquinas, ya que estas estaban destinadas a la investigación. El TX-0 tenía un programa de depuración para escribir programas en línea, simbólicamente. Y fue la fascinación con la interacción lo que, finalmente, me pareció emocionante. Había ejecutado programas con el IBM 650 y el Whirlwind, pero se procesaban por lotes cuando alguien más ejecutaba tus programas y obtenías copias, pero no era lo mismo. Es posible que no me hubiera introducido en la informática si no hubiera tenido la experiencia interactiva con el TX-0 mientras era miembro del grupo Speech Research".

10 IMP: Interface Message Processor. El predecesor de los *routers* (antes llamados *gateways*). Wes Clark (que trabajaba en BBN entonces) sugirió este nuevo concepto de separar las funciones de telecomunicación del ordenador, y ha sido el factor clave para la enorme escalabilidad e intercompatibilidad de Internet con diferentes redes.

11 Implementar el paradigma de telecomunicación: *store and forward* (guardar y reenviar).

la HEPnet. Finalmente, el Gobierno separó MILnet de ARPAnet porque estaba totalmente colapsada y era poco fiable.

El *big bang* de 1992: la World Wide Web (WWW) de **Berners-Lee,** quien reconoce los esfuerzos iniciales, por ejemplo, de Gopher, SGML; y de colaboradores, por ejemplo Mosaic Browser.

Gordon Bell junto al autor durante la entrevista.

¿Cómo ha contribuido usted al desarrollo de Internet?

A las redes, con el establecimiento de los principios y el diseño de DECnet.

Y específicamente a Internet: básicamente a través del "plan" de la NSF que impulsó la evolución de NSFnet, dando lugar a la NREN[12] y al moderno internet como el primer director de la Junta de CISE[13] en la NSF. Fui presidente del comité FCCSET[14], que estaba formado por DARPA, el Departamento de Informática de Altas Prestaciones del DOE[15], la NASA y la Iniciativa de

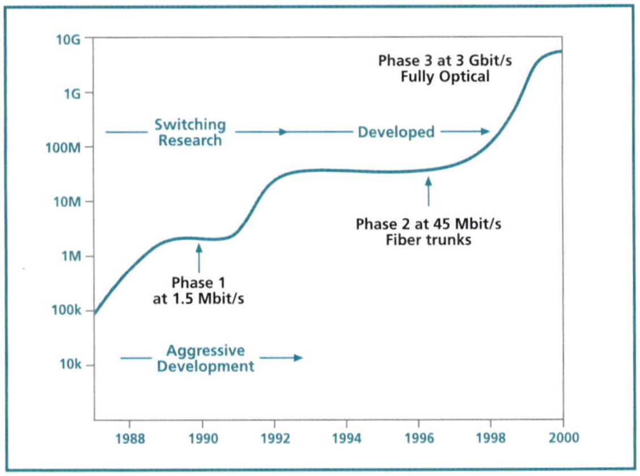

Plan de Internet creado en la conferencia de NSF en febrero de 1987, en San Diego.

informática de altas prestaciones de la NSF. Nos unimos bajo la supervisión de William Graham (el asesor científico del presidente Reagan).

Cuando llegué a la NSF, estábamos financiando seis Centros de Superordenadores por todo el país, lo que incluía dinero para la red. Cuando les propuse conectarnos todos juntos, me mostraron disposiciones basadas en varios servidores centrales separados y cada uno de ellos con los usuarios en estrella, pero aquello no era una red. Lo que hice fue crear una división de red utilizando el dinero que tenían asignado para las conexiones.

Otra cosa que hice con los centros de superordenadores fue hacerlos funcionar con el sistema operativo UNIX. Esto tampoco ayudó a mi popularidad. Por supuesto, había demasiados centros, reduciendose a solo tres en 2005.

Así que la principal acción que realicé, y que creo que fue realmente importante, estaba relacionada con NSFnet y con cómo se convirtió en NREN o en el Internet que tenemos hoy. La red se estableció como una parte y se informó a la persona que dirigía la división de los centros de superordenadores. Entré y dije: *"La red me va a informar directamente a mí como una nueva división y no a la división de supercomputación o a los directores de los centros. La red es independiente y diferente de los centros de superordenadores"*.

12 NREN: National Research and Education Network (Red nacional de investigación y educación). Diseñada y patrocinada por la NSF e implementada por la University of Michigan e IBM, que consiguió el contrato para unirlas todas.
13 CISE: Computer, Information, and Systems Engineering.
14 FCCSET: Federal Coordinating Council on Science, Engineering and Technology (Consejo Federal de Coordinación para la Ciencia, Ingeniería y Tecnología).
15 DOE: Department of Energy (Departamento de Energía de los Estados Unidos).

EXTRACTO DE ENTREVISTA CON LA SMITHSONIAN INSTITUTION REALIZADA POR **DAVID K. ALLISON**

Separar la red de otros departamentos de la NSF, se basó en mi experiencia en DEC. La otra parte de la estrategia VAX era que habíamos construido una tecnología de red llamada DECnet al tener un grupo de red. No formaba parte del grupo quien dijo: *"Simplemente utilizaremos varios UART*[16] *en nuestros ordenadores y los conectaremos todos juntos, haremos la red".* ¿Dónde está la red y por qué necesitamos un grupo para hacer conexiones? Bueno, la red son todas esas líneas y conexiones, y es especialmente todo el código lo que hace que el conjunto de ordenadores trabaje como una sola. Así que hice lo mismo y dije: *"La NSF necesita un grupo de red fuerte e independiente. Vamos a construir una red. La estamos iniciando."*

Así que puedo decir que estoy más cómodo con mi experiencia en Washington dirigiendo la red. Dijimos que íbamos a ser líderes. El proyecto de Gore apareció en 1986, y la NSF obtuvo la licencia para liderar el grupo de redes a través de todos los organismos del Gobierno. Y de nuevo me gustaría decir que NREN (National Research and Education Network) es lo único que puedo mencionar como ejemplo de agencias que trabajan juntas y están de acuerdo. Conseguimos que los organismos del Gobierno, la industria y el mundo académico estuvieran juntos, y, en febrero de 1987, propusimos un plan que constaba de tres fases para proporcionar ancho de banda. Y debido a esta novedad di un discurso Internet World 1995 en abril.

Este es el papel de la coincidencia. La mayoría cree que Internet se creó de un día para otro, pero no es así. Tuvimos un taller de tres días con 500 personas en San Diego hablando de las redes. Estaba la industria - ¿cómo iba a ser el ancho de banda? Todos los organismos del Gobierno - ¿Cuáles son las necesidades? ¿Qué se puede hacer por el mundo académico?

Durante la última mañana, tras haber estado escuchando los dos días anteriores, tuvo lugar otro "¡ajá!" que era fundamentalmente el plan NREN. Lo dibujé en una sencilla imagen que todo el mundo entendió.

16 UART: Universal Asynchronous Receiver & Transceiver. Sistema inventado por Gordon Bell en 1963 para establecer una conexión serie directa entre dos servidores vía telefónica. Ha sido muy utilizado en muchos tipos de ordenadores.

«Curiosamente, el objetivo de ARPAnet no era el correo. El correo ni siquiera estaba concebido.»

Básicamente dije: *"Aquí está el plan. En realidad, no tenemos nada de momento. Nuestras redes están sobrecargadas y no funcionan muy bien. Fase Cero: Nos unimos. Hacemos sólida la red. Pero sin un sistema ejecutándose nadie va a creerte. Entonces vamos a pasar de los 56 kbps actuales a los 1,5 Mbps en 1990 utilizando T1 y después llegaremos enseguida a los 45 Mbits. En 1996-1997 empezaremos a probar las primeras redes de gigabits. El último paso es la investigación, la primera red es estrictamente un proceso de ingeniería".*

Las llamé Internet 1, 2, y 3 en un discurso en Internet World 1995. Uno es ARPAnet, transfiriendo a 56 kilobits, prototipo del correo electrónico. Dos es lo que tenemos hoy, que era el correo con una distribución segura, la red WWW y un prototipo del tres. Y el tres es: telefonía, audio, vídeo y videoconferencia. No puede ser omnipresente sin la velocidad de la fibra óptica, no hay suficiente capacidad. Y esto tardará entre tres y cinco años. Mientras tanto, nos podemos divertir mucho con lo que estamos haciendo con Internet 2.

Curiosamente, el objetivo de ARPAnet no era el correo. El correo ni siquiera estaba concebido. Era entrar remotamente en otros sistemas y compartir archivos. El plan no decía nada sobre la aplicación en nuestros objetivos; no dijimos nada sobre la red mundial. No teníamos ni idea. Se había propuesto para los superordenadores. Bueno, todos los miembros de la red sabíamos que no eran superordenadores. No había peticiones. Sabíamos que los ordenadores necesitaban banda ancha, necesitaban comunicar, pero si obligas a la gente a usarlos, preferirán sus propias máquinas. Hablé con gente del DOE sobre este dilema. Si de verdad se pretende conseguir mucha potencia junta, ¿por qué no dejas que Los Alamos ejecuten todos tus ordenadores? Tienes mucha potencia. La tienes toda junta. Las conexiones de red son buenas. En términos de superordenadores, no hay razón para tener más de un ordenador en el centro de la tierra. De hecho, no existe ninguna razón si no fuera por la desconexión que logras. Logras alguna conexión de esta gente si se une. Dirigir el esfuerzo de NREN a través de todos los organismos que crearon el plan de red fue la otra cosa que hice en la NSF y de la que estoy orgulloso.

Entrevistado en Palo Alto en Abril de 1995 por David Allison para National Museum of American History (Smithsonian Institution).

«Antes de que el Gobierno de Estados Unidos decidiera separar MILnet de ARPAnet (en 1987) y de que toda la comunidad de investigadores utilizara ARPAnet, un correo electrónico podía tardar dos días en enviarse.»

Gordon Bell, recibiendo la Medalla Nacional de Tecnología de los USA de manos de George Bush en 1991. Cortesía de Gordon Bell.

¿Quiénes han sido las personas clave, líderes o impulsores en el desarrollo de Internet?

Aparte de todos los pioneros habituales que reclaman su paternidad, de la NSF mencionaría a:

- **Stephen Wolff,** por impulsar la NREN y su predecesora. Cuando llegué a la NSF, Stephen estaba contratado y trabajaba para mí.
- **Dennis Jennings** (de Irlanda), que fue muy importante en la creación y el cambio de la NSFnet al TCP/IP mundial.
- **Erich Bloch,** que me contrató en la NSF, y un genio de la informática. Erich era el responsable en IBM de fabricar las series de ordenadores 360 –en los sesenta–. Tuve su total apoyo cuando algunas de mis decisiones no eran muy bien recibidas por parte de la comunidad de superordenadores.

¿Puede contarnos alguna situación anecdótica?

La gente tiende a pensar que, a partir de ARPAnet, Internet apareció automáticamente. Pero antes de que el Gobierno de Estados Unidos decidiera separar MILnet de ARPAnet (en 1987) y de que toda la comunidad de investigadores utilizara ARPAnet, un mensaje electrónico podría tardar dos días en enviarse. Esto se convirtió en algo totalmente carente de funcionalidad e utilidad. Estaba atascado. Y muchas otras redes fueron apareciendo, cada una de las cuales con su propia conexión a un campus o sitio. Esta situación fue la que demuestra la importancia de Internet como red de redes.

Irónicamente, la tercera y última fase del plan que hicimos en la NSF en 1987, basada en la investigación y utilizando fibras ópticas, ha sido y sigue siendo un desastre en 2005. Ha sido una falta de liderazgo total, sin ni siquiera arquitectura para lo que probablemente tiene que ser una combinación de conmutación de paquetes y circuitos al considerar la multiplexación por división de ondas. Los investigadores y el Gobierno Federal han malgastado varios miles de millones de dólares y todavía tienen banda ancha limitada.

Sin embargo, me aproveché de su incompetencia al ganarle una apuesta a varios miembros del comité de gobierno responsable de la investigación que, en marzo de 1997, me apostaron que tendríamos un gigabit en 10.000 ordenadores a finales de 2000. Se equivocaron por tres años.

En febrero de 1988 pudimos leer en *IEEE Spectrum Magazine*:

«En los últimos cinco años el número de redes se ha disparado. Muchas de ellas utilizaban inicialmente protocolos de transmisión y tecnología desarrollados por una o más redes antiguas. Más recientemente, algunas redes han empezado a utilizar otros protocolos, particularmente ISO/OSI y estándares de ARPAnet. Algunas de estas redes son parte de internet: varias redes que utilizan los mismos protocolos de transmisión se vincularon.» *

Reproducido por cortesía de Gordon Bell, autor del artículo.

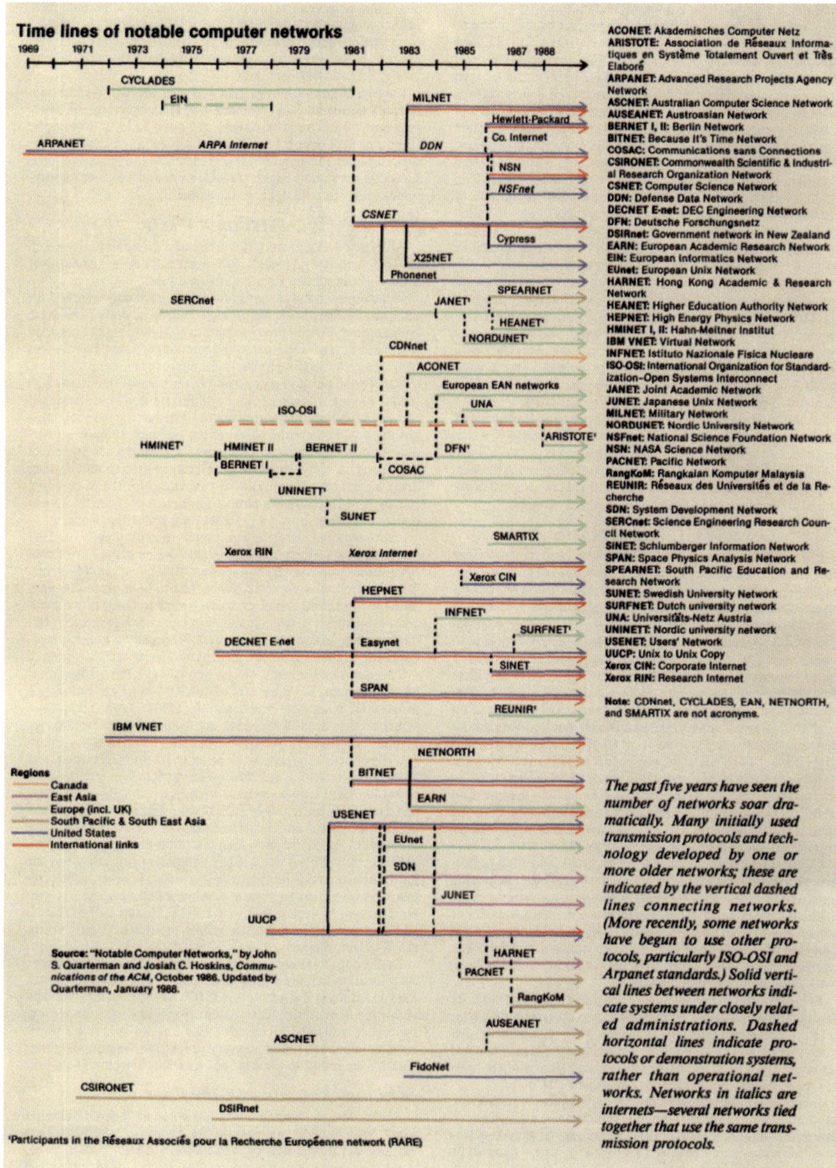

* «G. Bell, "Gordon Bell calls for a US research network", *IEEE Spectrum Magazine* 25, 2 (febrero 1988), p. 56. Gráficos realizados con fuentes de J. S. Quarterman y J. C. Hoskins, "Notable Computer Networks", *Communications of the ACM* 29, 10 (octubre 1986), pp. 932-971; y actualizados por J. S. Quarterman en enero de 1988».

Podemos ver que en 1988 el término "internet" todavía no se usaba y que al grupo de TCP/IP se le llamaba "estándares de ARPAnet"... Las cosas han cambiado mucho desde entonces...

¿Qué opina acerca del futuro de Internet?

Lo veo claramente evolucionando en velocidad y latencia. Yo lo veo como un ciclo virtuoso de banda ancha: al aumentar la capacidad aumenta el ancho de banda, disminuye la latencia, se crean nuevas aplicaciones, se crea demanda, aumenta la capacidad... Esto explica la transición desde el FTP, al correo electrónico y a Gofer, y desde la WWW al audio y al vídeo, donde encontraremos más funciones.

En un futuro cercano veremos muchas aplicaciones interesantes. La teleconferencia y la comunicación a nivel personal se harán de una manera mucho más sencilla. Se unirán la mayoría de las tecnologías, el cable con la telefonía. Y Wi-Fi por todas partes.

En 1995 me uní a Microsoft para trabajar en telepresencia, a la que finalmente definí como "estar allí mientras estás aquí, quizá en algún otro momento". Trabajé con Jim Gemmell en este área durante algunos años. La gran aplicación que creamos fueron las telepresentaciones: la habilidad de capturar cualquier presentación, tanto de distribución inmediata como de almacenamiento, para su acceso posterior. En 1997 "capturamos" la celebración del 50.° aniversario de la ACM (Association for Computing Machinery) en San Jose, California. A la conferencia asistieron 2.000 personas; sin embargo, en los siguientes cinco años, 30.000 personas lo hicieron por el ciberespacio. Muchas empresas, por ejemplo Microsoft, "capturan" todos sus seminarios para acceder a ellos en cualquier momento y en cualquier lugar.

Nuestro objetivo en Microsoft es extender habilidades de telepresencia para que, finalmente, todas las empresas puedan tener prósperas teleconferencias y reuniones distribuidas.

¿Ha identificado alguna tendencia tecnológica?

El reto ahora es el *wireless* y evolucionarlo en una plataforma. Crear un mercado emergente donde las PDA[17], los teléfonos móviles, las cámaras digitales, los reproductores de música portátiles y las grabadoras convergirán en dispositivos únicos.

Otra área son las redes de sensores sin cable que se acoplarán al extremo de la red, extendiéndola por todas partes.

LECTURAS COMPLEMENTARIAS

Esta entrevista se ha enriquecido con algunas de las declaraciones que Gordon realizó en anteriores entrevistas. *Véase más abajo.*

Interesante entrevista oral:

- www.americanhistory.si.edu/csr/comphist/bell.htm

Durante la entrevista, Gordon utilizó un artículo de cada una de sus etapas profesionales:

- 1970. Carnegie Mellon University:
  Bell, C. G.; Habermann, A.; McCredie, J.; Rutledge, R. y Wulf, W., "Computer Networks", *Computer* 5, 3, pp. 13-23 (septiembre/octubre 1970).
- 1974. DEC (Digital Equipment Corporation):
  Bell, C. G., "More Power by Networking", *IEEE Spectrum* 11, 2 (febrero 1974).
- 1988. NSF (National Science Foundation):
  Bell, C. G., "A National Research Network", *IEEE Spectrum* 25, 2 (febrero 1988), pp. 54-57.
  —, *A Report to the Office of Science and Technology Policy on Computer Networks to Support Research in the US*, Federal Coordinating Council on Science, Engineering and Technology (noviembre 1987).
- 1995. Microsoft:
  Entrevista publicada por la revista "Interactions" de la ACM. *"On the future of Telepresence"* (1995).

17 PDA: Personal Digital Assistant (Asistente Personal Digital). Nombre genérico para los ordenadores o dispositivos de bolsillo.

Gordon Bell: ordenadores, proyectos, patentes, libros y artículos

Sistemas informáticos y proyectos técnicos más importantes.

- PDP-1: arquitectura e implementación del sistema de e/s, incluyendo un sistema de conmutación de mensajes telegráficos que dio lugar al diseño del primer UART (Universal Asynchronous Receiver Transceiver).
- PDP-4 (predecesor del PDP-7, PDP-9, y PDP-15), arquitectura, diseño lógico e implementación.
- PDP-5 (predecesor de la serie PDP-8): arquitectura; director del diseño informático.
- PDP-6 (predecesor del sistema DEC 10): ordenador y sistema operativo para el primer ordenador comercial de tiempo compartido, arquitectura, diseño lógico e implementación.
- TSS/8 (sistema de tiempo compartido basado en el codiseño PDP-8).
- PDP-16 (RTM: Register Transfer Module): arquitecto.
- PDP-11: asesor en la estructura (incluyendo la invención del Unibus), implementación e invención de la extensión de registros generales como los utilizados en el PDP-11 para la arquitectura descrita en estructuras informáticas.
- Investigación de diseño automatizado resultante en primera síntesis de sistemas procedentes de las descripciones de alto nivel de Mario Barbacci.
- Miembro del grupo de diseño del C.mmp, un ordenador con multi mini procesadores (Wulf y Bell, 1972), y del Cm* en la Carnegie Mellon University.
- Modelos posteriores al PDP-11: se le consultó o fue indirectamente responsable de las implementaciones.
- Líder de la arquitectura y diseño del VAX-11 (1975): dirigió Digital R&D, que fue responsable de la implementación de la línea de VAX.
- Líder del equipo de arquitectura de Digital VAX Computing Strategy and Environment. Contribuyó a la arquitectura de Ethernet, DECnet y VAX Clusters (1978-1983).
- Miembro del equipo de arquitectura del Encore Multimax, (de los primeros "multi"): director técnico.
- Encore Ultramax (1.000 MIPS, 100 de procesador, "multi"): concepto de arquitectura; funciona en 1988.
- Miembro del equipo de arquitectura del Ardent Titan Graphics Supercomputer: vicepresidente de Ingeniería.
- **Estableció y dirigió la junta del CISE (Computers and Information Science and Engineering) en la NSF.**
- **Líder del grupo de trabajo de NREN (National Research and Education Network). Miembro de FCCSET para la informática. NREN –ahora NII/GII–, dirigió para la FCCSET la "Federal, High Performance Computing and Communications Initiative", que estableció el Congreso en 1991.**
- En 1987 estableció el IEEE Gordon Bell Prize para premiar los avances en paralelismo para estimular el procesamiento paralelo.
- Cofundador de The Computer Museum en Boston, Massachusetts.
- Coinventor del modelo de diagnóstico Bell-Mason para entender las empresas de altas tecnologías.
- Contribuyó en el diseño de sistemas informáticos en Intel y Sun Microsystems.

Patentes

- Bell, C. G., *Multistable Circuit* (PDP-4, 5), #3.275.848, 27-9-1966.
  —, *Homogeneous Memory for Digital Computer Systems*, #188.084; no asignada, archivada el 12-10-1971.
- Bell, C. G.; Buzynski, J. E.; Kaman, Ch. H. y O'Loughlin, J. F., *Branching Circuit for Microprogram Controlled Central Processor Unit*, #3.900.835, 19-8-1975.
- Bell, C. G.; Eggert, J.; Van Naarden, R. y Williams, P., *Register Transfer Modules* (PDP-16).
- Bell, C. G. y Kotok, A., *Digital Computing System* (PDP-6), #3.376.554, 2-4-1968.
  —, *Apparatus for Performing Character Operations* (PDP-6), #3.401.375, 10-9-1968.
- *Multiple Configuration Data Processing System*, #141.282, 7-5-1971; archivada pero no publicada. C. G. Bell.

Libros

- Bell, C. G.; Bell, J. y IFIP Conference on Software for Minicomputers, *Minicomputer Software. Proceedings,* Ámsterdam, North-Holland, 1976.
- Bell, C. G.; Grason, J. y Newell, A., *Designing Computers and Digital Systems Using PDP-16 Register Transfer Modules,* Maynard (Massachusetts), Digital Press, 1972.
- Bell, C. G. y McNamara, J. E., *High Tech Ventures: the guide to entrepreneurial success,* Reading (Massachusetts), Addison-Wesley, 1991.
- Bell, C. G.; Mudge, C. y McNamara, J. E., *Computer Engineering,* Maynard (Massachusetts), Digital Press, 1978.

- Bell, C. G. y Newell, A., *Computer Structures: readings and examples,* Nueva York, McGraw-Hill, 1971.
- Siewiorek, D.; Bell, C. G. y Newell, A., *Computer Structures: principles and examples,* Nueva York, McGraw-Hill, 1982.

Publicaciones (Artículos, actas de conferencias y capítulos de libros).

- Barbacci, M.; Bell, C. G, y Siewiorek, D., "PMS: A Notation to Describe a Computer's Structures and ISP: A Notation to Describe a Computer's Instruction Sets", *Computer* (marzo 1973).
- Bell, C. G., "Communications: Method & Message", *Carnegie-Mellon Review* 12 (julio 1967), pp. 6-15.
  —, "Fundamentals of Time Shared Computers", *Computer Design* 7, 2 y 3 (febrero y marzo 1968), pp. 44-59 y pp. 28-46.
  —, "Minicomputer Architecture, Description and Design", *Proceedings of the IEEE Convention* (marzo 1971).
  —, "More Power by Networking", *IEEE Spectrum Magazine* (febrero 1974).
  —, "What Have We Learned from the PDP-11?", *Perspectives on Computer Science,* Academic Press, Nueva York, 1977, pp. 7-38.
  —, "Innovation In Japan – A Lesson For Us?", *The Year – Thayer School of Engineering* 7 (octubre 1979), pp. 78-79.
  —, "Distributed Processing and Limits to its Growth", *Management of Distributed Data Processing,* North-Holland Publishing Company, 1982.
  —, "Standards Can Help Us", *Computer* 17, 6 (junio 1984).
  —, "The Mini and Micro Industries", *Computer* 17, 10 (octubre 1984), pp. 14-30.
  —, "Challenges in Generating the Next Computer Generation", en J. F. Traub *et al., Cohabiting with Computers,* Palo Alto (CA), William Kaufmann, 1985.
  —, "Multis: A New Class of Multiprocessor Computers", *Science* 228 (26 de abril de 1985), pp. 462-467.
  —, "A Surge for Solid State", *IEEE Spectrum* 23, 4 (abril 1986), pp. 71-74.
  —, "RISC: Back to the Future?", *Datamation* (1 de junio de 1986), pp. 96-108.
  —, "Toward a History of (Personal) Workstations", Conferencia de ACM sobre la historia de las estaciones de trabajo personales, 9 de enero de 1986; publicado en A. Goldberg, *A History of Personal Workstations,* Reading (Mass.), Addison-Wesley, 1988.
  —, *A Report to the Office of Science and Technology Policy on Computer Networks to Support Research in the US,* Federal Coordinating Council on Science and Technology Committee on Computing (noviembre 1987).
  —, "A National Research Network", *IEEE Spectrum* 25, 2 (febrero 1988), pp. 54-57.
  —, "Future High Performance Scientific Computers", *Supercomputing Review* (1988), pp. 20-21; número inaugural.
  —, "New Tools For a New Age", *Engineering Tools* (febrero 1988), p. 119.
  —, "Steps Toward a National Research Telecommunications Network", *Library Hi Tech* 6, 1 (1988), pp. 33-36.
  —, "Technical Computing Alternatives: Supercomputers to Ordinary Computers", *Supercomputing Review* 2, 12 (diciembre 1989), pp. 21-24.
  —, "The Fewer Engineers per Project, the Better", *IEEE Spectrum* 26, 2 (febrero 1989), p. 22.
  —, "The Future of High Performance Computers in Science and Engineering", *Communications of the ACM* 32, 9 (septiembre 1989), pp. 1091-1101.
  —, "Three Decades of Multiprocessors", en R. Rashid (ed.), *CMU Computer Science: A 25th Anniversary Commemorative,* Reading (Mass.), ACM Press, Addison-Wesley Publishing, 1991, pp. 3-27.
  —, "Massively Parallel Computers: Why Not Parallel Computers for the Masses?", *The Fourth Symposium on the Frontiers of Massively Parallel Computers, '92,* McLean (VA), octubre de 1992, IEEE Press, Los Alamitos (CA), pp. 292-297.
  —, "Ultracomputers: A Teraflop before Its Time", *Communications of the ACM* 35, 8 (agosto 1992), pp. 27-45.
  —, "Ultracomputers: A Teraflop before Its Time", *Science* 256 (3 de abril de 1992), p. 64.
  —, "Scalable Parallel Computers: Alternatives, Issues, and Challenges", *International Journal of Parallel Programming* 22, 1 (febrero 1994), pp. 3-46.
  —, "Why there won't be apps: The problem with MPPs", *IEEE Parallel and Distributed Technology* 2, 3 (otoño 1994), pp. 5-6.
  —, "Just Say No to Uncle Sam", *Upside* VII, 7 (julio 1995), pp. 70-75.
  —, "1995 Observations on Supercomputing Alternatives: Did the MPP Bandwagon Lead to a Cul-de-Sac?", *Communications of the ACM* 39, 3 (marzo 1996), pp. 11-15.
  —, "Great and Big Ideas in Computer Structures", en A. Newell, D. Steier y T. M. Mitchell, *Mind Matters: a tribute*

to Allen Newell, Mahwah (NJ), Lawrence Arlbaum Ass., 1996, pp. 189-218.

—, "Many New Applications Will Emerge", *Microprocessor Report* 10, 10 (5 de agosto de 1996), pp. 18-19; número especial sobre el 25.° aniversario del microprocesador.

—, "The system-on-a-chip, Microsystems Computer Industry", *IEEE Micro* 16, 6 (diciembre 1996), p. 52.

—, "Beyond Moore's Law", *IEEE Spectrum* (junio 1997), p. 56.

—, "The Body Electric", *Communications of the ACM* 40, 2 (febrero 1997), pp. 31-32; número especial: *The Next 50 Years.*

—, "JERCIs: Save the World From PCs", *ACM NetWorker* (julio/agosto 1997), pp. 9-12.

—, "The Folly of Prediction: Six Laws", en Peter J. Denning (ed.), *Talking Back to the Machine,* Nueva York, Copernicus, 1999, pp. 1-13.

—, "Dear Appy, How Committed are you?", *ACM Ubiquity* (21 de febrero de 2000).

—, "A Personal Digital Store", *Communications of the ACM* 44, 1 (enero 2001), pp. 86-91.

- Bell, C. G. y Brigham, R. C., "Translation Routine for the Deuce Computer", *British Computer Society Journal* (julio 1959).
- Bell, C. G.; Burkhardt III; H. B.; Emmerich, S.; Anzelmo, A.; Moore, R.; Nassi, I., y Rupp, C., "The Encore Continuum: A Microprocessor Based Multiprocessor and Distributed Workstation Computing Environment", *Wescon/85* (21 de noviembre de 1985).
- Bell, C. G.; Burkhardt III, H. B.; Emmerich, S.; Anzelmo, A.; Moore, R.; Schanin, D.; Nassi, I., y Rupp, C., "The Encore Continuum: A Complete Distributed Workstation Multiprocessor Computing Environment", *AFIPS Conference Proceedings* 54 (julio 1985).
- Bell, C. G.; Cady, R.; McFarland, H.; Delagi, B.; O'Laughlin, J.; Noonan, R., y Wulf, W., "A New Architecture for Mini-Computers – The DEC PDP-11", *Proceedings of the Spring Joint Computer Conference* (1970), pp. 657-675.
- Bell, C. G. y Cassasent, D., "Implementation of a Buffer Memory in Minicomputers", *Computer Design* (noviembre 1971).
- Bell, C. G.; Chen, R. C.; Fuller, S. H.; Grason, J.; Rege, S., y Siewiorek, D. P., "The Architecture and Applications of Computer Modules: A Set of Components for Digital Systems Design", COMPCON (febrero 1973).
- Bell, C. G.; Chen R. C., y Rege, S., "The Effect of Technology on Near Term Computer Structures", *Computer* 2, 5 (marzo/abril 1972), pp. 29-38.
- Bell, C. G. y COSINE Committee of the Commission on Engineering Education, "Computer Science in Electrical Engineering", *IEEE Spectrum Magazine* (marzo 1968).
- Bell, C. G.; Eggert, J.; Grason, J., y Williams, P., "The Description and Use of Register Transfer Modules (RTMs)", *IEEE Transactions on Computers* (mayo 1972).
- Bell, C. G.; Emmerich, S.; Durham, I.; Siewiorek, D. P., y Wilson, A., "Computer Structures are Changing: Will UNIX Change with them?", *Usenix Conference* (verano 1985).
- Bell, C. G. y Freeman, P., "C.ai – A Computer Architecture of AI Research", *Proceedings of the Fall Joint Computer Conference* (1972)
- Bell, C. G.; Fujisaki, H.; Heinz, J. M.; Stevens, K. N., y House, A. S., "Reduction of Speech Spectra by Analysis-by Synthesis Techniques"; *The Journal of the Acoustical Society of America* 33, 12 (1961), pp. 1725-1736.
- Bell, C. G.; Fuller, S. H.; Kaman, C. H., y Lesser, V. R., "The Effects of Emerging Technology & Emulation Requirements on Microprogramming", *IEEE Transactions on Computers* 25, 10 (octubre 1976), pp. 1000-1009.
- Bell, C. G. y Gemmell, J., "On-ramp Prospects for the Information Superhighway Dream", *Communications of the ACM* 39, 7 (julio 1996), pp. 55-61.

—, "A Call for the Home Media Network", *Communications of the ACM* 45, 7 (julio 2002), pp. 71-75.

- Bell, C. G. y Grason, J., "Comparative Hardware-Software Design Study Using DEC Register Transfer Modules (RTM)", *IEEE Computer Conference,* Boston (septiembre 1971).

—, "The Register Transfer Module Design Concept", *Computer Design* (mayo 1971), pp. 87-94.

- Bell, C. G.; Gale, L. y Kaman, C., "Some Effects of LSI on Minicomputers", sesiones técnicas del IEEE NEREM 72 (1972).
- Bell, C. G.; Grason, J.; Mega, S.; Van Naarden, R., y Williams, P., "Register Transfer Modules (RTM) for Higher Level Digital System Design", en el acta del simposio de Purdue en 1971 sobre las aplicaciones de la informática en la ingeniería eléctrica, 26-29 de abril de 1971.
- Bell, C. G. y Gray, J. N., "The Revolution Yet to Happen", en P. J. Denning y R. M. Metcalfe (eds.), *Beyond Calculation,* Nueva York, Springer-Verlag, 1997.

—, "Digital Immortality", *Communications of the ACM* 44, 3 (marzo 2001), pp. 28-30.

—, "What's Next in High Performance Computing", *Communications of the ACM* 45, 2 (febrero 2002), pp. 91-95.

- Bell, C. G.; Habermann, A.; McCredie, J.; Rutledge, R., y

Wulf, W., "Computer Networks", *Computer* 5, 3 (septiembre/octubre 1970), pp. 13-23.

- Bell, C. G. y Kaman, C., "The Microprocessor – Another Member of the Mini(mal) Computer Family", *IEEE Intercon 1974* (marzo 1974).
- Bell, C. G. y Knowles, A., "Standalone Computers and Their Interaction with Networks", *IEEE Compcon* (diciembre 1976), pp. 1-8.
- Bell, C. G.; Kotok, A.; Hastings, T. N., y Hill, R., "The Evolution of the DECsystem 10", *Communications of the ACM* 21, 1 (enero 1978), pp. 44-62.
- Bell, C. G., Leng, J.; Quarrington, J. A., y Patwardham, P. K., "A Time-Shared Computer for Real-Time Information Processing", *Instrumentation Techniques in Nuclear Pulse Analysis,* Washington DC, National Academy of Sciences-National Research Council, Publication 1184, 1964. En format electronic en <http://www.computerhistory.org/collections/accession/102664958>.
- Bell, C. G. y Mason, H. B., "A Method to Diagnose High Tech Ventures", *Proceedings of Portland International Conference on Management of Engineering and Technology*, Portland (Oregón), octubre de 1991, pp. 621-624.
- Bell, C. G. y McCredie, J. W., "Computer Evaluation and Selection: A Case Study and a Methodology", *Proceedings of the Spring Joint Computer Conference,* 30 de septiembre de 1971.
  —, "The Impact of Minicomputers on Simulation", *Simulation* 16, 3 (marzo 1971), pp. 98-101.
- Bell, C. G. y McNamara, J. E., "The Technology Balance Sheet", *IEEE Management Review* 21, 1 (primavera 1993), pp. 4-15.
- Bell, C. G. y Miranker, G. S., "Comments on Using the Livermore Loops and Harmonic Mean to Measure the Basic Performance of Two Graphics Supercomputers", *Vector Register* 3, 1 (octubre 1989), pp. 7-10.
  —, "Shopping for Supercomputers", *Datamation* 36, 20 (15 de octubre de 1990), pp. 76-80.
- Bell, C. G.; Miranker, G. S., y Rubinstein, J. J., "Supercomputing for One", *IEEE Spectrum* 25, 4 (abril 1988), pp. 46-50.
- Bell, C. G. y Newell, A., "The PMS and ISP Descriptive Systems for Computer Structures", *Proceedings of the Spring Joint Computer Conference* (1970), pp. 351-374.
  —, "Possibilities for Computer Structures 1971", *Proceedings of the Fall Joint Computer Conference* (1971).
- Bell, C. G.; Reddy, D. R.; Pierson, C., y Rosen, B., "A High Performance Programmed Remote Display Terminal", *IEEE Computer Conference,* Boston (septiembre 1971).
- Bell, C. G. y Strecker, W. D., "Computer Structures: What Have We Learned from the PDP-11?", *Proceedings of the 3rd annual symposium on Computer architecture,* Florida (noviembre 1975).
  —, "Retrospective on What Have We Learned from the PDP-11", en S. Gurindar (ed.), *25 years of the International Symposia of Computer Architecture: Selected Papers,* Nueva York, ACM Press, 1998, pp. 5-10 (artículo original, pp.138-151).
- Bell, C. G. y Van Ingen, C., "DSM Perspective: Another Point of View (Invited Paper)", *IEEE Proceedings on Distributed Shared Memory Systems* 87, 3 (marzo 1999), pp. 412-417; número especial.
- Bell, C. G. y Worley, W. S., "A New Computer Class: The Graphics Supercomputer", *Information Processing 89, Actas de la conferencia de IFIP* (agosto 1989); artículo invitado.
- Bell, J.; Cassasent, D., y Bell, C. G., "An Investigation of Cache Organizations", *IEEE Transactions on Computers* 23, 4 (abril 1974), pp. 346-351.
- Coates, C. L., Jr.; Arden, B.; Bartee, T. C.; Bell, C. G.; Kuo, F. F.; McCluskey, E. J.; Surber, W. H., Jr., y Van Valkenburg, M. E., "An Undergraduate Computer Engineering Option for Electrical Engineering", *Proceedings of the IEEE* 59, 6 (junio 1971), pp. 854-860. Véase también *COSINE Report* (enero 1970).
- Executive Office of the President Office of Science and Technology Policy, *A Research and Development Strategy for High Performance Computing* (20 de noviembre de 1987).
- Gemmell, J. y Bell, C. G., "Noncollaborative Telepresentations Come of Age", *Communications of the ACM* 40, 4 (abril 1997), pp. 79-89.
- Gemmell, J.; Bell, C. G.; Lueder, R.; Drucker, S., y Wong, C., "MyLifeBits: Fulfilling the Memex Vision", *ACM Multimedia '02* (1-6 de diciembre de 2002), Juan-les-Pins (Francia), pp. 235-238.
- Grason, J.; Eggert, J., y Bell, C. G., "The Commercialization of Register Transfer Modules (RTMS)", *Computer* (octubre 1973).
- Nielson, D. L. y Bell, C. G., "The Evolution of Workstations", *IEEE Circuits and Devices Magazine* (julio 1986), pp. 12-15
- Rossman, G. E.; Flynn, M. J.; Fuller, S. H.; Bell, C. G.; Brooks, F. P., Jr., y Hellerman, H., "A Course of Study in Computer Hardware Architecture", *Computer* 8, 12 (diciembre 1975), pp. 44-63.
- Van de Goor, A. y Bell, C. G., "A Control Unit for a DEC PDP-8 Computer and a Burroughs Disk", conferencia del grupo de informática del IEEE, junio 1969; en *IEEE Transactions on Computers* 18, 11 (noviembre 1969).
- Van de Goor, A.; Witcraft, D., y Bell, C. G., "Design and Be-

havior of TSS/8, A PDP-8 Based Time-Sharing System", Conferencia del grupo de informática del IEEE, junio 1969; en *IEEE Transactions on Computers* 18, 11 (noviembre 1969).

- Wulf, W. A. y Bell, C. G., "C.mmp – A Multi-mini-processor", *Proceedings of the Fall Joint Computer Conference* (1972), pp. 765-777.

Editoriales, cartas y artículos de opinión.

- Bell, C. G., "Computing History: A Personal and Industry View", *Creative Computing* (enero 1984).
  —, "Minis and Mainframes", *IEEE Spectrum* (enero 1986).
  —, "Computer Architecture, The Era of the Microprocessor", *Electronic Engineering Times* (noviembre 1987); edición de aniversario.
  —, "IEEE Software Launches Annual Gordon Bell Prize for Parallel Processing", *IEEE Software Magazine* (julio 1987), p. 103.
  —, "Parallel Processing Leads NSF Research Directions", *IEEE Software Magazine* (julio 1987), pp. 102-104; entrevista.
  —, "The Future of Scientific Computing", *Computers in Science* (1987), pp. 4-6; editorial invitado, primer número.
  —, "Gordon Bell Unveils Model for Emerging Technologies: How to Predict a High-Tech Start-Up's Success", *Management Education,* American Electronics Association (septiembre 1988), p. 6.
  —, "What UNIX Needs for the 1990's", *UNIX World* (julio 1988), p. 152.
  —, "The Ultimate Entrepreneur: The Story of Ken Olsen and Digital Equipment Corporation", *IEEE Spectrum* (marzo 1989), pp. 14-15; reseña.
  —, "He Who Has the Most Toys ...", *Harvard Business Review* (marzo-abril 1990).
  —, "Mainframes Won't Benefit", *Electronic Business* (28 de mayo de 1990), p. 9.
  —, "The Downsizing of IBM and DEC", *Fortune* (26 de marzo de 1990), p. 76.
  —, "If You Like Pointless Exercises... You'll Love the Commerce Department's Proposed 'Super' Definition", *Computer World* (28 de mayo de 1991).
  —, "Revising Our Technology Policy", *Computer World* (14 de agosto de 1992), p. 29.
  —, "Why Commercial MPP May be a Market and Technical MPP is Not", *HPCC Week* (14 de abril de 1994), p. 4; carta al editor.
  —, "The View from Here", *Computer World* (20 de marzo de 1995); perspectiva general arquitectónica de SNAP.
  —, "UNIX's Secret Tax Bill", *Computer World* (24 de abril de 1995).
- Leibowitz, M. R., "Does Military R & D Stimulate Commerce or the Pork Barrel?", *Electronic Business* (6 de febrero de 1989), pp. 54-58.

Entrevistas.

- "A Walk through the Computer Museum with Gordon Bell", *Computer World* (14 de octubre de 1985), pp. 1-23.
- Allison, D., "Oral History Interview with Gordon Bell", Palo Alto (CA), Smithsonian Institution (abril 1995), <http://americanhistory.si.edu/collections/comphist/bell.htm>; entrevista en vídeo para los archivos de Smithsonian.
- "Beyond VAX: A Conversation with Gordon Bell", *Computer World* (2 de septiembre de 1987), pp. 78, 80.
- "Engineering at Digital, Gordon Bell Reflects on Engineering at Digital", *Digital Review* 7, 3 (julio 1983), pp. 1-6.
- Frankel, K. A., "A Conversation with Gordon Bell", *ACM Interactions* II, 4 (1995), pp. 66-79.
- Karlgaard, R., "Interview – Gordon Bell, Crusty Hardware Guy", *Upside* 3, 10 (diciembre 1991), pp. 68-79.
- McCormack, R., "Gordon Bell Makes His Case: Get the Feds out of Computer Architecture", *High Performance Computing and Communications Week* 2, 27 (8 de julio de 1993), pp. 1, 3-8.
- "Musings on the Millennium: Predictions", *Upside* 6 (octubre 1994), pp. 24-38.
- Pearson, J. P. (ed.), *Digital at Work,* Burlington (MA), Digital Press, 1992.
- Rifkin, G., "Vax Man Gordon Bell", *Computer World* (22 de junio de 1992), p. 13; edición del 25.° aniversario.
- Rifkin, G. y Harrar, G., *The Ultimate Entrepreneur: The Story of Ken Olsen and Digital Equipment Corporation,* Chicago (IL), Contemporary Books, 1988; capítulos 17, 20 y 30.
- Warnock, R., "Interview with Gordon Bell", *UNIX Review* 4, 2 (febrero 1986), pp. 62-68.

Declaraciones varias sobre Gordon Bell.

- Bell, C. G. y Best, R., "A Computer That Grows with You", *Business Week* (14 de marzo de 1964).
- Titan: A Graphics Supercomputer. <http://www.ricomputermuseum.org/Home/equipment/ardent-titan>.

Conferencias grabadas y charlas accesibles en la web.

- 35.° aniversario de DECUS, entrevista en vídeo (junio 1996).
- Bell, C. G., "The 11 Rules of Supercomputer Design" (grabación en vídeo), *University Video Communications Distinguished Lecture Series* III, UVC, Stanford (CA), 1989.
  —, "Tracking the Teraflop", *University Video Communications Distinguished Lecture Series* VII, UVC, Stanford (CA), 1993.
  —, "Mapping the Internet. Internet 1.0, 2.0, and 3.0: It's Bandwidth and Symmetry, Stupid" (grabación en vídeo), *University Video Communications Distinguished Lecture Series,* UVC, Stanford (CA), 1995; Ponencia en Internet World 1995.
  —, *Computer Pioneers* y *Pioneer Computers,* Computer Museum y ACM (junio 1996); dos cintas de vídeo sobre la historia de la informática producidas por Gordon y Gwen Bell.
  —, "The Laws of Prediction", *ACM97 Conference,* San Jose (CA), 3-5 marzo de 1997, <http://research.microsoft.com/acm97>.
  —, "Entrepreneurial and Intrapreneurial Ventures", Xerox PARC.
- Bell, C. G. y Mead, C., "The Way Things Really Work: Two Inventors on Innovation" (grabación en vídeo), *University Video Communications Distinguished Lecture Series,* UVC, Stanford (CA), 1992.

Kees Neggers

Pionero europeo de Internet.
Director gerente de SURFnet (equivalente holandés a la red académica española RedIRIS).
Su figura y lo que nos cuenta nos permite entender claramente las acciones y estrategias de las organizaciones de redes preinternet europeas.

«La próxima generación de Internet no será una simple **EXTRAPOLACIÓN** de la red actual.»

Escucha la entrevista

Entrevistado el 14 de mayo de 2004 en Barcelona

Nacido el 20 de julio de 1947 en Breda (Países Bajos).

En 1972 obtuvo el título de ingeniero eléctrico en la Technische Universiteit Eindhoven (Países Bajos). Tras graduarse cumplió el servicio militar en las fuerzas del aire, donde aprendió mucho sobre tecnologías avanzadas. Después, en 1973, empezó a trabajar para un comité de asesoramiento del Gobierno holandés para la compra de ordenadores destinados a las universidades e institutos de investigación. En aquellos días, la mayoría de equipos informáticos costaban más de 45.000 euros cada uno, por lo que casi todas las compras pasaban por el comité.

Trabajó allí durante unos dos años, hasta 1975, cuando se trasladó al Centro de Cálculo de la Rijksuniversiteit Groningen. En ese momento llegaron las primeras redes, y su interés se centró en ellas. Lo primero que hizo en Groningen fue ayudar a crear una nueva política interna en el tema de informática y de redes. Cuando empezó a trabajar allí, solo existía un gran ordenador central y terminales en el edificio de informática. La nueva política fue que los ordenadores estuvieran disponibles allí donde estuviera la gente. Estuvo en Groningen durante ocho años hasta 1984, cuando se incorporó al Centro de Informática de la universidad de **Nimega** (Radboud Universiteit Nijmegen). Allí estuvo totalmente centrado en el aspecto de redes, ya que querían disponer de una nueva y potente red de área local para todo el campus.

www.surfnet.nl *www.isoc.org*
www.ripe.net *www.dante.net*

Kees Neggers

¿Comenzó a trabajar con redes en Nimega?

En 1984, el Gobierno holandés quería hacer algo para estimular el uso de las tecnologías de la información y creó un Plan de Fomento de la Informática. Las universidades reaccionaron mediante la presentación de un plan de proyecto conjunto. Entonces estuve muy involucrado en la planificación de los componentes de la red de ese plan, incluida la conectividad local, nacional e internacional.

También en 1984, la universidad de Nimega se convirtió en el nodo de la red EARN[1]. EARN era una organización no especializada, creada por iniciativa de IBM, a la que esta empresa donó un nodo de red que era un ordenador VM[2] a cada país conectado entre sí por líneas dedicadas internacionales a 9,6 kbps. IBM contactó con la gente de cada país en los lugares que consideraron que eran los mejores para establecer el nodo de red. En cada país se nombró un director de EARN y la red fue financiada completamente por IBM y se ejecutó al cien por cien con protocolos de IBM.

EARN representó un salto importante en el campo de las redes. Hasta entonces, las redes internacionales estaban basadas en líneas telefónicas conmutadas *(dial-up)*. Pero resultaba obvio que los investigadores europeos necesitaban algo más que una red que solo conectara ordenadores IBM. En concreto, a principios de los ochenta los científicos informáticos de Alemania y el Reino Unido trabajaron activamente para iniciar la colaboración internacional en el desarrollo de protocolos de red. En mayo de 1985 se organizó una reunión en Luxemburgo para tratar la situación. La conclusión de la reunión fue: "De acuerdo, podemos olvidarnos de EARN como una solución probada de futuro para la conexión en red en Europa. La red europea debe ser una red abierta". Se acordó, pues, que era necesario crear otra red que fuera realmente una red abierta paneuropea y que no dependiera de los protocolos, del dinero ni de las ideas de IBM. Pero decir esto era mucho más fácil que hacerlo. Europa necesitaba una iniciativa coordinada pero, por supuesto, todavía no existía ninguna infraestructura ni ninguna organización, principalmente solo la buena voluntad de la gente de la HEPnet (red de los Físicos de Altas Energías), la JAnet (Reino Unido) y la comunidad DFN. Se hizo evidente que era necesaria una organización real que apoyara esta iniciativa y cuando volví a los Países Bajos con esta información, la reacción inmediata fue: "De acuerdo, perfecto, esto va a tardar años, ¿por qué no le damos un buen impulso de arranque?". Recibí una financiación de 100.000 euros procedente del presupuesto del proyecto y, como resultado, muy pronto se estableció una organización provisional[3] en Ámsterdam. En junio de 1986 esto se convirtió en la asociación **RARE** (que en 1994 pasó a ser TERENA); me convertí en el tesorero de la asociación y fui uno de los pocos europeos que desde el primer día estuvo en activo en los consejos directivos de las dos redes, EARN y RARE.

Peter Villemoes, director de NORDUnet, señala que RARE obviamente fue fundada como una reacción a EARN: *"En cierta medida, RARE fue creada para asegurarnos de que conseguiríamos una tecnología específica que no dependiera de un único proveedor para la red troncal europea –este todavía sigue siendo nuestro objetivo actualmente–. Creamos RARE porque no podíamos depender de un solo proveedor para decidir el futuro".*

Fragmento de *The History of NORDUnet* de Kaarina Lehtisalo, Hørsholm, (Dinamarca), NORDUnet, 2005, p. 108.

1 EARN es el acrónimo de European Academic Research Network (red académica y de investigación europea). Se trataba de una red de ordenadores que interconectaba centros de cálculo académicos y proporcionaba un *gateway* entre Europa y los Estados Unidos. Se creó en julio de 1984 (autorizada legalmente en febrero de 1985) con sede en París, Francia. Compartía los mismos protocolos y espacio de nombre con la red BITnet (ya que también estaba completamente patrocinada por IBM). En 1995, EARN se unió con RARE para crear TERENA.

2 VM se refiere a una familia de sistemas operativos de máquinas virtuales de IBM utilizados en los IBM System/370 y /390, procesadores centrales y sistemas compatibles de IBM. La primera versión, lanzada en 1972, fue la VM/370.

3 El ministro holandés de Educación y Ciencias otorgó un Secretariado provisional para la asociación y en **junio de 1986** se creó oficialmente RARE (Réseaux Associés pour la Recherche Européenne o Redes asociadas de investigación europea) bajo las leyes holandesas. Uno año más tarde se abrió el Secretariado de RARE en Ámsterdam.

Esquema de la red EARN, precursora de Internet en Europa. El nodo español estaba ubicado en la Universidad de Barcelona, así como el servidor raíz del dominio ".es ". Fuente: Archivo histórico EARN.

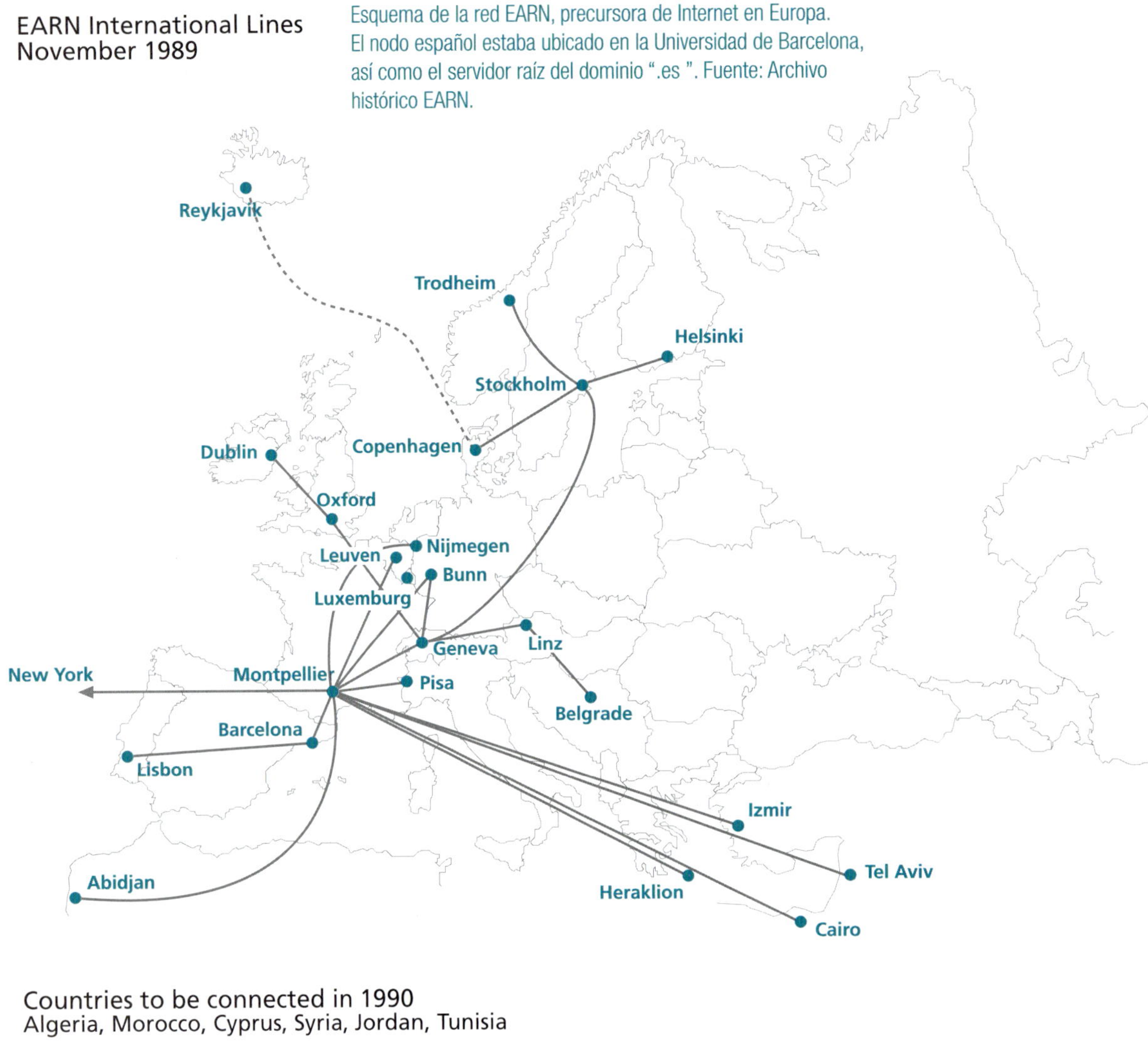

La conexión en red era extremadamente cara en ese momento y los enlaces provenían siempre de un monopolio: los PTT (operadores de telecomunicaciones) controlados por el Gobierno de cada país. El único servicio disponible en todas partes era la voz y los PTT estaban empezando a introducir, en un principio solo a nivel nacional, los servicios de datos basados en X.25. Los equipos de EARN no admitían X.25 y necesitarían líneas dedicadas para conectar cada uno de ellos. Tras una negociación con el CCITT (un cártel de los operadores que controlaba la conexión en red internacional), IBM recibió el permiso para iniciar EARN sobre la base de líneas dedicadas internacionales, pero solo después de comprometerse a cumplir la "condición" de que, en tres años la red EARN utilizaría X.25.

IBM llegó a este acuerdo en 1983, de modo que EARN empezó su andadura con una gran incertidumbre, ya que era posible que el protocolo de IBM no funcionara, o que no funcionara a tiempo, en X.25 y que todo se colapsara formalmente. Esta posibilidad era real, ya que en ese momento no era un secreto que los PTT, con la introducción del X.25 y la instalación del teléfono digital, estaban planeando ampliar su monopolio y proporcionar ellos mismos todos los servicios de voz y datos en el futuro.

Los Gobiernos y la Comisión Europea apoyaban esta política de los PTT y el dinero de los Gobiernos solo estaba disponible para el desarrollo de redes OSI (el estándar oficial de ISO). De modo que, en la reunión de Luxemburgo, no fue difícil llegar a la conclusión de que, aunque en ese momento estaba bien disponer de la red EARN, en el futuro se necesitaría algo mejor. Aparte de la incertidumbre regulatoria, no todo el mundo podía acceder a EARN, porque en todo el país solo había un nodo y solamente era posible ampliar la red hacia otros centros de ordenadores IBM. Afortunadamente, ya en 1985 los ordenadores DECnet (de Digital Equipment Corporation) eran capaces de admitir los protocolos IBM y también se pudieron conectar a EARN. Esto permitió que todas las universidades que dispusieran de ordenadores DEC pudieran participar también de la red y hacer crecer EARN rápidamente.

En los Países Bajos ambas cosas las hicimos de una sola vez. En el mismo proyecto que he mencionado antes, y en el que me otorgaron 100.000 euros para iniciar RARE, se acordó que también necesitábamos una solución de red provisional que funcionara de forma instantánea. En los Países Bajos no solo estábamos hablando de planes de desarrollo, sino que también queríamos que los servicios de red estuvieran disponibles tan pronto como fuera posible. En esos momentos, Holanda tenía una gran base instalada de ordenadores DEC y ampliar EARN a nivel nacional resultó lógico.

IBM ya había proporcionado el nodo internacional y el proyecto, en estrecha cooperación con DEC (Digital Equipment Corporation) y los PTT, logró que hubiera líneas dedicadas fijas disponibles para todas las universidades de los Países Bajos y un ordenador VAX como nodo local en cada campus. De modo que inmediatamente dispusimos de un servicio de redes DECnet/EARN en todas las universidades del país.

Por supuesto, era evidente que la solución "abierta" seguía siendo importante también, en particular porque los Gobiernos y los PTT solo apoyarían el resultado de la estandarización OSI (que se estudiaba en todas las Escuelas de Telecomunicaciones). En los Países Bajos la financiación de la red EARN/DECnet, de hecho, también dependía de los PTT, así como la licencia para los enlaces EARN. En aquella época se afirmó: "Sí, ahora necesitamos una conexión a red, el estándar OSI todavía no está disponible y solo tenemos dinero para la rápida y burda solución EARN/DECnet bajo la promesa de que en el futuro desarrollaréis una maravillosa solución OSI en paralelo". De modo que esto es por lo que yo estaba seriamente interesado también en la reunión de Luxemburgo; conseguí la subvención que ayudó a poner en marcha la asociación RARE y me convertí en su tesorero, junto con **Peter Linington,** uno de los organizadores de la reunión de Luxemburgo, que fue su primer presidente. Lo primero que hizo esta asociación fue elegir un representante de la asociación en cada país, y dicho cargo solía otorgarse a una persona (de otra organización) que no fuera el director de EARN en ese país. Pero en los Países Bajos yo ocupaba ambos cargos, por eso siempre conocí las visiones y los planes de ambas organizaciones, y sabía en qué aspectos coincidían y en cuáles estaban en conflicto. Esto fue de gran ayuda para poder crear puentes entre los diferentes bandos. Como se puede imaginar, en muchos sitios se libraron auténticas batallas dentro de un mismo país y esto repercutió también en el ámbito europeo. En muchos lugares incluso se produjo una extraña situación en la que se estaban desarrollando redes financiadas por el Gobierno para intentar construir una futura red nacional mientras que, al mismo tiempo, la gente de EARN, sin financiación por parte del Gobierno, operaba una red "que funcionaba" para poder trabajar, en paralelo. Por supuesto, es comprensible que la fidelidad por parte del usuario resultara algo extraño y complicado.

En 1986/1987 la asociación RARE, con la ayuda de la Comisión Europea, preparó de inmediato un plan de proyecto para una iniciativa denominada COSINE[4], que era un proyecto Eureka cuyo propósito fue construir una red paneuropea basada en los protocolos OSI. Tal como he explicado antes, los Gobiernos y la comisión en concreto querían crear más redes basadas en protocolos OSI. Este se convirtió en el proyecto Eureka número 7 y se firmó un

4 COSINE: Cooperation for Open System Interconnection Network in Europe (Cooperación para las Redes basadas en Sistemas Abiertos en Europa).

contrato por 30 millones de euros entre RARE y la Comisión Europea para ejecutar el proyecto llamado COSINE Specification Phase (Fase de especificación COSINE). También en 1987 EARN se convirtió en un miembro internacional de RARE e inició sus planes para migrar al estándar OSI de comunicaciones llamado X.25, tal como se había comprometido.

Gran parte del dinero del COSINE Specification Phase lo gastaron los grupos de trabajo de RARE y cada uno de ellos trabajó en diferentes elementos de las especificaciones globales de COSINE: había un grupo de trabajo de la capa inferior, un grupo de trabajo del directorio, un grupo de trabajo del STM (sistema de tratamiento de mensajes), etc. Se trabajaba bajo mucha presión, ya que no había ningún indicio de que IBM fuera capaz de migrar EARN hacia X.25 a tiempo, y para poder trabajar con los protocolos OSI era necesario disponer de redes nacionales X.25 en cada país, y las redes de los operadores (PTT) destinadas a resolver todos los problemas todavía contaban únicamente con anchos de banda de 9,6 kbps, y su conexión internacional (llamada X.75) era inexistente o muy poco fiable y, desde luego, demasiado cara.

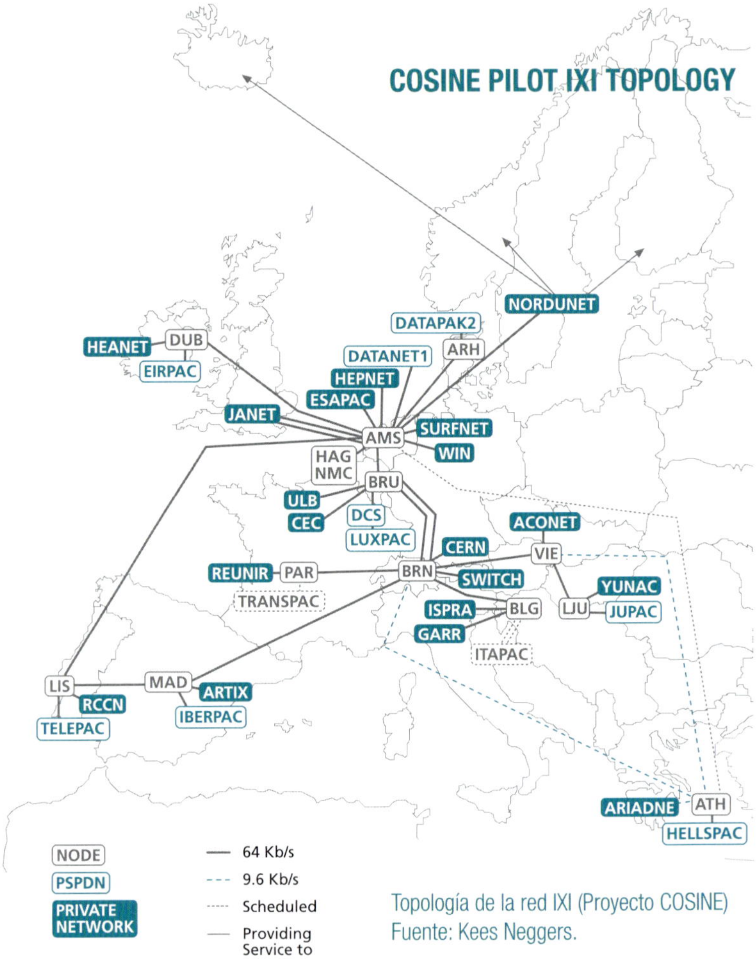

Topología de la red IXI (Proyecto COSINE)
Fuente: Kees Neggers.

En 1988, como parte de este proyecto COSINE, yo presidía un grupo de trabajo llamado COSINE Work-Team A, que se propuso no esperar más los servicios públicos X.25 de los operadores monopolísticos (PTT) y, en lugar de eso, instalar inmediatamente una red privada X.25 por toda Europa basada en líneas dedicadas punto a punto. El plan fue aprobado y conseguimos una subvención procedente de la Comisión Europea para construir esa red internacional X.25 basada en líneas alquiladas. La red interconectó 18 países y se llamó IXI, **International X.25 Interconnect** (Interconexión internacional a través de X.25).

IXI fue todo un éxito. Proporcionó una capacidad de transporte de red internacional fiable y relativamente económica entre las redes de investigación en Europa. Pero apenas ofrecía servicios OSI de nivel superior, que todavía se encontraban en un estado muy inmaduro. La mayoría de los "servicios provisionales" disponibles, como EUnet, EARN, DECnet, etc., pudieron ejecutarse muy pronto sobre X.25, incluido el grupo TCP/IP, que ya era muy utilizado en las redes de campus y en la NSFnet de Estados Unidos. En poco tiempo, las redes privadas X.25 se utilizaron principalmente para el tráfico TCP/IP y esto muy pronto resultó insostenible, ya que la demanda de tráfico IP era superior a la que X.25 podía manejar y al coste[5] que las organizaciones podían soportar.

5 Debemos tener en cuenta que X.25 era el paradigma de servicio diseñado por los operadores clásicos de telecomunicaciones, y cobraban por todos los conceptos: por ancho de banda, por tiempo de uso, por cantidad de paquetes transmitidos. Por lo que pronto se hizo inalcanzable para la mayoría de organizaciones y se dejaron a deber auténticas fortunas de la época hacia los monopolios.

Al mismo tiempo, COSINE, que estaba obligado por las políticas oficiales de los Estados que defendían el modelo abierto de OSI, y todavía estaba luchando para forzar una transición hacia los servicios basados en protocolos OSI. Pero la presión iba en aumento para **"permitir también el uso del grupo de protocolos americanos TCP/IP hasta que los OSI estuvieran disponibles".**

En septiembre de 1991 envié la propuesta "Ebone-92" con el objetivo de establecer una red IP nativa que atendiera la creciente demanda de servicios IP. La iniciativa fue recibida con gran entusiasmo y con un gran apoyo; la red empezó en 1992, conectando Ámsterdam, Estocolmo, Ginebra, París, Londres, Bonn, Montpellier y otras muchas ciudades, consiguiendo un éxito instantáneo.

Por último, la mayoría de países entendió la necesidad (real, por la presión de los usuarios) de dar apoyo "provisional" a los protocolos TCP/IP y COSINE permitió que **Europanet,** (la sucesora de IXI), soportara tanto los protocolos X.25 como los IP.

Mirando hacia atrás, Europanet fue el único servicio tangible externo a COSINE. Fue entonces cuando se dieron cuenta de que Europa necesitaba una organización operativa que le proporcionara una red troncal, y las redes nacionales de investigación y educación crearon una nueva organización con este objetivo, llamada **DANTE**[6]. La existencia de unos auténticos servicios troncales paneuropeos en Ebone y DANTE/Europanet, así como la creciente importancia de los TCP/IP, redujeron la necesidad de EARN como proveedor de servicios. Resultó evidente que RARE y EARN irían solapando cada vez más sus objetivos y actividades. En ese momento, yo era el presidente de RARE y simultáneamente todavía era el director de EARN en los Países Bajos. Junto con **Frode Greisen,** que en aquella época era el presidente de EARN, establecimos planes para fusionar RARE y EARN y crear una sola organización. Esto se llevó a cabo en octubre de 1994 y el organismo resultante de la fusión se llamó **TERENA**[7].

¿Recuerda cuándo tuvo contacto por primera vez con un ordenador?

Sí, en 1966, cuando estaba en la Technische Universiteit Eindhoven, con un ordenador llamado EL-X8 (EL significaba Electro Logica, el nombre del fabricante y que fue absorbido por Philips en 1968). Todos los estudiantes en Eindhoven teníamos que aprender a programar en ALGOL con esa máquina, en la que el profesor **Dijkstra**[8] había implementado su famoso sistema operativo multitarea THE. Dijkstra es también el autor del importantísimo protocolo OSPF (Open Shortest Path First), así como del algoritmo que él mismo inventó y desarrolló y que lleva su nombre. Él era muy religioso con lo que respecta a la programación. Consideraba que programar era una tarea muy difícil, por lo que debía realizarse con sumo cuidado, pues existía el riesgo de construir programas defectuosos. Él fue quien me enseñó los principios de la claridad de pensamiento de los que todavía me beneficio en mi trabajo en redes.

6 DANTE es el acrónimo de Delivery of Advanced Network Technology to Europe (Distribución de tecnología avanzada de redes a Europa). Fundada en 1993.

7 TERENA es el acrónimo de Trans-European Research and Education Networking Association (Asociación transeuropea de redes para la investigación y la educación).

8 Edsger Wybe Dijkstra (11 de mayo de 1930 – 7 de agosto de 2002); fue un científico informático holandés. En 1972 recibió el premio Turing Award por sus contribuciones fundamentales en el desarrollo de lenguajes de programación. Nacido en Róterdam, Países Bajos, Dijkstra estudió física teórica en la Universiteit Leiden, pero muy pronto se dio cuenta de que le interesaba mucho más la informática. En un principio estuvo trabajando en el Mathematisch Centrum de Ámsterdam, ocupó una cátedra en la Technische Universiteit Eindhoven, trabajó como investigador para Burroughs Corporation a principios de los setenta y finalmente ocupó el Schlumberger Centennial Chair in Computer Sciences de la University of Texas, en Austin, Estados Unidos, desde 1984 hasta el año 2000, cuando se jubiló. Entre sus contribuciones a la informática cabe destacar el algoritmo de ruta más corto, también conocido como algoritmo de Dijkstra; la notación polaca inversa y el algoritmo no especializado shunting; el sistema de multitarea THE; el algoritmo del banquero y la construcción en semáforo para coordinar los múltiples procesadores y programas. El algoritmo de Dijkstra se utiliza en SPF (Shortest Path First: la ruta más corta primero), que tiene un uso masivo en el protocolo de encaminamiento OSPF (Open Shortest Path First: elección de la ruta más corta primero).

Kees Neggers junto con el autor durante la entrevista mantenida en Barcelona, 14 de mayo de 2004.

¿Cuál fue su primer contacto/experiencia con Internet o con EARN?

Mi experiencia en redes como usuario empezó con EARN en 1984/1985. No he sido uno de los primeros usuarios de la red EUnet, que se inició en 1982 gracias a la gente del Mathematical Center (MC) de Ámsterdam (Holanda). De hecho, el MC era el instituto de donde procedía Dijkstra. Desde 1983 el MC recibe el nombre de CWI[9].

Así que se puede decir que la red europea se inició en el CWI con el nacimiento de **EUnet** en **1982,** con el **MCVAX** como un nodo UUCP; era posible enviar un correo UUCP al MCVAX y desde allí a otro lugar, inicialmente a través de conexiones telefónicas y más tarde mediante líneas dedicadas punto a punto, una vez que eso fue posible. En **1988,** EUnet empezó a utilizar protocolos **TCP/IP.** Durante ese periodo, incluso en Estados Unidos se estaban todavía peleando si aceptaban o no los TCP/IP como los protocolos de red del futuro, debido a que su Gobierno, en ese momento, también estaba comprometido con los protocolos OSI.

9 CWI: Centrum voor Wiskunde & Informatica (Instituto de Investigación Nacional de Ciencias Matemáticas e Informática) es uno de los centros de investigación punteros en Europa en el campo de las matemáticas y la informática teórica. Está ubicado en el parque científico de Ámsterdam, en Holanda.

Los Estados Unidos apoyaron los protocolos de red OSI virtuales, mientras que Europa decidió utilizar la serie OSI orientada a la conexión. Recuerdo que, en 1987, todavía discutíamos en el proyecto COSINE acerca de cómo podíamos realizar una interconexión entre los OSI-Estados Unidos y los OSI-Europa en la capa de red sin utilizar puertas de enlace de aplicación; al final resultó imposible.

En 1988 fui nombrado uno de los directores generales de SURFnet y no fue sorprendente que la gente de MC llamara inmediatamente a mi puerta para apoyar los TCP/IP y olvidarse de EARN y los OSI. En 1989, SURFnet adquirió su propio *router* y empezamos a aceptar los TCP/IP también. En 1992 fui uno de los fundadores de la Internet Society y formé parte del Consejo Directivo durante diez años.

En su opinión, ¿cuáles son las características clave de Internet?

La primera característica de Internet es su **naturaleza abierta y dinámica,** no es estática y se desarrolla de forma natural. Esto realmente permite que las nuevas tecnologías sean absorbidas con facilidad y se desplieguen rápidamente, en lugar del enfoque que tenían los OSI (esto era, por supuesto, uno de sus principales problemas). Al principio existían grandes comités, formados por las distintas partes interesadas que primero tenían que ponerse de acuerdo sobre las definiciones del protocolo. La mayor parte del tiempo esto dio lugar a normas que eran muy complejas de aplicar. Muchas veces también con muchas opciones, para así satisfacer a todas las partes. Por lo que todo el mundo empezó a aplicar primero sus propias opciones preferidas, de modo que los productos no podían ni interactuar entre ellos. El proceso de estandarización de los protocolos de Internet llevado a cabo por IETF (Internet Engineering Task Force) el modelo es justamente lo contrario: es evidente que las cosas primero deben funcionar antes de ser estandarizadas y el proceso de evolución es un proceso abierto completamente meritocrático en donde todo el mundo puede participar. Debido a la estructura en capas y al aislamiento de las aplicaciones respecto a la red, la evolución natural de los protocolos es fácilmente implementable.

¿Cuáles son para usted los hitos más importantes en el desarrollo de la red?

- Desde la perspectiva de la implementación: la decisión de utilizar TCP/IP para la red troncal de la NSFnet y después el comienzo de Ebone, la primera red troncal IP paneuropea. Y, en particular, el hecho de que Ebone fue creada sobre la base de puntos neutros de intercambio, cuya disponibilidad ha sido siempre un aspecto clave para permitir que las redes crecieran de forma más o menos autónoma.
- Desde el punto de vista de la organización: el arranque de RARE en 1985/1986 y el proyecto COSINE en 1989; aunque al principio se perdió mucho tiempo intentando definir los servicios OSI y que fueran operativos, esto creó una disposición a cooperar ampliamente en Europa de la que todavía estamos sacando provecho.
- En Holanda, la clave fue la creación de SURF y SURFnet a mediados de los ochenta. Y desde el punto de vista de la red, para SURFnet, el hecho fundamental ocurrió en 1991 con el despliegue de SURFnet de una red nativa TCP a velocidad T1 (1,54 Mbps). Esto fue relativamente pronto para la escala de tiempo europea. Lo hicimos dividiendo nuestras líneas troncales X.25 de 2 Mbps en dos partes con un pequeño demultiplexor, obteniendo una conexión de 512 K que seguía siendo X.25 y una T1, que iba directamente a un *router* Cisco.
- Entonces, el siguiente gran paso fue la introducción de la red híbrida cuando, en enero de 2002, empezó a ser operativa la primera conexión óptica (tipo lambda) entre el NetherLight de Ámsterdam y StarLight en Chicago. También aquí el concepto de intercambios neutrales fue crucial para el rápido crecimiento de las redes híbridas.

¿Cómo contribuyó usted al desarrollo de Internet?

Contribuí en la construcción de redes y también en el establecimiento de organizaciones internacionales para hacer posible la interconexión en red internacional. He estado involucrado en EARN (como director para los Países Bajos) desde sus inicios y ayudé a crear la asociación RARE gracias a la subvención otorgada por el Gobierno holandés. Fui uno de los miembros de la junta fundadora de RARE, de la de RIPE-NCC y también de la Internet Society.

Siempre me ha gustado identificar los límites potenciales de las redes antes de tiempo y luego encontrar soluciones estructurales que permitieran superar el posible estancamiento. Esto es exactamente lo que estamos haciendo ahora con el paso a las redes híbridas y su coordinación global en el Global Lambda Integrated Facility (GLIF[10]). Un IP enrutado que tenga solo cables y *routers* de mayor capacidad simplemente no será suficiente; necesitamos encontrar formas alternativas para los usuarios muy exigentes procedentes de la comunidad investigadora y, además, hacer que la disponibilidad de red sea muy segura para todo el enorme tráfico de *e-mails* y web. Sin solucionar estos temas no podremos seguir haciendo nuestro trabajo diario.

¿Quiénes han sido las personas clave, líderes o promotores en el desarrollo de Internet?

Debería nombrar a demasiada gente. Pero, si nos centramos en Europa y los Países Bajos, podría mencionar a:

- **Daniel Karrenberg** (CWI, RIPE-NCC)
- **Piet Beertema** (CWI, EUnet)
- **Rob Blokzijl** (NIKHEF, director de RIPE)

¿Me podría citar un par de anécdotas?

La tarea de cómo construir una red OSI durante la ejecución del proyecto COSINE produjo miles de páginas de

10 GLIF: se trata de una organización virtual mundial que fomenta la investigación de Lambda Grids.

documentación que fueron enviadas al Secretariado de COSINE en la Comisión Europea, en Bruselas. Pero, tal como ya he explicado, antes de que terminara el proyecto COSINE teníamos la Ebone trabajando (red basada en TCP/IP). Teníamos TCP/IP en todas partes y todo el mundo estaba contento utilizando la serie de protocolos de Internet. Se seguía trabajando para mantener vivos los OSI, pero todo seguía resultando improductivo. Por supuesto, toda la documentación del proyecto COSINE fue archivada. Todo el material se guardó en el sótano del edificio de la Comisión Europea. Unos años más tarde, el sótano se inundó y todo el archivo del proyecto COSINE quedó completamente destruido. Fue muy lamentable. Pero mirando hacia atrás concluyo que, a pesar de todo, COSINE ha tenido un efecto duradero para las redes en Europa, porque gracias a este proyecto mucha gente aprendió a trabajar en equipo y siguen haciéndolo.

¿Qué piensa sobre el futuro de Internet?

Evidentemente, Internet es un término muy amplio y cada vez resulta más y más difícil definirlo. Por lo tanto, hablar del futuro de Internet es también cada vez más complicado. Algunos ya están prediciendo que Internet simplemente desaparecerá y que habrá multitud de redes. Puede que tengan razón. Lo cierto es que la conmutación óptica (Lambda Networking) facilitará todo esto. Hasta ahora hemos visto cómo la red crecía varios órdenes de magnitud de una generación a otra cada cuatro o cinco años. La próxima generación de *routers* no será capaz de soportar demasiadas conectividades a una velocidad de 10 Gbps. Debemos encontrar una forma inteligente de integrar circuitos y conmutación de paquetes y de integrar líneas fijas e inalámbricas. Pero, sin duda, aumentará tanto la velocidad como la ubicuidad; la red estará en todas partes, el mundo simplemente ya no podrá funcionar sin ella.

¿Ha identificado alguna tendencia tecnológica?

Las tendencias tecnológicas van hacia las redes híbridas y en Holanda se está implementando la red SURFnet6. La primera red IP nativa de la SURFnet, en 1991, estaba formada por líneas T1 (a 1,54 Mbps) conectadas a *routers* Cisco y se denominó SURFnet3; desde 2004 se ha estado construyendo la SURFnet6, que es una red totalmente óptica, lo que permite conexiones ópticas directas entre todos los institutos conectados. También la utilizamos para optimizar nuestra red enrutada, ya que conectamos a todo el mundo directamente a solo dos *routers* (saltos) de Ámsterdam. Las universidades dispondrán de múltiples lambdas en sus campus, y dos de ellas se utilizarán para la conexión flexible a cada uno de esos *routers* y las otras lambdas estarán disponibles para conexiones punto a punto dedicadas; para conectar telescopios a centros de datos o descargar datos de experimentos, como los del CERN. Haciendo esto crearemos lo mejor de ambos mundos. Los usuarios muy exigentes podrán aprovechar al máximo las nuevas tecnologías a la vez que se protege al usuario individual de Internet sin que este necesite hacer una actualización costosa de su red enrutada. En los años venideros, la tecnología de red óptica se desarrollará más rápidamente que la tecnología IP. Con nuestro enfoque híbrido podemos aprovechar al máximo las ventajas para nuestros usuarios.

LECTURAS COMPLEMENTARIAS
ARTÍCULOS Y LIBROS CITADOS / RECOMENDADOS

François Fluckiger posee un importante archivo sobre la historia de la red europea.

- Lehtisalo, K., *The History of NORDUnet: twenty-five years of Networking Cooperation in the Nordic Countries.* NORDUnet 2005. Hørsholm (Dinamarca)
- Global Lambda Integrated Facility. *http://www.glif.is*

Brian Carpenter

Ex Director Grupo de Redes del CERN.
Ingeniero distinguido de IBM.
Estándares de Internet y Tecnología.

«Por lo general, Internet tiene éxito cuando somos **ATREVIDOS** en vez de cautelosos.»

Brian Carpenter

Entrevista realizada el 13 de mayo de 2004 en Barcelona (España) y enriquecida en Zúrich (Suiza) y Palo Alto (California)

Nació en Leicester, Inglaterra, en 1946.

Es licenciado en Física por la University of Cambridge y posee un Doctorado en Ciencias de la Informática en la University of Manchester. También pertenece a la Society of Engineers (Reino Unido) y es miembro de la Academia de Tecnología de IBM.

Es ingeniero distinguido de IBM y trabaja en estándares de Internet y tecnología. Actualmente vive en Suiza, y trabaja en la tecnología Grid y de redes. Desde 1999 hasta 2001 estuvo en el iCAIR (international Center for Advanced Internet Research, Centro internacional para la Investigación Avanzada de Internet), que pertenece a la Northwestern University, en Evanston (Illinois) y que está patrocinado por IBM.

Antes de unirse a IBM, dirigió el grupo de redes en la Organización Europea para la Investigación Nuclear (CERN) en Ginebra, Suiza, desde 1985 hasta 1996. Anteriormente había acumulado diez años de experiencia en *software* para sistemas de control de procesos en el CERN, que fueron interrumpidos por tres años en los que enseñó ciencias informáticas en la University Massey, en Nueva Zelanda.

Es un participante activo del proyecto 6net, en el Global Grid Forum y en el Internet Engineering Task Force (IETF), donde ha trabajado en el IPv6 y en los servicios diferenciados. Fue miembro del Comité de Arquitectura de Internet (IAB) desde marzo de 1994 hasta marzo del 2002, y lo presidió durante cinco años.

También fue miembro del consejo de administración de la Internet Society (ISOC) y fue su presidente durante dos años, hasta junio de 2002.

www.ibm.com
www.cern.ch
www.isoc.org
www.ietf.org
www.iab.org

¿Recuerda su primer contacto con un ordenador?

En Cambridge, durante el tercer curso de Física Experimental. Fue con el ordenador central TITAN (situado en el ATLAS de Ferranti en Manchester). Los ordenadores me interesaban mucho por dos razones: las clases de Maurice Wilkes, que eran obligatorias para los estudiantes de Física, y la edición especial de setiembre de 1966 de la revista *Scientific American,* que estaba dedicada a la "información".

¿Cuál fue su primer contacto/experiencia con ARPAnet?

Indirectamente, en 1976, cuando asumí la responsabilidad de la futura red de controles en el sincrotrón de protones del CERN. Terminamos utilizando una red de conmutación de paquetes diseñada por el CERN que estaba basada en el diseño inicial publicado de la primera ARPAnet. Pero antes de eso estuve implicado en los inicios de una red de la universidad de Nueva Zelanda llamada KIWInet.

Estaba previsto que se basara en el protocolo X.25, porque en aquel entonces el X.25 parecía la mejor apuesta para la estandarización. Después de asumir la responsabilidad del equipo de redes del CERN en 1985, el protocolo TCP/IP se estaba extendiendo rápidamente. Esperábamos utilizar el modelo OSI como nuestra solución general, pero hacia 1989 publiqué un artículo titulado "Is OSI Too Late?" [¿Llega OSI demasiado tarde?] y desde entonces siempre se ha utilizado el TCP/IP.

Tim Berners-Lee[1] no estaba en mi grupo del CERN. En realidad, en aquel entonces le pagaban por trabajar en un sistema de llamada a procedimientos remotos (RPC) para sistemas de adquisición de datos *on-line*. Pero yo ya le había conocido durante su primera estancia en el CERN, en 1980, cuando los dos estábamos en el grupo de controles del sincrotrón de protones. Allí es donde escribió su programa Enquire ('preguntar'), su primer experimento con hipertexto. Yo fui una de las primeras personas en utilizar su primer navegador, alrededor de 1991 o 1992 (solo había que teclear "www" en el *prompt* de UNIX). Creo que siempre nos hemos respetado el uno al otro, y hemos tenido una excelente relación personal. Pero en su libro *Weaving the Web*[2] menciona a un programador de sistemas que perdió el disquete con el código fuente original de Enquire. Ese era yo.

Brian Carpenter junto al autor, Andreu Veà, durante la entrevista.

En su opinión, ¿cuáles son las características más importantes de ARPAnet?

En términos muy generales, la comunidad piensa que el objetivo es la **conectividad,** la herramienta es el *Protocolo de Internet (IP),* y que la inteligencia está de *extremo a extremo* (en los límites), más que escondida en la red.

El protocolo de nivel de Internet (IP) es **independiente** de los medios y los direccionamientos de *hardware*. Este enfoque permite a Internet aprovecharse de cualquier tipo de nueva tecnología de transmisión digital, y desacoplar sus mecanismos de direccionamiento desde el *hardware*.

1 Tim Berners-Lee es el creador, junto con Robert Caillau, de la red WWW. También estaba trabajando en CERN. Esto es lo que Brian Carpenter decía de ellos: *"En realidad, Robert estuvo en mi equipo de sistemas en el grupo de controles de sincrotrón de protones, desde 1976 hasta 1984. En aquel entonces, su principal proyecto era el diseño de un lenguaje de programación llamado P+ y la implementación del compilador. Tenía sintaxis de RPC (llamada de procedimientos remotos) y yo escribí el soporte en tiempo de ejecución del RPC. Y, de casualidad, ese fue el primer sistema RPC que Tim vio en su vida. Pero Robert no estaba en mi equipo de redes, y les corresponde a él y a Tim explicar lo que cada uno aportó en la invención del HTTP y el HTML".*

2 Véanse las referencias al final de la entrevista.

Asistentes al Taller de Capas de Redes IAB (Comité de Arquitectura de Internet) de 1999. El documento RFC 2956 presenta este taller, cuyos asistentes en orden alfabético fueron: Harald Alvestrand (Noruega), Ran Atkinson, Rob Austein (consultor California, EEUU), Steve Bellovin (AT&T Research), Randy Bush, Brian Carpenter (IBM, moderador del taller), Vint Cerf (MCI), Matt Crawford (Fermilab), Robert Elz (Australia), Tony Hain (Microsoft), Matt Holdrege (IPverse), Erik Huizer (Holanda), Geoff Huston (Telstra), Van Jacobson (Cisco), Marijke Kaat (SURFnet, edición del RFC), Daniel Karrenberg (RIPE), John Klensin, Peter Lothberg, Olivier H. Martin (CERN), Gabriel Montenegro (Sun Microsystems), Keith Moore (Univ. of Tennessee), Robert Moskowitz, Philip J. Nesser II (Washington), Kathleen Nichols (Cisco), Erik Nordmark (Sun Microsystems), Dave Oran (Cisco), Yakov Rekhter (Cisco), Bill Sommerfeld (MIT), Bert Wijnen (IBM), Lixia Zhang (UCLA, sosteniendo el dispositivo de audio: Noel Chiappa, del MIT, asistió mediante teleconferencia). Cortesía de Brian Carpenter.

Afortunadamente, **nadie es dueño de Internet,** no existe un control centralizado, y nadie puede apagarlo.

El credo más utilizado que guía la evolución de Internet (atribuido a Dave Clark[3]) reza así: "un buen consenso [sobre las propuestas técnicas] y código funcionando" como los criterios clave para la toma de decisiones en el IETF[4]. Estas dos sentencias son las piedras principales sobre las que se basa todo y proporcionan un resumen muy conciso de los ideales que guían el proceso de toma de decisiones en la ingeniería de Internet[5]. A diferencia de comités teóricos que aprueban estándares, aquí lo que se elige para elevarlo a categoría de estandar es lo que ya ha demostrado que funciona sobre la propia red. Por lo tanto, la **retroalimentación** desde implementaciones reales es más importante que cualquier principio de arquitectura. Me temo que no todos los que empiezan a trabajar con estándares entienden esto; todo es demasiado fácil para introducirse en un modo abstracto y académico de creación de estándares. Pero, al igual que en la ciencia básica, los resultados experimentales superan a la teoría.

La **heterogeneidad** es inevitable y debe contar con el apoyo del diseño. Se deben permitir múltiples tipos de *hardware,* por ejemplo, velocidades de transmisión que difieran en al menos siete órdenes de magnitud, ordenadores con diversas longitudes de palabras, etcétera. Internet está basado en este principio: "Hazlo simple. Cuando haya dudas durante el diseño, elige la solución más simple".

Sobre todo, el principio de extremo a extremo y el principio de Postel es: "Sé estricto con lo que envíes y tolerante con lo que recibas". A propósito, tengo muy buenos recuerdos de trabajar en el IAB con **Jon Postel.** Lo que me recuerda que debo decir que es sobre todo por gente como Jon, que creó el espíritu de cooperación en el IETF, por lo que se ha convertido en un fantástico lugar.

¿Cuáles son los hitos más importantes, en su opinión, en el desarrollo de la red?

Creo que hay muchos momentos importantes en la historia de Internet, y la mayoría de ellos se pueden encontrar ordenados y estructurados en *Hobbes Internet time-line*[6].

Algunas publicaciones pueden considerarse hitos:

- Los trabajos de **Donald Davies** y **Paul Baran**, a principios de los sesenta, acerca de conmutación de paquetes.

3 Dave Clark: el profesor del MIT que escribió los primeros protocolos TCP/IP para un PC.

4 IETF: Internet Engineering Task Force (Grupo de Trabajo en Ingeniería de Internet). Véase www.ietf.org.

5 La primera implica un proceso abierto en el que se escucharán todas las opiniones técnicas y se tratarán todas las inquietudes de los participantes; la segunda implica el reconocimiento de que toda decisión debe basarse en una ingeniería sólida y en las características conocidas de la red y sus usos.

6 Mi referencia habitual en cuanto a hitos es www.zakon.org/robert/internet/timeline

Brian Carpenter

«Internet está basado en este principio: "Hazlo simple. Cuando haya dudas durante el diseño, elige la solución más simple".»

- La temprana contribución europea a Internet por parte de **Louis Pouzin,** que en 1974 escribió: *A Proposal for Interconnecting Packet Switching Networks.*
- El artículo, de gran influencia en 1978, de **Vinton Cerf,** "The Catenet Model for Internetworking"; o en 1984 el de **Jerome H. Saltzer, David P. Reed** y **Dave D. Clark:** "End-To-End Arguments in System Design".
- **Dave D. Clark.** "The Design Philosophy of the DARPA Internet Protocols".

Quisiera añadir otro hito a las publicaciones de gran influencia que he mencionado anteriormente: se trata de la primera línea transatlántica de 2 mbps entre el CERN[7] y la red NSFnet[8], alrededor de 1990. Esta línea abrió el camino a las redes transatlánticas de alta velocidad en los años sucesivos. A propósito, IBM fundó esa línea.

7 El CERN, el laboratorio de física de partículas de alta energía en Ginebra, Suiza, es donde un investigador, el Dr. Tim Berners-Lee (véase su entrevista), inventó en 1991 la World Wide Web. Olivier Martin es una de las personas del CERN que conoce todos los detalles de este avance significativo en la conectividad internacional.

8 NSFnet era una red para investigaciones informáticas utilizada a mediados de los ochenta que con el tiempo se convirtió además en la primera infraestructura principal para la comercialización pública de Internet. Creada como consecuencia de una iniciativa de la NSF (National Science Foundation) en 1985, NSFnet estableció una conexión de alta velocidad entre los cinco centros de supercomputación de la NSF en los Estados Unidos y el Centro Nacional de Investigación Atmosférica, y proporcionó acceso externo para científicos, investigadores e ingenieros que no se encontraban cerca de dichos centros informáticos.

¿Cómo ha contribuido usted al desarrollo de ARPAnet?

Dirigí el grupo de redes del CERN durante la fase de crecimiento de Internet en Europa. Durante algunos años a finales de los ochenta y principios de los noventa, el CERN, junto con Amsterdam y Estocolmo, fueron lugares destacados y puntos de intercambio en Europa. La adopción general del TCP/IP en la comunidad de física de altas energías durante esos años (especialmente impulsada por la invención de la web en el CERN de 1989 a 1992) fue el mayor impulsor para la implantación definitiva de internet en Europa.

¿Quiénes han sido las personas clave para el desarrollo de Internet, líderes o marcadores de tendencias?

En Europa mencionaría a:

- **Daniel Karrenberg** (el fundador de RIPE-NCC[9]) y **Rob Blokzijl** como representante del equipo de Ámsterdam, y **Peter Lothberg,** como representante del equipo de Estocolmo, que impulsó la creación del M-Bone (videoconferencia a través de la red central) durante los inicios de la construcción de Internet en Europa a finales de los ochenta.
- Mis compañeros del grupo de redes en el CERN: fueron muchos los que contribuyeron en aquel entonces, como **François Fluckiger, Olivier Martin, Jean-Michel Jouanigot, Denise Heagerty, Maria Dimou,** y seguro que me olvido de muchos otros.
- **Herb Budd** de IBM, que organizó la creación del primer enlace transatlántico a velocidad de megabit entre Europa y Norteamérica.
- Es imposible dar una lista corta para los Estados

9 RIPE-NCC: Réseaux IP Européens-Network Coordination Center (Centro de Coordinación de Redes IP Europeas). Es una asociación independiente y sin ánimo de lucro que cuenta con alrededor de 3.500 miembros. El área de servicio de RIPE-NCC abarca más de 90 países de Europa, Oriente Medio, Asia Central y países africanos situados al norte del Ecuador. El RIPE-NCC proporciona soporte administrativo a RIPE, el foro colaborativo que existe desde noviembre de 1989 y que está abierto a todas las partes interesadas en las redes IP de área amplia. La actividad más destacada del RIPE NCC es actuar como uno de los cuatro Registros Regionales de Internet (RIR) en el mundo y proveer recursos de Internet a nivel mundial y servicios relacionados, como direcciones IPv4, IPv6 y Números de Sistemas Autónomos.

Unidos, pero nadie se puede olvidar de la aportación de **Steve Wolf** a la conectividad internacional mientras estuvo en la NSF.

- Como símbolo de la actividad en Asia, mencionaré a **Jun Murai,** en Japón.

¿Puede citar alguna situación anecdótica?

▶ En primer lugar quisiera citar a mi primer director en el CERN, **David Williams.** Dijo que su principal aportación a la invención de la red (WWW) fue no parar a **Tim Berners-Lee** cuando trabajaba en ella, lo que hubiera sido el acto más responsable. Por lo general, Internet obtiene el mayor éxito cuando dejamos a los jóvenes brillantes progresar en él.

▶ En segundo lugar, me gustaría observar que el sistema de organización del tráfico de Internet se salvó del desastre a principios de 1994 gracias a la buena disposición de los principales ISP (proveedores de servicios de Internet) al utilizar un código beta de BGP4 de un vendedor importante de *routers* antes de que se aprobara el estándar BGP4. Se hizo evidente durante los debates del IETF que la utilización inmediata del BGP4 era la única manera de evitar un desastre inminente de escalabilidad. Por lo general, Internet tiene éxito cuando somos atrevidos en vez de cautelosos.

¿Qué opina acerca del futuro de Internet? ¿Ha identificado alguna tendencia tecnológica?

No veo cómo la escalabilidad puede continuar a menos que todo el mundo utilice el próximo lanzamiento del protocolo IP[10], IPv6; es la única manera de que Internet esté realmente en todas partes, para todo el mundo y en todos los países.

10 En el momento de la entrevista, había muy pocas redes utilizando el protocolo de nueva generación. Y la inmensa mayoría estaba trabajando con IPv4, la especificación original que funcionaba en Internet desde el 1 de enero de 1983.

LECTURAS COMPLEMENTARIAS
TRABAJOS Y LIBROS MENCIONADOS / RECOMENDADOS

- Baran, P., "The Beginnings of Packet Switching: Some Underlying Concepts", *IEEE Communications Magazine* (julio 2002), pp. 42-48.
- Carpenter, B., "Architectural Principles of the Internet", *RFC 1958* (junio 1996).
- Cerf, V.,"The Catenet Model for Internetworking", *IEN* 48 (julio 1978).
- Clark, D. D., "The Design Philosophy of the DARPA Internet Protocols", *Proceedings of SIGCOMM* 88, *ACM CCR* 18, 4 (agosto 1988), pp. 106-114; reimp. en *ACM CCR* 25, 1 (enero 1995), pp. 102-111.
- Davies, D. W., "An Historical Study of the Beginnings of Packet Switching", *British Computer Society Journal* 44, 3 (2001), pp. 151-162.
- Pouzin, L., "A Proposal for Interconnecting Packet Switching Networks", *Proceedings of EUROCOMP* (mayo 1974), pp. 1023-1036.
- Saltzer, J. H.; Reed D. P. y Clark, Dave D., "End-To-End Arguments in System Design", *ACM TOCS* 2, 4 (noviembre 1984), pp. 277-288.

Libro mencionado durante la entrevista, donde se cita a Brian Carpenter de manera anónima.

- Berners-Lee, T., *Weaving the Web: The original design & ultimate destiny of the www by its inventor*. Nueva York, Harper Collins, 1999.

Tim Berners-Lee

Director del WWW Consortium (W3C).
Creador del HTML e inventor de la Web (www).

«El mundo en vías de desarrollo tiene el **POTENCIAL** para establecer una forma completamente distinta de Internet que podría sustituir a la Red tal como la conocemos.»

Escucha la entrevista

Tim Berners-Lee

Entrevistado en Ginebra (Suiza) el 23 de abril de 2012 y enriquecido mediante el cruce de correos, artículos y documentos de su libro[1]

Nacido en Londres el 8 de junio de 1955 y residente en Estados Unidos, se graduó en Física en el Queen's College de la University of Oxford en 1976. Trabajó en Plessey Telecommunications (Dorset) y después como ingeniero de *software* para el CERN[2] de Ginebra, donde inventó la Web. Actualmente es el director del WWW Consortium, ubicado en el MIT (EEUU).

Hasta finales de los ochenta, Internet era una red únicamente utilizable por especialistas con altos conocimientos de informática. Por otro lado, la tecnología hipertexto inventada muchos años antes estaba confinada a aplicaciones multimedia ubicadas en CD-ROM o en alguna base de datos local. La gran aportación de Berners-Lee fue la de unir dos tecnologías con décadas[3] de antigüedad de forma sencilla, dando a su unión una potencia que ha revolucionado la manera de guardar y recuperar la información.

La aparición del http (Web) y su rápida estandarización, junto con la incorporación de elementos multimedia[4], son los factores clave que han hecho difundir Internet masivamente a partir de 1994. La importancia radica, pues, en el acercamiento que han producido sus desarrollos entre la Red y el usuario sin conocimientos previos.

El inventor de WWW ha dicho en repetidas ocasiones "no" a oportunidades que se le presentaban, si estas amenazaban la independencia o la integridad de la Web.

Las repetidas negativas que encontró por respuesta en sus peticiones de ayuda para seguir desarrollando la Web hicieron que Europa volviera a perder una gran oportunidad, dejando escapar a Berners-Lee a los Estados Unidos, donde fue recibido con los brazos abiertos por el MIT[5], donde se constituyó el consorcio que coordina el desarrollo de World Wide Web y donde ha trabajado durante más de seis años.

1 T. Berners-Lee y M. Fischetti, *Weaving the Web: The original design and ultimate destiny of the World Wide Web by its inventor,* San Francisco, Harper San Francisco, 1999 [ed. cast.: *Tejiendo la red: el inventor del World Wide Web nos descubre su origen,* Madrid, Siglo XXI de España, 2000]; del que se reproducen algunas frases, con su expreso permiso.

2 CERN: su nombre deriva del consejo internacional (Conseil Européen pour la Recherche Nucléaire) que inició el laboratorio. El consejo ya no existe y la palabra "nuclear" ya no describe la física que se investiga allí, por lo que el nombre se mantiene, pero no sus siglas. Es más conocido como laboratorio europeo de física de partículas.

3 Recordemos que el hipertexto fue descrito ya en 1965 por Ted Nelson, en un proyecto futurista llamado Xanadú en el que toda la información del mundo podía ser publicada en este formato y era compartida entre iguales. Durante años intentó buscar financiación para el proyecto, sin éxito.

4 Atribuida al joven programador del National Center for Supercomputer Applications (NCSA), Marc Andreessen, quien desarrolló el primer navegador web que aceptaba imágenes: el Mosaic.

5 Concretamente, en el Laboratorio de Ciencias Informáticas del Massachusetts Institute of Technology.

Tim Berners-Lee

¿Cuál fue el proceso de gestación de su idea?

La Web surgió como la respuesta a un desafío abierto a través de la amalgama de influencias, ideas y logros procedentes de muchos lugares, hasta que un nuevo concepto cuajó. De hecho, fue un proceso de unión y no la resolución lineal de un problema bien definido detrás de otro.

Ya en 1980, durante una corta estancia en el CERN, escribí mi primer programa tipo web, llamado ENQUIRE, en mi tiempo libre, y para que me ayudara a recordar las conexiones entre personas, aunque no vio la luz pública. Lo que buscaba entraba dentro de la categoría de sistemas de documentación. *Software* que permitiera almacenar y luego recuperar documentos. Todos los sistemas presentados en el CERN habían ido fracasando y cayendo en el olvido, debido a que sus vendedores intentaban obligar a las personas a reorganizar su trabajo para adaptarse a los sistemas. Por lo que el sistema que estaba diseñando debería estar orientado a no tener reglas. Con una propiedad fundamental: estar descentralizado, de manera que cualquiera pudiera empezar a usarlo en cualquier parte sin tener que pedir acceso a otro.

En 1989 retomé la idea del ENQUIRE, pero como no era parte del trabajo por el cual estaba contratado, tenía que pensarlo en mis tiempos muertos. En aquella época, Internet era invisible en Europa porque se promovía una serie distinta de protocolos[6]. La tardanza del CERN en adoptar Internet fue sorprendente, teniendo en cuenta que el laboratorio había sido siempre pionero en las redes y en las telecomunicaciones. Había desarrollado la CERNnet (su propia red, a falta de redes comerciales) con sus propios sistemas de *e-mail.*

Ben Segal

Fue **Ben Segal** (quien había trabajado en EEUU y visto Internet), quien se convirtió en el evangelizador solitario en el CERN de este tipo de tecnología.

6 Los protocolos OSI (Open Systems Interconnection), de ISO (International Standards Organization).

Empecé, pues, a escribir el proyecto en **marzo de 1989.** Lo entregué a **Mike Sendall,** a su jefe, **David Williams,** y a unos cuantos más. No hubo respuesta. Había comités que decidían sobre los experimentos, pero las tecnologías de la información no tenían un foro receptivo. Probablemente, porque aquello era un laboratorio de física. Mientras, inicié un estudio profundo sobre el hipertexto y me convencí de que estaba en el camino correcto. A principios de 1990 seguía sin tener reacciones a mi propuesta, por lo que le di otra forma y le puse una nueva fecha, **mayo de 1990,** se la di a Williams y de nuevo fue archivada.

El histórico ordenador NeXT, utilizado por Tim Berners-Lee en 1990 para crear la WWW. Se encuentra expuesto en el CERN. Fue el primer servidor web, primer navegador hipermedia y editor web.

Una de las personas que creyó en el proyecto desde el principio fue el científico belga **Robert Cailliau.** Reescribió la propuesta en términos que a él le pareció que tendrían más efecto y buscó ayudantes estudiantes, dinero, aparatos y espacio de oficinas. Explicar la visión de la Web a personas y organizaciones resultó tarea excesivamente difícil sin tener un navegador web, por lo que, a mediados de noviembre de 1990, desarrollé un programa cliente (navegador y editor) que llamé World Wide Web. Y en diciembre ya funcionaba con el lenguaje Markup de Hipertexto (HTML) que había escrito y que describe cómo formatear páginas que contengan vínculos de hipertexto. También escribí el primer servidor de la Web. Ambos funcionaban en mi ordenador NeXT, que como estaba conectado a Internet y era conocido por **<nxoc01.cern.ch>** le registré un alias más bonito y que después fue muy conocido: <info.cern.ch> Llené de contenido el servidor con mis propias notas sobre las especificaciones de HTTP y HTML.

nxoc01.cern.ch
Primera URL

Robert compró su propio ordenador NeXT y empezamos a compartir información (en local). A pesar de que a mediados de Diciembre ya tenía el programa desarrollado y de que el CERN cierra en el período navideño, daté esa primera versión con la fecha 25 diciembre de 1990. Por lo que los que no me conocen, piensan que esa fue la primera conexión. Sin duda fue antes. A principios de diciembre un navegador WWW estuvo instalado en mi ordenador y otro en el de Robert, comunicándose por Internet con el servidor <info.cern.ch> por primera vez.

¿Cómo se logró generar todas las piezas que componen la web?

En verano de 1991 empezó su distribución a través de Internet y, en enero de 1993, el número de servidores conocidos había llegado a casi cincuenta. Aunque la web no se extendía debido a que no existían navegadores gráficos para sistemas que no fueran el NeXT. Se necesitaban clientes para los Mac, los PC y el entorno UNIX (en el CERN utilizaban X-Windows sobre UNIX). Al no tener recursos para desarrollarlos, empecé a animar a estudiantes de informática para que lo hicieran y obtuve la respuesta de la Universidad de Helsinki, en forma de Erwise cuyo desarrollo finalizó en abril de 1992 para X-Windows y con la documentación en finés. Al acabar su trabajo de Doctorado no siguieron con el proyecto. Por otro lado, y casi simultáneamente, un estudiante de Berkeley **(Pei Wei),** creó un lenguaje de programación interpretado llamado Viola (para UNIX). Tenía una gran funcionalidad para mostrar cosas en pantalla. Para demostrar su capacidad, el mismo Pei escribió un navegador web, que permitía mostrar HTML con gráficos (comenzó a distribuirlo en mayo de 1992). El único inconveniente que tenía el Viola era la complejidad para el usuario de instalarlo en su ordenador.

«El único inconveniente que tenía el Viola era la complejidad para el usuario de instalarlo en su ordenador.»

Aquí empezaba la competencia entre navegadores (de momento únicamente en el entorno X-Windows de UNIX), a la que se añadió el Midas[7]. En el entorno comercial, uno de los que se unió al desarrollo (también en sus tiempos de descanso) fue **Dave Raggett,** de HP Bristol (Inglaterra), creando el Arena. Y, por su lado, la University of Kansas escribió un navegador de hipertexto (independiente de la Web) llamado Lynx y que funcionaba en modo texto para terminales de 24x80 caracteres. Se diseño para buscar información interna en el campus, pero el estudiante **Lou Montulli** lo adaptó a la Web y lanzó el Lynx 2.0 en marzo de 1993.

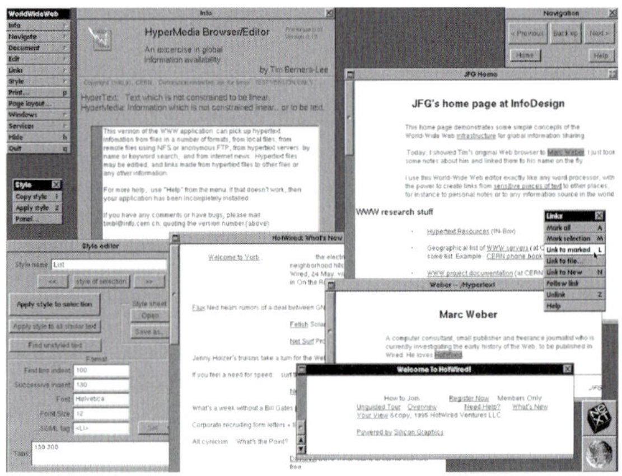

Aspecto de un editor de Web en 1991. Puede observarse que el programa corría sobre una máquina NeXT.

Hasta que, en el NCSA de la University of Illinois, **Dave Thompson,** uno de sus directivos, descargó el Viola y lo puso a funcionar con el servidor del CERN haciendo una demostración al Grupo de Diseño de Software. Tomaron el testigo el estudiante **Marc Andreessen** y **Eric Bina,** quienes desarrollaron el conocido Mosaic en **febrero de 1993** estaba disponible en la Web (para X-Windows). A diferen-

7 Desarrollado por el físico Tony Johnson (del centro SLAC).

«... yo crecí jugando con hojas de papel perforado y construyendo ordenadores con cajas de cartón.»

cia de los anteriores, Marc tenía muy en cuenta los comentarios de los usuarios y los iba incorporando al navegador.

Tom Bruce (de la Cornell University) creó el primer navegador para PC llamado Cello. Navegador desarrollado para Windows, con lo que por primera vez la gente podría ver la Web en la plataforma más extendida del mundo. Estaba disponible en marzo de 1993.

Más tarde, Marc Andreessen, conoció al hombre de negocios **Jim Clark** y fundaron Mosaic Communication Corp. Contrataron a Lou Montulli (de Lynx), ficharon al equipo principal que desarrolló Mosaic y se dispusieron a desarrollar su navegador, en Mountain View (California); en abril de 1994 cambiaron su nombre por Netscape y aplicaron una estrategia de marketing sin precedentes: regalaban el producto con el fin de que se extendiera masivamente.

Microsoft les seguiría la pista creando el MSExplorer a finales de 1995, e iniciando una de las más largas batallas comerciales para arrebatarles el mercado. Aún ahora, si miramos los créditos del MSInternet Explorer veremos:

Basado en NCSA Mosaic. NCSA Mosaic(TM); se desarrolló en el National Center for Supercomputing Applications de la Universidad de Illinois en Urbana-Champaign. © Microsoft Corp. 1995

Tim Berners-Lee

¿Cómo y por qué se crea el WWW Consortium?

El surgimiento de diferentes navegadores me hizo pensar una vez más sobre la normalización. Las reuniones mantenidas con el IETF no daban su fruto, por lo que pensé que quizá un modelo diferente sería el adecuado.

Durante un seminario en la Newcastle University, a la vuelta en autobús de la cena que nos habían ofrecido, me senté con David Gifford, del MIT, quien me puso en contacto con **Michael Dertouzos**[8]. En octubre de 1994 me trasladé al MIT para fundar el WWW Consortium (en colaboración con el CERN y con el soporte de DARPA y de la Comisión Europea). En abril de 1995 abrimos la primera delegación del W3C en Europa situada en el INRIA[9], al que pronto siguió la de Japón (situada en la Universidad de Keio). Forman el consorcio 68 ingenieros de todo el mundo que, bajo los principios de neutralidad, coordinación y consenso, tienen el objetivo de mantener y desarrollar la Web para el bien común, manteniendo sus desarrollos abiertos fuera de los intereses comerciales que desean convertirlos en estándares propietarios[10].

«Debe ser escrito como tres palabras separadas, de modo que su acrónimo son tres W por separado. No hay guiones. Sí, ya sé que en algunos lugares ha sido escrito con un guión, pero la manera oficial no lo tiene. Sí, ya sé que "worldwide" es una única palabra en el diccionario, pero "World Wide Web" son tres palabras»[11].

Tim Berners-Lee, explicando cómo deletrear su creación.

8 Director del LCS (Laboratorio de Ingeniería Informática) del MIT.

9 Institut National de Recherche en Informatique et Automatique (Instituto francés de investigación informática y automática).

10 Es importante recordar que, el 30 de abril de 1993, uno de los directivos del CERN respondía a la petición de Tim Berners-Lee, accediendo a permitir a todo el mundo el uso del protocolo y del código web gratuitamente, con la posibilidad de crear un servidor o un navegador, repartirlo o venderlo sin ningún *royalty* ni otras cargas.

11 Original en inglés: "It should be spelled as three separate words, so that its acronym is three separate W's. There are no hyphens. Yes, I know that it has in some places been spelled with a hyphen but the official way is without. Yes, I know that 'worldwide' is a word in the dictionary, but World Wide Web is three words".

Reuniendo en Madrid el 20 de abril de 2009 al padre de Internet (Vint Cerf) y al padre de la Web (Tim Berners-Lee).

¿Cuándo tuvo su primer contacto con un ordenador?

Mis padres se conocieron desarrollando el Mark I[12], y yo crecí jugando con hojas de papel perforado y construyendo ordenadores con cajas de cartón; así que mi primer contacto fue muy precoz.

¿En qué está trabajando en la actualidad?

Me preocupa todo lo relacionado con la privacidad; por ejemplo, en los Estados Unidos se están violando los límites de lo personal. Las luchas organizadas por el poder han dejado al usuario individual casi desamparado. Esto me estremece, la libertad de expresión se torna a menudo en herramienta tergiversadora de la verdad y sobre ello se construye cualquier cosa.

Además, llevo ya algunos años intentando empujar los conceptos de web semántica. Que las páginas se describan a sí mismas de manera que faciliten la tarea a los buscadores y que sus resultados sean mucho más cercanos a lo que los usuarios buscan.

12 Fue el primer ordenador comercial con programa almacenado, vendido por la empresa Ferranti Ltd a principios de 1950.

¿Debe existir un completo anonimato en la Web?

No estoy tan seguro... ¿Es razonable dar a las personas el derecho a difamar anónimamente a otras? Ojalá el usuario madure como para no tener en cuenta la información anónima que viene de fuentes desconocidas. Por suerte, las personas están aprendiendo a habitar la Web, cuándo usar los motores de búsqueda y cuándo no, para qué son buenos, etcétera.

En el ámbito social, ciertamente se está creando una separación entre los que tienen acceso a la tecnología y los que no, pero seguramente la Web ha supuesto cambios positivos...

Efectivamente, uno se da cuenta que la Web ha ayudado a personas de muchos países a acercarse a sus iguales alrededor del mundo, a entender que todos comparten preocupaciones similares... Esto evita algunos enfrentamientos basados en el desconocimiento mutuo y alimenta el respeto y la tolerancia.

Personalmente, no creo que en Occidente haya una brecha entre los capaces de acceder a la tecnología y los que no, ya que los precios de los PC se han reducido sensiblemente gracias al volumen de producción. Quizá sí que se note una división en lo que respecta a la experiencia técnica.

Pero la brecha sí que se hace evidente entre los países desarrollados y los que se encuentran en vías de desarrollo; estos últimos carecen de agua potable, de un sistema sanitario y su nivel económico es insuficiente incluso para sobrevivir... Los occidentales tenemos también la información, y esta es una línea más en la larga lista de nuestras deudas.

Con Vint Cerf, el 20 de abril de 2009, en un acto del Internet Governance Forum celebrado en Madrid.

Exponga alguna anécdota que le haya ocurrido

Ahora lo puedo explicar como una anécdota, pero la verdad es que las dos propuestas que realicé en el CERN para formalizar mi dedicación al desarrollo de la Web acabaron *archivadas*.
Al buscar nombre para mi proyecto, buscaba palabras que sugirieran su nuevo tipo de estructura. "Malla de Información" era una de las candidatas, pero en ingles *(mesh)* tenía un parecido a la palabra "jaleo" o "desastre". Pensé también en "Mina de Información" (MOI), pero en francés significa "yo" y era demasiado egocéntrico, y la alternativa inglesa (The Information Mine, TIM) aún era más egocéntrica. Buscaba unas siglas características, por lo que decidí que empezaría todos los programas implicados en este sistema con las siglas HT de "HiperTexto". Finalmente apareció otro nombre, utilizado en matemáticas para indicar una colección de nodos con vínculos entre ellos: la red *(web)*. Decidí pues dar el nombre de **Red de Ámbito Mundial,** más conocida por sus siglas en inglés WWW o **World Wide Web.**

¿A qué personajes destacaría en la historia de Internet?

- A **Vint Cerf** y a **Bob Kahn,** por definir el IP (Internet Protocol).
- Y a **David D. Clark,** del MIT, que en los setenta hizo posible la web de los noventa.

¿Hacia dónde se encamina la web? Una tendencia de futuro

Personalmente he apostado por la web semántica; este concepto se fundamenta en la idea de disponer los datos en un formato que pueda ser comprendido de forma natural por las propias máquinas que tejen la Web. La idea es que estas sean capaces de comunicarse utilizando fórmulas lógicas y matemáticas. El reto es desarrollar un lenguaje que podría integrar el significado en la Web. W3C está trabajando en un lenguaje denominado Resource Description Framework (RDF), basado en eXtensible Mark-up Language (XML), y que incluye recursos que indican qué bits son datos y cómo encontrar el significado de esos datos.

También creo que **el mundo en vías de desarrollo tiene el potencial para establecer una forma completamente distinta de Internet que podría sustituir a la Red tal como la conocemos.** Pienso que debemos preguntarnos desde un punto de vista tecnológico si toda la tecnología Internet no ha sido una invención de Occidente para Occidente.

Los módems son piezas de equipamiento casi ridículas. Totalmente absurdas. Si fueras a un país sin infraestructura Internet, ¿construirías Internet de la misma forma? ¿Con el mismo sistema de dominios?...

Una alternativa posible es la idea de una Red autónoma que cree sus propias conexiones. En un país en desarrollo, el Gobierno es tan burocrático que posiblemente nunca

Sir Tim Berners-Lee, junto a los doctores Hernández, Veà y Sanromà el día 21 de abril de 2009, durante el acto de investidura como Doctor Honoris Causa por la Universidad Politécnica de Madrid. Foto: Joan Batet.

se obtendría un sistema de nombres de dominio. Quizá debería construirse una nueva tecnología inalámbrica… construirla sin tener en cuenta los PC de hace diez años, sino los dispositivos basados en chips, que son más económicos y pueden organizarse a sí mismos. En los primeros segundos, cuando empezaran a funcionar, estos dispositivos encontrarían su sede, su entorno y establecerían un plan de red regional. Decidirían quién va a ser el *router,* quién va a desempeñar el papel de enlace troncal en una línea troncal, etcétera.

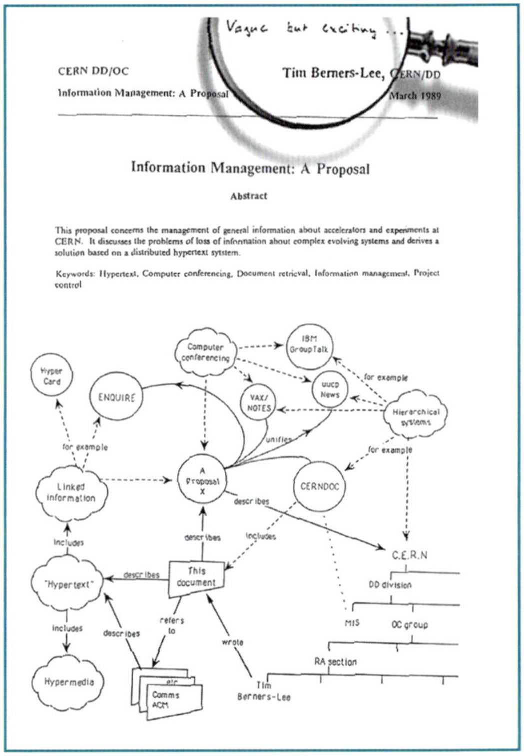

Vague but exciting…

CERN DD/OC — Tim Berners-Lee, CERN/DD

Information Management: A Proposal — March 1989

Information Management: A Proposal

Abstract

This proposal concerns the management of general information about accelerators and experiments at CERN. It discusses the problems of loss of information about complex evolving systems and derives a solution based on a distributed hypertext sytstem.

Keywords: Hypertext, Computer conferencing, Document retrieval, Information management, Project control

Reproducción de la propuesta realizada en marzo de 1989 por Tim Berners-Lee al CERN, con el famoso comentario que hizo su jefe Mike Sendall (1939-1999): "vague but exciting" (vago pero emocionante).

Paul V. Mockapetris

Creador del sistema DNS en 1983.
Jefe científico y director de Nominum.

«Los problemas en los que me gusta trabajar son los que combinan **DOS DISCIPLINAS** que mucha gente considera por separado.»

Cada vez que enviamos un correo electrónico o navegamos por una página web utilizamos su invento.

Entrevista realizada el 12 de diciembre de 2003 en Redwood City (California)

Escucha la entrevista

Nació en Boston, Massachusetts, el 18 de noviembre de 1948.

Diplomado en Física e Ingeniería Electrónica por el MIT, en 1971, doctorado en Ciencias de la Información e Informática por la University of California, Irvine, en 1982, el Dr. Mockapetris es el científico informático que inventó el sistema de nombres de dominio (DNS) y uno de los padres creadores de Internet. Tras dejar el ámbito de la universidad en 1995, ejerció como ingeniero jefe en @Home (pioneros de Internet a través de la TV por cable) y otras nuevas empresas. Actualmente trabaja en Nominum Inc. (*software* y servicios para DNS y DHCP). A principios de los ochenta, propuso la arquitectura que descentralizaba la denominación de Internet y realizó la implementación inicial de servidores para los dominios raíz y los dominios de primer nivel (TLD). Nunca le han interesado las luchas políticas sobre los DNS e intenta mantenerse al margen.

www.mit.edu *www.isi.edu* *www.nominum.com*

"Paul Mockapetris inventó el DNS[1] mientras trabajaba en la University of South Carolina en 1983. Tardó varios años en implantarse. Mucha gente todavía recuerda cuando tenía que editar el archivo *host* en cada ordenador. La mayoría de los ordenadores no tenían tablas de *host* completas. Solo había unas pocas tablas *host* completas en varios ordenadores diseminados por la red. Esto llevaba a que, cuando alguien enviaba un correo, significaba que tenía que seleccionar la ruta usando el estilo de rutas UUCP en la dirección de correo. El truco era llevar el mensaje a un ordenador que conociera el ordenador central o *host* al que estabas enviando el correo. Era un juego y nos gustaba ganar. El DNS acabó con la diversión, pero hizo que la red fuera mucho más útil". Extraído de *Computerworld* (octubre 2003).

1 DNS: Siglas para Domain Name System (Sistema de Nombres de Dominio). Es importante no inventarse nombres de dominios ni sinónimos de DNS. Como decía el entrevistado: "Creo que la noción de los nombres de dominio jerárquicos ya existía antes de que se inventara el DNS, pero podría equivocarme. Esto se adelanta a mi experiencia en Internet unos 3 o 4 años".

Paul V. Mockapetris

Paul V. Mockapetris

¿Recuerda su primer contacto con un ordenador?

Fui al instituto en Boston, y el MIT tenía algunas clases de verano gratuitas para los alumnos del instituto que eran impartidas por voluntarios, muchas veces por los mismos alumnos del MIT. Yo fui a dos, ambas impartidas por estudiantes del MIT que ahora son profesores. Toda una suerte. Una de ellas era sobre programación. Aprendí un poco de programación y ahí es donde tuve mi primer contacto con un ordenador, un IBM 1620.

El ordenador que usábamos pertenecía al Departamento de Aeronáutica y Astronáutica, aviones y cosas así. Un día, la secretaria me preguntó si quería una llave de la sala de informática y le contesté que sí. Ella me dijo: *"¿Eres alumno?"*, y yo le dije que sí. No caí hasta más adelante en que ella se refería a si "era un alumno del **MIT"** en vez de si "era **estudiante** en general". Así que tenía todo el acceso que quería al ordenador, sobre todo por la noche, ya que durante el día tenía mucho trabajo del MIT. Esto sería por el año 1965 ó 1966.

«En ISI es donde desarrollé los DNS y varias otras cosas relacionadas con Internet y por las que la gente me conoce.»

Cuando terminé el instituto, fui al MIT y continué usando el mismo ordenador, esta vez sí como alumno del MIT. La gente de Aero ya estaba acostumbrada a verme por allí e incluso me dieron una identificación del MIT. Recuerdo un incidente divertido que ocurrió mientras yo usaba su ordenador para hacer una simulación de un reactor nuclear, porque pensaba que crear el modelo matemático era demasiado difícil. Empecé a hablar de ello con un par de alumnos de aeronáutica y un profesor que lo encontraban interesante, pero me dijeron que era imposible "hacer volar" un reactor tan grande. También me pidieron que les ayudara con las simulaciones de aviones, quedaron totalmente sorprendidos de que no supiera nada sobre la circulación del aire ni de las ecuaciones que lo regulan.

¿Cuál fue su primer contacto/experiencia con Internet o ARPAnet?

Cuando terminé el MIT, y trabajé un poco, fui a la UCI (Universidad de California en Irvine) para hacer el Doctorado. Dave Farber estaba en aquel entonces allí como profesor. Así es cómo obtuve acceso a ARPAnet, usando un terminal de línea conmutada para conectarme a un TIP. También construimos tanto el *hardware* como el *software* de una red de área local, y la conexión de ARPAnet nos ayudaba a ver lo que estaban haciendo los demás.

Paul Mockapetris en su despacho de dirección de Nominum, en Redwood City, California el 12 de diciembre de 2003.

Después de un tiempo, uno de los grandes centros de investigación de ARPA, llamado Information Sciences Institute (ISI), en Los Ángeles, disponía de dinero para contratar estudiantes y me contrataron a mí, incluso a pesar de que el ISI formaba parte de la University of South California, y yo pertenecía a una universidad diferente. Pasaron por alto esa diferencia, pero creo que ahora han cerrado esa laguna legal, así que no encontrarás a nadie que le haya pasado lo mismo que a mí. Ahora tienes que ser alumno de la USC para trabajar en el ISI.

De todas formas, así es cómo me metí en el mundo de Internet, porque por aquel entonces era tarde para ARPAnet, y ya se estaba construyendo la nueva generación, lo que conoceríamos por Internet. En ISI es donde desarrollé los DNS y varias otras cosas relacionadas con Internet y por las que la gente me conoce.

Creo que empecé a trabajar con la gente del ISI en 1978, pero no fui un empleado formal hasta 1982, cuando terminé la carrera e hice el Doctorado.

«La característica más importante de Internet es que los usuarios y diseñadores pueden combinar libremente los protocolos y características de diferentes maneras.»

En su opinión, ¿cuáles son las características clave de Internet?

La característica más importante de Internet es que los usuarios y diseñadores pueden combinar libremente los protocolos y características de diferentes maneras.

Está muy bien que, por ejemplo, el TCP se pueda usar para distribuir datos de enrutamiento, para la Web, para el correo electrónico o para TELnet. Está muy bien que el DNS se pueda usar como base de datos distribuida para nuevas aplicaciones.

Proveer características que den apoyo a las demandas inmediatas, y que además se puedan combinar de manera diferente en un futuro, es fundamental. Cada una de las piezas que implementamos debería satisfacer una necesidad (para ver si funciona), pero además llevar las futuras posibilidades (posiblemente desconocidas) un paso más allá.

No siempre hemos sido capaces de construir las cosas de esta manera, a veces construimos algo que está diseñado para un único propósito y que no se puede usar para otros, y creo que ello demuestra poca visión de futuro. Por ejemplo, las organizaciones de estandarización están muy presionadas por ofrecer resultados y, a veces, intentan de un modo artificial limitar el enfoque de lo que están haciendo y hacer que las cosas vayan más rápido. Creo que es un error restringir el enfoque a lo que exactamente se necesita hacer hoy sin pensar en cómo ofrecer una posibilidad de que se pueda utilizar también de otras formas. A menudo, centrarse solamente en el problema específico de hoy reduce la visión de futuro y conlleva malos diseños que únicamente complican las cosas en el futuro. Las organizaciones de estaándares, además, aconsejan no utilizar una funcionalidad novedosa, sino esperar a un nuevo protocolo que estará disponible "muy pronto". Soy mucho más partidario de dar a cada uno un conjunto de herramientas y dejarles que intenten cosas. Más adelante se evaluarán los resultados.

Lo que quiero decir es que está muy bien que Internet se pueda usar para implementar una VPN, pero sería un error forzar a todo el mundo a usarla.

Otra característica clave es el hecho de que, al menos potencialmente, no hay restricciones en la conectividad a Internet.

¿Cuáles son los hitos más importantes, en su opinión, en el desarrollo de la red?

Creo que hay dos formas de verlo, una es la tecnología y la otra es más social.

- Por supuesto, la adopción de la tecnología de Internet en 1983 fue uno de los hitos clave.
- Respecto a mi trabajo, la creación del protocolo DNS en 1983 fue también un hito. 1986 fue el año en el que vimos los primeros ordenadores centrales o *hosts* que, en realidad, dependían de un DNS. Ya no disponían de una tabla de *host*. Esto llevó a pensar que gran parte de la información de configuración podría almacenarse en el directorio de la red y así ya no sería una característica opcional. Era parte del día a día.
- Otro hito interesante fue el uso de registros MX para enrutar el correo. Era la primera aplicación donde se utilizaba una base de datos distribuida para algo que no fuera solamente almacenar un mapeo de

direcciones. Era la primera contribución al DNS por parte de otra persona que no fuera yo. Era algo muy diferente. Con el paso del tiempo, hemos visto más de cuarenta tipos diferentes de datos añadidos al DNS.

- Me acuerdo de que a principios de los noventa, cuando la gente utilizaba el DHCP[1] y algunos otros tipos de configuración automática. De repente, la red se había convertido en mucho más dinámica, en vez de contener una configuración estática.
- Y después, cómo no, en 1995 la Web fue la aplicación revolucionaria que todo el mundo buscaba a principios de los noventa.

Estos son los hitos más importantes en cuanto al aspecto tecnológico.

En el aspecto social, el perfil de población que usa la red está cambiando permanentemente. En un principio, hacia los años sesenta, era para investigadores de la red. Los setenta fue la década de la investigación y la educación. La comunidad universitaria (no necesariamente los investigadores de la red o los científicos de la informática) empezaban a usarla. A continuación, llegaron los usuarios comerciales, las empresas. Y finalmente, el resto de la población mundial.

Ahora se está empezando a ver un gran crecimiento en otras dos poblaciones: las de caracteres no latinos (chino, japonés, coreano, etc.) y también un "Internet de las cosas", es decir, PDAs, instrumentos, es decir, máquinas con las que la gente no interactuará directamente, pero que facilitan información.

Estos hitos sociales, el cambio en la población y los cambios en el uso, son igual de importantes que los tecnológicos, porque creo que unos conducen a los otros.

1 DHCP: siglas para Dynamic Host Configuration Protocol (Protocolo de Configuración Dinámica de Nodos). Es un protocolo de Internet para automatizar la configuración de ordenadores que utilizan TCP/IP. El DHCP se utiliza para asignar de forma automática direcciones IP, para entregar a la pila del TCP/IP parámetros de configuración, como la máscara de subred y el enrutado por defecto, y ofrecer otra información de configuración, como las direcciones para las impresoras, la hora y los servidores de noticias.

¿Cómo ha contribuido usted al desarrollo de Internet?

Debo retroceder en el tiempo un poco. Cuando estaba en el MIT, trabajaba con Nicholas Negroponte y los profesionales del grupo Architecture Machine, ahora denominado Media-Labs. Como éramos un grupo pequeño, con pocos recursos económicos en aquel entonces, utilizábamos muchos miniordenadores que la gente regalaba en vez de las grandes máquinas y los sistemas de tiempo compartido que había por entonces. Así que, desde el principio, he estado interesado en trabajar en la organización de múltiples máquinas, lo que se llamaría en general proceso distribuido.

Cuando estaba en UC, Irvine trabajaba con Dave Farber en el Sistema de Informática Distribuida o DCS. Esto me proporcionó un conjunto de ideas clave para las redes de área local, en particular el *hardware* de la red Token Ring (anillo con paso de testigo) y los sistemas operativos. También se necesitaba un sistema de distribución de nombres.

Una de las otras cosas que hice en el ISI fue trabajar con gente en otros aspectos que no fueran el DNS. Mientras se cambiaba del protocolo NCP a Internet, había una oportunidad de repensar todos los protocolos que existían. En el caso del correo, ARPAnet combinaba el correo y el FTP dentro del protocolo FTP. Para Internet, se definía un protocolo de *mail* separado llamado, en un principio, Protocolo de Transferencia de Correo (MTP), que se simplificó a SMTP. Recuerdo largas horas intentando conseguir el primer servidor de correo escrito para probar los nuevos protocolos de correo. Y más "divertido" todavía era cuando los viejos protocolos de ARPAnet (NCP) se dejaron de utilizar y de repente lo que yo había hecho se puso en "producción" y dejó de ser "investigación" sobre protocolos.

De todas formas, creo que tuve el primer servidor SMTP en Internet.

Después de trabajar en el ISI en el ambiente universitario hasta 1995, con tres años en ARPA, trabajé en otras empresas de reciente creación, una de las cuales fue @Home, la primera empresa que lanzó Internet por cable a gran escala (algunos dicen que los vendedores de @Home inventaron el término *banda ancha*).

Aunque la empresa declaró el cese de negocio, Internet por cable nunca fue mejor. En Estados Unidos, el cable captó a más población de banda ancha que el DSL. En otras partes del mundo, el DSL es más importante que el cable. Hasta cierto punto, realmente no tiene importancia. Lo que importa es tener banda ancha, porque creo que va a crear una de las próximas generaciones de usos de la tecnología. La gente con la que me relaciono, por ejemplo, no piensa necesariamente que está mal intercambiar archivos MP3, pero algunos otros usuarios sí. Por eso creo que la banda ancha, el DNS, los protocolos de correo y la red de área local son los puntos más importantes.

«No es que yo pensara que el .com era la idea correcta. Yo creía que debíamos probar tanto los códigos de países como el genérico y ver lo que funcionaba, era lo correcto.»

¿Quiénes han sido las personas clave, líderes o impulsores en el desarrollo de Internet?

- Bueno, por ejemplo, está **Bob Kahn,** que se conoce por ser el coinventor del TCP. Pero, en realidad, mucho del trabajo que ha realizado y que la gente no conoce ha sido igual de importante. Por ejemplo, contribuyó a lo que llamamos en EEUU el Programa Gigabit para crear las actuales redes de alta velocidad. Es curioso, pero en los setenta yo estaba trabajando en una tecnología de redes de alta velocidad, de un megabit. Después, a principios de los noventa, un gigabit era tecnología de alta velocidad y en la actualidad se necesitan múltiples gigabits para ser considerada alta velocidad. Bob también trabajó en la gestión de la propiedad intelectual y en cómo actuar en asuntos relacionados con ella. Ha sido una influencia constante a lo largo de los años, por lo que él es uno de mis contribuyentes favoritos a la tecnología.
- También están los típicos famosos, como **Vint Cerf.**
- **Doug Comer** también hizo mucho al escribir un libro sobre tecnología de Internet y hacerlo más accesible a la gente. Realizó muchos trabajos con CSnet y otros. Al principio, sobre todo, lo más importante era mostrar cómo crear tecnología que se pudiera difundir. Hoy en día la gente habla acerca de a quién le pertenece y de cómo regularla. Durante un tiempo, lo importante era inventarla y hacerla accesible.
- **Van Jacobson,** que hizo una gran variedad de contribuciones técnicas.
- **Carver Mead** impartió una clase en Caltech a la que conseguí asistir gracias a la influencia de Dave Farber. Por aquel entonces, diseñar chips era increíblemente difícil. Se necesitaba un ordenador de tratamiento por lotes para hacer simulación de circuitos, lápices de colores para dibujar trazados, etc. Carver es conocido por todo su trabajo de circuitos integrados y su genialidad en general, pero además fue clave en llevar a cabo el proyecto MOSIS junto a **Danny Cohen**, que permitía construir chips de forma colaborativa para ser utilizados en la red.
- **Dave Clark,** en el MIT, también hizo un conjunto de interesantes contribuciones técnicas y de gestión.
- **Jon Postel.** Las contribuciones de Jon fueron, desde mi punto de vista, más de gestión, organización y colaboración que de aspectos técnicos en particular. Conseguir que la gente utilice las tecnologías y que trabaje con ellas, a menudo, es tan importante como tener una idea brillante.
- Y, por último pero no menos importante, **Marshall Rose**[2]. Creo que ha tenido los éxitos y los errores más espectaculares que cualquiera que se me pudiera ocurrir. Además contaba con un gran sentido del humor, ironía y sarcasmo.

De todas formas, hay una gran variedad de personajes.

2 En realidad le conozco de la UC o del ISI. Marshall era estudiante cuando yo ya había terminado de estudiar y trabajamos juntos un poco clandestinamente para tener la UCI conectada a Internet, porque los de la UC, tenían a gente estudiando lo que entonces se llamaba Impactos Sociales de la Informática y querían hacer un experimento controlado para ver cómo se conectaba la universidad a Internet y ver lo que ocurría. No se quería presentar sin antes hacer una especie de estudio ecológico para ver si era o no una buena idea. Así que tuvimos que trabajar una noche.

Paul V. Mockapetris

El 12 de diciembre de 2003, Mockapetris con el autor en Redwood City (California), durante la entrevista.

Cuéntenos un par de anécdotas

▶ Tengo tres hijos, uno tiene seis años y los otros dos son gemelos y tienen cuatro. Mi hijo de seis años, cuando empezó a leer, veía los autobuses pasar con alguna publicidad de una URL y me decía: *"Punto com. Mi papá inventó el punto com"*

«Mi hijo de seis años, cuando empezó a leer, veía los autobuses pasar con alguna publicidad de una URL y me decía: "Punto com. Mi papá inventó el punto com".»

En realidad no inventé el ".com" en sí mismo. Yo creé la tecnología DNS y dejé la elección de los nombres de dominio y todo el tema administrativo a gente como Jon, así que no es del todo verdad que yo haya inventando el ".com". Creo que es algo divertido y ahora mis hijos de cuatro años están empezando a hacerlo también.

▶ Una de las cosas que me parecen más divertidas (de nuevo es otra historia ".com") es que yo diseñé la tecnología para permitir los nombres de dominio, pero no definí qué nombres de dominio debían usarse. Por ejemplo, la gente en el Reino Unido prefiere ".ac" (siglas en inglés de comunidad académica) en vez de ".edu". Yo no he elegido nunca porque no me quiero ver involucrado en política. Cuando llegó la hora de definirlos, hubo todo tipo de ideas erróneas acerca de cómo seleccionar los nombres de dominio. Por ejemplo, hubo alguien famoso que dijo: "*En todos los nombres de dominio, la parte más importante debería ser aquella que contenga un código de país*", en vez de tener ".com". Yo siempre he defendido que experimentar cuando te lo puedes permitir es una muy buena idea. Así que me dije: "Bueno, vamos a intentar las dos cosas y a ver si funciona". Por eso, la única razón por la que existe el ".com" hoy en día es porque la gente se cansó de discutir conmigo porque yo siempre decía: *"Vale, lo intentamos. Pero nadie lo va a usar"*. ¡Si hubieran sabido lo que iba a pasar, nunca lo hubieran admitido!

No es que yo pensara que el ".com" era la idea correcta. Yo creía que debíamos probar tanto los códigos de países como el genérico y ver lo que funcionaba; era lo correcto. Tiendo a pensar que este tipo de experimentos son una buena idea y ojalá hubiéramos hecho más.

Alguien propuso también que se debería tener el propio nombre de red en vez de un código de país como parte más significativa del nombre de dominio. Porque se tenía que saber si eras parte de ARPAnet o no para poder hablar con la red NSF o el MCI, pero decidimos que no era una buena solución. Así que creo que hubo algunos desastres que supimos evitar.

¿Qué opina acerca del futuro de Internet?

La evolución de Internet, cuando hablábamos de hitos, fue tomando forma con el cambio de la población usuaria, que fue desde los investigadores de red, los investigadores de la universidad, la industria hasta la población general. Así que creo que en el futuro seguirán tomando forma estos cambios demográficos y su uso universal, sobre todo por la gente que no utiliza alfabetos de estilo europeo.

Otra cosa es que las máquinas en las que no se pueda escribir o incluso supervisar van a poder conectarse y mantener conversaciones. Ahora pensamos que tener una dirección de Internet en el coche o en la nevera es una tontería, pero creo que, probablemente dentro de diez años, se verán muchas de ellas. No veo la razón por la que, por ejemplo, si llevo mi coche al taller y hay una clavija a la que los mecánicos conectan el coche y pueden saber qué le pasa, en cambio yo no puedo. ¿Por qué no me dice el coche directamente lo que le pasa en vez de decírselo a la gente que me quiere cobrar un montón de dinero?

En el pasado, cuantos más transistores añadieras a un chip mejor, llegándose a tener un ordenador entero en un solo chip. Por lo que empezó a haber ordenadores en los microondas, hornos y en muchos aparatos más. Lo siguiente que sucede es que adquieres la habilidad de comunicarte a través de una interfaz de red y creo que la tecnología inalámbrica nos facilita una importante manera de conectar cualquier cosa a una red. Así que espero que el coche que me compre dentro de cinco años pueda darme un informe sobre lo que cree que hay que reparar. Si hay que cambiar los frenos o lo que sea, pero ya no necesitará el enchufe nunca más ya que todo estará conectado y será inalámbrico. Por eso creo que una "Internet de las cosas" es la siguiente gran evolución.

El verdadero reto al que nos enfrentamos es tratar de integrar los sistemas de control de todos estos aparatos en red que hablarán entre ellos. Porque, para conseguir que el Internet del futuro funcione, tenemos que lograr que sea menos complejo para así disponer de toda una gama completa de objetos que se hablen.

Ahora mismo, la complejidad es lo que nos limita. Tendemos a añadir ordenadores y redes hasta el punto de que se convierte en un dolor de cabeza dar el siguiente paso. Yo no sé los demás, pero muchas veces no he probado un nuevo *software* o nuevas prestaciones por la sencilla razón de que eran demasiado complicados de aprender. Por eso opino que, si se reduce esta complejidad, será la manera de mantener viva la expansión de Internet.

«No veo la razón por la que, por ejemplo, si llevo mi coche al taller y hay una clavija a la que los mecánicos conectan el coche y pueden saber qué le pasa, en cambio yo no puedo. ¿Por qué no me dice el coche directamente lo que le pasa en vez de decírselo a la gente que me quiere cobrar un montón de dinero?»

¿Ha identificado alguna tendencia tecnológica?

Creo que las tecnologías de transmisión fueron la fase preliminar en los noventa. Así que mostrar cómo consumir de manera útil los ciclos del ordenador y las comunicaciones de ancho de banda, que ahora sabemos cómo producir, va a ser el gran reto. De nuevo nos enfrentamos a la cuestión de reducir la crisis de la complejidad.

¿CÓMO FUNCIONA EL DNS?

Extraído y adaptado por el autor de <www.livinginternet.com/i/iw_dns_dns.htm>

Resumen: los servidores DNS dividen el trabajo del mapeo de nombres de dominio en direcciones IP entre una gran cantidad de servidores individuales, de manera que el volumen de trabajo se distribuye y la cantidad de nombres de dominio puede seguir creciendo.

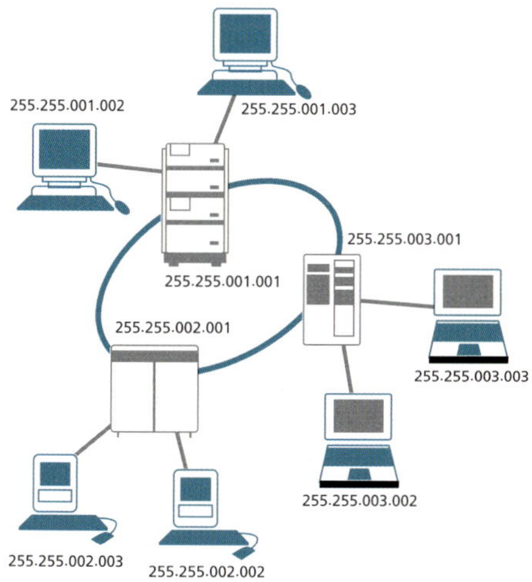

Antes de 1984, cada ordenador tenía que buscar otro nombre de *host* en un archivo central llamado HOSTS.TXT guardado en el Centro de Información de Red del Instituto de Investigación de Stanford para encontrar su dirección IP. Pero, en 1983, este archivo era demasiado grande para su gestión, la tasa de cambio crecía exponencialmente, cada ordenador *host* de la red copiaba el archivo completo todas las noches y había muchos errores en los datos.

La introducción de los nombres de dominio dividió los nombres de *host* en una jerarquía organizada que era mucho más fácil de manejar en partes más pequeñas. La arquitectura de DNS se introdujo a la vez para trazar un plano de los nuevos nombres de dominio de las direcciones IP. El mayor cambio fue la distribución de la responsabilidad entre una gran cantidad de ordenadores, por ejemplo, la gestión del dominio <twenty.net> se delega al servidor DNS de <twenty.net>. Esta mejora crítica permitió a Internet seguir creciendo hasta el punto de que, como la cantidad de *hosts* aumenta, el número de servidores DNS puede también aumentar y seguir su ritmo. Algunas de las discusiones técnicas relacionadas con el desarrollo de los DNS se obtuvieron de la lista de *namedroppers.*

Cada persona que registra un dominio de segundo nivel debe designar dos nombres de servidores DNS para gestionar el dominio, y sobre todo, devolver la dirección IP actual para cualquier consulta sobre las URL de nivel inferior en ese dominio. Siempre se consulta primero al servidor primario, y se requiere el secundario cuando el primario no contesta, ofreciendo así seguridad y apoyo a la fiabilidad de Internet.

Cuando añadimos nuestro ordenador a Internet, una de las tareas de configuración es especificar un nombre de servidor DNS por defecto, normalmente ejecutada por el proveedor local del servicio de Internet. Cuando nuestro ordenador intenta acceder a un nombre de dominio como <www.stanford.edu>, el sistema DNS trabaja así:

- Nuestro ordenador pregunta al servidor DNS por defecto si conoce la dirección IP de <www.stanford.edu>. Si esta pregunta ya se la habían hecho recientemente, el servidor DNS tendrá la respuesta almacenada en su memoria local y podrá responder inmediatamente.
- Por otro lado, nuestro servidor DNS pregunta a los archivos de la zona central la dirección del servidor primario de <stanford.edu> y recibe la respuesta "ns1.stanford.edu".
- Nuestro servidor DNS le preguntará a ns1.stanford.edu la dirección IP de <www.stanford.edu>, que buscará la respuesta y la volverá a enviar.
- El servidor DNS guardará en su memoria local la dirección IP devuelta y después enviará la dirección a nuestro ordenador.
- El ordenador contacta con <www.stanford.edu> mediante los protocolos de ruta estándar de Internet usando la dirección IP devuelta.

La dirección IP designada a un ordenador debería cambiar frecuentemente debido a los movimientos físicos o a las reconfiguraciones de red. La mayor ventaja del sistema DNS es que los nombres de dominio permanecen aunque la dirección IP cambie, y los servidores de nombres realizan el mapeo de manera transparente.

¿Fue usted quien decidió la estructura de las direcciones en los nombres de dominio?[3] *¿Por qué se establece la jerarquía descendente en vez de la ascendente?*

¿Quiere decir que por qué está el ".com" al final del nombre en vez de al principio?

Ah, la única razón para esto era que había una tradición en el mundo en la que se podía empezar a escribir un nombre y después pedir al ordenador que lo completara. Por lo tanto, si empezabas escribiendo *.com* el ordenador no podría completarlo, mientras que, si escribes, por ejemplo, "pivo" lo completaría (*pivo* es cerveza en checoslovaco; en checo o en eslovaco, no estoy seguro). Yo podría decir "conéctame a pivo", y el ordenador sabría que si digo "pivo" tiene que ir a <pivo.com>, mientras que si digo ".com" no tendría ni idea. Mucha gente cree que está mal, pero así es cómo está establecido.

Así que la idea completa giraba en torno a lo que escribes primero. Algo parecido es mi teoría de que escribimos de izquierda a derecha y no de derecha a izquierda, porque la mayoría de la gente es diestra y así ves lo que escribes. Los zurdos no están de acuerdo con este punto de vista, pero han perdido la votación. ¡Lo siento!

Paul Mockapetris en Tarragona en una visita privada al autor. Junio de 2009.

3 Le debo esta pregunta al profesor **John Gill,** Stanford University.

Elizabeth JAKE*

Feinler

Documentalista de SRI y NIC.

«El alfabeto y la imprenta nos proporcionaron un modo de grabar las comunicaciones y la información. Internet nos proporciona una manera de producir, almacenar, recuperar y suministrar información casi de forma instantánea en cualquier parte del mundo.»

** A Elizabeth Feinler la conocen por su alias o* nick *todas aquellas personas que poseían una cuenta de correo electrónico antes de finales de la década de los setenta. Elisabeth explica el origen de su alias: "Mi hermana me lo puso cuando yo tenía cuatro años, no tenía nada que ver con Elizabeth. Cuando nací, se llevaban los nombres compuestos. Mi verdadero nombre es Elizabeth Jocelyn Feinler y mi familia me iba a llamar Betty Jo para que pegara con el nombre de mi hermana, Mary Lou. La versión de mi hermana de Betty Jo (que solo tenía dos años en aquel momento) sonaba como Baby Jake. Siempre digo que menos mal que le quitaron el 'Baby'.*

Escucha la entrevista

Entrevistada el 14 de julio de 2004, en Sunnyvale (California)

Nació el 2 de marzo de 1931, en Wheeling (West Virginia).

Obtuvo el título de Licenciada en Ciencias Químicas con matrícula de honor en 1954 en el West Liberty State College de West Liberty, en Virginia Occidental.

Completó el Doctorado de Bioquímica entre 1954 y 1956 en la Purdue University.

Entre 1960 y 1972 trabajó en el SRI como directora del Literature Research Center (Centro de Investigación Documental) y especialista en documentación sobre química.

Entre 1972 y 1986 trabajó como documentalista del SRI investigando sobre servidores de información, como el servidor de consultas del NIC y el servidor WHOIS de "páginas blancas" (o listín telefónico), y publicaciones tales como el *ARPAnet/DDN Directory*, el *ARPAnet/DDN Resource Handbook* y el *DoD Protocol Handbook*.

Entre 1986 y 1989 trabajó en el SRI International (SRI) de Menlo Park, California, como directora del Network Information Systems Center (Centro de Sistemas de Información sobre Redes) e investigadora principal para la red ARPAnet y el contrato multimillonario DDN NIC (Defense Data Network Network Information Center o Centro de Información de los recursos de la Red de Datos de Defensa) del Departamento de Defensa (DoD). Su gestión incluía un grupo compuesto por 40 personas, así como las instalaciones de cálculo a gran escala que ofrecían los servicios del NIC, como por ejemplo, el Servicio de Asistencia

Elizabeth *JAKE* Feinler

Técnica de la DDN, numerosos servidores de información en línea, el servicio de dominios de Internet, los sistemas de seguimiento de auditoría y facturación de Internet y diversas publicaciones oficiales sobre redes.

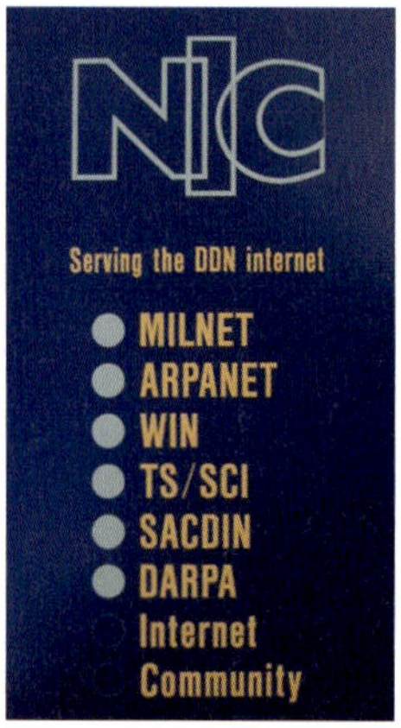

1985 Jake Feinler (derecha) dirigiendo el NIC: Network Information Center ubicado en SRI International (Menlo Park, California). Fotografía cortesía: Jake Feinler.

Entre 1991 y 1996 trabajó en la compañía Sterling Software, Inc de Moffett Field, California, como consultora de planificación de información sobre redes; desarrolló procedimientos y arquitecturas de información sobre redes para la NASA, ocupó el cargo de responsable de requisitos de redes para la red NSI (NASA Science Internet) y estableció los Centros de Información sobre Redes (NIC) del programa GLOBE y la NASA en el centro de investigación Ames.

A la red experimental de conmutación de paquetes, creada con la financiación de la agencia ARPA, se la conoció como ARPAnet. ARPAnet pasó a manos de la DCA (Defense Communications Agency o Agencia de Comunicaciones de Defensa, en español), que la puso en marcha a finales de los setenta, aunque ARPA aún la controlaba en términos administrativos. Entonces se creó una red militar operacional desclasificada denominada MILNET, también gestionada por la DCA. Se trataba básicamente de un clon de ARPAnet pero operacional y no experimental, es decir, las personas utilizaban la red para realizar su trabajo ordinario por lo que tenía que estar en marcha y funcionando de forma regular. Finalmente, cuando TCP/IP se adoptó como familia oficial de protocolos para redes militares de conmutación paquetes (el 1 de enero de 1983), todas ellas eran subredes de otra central que se conocía como la DDN (Defense Data Network o Red de Datos de Defensa). La DDN estaba compuesta por cinco subredes interconectadas separadas, ARPAnet y Milnet (las subredes desclasificadas), además de tres redes clasificadas (las redes SACDIN, Minet y TS/SCI). La DDN fue puesta en marcha por la DCA; no obstante, ARPA aún controlaba ARPAnet en sus aspectos administrativos, pero no operacionales.

«A Elizabeth Feinler la conocen por su alias o *nick* todas aquellas personas que poseían una cuenta de correo electrónico antes de finales de la década de los setenta.»

¿Recuerda su primer contacto con un ordenador?

Sí, estaba trabajando en una gran recopilación de estudios acerca de productos químicos retardadores del fuego y decidí que necesitaba algún tipo de ayuda informática. No encontré lo que quería (un sistema bibliográfico interactivo), por lo que formé un equipo con otros dos investigadores del SRI para crear un sistema ad hoc. Lo denominamos InFact y lo ejecutamos en un ordenador de tiempo compartido de GE. Esto sucedió alrededor de 1969 o 70.

¿Cuál fue su primer contacto/experiencia con Internet o ARPAnet?

Me incorporé al centro de investigación Augmentation Research Center del Dr. **Douglas Engelbart**, en el SRI, en 1972 para ayudar a preparar la primera demostración pública de ARPAnet en la conferencia ICCC/FJCC que se celebraría en Washington DC. Mi primera tarea consistió en elaborar el *ARPAnet Resource Handbook* (contacté con todas las ubicaciones de los nodos de la red, aproximadamente unos 35, y creé un librito para exponer de una mejor forma escrita lo que hacían, una especie de páginas amarillas de lo que había, algo muy descriptivo). Y también trabajé con el Dr. **Jacques Vallée** en un sistema de consulta sencillo para los asistentes a la conferencia. A muchas personas les daban miedo los ordenadores o sólo estaban familiarizadas con los trabajos por lotes *(batch systems)*. El sistema de consulta les permitía introducir un único símbolo en un terminal para obtener información.

En su opinión, ¿cuáles son las características clave de Internet?

Creo que Internet es la mayor herramienta de información y comunicación que el hombre ha concebido hasta ahora. El alfabeto y la imprenta nos proporcionaron un modo de grabar las comunicaciones y la información. Internet nos proporciona una manera de producir, almacenar, recuperar y suministrar información casi de forma instantánea en cualquier parte del mundo. Ha sido una gran plataforma que ha permitido poner los conocimientos del hombre a disposición de un mayor número de personas, lo que nunca había sucedido con anterioridad.

¿Cuáles son los hitos más importantes, en su opinión, en el desarrollo de la red?

- La manera en la que se decidió llevar a cabo el proyecto. Me estoy refiriendo a las tareas de investigación. Algo muy abierto, muy igualitario y repleto de ideas... Todo esto se basaba en gran parte en las propuestas y todo el mundo tenía derecho a proponer la suya. Fue muy útil a la hora de concebir un buen producto, a pesar de que a veces es difícil ver como alguien deja atrás tú idea con una idea mejor, hubo mucho debate sobre la manera correcta de hacer las cosas. Mi idea se basaba en que a la gente que acudiría al NIC no le gustaría gastar mucha energía en aprender demasiados procedimientos, por lo que presentamos la información al público de la manera más sencilla que pudimos,... Era necesario desarrollar una curva de aprendizaje para el NLS (un lenguaje de comandos demasiado sofisticado que había creado Doug Engelbart) y necesitábamos algo sencillo. La base de datos utilizaba el sistema NLS, pero el lenguaje para realizar consultas era extremadamente simple.

También me gustaría destacar como hitos importantes:

- Su apertura (la familia de protocolos abiertos) y la metodología utilizada en las investigaciones.
- La creación y la implementación de gráficos y bases de datos de gran volumen.
- La expansión del protocolo TCP/IP.
- El FTP.
- El correo electrónico.
- Los gráficos.
- La World Wide Web.
- La autoedición.
- El chat y los grupos de interés.
- Y, por último, el uso por parte de todo tipo de personas: mayores, niños, aficionados, compradores y vendedores, etcétera.

¿Cómo ha contribuido usted al desarrollo de Internet?

Puse en marcha el primer Centro de Información sobre Redes (NIC) de las redes ARPAnet y DDN. Servimos como

"centro" de información para la primera Internet, ofrecimos los primeros servidores de "páginas amarillas" y "listines telefónicos" electrónicos de Internet, publicamos los documentos que los usuarios y los desarrolladores necesitaban, distribuimos los *RFC*, coordinamos los grupos *Technical Liaison* y *Host Administrators*, ofrecimos una línea de teléfono disponible doce horas al día y un servicio de asistencia técnica en línea, administramos el servicio de dominios de la red y desarrollamos el actual sistema (".org", ".mil", ".edu", ".com", etc.), administramos el sistema de control de acceso del TAC, desarrollamos un primer programa de correo electrónico para los PC llamado PcSam y que es similar a los que se utilizan actualmente, y ayudamos a desarrollar sistemas de seguimiento de auditorías y de facturación para las redes ARPAnet/DDN. También trabajé como presidenta del Grupo 6.5 de Usuarios de Correo Electrónico de la IFIP y puse en marcha el Grupo de Usuarios del IETF del que se encargó **Joyce Reynolds** y posteriormente **April Marine**, antiguo miembro del NIC. Establecí el NIC de la red NASA Science Internet ubicado en la ciudad de Ames (cerca de Stanford, en California).

¿Quiénes han sido las personas clave, líderes o impulsores en el desarrollo de Internet?

En lugar de nombrar a personas concretas, me gustaría mencionar grupos de personas que creo que han sido clave en el desarrollo de Internet.

- El primero y el más importante, el grupo *Network Technical Liaison* de las redes ARPAnet/DDN. Ellos fueron los "verdaderos creyentes" que hicieron posible que todo esto funcionara. Y desde luego, los **responsables de ARPA** más conocidos, es decir, Joseph Licklider, Bob Taylor, Larry Roberts, Vint Cerf, Bob Kahn y Steve Crocker.
- El grupo Host Administrators, que fue el que concibió los primeros métodos de administración y gestión para Internet.
- Los NIC y los NOC[1] de las redes ARPAnet/DDN, CSnet y NSFnet, gracias a los cuales las máquinas se mantuvieron operativas y que proporcionaron información a la comunidad.
- Los redactores y los encargados de mantener el conjunto de notas técnicas de los *RFC*. Estas marcaban la pauta de cómo se llevarían a cabo las investigaciones, con buenas propuestas y un mínimo de burocracia. Se animaba a que cualquier persona que tuviera una buena idea la enviara y muchas personas así lo hicieron.
- Los desarrolladores y encargados de mantener el correo electrónico y los servicios relacionados.
- El CERN, que creó la *killer app* (aplicación) y los primeros estudiantes que desarrollaron la tecnología web.
- Los primeros investigadores principales de los proyectos ARPAnet, cuya visión hizo que todo comenzase.
- Los responsables militares de ARPA y DCA de las redes ARPAnet/DDN. Me acuerdo de que uno de ellos había coincidido con su predecesor menos de tres días y apenas había oído hablar de ARPAnet/DDN antes de ocupar el cargo de responsable.
- Algunas de las primeras organizaciones militares, como RADC, el Comando de Material del Ejército (ARMY Materiel Command), los Laboratorios de Investigación en Balística (Ballistic Research Labs), el DCEC entre otras, por haber hecho de "conejillos de indias" para probar la nueva tecnología de Internet.
- La NSF, por aplicar la tecnología en una red académica.
- El IAB/IETF y sus grupos de trabajo, y el método que usaron para lograr resultados técnicos.
- La NASA, por habernos traído el lejano universo a las salas de estar de nuestras casas gracias a Internet y por haber dado a conocer al público todo lo que han hecho en el espacio.
- A la persona que formase parte del Gobierno y tomase la decisión de convertir Internet en un negocio comercial disponible para todos.

1 NOC: Network Operation Center (Centro de Operaciones de las Redes). Lugar centralizado en el que se controlan los parámetros de las redes.

Algunas situaciones anecdóticas

▶ Durante los primeros días, el NIC elaboró el directorio de las redes ARPAnet/DDN, que era básicamente una agenda en la que figuraban los usuarios. Esto sucedió en los años setenta, la época de las revueltas estudiantiles y de la Guerra de Vietnam. Teníamos usuarios de todos los extremos del espectro en la red, desde usuarios de la CIA a estudiantes radicales. Me

negué a poner títulos en el directorio porque no quería que los usuarios supieran el rango ni las creencias de la gente con la que estaban hablando en la red. Además de haber sido una pesadilla administrativa para nuestro grupo, la inclusión de los rangos y los títulos podría haber generado malas vibraciones entre los usuarios. Así, los generales "hablaban" con los disidentes, los que querían llegar a ser "expertos" con los "premios Nobel", los soldados con los estudiantes y dentro de lo que cabe me enorgullecí de haber intentado conservar el ambiente igualitario de la red.

▶ **Jon Postel,** del ISI, se encargaba de coordinar la prueba de los protocolos TCP/IP. Los implementadores se presentaban periódicamente para informar sobre su progreso o sobre la falta de progreso y para debatir los problemas con los que se habían topado. Jon les llamaba *bake-offs* (cocineros concursantes) por los concursos de cocina al horno que se celebraban en Pillsbury, en los que otorgaban premios a las mejores recetas. Se estaba acercando la hora de la migración al TCP/IP y las implementaciones iban con retraso, así que Jon estaba presionando a todo el mundo para que terminaran su trabajo, no había excusa que valiese. Durante uno de estos *bake-offs* o competiciones internas para ver quién tenía la mejor "receta", muy cercana a la migración, Jon sondeó a todo el mundo y obtuvo respuestas, salvo de una persona. Jon le envió un par de mensajes escuetos en la fecha de entrega, pero no recibió respuesta alguna. Al día siguiente, el susodicho escribió diciendo que no había contestado porque se había producido un incendio en su cocina. No hace falta decir que este suceso le añadió un nuevo significado al término *bake-off* y que se enviaron y recibieron montones de correos electrónicos graciosísimos sobre lo ocurrido. Desgraciadamente, ya no me acuerdo de quién era el pobre implementador. Seguramente alguien del ISI recuerde su nombre.

▶ Mi alias ***Jake*** dio lugar a algunos incidentes divertidos. Una persona me llamó a la línea de atención telefónica y pensó que estaba hablando con un hombre. Yo respondí: *"Centro de información de la red, le habla Jake"*. Se quedó como abochornado y me preguntó: *"¿Jake y Elizabeth son la misma persona, o son una pareja?"*.

▶ Cuando trabajaba en la NASA, nos encargábamos de introducir los sistemas de redes en Rusia para coordinar el trabajo con los astronautas y los científicos que estaban allí. Internet era muy popular entre los estudiantes investigadores, igual que aquí. No obstante, no existía mucho ancho de banda que llegara hasta Rusia. Durante la caída de la Unión Soviética, los investigadores de la NASA nos enviaron un mensaje para que nos mantuviéramos alejados de la red lo máximo posible, porque gran parte de las insurrecciones se gestionaban a través del correo electrónico y de Internet. La KGB tuvo conocimiento de Internet, pero aparentemente se había olvidado de él o bien pensaba que no era importante. Por lo tanto, Internet fue determinante a la hora de desmantelar la Unión Soviética, mientras numerosos usuarios veían en línea aquí en Norteamérica cómo se desarrollaban los acontecimientos.

▶ Una vez, en los años setenta, un responsable de red recién llegado envió un mensaje a todos los nodos de la red solicitándoles que le enviaran listados impresos de todo el *software* del que disponían. Esto provocó un gran alboroto en la red, ya que lo que solicitaba requería una gran cantidad de tiempo y los resultados no servirían para nada. **Mike Padlipsky,** que era un veterano y estupendo escritor, redactó una carta muy "directa" en la que indicaba las remesas que necesitaría para elaborar una lista de todo el *software* del sistema operativo Multics del MIT y el volumen de papel, apuntaba al hecho de que se necesitaría un camión para transportar los listados, y preguntaba el lugar en el que les gustaría que lo entregasen y a quién debían cargarle los gastos incurridos. Creo que esto puso fin a la solicitud de los listados impresos del *software*. Fue una auténtica joya.

▶ Las reacciones al primer correo *spam* (o correo electrónico no deseado) enviado por un vendedor de la compañía DEC a toda la comunidad ARPAnet. Este correo provocó la reacción airada y contundente del responsable de la dirección de ARPAnet, en la agencia DCA: el comandante **Raymond Czahor** (véase el correo original al final de este capítulo).

¿Qué opina acerca del futuro de Internet?

Creo que Internet se encuentra en un punto en el que el uso ilegítimo, malicioso y espurio podría ensombrecer su valioso uso y provocar que se volviera detestable y básicamente inútil para el tráfico legítimo. Espero que esto no suceda, pero creo que existe la posibilidad. Me preocupa la pérdida de información debido al constante cambio a nuevos medios de almacenamiento, haciendo que los medios antiguos se queden obsoletos. En lo que he vivido (hasta ahora), hemos utilizado microfilms y microfichas, cintas magnéticas, discos de ordenador, disquetes, discos duros, discos Zip, cintas VCR, CD, DVD, MP3, etc. Cada vez que se produce un cambio, la información se pierde o se vuelve obsoleta porque la tecnología para acceder a ella desaparece en su mayor parte.

¿Ha identificado alguna tendencia tecnológica?

No me he mantenido al día sobre las innovaciones en esta tecnología porque me ocuparía todo el día. Yo diría que me he quedado un poco anticuada. Creo que la repercusión de algunas de las ramificaciones sociológicas será mayor que la de las tecnológicas y se tendrán que concebir medios para abordar los problemas.

Por ejemplo, en la era de la publicación instantánea y de la radiodifusión, es muy fácil difundir la "gran mentira" o cambiar sutilmente el matiz de una publicación dada, o plagiar. Creo que se producirán cambios importantes en la manera de gestionar y regular todo esto, que podrán gustarnos o no, pero que serán significativos. Cosas como el *spam,* los correos obscenos y los nuevos impuestos para ventas online, son problemas muy grandes que suscitan opiniones varias y fuertes reacciones.

¿Quién creó y decidió los nombres de DNS, como ".org"?

ARPA eligió .arpa como un "cajón de sastre" experimental para poner a prueba el nuevo sistema DNS diseñado por Paul Mockapetris en la USC-ISI. El NIC tuvo muchas quejas de los usuarios que no estaban asociados con ARPA ni con los militares de por qué se les había añadido .arpa en sus direcciones. La DCA quería que todos los nombres fueran cambiados a .mil ya que eran redes del departamento de defensa en aquella época. Eso habría dado lugar a más usuarios enfadados. En consecuencia, se me ocurrió la idea de una estructura de nombre genérico para reflejar las comunidades que por allí existían en ese momento. El NIC era la autoridad de nombres de ARPAnet / DDN. Ni ARPA ni DCA eran organismos formales de normalización, aunque ARPA establecía normas para ARPAnet/DDN. Me preocupaba que esta función pudiese finalmente ser entregada a los organismos de normalización formales, como NBS, Educom, ANSI, y similares. Al final resultó que no fue así, pero era una posibilidad en ese momento. Por lo tanto, pensamos que el esquema de nombres debía ser genérico para reflejar a las comunidades de usuarios.

Los solicitantes eligieron la extensión del nombre que querían. Las organizaciones educativas no querían estar relacionadas con organizaciones militares y la comunidad educativa deseaba estructurar su espacio de nombres de manera diferente a la de los militares, y así sucesivamente. Punto .com fue algo así como una idea del último momento ya que había muy pocas organizaciones comerciales en la red, que no fueran contratistas del gobierno. Se me ocurrió .bus (de "business" en inglés) para denominar a los "negocios", pero **Kenneth Harrenstien** lo cambio a .com cuando implementó la primera versión del servidor de nombres DNS. Estos fueron los primeros dominios de primer nivel:

- ".mil" para la DCA.
- ".org" para fundaciones y organizaciones no lucrativas.
- ".gov" todo, menos los militares.
- ".edu" para la NSF y Universidades.
- ".us" para lo que no incluyeran las anteriores.

En la NASA mi trabajo fue crucial en la migración del Centro de información de la NASA (NASA-NIC) de DECnet a Internet, llamado NASA Science Internet (NSInet). También puse en marcha a un grupo de trabajo para discutir y formalizar la gestión de un sitio web del gobierno. Los sitios web se estaban popularizando y hasta el momento la cosas se estaban agregando a una especie de "quiérase o no" que no siempre reflejaba correctamente los intereses y puntos de vista de la NASA. El grupo de trabajo concretó finalmente todas las directrices sobre cómo gestionar el desarrollo y el contenido de todos sus sitios web.

Jake Feinler trabajando en el NIC ubicado en el SRI *(Menlo Park, California).* utilizando un ratón ya en los años setenta. Cortesía de *Jake* Feinler.

Primeros correos electrónicos relacionados con su papel como moderadora de la comunidad ARPAnet
Enviados por Jake Feinler el 7 de mayo de 1978

Las reacciones al primer correo *spam* (o correo electrónico no deseado) enviado por un vendedor de la compañía DEC a toda la comunidad ARPAnet. Este correo provocó la reacción del responsable de la dirección de ARPAnet.

EL 2 DE MAYO DE 1978, LA EMPRESA DIGITAL EQUIPMENT CORPORATION (DEC) ENVIÓ UN MENSAJE A ARPANET EN EL QUE SE PUBLICITABAN SUS NUEVOS SISTEMAS INFORMÁTICOS. ESTO CONSTITUYE UNA FLAGRANTE VIOLACIÓN DEL USO DE ARPANET, YA QUE LA RED DEBE UTILIZARSE ÚNICAMENTE PARA ASUNTOS OFICIALES DEL GOBIERNO DE LOS ESTADOS UNIDOS. SE ESTÁN TOMANDO LAS MEDIDAS ADECUADAS PARA EVITAR QUE ESTO VUELVA A OCURRIR. EN EL CUMPLIMIENTO DE ESTA POLÍTICA, LA DCA DEPENDE DE LOS PATROCINADORES DE ARPANET Y DE LOS ENLACES HOST Y TIP. ES OBLIGATORIO QUE INFORME DEL CONTENIDO DE ESTA POLÍTICA A LOS USUARIOS Y CONTRATISTAS A LOS QUE HAYA FACILITADO ACCESO A ARPANET. GRACIAS POR SU COLABORACIÓN.
COMANDANTE **RAYMOND CZAHOR**
DIRECTOR DE LA DIVISIÓN DE GESTIÓN DE ARPANET, DCA

10-MAY-78 23:20:30-PDT, 2192; 000000000001
Mail-from: SRI-KL rcvd at 7-MAY-78 1527-PDT
Date: **7 May de 1978** 1527-PDT
From: Feinler at SRI-KL (Jake Feinler)
Subject: MSGGROUP# 695 Personal comments on DEC message for MsgGroup
To: Stef at ISI
cc: feinler
Redistributed-To: [ISI]<MsgGroup>Mailing.List;154:
Redistributed-By: STEFFERUD (connected to MSGGROUP)
Redistributed-Date: 7 MAY 1978

No pensaba realizar ningún comentario (y añadirlo a las discusiones) sobre el problema del mensaje de DEC que se ha enviado, pero, tras mantener diversas conversaciones con algunas personas sobre este problema, creo que añadiré lo que espero que sea una perspectiva útil de cara al problema. Nota: estos comentarios son de carácter personal. No representan ningún mensaje oficial de la DCA ni del NIC.

Existen dos tipos de mensajes que se han desaprobado en la red: mensajes publicitarios de productos particulares y anuncios destinados a / enviados por demandantes de empleo. Me gustaría señalar que existen buenas razones (otras aparte de la utilización de recursos valiosos y del hecho de que algunos destinatarios se oponen) para no permitir estos tipos de mensajes a numerosas compañías dentro y fuera de los Estados Unidos a las que les gustaría poder acceder a ARPAnet. Naturalmente, no todas pueden acceder a esta red. Por lo tanto, si las compañías que sí tienen acceso pudiesen publicitar sus productos en un mercado muy selecto y el resto no, nos encontraríamos entonces ante una desventaja realmente injusta. Del mismo modo, si pudiesen seleccionarse los demandantes de empleo de entre un grupo en el que se encuentran algunos de los más cualificados, o si los demandantes pudiesen anunciarse en un grupo muy selecto de posibles contratantes, se trataría pues de otra ventaja injusta respecto a otros posibles empleados o empleadores que no se encuentran en la red.

He escuchado algunos rumores acerca del "control" y la "censura" de la red por parte de los que mandan, pero creo que en estas dos áreas en concreto están haciendo un esfuerzo especial para ser igualmente justos con todas las partes. Además, en el mensaje oficial que se envió se nos pedía (con "nos" me refiero a los usuarios de la red) que abordáramos el problema nosotros mismos. Personalmente, creo que es razonable y que deberíamos prestar nuestro apoyo o, de lo contrario, tendremos que cargar con los controles que serán una molestia para todo el mundo.

Atentamente, Jake

NOTA CURIOSA: Obsérvese que el mensaje tardó tres días en distribuirse (llega el día 10 de mayo cuando se envió el día 7).

Douglas Engelbart

Exdirector del Augmentation Research Center del Stanford Research Institute, SRI (uno de los cuatro primeros nodos de ARPAnet en donde iniciaron el Network Information Center [NIC, Centro de Información sobre Redes]).
Inventor del ratón para el ordenador.

«Internet nunca se habría puesto en marcha si hubiera sido un **NEGOCIO,** se lo puedo asegurar…»

Entrevistado el 12 de diciembre de 2003, en Atherton (California)

Escucha la entrevista

Douglas Engelbart

Nació en Portland (Oregón) el 30 de enero de 1925.

Estudió en tres universidades[1] diferentes. Se licenció en Ingeniería Eléctrica en la Oregon State University (1948), donde fue condecorado como Estudiante de Honor en el último año. Permaneció en esta universidad durante dos periodos de dos años y entre medias estuvo en la Marina durante más de dos años (Segunda Guerra Mundial). Posteriormente, trabajó durante tres años (1948-1951) en el Laboratorio de Investigación de la NASA en Mountain View. En 1952 regresó de nuevo al mundo académico y en 1955 obtuvo el título de doctor en Ingeniería Eléctrica con la especialización en ordenadores en la University of California en Berkeley, donde trabajó como profesor agregado hasta 1957, año en que se incorporó a un centro de investigación privado: el Stanford Research Institute (actualmente llamado SRI International). Durante una larga carrera profesional en el SRI, trabajó entre 1959 y 1977 como director del Augmentation Research Center, su propio laboratorio de investigación compuesto por más de 47 profesionales pioneros del entorno de trabajo interactivo moderno. Desarrolló el oN-Line System (NLS, Sistema en línea) que integraba muchas de las primicias de la tecnología de ordenadores, entre las que se encontraban el ratón, la edición en pantalla, las ventanas, la edición de repositorios de archivos, el procesamiento de esquemas e ideas, el hipermedia y el *groupware* (que incluía teleconferencias en pantalla compartida y salas de reunión compatibles con ordenadores). En el SRI, puso en marcha el Network Information Center (NIC, Centro de Información sobre Redes) de ARPAnet. Tras este periodo, ocupó el cargo de científico senior en Tymshare (Cupertino, California, 1977-1984), la compañía que había adquirido los derechos comerciales del NLS con el nombre de AUGMENT. Entre 1984 y 1989 ocupó el cargo de científico sénior en ISG de la compañía McDonnell Douglas (San José, California), después de que esta adquiriese Tymshare en 1984. Trabajó estrechamente con Aerospace Components en temas de arquitectura de sistemas de información integrados y en estrategias evolutivas asociadas. Desde 1990 hasta el presente, ha ocupado el cargo de director del Bootstrap Institute (Palo Alto), trabajando estrechamente con instituciones punteras de la industria y el Gobierno en la aplicación práctica de su trabajo, y continúa participando en ponencias, seminarios y publicaciones. Es profesor invitado a tiempo parcial en la Stanford University y, además, posee el título de doctor honorario de la Oregon State University (1994) y de la Santa Clara University (2001).

www.sri.com *www.bootstrap.com*

1 Véase el curriculun vitae detallado de Douglas Engelbart en <http://www.dougengelbart.org/about/cv.html>.

Ordenador EDVAC, 1949. Construido el 12 de abril de 1946. Se firmó un contrato entre el Departamento de Guerra y el Consejo de Administración de la University of Pennsylvania.

¿Recuerda cuándo fue la primera vez que tuvo contacto con un ordenador?

Pues, la primera vez que vi un ordenador en funcionamiento fue probablemente en 1954 o 1955 en una universidad de Los Ángeles, California (UCLA), durante la que creo que fue la primera conferencia de la época sobre ordenadores. Nos reunimos y fue increíble. Acudió mucha gente, la celebramos en una sala de conferencias de la UCLA, había unas cincuenta personas en total. Era uno de los únicos dos o tres ordenadores que había en todo el país. Tenía una memoria de acceso aleatorio muy novedosa. Alguien descubrió que con un tubo de rayos catódicos se podría almacenar una carga en la superficie, de forma que si se impactaba en ese mismo punto, gracias a las emisiones secundarias que se emitían desde el mismo, se podía decir si había sido cargado antes, por lo que se tendría que volver y recargar el punto. Creo que esto era antes de que fuese práctico utilizar núcleos magnéticos, antes de que los inventaran. Se llamaba EDVAC[2].

Después de la NASA, acudí a la universidad de Berkeley para cursar unos estudios de posgrado. Obtuve el título de doctor en Ingeniería Eléctrica (1955), tenían un proyecto de investigación para construir un ordenador. Hasta ese momento, cuando fui allí, el ordenador más cercano se encontraba en Pensilvania o en el MIT. En aquel entonces, era estudiante y como estaban construyendo un ordenador, ofrecían cursos de diseño elemental de máquinas. La gente en aquella época hablaba solo de algo que se parecía a un ensamblador, para ayudar a los programadores. Por lo que, ¿se puede imaginar usted a alguien hablando de forma interactiva, con cosas en una pantalla, etc.? Sí, sí. Aquello iba a ser el futuro.

2 EDVAC: Electronic Discrete Variable Automatic Computer (Ordenador electrónico automático de variable discreta). Se creó en la University of Manchester, Connecticut (EEUU), en 1949. Fue la primera máquina que se fabricó con capacidad de almacenamiento en memoria.

Durante la Segunda Guerra Mundial, cuando estuvo en la Marina, trabajó con radares, ¿no es así?

Sí, me formé como técnico para arreglar cosas y hacer que funcionasen. Ya había estudiado dos años de preingeniería en la universidad antes de ir allí y después terminé la carrera. Por eso, cuando leí un libro sobre ordenadores que podían imprimir resultados, tarjetas perforadas, y al aprender cómo funcionaba un radar, los componentes electrónicos que creaban las señales, instantáneamente me dije: "Pues si un ordenador puede perforar tarjetas o imprimir resultados en papel, puede producir cualquier cosa que queramos ver en una pantalla".

¿Aquello tenía relación con las pantallas que usted había usado con los radares?

¡Sabíamos incluso cómo arreglarlas! Sí, basándonos en que un ordenador podía poner lo que quisiéramos en una pantalla y, si los componentes electrónicos de un radar respondían a los giros de las manivelas y a las pulsaciones de los botones de su operador, entonces seguramente un ordenador también podría hacerlo; mi instinto de ingeniero me decía que por supuesto que era posible.

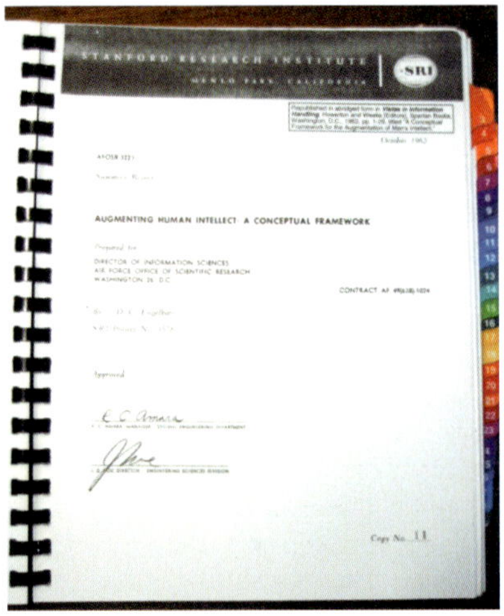

Presentación del famoso informe de Doug Engelbart: "Augmenting Human Intellect: A conceptual framework". Octubre de 1962. Realizado en el SRI para el Director de Ciencias de la Información de la Oficina de Investigación Científica de la Fuerza Aérea Americana. Cortesía de Doug Engelbart.

Y la idea de la ingeniería de sistemas, ¿cuándo surgió?

En 1951, probablemente por marzo. Ya había pasado mi cumpleaños, así que en ese momento tenía veintiséis años. Aunque ya sabía que me iba a dedicar a eso. Mi edad demuestra lo ingenuo que era. No me preocupaba en absoluto quién me contrataría, cómo podía conseguir un trabajo o qué podía hacer. Si lográbamos construir el ordenador, podríamos hacer cosas realmente geniales, pensando y trabajando. Sí, en el mismo complejo informático podríamos tener otras estaciones de trabajo similares, la gente podría colaborar..., sería realmente increíble. Por lo que no me lo pensé dos veces y me comprometí.

Y después de eso, en 1957, me incorporé al Stanford Research Institute[3].

¿Cuál fue su primer contacto/experiencia con Internet o ARPAnet?

Pues, con Bob Taylor[4] una vez, cuando estábamos reunidos...

Esto fue en una ocasión que visité a la gente de ARPA también, así que allí fue donde oí hablar de J. C. R. Licklider (Lick) y del programa que tenían para construir la red ARPAnet.

Le conocí cuando él aún trabajaba para la NASA. Pero, de algún modo, estaba gestionando ciertas investigaciones y me concedió una beca.

Ellos patrocinaron en gran medida toda la creación de mi laboratorio, pues los laboratorios de investigación de las Fuerzas Aéreas y la NASA contaban con pocos recursos especializados. Fue la Air Force Office of Scientific Research (AFOSR, la Oficina de Investigaciones Científicas de las Fuerzas Aéreas) la que me dio el primer empujón de verdad. El tipo de ayuda con la que pude dejar a un lado otras actividades de investigación que no eran lo que más me interesaba y pude centrarme, de aquel trabajo nació el informe de 1962 *Augmenting Human Intellect, a Conceptual Framework, un marco conceptual para el aumento del intelecto humano*[5].

Colaboré cada vez más con la gente de ARPA durante probablemente diez años, consiguiendo ayudas para las investigaciones... A Licklider le sucedió Ivan Sutherland, a este Bob Taylor y despues llegaría Larry Roberts.

El origen de ARPAnet

Estuve con Bob Taylor una vez, nos reunimos en algún lugar. Fue como..., me hizo un comentario de forma un tanto despreocupada: *"Y bien, ¿qué te parecería una red?"*. Porque aquí todo se trata de incrementar la capacidad de la gente, debemos empezar a evolucionar y a formar un colectivo, debemos empezar a trabajar en forma de comunidades. Todavía estaba pensando, *"¿cómo puedo conseguir una comunidad de usuarios,*

3 A pesar de su nombre, no pertenece a la Stanford University. Diversas personas del sector industrial se reunieron en los años cuarenta en alguna parte y concluyeron que este campo debería contar con una organización para la investigación que fuera no académica y sin ánimo de lucro. Así que se reunieron para ponerlo en marcha y Stanford formó parte del grupo que lo llevó a cabo. Durante los años de protestas de la década de los sesenta, los estudiantes de Stanford dijeron: "No, no y no". De hecho, salieron a la calle y gritaron frente al SRI: "Vuestras investigaciones son para el Departamento de Defensa y no las queremos". Poco tiempo después, cambiaron el nombre a SRI International.

4 Director de la Information Processing Techniques Office (IPTO, Oficina de Técnicas de Procesamiento de la Información) de ARPA. Véase la entrevista a Bob Taylor.

5 Véase el documento completo: <http://sloan.stanford.edu/mousesite/EngelbartPapers/B5_F18_ConceptFrameworkInd.html>.

LOS INICIOS DE ARPANET

Tras la reunión de investigadores principales que se celebró en 1967, diversos expertos en informática que eran contratistas de ARPA se dedicaron a pensar sobre diferentes aspectos que serían importantes para la planificación y el desarrollo de la red ARPAnet. Parte de ese trabajo consistió en un documento en el que se describía un diseño inicial para la red del IMP. Esta especificación conduciría a la posibilidad de sacar un producto competitivo para el diseño de la subred del IMP.

A finales de 1967, ARPA inició un pequeño contrato con el Stanford Research Institute (SRI) para el desarrollo de especificaciones del sistema de comunicaciones que se necesitaba. Elmer Shapiro iba a ser la persona clave de este estudio. En la versión definitiva de diciembre de 1968 se publicó un informe del SRI de 71 páginas titulado *A Study of Computer Network Design Parameters* (Estudio sobre parámetros para el diseño de redes informáticas), una versión temprana de principios de 1968 que sirvió como primer borrador para la especificación del IMP (Interface Message Processor, Procesador de mensajes de interfaz)... En febrero o marzo se distribuyó una circular redactada por Shapiro que se titulaba "Functional Description of the IMP", (Descripción funcional del IMP). Tras el primer borrador que redactó Shapiro, se cree que Glenn Culler redactó un segundo borrador y que Roberts y Wessler de ARPA estuvieron a cargo de la versión definitiva de la especificación del IMP. En cualquier caso, a primeros de marzo de 1968, la IPTO estaba preparada para informar al director de ARPA de que las especificaciones para el IMP estaban prácticamente terminadas y de que se debatirían en la siguiente reunión de investigadores principales con el objetivo de realizar una licitación (solicitando presupuestos) al poco tiempo después. La red se debatió en la siguiente reunión de investigadores principales que se celebró en junio de 1968 y el desarrollo de ARPAnet comenzó oficialmente en aquella fecha. (Fuente: ARPA Draft, III-32. Borrador del informe de finalización de ARPAnet preparado por BBN a petición de ARPA).

mi propia comunidad de trabajo para empezar?". Así que cuando dijo eso pensé: *"Sí, sí, sería fantástico"*. Aquello solo fue una pregunta o un comentario de pasada. Entonces, algunos meses después, Bob Taylor y Larry Roberts celebraron una de las reuniones anuales de ARPA en la que invitaron a los investigadores principales y que tuvo lugar en la University of Michigan, en la primavera de 1967. Un poco después, Bob me contó cuál era el plan y me dijo que conseguir ese tipo de red de ordenadores parecía ser algo importante desde nuestro punto de vista. Y trataron de encontrar centros de cálculo del Gobierno que estuvieran de acuerdo en formar parte de una red. Pero ninguno de ellos quería que estuviéramos toqueteando sus sistemas, por lo que surgió la idea de involucrar a los centros de investigación. Y así fue cómo se introdujo la idea.

Sinceramente, así fue cómo sucedió... Yo me encontraba entre un investigador principal de ARPA y otros dos. Uno de ellos se giró hacia el investigador y le preguntó: *"¿Qué tiene su ordenador que yo pudiera querer utilizar en algún momento?"*. El interrogado reaccionó rápidamente: *"Bueno, ¿es que no lees mis informes?"*. (Por supuesto que sabía que este chico nunca leía ninguno de sus informes.) Y el estudiante replicó: *"Vaya, ¿me los manda a mí?"*, porque sabía que él no tenía ni idea de a dónde iban a parar sus informes. Y ambos se dieron cuenta de que no había nada más que añadir, así que de repente se giraron hacia Robert Taylor y le preguntaron: *"Entonces, ¿cómo vamos a saber qué hay en los otros ordenadores que podamos utilizar? Suponemos que esa información la preservarás para nosotros"*.

La Oficina de Técnicas de Procesamiento de la Información (IPTO) de ARPA estaba situada en una pequeña oficina y en ella trabajaban únicamente aquellos dos investigadores y una secretaria... Pero yo había estado pensando sobre cosas como esta durante mucho tiempo y dije: *"Escuchad una cosa, podríais empezar teniendo un centro de información sobre los recursos que existen en la red"*. Y de este modo empezaron a pensar que era una buena idea[6].

Así que finalmente conseguimos (con nosotros me refiero al SRI) poner en marcha el Centro de Información sobre Redes (Network Information Center) de ARPAnet: el llamado NIC.

6 Doug Engelbart comenta: *"No querían pensar en compartir la información, sino que estaban pensando en que alguien tendría que realizar un seguimiento de la misma, de tal manera que pudieran decir: Si necesito procesos informáticos que hagan esto por mí, ¿tenemos alguno? Pues sí, aquí lo hacen, así que podemos arreglarlo para enviar la información que quieren y que nos envíen los resultados"*.

«Y es que cada vez que una especie de nuevo artefacto aparece, el mundo comienza a cambiar otras cosas para atraerlo. Por tanto, se trata de una evolución constante, pero no es solo la evolución de las herramientas, de los artefactos, es la evolución simultánea de eso y de todo el resto de nuestro sistema, incluyendo nuestros conceptos y nuestro vocabulario…"»

Tenía ingenieros y especialistas en *software* trabajando para mí y ellos se encargaban de conseguir el acceso a las máquinas y después al *software*. Y resulta que unos pocos años después, nos enteramos de que UCLA iba haciendo alarde de que éramos los primeros en la red ARPAnet. Por supuesto que no podemos estar seguros de si esto era verdad. Estoy bastante seguro de que fuimos los primeros en el envío y recepción de paquetes entre nosotros y ellos. Sí, yo estaba trabajando allí y no fue hasta las 21.30 o las 22.00 cuando conseguimos por fin organizarlo todo y enviar y recibir los primeros paquetes. Me acuerdo de cómo sucedió. Alguien dijo: "Mira, han traído una nueva nevera[7]". "Pero ¿está aquí?" "Sí, creo que llegó la semana pasada." "Ah, ya veo. Ya estamos en ello, pero aún queda mucho que hacer para que toda la red funcione y esté operativa".

Entonces pusimos en marcha el NIC (Network Information Center, Centro de Información sobre Redes) de ARPAnet. Más tarde, desaparecieron nuestras ayudas y me vi obligado a cerrar el laboratorio. Disolvimos ese grupo del NIC y ellos se quedaron en el SRI durante creo que otros doce años para trabajar como centro. Una de las personas clave que permaneció allí fue Elizabeth Feinler, a la que se ha conocido por el alias *Jake*. Era documentalista, una chica joven que trabajaba en la biblioteca del SRI, a la que convencí para que se viniera a trabajar con nosotros en la organización y gestión, etc., de ese centro de información. Elizabeth ha permanecido allí todos estos años y estaba mucho más al corriente que la mayoría de la gente que pudieras encontrar.

7 Se refiere al segundo IMP (Interface Message Processor, Procesador de mensajes), abuelo de los *routers* actuales, que en aquella época se parecía a una nevera.

FUENTE: Anónima de Internet.

En su opinión, ¿cuáles son las características más importantes de Internet?

Bien, obviamente, para mí una de las características más importantes es "la conmutación de paquetes". Y la otra es la manera en que se puso en marcha y evolucionó. Si esto se hubiera dejado en manos del mundo empresarial… no se hubiera extendido ni adoptado de forma global. Participé como panelista en una mesa redonda en septiembre de 2003, pero el resto de los ponentes eran todos profesores de Administración de empresas de universidades. Nadie tenía la visión completa de cómo se puso en marcha Internet, veamos, le pongo un ejemplo… Cisco es una apuesta empresarial y de ahí lo que puso en marcha… ¿Por qué sabía Cisco que había negocio en lo que estaba haciendo? Se tardaron años en crear lentamente las piezas de este puzle. Está claro, mire, Cisco descubrió los *routers* y se embarcó en ese tema como negocio, como si Cisco hubiera inventado y creado una red.

Internet no se habría puesto en marcha si se hubiera concebido como un negocio, se lo puedo asegurar. La conmutación de paquetes. Me acuerdo de las personas que eran "terroristas de la conmutación", se reían de la conmutación de paquetes, es más, la ridiculizaban.

El hecho es que había crecido gracias a este patrocinio del Gobierno tan flexible. Mucha gente decía: "Si no hubiera sido por lo que querían hacer militarmente", pero si lo hubieran visto habrían dicho que estos tipos de la universidad fueron realmente los que lo pusieron en marcha, no se trataba de potencial militar. Sé que Licklider acuñó el término que le gustaba utilizar, "La red galáctica". Ninguno de los que estaba en el centro hablaba sobre la aplicación militar. Y, de la manera en la que creció, con los comités trabajando en los estándares abiertos y publicados en revistas científicas y nada clasificado, ¿cómo alguien podía pensar que iba a tener aplicación militar?

Ahora, mucha, muchísima gente utiliza indistintamente los términos "Internet" y "la Web", que no significan lo mismo y la World Wide Web no se habría puesto nunca en marcha. Probablemente, lo que realmente hizo que funcionase fue el navegador gratuito que creó la University of Illinois. Y el hecho de que Internet se asentase en él.

¿Cuáles son los hitos más importantes, en su opinión, en el desarrollo de la red?

Para mí, **la conmutación de paquetes** ha sido sin duda el hito más importante.

¿Cómo ha contribuido usted al desarrollo de ARPAnet?

Lo que más me preocupaba era cómo utilizarla para poder comenzar a trabajar en el aspecto colaborativo. Estaba rodeado de gente, conocimientos técnicos, la red, etc., pero no tenía que involucrarme.

¿Quiénes han sido las personas clave, líderes o impulsores en el desarrollo de Internet?

Pues, conozco sus nombres perfectamente.

- **Bob Taylor** fue la persona clave que dio con el modo de organizarlo y financiarlo. Pero **Larry Roberts** era quien realmente lo comprendía, porque Bob Taylor, con sus estudios en psicología, era bueno en los aspectos políticos del funcionamiento del centro. Aunque ambas cosas eran necesarias, estoy seguro de que si no hubiera sido porque Larry estaba allí… creo que los dos eran igual de importantes… y creo que Larry piensa que no se le atribuyó el mérito suficiente.
- **Larry Roberts,** que era quien poseía los conocimientos técnicos, las orientaciones, etc., sobre lo que podía hacerse.
- **Taylor** conocía el potencial y podía utilizar muchos de los términos de forma adecuada. Aunque en cierto modo creo que a Roberts no se le ha reconocido lo suficiente.

Algunas situaciones anecdóticas

▶ Era la época, estoy hablando de cuando acababa de licenciarme, en que había decidido que sería mejor no intentar quedarme a trabajar como profesor en Berkeley[8]. Pensé en buscar un trabajo y presenté mi solicitud en Hewlett-Packard. Así que el director de Investigación me ofreció un trabajo gracias a mis últimas patentes y componentes electrónicos y todo esto. Entonces fui a reunirme con Hewlett y con Packard, que eran unos tipos muy agradables. David Packard me impresionó muchísimo al verle, era muy serio, y yo iba a trabajar para ellos. Bueno, iba conduciendo de camino a casa, hacia Berkeley, cuando pensé: "Ah, espera un momento Se me ha olvidado, es mejor que lo compruebe". Así que llamé al director de Investigación, que se llamaba Barney Oliver, y le dije: *"Barney, no sabes cuánto me ha emocionado que me hayas dado la oportunidad de poder trabajar con vosotros. Pero hay algo que se me ha olvidado comprobar, puede que sea absurdo, pero me he comprometido conmigo mismo a dedicarme a los ordenadores, a trabajar en eso, y estoy dando por hecho que vosotros trabajáis con cosas relacionadas con los ordenadores también…". "Lo sentimos Doug, no es nuestro caso."* Esto fue en 1957. Así que dije: *"Lo siento, tengo que ir a donde se mueven los hilos de todo esto".*

No acepté el trabajo. Tan solo dije: *"Lo siento, pero ya me he comprometido…".* En Stanford pensé: "Bueno, por gusto voy a probar aquí también". Así que le envié una carta al decano de Ingeniería en la que le decía que podría ir y comenzar un curso de diseño de ordenadores. Contestó a mi carta y me dijo:

> Le agradecemos que se haya interesado en nuestra universidad. Stanford es una universidad pequeña y debe especializarse en las actividades académicas esenciales. Y dado que lo relacionado con los ordenadores es solo una actividad de servicio, no contemplamos la posibilidad de ofrecer clases sobre el particular.

8 Doug Engelbart comenta: «*Cuando me licencié en Berkeley y empecé a dar clases, pensé que solo daría clases allí y que llevaría a cabo las investigaciones que quería. Pero la gente que trabajaba en Berkeley, y que era mayor que yo, me preguntó qué era lo que realmente quería hacer, se lo dije y la respuesta que obtuve fue: 'Sabes, vas a estar en el último peldaño, serás profesor agregado interino siempre si sigues hablando de locuras como esta.'*»

▶ Un hombre adelantado para su época

En aquel momento algunas personas me lo advirtieron rotundamente: "No debes hablar de esto, de gente usando los ordenadores, parece una locura. Quizá tú realmente creas en ello". "Vale, vale... Pero no es bueno que hables de esto antes de que la gente esté preparada. Así que vete a trabajar, háblales de tus patentes y esas cosas, dedícate a hacer más trabajos buenos y busca a ver dónde puedes encontrar a personas en el mundo que apoyarían lo que quieres hacer." Por lo que pensé: "Creo que es mejor que haga lo que me dicen."

Douglas Engelbart en su casa de Atherton (California) junto al autor.

¿Qué piensa sobre el futuro de Internet?

Mucha gente ha comenzado, cada vez más, a hablar de la colaboración, el desarrollo y la gestión del conocimiento. Todas estas cosas formaban gran parte de mi sueño. Y es cierto que no he cejado en mi intento de llevar el mundo digamos que a otro nivel, al menos a otro nivel en la forma de pensar y de hacer las cosas, que nos permitiera comenzar a progresar.

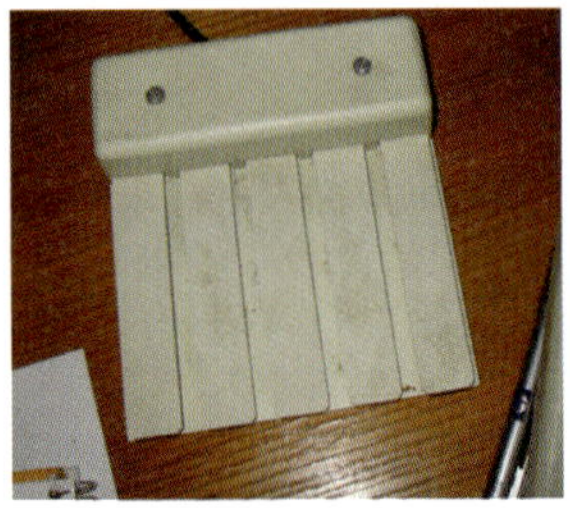

Detalle de un "ratón" para zurdos complementario con cinco botones, diseñado por Douglas Engelbart y que permite controlar hasta 32 funciones diferentes haciendo clic en la combinación adecuada de botones.

En comparación con el potencial que posee, creo que aún no ha despegado.

Fíjese en el caso que le estaba contando. Todo lo que se debe tener en cuenta en la capacidad de las máquinas y en lo que debemos concentrarnos, que yo pienso que es la historia clave de Internet/la Web, es en cómo aumentará realmente nuestro coeficiente intelectual (CI) colectivo, en cómo la tecnología puede coevolucionar con las formas en las que podemos aplicarla y para proporcionarnos niveles realmente nuevos de comprensión colectiva, de CI colectivo; sabe de lo que estoy hablando, ¿no? Por lo que esto constituye, ya sabe, una vuelta a marzo de 1951, tenemos que hacernos más inteligentes colectivamente. Aún no hemos visto la importancia de lo que podemos obtener de esto y de lo que podemos desarrollar y del uso de los hipervínculos también. Incluso eso, los hipervínculos los teníamos ya en los años sesenta, pinchamos en cualquier objeto y de repente estamos ahí y podemos obtener todo tipo de vistas.

¿Ha identificado alguna tendencia tecnológica?

Todas las cosas estándar que se están descubriendo gracias a los PC son algo muy importante, incluyendo esta evolución del XML lo que viene a llamarse "web semántica".

Raymond S. **Tomlinson**

Ingeniero Jefe en BBN Technologies.
Creador del correo electrónico en 1971.

«Por cada avance tecnológico hay otro avance igual o mayor en la necesidad de servirse de esa tecnología. La **NECESIDAD HUMANA** de utilizar la tecnológica siempre excede a la tecnología disponible.*»

* Por cada avance tecnológico que se consigue para hacer la vida más fácil, se encuentra algo que la hace más complicada.

Entrevista realizada el 22 de abril del 2004 en Cambridge (Massachusetts)

Escucha la entrevista

Nació en Ámsterdam, Nueva York, el 23 de abril de 1941. Fue al Rensselaer Polytechnic Institute (RPI, del 1959 al 1963) y después estudió en el Massachusetts Institute of Technology (MIT). Allí obtuvo un Máster en Ingeniería Electrónica. Durante cuatro semestres trabajó para IBM como alumno cooperante cuando estaba en el RPI. Allí es donde descubrió los ordenadores. Más tarde (en 1967) se incorporó a BBN, donde todavía trabaja en la actualidad. Sus compañeros le han otorgado el título del programador con más talento e inteligencia que jamás hayan conocido.

En 1971, Ray envió el primer correo electrónico del mundo adaptando un programa interno de correo ya existente, popular en los sistemas de tiempo compartido, y lo unió a la nueva tecnología de red: ARPAnet. El primer mensaje iba dirigido a él mismo y lo mandó de un ordenador a otro. Más tarde, envió el mensaje a todos los usuarios de ARPAnet explicando la disponibilidad del "correo electrónico" y dando instrucciones acerca de cómo enviar un correo a otro usuario en la red, utilizando su propia convención arbitraria **"usuario @ nombre del ordenador *host*"** que sigue siendo hoy la base del correo electrónico. Esto fue el principio, pero todavía era muy difícil de utilizar porque se necesitaban dos programas diferentes para leer y escribir los correos. Se leían como piezas de texto continuo, todos juntos en el orden en el que llegaban. A pesar de todo, el correo electrónico fue un éxito inmediato y enseguida se le otorgaron muchas otras funcionalidades[1]. Como resultado de estos desarrollos, la mayoría de las facilidades que se le conocen al correo electrónico actual ya se conocían un año después del primer mensaje.

En 2009 fue galardonado con el Premio Príncipe de Asturias en la categoría de investigación científica.

www.bbn.com *arpanet.arpa*

Raymond S. Tomlinson

1 El correo electrónico inicial se mejoró para que dispusiera de un listado de mensajes ordenados por asunto o fecha, en vez de ser todo un texto continuo. Se introdujo la opción de borrar los mensajes seleccionados y recibir y enviar correos desde el mismo programa. Más tarde, se consiguió la opción de reenviar mensajes, que incluiría automáticamente la dirección del emisor junto con el mensaje, así como la de archivar y guardar mensajes. Larry Roberts fue uno de los pioneros en mejorar las primeras versiones. Finalmente, se estableció un protocolo estándar para permitir el intercambio de mensajes entre programas.

¿Recuerda su primer contacto con un ordenador?

En 1962 estaba en un grupo de sistemas de memoria en el laboratorio de Poughkeepsie[2] de IBM, donde tenían un IBM 1620 que usaban para diversas simulaciones y cálculos de sistema de memoria. Allí me dije: "Esto puede ser interesante". Encontré un manual y entendí que se podía programar y que si ponía agujeros en una tarjeta perforada en los lugares correctos podría poner programas en las tarjetas. No entendía de ensambladores, compiladores y este tipo de cosas, pero sabía que los agujeros en las tarjetas serían un programa, así que escribí un programa para calcular pi. Más tarde, cuando estaba en el MIT, me encontré con algunos alumnos jugando al Space War en un PDP1, que fue la primera máquina que hizo Digital Equipment Corporation (DEC).

¿Cuál fue su primer contacto/experiencia con Internet o ARPAnet?

Desarrollamos los IMP[3] aquí en BBN[4], en el edificio contiguo a este, pero yo trabajaba en un grupo diferente, así que no estaba muy al corriente de lo que hacían y no fue hasta que realmente enviaron los primeros[5] IMP que la gente empezó a usarlos. Primero se construyeron cuatro (el primero se entregó en 1969), y después se construyó un segundo lote un año después. Al final, cuando BBN colocó un IMP en estas oficinas, estaba demasiado lejos de nuestro ordenador para utilizar la interfaz de *host* estándar y trabajar con él. Así que tuvieron que desarrollar una interfaz de *host* distante antes de que pudiéramos hacer nuestra conexión. Esto nos llevó varios meses. Fue un año después de la primera instalación cuando por fin tuvimos conexión.

2 Poughkeepsie: es una ciudad situada junto al río Hudson, en el estado de Nueva York.

3 IMP: siglas para Interface Message Processor. Primer nombre que tuvieron los *Gateways* de ARPAnet, que se llamarían más adelante *routers*.

4 BBN: Bolt, Beranek and Newman. Empresa que ganó la contrata de ARPA para diseñar y construir ARPAnet.

5 Los cuatro primeros IMP fueron llevados a la University of California, Los Angeles (UCLA); SRI International (Menlo Park, California), University of California, Santa Bárbara (UCSB) y University of Utah. En el segundo lote (septiembre de 1970-principios de 1971), BBN produjo a mano ocho o diez nuevos IMP. El mismo BBN era el nodo número 5 y, más tarde, llegaron MIT, Lincoln Labs y muchos otros.

El primer correo electrónico se envió entre las dos máquinas que aparecen en esta foto. Por supuesto, estaban una al lado de la otra, pero la única conexión entre ellas era ARPAnet. En primer plano está el BBN-TENEXA (BBNA para abreviar). Los nombres de *host* en 1971 no eran ".com" o punto algo; el DNS llegó más tarde. BBNA fue la máquina que recibió el primer correo electrónico. Al fondo se ve el BBN-TENEXB (BBNB) desde el que se envió el primer correo electrónico. A la izquierda, en primer plano, está el terminal Teletype KSR-33 en el que se imprimió el primer correo electrónico. Detrás, y menos claro, se ve otro KSR-33, en el que se escribió el primer correo electrónico. BBNA era un DEC KA10 (PDP-10) con palabras de 36 bits de longitud y una memoria magnética central de 64KB, fabricado por Digital Equipment Corporation. En las medidas actuales esto serían 256 kilobytes. BBNB era más pequeño, con sólo 48 K (y palabras de 36 bits), aproximadamente 192 Kilobytes. Las dos máquinas contenían el sistema operativo de tiempo compartido TENEX.
La fotografía es cortesía de Dan Murphy.

Esto sería aproximadamente en septiembre de 1970 o principios de 1971.

Trabajábamos en unas máquinas PDP-10 (DEC, Digital Equipment Corporation). Y por aquel entonces en BBN estábamos diseñando nuestro propio sistema operativo: el TENEX OS[6].

6 Ray fue uno de los principales diseñadores e implementadores del sistema operativo TENEX.

Pero, como he dicho antes, yo pertenecía a un grupo diferente, así que me vi involucrado en ARPAnet a principios de los setenta, una vez que se había decidido que tendríamos nuestra conexión y que el IMP estaba instalado en BBN. Entonces escribí el Protocolo de Control de la Red[7], el NCP. Esa era la forma de hablar con el IMP desde el ordenador, según fue especificada por Steve Crocker (de UCLA) en el *RFC 55*.

Consola PDP-10. Fotografía procedente del manual de usuario DEC.

El primer ordenador central o *host* con el que pudimos hablar fue el de UCLA. Ellos testearon el otro extremo, que es de lo que se trataba.

TELnet fue la primera aplicación que escribí para permitir el acceso remoto de un ordenador a otro.

Y más adelante escribí un programa de transferencia de archivos. Se llamaba CPYnet[8] y lo hice más para ver si funcionaba, si copiaba[9] archivos de un ordenador a otro.

NOTA HISTÓRICA

Es importante aclarar que SNDMSG, un programa que puede entregar mensajes a otra persona en el mismo ordenador multiusuario (tiempo compartido), ya existía de antes. Por ejemplo, CTSS en el MIT ya tenía una característica similar antes de 1963. Entregaba estos mensajes añadiéndolos a un archivo perteneciente a un usuario al que se quería acceder. Para leer el mensaje, simplemente se leía el archivo.

Por eso, la mayor contribución de Tomlinson fue aplicar estas técnicas entre diferentes ordenadores sobre una red.

7 NCP: diseñado por Steve Crocker. Fue el primer protocolo de ARPAnet. Más tarde, fue sustituido por el TCP el 1 de enero de 1983.

8 CPYnet: De Copy Net. Era un programa experimental de transferencia de archivos desarrollado en BBN Technologies. CPYnet podía escribir y leer archivos en un ordenador remoto.

9 Ray comenta: *"Había una especificación FTP en el trabajo, pero todavía no se había terminado y no creo que hubiera nada que se pudiera codificar en ese punto, tal como yo decía".*

En su opinión, ¿cuáles son las características clave de Internet?

Su **universalidad,** el hecho de que esté en todas partes.

Que es totalmente **abierto.** No tienes que pertenecer a ningún club ni pagar tasas exorbitantes para tener acceso.

El hecho de que no existe ninguna tasa "por uso" en el modelo de servicio. Hay un pago por llamada pero, una vez se tiene la conexión, no hay cargos adicionales. No tiene cargos por paquete o tráfico (como en otros servicios, como el X.25[10]). Este pequeño coste por uso lo ha llevado a una gran expansión comercial. Ha sido crítico.

¿Cuáles son los hitos más importantes, en su opinión, en el desarrollo de la red?

- ARPAnet misma, que tuvo una gran salida al mercado, el nuevo protocolo de enrutamiento (el 1 de enero de 1983[11]). El gran evento fue la introducción inicial del TCP en el primer puesto.
- Están todos los protocolos que se han desarrollado para la red. Cada uno tiene algún propósito, como el protocolo TELnet, el FTP, el SMTP[12], entre otros. Creo que el TCP fue crítico. No tanto porque fuera

10 X.25: servicio de datos clásico estandarizado por ISO, ofrecido por varias empresas de telecomunicaciones.

11 Cuando el NCP (Network Control Protocol), fue reemplazado por el TCP como el protocolo "oficial" en toda ARPAnet.

12 Protocolo TELnet: se utiliza para acceder en remoto al ordenador central o *host*. FTP para la transferencia de archivos. Y SMTP para enviar correo electrónico.

el mejor que había, sino porque permitió centrarse en los temas de conexión con las otras redes a pesar de los defectos que se habían descubierto. Lo que ocurrió es que el nivel de apertura de Internet creció muy por encima de las expectativas originales, ¿qué controlaría quién se podía conectar e instalar *routers* y el protocolo BGP (de puerta de enlace) del *router*? Alguien debería haber pensado entonces: "Vamos a dejar que todo el mundo sea un *gateway* e introducir tráfico en Internet sin conocer su autenticidad". TCP fue muy importante. Pero aún faltaba algo de tiempo para que todo estuviera a punto. Las universidades lo usaban. Algunos tenían suerte de tener conexión a la red, pero durante unos cuantos años no podían hacer casi nada. Solo la gente de la universidad y las grandes empresas podían usarlo.

- Creo que el siguiente gran evento fue la Web en 1989. Hubo algunos precursores con cosas como Gopher, Archie, Veronica, WAIS[13] entre otros. Al final, todos fueron incluidos en la Web. Durante un tiempo, existieron como protocolos en propiedad y Gopher se mantuvo una temporada en el mercado. Y la gente ha tenido servidores FTP durante algún tiempo. El FTP fue uno de los protocolos más importantes en los primeros tiempos.
- La secuencia de los primeros protocolos era fácil. Al principio estaba ARPAnet, más tarde TELnet, y el correo electrónico fue el siguiente. El correo electrónico vino después del CPYnet porque era el protocolo que yo utilizaba para entregar el correo.

«El correo electrónico vino después de CPYnet porque era el protocolo que yo utilizaba para entregar el correo.»

¿Cómo ha contribuido usted al desarrollo de Internet?

Muy brevemente puedo decir:

- Todo lo que he dicho anteriormente sobre ARPAnet. He contribuido con una versión del NCP para el sistema operativo TENEX.
- Creando la implementación de TELnet.
- Desarrollando un protocolo de transferencia de archivos experimental.
- La primera aplicación de correo electrónico.
- Después, el TCP[14]. Creo que fui el primero en mencionar el triple establecimiento de comunicación en un artículo que escribí. Esto fue incorporado más tarde a la especificación TCP por Yogen Dalal.
- Y el final del TCP para convertirse en TCP/IP. Estaba el documento que escribieron Vint Cerf y Bob Kahn para presentar el TCP. Conocí a Vint por primera vez en un simposio sobre sistemas operativos en Hawái en 1974. Esa fue mi primera introducción al protocolo TCP[15]. Después hubo una sucesión de reuniones para desarrollarlo y, más adelante, dividirlo en dos: separar el TCP del IP[16].

---

13 WAIS: acrónimo de Wide Area Information Service. La mayoría de estos servicios (como Gopher, Veronica, etc.) fueron totalmente eclipsados por la World Wide Web.

14 Comentario literal de Vint Cerf: *"Bill Plummer trabajó estrechamente con Ray Tomlinson en la máquina Digital KA/KL-10/20 que usaba el sistema operativo TENEX de BBN. Los dos escribieron el primer TCP/IP para esta máquina y series de sistemas operativos, y fueron parte integral del desarrollo del TCP y del equipo de pruebas en 1975".*

15 Cerf dijo: *"Fue Ray quien descubrió que a nuestro primer diseño TCP le faltaba algo y que necesitaba un triple establecimiento de comunicación para distinguir el inicio de una nueva conexión TCP de los viejos paquetes duplicados que hacían todo a destiempo".* Fragmento de "How the Internet Came to Be" de Vinton Cerf, aparecido en B. Aboba, *The Online User's Encyclopedia,* Addison-Wesley, 1993.

16 La razón era que había casos en los que no se necesitaba fiabilidad ni la capacidad del TCP, si se pretendía juntar algo, se enviaba, se esperaba a que llegara y te olvidabas. Así que separarlos pareció una buena idea. Las puertas de enlace se tienen que manejar de manera diferente. Si bastaba solo con la parte IP (mucho más simple) y no era necesario preocuparse por la parte TCP, la construcción de *routers* y cables sería mucho más fácil. Ese es el recuerdo que tengo de la principal razón para separar el TCP del IP.

Según su opinión, ¿quiénes han sido las personas clave, líderes o impulsores en el desarrollo de Internet?

Sin duda:

- **Jon Postel** (SRI), **Steve Crocker, Dave Crocker** (de la UCLA).
- **Vint Cerf, Bob Kahn.** No podría parar.

En esa época estaba metido y colaborando en varios grupos de trabajo: el grupo del FTP y otros como el **NWG** (Network Working Group), que se convirtió en el grupo de trabajo de Internet. Quisiera nombrar a algunos de sus miembros:

- **Jim White** (de la UCSB), **Yogen Dalal, Carl Sunshine.**
- Y algunos otros de BBN: **Bill Plummer** y **Bob Thomas.** Siempre había alguien de ARPA. **Robert Braden.** En cada instalación de ARPAnet siempre había alguien. Estaba **Peter Kirstein** del University College de Londres. **Ginny Strazisar** también participaba. **Dave Walden** de BBN asistió a una de esas reuniones. No iba siempre. Había un grupo grande en el que se integraban todos ellos y grupos más pequeños que se centraban en el FTP y cosas así. Un total de treinta y pico personas.

Creo que todos los que he mencionado han sido importantes de un modo u otro. Un cierto número de personas estaban relacionadas con las aplicaciones, en contraposición a las que se centraban en los protocolos de red.

¿Puede contar alguna anécdota?

▶ Existe una leyenda urbana sobre lo que dijo uno de mis compañeros cuando le hablé del correo electrónico. Recuerdo que, cuando le enseñé la nueva versión en red del SNDMSG, me comentó que no se lo debería contar a nadie porque eso no era en lo que se suponía que estábamos trabajando. Probablemente lo dijo en broma, porque no me acuerdo de ese comentario, pero sí que es verdad que no se nos había indicado que tuviésemos que crear el correo electrónico, aunque en realidad estábamos trabajando con un contrato que cubría el desarrollo del correo electrónico.

Los orígenes del signo @

Recuerdo cuando trabajábamos en el protocolo de correo electrónico. Mucha gente usaba un terminal (un terminal 2741, que era un producto de IBM) en el que cada vez que se escribía el signo @ se bloqueaba el teclado. El sistema operativo bloqueaba el teclado y no se podía escribir. No sabía si el bloqueo se debía al teclado o al dispositivo ***hardware*** al que estaba conectado. Pero lo necesitaba, porque era como una especie de carácter de fin de línea. Bueno, no. No bloqueaba el teclado, era peor que eso: borraba la línea. Se trataba de un borrador de líneas, por lo que te veías obligado a volverlo a teclear. Todos los terminales estaban conectados a un controlador del ordenador Honeywell. No era el terminal que yo usaba normalmente, pero se trataba de uno en el que usar el signo @ era todo un problema.

Desde mi punto de vista, el signo @ era el único en el teclado que no aparecía en los nombres de las personas. Por aquel entonces, no aparecía en el nombre de nadie ni en ninguna de las secuencias de entrada que se conocían. Algunos eran dígitos y algunos tenían unos pocos signos de puntuación entre paréntesis. Pero hasta lo que yo pude conocer ninguno tenía @.

Estaba buscando algo que separara la designación de la persona, fuera la que fuera, del nombre de su ordenador. Todavía no había dominios. Y el signo @ no estaba aquí arriba (señala la parte superior izquierda de un teclado 2004 Dell), al menos no en el que yo tenía. Creo que estaba por allí, al lado de la "P". Este es uno de esos errores típicos de periodistas que, haciéndose los listos, enseguida dicen que yo escribía el signo @ pulsando la tecla del "2". Pero ahí no era donde estaba el signo @.

Sobre la invención del correo electrónico: ¿cuánto costó esa parte de su trabajo?

No era algo en lo que estuviéramos directamente involucrados nadie decía: "Vamos a desarrollar un sistema de correo electrónico". El contrato general era: "Comunicación hombre y máquina". Pero ¿cómo te comunicabas con una máquina? Bueno, obviamente se utilizan máquinas para la comunicación. Se elaboró fácilmente como parte de nuestro trabajo.

Tenía todas las piezas, tenía el CPYnet[17] (podía escribir y leer archivos en un ordenador remoto) y tenía la otra parte: el SENDMSG (que era para correo local, mensajes locales). Así que lo único que hice fue escribir un poco de código entre ellos y enviarlo a través de la red. Eso fue lo que hice. Me costó aproximadamente una semana (a media jornada) desarrollar la primera versión. Realmente no era mi trabajo.

¿Cuáles son las verdaderas razones por las que desarrolló el correo electrónico?

Se trataba de un medio de prueba. Había escrito el NCP[18], disponía de procedimientos para realizar conexiones pero hasta que no se logra enviar algo con sentido a través de la conexión no es muy útil. Por eso digo que era un medio de prueba. Podía introducir un archivo aquí y mirar al otro extremo y asegurarme de que tenía el mismo contenido. Nunca esperé que fuera la respuesta definitiva a cómo transferir archivos. Algo para jugar a comprender para qué servía esta condenada red.

¿A quién se lo mostró primero?

No estoy seguro, pero creo que fue a **Jerry Burchfiel** en BBN, porque los dos teníamos los mismos intereses.

¿Qué opina acerca del futuro de Internet?

Algunas de las cosas que ocurren en la actualidad son un poco alarmantes. Creo que somos capaces de solucionar los problemas tan pronto como aparecen. Soy optimista por naturaleza, así que no veo con pesimismo el futuro de la red. Creo que va a crecer, a ser más rápida, más universal y espero que más fácil de usar.

Existe una máxima que dice que "el tamaño de los programas de ordenador crece hasta exceder la memoria

que los contiene". Creo que existe la posibilidad de frenar esa expansión permanente. Igual que se encuentran soluciones, aparecerán más problemas. A veces, cuando me preguntan este tipo de cosas digo: *"Bueno, si supiera la respuesta, estaría trabajando en ello"*.

¿Ha identificado alguna tendencia tecnológica?

Obviamente, las cosas están yendo muy deprisa, todo se está haciendo más pequeño, con más capacidad y un procesador cada vez puede hacer más cosas. Por otro lado, la gente está descubriendo más tareas que parece que necesiten hacer. Un aspecto que nunca se ha convertido en realidad es que los ordenadores harían la vida más fácil. No lo hacen. Solo realizan las cosas que deseabas hacer de forma más fácil, pero luego descubres que hay otras actividades que decides sustituir por aquellas. La gente nunca había tenido un contacto tan permanente con el mundo. Solo necesitaban comunicarse con la gente que tenían al lado. Y ahora hay personas que creen que no podrían vivir sin mantener conversaciones instantáneas con cualquiera de cualquier parte del mundo. No sé de dónde viene esa percepción, pero está ahí. Creo que está ahí porque se puede realizar. Y pienso lo mismo de otras muchas aplicaciones de ordenadores y redes. A cualquiera le parece indispensable tener acceso a Google: ¿qué hacían antes de Google o antes de la Web o de cualquiera de todos estos avances tecnológicos? Algunos se han convertido en esenciales en contraposición a las cosas nuevas y diferentes. Así es el ser humano. Mantiene ocupada a gente como yo.

17 ¿Cuánto le costó desarrollar el CPYnet en BBN? No mucho. Quizá una semana o dos o tres. No se desarrolló todo a la vez. Se iba mejorando con el curso de los meses, así que es un poco difícil determinar el tiempo exacto. Y no se calculaba por separado, incluso si pudiera encontrar el tiempo para volver y sumar las horas.

18 Implementó el primer protocolo de control de ARPAnet (el NCP) para el sistema operativo TENEX. Más adelante hizo lo mismo con el TCP/IP con Bill Plummer.

«Ahora se pueden enviar archivos a través de la red ARPAnet.

La @ indicaba al ordenador que el usuario final estaba en algún otro lugar, fuera del servidor que enviaba el correo. El correo electrónico había nacido...

El mensaje fue desde Tomlinson hasta Tomlinson. BBN tenía dos sistemas conectados a través de ARPAnet.

El primer mensaje enviado en código Morse el 24 de mayo de 1844 fue: *"What hath God wrought"* (Lo que Dios ha creado).

El primer mensaje que se envió a través del teléfono de Graham Bell el 10 de marzo de 1876 fue: *"Mr. Watson, come here; I want you"* (Señor Watson, venga; le necesito).

Las primeras palabras de un fonógrafo en 1877 por el mago de Menlo Park, Thomas Edison, fueron: *"Mary had a little lamb"* (Mary tenía un corderito).

Las primeras palabras que se dijeron desde la Luna en 1969 fueron: *"Houston, Tranquility Base here. The Eagle has landed"* (Houston, aquí Base Tranquilidad. El Águila ha aterrizado).

Las primeras palabras que se enviaron por correo electrónico... ¡Uy!, en realidad no se saben. Ni el mismo Tomlinson puede decir con certeza qué leyó en el primer mensaje de correo electrónico. Para ser sinceros, ni siquiera recuerda la verdadera fecha del primer envío. Creemos que fue a finales de 1971. Algunos artículos sostienen que el primer mensaje fueran probablemente carácteres creados al azar por Tomlinson dándole a algunas letras del teclado. Un gran número de artículos que he leído sostienen que el primer mensaje de correo electrónico fue algo como "QWERTYUIOP". Lo único que puede asegurar Tomlinson sobre el primer mensaje de correo electrónico es *que estaba escrito en mayúsculas...*»

Texto original del Dr. Joe Burns en la celebración en 2001 de los treinta años del correo electrónico

LECTURAS COMPLEMENTARIAS
TRABAJOS Y LIBROS MENCIONADOS / RECOMENDADOS

Ray no ha escrito muchos artículos. Pero quiere destacar uno que escribió con Yogen Dalal:

- Tomlinson, R. S, "Selecting sequence numbers", *Proceedings of the 1975 ACM SIGCOMM/SIGOPS workshop on Interprocess communications,* pp. 11-23 (enero 1975)

Es coautor de 6 protocolos de Internet *RFC 21* o recomendaciones desde 1971 hasta 1974.

- *RFC 0700. Protocol experiment.* E. Mader, W. W. Plummer, R. S. Tomlinson, 01-08-1974.
- *RFC 0636. TIP/TENEX reliability improvements.* J. D. Burchfiel, B. Cosell, R. S. Tomlinson, D. C. Walden, 10-06-1974.
- *RFC 0561. Standardizing Network Mail Headers.* A. K. Bhushan, K. T. Pogran, R.S. Tomlinson, J. E. White. 05-09-1973.
- *RFC 0529. Note on protocol synch sequences.* A. M. McKenzie, R. Thomas, R. S. Tomlinson, K. T. Pogran, 29-06-1973.
- *RFC 0467. Proposed change to Host-Host Protocol: Resynchronization of connection status.* J. D. Burchfiel, R. S. Tomlinson, 20-02-1973.
- *RFC 0107. Output of the Host-Host Protocol Glitch Cleaning Committee.* R. D. Bressler, S. D. Crocker, W. R. Crowther, G. R. Grossman, R. S. Tomlinson, J. E. White, 23-03-1971.

Y contribuyó en muchos otros: la especificación TELnet, el correo electrónico y el FTP:

- *RFC 0718. Comments on RCTE from the Tenex Implementation Experience.* J. Postel, 30-06-1976.
- *RFC 0495. TELnet Protocol specifications.* A. M. McKenzie, 01-05-1973.

Steve Lukasik

Director de ARPA, 1971-1974 (director adjunto, 1967-1971).

«Internet se considera una fuente de **BENEFICIOS** sin tener en cuenta el daño que puede causar.»

Entrevista realizada el 3 de diciembre de 2007 en Falls Church (Virginia)

Nació en Staten Island, Nueva York, el 19 de marzo de 1931.

Es licenciado en Física en el Rensselaer Polytechnic Institute (1951), máster (1953) y doctorado (1956) en Física por el MIT (Instituto Tecnológico de Massachusetts).

Recibió su formación en física y piensa como un físico, pero no ha trabajado en ese ámbito desde 1966. Ha participado en asuntos políticos públicos de gran contenido técnico, como por ejemplo control armamentístico, armas nucleares, relaciones internacionales, insurgencias y terrorismo. Es difícil calificarle por afiliación porque ha dedicado un tercio de su tiempo a la industria, un tercio al Gobierno y un tercio a academias y grupos de reflexión.

Escucha la entrevista

Estuvo en Westinghouse después del MIT y trabajó en el diseño de un reactor nuclear. En Stevens Institute of Technology dirigió un grupo llamado División de Física de Fluidos que estudiaba el rastreo de minas, las olas oceánicas, el uso de explosivos para obtener materiales de alta densidad, grandes campos magnéticos y las órbitas de partículas estables en un betatrón de plasma. De allí pasó a la Agencia de Proyectos de Investigación Avanzada (ARPA por sus siglas en inglés) en 1966 y dirigió el programa de detección de pruebas nucleares para apoyar la verificación de los tratados de prohibición de los ensayos nucleares[1]. En 1974, EEUU y la URSS firmaron un tratado de prohibición de pruebas que limitaba las detonaciones nucleares a 50 kilotones y, en 1996, otro de prohibición completa de todas las explosiones nucleares. Si bien EEUU ha cumplido con el tratado, el Senado no lo ha ratificado todavía. De todos modos, el programa que inició en la década de los sesenta está prácticamente finalizado. Fue director adjunto de ARPA al año siguiente, 1967, y director en 1971.

Steve Lukasik

1 Se firmaron tres tratados principales: el Tratado de limitación de pruebas (LTBT, Limited Test Ban Treaty) en 1963, conocido por la mayor parte del mundo como el Tratado de prohibición parcial de ensayos nucleares (PTBT, Partial Test Ban Treaty); el Tratado de no proliferación nuclear (NPT, Nuclear Non-Proliferation Treaty) en 1968, y el Tratado de limitación de las pruebas nucleares subterráneas (TTBT, Threshold Test Ban Treaty) en 1974. El NPT prometía poner fin permanente a los ensayos nucleares y el LTBT repitió esta promesa y prohibió las explosiones nucleares en todos los entornos excepto bajo tierra.

En 1975, llegué a Xerox para establecer una división que aplicaría la tecnología de PARC (Palo Alto Research Center) a productos de oficina conectados. El periodo entre 1975 y 1976 fue importante porque en ese momento **Bob Metcalfe** y **Dave Boggs** desarrollaron la tecnología Ethernet, omnipresente en cualquier ordenador actual.

El Alto, diseñado en PARC, fue el primer ordenador personal[2] y Ethernet conectaría los elementos de la *oficina sin papeles.*

Xerox ingresaba cuatro mil millones de dólares anuales en ventas de fotocopiadoras analógicas y se esperaba que Steve Lukasik desarrollara una línea de productos que sustituyera casi todos esos ingresos con productos electrónicos basados en la tecnología de PARC. Pero no tuvo mucho éxito porque a la gente que ganaba cuatro mil millones de dólares no le interesaba darle dinero para quedarse ellos sin trabajo.

Cuando **Jack Goldman** fundó PARC, muchos de los primeros miembros de su equipo eran los principales investigadores de ARPA. Lukasik acabó en Xerox debido a **Bob Taylor,** que también se había marchado a PARC. Probablemente dijera algo así como: *"Steve era el líder de todo esto en ARPA y nosotros, la comunidad de investigación de Xerox, necesitamos un líder que lo impulse en Xerox."* Así que hubo un efecto llamada combinado con su propia voluntad: Bob Taylor le llamó para que fuera, pero también le llevó su propia curiosidad por saber qué estaban haciendo los antiguos investigadores principales de ARPA en una empresa privada.

Así que solo se quedó en Xerox durante un año y medio, cuando se hizo evidente que la empresa no tenía intención alguna de cambiar la tecnología de sus productos. Xerox nunca obtuvo ni un céntimo del invento de la Red de Área Local Ethernet (LAN), de hecho, la regaló. Aunque al final la utilizó en sus fotocopiadoras.

La oficina IPTO de ARPA utilizó a sus principales investigadores como probadores-usuarios de la entonces experimental ARPAnet. Steve Lukasik utilizó este mismo paradigma en Xerox: que fueran los propios usuarios los que crearan y usaran el material y las herramientas de desarrollo. Lo aplicó en el prototipo experimental de desarrollo de producto basándose en el prototipo de estaciones de trabajo de oficina de Alto, en Smalltalk, en las interfaces de usuario gráficas y en una plataforma de impresión láser basada en una copiadora Xerox, para el prototipo experimental del desarrollo del producto.

Todo ello lleva a una conclusión: mientras que ARPAnet se desarrolló con la intención de solucionar problemas militares de mando y control, la misma tecnología funcionaba igual de bien aplicada a productos comerciales y a lo que sería Internet.

2 Se consideraba personal porque todo el mundo tenía uno, aunque costara al menos cien mil dólares y se montara a mano.

¿Recuerda cuándo tuvo contacto por primera vez con un ordenador?

Mi experiencia en informática, cuando me uní a ARPA, era escasa. Parte de la relación empezó bastante de casualidad; cuando dirigía la Oficina de Detección de Pruebas Nucleares, las oficinas que estaban al otro lado del pasillo eran las de la IPTO[3]. Solía ver a esa gente. Eran de las personas más inteligentes de la agencia, una razón más para entablar conversaciones con ellos, y ya no solo por sus capacidades individuales, sino por la calidad de sus investigadores principales. Cuando te mezclabas en su ambiente, siempre aprendías algo nuevo.

Antes de ir a la universidad, visité el MIT. Mi guía me llevó al Harvard Aiken Laboratory. Estaban utilizando el Mark III que había servido en la Segunda Guerra Mundial para calcular tablas de disparo. Estaba basado en relés, era estruendoso y emitía un ruido horrible según se iban procesando los bits. Cuando estuve allí, todavía estaban desarrollando el Whirlwind. Algunos de mis amigos formaban parte del grupo de teoría molecular de **John Slater.** Estaban programando la máquina aun sin terminar para poder calcular la molécula que habían elegido como tema para su tesis doctoral.

¿Cómo se utilizaban los ordenadores en la década de los cincuenta?

En 1955 entré como científico en el laboratorio Bettis de Westinghouse[4] y utilicé ordenadores por primera vez. Bettis era la planta que fabricó el primer reactor de energía nuclear de los Estados Unidos, en Shippingport. Se centraba en los reactores para la propulsión de submarinos. Únicamente cuando ya estaba a punto de irme de allí, conseguimos tener un *mainframe:* un Philco 2000. La manera de *utilizar* un ordenador por aquel entonces era muy diferente. Los matemáticos desarrollaban programas que, al depurarlos, se convertían en programas de producción. Utilicé una calculadora *eléctrica* (lo último en tecnología de escritorio, un gran avance en comparación con las de tipo manivela) a la que preparaba formularios de entrada mediante los "operadores" que creaban las tarjetas perforadas, las consolidaban todas y se enviaba gente a los *mainframes* de todo el país cada tarde. Volaban a lugares como el Centro de Investigación de Ordenanza Naval (NORC por sus siglas en inglés) con cajas de tarjetas perforadas. Se quedaban toda la noche y, si la máquina lo permitía, se abordaba el problema. Por la mañana, los mensajeros volvían con copias impresas y a la mañana siguiente tenías tus resultados.

Esta forma de utilizar los ordenadores no estaba mal para un diseñador, porque siempre tenía otras cosas que hacer durante el resto del día. Sin embargo, los pobres matemáticos tenían que depurar los complicados programas de transporte y difusión de energía de neutrones que estaban desarrollando en este lento *entorno batch* (por lotes).

En 1958 fui al Stevens Institute of Technology para trabajar en temas de dinámica de fluidos. Stevens creó un Departamento de Informática y compró un IBM 1620, un miniordenador de libre acceso. No había personal operativo ni de programación. Compilabas tu programa en FORTRAN, en mi caso, y lo ejecutabas. En mi última época allí yo era el director de este pequeño centro, que también contaba con un UNIVAC que se utilizaba como máquina de servicio comercial. Así que esa fue mi relación con los ordenadores antes de llegar a ARPA. Tuve cierto contacto con el lenguaje ensamblador, aunque solo necesitaba lenguajes de programación de alto nivel para los cálculos físicos.

¿Cuál fue su primer contacto/experiencia con Internet o ARPAnet?

La primera vez que lo utilicé fue cuando la oficina IPTO me facilitó una dirección de correo electrónico en 1973.

ARPAnet[5] es una historia que está en el recuerdo de todos. Ya he comentado que fui a ARPA para dirigir

3 IPTO: Information Processing Techniques Office (Oficina de técnicas de proceso de la información). Donde ARPAnet nació.

4 El laboratorio nuclear Bettis formaba parte de la Westinghouse Electric Corporation en Pittsburgh, Pensilvania.

5 Después de esta entrevista, el Dr. Lukasik escribió un artículo en *IEEE Annals of the History of Computing* titulado: "Why the ARPAnet Was Built" (Porqué se sonstruyó ARPAnet) en donde se puede encontrar una descripción detallada de su perspectiva sobre el origen y la motivación de la construcción de esta red.

una prueba nuclear y, en aquel entonces, ARPA tenía su sede en el Pentágono. Como es conocido, el Pentágono está compuesto por cinco anillos, uno dentro del otro. El anillo exterior es el E y mi oficina, que contaba con siete u ocho personas, estaba en el anillo D. Teníamos varias dependencias, cuatro, cinco, seis, siete a lo largo del anillo D. La oficina IPTO (donde se concibió ARPAnet) estaba ubicada al otro lado del pasillo y **Bob Taylor** en ese momento era su director. Obviamente, nos conocíamos porque teníamos oficinas por todo el pasillo y, como me interesaban los ordenadores, alguna vez asomé la cabeza. Un día, **Bob Taylor** salió de su oficina con una sonrisa de oreja a oreja; estaba totalmente contento y entusiasmado, tenía algo que contar y tenía que contárselo a la primera persona que se cruzara con él, que dio la casualidad de que fui yo. Así que nos encontramos allí en el pasillo y me dice: *"¡Steve!"*. No me acuerdo de las palabras exactas, pero fue algo así como: "Acaba de ocurrir algo estupendo. Acabamos de obtener el acuerdo de nuestros principales investigadores para conectar sus centros informáticos a una red que pretendemos crear, ARPAnet".

Ahora bien, ¿qué era lo sorprendente? Esa es otra historia interesante. Si te paras a pensar en quiénes eran los "contratistas" de ARPA, eran por ejemplo el investigador principal del Carnegie Mellon, o del MIT, Utah, Berkeley, UCLA o Stanford, la mayoría no tenían ordenadores. Utilizaban el centro informático de la universidad. Aunque ARPA les dijera a sus investigadores principales: "Vamos a crear ARPAnet. Vais a trabajar con nosotros y con el resto de organizaciones asociadas a través de esta red que vamos a crear"; ellos mismos no tenían la autoridad suficiente para decir que sí porque eran un grupo de un par de profesores y estudiantes de posgrado que dependían de ese personaje distante llamado director del centro de informática, el cual tenía que dar su aprobación porque era a su ordenador al que el IMP (forma primigenia de lo que más adelante sería un *router*) iba a estar conectado. Era la época del tiempo compartido, todos los usuarios usaban a la vez su máquina, cada uno en su propio terminal. Cualquier equipo experimental que tuvieran conectado al centro de informática debía tener la aprobación del director del centro. En este caso, conectarse a un IMP que a su vez se conectaría a ARPAnet.

Entonces, ¿por qué no iban a estar de acuerdo? Eran personas críticas. Porque, después de todo, podían tener mil usuarios y nuestro investigador principal solo era uno de esos mil. Los responsables de los centros de informática académicos tienen que tener a todos sus clientes contentos: al Departamento de Inglés, al de Física, al de Matemáticas y al de Geología. Todos quieren hacer cosas y estos chicos únicamente tratan de mantener contenta a su base de clientes. Y llegan los chicos informáticos que dicen: "Mira, vamos a hacer una cosa: vamos a conectar cables a tu ordenador y este va a tener que manejar paquetes e introducir todo en el sistema". Y los otros responden: "Chicos, me estáis trayendo un montón de problemas. Mi tiempo de funcionamiento puede alterarse, mi fiabilidad también. Tengo a la gente encima porque me habéis fastidiado el ordenador durante dos horas cuando se esperaba que estuviera disponible". El otro punto que les preocupaba era una cuestión de negocios. El responsable del centro de informática dirigía un monopolio, o sea, era la única opción de la ciudad en cuanto a informática, y estamos hablando de 1966.

El centro de informática de cada universidad era diferente porque cada uno tenía necesidades diferentes, pero todos eran autónomos. El responsable del centro temía que si ARPAnet funcionaba, la gente se llevaría su carga informática y, si no les gustaba la universidad de Michigan, la llevarían a la de Carnegie Mellon o a la de Stanford. Así que, mientras nosotros lo veíamos como una empresa cooperativa valiente en la que nuestros investigadores principales podrían utilizar *software, hardware* y máquinas para fines específicos en otros lugares y tener relación con colegas que eran importantes especialistas en los ámbitos que se precisaban para la investigación, el centro de informática solo veía que el trabajo pasaría de los centros de informática peor gestionados a aquellos que funcionaban mejor, es decir, era una cuestión de competencia. No querían dar mala imagen y, si al final resultaba que todo el mundo se llevaba el trabajo a otra parte, el organismo de gestión de la universidad local podría tener una idea bastante acertada de lo mal que se estaba desempeñando ese trabajo.

Ese día en que Bob apareció en el pasillo era diciembre de 1966. Fue un día feliz (yo entré a trabajar para ARPA en abril de 1966, por lo que estoy seguro de que

«Por supuesto, el maravilloso milagro de Internet es que ahora todo el mundo quiere que todo esté conectado a todo, pero en aquella época era justo lo contrario.»

era diciembre). Todavía eran las 5 de la tarde, pero ya era de noche y no había mucha gente por allí. Estaba encantado de haber conseguido el acuerdo. Porque una cosa es explicarles a tus investigadores principales cómo va a funcionar y otra es conseguir las instalaciones reales. Así que ese fue el inicio de la red, pero no su inicio técnico. Es decir, hacía tiempo que Bob Taylor había promocionado ARPA para conseguir presupuesto para la red, pero ahora estaba intentando convencer a un grupo fuerte que no estaba bajo su control administrativo ni de su alcance directivo. Así que lo que logró aquel día fue que dijeran: "Vale, participamos". Ahora bien, hubo un cierto grado de oposición incluso por parte de los informáticos porque, obviamente, si eres un informático que trabaja con sistemas operativos, lenguajes, gráficos o lo que sea, eso es lo que quieres hacer. Entonces, solo porque ARPA financiaba el proyecto, llegábamos nosotros y decimos: "Ah, por cierto, queremos cambiar vuestro método de trabajo". En cierto modo nos estábamos entrometiendo, es decir, imagínate que ya sabes cómo va tu trabajo, te gusta ganar dinero y la forma que tienes de ganarlo, y si estás contento con lo que haces, tienes todos tus programas ejecutándose en el *mainframe* y tienes contento a tu departamento y a tu grupo de investigación, y llegamos nosotros y te decimos: "No, no, no, queremos hacer algo diferente, queremos tener la posibilidad de hablar con Fred, Sarah o con quien sea". De algún modo es como dictaminar el tipo de papel higiénico que hay que usar en el baño, ¿no? ¿A nosotros qué más nos da? Les damos dinero para que produzcan resultados y ellos los obtienen. Y hasta los investigadores principales vieron que era un problema, porque recordemos que hasta que no conseguían un contrato para trabajar en temas de redes, no creaban un grupo de investigación en *networking*.

"Me estás molestando, estás entorpeciendo mi investigación, de hecho, me estás diciendo que voy a usar una red de ordenadores de fiabilidad desconocida pero que será muy evolutiva. Es muy poco fiable y vas a estropear mi centro de informática". Era algo sorprendentemente difícil de vender.

«Así que, al igual que fui el tipo de Xerox que intentaba introducir las fotocopiadoras digitales en un mundo de fotocopiadoras analógicas, en este momento éramos los que le estábamos diciendo a un grupo de personas que estaban diseñando gráficos o cualquier otra cosa que queríamos formar un grupo para establecer una red. Y nos contestaban: "Pero no me vas a pagar más por ello. Si me estás dando un millón de dólares, y ahora quieres usar 150.000 para la red, significa que recibiré 850.000 en vez de un millón". Este fue el tipo de reticencias que tenían durante el proceso. »

En los distintos libros que tratan este tema, **Bob Taylor** aparece como una especie de tipo mesiánico. "Esto va a ser maravilloso, tiene que ser así, tienes que hacerlo..." creedme, hay muchas historias así sobre Bob. Tenía que hacerlo. Llega a encargarse alguien menos insistente que Bob, alguien con menos dedicación, menos comprometido y eficaz, y ahora no estaríamos hablando de todo esto. Era totalmente opuesto a **Larry Roberts**, que encaja más con la descripción de tipo académico tranquilo. Alguien que te puede proporcionar ejemplos fantásticos, explicarte el tema de los costes y las disyuntivas técnicas. Bob Taylor, sin embargo, era más de darte un capón y decirte: "Así es cómo tienes que hacerlo". Así que hubo un momento clave en el que se dio un paso importante. Y el más importante no fue cuando Bob Taylor conseguía que **Charlie Herzfeld** (quien nos precedió a **Eb Rechtin** y a mí como director de ARPA) le diera un millón de dólares para la red, sino cuando realmente la creó e hizo desaparecer todos los obstáculos que habían estado impidiendo su creación.

Charlie Herzfeld dice que firmó la primera petición de ARPA en 1965 y yo no estaba todavía allí. Fue antes de mi época en ARPA. De todo esto se deduce que si Bob habló con Charlie y consiguió el dinero en algún momento de, pongamos la segunda mitad del año 1965, le costó quince meses pasar del: "Vale, Bob, aquí tienes tu dinero", a poder decir: "Uf, por fin tengo gente, suficiente gente alineada en la misma dirección" para seguir con el entusiasmo de tener las cosas en marcha.

Primera demostración de ARPAnet (octubre de 1972)

El gran acontecimiento tuvo lugar en la conferencia sobre informática de otoño celebrada en Washington DC y que supuso la fiesta de presentación de ARPAnet. Fue una gran demostración en octubre de 1972, con el hotel Hilton como escenario. Yo no estaba presente. Estaba en Washington, pero no asistí a esa reunión en concreto. Trabajaron como locos porque configuraron un nuevo IMP en la sala de fiestas del hotel donde se iba a celebrar la reunión.

Un grupo procedente de una de las universidades enlazaría la sala de este hotel a su centro de informática, que haría funcionar algunos gráficos y demostraría que iban a otro sitio. Hubo otras demostraciones de otro tipo, de inteligencia artificial y similares por parte de muchos de los contratistas. Hicieron cosas como llevar datos de una universidad a otra, haciéndolos funcionar en una máquina especial, en un procesador paralelo o en cualquier cosa que estuviera en otro lugar, y después los resultados volverían al sitio inicial. Debía ser un ejemplo de cómo funcionaría Internet y ARPAnet, de cómo se suponía que funciona una red. ¡Y estamos hablando del **4 de octubre de 1972**!

Fue realmente un hito, a partir de entonces todo el mundo se interesó por la red. Hasta ese momento, la comunidad de usuarios estaba formada únicamente por contratistas de ARPA, salvo en aquella época en la que aparecieron las organizaciones militares ajenas a ARPA. Los términos estaban claros. Debían comprar sus propios IMP, pero nosotros les proporcionábamos todas las líneas de comunicación, es decir, les arrendábamos todas las líneas y las configurábamos y pagábamos cada mes.

Ese fue el momento en que el mundo se dio cuenta de que se trataba de algo importante y vieron que funcionaba. Existen muchos mapas de ARPAnet en sus distintas etapas. Si nos fijamos desde 1969, 1970, 1971 y 1972, podemos observar su crecimiento exponencial.

Primera experiencia en el uso de ARPAnet

En 1972 o 1973 Larry Roberts me facilitó una cuenta de acceso. Hasta ese momento yo simplemente era un tipo que se sentaba allí y tomaba decisiones, asignaba fondos entre otras cosas, animaba a la gente y hacía que la gente se fijara en determinadas áreas. Se trataba básicamente de una cuenta de correo electrónico. Fue un desarrollo muy interesante. Durante todo el proceso me di cuenta de que pasaba más tiempo hablando con la gente, que era más fácil comunicarse por correo electrónico aunque estuviéramos en el mismo edificio (ya no estábamos en el Pentágono). El tema es que, cuando se me ocurría una idea, no tenía que esperar para localizarlos por teléfono ni convocar reuniones al estar ausentes, simplemente les enviaba un correo electrónico. Existía la posibilidad de crear grupos virtuales, no hacía falta que estuviéramos en la misma oficina. Los directores de la oficina se dieron cuenta de que pasaba más tiempo con aquellos que estaban conectados y dijeron: *"Podremos disponer mucho más del tiempo de Steve si hacemos que toda nuestra gente use ARPAnet"*. Por lo que hubo una competencia normal por los fondos y para mantener la posición. Lo importantes que eran para mí dependía del tiempo que les dedicara. Este fue el primer uso de ARPAnet o de la tecnología de red para crear grupos virtuales por otros que no fueran sus creadores.

En su opinión, ¿cuáles son las características clave de Internet?

- Permite la inteligencia colectiva.
- Las barreras de acceso son bajas.
- Pero que sea un sistema abierto significa que no se conozcan sus límites y sus modos de inestabilidad. Existen varias cosas que se pueden llevar a cabo para gestionar una red, pero necesitan una estructura. Mientras ayudan a los ingenieros de sistemas, se pierde la esencia de un sistema abierto.
- A medida que este tipo de sistemas crece, parece

Consola del proyecto SAGE.
Se puede visitar en el Museo de Historia Informática (Computer History Museum), California.

que se crean errores más rápido de lo que los podemos solucionar. Todo lo que tiene ventajas, tiene inconvenientes. En este caso, los aspectos de seguridad y privacidad.

El problema de la seguridad apareció muy pronto en ARPA. En 1970 le pregunté a Larry Roberts: *"¿Qué pasa con la seguridad?"*. Y me contestó: *"Steve, si quieres añadir seguridad a ARPAnet nunca terminaremos la investigación. Bastante complicado resulta ya conseguir que las cosas funcionen y desarrollar* hardware, software *y procesos. Si también tenemos que controlar quién tiene acceso y a qué, la investigación se paralizará. La única manera de llevarla a cabo es permitiendo que todos hablen con todos. Al fin y al cabo, ese 'todos' del que hablamos son solo cincuenta personas"*.

De mala gana, dejé la discusión. Pero Larry aceptó un punto intermedio entre mucha seguridad y nada de seguridad. Acordamos que podríamos confiar en los nodos y solo cifrar los enlaces. Ya que estábamos comprando los enlaces, era razonable que los usuarios no se opusieran a este grado de intervención. Si bien era adecuado como fundamento de arquitectura de una red poco ocupada, al trasladarlo a una red de mayor ocupación no funcionó bien.

Como todo el mundo sabe ahora, si no diseñas algo seguro desde el principio, nunca obtendrás seguridad.

Actualmente no hay confianza en Internet y nos encontramos con correo electrónico no deseado, piratas informáticos, gente que abusa de los espacios cibernéticos comunes y una pérdida de la privacidad personal. Muchas organizaciones se ven afectadas por la falta de seguridad y la pérdida de privacidad en nuestra red esencialmente insegura. Desafortunadamente, tomar medidas en el asunto es sumamente complicado.

¿Cuáles son para usted los hitos más importantes en el desarrollo de la red?

La **red experimental de cuatro nodos** (UCLA, SRI, UCSB, Utah) en 1969.

El cambio de enfoque que se le dio a ARPAnet de ser un programa de investigación de ARPA a proveer servicios militares, que en parte fue casual y en parte planeado. Pensábamos que estábamos llevando a cabo un experimento, pero nos dimos cuenta de que estábamos ejecutando un sistema de comunicación operativo sin autorización para hacerlo, por lo que la parte operativa se le cedió a la DCA (Agencia de Comunicación para la Defensa) y se llamó MILnet. ARPA mantuvo ARPAnet para realizar investigaciones y luego desarrollar la tecnología. MILnet es ahora SIPRnet (red con IP segura) y NIPRnet (red no segura). Más adelante, lo que quedó de ARPAnet evolucionó a una red para investigadores más allá del ámbito de la informática. Más tarde, la NSF (Fundación Nacional de la Ciencia) la absorbió y la llamó NSFnet, dejándola abierta a investigadores no solo del DoD (Departamento de Defensa), sino de todas las universidades.

La transición de ARPAnet a una red internacional. Me dediqué a presionar a las otras oficinas de ARPA para que usaran ARPAnet en sus propios programas de investigación, en particular a la oficina que dirigí cuando estuve en ARPA, la Oficina de Detección de Pruebas Nucleares. Estábamos construyendo matrices sísmicas en varios lugares para probar conceptos operativos. Construimos una en Noruega (NORSAR) y utilizamos ARPAnet para juntar las matrices y poder llevar a cabo un proceso intermatricial. En las telecomunicaciones internacionales, incluso lo más simple se convierte en complicado. A medida que avanzábamos, nos hicimos más competentes en materia de normas y procesos de telecomunicación internacional.

El uso de la nueva red para la gestión interna de ARPA reveló algunos problemas respecto a la interfaz de usuario, aceptables para los investigadores pero no para los directores.

Un tiempo después, ya en PARC, compré los 300 primeros ordenadores personales (Alto) para mi equipo en la División de Desarrollo de Sistemas de Xerox. Para repetir el mismo proceso que se utilizó con ARPAnet, hicimos que los investigadores fueran también los usuarios para probar los prototipos experimentales.

¿Quiénes han sido las personas clave, líderes o impulsores en el desarrollo de Internet?

Debido a que las grandes empresas implican a muchísima gente, es prácticamente imposible identificarlos a todos, ni siquiera a los principales colaboradores.

J. C. R. Licklider tuvo la idea de la gran red intergaláctica y eso fue una visión. **Larry Roberts** fue clave y **Bob Taylor** también. Los estudiantes universitarios fueron clave. Aunque cada contrato con la universidad estaba dirigido por un investigador principal, los alumnos universitarios realizaron el trabajo innovador. Si se entregaran premios, yo les daría uno a los estudiantes universitarios de los programas de red de ARPA.

Así es cómo funcionaba el I+D de ARPA, a diferencia de la mayoría de los demás. Los investigadores principales fomentarían que los alumnos universitarios formaran una red autoorganizada. Este grupo colaborativo fue el que realmente creó ARPAnet.

¿Alguna anécdota divertida?

▶ En la primavera de 1969, **Eberhardt Rechtin** era el director de ARPA y yo su adjunto. Teníamos una reunión con Larry Roberts en la que nos explicó que el ritmo de entrega de los IMP alcanzaría uno al mes a partir del mes de agosto y que él los instalaría, pero Eb y yo no

Stephen Lukasik con el autor, durante la entrevista en Falls Church (Virginia, EEUU), el 3 de diciembre de 2007.

teníamos muy claro si era buena idea implementar la ARPAnet basada en tráfico sintético en vez de en tráfico proveniente de usuarios reales. Eb le dijo: *"Mira, Larry, esta tecnología no se ha probado y no tenemos claro si dejar que la gente haga su propia investigación y si funcionará en la práctica, así que nos parece que lo mejor es que empieces con algo pequeño y luego vuelvas para dar luz verde a la instalación de los IMP, basándonos en los resultados iniciales"*. Así que nos decidimos por la famosa red de cuatro nodos para las pruebas. Larry dijo: *"Vale, instalaremos los cuatro nodos, los pondremos en marcha y, cuando estén listos, volveré, y en cuanto veáis que los cuatro nodos funcionan bien, extenderemos la red a más de cuatro"*.

El primer IMP llegó a UCLA en agosto, y el segundo a SRI poco después En la siguiente reunión con Larry para revisar el programa, Eb y yo esperábamos que nos hablara del rendimiento de la red de cuatro nodos. Sin embargo, Larry nos dijo que había instalado diecisiete nodos. Una vez tuvo los cuatro, no quiso esperar a que estuvieran listos el informe y la aprobación técnica porque funcionaban perfectamente, así que siguió añadiendo nodos. A pesar de que no se llevó a cabo el proceso como teníamos entendido que iba a ser, a Eb y a mí no nos molestó. El hecho de que continuara añadiendo nodos significaba, en efecto, que *"todo funciona a la perfección y tenemos que instalar estos IMP porque cuantos más usuarios estén conectados a la red, más fiable será la información que nos proporcione el experimento ARPAnet"*. No tenía sentido que nos presentara un informe para obtener aprobación y arriesgarse a que hiciéramos que el proyecto se retrasara o le pidiéramos algo distinto. Así funcionaban las cosas en ARPA a finales de los años sesenta, y esa fue la razón por la que ARPA logró sus objetivos con mucha mayor rapidez de lo que era la norma en el Departamento de Defensa de EEUU.

▶ Cuando hablaba con Larry Roberts, le solía preguntar cosas como cuál sería la solución de compromiso entre tal y cual, o temas relacionados con inteligencia artificial. A la mañana siguiente, Larry aparecía con una cantidad increíble de información detallada y análisis. Y, sin intención de infravalorar el trabajo de Larry, lo que hacía era volver a su oficina y enviar correos electrónicos a quien procediera, diciéndoles: "A Steve le preocupa X; me ha estado preguntando estas cosas y necesito la información para mañana por la mañana". Y los encargados en cuestión se ocupaban de ello y le proporcionaban la información necesaria a Larry, que venía a mi oficina por la mañana a pasármela. Al final me explicó cómo funcionaba el proceso. Ver el potencial de lo que la red puede solucionar de forma directa es mucho mejor que recibir un informe. Internet posibilita el conocimiento.

▶ La oficina IPTO me proporcionó una cuenta de correo electrónico en 1973. Tenía docenas de personas con las que podía contactar casi en tiempo real, ¡y podía hacer mi trabajo de gestión a través del correo electrónico! Pero el correo electrónico en aquellos tiempos funcionaba de la siguiente forma: para acceder a mi cuenta tenía que usar un teletipo. El primer

Steve Lukasik

«Ver el potencial de lo que la red puede solucionar de forma directa es mucho mejor que recibir un informe. Internet posibilita el conocimiento.»

mensaje que aparecía era el más reciente y, después, todos los demás en orden de recepción. Esto no sería mucho problema si uno se dedica a la investigación, pero para el que se dedica a la gestión se convierte en una tarea imposible, porque necesitas encontrar la conversación entera y, normalmente, no hablas con una sino con varias personas. Así que, después de usarlo unos días, llamé a Larry Roberts y le dije: *"Esto del correo electrónico está muy bien, ¡pero es imposible de manejar! ¿Cómo puedo usarlo para gestionar si tengo mil cosas distintas a la vez? Necesito una forma de guardarlas en algún sitio para que solo me muestren las más nuevas y pueda ir después al archivo y recopilar toda la conversación"*. Al día siguiente, Larry se presentó con la solución: utilizando el editor de texto Teco, había escrito un programa de gestión de correo electrónico. Con él, podía organizar mi información en carpetas y podía realizar búsquedas. El programa, bautizado RD, funcionaba a las mil maravillas.

¿Qué opina del futuro de Internet?

¿Tiene futuro Internet en su forma actual? El sistema es imposible de gestionar pero, a la vez, necesita gestión. Y ¿deberíamos dejar la información que contiene Internet accesible a cualquier pirata informático? El mundo presenta una vulnerabilidad considerable a una tecnología que es peligrosa, pero cuyos seguidores no consideran ni admiten dicho peligro que conlleva.

En general, me decepciona bastante la dirección que Internet está tomando y la forma en que la industria del *hardware* y *software* ha demostrado que no le importan lo más mínimo los usuarios. Internet se considera una fuente de beneficios sin tener en cuenta el daño que puede causar.

Yo, personalmente, he invertido gran esfuerzo en normativa para ayudar a que la gente entienda que es posible salvaguardar la seguridad nacional sin por ello dejar de seguir disfrutando de los enormes beneficios de la tecnología de redes.

¿Ha identificado alguna tendencia tecnológica?

Cuanto más fácil hagas el uso de información, más fácil será para la gente atacar los sistemas de los que depende nuestra sociedad. Deberíamos empezar a plantearnos limitar la conectividad. La idea general es que cuanto más conectado esté todo, mejor; pero el abuso de Internet aumenta con el incremento de la conectividad. Deberían de estar más equilibrados.

Pero, a la vez, la tecnología no es la única responsable de este abuso, los usuarios tienen también su parte de culpa.

LECTURAS COMPLEMENTARIAS
ARTÍCULOS Y LIBROS MENCIONADOS / RECOMENDADOS

- Grobe, G. D.; Goodman, S., y Lukasik, S., "Cyber-attacks and international law", *Survival* 42, 3 (2000), pp. p.89-104.
- Lukasik, S., "Systems, systems of systems, and the v education of engineers", *Artificial Intelligence for Engineering Design, Analysis, and Manufacturing* 12, 1 (enero 1998), pp. 55-60.

  —, "Design in and for a complex world – Vulnerabilities and failures of complex systems", *The International Journal of Engineering Education* 19, 1 (2003), pp. 206-212.

  —, "Unleashing innovation: Making the FCC user-friendly", *Info* 11, 5 (abril 2009), pp. 76-85.

  —, "A framework for thinking about cyber conflict and cyber deterrence, with possible declaratory policies for these domains", en National Research Council (US) y National Academies (US), *Proceedings of a Workshop on Deterring Cyberattacks: Informing Strategies and Developing Options for US Policy,* Washington DC, The National Academies Press, 2010.

  —, "Why the ARPAnet was built", *IEEE Annals of the History of Computing* 33, 3 (2011), pp. 4-21.

  —, "Reducing threats to users of the global cyber commons", que se publicará en *Communications of the Association for Computing Machinery.*
- Lukasik, S.; Goodman, S. E., y Longhurst, D. W., *Protecting Critical Infrastructures Against Cyber-*Attack, Oxford-Nueva York, Oxford University Press, 2003.
- Sofaer, A., *et al.,* "A Proposal for an International Convention on Cybercrime and Terrorism", Stanford University Center for International Security and Arms Control (agosto 2000).
- Sofaer, A., *et al., The Transnational Dimension of Cyber Crime and Terrorism, Stanford (California),* Hoover Institution Press, 2001; capítulo 4: "Current and future technical capabilities".
- Waldrop, M., *The Dream Machine: J. C. R. Licklider and the Revolution that Made Computing Personal,* Nueva York, Viking, 2001.

entrevistas con algunos de los pioneros españoles

Experimento de memoria colectiva sobre los orígenes de internet en España con algunos de los pioneros locales. En la Campus Party de Valencia el 12-07-2011.

Josep Maria Blasco

Pionero de EARN y de las listas de distribución (LISTSERV)

«A las burocracias no les gusta la gente que está preocupada por hacer cosas que sirven, les gusta la gente que está preocupada por obedecer a la jerarquía, **PREDECIBLES**, y yo no era para nada predecible.»

Entrevistado el 20 de noviembre de 2008 en Alcalá de Henares.

Nacido en Barcelona el 12 de mayo de 1960.

Estudió Matemáticas en la Universidad de Barcelona (UB), donde se licenció en 1982 y obtuvo el grado en 1983. Fue profesor en la Facultad de Informática de Barcelona (FIB) de la Universitad Politécnica de Catalunya (UPC) durante un año: *"Pero no me gustó el trabajo, por varias razones. Trabajé en el Centro de Cálculo de la Universidad de Barcelona desde que empecé la carrera en 1977 hasta 1982, sin cobrar, hice un trabajo voluntario. Obviamente, como no cobraba no me podían dar encargos. Después, a partir de 1982 empecé a cobrar y entonces tenía que hacer lo que me decían mis empleadores, que era más aburrido que lo que se me ocurría a mí –como suele pasar en estos casos–".*

Estuvo trabajando para la Universidad hasta mayo de 1987, y de ahí se fue a trabajar para la Gessellschaft für Mathematik und Datenverarbeitung (GMD), una empresa de investigación semipública alemana que iba a llevar el nodo central de la red EARN en Alemania. Estuvo dos años trabajando ahí y después su vida fue por otros derroteros. Pero esta es la parte curricular que interesa con respecto al tema de EARN y de RedIRIS.

www.ub.edu
www.epbcn.com

¿Recuerda cuándo tuvo el primer contacto con un ordenador?

Fue en 1977, cuando empecé la carrera de Matemáticas. Teníamos una asignatura en primero en la que nos enseñaban programación en PL/I y que me fascinó extraordinariamente. Recuerdo que fui a ver al profesor y le pedí el manual (eran manuales de 400-500 páginas). Lo fotocopié al 50%, que es para lo que me daba el presupuesto, y lo llevaba encima a todos lados. ¡Hasta al lavabo! Me iba al lavabo y leía dos páginas del manual de PL/I, cogía el autobús y leía dos páginas más del manual de PL/I… Llegué a saberlo absolutamente todo del PL/I. Entonces el profesor, Joan Llopart, me llamó y me dijo que no había visto nunca a una persona con tanto interés y tanta capacidad, y me nombró miembro colaborador del Laboratorio de Cálculo. Era una figura extinguida y vacía de contenido, una excusa para que pudiese seguir utilizando el ordenador durante la carrera, cosa que de otro modo no me hubiese sido permitido hasta quinto.

Josep Maria Blasco

Digo "el ordenador" porque era el único que tenía la Universidad de Barcelona, era un IBM/360 modelo 40[1], con memoria extendida de 96 kb y con cuatro discos 2311, de 7,5 megas cada uno de almacenamiento, considerado muchísimo en su momento. A clase de matemáticas no iba porque me aburría. Este fue el primer contacto con el ordenador.

En 1979, llegó una cinta con el Pascal P4, desarrollado por estudiantes de **Niklaus Wirth,** el creador del lenguaje. La gente del Laboratorio de Cálculo se planteó hacer una adaptación de esa cinta para nuestro IBM, y tres personas nos presentamos voluntarias y quedamos para al cabo de quince días. A los quince días, yo tenía un plan trienal preparado con una estrategia de desarrollo. Los otros no habían hecho nada, así que el proyecto me lo quedé yo. Hice un intérprete de P-Code para Pascal P4 en Assembler/360, y el primer compilador de Pascal que tuvo la Universidad de Barcelona, que se utilizaba para dar cursos a los profesores universitarios, fue el mío, años antes de que se adquiriese la versión comercial de IBM.

Después, empecé a ir modificando el lenguaje que compilaba mi compilador, de manera que incorporase algunas cositas de Ada, de lenguajes experimentales como Clu y Alphard... Mis jefes pensaron que había que "capitalizar" esto, empezar a ponerle "objetivos" al "proyecto", empezar a utilizarlo políticamente y, bueno, se lo cargaron, claro. Quisieron que el lenguaje pudiese funcionar en catalán y en castellano, lo que era una trivialidad técnicamente, para aprovechar el impulso político que tenía el catalán en ese momento. En fin, empezó a ser todo mucho más aburrido. En el contexto de este aburrimiento es donde yo empecé a interesarme por las redes como EARN, y por Internet.

¿Cuál fue su primer contacto o experiencia con Internet?

Yo soy "más antiguo". A Internet en España aún le faltaban algunos años por llegar. Soy de la época de la red EARN. Creo que fue a finales de 1985[2].

Subject: Shared DASD and SP4 Card
From: Jose Maria Blasco Comellas <ZCCBJBC@EB0UB011>
To: LSTSRV-L@FRECP11
Date: Wed, **10 Sep 1986** 20:48:59 ABC

I was trying to move the read-only part of LISTSERV to a DASD shared by our two mainframes, EB0UB011 & EB0UB012. I moved all EXECs (except LSV$PROF), XEDIT, MEMOs and REFCARDs, and left LISTs, STATs and FILEs in private minidisks. All I have tried works well, except for the 'Info' command, which expects LISTxxxx MEMO and LISTxxxx REFCARD to be in the A disk – perhaps this could be changed in a further release to search the files in the normal CMS search order.

A brief list, included in the installation memo, of strictly read-only files would be useful for installations which use shared DASDs.

Eric: the SP4 CARD module you sent can be run under SP3, or they are incompatible?

J. M. Blasco

Contribución a LSTSRV-L de 1986, de tipo técnico, que muestra mi implicación en el proyecto EARN ya en Septiembre de 1986.

En aquel momento existía BITnet. Dos universidades americanas probaron a conectar sus ordenadores, vieron que funcionaba y crearon una regla comprensible para todo el mundo: "tú te puedes enchufar a nosotros si dejas que alguien se enchufe a ti", así funcionaba BITnet. Cuando los americanos ya estaban conectadísimos, los europeos seguían perdidos en peleas políticas y sin hacer nada. IBM, de forma preactiva, dijo: "como ustedes no se ponen de acuerdo, nosotros les montamos la estructura interpaíses y ustedes se montan los países por dentro". Y puso en marcha la red EARN (European Academic

1 Era un aparato muy viejo. Cuando empecé la carrera, IBM lo acababa de retirar del mercado. Véase (<http://www-03.ibm.com/ibm/history/exhibits/mainframe/mainframe_PP2040.html>).

2 Más adelante, encontraremos un *e-mail* que parece sugerir diciembre de 1985 como la fecha más probable.

IBM/360 modelo 40.
Fuente: Archivo de IBM.

Research Network), que iba a ser una réplica de la red BITnet, pero, claro, con naturaleza europea.

Hubo una reunión fundacional de lo que tenía que ser EARN en España, y **Víctor Marqués,** el director del Centro de Informática de la Universidad de Barcelona, dio un golpe de efecto ofreciéndose y diciendo que la UB tenía recursos –lo cual era dudoso, visto en perspectiva– para albergar el centro de la red EARN en España.

Todas estas cosas eran de tipo político. Si fuesen técnicas, a cualquiera se le hubiese ocurrido que el lugar para poner el centro de una red en España tenía que ser algún punto limítrofe con otro país, es decir, Cataluña o Euskadi, no Madrid, porque las líneas telefónicas tienen que ir y volver y no olvidemos que se tarificaban por kilómetro recorrido. Pero, bueno, en ese momento se pensaba que tenía que ser Madrid, porque es la capital de España. Víctor Marqués dijo que Barcelona tenía la capacidad técnica, y nos quedamos nosotros con el nodo central de EARN en España. Un éxito político.

¿Qué pasó a partir de ahí?

Mike Cowlishaw, de IBM, había desarrollado un servidor que se llamaba TOOLS, para uso interno en Vnet[3]. Berthold Pasch, del Centro de Investigación de IBM en Heildelberg, hizo una especie de versión de TOOLS para EARN, que se llamó NETSERV, y era como un antecesor de los servidores web.

En principio, EARN se basaba exclusivamente en NETSERV, que era el servidor de la red: y en él estaban almacenadas, de forma jerárquica, las informaciones que se suponía que cada país podía necesitar. Los otros nodos de España iban, en este caso, al NETSERV de la Universidad de Barcelona a buscar la información que necesitaban. Esto era infrautilizado, porque nadie entendía muy bien cómo funcionaba. Mientras tanto, había una efervescencia creativa, por ejemplo, **Eric Thomas**[4], antes de crear el LISTSERV[5], había creado el primer *chat* con cara y ojos de BITnet, cuando tenía únicamente quince años de edad, en Assembler. Era un fuera de serie.

Por su parte, **Jeff Kell** había creado el Relay, que implementaba lo que ahora son las *chat rooms*[6]. ARPAnet fue coetánea a esta red, aunque estaba restringida al entorno de defensa y a universidades que tuvieran contratos con el Pentágono. Era un momento en que los RFC[7] (Request For Comments) producidos por el entorno de ARPAnet, empezaban a distribuirse y a tomarse como referencias que se debían seguir y, en particular, el *RFC 822,* en aquel momento novedoso[8], que especificaba cómo tenía que funcionar el correo electrónico, con lo cual hubo alguien que desarrolló un servidor llamado Mailer para BITnet.

Los de BITNIC, el BITnet Network Information Center, desarrollaron el primer LISTSERV. Era muy primitivo, todo se tenía que hacer manualmente, la persona que tenía que administrar eso no daba abasto, de modo que estaba todo el mundo descontento. Eric Thomas, que era estudiante de la Ecole Supérieure d'Electricité de París, con menos de veinte años, empezó a desarrollar su LISTSERV revisado, en sus fines de semana. Tenía acceso al *mainframe* de la Ecole Centrale de París, había hecho un pac-

3 La red interna de IBM en ese momento, sobre la que se basó BITnet y después, EARN.

4 Véase el currículum de Eric Thomas en <http://www.lsoft.com/corporate/ericthomas_cv.asp>
5 LISTSERV fue la primera aplicación para listas de distribución de correo electrónico.
6 Véanse <http://en.wikipedia.org/wiki/Bitnet_Relay>
7 Véase <http://en.wikipedia.org/wiki/Request_for_Comments>
8 Puesto que fue publicado inicialmente en 1982, consúltese <http://www.faqs.org/rfcs/rfc822.html>.

to por el cual les administraba la máquina gratuitamente y ellos se la dejaban usar para "sus cosas" durante los fines de semana.

«Como los ordenadores eran muy caros, solo se los dejaban usar a doctores, doctorandos, profesores universitarios, matemáticos, físicos, químicos, biólogos, lingüistas computacionales... Era una época elite.»

Como los ordenadores eran muy caros solo se los dejaban usar a doctores, doctorandos, profesores universitarios, matemáticos, físicos, químicos, biólogos, lingüistas computacionales... Era una época élite. Entre esa elite empezaron a aparecer fenómenos del voluntariado, la gente que hacía programas por el prestigio que te daba hacerlo y que los demás considerasen que eras un fiera. Así salieron casi todos los servicios de EARN y de BITnet. El único servicio creado por encargo fue el NETSERV (mencionado anteriormente) desarrollado por IBM.

El problema estaba en que, cuando uno "compraba" EARN, lo que se suponía que tenía que poner era NETSERV; todas esas otras cosas, como el Mailer, el Relay, el *chat,* o el LISTSERV, no se sabía si venían con el paquete o no, la persona encargada normalmente no entendía nada y ahí se generaron todo tipo de problemas. Es decir, se produjo una proliferación desordenada de estas cosas. Por ejemplo, yo me encargaba –a pesar de que no era competencia de mi departamento[9]– del LISTSERV de la Universidad de Barcelona, era *alpha tester* de LISTSERV.

Aunque pasó una cosa muy extraña. Yo había desarrollado este lenguaje de programación, el UBL (Lenguaje de la Universidad de Barcelona), que se utilizó como herramienta para la docencia de informática a los doctorandos y doctores de la Universidad[10]. Había escrito un libro[11] que se utilizaba como herramienta docente, había gente que daba cursos sobre esto. A mis jefes se les ocurrió hacer una versión de este lenguaje para el IBM PC, que acababa de aparecer. Como yo no tenía tiempo para eso, contratamos a una persona para hacer ese trabajo. Pero esta persona tenía fobia social y no le gustaba verse con los demás compañeros de trabajo porque le daban miedo...

¿Contratasteis a alguien que no podía ver a nadie?

Sí. Venía de noche a trabajar, porque "los compañeros le asustaban", y yo también iba de noche, para poder supervisar su trabajo, aunque en realidad no tenía gran cosa que hacer mientras él trabajaba. Entonces, de noche, con todo el *mainframe* para mí, empecé a navegar –el equivalente de lo que ahora sería navegar, puesto que en aquel momento no había Web ni nada–, y empecé a descubrir que existían el Mailer, el LISTSERV, y todo ese mundo de aplicaciones gratuitas.

Ejercía presión para que se instalaran estas cosas. Al final se ponían, pero a disgusto y con desgana, porque a mí no me correspondía; el encargado de la red sentía que yo le estaba quitando el lugar de trabajo. Yo lo que quería era instalar lo que veía clarísimo que era necesario y si el encargado oficial no lo sabía hacer, pues ya lo haría yo. Esto generaba interminables problemas políticos. Pero gracias a lo que hice, la Universidad de Barcelona se convirtió en un centro puntero en Europa, a pesar de los tontorrones de mis empleadores, que me miraban con suspicacia. Lo que yo hacía a todo el mundo le parecía estupendo, menos a mis jefes.

Cuando finalmente dejé la UB, era viernes, y el lunes siguiente ya tenía una oferta para ir a coordinar la red en Alemania. Los alemanes no son tontos, ¿por qué me llamaron? Porque veían que tenía un nivel técnico muy alto. A mis jefes, en realidad, no les importaba un bledo EARN, solo les interesaba tener el nodo central de EARN por el "gol político" que representaba; después, cuantos menos recursos se le tuviese que dedicar, mejor. A mí

9 Estaba en el Departamento de Aplicaciones Científicas, como encargado entre otras cosas de desarrollar el lenguaje UBL.

10 Esto se utilizó durante varios años, incluso hay gente que hizo una tesis doctoral con esto. Gente que ahora está en la Facultad de Psicología de la UB, trabajando ahí, hizo la tesis doctoral realizando estudios sobre mi lenguaje.

11 J. M. Blasco, *Manual del Usuario del Lenguaje UBL,* Publicaciones del Centro de Informática de la Universidad de Barcelona, Barcelona 1985.

sí que me interesaba. Puse el Mailer, puse el LISTSERV, todas esas cosas y, mira qué interesante, como en aquel momento todo dependía de si había alguien que entendiese y que vibrase con la cosa, el nodo con más información y más tráfico del sur de Europa pasó a ser, sin lugar a dudas, el de Barcelona.

Que el centro del sur de Europa fuese Barcelona no tenía mucha razón de ser, pero los de Montpellier, al principio, tenían sistema operativo MVS y los alemanes tenían una máquina en VM chiquitita en Darmstadt que llevaba una persona digna, pero sin mucha marcha. Como yo sí que tenía marcha, el nuevo nodo central de Europa pasó a ser Barcelona, cosa de la que los de la universidad ni se enteraban, lo miraban todo con envidia y suspicacia. Los demás lo agradecían, especialmente los usuarios, porque gracias a eso se ahorraba mucho tráfico intercontinental y las cosas iban más deprisa.

Una historia oculta realmente curiosa. ¿Qué pasó a partir de aquí?

La situación finalmente se rompe, claro, y es cuando me fui a Alemania. Estaba utilizando LISTSERV para cincuenta mil cosas, me había hecho amigo personal de su creador, **Eric Thomas,** era *alpha tester* de LISTSERV y encima había hecho una modificación muy fuerte de ese programa que se hizo muy popular entre la gente del Centro de Informática, porque era algo realmente bueno. Pero a la gente de Sistemas les incomodaba, porque yo no estaba en Sistemas y se suponía que lo que yo había hecho era una herramienta de Sistemas. Pensaban que les quería mover la silla; eran gente más preocupada por los movimientos de la silla que por hacer algo útil. El de EARN estaba preocupado por LISTSERV, el otro estaba preocupado por esta modificación que había hecho yo, yo estaba preocupado por hacer cosas que sirviesen. A las burocracias no les gusta la gente que está preocupada por hacer cosas que sirven, les gusta la gente que está preocupada por obedecer a la jerarquía, predecibles, y yo no era para nada predecible. Los de Sistemas se decían: "una herramienta importante en nuestro funcionamiento la ha hecho este tipo que no es de Sistemas". Un día cambiaron al director, y el jefe de Sistemas se asustó: "cuando venga el nuevo director y vea que este sistema lo ha hecho este chispas que no es de Sistemas, se me va a caer el pelo". Entonces me hizo lo que se llama directamente un chantaje. Me dijo: *"Cuando venga el próximo director, le diré que esto que has hecho tú lo he hecho yo"*.

Increíble. Le contesté que eso era un robo y que tenía unas horas para reconsiderar su actitud o, si no, me iría. Insistió en no reconsiderar su actitud y, bueno, me fui. El

Subject: ZCCBJBC leaving the net
From: Jose Maria Blasco Comellas <ZCCBJBC@EB0UB011>
To: The Revised LISTSERV Distribution List <LSTSRV-L@EB0UB011>
Date: Fri, **29 May 1987** 20:20:43 HOE

I'm sad to have to announce that, but:
Due to an unacceptable intrusion in private work and aberrant technical impositions from the EB0UB011 staff, I am forced to leave my job and so also the net. The EB0UB011 server machines LISTSERV, RELAY and MAILER will now be operated by Miguel Angel Campos <EARNMAIN@EB0UB011>.
[...]
You'll have to find also a new Listserv Coordinator for Southern Europe (and update the docs and the corresponding FACs :-)). I really enjoyed all the Listserv part of the work... *sigh*...
[...]
I would like to say a big thanks to all of you. I remember when I started on the net one year and a half ago and I wonder how much nice people I have known since then and how much good work is done on the net with the only purpose of offering mutual help. Thanks to all.

I hope to be back on the net (at another node) a.s.a.p. For now I'll take a month of vacations tho.

With warm regards,
Jose Maria

Carta de renuncia, y despedida de la comunidad EARN: se menciona que ocupaba la posición de coordinador de Listserv para Europa del Sur (no recordaba esto), regalo a la comunidad los programas que había escrito, haciéndolos de dominio público y digo que llevo un año y medio en EARN; como el *e-mail* es de mayo de 1987, esto situaría mi entrada en la comunidad en diciembre de 1985.

Nota: el lector interesado en consultar el e-mail *completo puede recurrir a la fuente:*
<http://bit.ly/10jMxDY>

viernes mandé un *e-mail* contando lo que había pasado a EARN, y el lunes por la mañana tenía una oferta para ir a trabajar a Alemania.

Terminé siendo el Network Country Coordinator, el coordinador central de la red EARN en Alemania. Me llevé todos los programas que había desarrollado en Barcelona, hice que Bonn fuese el *hub* de información más importante de Europa, lo cual tenía mucha más lógica que no que lo fuese Barcelona.

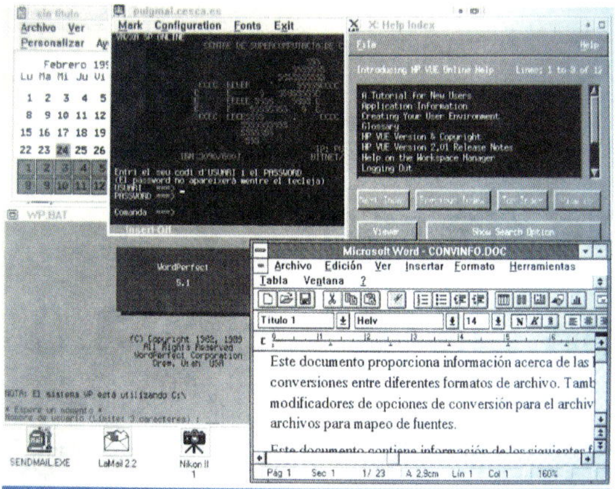

Figura A Acceso simultáneo a DOS, Windows, OS/2, un mainframe IBM 3090 con emulación de terminal 3270, y un mini Unix con X-Windows. La captura de pantalla es de 1992

Esta captura de pantalla es de 1992. Reproducida por cortesía de Josep Maria Blasco. Viendo esto, no es de extrañar que Internet se mantuviera en un entorno académico y tardara veinte años en implantarse de forma masiva.

En ese momento, a los europeos se les ocurrió una cosa que, si se la hubiesen dejado hacer, hubiese significado la muerte del *networking* en Europa, que es que el futuro del *networking* de Europa tenía que decidirlo un comité. Se dedicaron a pensar que no se podía seguir dependiendo de "esas tecnologías propietarias de IBM", querían obligar a la gente a pasar a los protocolos OSI, que además no llegaron jamás a ser ningún producto, sino que eran una mera especificación teórica.

La red ha funcionado porque es anárquica, porque la gente creativa puede hacer cosas, porque cualquiera que se inventa algo lo distribuye; no porque un comité de expertos intente algo, eso está abocado a fracasar. Los que estábamos haciendo las cosas, encargándonos de los servidores, resolviendo el día a día de la red, haciendo los programas que eran necesarios, les decíamos que se dejasen de expertos y de comités, que teníamos problemas de tráfico en la línea intercontinental, que había que conseguir que la gente instalase las tablas de ruta porque se perdían los correos, que había que conseguir que hubiese un LISTSERV en Montpellier porque, si no, el tráfico se centuplicaba; y los otros decían que no, que cuando tuviéramos los protocolos OSI, los protocolos OSI lo iban a solucionar todo. Varios nos molestamos bastante, y yo, muy modestamente (porque no había hecho ninguna contribución muy importante), retiré los productos que había desarrollado del acceso europeo, las versiones nuevas solo las podían obtener los americanos; los europeos no, para presionar. Y Eric Thomas hizo lo mismo con el LISTSERV.

Puede imaginarse el lío importante que generó esto. Inmediatamente salieron mis empleadores a decir que cómo me atrevía, que ellos pagaban la máquina y pagaban mi trabajo. Y yo les dije que no, que ese producto lo había hecho los fines de semana y que no era suyo.

A todo esto, Eric Thomas, a quien también estaban presionando muchísimo, se hartó e hizo un embargo del LISTSERV para toda Europa, distribuyéndolo solo para el "resto del mundo". A partir de ahí inició un camino para convertirse en una empresa privada y, gracias a todos estos líos, actualmente LISTSERV es un producto comercial.

En cuanto a mí, como volví a tener problemas con las autoridades, me harté, me largué, me tomé un par de años sabáticos, y después volví lentamente a la informática, pero con el tiempo me convertí en director de una escuela de psicoanálisis, actividad en la que sigo ahora. Fue la mejor decisión que he tomado en mi vida.

Empecé a estudiar formalmente psicoanálisis en 1991. Era un tema que siempre me había interesado, había leído por mi cuenta, como tanta gente, a los catorce años, *La interpretación de los sueños, El malestar en la cultura*, estas cosas. Después, cuando estudiaba la carrera de Matemáticas, me hice muy amigo de un compañero, que también era lector de Freud, compartíamos esas lecturas. Con el tiempo vine a Barcelona y fundé una escuela de psicoanálisis con gente mayor que yo. Y ahora soy uno de los directores, y he terminado haciéndome la informática a mí mismo. Con lo que, por primera vez, estoy completamente de acuerdo con los jefes, no me peleo nunca con la Dirección.

¿Cuáles son los principales hitos de las redes previas a Internet en Europa?

▶ Fundamentalmente, primero el hecho mismo de tener *networking*, que esto no era una cosa garantizada. Claro, hay que darse cuenta de que en aquel momento las líneas entre una universidad y otra –que eran carísimas– eran de 2.400 baudios (el equivalente a un cajero automático en la actualidad). Veías los e-mails ahí acumulándose, pasando uno por uno, unos e-mails de pocas líneas que tardaban varios segundos en pasar. Visto así, sin duda, el hecho de que el *networking* existiera, obviamente, era un hito sí mismo.

▶ Después, en la primera mitad de los años ochenta, llegaron todas estas cosas de las que hemos estado hablando, estos servidores que son predecesores de la Web: el NETSERV, el Mailer; la emergencia de los estándares, también; la aparición del correo, la mensajería instantánea, los servidores de ficheros. Son cosas que de una manera u otra todavía existen.

Pero el liderazgo siempre estuvo en el otro lado, el liderazgo tecnológico siempre estuvo del lado de ARPAnet, que eran los que lo hacían en serio, los que funcionaban de una manera muy estructurada.

¿Cuál fue su contribución al desarrollo de la red?

De una manera muy modesta, fui el encargado oficioso de todos los productos de *networking* de la red EARN en España (menos NETSERV), en la Universidad de Barcelona, desde mediados de 1985 hasta que me fui a Alemania en otoño de 1987.

Fui *alpha tester* de LISTSERV, y en este sentido ayudé muy activamente en su desarrollo.

Finalmente, tanto en Barcelona como después en Bonn, me encargué de que el lugar en el que estaba fuese uno de los centros más importantes, en ese momento, de la información en Europa. Por tanto, es una contribución muy modesta. Digamos que era un buen técnico muy entusiasta.

¿Quiénes fueron las personas clave en el desarrollo de la red, líderes…?

Centraré mi respuesta únicamente a la época de EARN.

- **Mike Cowlishaw,** aunque sin haber contribuido directamente a EARN o a BITnet hay que mencionarle, pues es el autor del lenguaje REXX. Casi todas las cosas que se hacían en ese momento estaban escritas en REXX. Gracias a ese lenguaje se vivió una ebullición de creatividad, desarrollada alrededor del sistema operativo VM/SP.
- Después, obviamente, **Eric Thomas,** de quien hemos hablado bastante.
- Una persona que hizo algo muy útil es **Richard Schaffer,** el autor de Mail/Mailbook, que es lo que sería el cliente de correo en redes VM.
- **Berthold Pasch,** obviamente, en la red EARN, que además era una muy buena persona.
- **E. Alan Crosswell,** autor de Mailer, desarrollado en la Columbia University.
- El autor de Relay, **Jeff Kell.**
- Mencionaría exclusivamente a los técnicos, porque lo que es a los políticos lo único que hacían era molestar, entorpecer el desarrollo técnico y armar lío. Tuvieron un papel realmente penoso.

Si la pregunta fuera al revés, ¿a quién no nombraría como personas importantes en el desarrollo de EARN?

- Pues a todos los directores de EARN de cada uno de los países de Europa, que en general eran cargos políticos que no entendían absolutamente nada de lo que se estaba cocinando…
- … y a la mayoría de los administradores de sistemas, que no sabían cómo funcionaban las máquinas que les habían encargado, que eran extraordinariamente

Josep Maria Blasco

Josep Maria Blasco, con el autor, durante la entrevista de 2008 en Alcalá de Henares.

ineptos. Sobre todo en relación a la seguridad[12]. Eran gente extraordinariamente conservadora, reacia a las novedades y, en este sentido, muy ignorante.

Un par de situaciones anecdóticas

▶ Hay algo que le debe de haber pasado también a mucha gente, pero que a mí me marcó profundamente. Como tenía tiempo libre por las noches, me conectaba. Una cosa era leer manuales en inglés y otra era interactuar en vivo en inglés. Recuerdo estar temblando cuando envié mi primer *e-mail,* hacia finales de 1985, ante toda esa gente que se movía con tanta fluidez, utilizaba *slang,* expresiones de Internet que yo ni siquiera sabía que existían, inglés coloquial, no lo que te enseñan en el colegio. Yo estaba realmente aterrorizado. Tenía unos veinticinco o veintiséis años.

Cuando se me pasó el susto y empecé a mandar *e-mails* y a soportar escribir e interactuar en inglés, empecé a tener correspondencia con varias personas y en particular con Eric Thomas. Alucinaba mucho con él, porque programaba mucho mejor que yo, escribía mejor inglés, encima era capaz de hacer poesía satírica en inglés estilo Shakespeare. Yo estaba impresionadísimo, me figuraba que sería una persona de unos cuarenta años, mayor que yo, con más experiencia vital, *bon vivant*... Después de un año y medio de conocerlo (electrónicamente), un día que tenía que ir a París pensé en aprovechar para conocerle físicamente. Encontré la pequeña escuela universitaria, pregunté por el señor Eric Thomas, lo llamaron y salió un chavalito de dieciocho años, como en los tópicos: con unas gafitas de pasta, delgadito... dieciocho años y pinta infantil. Después era un genio, pero el aspecto corporal era el de un adolescente. Claro, a mí me impactó mucho. Eric, muy amable, me enseñó el ordenador. Estábamos los dos un poco nerviosos, porque volver de carne una relación que ha sido de electrones nunca es fácil. Después me quedé pensando, porque para mí era una herida narcisista. Yo, que en aquel momento tenía unos veintisiete años, y me empezaba a ganar bien la vida, había sido profesor en la universidad, estaba bien instalado. De repente, ver que un "niño" de 18 años había sido mi maestro durante dos años era un *shock.* Claro, me di cuenta de que no podía traicionar lo que me había pasado con esa

12 Lo que la gente no entendía es que, cuando tienes máquinas conectadas en red, los problemas de seguridad se centuplican. Esto no les entraba en la cabeza.

persona, que realmente había sido mi maestro, y que si yo hubiese empezado a despreciarlo porque parecía un niño, habría traicionado mi propio aprendizaje; y yo no podía hacer eso. Ahí me empecé a dar cuenta de por qué mucha gente maltrataba a ese genio. Era un genio, pero lo maltrataban porque no podían soportar, gente de cuarenta años, que ese jovencito de dieciocho años les diese lecciones.

Para mí esto fue una enseñanza moral fortísima. Me hizo pensar mucho, hizo que me diera cuenta de que en realidad el aspecto del otro siempre nos distorsiona para escucharlo. Que el sexo del otro, su aspecto físico, la edad, la gordura, la fealdad, la belleza, todo eso nos distrae. Nos distrae de escuchar lo que tiene que decir, y en ese sentido las relaciones electrónicas son las relaciones más humanas que hay, porque no nos distraemos con eso. En contra de todas estas tonterías que dice la gente: "¡Ay, qué frías son las relaciones electrónicas!".

¿Qué piensa sobre el futuro de Internet?

Creo que hay que estar muy atento a todo lo que se llama ahora *cloud computing.* Y, por otro lado, a cosas como el lanzamiento reciente del Google G1, que viene con Google Street View y, si mueves el móvil, el acelerómetro interno cambia la imagen en tiempo real y se adapta a lo que estás viendo con los ojos. Puede preguntarse para qué sirve esto. Bueno, si tuviésemos Google Street View decorado semánticamente, por ejemplo, por una red de tipo Web 2.0, o por una red social, la cosa se volvería muy interesante.

Esto llegará a estar, como en la ciencia ficción, integrado en las gafas. Paseo por el mundo a visión desnuda, o paseo por el mundo con decoraciones semánticas. Le ordeno a las gafas: "avísame de dónde están los restaurantes japoneses", y las gafas me lo van diciendo. Es decir, camino por la calle, pero estoy acompañado por el mundo, estoy acompañado por la gente. Hay una socialidad difusa pero continua que me acompaña en todo lo que hago. Esto está a la vuelta de la esquina. Y va a producir una brecha digital muy importante, va a haber gente que se apunte a esto y esté todo el día conectada, yendo a los lugares y contribuyendo a las redes sociales. Y mucha gente que va a decir que esto es frío y que prefiere distraerse con el aspecto de la gente de su barrio.

¿Ve alguna tendencia tecnológica?

Soy un apasionado de los mundos virtuales. ¿Por qué? Porque los mundos virtuales permiten la generalización de la experiencia que yo tuve con Eric Thomas. Toda la tecnología va hacia ahí, como en las redes sociales, también. ¿Qué es más humano? ¿Hablar con mi vecina del tiempo, o hablar con alguien de quien desconozco todo: edad, sexo, color de la piel u opción política, de algo que nos interesa a los dos? Es más humano lo segundo. Es decir, las redes sociales son más humanas que la socialidad normal. Lo que pasa es que esto va a costar mucho tiempo que se entienda.

LECTURAS COMPLEMENTARIAS
TRABAJOS Y LIBROS MENCIONADOS / RECOMENDADOS

- Blasco, J. M., *Manual del Usuario del Lenguaje UBL,* Barcelona, Publicaciones del Centro de Informática de la Universidad de Barcelona, 1985.
- Thomas, E., et al., *Early History of LISTSERV,* <http://www.lsoft.com/products/listserv-history.asp>.
- "Bitnet", *Wikipedia*, <http://en.wikipedia.org/wiki/BITNET>.
- Veà, A., *Análisis histórico de internet en España,* tesis doctoral, <www.tdx.cat/bitstream/handle/10803/9156/Tavb03de23.pdf>.

Fernando Fournon

Pionero del correo electrónico e Internet en España.

«Cuando se concibió Internet, las comunicaciones tenían muchos **ERRORES** y las redes eran muy heterogéneas.»

Entrevistado el 19 de noviembre de 2008 en Alcalá de Henares

Nacido el 16 de julio de 1958 en Madrid.

Ingeniero de Telecomunicación por la Universidad Politécnica de Madrid (UPM). Empezó el Doctorado, sin la paciencia necesaria para acabar leyendo la tesis. Acabó la ingeniería en 1982 y leyó el proyecto de fin de carrera en 1983. Después del servicio militar, empezó a trabajar en la Escuela de Ingenieros de Telecomunicación de Madrid durante cuatro años como profesor asociado. En 1987, se incorporó a la Agencia Espacial Europea en los Países Bajos (European Space Research and Technology Centre) estuvo hasta 1991, año en el que volvió a España, y durante un año trabajó en el Departamento de I+D de Ericsson (Madrid). El año 1992 se incorporó al grupo Telefónica, pasando por varias de sus empresas (Telefónica Internacional, Móviles), y de sus sedes (durante cinco años en Brasil) hasta llegar a Presidir Telefónica I+D a partir de 2005.

dit.upm.es *www.esa.int*
www.ericsson.com *www.telefonica.com.br*
www.tid.es

Fernando Fournon

¿Recuerda cuándo tuvo el primer contacto con un ordenador?

Hacia el año 1975, con el AIM-65, una plataforma de desarrollo basada en el procesador 6500 de Rockwell; era muy primitivo. Trabajábamos en lenguaje ensamblador entre 1978-1980. Hice algún programa para el UNIVAC, pero con tarjetas perforadas; era otra experiencia. El primer día que pude programar con un lenguaje estructurado, el PLM, fue en el proyecto de fin de carrera, hacia 1981-1982, cuando empecé a trabajar con un ordenador con mejoras, el Z80.

¿Cuál fue el primer contacto/experiencia con EARN o Internet?

La primera *workstation* de Sun Microsystems que hubo en España cayó en mis manos en 1986, fue cuando estaba trabajando en el Departamento de Ingeniería Telemática (DIT) de la Universidad Politécnica de Madrid (UPM). Un año antes, en 1985, establecimos el primer nodo de correo electrónico internacional con UUCP, conectándonos con la red EUnet (European UUnet) de Ámsterdam y estableciendo la primera conexión, primero conmutada y más tarde con una línea punto a punto de 9.600 bps. El aparato estaba basado en XENIX, una versión más pequeña del UNIX y, más adelante, cuando empezaron a conectarse escuelas y universidades, pasamos a un pequeño servidor basado en UNIX al que le puse el nombre de "Goya".

Por aquel entonces era responsable del Centro de Cálculo del DIT y puse nombres cortos de pintores españoles, como Picasso, Dalí, Miró y Goya, para designar a cada máquina. Goya, sin duda, fue la que más conocida se hizo, puesto que cuando ya me fui a Holanda se creó la empresa Goya Servicios Telemáticos, (el primer proveedor de Internet comercial en España), creada por Jose Antonio Mañas (que me sustituyó llevando el correo electrónico en el DIT), Juan Antonio Esteban y muchos más socios y colaboradores que pusieron en marcha la empresa.

En paralelo, en el DIT, había varios equipos trabajando en protocolos de comunicación de datos. Unos, entre los que me encontraba, con UUCP, sendmail y los basados en UNIX. Otro equipo (en donde estaba Juan Antonio Saras Pazos y Andrés Pedro González Lanceros) trabajaba con el sistema de protocolos del CCITT (OSI de ISO) X.400 y, aunque ellos iban adelantados, finalmente el sistema de correo que se impuso en el mundo fue el basado en UNIX, como se sabe.

En el año 1985, antes de que España formara parte de la Unión Europea en 1986, las universidades ya podían trabajar dentro de programas europeos y en el DIT empezamos a trabajar en varios proyectos, sobre todo en mi caso, en especificación formal de protocolos, por lo que requeríamos conectarnos con los colegas por pura necesidad, para intercambiar información. Casi todos de los equipos de investigación en Europa estaban conectados al sistema de correo UUCP. Por ello, el departamento se conectó a esa red a través del nodo europeo en la universidad de Ámsterdam.

«Dudo que diéramos un buen servicio, pero fuimos pioneros en España.»

Igual que nosotros, muchas otras personas e instituciones estaban también inquietas y querían conectarse; y en pocos meses se tuvo que poner el servidor Goya permanentemente conectado. Dudo que diéramos un buen servicio, pero fuimos pioneros en España.

En el Departamento de Ingeniería Telemática (DIT) fui profesor asociado, llevando el Centro de Cálculo y los proyectos de investigación. Pepe Mañas (José Antonio Mañas) me sustituyó en dicho centro como persona encargada del nodo de correo y del centro.

«Cuando se concibió Internet, las comunicaciones tenían muchos errores y las redes eran muy heterogéneas, por lo que se inventó el TCP para conseguir el "mínimo común múltiplo" o "lo mejor de lo peor". Este protocolo no es óptimo en redes móviles, y en redes con tasa de error baja como las actuales...»

Tras esto, el contacto que tuve con Internet fue ya en la Agencia Espacial Europea entre 1988-1989. En este momento, Internet se trataba de una red académica y experimental, y apenas empezaba en su vertiente comercial.

En su opinión, ¿cuáles son las características principales de Internet?

Internet ha supuesto muchas cosas, pero, en aquellos tiempos, la verdad es que en el debate que había entre la conmutación de circuitos o la de paquetes, lo más sencillo eran los *datagramas* TCP/IP para conectar redes.

Internet logró, en primer lugar (entre una multiplicidad de sistemas de transmisión muy variopintos), conseguir dar una calidad mínima de servicio, a través del protocolo TCP, y después el protocolo IP lo que hacía era interconectar redes. Por lo que se creó una primera red que se conectaba a todo. Por encima de todas estas grandes diferencias de tecnologías y de distintos fabricantes, podías ver una única red. He ahí su grandeza.

El gran desarrollo se produjo cuando se creó la web, pero no triunfó hasta que no empezaron a surgir buenos navegadores y no los que había solo para expertos en la materia. Hasta que no empezaron a existir herramientas con las que el público empezó a poderlo utilizar de forma masiva, no arrancó. Y hasta que no hubo Mosaic/Netscape (navegadores decentes), servidores y programas, clientes de correo que empezaban a funcionar; la gente no pudo hacerse con la tecnología, porque era una cuestión de ingeniería, académica o de investigación…

¿Cuáles considera que son los hitos más importantes en el desarrollo de la red?

- **1977:** creación del BSD UNIX (Berkeley Software Distribution) con TCP/IP.
- **1985:** conexión de *e-mail* con Holanda con UUCP y Sendmail de UNIX.
- **1990:** Tim Berners-Lee crea la web.
- **1991:** se crea Goya Servicios Telemáticos como empresa que iba a ser el primer ISP (proveedor de Internet) en España.
- **1994:** la gente de informática se introdujo en el mundo de las telecomunicaciones y comenzó a hacerlo más usable (creación del navegador Mosaic y de Netscape).

Cabe destacar que la primera red de conmutación de paquetes comercial del mundo fue puesta en marcha en España por Telefónica. Era una red X.25. Existió un salto cualitativo entre Telefónica como compañía y los servicios financieros en España, ya que, mientras que cuando fui a Holanda en 1987 no se utilizaban apenas tarjetas de crédito ni había muchos cajeros automáticos disponibles, en España ya los usaba la gente de forma habitual.

¿Cómo contribuyó al desarrollo de Internet?

Fue una contribución modesta. En aquellos tiempos fuimos pioneros en darnos cuenta de que necesitábamos estar conectados y de que había gente que necesitaba estarlo, por lo que les ayudamos creando un primer punto de conectividad. Además, nos sirvió para darnos cuenta de que, en esta vida, hay que ser muy prácticos. Esto contrastaba totalmente con mi tesis doctoral, que estaba haciendo basada en la técnica de descripción formal de protocolos. Al final me di cuenta de que había que resolver problemas muy claros y necesidades muy concretas.

Bauticé el primer servidor de correo, nombrándole Goya.

Realicé la conexión del primer servidor de correo electrónico abierto (no propietario).

¿A quienes considera personas clave en el desarrollo inicial de Internet?

- **Juan Quemada** y **Juan Riera,** del Departamento de Ingeniería Telemática (UPM).
- **Pepe Barberá,** en esa época, en FUNDESCO.
- **Pepe Mañas** y colaboradores como **Joaquín Seoane.**

Un par de situaciones anecdóticas

▶ Fue casualidad que fuera Goya el servidor de correo electrónico. Como dije, los servidores tenían nombres de pintores y cuatro estaban basados en UNIX tres de Sun Microsystems (Picasso, Goya y Dalí) y uno del fabricante Bull (llamado Miró).

▶ Otra anécdota fue la sorpresa de que el sistema operativo adoptado para el PC fuera MS-DOS. El que más nos gustaba era UNIX, pues era multiusuario/multitarea y muy potente, pero el problema es que era excesivamente voluminoso para el procesador y la memoria de un PC de la época. Otros grupos del departamento estaban trabajando en CPM, que había evolucionado a un sistema multiusuario MPM, y era el candidato que veíamos más idóneo. MS-DOS era el más simple y requería menos CPU y memoria y por eso creo que se eligió.

▶ En la ESA me dedicaba a las comunicaciones por satélite que, con retardos de 250 ms en órbita

El autor con Fernando Fournon durante la entrevista personal en Alcalá de Henares el 19 de noviembre de 2008.

«Allí aprendí que nunca hay que poner un máximo a las variables: memoria, capacidad de procesamiento y velocidad de transmisión.»

geoestacionaria, sirven para difusión de señales, por ejemplo de televisión, pero para comunicaciones interactivas presentaban dificultades. Se pensaba que el satélite podría ser útil para interconectar áreas aisladas de cobertura de comunicaciones celulares (en 1987 se estaba terminando de desarrollar la norma GSM de telefonía móvil), como áreas rurales o interurbanas, pero, como sabemos, el desarrollo de la telefonía celular fue mucho más rápido y enseguida esas áreas aisladas se interconectaron y dejaron de existir antes de que se desarrollara un sistema satelital de apoyo. Los tiempos en los sistemas espaciales son mucho más dilatados que en los terrestres. Además, pensábamos que 64 kbs era una velocidad de sobra por muchos años para el usuario final, y ya vemos que ahora se demandan velocidades más de cien veces mayores. Allí aprendí que nunca hay que poner un máximo a las variables: memoria, capacidad de procesamiento y velocidad de transmisión, porque, si no, en poco tiempo tu proyección siempre se queda pequeña.

¿Qué piensa sobre el futuro de Internet?

Primero tienen que resolverse los problemas que proceden de sus orígenes, pues se concibió para interconectar servidores entre sí y los usuarios a estos, y no tanto para intercambio de información con origen en los propios usuarios finales. O el caso del protocolo TCP, que se pensó cuando las comunicaciones tenían muchos errores y las redes eran de muy baja calidad y heterogéneas, por lo que se inventó el protocolo para conseguir el "mínimo común múltiplo" o "lo mejor de lo peor" y que se retransmitiera la información en caso de error en el canal. Esto no es óptimo en redes con tasa de error baja, como las actuales. Concretamente, en las redes móviles en las que hay solo problemas de interrupciones por cambios de una red a otra *(hand-over)* y en las que el protocolo tiende a "adaptarse" a condiciones de tasa de error alta, el TCP es altamente ineficiente, habrá que resolver estas situaciones no previstas, además de garantizar la compatibilidad.

Por otra parte, las redes o intercomunicaciones del futuro serán mucho más demandantes de comunicación en vídeo y además en tres dimensiones (3D); se podrá navegar no en plano, sino en profundidad, movernos en mundos virtuales. Interactuar no solo con el teclado y el ratón, sino con las manos, los gestos y movimientos visuales. Esto obligará a que no solo el ancho de banda disponible sea mayor, sino a que la latencia sea baja para tener una buena experiencia de usuario, y también a gestionar la calidad del servicio dependiendo de la naturaleza de la información o servicio que haya que transmitir.

¿Ve alguna tendencia tecnológica?

La banda ancha (de verdad) será una realidad con la fibra. Aunque lo más significativo será que se saldrá de la pantalla, puede ser otra superficie e interactuar con ella; lo que se viene llamando *surface computing*. La Internet del futuro será más inmersiva, con mundos virtuales e híbridos.

Se habla del lugar de almacenamiento de la información (local, o en red...), aunque su ubicación será anecdótica en el futuro. La tendencia más importante será la visual (todo lo relacionado con el vídeo), desarrollando servidores apropiados y buscadores de forma automática.

Juan Quemada Vives

Pionero del correo electrónico no propietario en España.

«Internet es un **DESPILFARRO** de recursos brutal comparado con otras redes como UUCP. De hecho, cuando pase a IPv6 todavía despilfarrará más. Pero bueno, es el enfoque americano, es *the american way of life*»

Juan Quemada

Entrevistado el 21 de diciembre de 2005 en San José (California)

Nacido en Madrid el 4 de junio de 1953.

Estudió en el Colegio Alemán de Madrid. En 1976 se graduó como Ingeniero de Telecomunicación en la Escuela Técnica y Superior de Ingenieros de Telecomunicación (ETSIT) de la Universidad Politécnica de Madrid (UPM). Estuvo cuatro años de profesor en la Facultad de Informática (UPM). Se doctoró en febrero de 1982 y, a partir de entonces, ha sido profesor en la ETSIT de la UPM, donde actualmente es catedrático y donde también dirige la Cátedra Telefónica en UPM: "Internet de nueva generación" desde el año 2000.

dit.upm.es

¿Recuerda cuándo tuvo el primer contacto con un ordenador?

Fue a principios de los setenta (1970-1971), cuando, en primer curso de carrera, empezamos a programar en lenguaje FORTRAN utilizando tarjetas perforadas.

En 1976, cuando desarrollaba mi proyecto fin de carrera, tuve contacto con un PDP-8 programable en Basic que tenían en la Cátedra de Ordenadores de la escuela.

Posteriormente, en la Facultad de Informática ya teníamos múltiples ordenadores y, además, realizábamos desarrollos con microprocesadores. No eran muy potentes, pero eran muy versátiles y fáciles de utilizar. Incluso ya tenían disquetes.

A finales de 1984 recibimos las primeras estaciones de trabajo *(workstations)* de Sun Microsystems que hubo en España. Fue un paso de gigante. Todos los ordenadores anteriores se accedían a través de terminales alfanuméricos situados en un laboratorio, adonde había que desplazarse para hacer cualquier cosa. Cuando llegaron las estaciones Sun Microsystems, instalamos varios servidores y terminales alfanuméricos VT100 en modo ASCII-textual en las mesas de los despachos. Empezamos lo que sería la automatización ofimática, donde uno empezaba a tener toda la información en el ordenador: correo, documentos… Como el presupuesto no alcanzaba para tener cada uno su propia estación de trabajo gráfica, solo las utilizábamos para las aplicaciones más avanzadas.

¿Cuál fue su primer contacto o experiencia con ARPAnet/Internet?

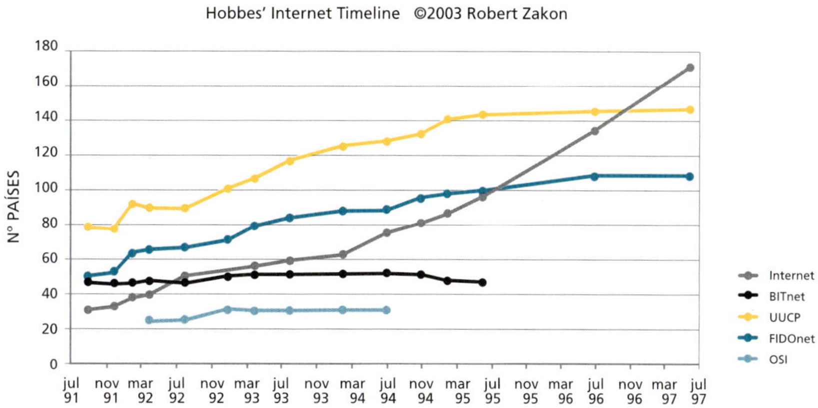

Cuando acabé la carrera, en 1976, ya se hablaba de ARPAnet, pero de modo teórico, ya que en Madrid no teníamos ningún nodo de ARPAnet, y nunca tuvimos ningún contacto práctico.

El primer contacto práctico con los protocolos TCP/IP de Internet fue en 1984, cuando recibimos los primeros equipos de Sun Microsystems que llevaban dichos protocolos (TCP/IP) incorporados de serie para comunicar el servidor con las estaciones de trabajo. El primer sistema que compramos fue un servidor con dos o tres pantallas, sin disco, pantallas gráficas que incorporaban el procesador, la memoria y la conexión a red. Era lo que llamaban las pantallas de las tres Ms: tenían un megabyte de memoria, ejecutaban un millón de operaciones por segundo, y tenían un mega píxel de resolución. Estas estaciones trabajaban con TCP/IP, estaban conectadas a un servidor y entre sí a través de una red local Ethernet, pero no estaban conectadas a Internet.

En aquel momento, ya existían otras redes de ordenadores propietarias, así como correo electrónico "propietario". Por un lado, estaban las redes basadas en la arquitectura DECnet de la casa Digital, que se usaban principalmente en el entorno de Física de Altas Energías, también estaba IBM promoviendo BITnet, que en Europa se llamaba EARN[1], y cuya sede española estaba en la Universidad de Barcelona, y, por otro lado, también había redes SNA en entornos más corporativos. Fuera del ámbito académico podíamos encontrar la red FIDOnet.

A mediados de los ochenta teníamos dos opciones para llegar a Internet: conectarnos con una línea dedicada (o punto a punto) muy costosa o bien conectarnos a través de módem telefónico (a tan solo algunos servicios) a través de EUnet. EUnet permitía la conexión a través de módem telefónico *(dial-up)*, con lo cual el coste era muchísimo más barato, aunque la velocidad de acceso era menor. La otra opción (vía TCP/IP) requería el alquiler de una línea dedicada, cuyo coste era de centenares de miles de euros[2] al año. EUnet (basada, en cambio, en el protocolo UUCP y con sede en Ámsterdam) era la rama europea de USEnet[3] en EEUU. Era una red desarrollada por los usuarios, con un coste de operación muy barato, a la que estaban conectadas casi todas las universidades que existían y que además tenía pasarelas a Internet.

---

1 EARN es el acrónimo de European Academic and Research Network. Véase entrevista a **Josep M.ª Blasco.**

2 En el original se indica "muchos millones de pesetas al año" iban únicamente a pagar el enlace punto a punto.

3 Juan Quemada nos cuenta que: USEnet era una red similar a ARPAnet creada por estudiantes de posgrado y profesores de la University of North Carolina y la Duke University, que habían visto ARPAnet, pero que no podían acceder a ella por no tener contratos con el Departamento de Defensa. La estructura de USEnet imitaba las listas de correo de ARPAnet, pero fue diseñada como un tablón de anuncios para almacenar mensajes en un ordenador accesible en lugar de enviarlos a cada buzón de correo individual (como las listas de correo de ARPAnet). Otra diferencia es que los nodos de USEnet no estaban directa y permanentemente conectados entre ellos, como en ARPAnet, sino que utilizaban líneas telefónicas conmutadas para transferir la información en determinados momentos del día. Los mensajes, al principio, podían tardar hasta una semana en llegar a todos los nodos debido a la lentitud de los módems (300 bits por segundo). USEnet había crecido considerablemente en 1987 uniendo 5.000 *sites* intercambiando un promedio de 1.000 mensajes al día. Justo después de que ARPAnet y USEnet se fusionaran, a mediados de 1987, Internet comenzó a crecer muy rápidamente. Evolucionando de un proyecto de gobierno pequeño a la forma más rápida de crecimiento de comunicación que es actualmente. USEnet fue una solución tremendamente eficaz en términos de recursos y de costes y fue largamente financiada por la National Science Foundation (EEUU).

Internet (en EEUU) era solo para los que tenían la gran financiación que daba ARPA (dependiente del Departmento de Defensa de los EEUU). EUnet permitía acceder a los servicios más importantes de Internet, como el correo electrónico, la transferencia de ficheros y las famosas *news.* La diferencia de coste que había entre una red y la otra no nos la podíamos permitir en aquel momento.

Por eso, cuando en el Departamento de Ingeniería Telemática (DIT) de la Politécnica hicimos las primeras pruebas y vimos cómo funcionaba, **Juan Riera,** catedrático responsable del Departamento, vio su enorme potencial para dar servicio al resto de la comunidad académica y a las otras universidades españolas. La primera conexión se realizó con un sistema Xenix[4]. Xenix era una variante de UNIX para la arquitectura x86 de Intel que tenía muchas limitaciones. **Fernando Fournon,** que llevaba el centro de cálculo, recomendó un sistema Sun para montar el servicio porque era mucho más potente y versátil. Ambos soportaban TCP/IP sin ningún problema, aunque la conexión a EUnet se hiciese a través de líneas conmutadas y UUCP. Nuestra red debió de ser la primera red TCP/IP en España por causas puramente accidentales, porque venía de serie con la máquina Sun. Esto debió de suceder a finales del verano de 1984.

Yo creo que Internet nace en gran medida de la convergencia de ARPAnet y USEnet. ARPAnet era una red más bien minoritaria y muy elitista, donde solo estaban los que participaban en los proyectos ARPA. En cambio el grueso de universidades estaba conectado a USEnet. Cuando USEnet y ARPAnet deciden unirse a mediados de 1987, se formó una enorme comunidad que convergió. La NSF (National Science Foundation) norteamericana financió USEnet como un mecanismo para que las universidades tuviesen correo electrónico y *news,* una herramienta fundamental para comunicarse en el entorno académico. USEnet aportó algunos protocolos de servicio, como el de *news,* mientras que de ARPAnet vino el grueso de la arquitectura de interconexión de redes, la arquitectura TCP/IP, la dirección de dominios. El protocolo de correo apareció en ARPAnet y fue adoptado por USEnet. De la convergencia de ambas surge la versión actual. La red de los usuarios de Unix (USEnet) estaba mucho más optimizada, ya que al tener muchos usuarios priorizaban el servicio, mientras que ARPAnet era, en gran medida, una red de experimentación con relativamente pocos usuarios.

4 Ordenador Xenix, comprado en el marco de un proyecto que tuvimos con el National Bureau of Standards de EEUU sobre especificación y diseño de protocolos.

Nosotros comenzamos a participar en proyectos europeos a finales de 1985, justo antes de que España entrase oficialmente en la Comunidad Económica Europea en 1986. La herramienta habitual de comunicación era el correo electrónico de EUnet y su uso creció rápidamente. Además, pertenecíamos a la Cátedra de Comunicación de Datos, cuya docencia e investigación se centraba en los protocolos y redes de ordenadores y debíamos dar ejemplo.

Ángel Álvarez

En aquel entonces, **Ángel Álvarez Rodríguez,** era profesor en la Facultad de Informática. Vino tras estar unos años en EEUU haciendo un máster en Computer Science (1974) en la USC (University of Southern California) en Los Ángeles, y su tesis doctoral y nos "inspiró" con muchas de las ideas que trajo. Ángel participaba en un proyecto de la agencia ARPA desde hacía unos años y tenía una cuenta en un servidor en EEUU a la que accedía a través de un módem telefónico. Él fue quien nos animó a conectarnos a USEnet porque decía que era una herramienta fundamental en EEUU. Ángel consiguió también la primera licencia del código fuente de UNIX que hubo en España. Su estancia en EEUU le hizo conocer el mundo del *software* libre, y tomó conciencia de la importancia de UNIX. Fue la persona que promovió un acuerdo entre la Universidad Politécnica de Madrid y los Bell Labs (AT&T) para poder disponer de las fuentes de UNIX.

Como nosotros éramos el grupo por excelencia de redes y protocolos, finalmente nos decidimos a hacer una experiencia de interconexión con EUnet en el verano de 1985 con el equipo Xenix (UNIX para Intel 286) y un módem telefónico. Las primeras pruebas se debieron hacer en mayo o junio de 1985. Recuerdo que el servicio

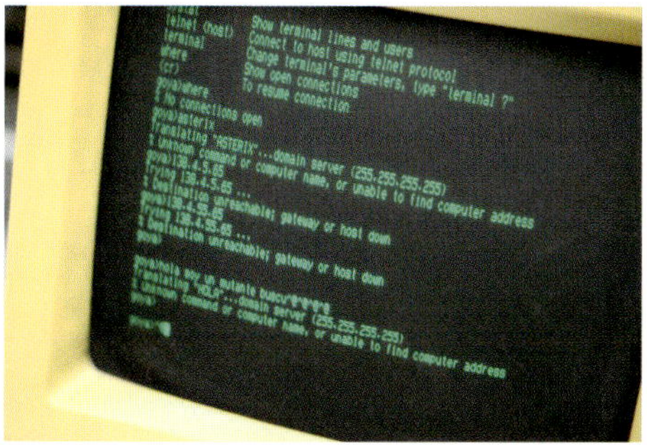

Izquierda: terminal Secoinsa con el primer servidor Goya aún en funcionamiento.

Derecha: servidores Goya: Sun SPARC station con sistema SunSolaris y Secoinsa/Intel con sistema operativo Xenix, 1985.

Expuestos en el DIT (UPM), Madrid.

«En 1994, la única manera de conectarse a Internet en España era RedIRIS (en el ámbito académico) y hasta que apareció Goya Servicios Telemáticos nadie más daba servicio a empresas ni a particulares en España, fue el primer ISP.»

estaba plenamente operativo en septiembre, porque ya me comunicaba con **Pepe Mañas,** que estaba en Holanda.

La configuración del sistema la hizo Fernando Fournón, que estaba haciendo su tesis doctoral en el grupo y además se encargaba del centro de cálculo de la cátedra. Tuvo que configurar el sendmail, programa de correo electrónico, que permitía hacer el envío de correo a través de UUCP a EUnet.

Yo fui el que promovió la primera conexión, pero fue Juan Riera, el responsable de la cátedra, el que apoyó totalmente la idea de ofrecer el servicio a terceros cuando vio su potencial. También estaba **Joan Vinyes,** el hombre que llevaba la parte económica y buscaba el dinero para montar las cosas. **Joaquín Seoane,** que también era profesor en el departamento y que había hecho las primeras experiencias con UUCP configuró los módems. De hecho, aún configura este tipo de redes en África ecuatorial y en Sudamérica con Ingenieros Sin Fronteras. Allí utilizan los protocolos UUCP mucho más que otras tecnologías porque son muy eficaces en entornos con equipos muy limitados. Son redes mucho más optimizadas comparadas con el despilfarro de recursos brutal de Internet (o TCP-IP).

Yo no sé cuánto tiempo funcionó con el módem. Pero entonces existía una fuerte presión por parte de los Gobiernos europeos para utilizar OSI y X.25, por lo que, en 1986, cambiamos el servicio UUCP por el X.25 para conectar con MCVAX[5], el nodo central europeo de EUnet. El módem lo cambiamos porque la llamada telefónica internacional nos suponía un alto coste. Mientras que X.25, que era en general un servicio carísimo, para nosotros era gratuito, puesto que Telefónica nos lo ofrecía sin cargo, en el marco de unos proyectos de investigación que teníamos con ellos.

Aunque en Europa había una fuerte presión por implantar X.25 y OSI, para promocionar normas internacionales frente a las que venían directamente de EEUU, al final se impuso el TCP/IP (Internet) por su sencillez, gratuidad y difusión masiva. En aquellos años, incluso el Gobierno estadounidense promovía el uso de OSI en contra de Internet. Esta red llevaba una ventaja enorme sobre el resto de normas, que eran pura teoría… puesto que estaba funcionando. Nosotros teníamos mucha presión por instalar OSI y, a pesar de ello, utilizábamos el correo de Internet (y no el de OSI: X.400) porque era el único

5 El MCVAX era el nombre de la máquina del nodo central europeo que se conectaba con EEUU. Estaba en el Mathematical Center de Ámsterdam y lo llevaba el catedrático **Pied Vertema.** El MCVAX fue una máquina mítica durante muchos años porque todo el mundo se conectaba para tener correo. Había un nodo principal en EEUU y era una red jerárquica en árbol. EEUU se conectaba con el padre, que era un módem al que se llamaba una vez al día por la noche. Entonces, pasaba todo el correo que tenía en un sentido y recogía todo el correo que había en el otro sentido. El nodo que estaba arriba recolectaba el correo de todos sus hijos que tenía, y le pasaba todo el que tenía para ellos. Y este se conectaba con el nodo que tenía por encima, y así sucesivamente. Eran agregadores de *news,* correo y hasta FTP; así es cómo funcionaban todos estos servicios.

que funcionaba excelentemente con unos costes de conexión y de montaje casi nulos.

La máquina Sun donde se montó este primer servidor operativo de correo se llamó Goya. Aunque en aquel momento poníamos nombres de planetas a las máquinas: Mercurio, Venus, Marte..., se decidió buscar algo que fuese genuinamente español y Fernando Fournon decidió usar nombres de pintores, como Greco, Dalí... y al servidor de correo le tocó Goya.

El nodo Goya, primero en el DIT (UPM) y luego en la primera empresa que se creó para ofrecer servicios de correo electrónico en España (llamada Goya Servicios Telemáticos), estuvo dando servicio durante casi una década.

En 1990, se creó la Asociación de Usuarios de UNIX de España, UUES, una asociación sin ánimo de lucro que permitía gestionar más eficazmente los gastos y los ingresos de la operación del servicio de correo. Algunos miembros de UUES estuvieron también entre los fundadores de Goya, como Juan Antonio Esteban, que fue su director general, haciendo crecer la empresa hasta que fue vendida a la operadora KPN.

Los impulsores de Goya fueron Pepe Mañas y Ángel Álvarez. Pepe Mañas era profesor en el departamento y quería aprovechar la transformación en empresa que se estaba realizando a nivel europeo de EUnet para crear una empresa tecnológica desde la universidad que fuese la proveedora española del servicio. Yo creo que Pepe fue el alma técnica que diseñó la empresa y organizó el equipo. Al externalizar el servicio de correo creando un *spin-off* desde la universidad, se generó un pequeño terremoto en el departamento, que sirvió para racionalizar un servicio que cada vez generaba un volumen de tráfico y de trabajo mayor, el cual era muy difícil gestionar. También estuvieron entre los fundadores Inmaculada Pindado y Jose Luis Jiménez, que pasaron del DIT a Goya cuando se creó la empresa.

¿Cuáles son los principales hitos de las redes previas a Internet en España?

▶ Un hito importante fue la conexión a **EUnet** en 1985. Representó el primer contacto que se hizo en España con un servicio de Internet. USEnet-EUnet se creó utilizando el protocolo de correo de ARPAnet-Internet y unos años antes se habían conectado ambos dominios, por lo que existía un dominio de servicio uniforme entre ambas redes.

▶ Otro paso fue la creación del programa **IRIS. Juan Riera** fue quien estuvo siempre presionando para que existiese un programa público en redes de datos, en protocolos y en arquitecturas de redes soportado por el Ministerio. Y entonces él, junto con **Paco Ros** (que trabajaba por aquel entonces en FUNDESCO) y **Ramón López de Arenosa** (del Ministerio de Educación y Ciencia) comenzaron este proceso, al que luego se fue sumando más gente, llevando a la creación del programa IRIS. Fue en 1988, y se creó como un programa que promocionase el desarrollo de redes y servicios de comunicaciones conformes al modelo de referencia OSI de ISO. Aunque inicialmente promocionó el modelo OSI de ISO, fue el que conectó España a Internet utilizando la arquitectura TCP/IP. En 1990, se produce la primera conexión de España a Internet vía IXI (red paneuropea de alta velocidad: 64 kbps) a través del servicio experimental de RedIRIS (Sideral), al que se conectaron de forma experimental varias instituciones creando una primera red TCP/IP de cuatro nodos: FUNDESCO (RedIRIS), el DIT-UPM, el CICA (Sevilla) y CIEMAT.

▶ En 1988 se creó **RedIRIS.** Fue un programa que financiaba proyectos en protocolos, redes y servicios de datos. Hacían muchos experimentos de crear prototipos de redes X.25, nuevos servicios, diseño de protocolos, metodología de desarrollo de protocolos con técnicas formales que en ISO estaban muy de moda. Se trabajaba en muchos temas y no únicamente en los propios servicios. En los primeros momentos daba servicio X.25 y promovía X.400 entre otros protocolos. El correo que montamos fue el servicio de correo por excelencia de casi[6] todos los investigadores durante varios años, desde 1985 hasta que RedIRIS (fundada en 1988) y Goya (en 1992) tomaron el relevo.

6 No debe olvidarse que las Universidades que tenían máquinas IBM (como la Universidad de Barcelona), disponían de correo electrónico internacional (no Internet) mediante la red EARN (BITnet en EEUU) desde muchísimo antes.

¿Cuál fue su contribución al desarrollo de la red?

La contribución fundamental, creo, fue promover la conexión de la Cátedra de Comunicación de Datos de la ETSIT-UPM a EUnet. Creo que esa conexión fue el punto de partida de muchas actividades posteriores.

Desde finales de los años setenta, trabajé bastante intensivamente en el desarrollo de muchos protocolos, redes y servicios, junto con los otros miembros de la Cátedra de Comunicación de Datos del DIT de la UPM.

Ahora estoy trabajando en otros temas, como la aplicación ISABEL <http://isabel.dit.upm.es> desarrollada por mi grupo de investigación, denominado Internet de Nueva Generación. ISABEL crea un paradigma original y muy eficaz para hacer colaboración de grupo en tiempo real a través de Internet. También estamos trabajando en otro tipo de aplicaciones, como TIC en educación, *cloud-computing* o redes sociales.

¿Quiénes fueron las personas clave en el desarrollo de la red, líderes…?

- **Juan Riera:** era el catedrático responsable de la Cátedra de Comunicación de Datos y fue también el primer director del DIT. Presionó para la creación del programa IRIS. Organizó la extensión del servicio de correo a las universidades españolas.
- **Paco Ros** (FUNDESCO): impulsor de la creación del programa IRIS.
- **Ramón López de Arenosa** (Ministerio de Educación y Ciencia): creación del programa IRIS.
- **Ángel Álvarez,** profesor en la Facultad de Informática: que en España consiguiéramos la primera licencia de fuentes de UNIX, nos animó a conectarnos a USEnet. También como ideólogo del proveedor Goya.
- **Fernando Fournon:** se encargó de configurar el Sendmail para conectarnos con EUnet. Propició el cambio de la Xenix por la Sun, bautizando a Goya.
- **Joaquín Seoane,** profesor del DIT: configuró el UUCP y los módems.
- **Joan Vinyes:** nos buscaba el dinero para montar cosas aunque él no participó directamente en las tareas técnicas de configuración.
- **Pepe Mañas:** ejecutor y alma máter de Goya Servicios Telemáticos.
- **Manel Medina:** fue el pionero catalán en este ámbito. Fue el primer español en interesarse y asistir desde los primeros momentos a los *workshops* de **Larry Landweber** sobre International Networking con TCP/IP. O cuando íbamos a las reuniones de las redes académicas europeas, Manel de Barcelona era el único conocido que te encontrabas siempre. Era quien de verdad trabajaba en protocolos en Barcelona.
- **Pepe Barberá** (FUNDESCO): fue el primer director de RedIRIS.
- **Gustavo Sánchez:** durante los ochenta fue el responsable de la red RITA en Andalucía, que fue la primera red regional en toda España.
- **Antonio Mollinedo** fue el contacto de Internet en el CIEMAT.

¿Un par de situaciones anecdóticas?

▶ Debido a la conmemoración que hicimos del 25.° aniversario del primer correo electrónico (en formato no propietario/Internet), todos los periodistas nos preguntaban siempre lo mismo: ¿cuál fue el primer mensaje que transmitimos?, pensándose que era un mensaje memorable. Pero para nosotros solo fue uno de los muchos experimentos que hacíamos, y en realidad nadie se acuerda de qué mensaje transmitimos. Sí que vimos que el impacto que iba a tener sería muy alto, pero la verdad es que ni por asomo llegamos a imaginar que lo sería tanto como lo que ha sido el impacto del correo electrónico en nuestras vidas.

▶ Una anécdota divertida era con Ángel Álvarez cuando montaron Goya Servicios Telemáticos, que decía: *"Hay otros que pierden su dinero cazando, yo prefiero perderlo aquí, intentando imitar lo que hacen en EEUU"*.

¿Qué piensa sobre el futuro de Internet?

Yo creo que Internet va a tener un impacto muy fuerte en la sociedad, mucho mayor de lo que ya hemos visto. Internet es una herramienta para compartir conocimiento y su impacto será al menos tan fuerte

Con Juan, durante la entrevista, enfrente de la sede mundial de Adobe Systems, en San José (California), 21 de diciembre de 2005.

como el que tuvo la aparición de la escritura hace unos miles de años, que dio lugar a las primeras civilizaciones, o como el que tuvo la imprenta hace 500 años, que ha dado lugar al mundo que hoy conocemos. La tecnología hace que el acceso a Internet sea más fácil, más barato, más ubicuo, y en un futuro no muy lejano la mayoría de las personas estarán permanentemente conectadas a la red a través de dispositivos móviles y harán uso muy frecuente de redes sociales, mapas *on-line* y GPS, asistentes electrónicos, domótica, Internet de las cosas, etc. Pero luego vendrán avances todavía mayores cuando se desarrolle la nanotecnología, la biotecnología y la biónica, permitiendo usos y aplicaciones insospechadas hoy en día. Puestos a fantasear, existe incluso la posibilidad de que los programas que circulen por la red empiecen a evolucionar autónomamente. Los virus informáticos pueden ser el comienzo de esta evolución. La vida en la Tierra también empezó por organismos muy simples.

Yo creo que Internet va a ser un componente fundamental de nuestra sociedad y que la dependencia de Internet va a ser cada vez mayor, con lo cual se va a convertir en un recurso crítico de alguna forma.

¿Ve alguna tendencia tecnológica?

Vamos hacia la mayor usabilidad, mayor ancho de banda y mejores servicios.

Yo creo que existen varias tendencias. Por un lado, las nuevas tecnologías de acceso han mejorado muchísimo la usabilidad, que creo seguirá mejorando durante muchos años. Por otro, el incremento de potencia de los procesadores llevará a dispositivos cada vez más capaces e inteligentes. Además, la capacidad de las líneas de comunicación seguirá aumentando y nos permitirá en el futuro transferencias casi instantáneas de enormes volúmenes de datos. Todo esto nos llevará a una red con capacidades difíciles de imaginar.

Otra tendencia que veo es hacia la unificación de los terminales. Antes teníamos un terminal diferente para cada red (teléfono fijo, móvil, televisión), pero hoy muchos móviles permiten acceder ya a la red de voz, a Internet e incluso a algunos a la televisión. También existe una tendencia, quizá menos acentuada, hacia la unificación de las redes en una gran red de paquetes.

LECTURAS COMPLEMENTARIAS

TRABAJOS Y LIBROS MENCIONADOS / RECOMENDADOS

- Quemada, J., *Hacia una Internet de Nueva Generación,* Madrid, Cátedra Telefónica en la UPM, 2004, <http://www.slideshare.net/internetng/hacia-un-internet-de-nueva-generacin>.

Jordi Adell

Pedagogo, doctor en Ciencias de la Educación. Director del Centro de Nuevas Tecnologías Aplicadas a la Educación (UJI). Su grupo creó el primer buscador de servidores web de España e instaló uno de los primeros.

«En la red, puedes ser lo que quieras ser. No se **JUZGA** por la raza, ni por tu origen.»

Entrevista realizada el 19 de diciembre de 2001 en Castellón de la Plana y actualizada en Madrid el 7 de junio de 2011

Nacido en Castellón el 15 de mayo de 1960.

Pedagogo, se doctora en Filosofía y Ciencias de la Educación por la Universidad de Valencia.

Toni Bellver i Torlà

Carles Bellver i Torlà

En verano de 1991 se crea la Universidad Jaume I (UJI) de Castellón, en donde comienza a dar clases de Nuevas Tecnologías Aplicadas a la educación. Más tarde dirigió el Centre d'Educació i Noves Tecnologies (CENT) de la misma universidad.

Junto con un reducido equipo de entusiastas del servicio de informática de la Universidad de Valencia, fue uno de los creadores del primer servidor Gopher que se instaló en España (1992) y del primer servidor web español registrado internacionalmente, en septiembre de 1993. En diciembre de aquel año ya se contaban trece servidores web en España. Tuvo la iniciativa de colocarlos en un mapa, de forma que funcionara como un directorio visual de recursos web, que fue creciendo hasta convertirse en uno de los primeros buscadores españoles sin ningún afán de lucro, conocido como Dónde, y que sucumbió ante buscadores comerciales por falta de recursos, con picos de 5 millones de consultas al mes.

Es por ello que esta entrevista se convierte en triple. Jordi y sus dos directos colaboradores en la tarea: los hermanos Carles y Toni Bellver.

http://donde.uji.es   *http://nti.uji.es*

Jordi Adell

¿Cuándo tuvieron su primer contacto con un ordenador?

Fue en 1985, el primer ordenador que se compró en la Universidad. Hay que tener en cuenta que en docencia no había ordenadores en la Universidad de Valencia.

Por su parte, los hermanos Bellver iniciaron su carrera con los Spectrum 48K (de Sinclair, en 1983).

Jordi Adell

«Cuando hicimos el buscador Dónde, nadie sabía que éramos de Castellón...»

¿Cuándo tuvieron el primer contacto con Internet?

Al ser nuestro Colegio Universitario de Castellón (CUC[1]), un centro adscrito a la Universidad de Valencia, teníamos una línea punto a punto con ellos. Instalada por Rogelio Montañana[2], a principios de 1990, y que nos conectaba a la red BITnet americana. Solo existían los servicios de correo (llamado sistema de mensajería) y un servicio de transferencia de ficheros a través del *mail.*

¿Cómo y por qué se iniciaron tan pronto los servicios de Internet en la UJI?

En verano de 1991 se creó la nueva Universitat Jaume I, y fue conectada a Internet gracias a RedIRIS. En enero de 1992 entró **Carles Bellver** en el Departamento de Informática, y se estableció la política de no comprar ninguna máquina de escribir más y obligar a los proveedores a que incluyeran placas de red en sus suministros de PC,s.

Andreu Vèa junto a Jordi Adell.

Ya en el verano de 1992, se inició un grupo de trabajo inicial basado en la amistad, puesto que cada uno estábamos trabajando en lugares distintos de la universidad, con el objetivo de solucionar la necesidad imperiosa de distribución de información que teníamos. Realizamos una búsqueda caótica, no sistemática, y hallamos el sistema web[3] recién acabado de inventar, pero creímos, en un primer momento, que el HTML era demasiado complicado comparado con el Gopher y lo descartamos. Por lo que nos animamos a instalar un programa servidor Gopher, en el verano de 1992, con su correspondiente programa cliente (a cinco metros de distancia). Escribimos a sus autores de la University of Minesota y nos dijeron que como éramos los primeros, que qué nos parecería coordinar el espacio Gopher en España, a lo que accedimos. Se trataba de mantener una serie de menús jerárquicos; el padre de todos era la histórica máquina[4]: <gopher.boombox-micro.umn.edu>. Desde allí había un menú que apuntaba a Europa, y en España la máquina principal pasó a ser <gopher.uji.es>. Pocos recuerdan este sistema, puesto que en su época más gloriosa hubo tan solo 50 servidores en España.

En la primavera de 1993 vimos un prototipo de Mosaic[5] (sobre sistema operativo UNIX X.11). Y en la época de más tiempo (agosto-setiembre) montamos el servidor web en nuestro despacho; lo registramos en **noviembre de 1993.** La heterogeneidad del grupo de trabajo permitió que fuéramos los primeros, puesto que al ser yo profesor y no depender del jefe de Informática (como el resto), podía montar un servidor aunque estuviéramos conectados únicamente a 9.600 bps.

Al dar de alta el servidor en la lista del CERN[6] y ser los primeros, se repite la historia ocurrida un año antes con el Gopher. Nos animaron a llevar la lista de recursos que fueran apareciendo en la red española. Había menos de cien servidores en todo el mundo, con lo cual para nosotros era una actividad residual. Cuando, en

1 Embrión de lo que después sería la Universitat Jaume I (UJI).
2 Alma máter de Internet en la Universidad de Valenciana.
3 Hallazgo atribuido a Enric Silvestre y Enric Navarro, lo expusieron al resto del equipo, y que actualmente están fuera de este grupo. También formaban nuestro grupo Noves Tecnologíes de la Informació (NTI) aplicadas a la educación: Pere Vanyó e Ismael Sanz.

4 Otros servidores conocidos posteriormente fueron: funet.fi o whitesands.mil
5 El primer navegador que representaba en una pantalla los contenidos en formato multimedia, enviados por un servidor web.
6 Contactando con Arthur Secret: *"Quien nos confirma que somos los primeros en la lista de España"*. Esta afirmación queda refutada por la gente del Departamento de Físicas de Altas Energías de la UNICAN (Santander), que, a pesar de no estar en la lista mantenida por un becario del CERN, sostienen que ellos fueron los primeros en poner un servidor web en marcha en España. Sin duda, con mucho menos impacto y utilidad pública que el que provocó el de la UJI.

diciembre de 1993, iniciamos la actividad de registro **había trece servidores web en España;** la mayoría en universidades y centros de investigación.

Durante 1994, el crecimiento demográfico de Internet fue exponencial. Gracias a la delegación del registro y a su carácter pionero, empezamos a recibir visitas. Tuve la iniciativa de situarlos en un mapa de España escaneado, a modo de directorio visual de Internet en España. Así nació el conocidísimo[7] Mapa de Recursos Internet, que se convirtió en el punto de referencia del ciberespacio español. Para ser visible en Internet, tenías que figurar en el mapa. En pocos meses los servidores ya no cabían en el mapa y se solucionó partiéndolo por autonomías. Aun así, en 1995, esta solución tampoco resultó suficiente, por lo que se reconvirtió el directorio en una base de datos automatizada. En ese momento, las únicas dos opciones internacionales para inspirarse eran Yahoo (orden por categorías) y Altavista (por índice de palabras).

El grupo trabajó desinteresadamente, puesto que no tenía ningún tipo de reconocimiento ni de respaldo oficial, hasta crear el buscador **Dónde**[8] que se puso en marcha el 1 de junio de 1996[9] y que no paró de crecer hasta junio de 1998, en que alcanzó, a sus dos años de historia, los 29.000 registros y los casi 5 millones de visitas en un mes (una media de 100 por minuto). Se estancó por colapso del servidor. La solución de ampliación no estaba en nuestras manos y carecíamos de infraestructura. Además, por aquel entonces ya teníamos competencia comercial, que empezó a ofrecer cuentas de correo electrónico, noticias de actualidad, parte meteorológico, etcétera.

Al perder usuarios, decidimos acabar con el experimento.

7 Para los pioneros de la red en nuestro país. Y para los americanos que se conectaban al Virtual Tourist, enlazaban con el Spain Web Resources Map.
8 Dónde: acrónimo de Directorio ON-line De España.
9 En aquella fecha, contaba con 1.157 registros en la base de datos, que crecieron a 5.000 registros a principios de 1997.

¿Qué hitos subrayaría de su historia de Internet?

- **La instalación del cliente de correo electrónico Eudora** a todo el personal administrativo y de servicios. De forma natural, adoptaron los cambios mucho antes que los profesores y el alumnado.
- Cabe citar el momento en que **en el mapa ya no nos cabían más recursos.**
- **Cuando Dónde ya no daba más de sí,** y satura la máquina.
- Y, en general, de Internet, **el concepto de peer-to -peer,** compartir de tú a tú, representado por Napster. **Y la política de código abierto *(opensource)* por Linux.**

¿Y a qué personajes destacaría?

A **Pepe Barberá** y **Felipe García Montesinos,** quienes desempeñaron un importante papel en los inicios. Así como a **Rogelio Montañana,** pionero de la Universidad de Valencia.

A su vez, **Vicent Partal** fue de los primeros de fuera del entorno universitario que empezó a trabajar a la manera Internet. A diferencia del *Avui* y *El Periódico* que, aunque pioneros también, convirtieron sus periódicos al formato PDF.

Y aquí, en Castellón, a **Enric Silvestre,** nuestro gurú tecnológico.

Negativamente, cabría destacar a los representantes de Infovía y Microsoft.

En su trayectoria habrán vivido multitud de anécdotas, ¿alguna que quiera destacar?

Cuando el nivel de *hits* superó las previsiones. Teníamos la disyuntiva de morir de éxito o montar una empresa. Nos hicieron ofertas muy curiosas: a tanto el registro o a tanto la "persona". Algo que implicaba ir a Barcelona o a Madrid.

A los cinco minutos exactos de poner en marcha Dónde, ya había gente buscando.

Juan Riera

Catedrático de Ingeniería Telemática
Universidad Politécnica de Madrid

«**ÉRAMOS CUATRO GATOS**…, había mucha emulación…»

Juan Riera

Entrevistado el 19 de noviembre de 2008 en Alcalá de Henares

Nacido en Valencia el 19 de diciembre de 1946. Estudió Ingeniería de Telecomunicaciones en la Universidad Politécnica de Madrid, finalizó en 1969. Inició allí toda una vida académica como profesor y después como catedrático de transmisión de datos desde 1975.

A mediados de diciembre de 1985, un grupo de profesores de la Cátedra de Comunicación de Datos de la Escuela Técnica Superior de Ingenieros de Telecomunicación de la Universidad Politécnica de Madrid, compuesto por **Juan Riera, Juan Quemada, Juan Viñas, Fernando Fournon** y **Joaquín Seoane,** montó el primer nodo español conectado a la red EUnet, (parte europea de USEnet).

A pesar de que a mediados de los ochenta ya existían y competían múltiples servicios de red, como ARPAnet, USEnet/EUnet, SNA, BITnet/EARN, DECnet, CSnet, la conexión de la Escuela de Madrid fue la primera que se realizó en España utilizando protocolos abiertos, que son los que finalmente se han impuesto en el mercado. Otros servicios de correo electrónico fueron muy anteriores a esta conexión (como la red EARN de la Universidad de Barcelona), pero usaban tecnología propietaria y protocolos cerrados de IBM (BITnet/EARN) o de Digital (DECnet) que funcionaban únicamente en sus ordenadores.

http://dit.upm.es

¿Recuerda cuándo tuvo el primer contacto con un ordenador?

Sí, fue en 1968. Recuerdo que en el último curso de la carrera había un ordenador del Centro de Cálculo de la Universidad Complutense, donde se daban unos cursos; funcionaba con fichas perforadas y era un modelo enorme de IBM (recuerdo que íbamos al "edificio del ordenador").

¿Cuál fue su primer contacto/experiencia con EARN o Internet?

El primer contacto de hacer redes académicas fue entre los años 1973 y 1974 en un seminario en Stanford (California), donde estuve un semestre, y donde un desconocido señor llamado Vinton Cerf estaba estudiando, entre otras cosas, las limitaciones de las redes telefónicas para las comunicaciones entre ordenadores. Era un tema ya conocido para mí y no le presté gran atención.

A principios de los años ochenta, la primera experiencia con redes académicas en España estuvo vinculada al entorno de máquinas UNIX. Junto con las primeras UNIX del departamento, logramos un *software* para conectarnos con Holanda, estableciendo conexión (UUCP) por vía telefónica.

Conocía a colegas de Física de Altas Energías (FAE) que realizaban intentos de conexión con Ginebra desde el Centro de Energía Nuclear CERN. Nuestro primer contacto fue mediante unas conexiones de telefonía nocturna para envío (UUCP), un servicio muy precario de correo.

En su opinión, ¿cuáles son las características principales de Internet?

- Es un **sistema abierto** (cosa que no es trivial actualmente).
- No tiene *royalties,* por lo que generó un mercado cautivo de máquinas UNIX (que llevaban el TCP/IP de serie).
- La manera en que se construyó la tecnología, mediante la petición de soluciones abiertas (sistema de RFC: Request For Comments).

¿Cuáles considera que son los hitos más importantes en el desarrollo de la red?

- **1981-1982:** la primera conexión con protocolos TCP/IP en España. Cuando se reemplazó el *software* de transporte UUCP por TCP en el DIT (siempre en entorno UNIX). Fue una actividad que dio posteriormente servicio a mucha gente de alrededor, siendo los primeros en utilizar TCP/IP, a pesar de que existían otras redes, como EARN (nos presionaban para no dejarlo) y DECnet.
- **1985:** las primeras conexiones reales (a través de protocolos de Internet), después de que se aprobase (guiados por FUNDESCO) un tipo de red como las que se hacían en Reino Unido y Alemania. Con la aprobación de los protocolos de referencia OSI de ISO, tras años de debate, se consolidó un intento normalizado de establecer la red académica, aunque más tarde, como búsqueda de soluciones fáciles, se acabó imponiendo el TCP/IP, paradigma de lo pragmático frente a la burocracia y la complejidad del sistema "aprobado" inicialmente.

¿Cómo contribuyó al desarrollo de internet?

Técnicamente, no he hecho ninguna contribución especial. Paradójicamente, mis esfuerzos se orientaban hacia soluciones basadas en una norma (X.400), al uso de las operadoras de telecomunicaciones que ha tenido corto recorrido. Mi aportación personal fue ser de los primeros en darse cuenta de lo que estaba pasando y tener a mi alcance el hecho de poder concienciar a la gente (Paco Ros y Pepe Barberá) de que había que ponerlo en marcha en España.

Al mismo tiempo que en el DIT de la UPM generábamos un nuevo servicio de comunicaciones, procuraba un entorno protegido para poder desarrollar todo este tipo de tecnología. Era más una vocación tecnológica que vocación de servicio al principio; lo que sucedió es que al final ambas vocaciones fueron inseparables. Fue, por tanto, una labor de montar un servicio *(amateur)* y concienciar a una serie de colegas de que tenían una oportunidad. Ellos fueron los que aprobaron y consiguieron patrocinar el estudio, apoyarnos y convertirlo en un plan nacional (llamado IRIS).

Más tarde, les apoyé en la infraestructura, una serie de servicios X.25 que estaban monopolizados por Telefónica; y montamos una red privada sin contar con su tipología de conmutadores (los TESIS). Utilizamos unos conmutadores de paquetes comprados para la red académica inglesa y los adaptamos, dando el servicio inicial que después cogería RedIRIS.

Nos hicimos cargo del servicio básico de infraestructuras, hasta que RedIRIS tomó el relevo en parte (porque tuvimos que seguir prestando el servicio TCP a nuestros usuarios), y el servicio no se podía interrumpir.

Al tratarse de un departamento universitario, no teníamos ni la estructura, ni la calidad ni la calificación suficiente para mantener vivo el servicio. Y como el número de usuarios siguió incrementándose, sugerimos realizar el *spin-off* del servicio hacia una empresa privada. La llamamos Goya y fue una necesidad, porque el servicio estaba creciendo de manera muy acelerada.

De los cincuenta profesores del departamento, diez o doce fueron los que estuvieron involucrados.

RedIRIS: veinte años de historia. De izquierda a derecha, Tomás de Miguel (director general de RedIRIS), Juan Riera, Pepe Barberá (primer director general de RedIRIS), Carlos Blánquez y Víctor Castelo (exdirector general de RedIRIS) con el autor, en el 20.º aniversario de la organización que ha proporcionado acceso a Internet a todas las universidades y centros de investigación españoles.

¿A quienes considera personas clave en el desarrollo inicial de Internet ?

- **Pepe Mañas,** lo mantenía todo en pie; fue el manitas de los detalles técnicos.
- **Pepe Barberá** y **Paco Ros,** como consolidadores formales de la RedIRIS. Ambos estaban en FUNDESCO (fundación de Telefónica), promovieron la idea y se les encomendó que lo liderasen. Tuvieron una labor gestora, subcontratando a unos y a otros, y más tarde incorporaron al equipo técnico creando algo independiente; finalmente todo se trasladó al CSIC para poder dar el servicio.
- **Manuel Medina,** uno de los entusiastas de Cataluña. Gente de la Universidad de Sevilla, con cooperadores como Gustavo Rodríguez. Y, sobre todo, los sufridores de Física de Altas Energías (CIEMAT) dando servicio a su colectivo.

Un par de situaciones anecdóticas

▶ Estuve trabajando con **Vint Cerf** (conocido hoy como uno de los "padres de Internet" en Stanford a principios de los setenta) y no le hice el menor caso, porque en ese momento no me aportaba.

▶ Me presentan algunas veces diciendo: *"Este es el primero que me dio servicio de correo electrónico"*.

▶ Algo actualmente anecdótico son las relaciones con los ingleses, que trataban de desarrollar su propia torre de protocolos aparte; y los intentos poco fructíferos de utilización en España. El grupo del University College de Londres (con Peter Kirstein a la cabeza) desarrolló una serie de libros, llamados Libros de Colores, que desarrollaban niveles de enlace, de red y de transporte, y una serie de protocolos para los servicios básicos de transferencia de ficheros, de correo electrónico y demás. Se consolidaron normas en el mundo de las aplicaciones y, sobre todo, del primer protocolo de transporte operativo, que era simultáneo y paralelo al TCP americano.

▶ Aún recuerdo a los comerciales de Telefónica que te habían puesto todo tipo de pegas durante años, vendiendo posteriormente Infovía, rescatando tu discurso y poniéndolo al día.

¿Qué piensa sobre el futuro de Internet?

Como tecnología que se va consolidando para todo tipo de soluciones, es una herramienta básica de la ingeniería. En cuanto a la red como tal, se consolidará saliendo del caos, pero no se sabe cómo. No soy para nada un visionario.

¿Ve alguna tendencia tecnológica?

Sin duda, la integración de todo tipo de contenidos. Es una red de redes, una plataforma de servicios que se constituye, a su vez, de redes. Estamos en un contexto de organización y de socioeconomía, de psicología social, más que en el concepto de bits y de voltios.

DOCUMENTOS ADICIONALES RECOMENDADOS

Existe una propuesta escrita para el Ministerio de Educación, que defendió FUNDESCO, y que finalmente se aprobó, para montar una red académica en España; ese fue el germen de RedIRIS. Tengo el honor de ser firmante de esa propuesta, junto con:

- Manuel Medina (UPC)
- Ramón López de Arenosa (Ministerio de Educación)
- José Barberá (FUNDESCO)
- Paco Ros (FUNDESCO)
- Víctor Castelo (CSIC)
- Juan Riera (DIT-UPM)

La propuesta (patrocinada por FUNDESCO) fue finalmente aprobada por Ricardo Valle (director y fundador de la Escuela de Telecomunicaciones de Barcelona).

Juan Antonio Esteban Iriarte

Ex director de Goya Servicios Telemáticos.
Exvicepresidente sénior, KPNQwest.
Fundador de Lambdaux.
Exdirector General de Infojobs.net.

«Como hombre de negocios, lo que me fascina de Internet es ver cómo el **VOLUNTARIADO** supera al interés comercial.»

Entrevista realizada el 12 marzo de 2002 en el Paseo de la Castellana de Madrid y actualizada en junio de 2005 y noviembre de 2011

Nacido en Madrid el 11 de junio de 1964, Juan Antonio Esteban Iriarte estudió la Licenciatura de Informática en la Universidad Politécnica de Madrid (1982-1987). Trabajó para Standard Eléctrica (actual Alcatel) hasta 1990, y después en los laboratorios de investigación de Sema Group. Desde allí tuvo ya algunos contactos con el mundo de las redes telemáticas, sin dejar de lado su conexión con el grupo universitario y la Asociación de Usuarios de UNIX. En marzo de 1993 lo dejó todo para incorporarse a la empresa Goya Servicios Telemáticos y lanzar, junto a otras dos personas, el primer proveedor comercial de Internet que existió en España. Años más tarde, en 1999, pasaría a formar parte del operador KPNQwest, del que fue vicepresidente sénior para Europa. Fundó Lambdaux y dirigió Infojobs.net durante cinco años. Incansable impulsor de la Asociación ESPANIX, ha representado a nuestro país en multitud de comisiones internacionales de Internet. En febrero de 2001, la Asociación de Usuarios de Internet le concedió el premio a la trayectoria profesional en Internet. En la actualidad, ha decidido dar un giro profesional para convertirse en emprendedor social con el objetivo de diseñar soluciones tecnológicas que estén al servicio de la felicidad de las personas. El primero de estos proyectos es Brindis.net, una forma sencilla y social de decir a tus mejores amigos lo importantes que son para ti.

http://dit.upm.es
www.espanix.net
www.infojobs.net
http://uu.es
www.kpnqwest.com
www.brindis.net
http://goya.eunet.es
www.lambdaux.com

Juan Antonio Esteban

¿Cuándo tuvo su primer contacto con un ordenador?

Ya en tercero de BUP (1980), nos metimos en el centro de cálculo de la universidad para ver las cinco pantallas de un VAX y dos IBM Serie 1, donde después acabamos haciendo las prácticas. Mi primer ordenador fue un IBM XT de doble disquetera. Era el PC de todos los compañeros de clase, puesto que en la facultad no teníamos (no se hacía ninguna práctica en primero). Ya en segundo de carrera apareció un PDP-11, en el que cargamos el UNIX con código fuente; recuerdo que no salí del centro de cálculo mientras descubría el editor de textos "VI" (1983).

¿Y su primer recuerdo o incursión en Internet?

La historia viene ya de lejos. Tuve dos becas durante la carrera y trabajé dos días por semana de 7 a 15 horas en Standard Eléctrica y Fujitsu.

Juan Antonio Esteban

En Standard utilizábamos un ordenador VAX (Digital) al que por la mañana se cargaba el SO UNIX y por la tarde VMS. Era el laboratorio de investigación y tenían una conexión de correo electrónico a través del Departamento de Ingeniería Telemática de la Universidad Politécnica de Madrid (DIT)[1]. En 1986, en unas prácticas de la carrera, conectábamos con X.28 y un módem con acoplador acústico a 300 bps, y mediante X.25 y X.75 lográbamos establecer una sesión con un ordenador remoto de ARPAnet; en ARPAnet conocíamos una cuenta de un profesor amigo contra la que hacíamos envíos de ficheros (FTP) o dábamos órdenes remotas (mediante TELnet). Allí me di cuenta de la espectacularidad de todo ello.

Juan Antonio Esteban en su oficina de Goya Servicios Telemáticos, en 1996, el primer ISP comercial en España. Cortesía de Juan Antonio Esteban.

Más tarde me fui a los Estados Unidos seis meses, durante 1989, para seguir estudiando informática teórica. Tenía mi cuenta ya en la universidad americana, donde predominaban los NeXT, aunque también había muchos terminales del tipo X11. Al volver a España, concretamente en junio de 1990, la universidad había dicho que alguien tenía que hacerse cargo de los gastos de comunicaciones de la máquina Goya.

Los orígenes

Así pues, bajo los auspicios de **Pepe Mañas,** fundamos la UUES o asociación de Usuarios de UNIX España (uu.es), destinada a dar soporte a la máquina universitaria conectada a la red EUnet (European UNIX Network)[2]. En 1985, Pepe Mañas se fue a las reuniones del European UNIX Users Group (EUUG) diciendo que él quería ser el representante en España, de modo que montaron la máquina y una vez al día enviaban y recibían todo el correo de y hacia Holanda. Esto se hacía con un correo electrónico que tenía un direccionamiento anterior al actual, puesto que tenías que incluir el nombre de la máquina (se funcionaba sin dominio).

Montamos la UUES como una comunidad de vecinos, organizando a universidades, laboratorios de Investigación, BBS y todos los que en aquellos momentos utilizaban el correo electrónico en España, y poniéndolos a todos de acuerdo para compartir gastos. Según crecía el uso, los problemas para determinar quién pagaba qué eran cada vez eran más serios. Dos años más tarde llegó la hora de invertir, y los usuarios demandaban una profesionalización que la asociación no tenía. En 1992, los miembros de la EUUG convirtieron estas asociaciones en empresas. Nos fuimos a Utrecht (Holanda), Pepe Mañas y yo, y vimos que suizos, noruegos y austriacos, entre otros, estaban constituyendo sus asociaciones en sociedades anónimas, de modo que nos quedó claro que se tenía que dar un paso más allá del puro amateurismo.

Todos los usuarios compartíamos un nombre: EUnet y, por razones de amistad con la EUUG, estos últimos les prestaban la entidad jurídica, pero no había ningún vínculo formal.

Inicios del primer proveedor comercial español: Goya

En diciembre de 1992 se creó la empresa Goya Servicios Telemáticos SA con 27 accionistas, y se ofreció participación a la gente que había estado relacionada con Goya, a personas del DIT y de la asociación UUES, que colaboraron a título personal con los ahorros de cada uno. En marzo de 1993 dejé Sema Group y me incorporé a Goya junto a Inmaculada Pindado, otra socia que dejó el DIT (directora técnica), y a Francisca Jiménez, nuestra secretaria. Montamos la empresa en un local de 50 m^2.

Al principio, era de todo menos una empresa. Recuerdo una reunión de accionistas en la que el director general de una empresa dijo: *"He oído de todo, pero ¿alguien ha dicho algo sobre ganar dinero?"*.

1 El DIT, Departamento de Ingeniería Telemática de la Universidad Politécnica de Madrid, era el centro donde tenían instalado el servidor (de nombre) Goya (que más tarde se convertiría en la empresa Goya Servicios Telemáticos), con una comunicación mediante X.25 con Ámsterdam.

2 EUnet es el European UNIX Network, red europea de usuarios del sistema operativo UNIX. Está muy extendido en entornos universitarios.

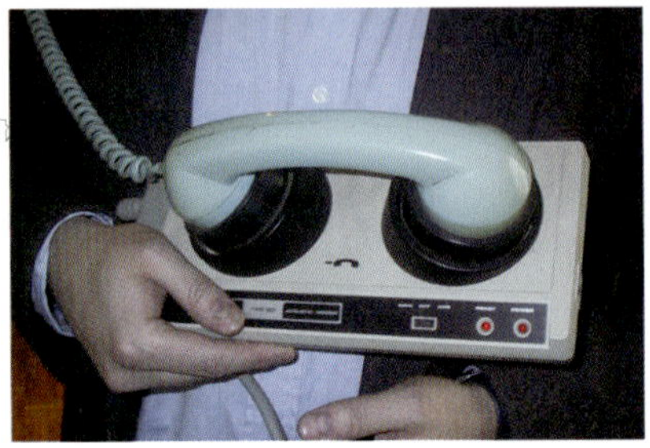

Módem de 300 bps con acoplador acústico. Cortesía de Juan Antonio Esteban.

Detalle de la pionera red EUnet en la que se basaban los accesos a internet de Goya Servicios Telemáticos, 1992.

Al principio, Goya hacía una llamada a Holanda para recoger o enviar el correo electrónico y desconectaba, de modo que los clientes hacían lo mismo. Después se conectaba un par de veces al día y fuimos incrementando la frecuencia de enlaces con Ámsterdam, utilizando los protocolos UUCP-Store & Forward[6]. Nuestro primer servicio fue el correo electrónico y el segundo, las news o intercambio de grupos de noticias (actualmente muy en desuso).

Nuestro primer enlace internacional se realizó compartiendo al 50% el nivel físico de una línea de 64 kbps (X.25 permanente) que tenía RedIRIS con el NIKHEF[7] de Ámsterdam, aunque ellos utilizaban el protocolo Open Systems Interconnections o protocolo OSI[8]. A partir de ahí, empezamos a comprar más y más ancho de banda, y los primeros servicios *dial-up* en IP los proporcionamos en 1993. Ya en verano de ese mismo año montamos el primer servidor web, sin que hubiera visualizadores[9]. Fue un hito, aunque durante mucho tiempo nos preguntamos para qué serviría…

Al formar la sociedad local, me coloqué en el Consejo de EUnet Ltd[3], en el que estaban representados todos los países de Europa, aparte de otros de Asia y África (recuerdo bien las contribuciones de Noruega, Finlandia, Alemania, Rusia, Polonia, Chipre, Malta, Egipto, Yugoslavia, Checoslovaquia y un largo etcétera). Nos reuníamos en Praga, Milán, Bratislava.

Empezamos a comprar máquinas para separar los activos del DIT de los nuestros. De hecho, el mítico servidor Goya[4] ha tenido varias encarnaciones. Empezó con una máquina Sun[5] del DIT, después un HP (1990) y luego, ya en la empresa privada, han sido siempre máquinas Sun con la dirección <http://goya.eunet.es>.

3 Con sede en Ámsterdam y cuyo NOC (Network Operation Center) estaba en el Mercado de las Flores, sede de KPN-Qwest, hasta que la empresa cerró en 2002.
4 Que finalmente dio nombre a la empresa.
5 Se refiere al fabricante californiano, Sun Microsystems (comprado en 2011 por Oracle).

6 Permiten guardar la información recibida y enviarla hacia el nodo siguiente cuando la conexión lo permita.
7 Centro de Investigación de los Físicos de Altas Energías. Pioneros en el campo *net* como ellos pretendían inicialmente, cambiaron el rumbo de la compañía diametralmente y empezaron a desarrollar programas para la navegación.
8 OSI: Open Systems Interconnection. Conjunto de estándares europeos, que no llegó a arrancar debido a su gran complejidad. A pesar de que todos los operadores lo defendían por ser el estándar aceptado y propiciado por ISO (la Organización Internacional de Estandarización).
9 Clientes html, hoy más conocidos como navegadores web.

Nuestros primeros grandes clientes con enlaces dedicados fueron Telefónica I+D, Standard Eléctrica, Sema Group, universidades que querían tener una segunda conexión…

¿Recuerda alguna anécdota de la época?

▶ Estábamos en la primera oficina de Goya y nos llamó un cliente enfadadísimo porque le habíamos cobrado mucho y diciendo: *"Yo utilizo esto y después montaré mis propias redes de fibra óptica…"*. Finalmente, le ofrecí una tarifa plana de uso (que no de acceso telefónico) y llegamos a un acuerdo; le registramos un dominio biensonante y le cambiamos a tarifa plana. Se llamaba **Martín Varsavsky** y estaba montando Jazztel.

▶ Como Telefónica (no puedo nombrar a otros operadores españoles porque en aquella época no existían) siempre estaba en la retaguardia de Internet, y dado que a lo largo del tiempo he sido de muchas asociaciones, recuerdo que los de Telefónica Data seguían con el estándar OSI. Pertenecíamos a la European E-Mail Association (EEMA) y recuerdo que todas las telefónicas europeas hablaban de OSI en un perfecto diálogo de sordos. El modelo económico al que lleva Internet es de lo más revolucionario, libertario y autárquico, a diferencia de la interconexión entre los operadores. Recuerdo que, cuanto más se lo contábamos, menos les gustaba Internet. Aun llevando ese retraso de años, debemos quitarnos el sombrero delante de los operadores, puesto que, cuando le han dado la vuelta al asunto, han sabido convertirlo en parte fundamental de sus negocios, igual que hizo Microsoft[10].

▶ Recuerdo también como algo curioso que la primera licencia para ofrecer *e-mail* la tuvimos que pedir en el sitio donde expiden las autorizaciones de radiofrecuencia.

▶ Nuestro principal cliente en Goya durante años fueron compañías del grupo Telefónica, que no ofrecía acceso a Internet.

10 Al ver que su Microsoft Network (mediados de 1995) no podría sustituir a Internet.

¿Algún hito que quiera destacar especialmente?

Como hombre de negocios, me fascina ver la forma en que el voluntariado supera al interés comercial, la forma en que mecanismos diseñados por tres amigos con la ayuda de colaboradores voluntarios, mecanismos muy simples, pueden competir y vencer a los encorsetados protocolos oficiales y hacer cambiar la manera de pensar de muchísimas personas a la hora de elegir una tecnología no "estandarizada oficialmente"[11].

Creo que el Sistema de Nombres de Dominio (DNS) es el mejor invento de Internet. Es una solución técnicamente irreprochable y que no está controlada por los de siempre. Llevo décadas leyendo artículos de que se puede caer y dejar apagada Internet, pero nadie niega que lleva más de 30 años (desde principios de 1982) funcionando sin descanso.

Es propiamente un hito que incluso los mayores fabricantes con capacidad de crear tecnología propietaria y cerrada tengan que plegarse a interconectar a todo el mundo porque se les demanda la filosofía abierta característica de Internet. Esto puede, sin duda, con los intereses de incompatibilidad de muchas empresas… a lo que después se suma el fenómeno Linux de *software* abierto y gratuito, imparable.

¿Qué personajes destacaría, ya sea por su aportación a Internet o por cómo le influyeron a usted personalmente?

- **Pepe Mañas,** por su interés intrínseco por los proyectos novedosos.
- **Ángel Álvarez,** profesor del DIT, por enrolar a Pepe Mañas en aventuras como la UUES. Es un internacionalista convencido, y ha traído el UNIX a la Universidad española. Es un apasionado de la cultura Internet.
- En Europa, gente de toda la vida que han acabado en sitios varios como **Axel Pawlick** (actual director general de RIPE): trajo Internet a Alemania, dedicándole muchos años de su vida. Una vez cubierta su etapa economicista, se retiró a Irlanda y va a

11 Aunque sí de facto, por el alto número de usuarios que la utilizaban.

Recibiendo de manos de S.A.R. el Príncipe de Asturias el premio de la Asociación de Usuarios de Internet 2001, en presencia de la entonces ministra: Anna Birulés i Bertrán. Cortesía: Juan Antonio Esteban.

Ámsterdam un par de veces por semana para dirigir la conocida institución que coordina las direcciones IP.

- El holandés **Piet Beertema** fue quien llevó las primeras conexiones transatlánticas de Internet entre Europa y América. Actualmente está en el instituto CWI.
- **Javier Solá,** por haber conseguido[12] sentar a una misma mesa a los cuatro operadores de la época para que se pusieran de acuerdo en la creación del nodo neutro ESPANIX, que estuvo a punto de no existir, y por haberse interesado por la causa común.
- Después del WWW de **Tim Berners-Lee,** en Europa se nos apagó la lámpara, aunque hemos tenido a defensores del Internet *libre* y *anónimo*. Conocí a uno de ellos, **Johan *Julf* Helsingius** (alias *Julf*), que tuvo que dejar su país (Finlandia) por defender la causa: era el promotor del servidor *anon.penet.fi* uno de los *remailers* anónimos[13] más conocidos de la segunda mitad de la década de los noventa. Lo tenía en su casa desde los años ochenta, y el Gobierno le obligó a dar el nombre de alguien. No lo dio y se fue de Finlandia tras cerrar todo el chiringuito.

12 Nota del entrevistador: aunque no fue obra de una única persona, puesto que asociaciones como Sedisi (y concretamente su comisión de Internet con proveedores como Servicom o Asertel), estuvieron presionando mucho también para que este objetivo se viese cumplido.

13 Servidores que al recibir un correo lo reenviaban, sin remitente. De forma que al destinatario le resultaba imposible conocer quién era el emisor.

¿Cómo explicaría su aportación al mundo del Internet español?

No sé qué he aportado a Internet, pero sí que sé qué es lo que Internet me ha aportado. No se me ocurre cómo sería la vida sin Internet (ni ya desde antes de trabajar profesionalmente en el sector). Ha sido una labor muy proselitista en los primeros años, la labor de uno más en la industria en los últimos tiempos. Estoy satisfecho de haber proporcionado la primera experiencia Internet a mucha gente en España.

¿Qué cree que nos aguarda en el futuro? Alguna tendencia tecnológica…

Más que tendencias tecnológicas, ahora estoy más interesado en la aplicación social de todo lo desarrollado, que es un pequeño milagro en cuanto a posibilidades de comunicación:

- Espero que Internet siga desarrollándose como paradigma de libertad de expresión, de sistema abierto, universal… y de comunicación barata para todos. Que siga rompiendo barreras para darnos más y mejores formas de comunicarnos: ¿quién iba a imaginarse hace unos años algo tan natural ahora como la videoconferencia gratis desde casa?
- El poder del usuario de Internet como productor de información y las herramientas de comunicación tan avanzadas tienen un gran potencial para mejorar la sociedad, para mejorar nuestro sistema democrático, para propagar la solidaridad y lo mejor de nosotros. Apuesto por Internet como una gran herramienta para un cambio social necesario.

Lo que nos queda es dar al ser humano una comunicación barata y universal, que todo el planeta reciba el regalo que supone internet en el primer mundo. Aquí tiene que intervenir el legislador y las administraciones, puesto que esta iniciativa de gran alcance social no puede quedar únicamente en manos privadas.

José Barberá Heredia

Primer director general de RedIRIS.

«Internet ha contribuido notablemente a expandir los **CONOCIMIENTOS** sobre redes teleinformáticas más allá de los centros de enseñanza tradicionales»

José Barberá, en su despacho de FUNDESCO.
Cortesía de RedIRIS.

Entrevista personal realizada el 8 de octubre de 2001 en Madrid y a través de Internet desde Barcelona Actualizada en Palo Alto, en junio de 2009

Nacido en Cuéllar (Segovia), en 1949.

Es doctor, ingeniero de Telecomunicación por la Universidad Politécnica de Madrid, Electrical Engineer y Master of Science in Electrical Engineering and Computer Science por el Massachusetts Institute of Technology (MIT). Su familiaridad con internet data de bastante antiguo; durante su formación de posgrado en EEUU entre los años 1974-1976, conoció de primera mano los desarrollos de ARPAnet que se estaban llevando a cabo por grupos de investigación y universidades del área de Boston, tales como Harvard, MIT, BBN (Bolt, Beranek and Newman), pioneros y precursores de los servicios actuales de Internet. Durante su estancia en FUNDESCO lideró la definición y realización posterior del Proyecto IRIS, lo que desembocó en la puesta en marcha de RedIRIS, la red española de I+D y la primera en conectarse a Internet en nuestro país. Trabajó en ONO Service Provider (anteriormente, Telia Iberia) como Director de Desarrollo de Servicios IP, donde fue responsable de la puesta en marcha del primer servicio nacional de redes privadas IP basadas en la tecnología MPLS. Posteriormente, trabajó en Intuitio Group y Satec, para pasar a ser asesor del Gabinete del Secretario en la Secretaría de Estado de Telecomunicaciones y para la Sociedad de la Información. Ha publicado diversos artículos sobre Internet, su tecnología, sus servicios y sus aplicaciones.

www.fundesco.es (no operativa)
www.mityc.es

José Barberá

¿Cuándo tuvo su primer contacto con un ordenador?

Con un ordenador personal (PC), fue en 1982. Anteriormente había usado los sistemas de teleproceso de la época y algún que otro microprocesador.

¿Y su primer recuerdo o incursión en Internet?

El primer recuerdo data del año 1975, en Estados Unidos, durante los seminarios sobre diversos temas de investigación y desarrollo de

Carlos Blánquez e Iñaki Martínez en sus respectivos despachos de FUNDESCO, años 1980. Cortesía de RedIRIS.

ARPAnet. Los primeros nodos (IMP[1], TIP[2]…), los protocolos iniciales *(host-to-host, host-to-IMP…),* de los que solamente los "muy viejos" podemos albergar ahora algún recuerdo difuso. Los protocolos TCP/IP[3] todavía no se habían acuñado como estándar, aunque ya se conocían como *paper.* Recuerdo que luego, a mi vuelta a España, el mundo de las redes de datos estaba dominado por los operadores telefónicos y con unos estándares diferentes (los del mundo OSI). Fue ya en FUNDESCO, teniendo la responsabilidad de dirigir RedIRIS, cuando decidimos orientarnos al mundo del TCP/IP y conectar RedIRIS a Internet, al igual que hacían otras redes de I+D de nuestro entorno. Posteriormente, a partir de 1995, los operadores de datos se convirtieron a TCP/IP y empezaron su incursión y reconversión en proveedores de servicios Internet.

¿A qué personajes destacaría, ya sea por su aportación a Internet o por lo que le influyeron a usted personalmente?

Larry Landweber: el principal "apóstol" de Internet. Desde principios de los ochenta venía organizando reuniones informales y desestructuradas de expertos de diferentes países para tratar de entender entre todos lo que estaba pasando en el mundo de las redes de I+D: los protocolos, los algoritmos de encaminamiento, la interconexión de redes LAN-WAN, etc. Asistí a varios de aquellos encuentros (1988, 1989, 1990) hasta que la situación ya se vio madura y se creo la Internet Society. A diferencia de otros que aparecen hoy en día como padres de Internet, a Larry creo que podemos asignarle el papel de madre, en el sentido de que, calladamente y desde la trastienda, fue cuidando en su regazo a la criatura que se iba desarrollando y extendiendo su ámbito de influencia.

Carlos Blánquez e **Iñaki Martínez**: mis primeros colaboradores en FUNDESCO para poner en marcha una aventura de la que no sabíamos muy bien por dónde íbamos a salir. Con ellos, y posteriormente con el resto del equipo que se fue formando, pude suplir con entusiasmo y voluntarismo la carencia de medios y de directrices claras por parte de nuestro contratista principal.

Fue una época interesante en la que hubo de todo: discusión de protocolos, diseño de modelos organizativos y de servicios, promoción de la idea de redes abiertas, mediación entre facciones o grupos de presión en las universidades…

1 IMP: Internet Message Processor, (procesador de mensajes de Internet). Posteriormente llamados *gateways* y después *routers.*

2 TIP: terminal IMP, semejante a lo que hoy llamaríamos servidor o *router* de acceso.

3 Protocolos considerados hoy como el "esperanto" de las telecomunicaciones y base de internet.

El equipo de RedIRIS-FUNDESCO al completó en diciembre de 1993, cuando se transfirió la gestión al CSIC. De izquierda a derecha: Carlos Blánquez, Celestino Tomás, Miguel Ángel Sanz, Susana Gayo, Ignacio de los Mozos, José Barberá, Iñaki Martínez, Clara Álvarez, Felipe García Montesinos y María Bolado.
Imagen cortesía de José Barberá.

¿Recuerda alguna anécdota de la época?

Ya en 1988, nos planteamos el esquema de los nombres de dominio bajo el dominio de primer nivel correspondiente al código de nuestro país (".es"). Las discusiones se centraban sobre si debíamos poner bajo ".es" el nombre de dominio de la organización o si debíamos introducir antes un subdominio relacionado con la actividad, como hicieron, por ejemplo, en el Reino Unido ("ac.uk", "co.uk"). Finalmente nos decidimos por la primera opción, que es como funciona ahora. El problema estaba en que no teníamos la autoridad sobre el dominio de primer nivel ".es"; este lo había registrado en el Internic (el Centro de Cálculo de la Universidad de Barcelona), que por entonces era el coordinador técnico de la red EARN[4] (¿alguien la recuerda ahora?). El caso es que tuvimos que "comprar" ese dominio, y lo compramos barato. Fue a base de invitar a una comida al representante de dicho centro y de comprometernos a pagar la cuota de la rama española de EARN en ese año, bajo la idea de unificar iniciativas dispersas en una red común. Entonces no teníamos idea de la importancia que iba a tener en el futuro tal decisión. Fue la primera piedra de la construcción de lo que hoy es el ES-NIC y el primer caso de "mercadeo" de dominios.

Hay otras anécdotas divertidas. Al principio de empezar a funcionar (1988) utilizábamos la red Iberpac de Telefónica como infraestructura de transporte. Durante las primeras jornadas técnicas en Santander, hubo un comentario de alguien que dijo que esa red era para cajeros automáticos, pero que no servía como base para la red española de I+D. El representante de Telefónica que asistía a esas jornadas se agarró un cabreo considerable. No sé muy bien por qué, ya que el hecho era cierto. Entonces en Telefónica no se hablaba TCP/IP y los cajeros automáticos son elementos muy útiles para mucha gente.

¿Algún hito que quiera destacar especialmente?

En noviembre de 1990 hicimos las primeras conexiones TCP/IP a Internet, en el marco de un servicio piloto.

Las primeras máquinas conectadas fueron del CIEMAT, de FUNDESCO, del Departamento de Ingeniería Telemática de la UPM y del Centro de Informática Científica de Andalucía (CICA).

Previamente habíamos logrado un acuerdo con NSFnet[5] para poder enviar y recibir tráfico TCP/IP desde RedIRIS, lo que entonces llamaban *connected status.*

Progresivamente, el tráfico TCP/IP fue sustituyendo al tráfico basado en X.25.

¿Cómo explicaría su aportación al mundo de la Internet española?

Bueno, creo que está claro por lo referido anteriormente. Tuve el honor y el privilegio de liderar la introducción de Internet en España y de difundir su uso entre la comunidad académica e investigadora de nuestro país.

4 EARN: European Academic Research Network. Red telemática académica europea de investigación, precursora de Internet. Promovida por IBM y equivalente a la BITnet americana.

5 NSFnet: red de la National Science Foundation que durante años financió el desarrollo y mantenimiento de las redes académicas de Estados Unidos.

José Barberá

ARQUEOLOGÍA DE RED: proporcionado por Larry Landweber de su archivo en Madison (Wisconsin)

Reconstrucción de un *email* de 1988

From mcvax!dcp.iris!barbera@uunet.uu.net
Tue May 24 1:58:03 1988
Received: from cs.wisc.edu by "parmesan.cs.wisc.edu;"Tue, 24 May88 1:58:00 CDT
Received: from uunet.UU.NET by "cs.wisc.edu;" Tue, 24 May88 1:59:21 CDT
Received:from mcvax.UUCP uunet.UU.NET(5.54/1.14)with UUCPid"AA18364;"Tue,24May88 2:58EDT
Received: by "mcvax.cwi.nl;" Tue, 24 May 88 8:48:33 ?(MET)
Received: by cernvax.uucp (1.2/Ultrix2.0-B)id "AA29033;"Tue, 24 May88 8:38:03 ?

Date: 24 May 1988 8:37 From: Jose Barbera <mcvax!dcp.iris!barbera@uunet.uu.net> To: <landweber>
Message-Id: <66*barbera@dcp.iris> Subject: New address for IANW 88 in Israel Status: RO
Larry,
Could you, please, acknowdegde this message if you receive it. I would try to use this address instead mcvax!goya!fundesco@uunet.uu.net.

If this works out I would like to receive messages for the next IANW88 in Jerusalem in my X.400 mailbox.
Regards,

Jose Barbera Tel: 1 435 1214
Programa IRIS Tlx: 42608 USEF E
Fundesco Fax: 1 522 7489
Alcala 61 E-mail: HS-X.400: barbera@dcp.iris
28014 Madrid, Spain UUCP:
mcvax!goya!fundesco@uunet.uu.net

Enviamos a José Barberá este correo suyo. Después de 22 años lo comenta así:

Lo cierto es que nos encontramos con una buena muestra arqueológica de entonces; fíjate que mi intención era cambiar una dirección-e "explícita" (de las llamadas tipo *bang,* con el "!" separando las máquinas que reenviaban los paquetes) de la máquina Goya de Teleco, por una *RFC 822,* independiente de la red, si bien a Landweber le llegaba como explícita por su pasarela.

También es curioso que indicaba mi "nueva y moderna" dirección-e como MHS-X.400: barbera@dcp.iris, es decir, en formato *RFC 822,* pero con los atributos normalizados X.400 (invisibles para los destinatarios). Todavía no teníamos en uso el dominio ".es" y "dcp.iris" se refería a Dirección y Coordinación del Programa IRIS.

Hay un curioso artículo de Iñaki Martínez en el *Boletín IRIS* 0, titulado "El servicio de mensajería electrónica en el programa IRIS", en el que explica los diferentes tipos de direccionamiento: las nativas de diversas redes ("usuario<en>máquina" o "máquina::usuario"), las explícitas de arriba *(bang)* y las independientes de la red: *RFC 822* (usadas "en las redes americanas", así rezaba ese artículo) y X.400, con diversas pasarelas entre ellas. Esas últimas eran el objetivo final de IRIS, si bien empezamos a usar inicialmente el software de correo EAN (de la University of British Columbia), que, como he dicho antes, combinaba el formato de unas y la estructura de otras.
¡Qué mundo tan complicado, ¿no?!

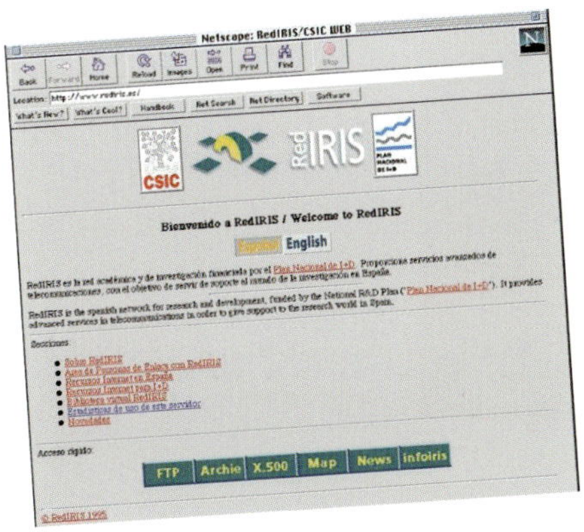

Detalle de la página web de RedIRIS, en 1995. Cuando dejó de ser, junto con la privada Goya Servicios Telemáticos, el único proveedor de Internet en España.

¿Qué cree que nos aguarda en el futuro?

A saber. No soy futurólogo. Cualquier cosa es posible a la vista de los acontecimientos recientes. Pero si de lo que se trata es del futuro del mundo IP, sí quisiera hacer notar el hecho de que hace cinco años ya se anunciaba la llegada de IPv6 como algo inminente y necesario. Hoy sigo viendo que IPv6 sigue siendo motivo de conferencias y redes piloto, pero no veo unos plazos claros en la sustitución del IPv4 actual. Me he equivocado muchas veces tratando de adivinar el futuro, soy muy malo en ello. Así que mejor no opinar. ;-)

¿Alguna tendencia tecnológica?

«Nosotros, que crecimos viendo cómo el correo electrónico era el gran descubrimiento que nos facilitaba la comunicación, observamos ahora cómo nuestros hijos lo consideran caduco e irrelevante.»

En cuanto a tecnología de núcleo se refiere, veo que seguimos prácticamente igual que hace cinco años (2005) respecto al despliegue en producción del IPv6, lo que me hace recapacitar sobre la robustez del IP actual (IPv4); mediante técnicas NAT y similares (incluyendo los incuestionables esfuerzos de la gente de RIPE y organizaciones similares). El protocolo clásico parece que todavía puede seguir aguantando el tirón de la demanda de direcciones.

También –y relacionado con los nuevos usos– destaca la progresiva implantación de vídeos de varios tipos en la comunicación habitual, tanto en lo que se refiere a la difusión desde centros de información especializados como entre la intercambiada entre personas. La transmisión de información, hasta hace poco con un marcado predominio del sentido descendente (de servidor a usuario), tiende cada vez más a una mayor simetría, tanto entre usuarios particulares (comunicación *peer-to-peer,* al margen de los populares usos P2P de descargas) como entre usuarios finales y servidores de información.

Relacionado con ello, destaca también el crecimiento del *cloud computing* como medio para intercambiar grandes volúmenes de información (fotos, vídeos...), así como para almacenar nuestros ficheros en red, y hasta para tener sistemas operativos en red. Cada vez más vivimos "en la nube" y nos comunicamos a través de ella. Por ese motivo, el tradicional acceso por ADSL va a ir quedando relegado, y vamos a necesitar otras tecnologías que excluyan la asimetría que marca la "A": xDSL sobre cobre y las redes de nueva generación de banda ancha, no solo terrestres (fibra óptica y cable), sino también las inalámbricas y el satélite.

Quiero destacar también las redes sociales, de las que en España somos unos de los mayores usuarios, especialmente entre los más jóvenes. Me sorprende que la mayoría de estos, los llamados "nativos digitales", hayan adquirido unos hábitos bastante distintos de los nuestros (los "viejos", los "inmigrantes digitales"). Así, nosotros, que crecimos viendo cómo el correo electrónico era el gran descubrimiento que nos facilitaba la comunicación, observamos ahora cómo nuestros hijos lo consideran caduco e irrelevante; es más, como han ido adquiriendo otros hábitos más de su gusto (SMS, *chats,* mensajería interpersonal y, sobre todo, las redes sociales), creo que hasta lo minusvaloran y lo ignoran cuando nos oyen referirnos a ello.

Para terminar, no puedo dejar de mencionar las plataformas y dispositivos para comunicación en movilidad (PDA, *smart phones, tablets,* etc.), que facilitan el acceso a la red en cualquier momento y lugar. Aquí, el acceso móvil de banda ancha 3G/4G va a desempeñar un papel esencial. En este sentido, quiero resaltar que España es el país europeo que cuenta con el mayor número de usuarios que acceden a Internet en movilidad mediante accesos de banda ancha. En solo cinco años, las posibilidades de acceso y de uso de Internet han cambiado radicalmente.

Los tres directores de RedIRIS: Barberá, Castelo y De Miguel, junto con Juan Riera (del DIT-UPM), y Carlos Blánquez (pionero en FUNDESCO), durante la celebración del 20.º aniversario de RedIRIS en Alcalá de Henares, 20 de noviembre de 2008. De izquierda a derecha: Tomás de Miguel, Juan Riera, Pepe Barberá, Carlos Blánquez, Víctor Castelo y Andreu Veà.

Iñaki Martínez

Pionero de Internet en España.

«Keep it **SIMPLE**, stupid...»

Iñaki Martínez

Entrevistado el 19 de noviembre de 2008 en Alcalá de Henares (Madrid)

Nacido en 1958, en Santander.

Licenciado en Ciencias Físicas por la Universidad de Cantabria. Entre 1984 y 1987 estuvo en el CERN (Suiza) actuando como coordinador técnico de una de las primeras redes académicas españolas: FAEnet (la red de Física de Altas Energías).

Durante su estancia trabajó con Tim Berners-Lee en proyectos de diseño de protocolos de transporte y de llamadas a procedimientos remotos (RPC).

A finales del año 1987 se incorporó a FUNDESCO, organización a la que se había encargado la gestión del programa IRIS (Interconexión de Recursos Informáticos). En enero de 1988 vivió el comienzo de dicho programa hasta que, el 1 de enero de 1994, RedIRIS se traslada al CSIC. Iñaki continuó en FUNDESCO.

En 1997 se incorporó a Cisco Systems, donde actualmente trabaja como consultor de arquitecturas de redes y contenidos para operadoras en Europa.

www.cern.ch
www.fundesco.es (NO ACTIVO)
www.rediris.es
www.cisco.com

¿Recuerda cuándo tuvo el primer contacto con un ordenador?

Sí, fue mientras estudiaba en la Universidad de Cantabria, en el curso 1977-1978.

¿Cuál fue el primer contacto/experiencia con EARN o Internet?

Mi primer contacto tuvo lugar cuando trabajaba como investigador en el CERN, en Ginebra, donde era además coordinador técnico de la Red Nacional de Física de Altas Energías (FAEnet), basada en el protocolo DECnet, que conectamos a la red internacional HEPnet. Allí tuve mi primera experiencia de uso de Internet, cuando apenas había un puñado de nodos en Europa. Más tarde, dentro del programa IRIS, estableci contacto con **Miguel Ángel Campos,** a la sazón representante de EARN (la otra gran red pionera) en España. En 1985 iniciamos la conexión a Internet a través del CERN, al mismo tiempo que integrábamos EARN y FAEnet bajo el paraguas de IRIS, el embrión de la futura RedIRIS.

«En 1985 iniciamos la conexión a Internet a través del CERN, al mismo tiempo que integrábamos EARN y FAEnet bajo el paraguas de IRIS, el embrión de la futura RedIRIS.»

En su opinión, ¿cuáles son las características principales de Internet?

Internet es una red de redes que comparten un protocolo común de comunicaciones, dotada de un pegamento que hace posible la intercomunicación ordenada entre todas ellas y de varios servicios que hacen posible que multitud de aplicaciones proliferen en su seno, dotando de conectividad a cientos de millones de personas.

¿Cuáles considera que son los hitos más importantes en el desarrollo de la red?

En la primera mitad de los ochenta, había varias redes en España y una dirección oficial que había que seguir según llegaban fondos de financiación de proyectos europeos. El patrocinio por parte de fabricantes (IBM, Digital) condicionaba la selección de la tecnología, que no era precisamente el protocolo americano TCP/IP, mientras que las autoridades europeas favorecían el modelo ISO de interconexión de redes (OSI) con la idea de favorecer a la industria europea frente al dominio estadounidense.

1989-1990: el programa IRIS inclinó la balanza a favor de la serie de protocolos TCP/IP[1], sobre todo por una

LA PRIMERA DIRECCIÓN DE CORREO ELECTRÓNICO EN ESPAÑA

En los albores del correo electrónico, el servicio estaba limitado a la propia red (UUCP, EARN/BITNET, HEPNET) hasta la aparición de las "pasarelas" entre redes. El "honor" de disponer de la primera dirección global de correo electrónico en España nos la disputamos amistosamente entre miembros del Centro de investigación de IBM de la Universidad Autónoma de Madrid (UAM) como **Juan Pedro Cerezo y Ramón Llopis,** y un servidor, Iñaki Martínez. Estaríamos hablando del año 1984.

serie de factores determinantes: la proliferación de redes de área local basadas en Ethernet, la proliferación de los minis con el sistema operativo UNIX de Berkeley (BSD) que incorporaban el protocolo TCP/IP de serie y las pasarelas entre diferentes redes con correo electrónico de Internet y otros servicios para mejorar la transición y hacerlas compatibles.

1989: la primera noticia que tuve sobre Cisco Systems fue durante una conferencia en Sídney, Australia (del 28 al 30 de noviembre de 1989), organizada por Larry Landweber. Era el precedente de las conferencias INET (organizadas posteriormente por la Internet Society). Aquí, en España, habíamos desplegado la red privada ARTIX, basada en el protocolo de red X.25, y recuerdo preguntar a mi colega **Juha Heinanen** (autor del conocido *RFC 1483*) por algún fabricante que dispusiera de algún dispositivo capaz de encapsular paquetes IP para transportarlos sobre una red X.25; su respuesta fue que efectivamente existía una nueva compañía que tenía ese producto y se llamaba Cisco. En aquel momento solo había un banco en España que utilizaba un *router* para una aplicación de misión crítica, y la gente del DIT (Departamento Ingeniería Telemática) de la UPM, que también adquirió uno. Poco después de su lanzamiento, el 1 de enero de 1988, el programa IRIS (bajo la tutela de FUNDESCO) empezó a usar esta tecnología para sus servicios de transporte.

1 A pesar de que inicialmente RedIRIS apostara claramente por los protocolos OSI (de ISO), tal como hacían todos los operadores siguiendo indicaciones de sus Gobiernos, presionados por el organismo de estandarización; después cambió radicalmente, pasando a ser la pionera del TCP/IP en España.

¿Cómo contribuyó al desarrollo de Internet?

Traté de mostrar las ventajas de Internet de muchas maneras, sobre todo, mediante presentaciones en foros de la industria de las telecomunicaciones, haciendo ver a los agentes del sector el fenómeno Internet, no siempre con éxito. Todos los operadores dominantes lo rechazaron de plano al no entenderlo y lo han seguido rechazando durante años al no poder aplicar sus modelos de negocio existentes.

A partir de 1994, dentro de FUNDESCO nos dedicamos a varios proyectos de comunicaciones electrónicas. Uno de ellos utilizaba el incipiente modelo de WWW, poniendo en la red todo el fondo editorial de FUNDESCO, así como su colección de arte, haciéndolos accesibles y permitiendo la compra de libros. Fue uno de los primeros ejemplos de comercio electrónico en España junto a otros más conocidos, como el de **Barrabes.com.**

¿A quienes considera personas clave en el desarrollo inicial de Internet?

- Sin duda a **Pepe Barberá,** el "patriarca" de Internet en España, y a mis queridos compañeros **Carlos Blánquez** y **María Bolado,** de los comienzos de IRIS.
- **Juan Riera, Pepe Mañas, Julio Berrocal** y todo el Departamento de Ingeniería Telemática (DIT) de la UPM.
- A mis compañeros de FAEnet, **Antonio Mollinedo** y **Ángel Camacho.**
- A **Miguel Ángel Sanz.**
- A **Celestino Tomás** y al resto de personal de RedIRIS (el motor que contribuyó a la difusión real de Internet en el mundo universitario por toda España).

«Traté de mostrar las ventajas de Internet de muchas maneras, sobre todo, mediante presentaciones en foros de la industria de las telecomunicaciones, haciendo ver a los agentes del sector el fenómeno Internet, no siempre con éxito.»

Relate un par de situaciones anecdóticas

▶ Siempre me ha enriquecido el contacto con tantas personas como he conocido en el mundo de las comunicaciones a lo largo de mi vida profesional.

Al principio, éramos muy pocos componentes (tres, o cuatro personas) y disponíamos solamente de un módem de 300 bps para conectarnos, configurar aplicaciones y acceder a los servicios, ya que no había infraestructura. En los inicios, la gestión de los servicios de IRIS la llevaba el DIT (en la UPM), y desde FUNDESCO fuimos desplegando y trayendo los servicios (estábamos en una oficina en frente de la Cibeles de Madrid), como la interconexión de redes, el correo electrónico y los boletines de noticias. Teníamos que hacer tareas de todo tipo, a nivel administrativo, técnico, soporte… aunque poco a poco comenzaron a unirse excelentes expertos.

▶ Una anécdota curiosa, sobre todo si se mira con una óptica de nuestros días, fue la "batalla" por el nombre de dominio de alto nivel ".es", que era propiedad, ni más ni menos, que de la Universidad de Barcelona (UB). La batalla, que no fue tal ni mucho menos, se cerró gracias a la buena labor y el *seny* de Pepe Barberá y Miguel Ángel Campos.

▶ Otra tiene que ver con una hoja de papel, que creo que todavía conserva **Miguel Ángel Sanz,** en la que pusimos las reglas de registro de nombres de dominio

Iñaki Martínez

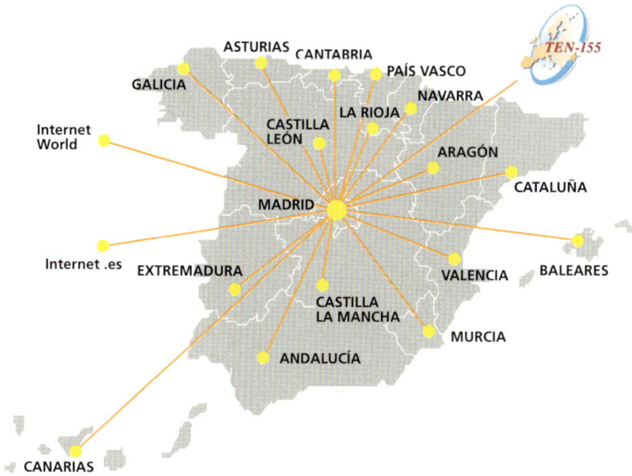

Mapa de los enlaces de redIRIS a mediados de los 1990. Con las salidas hacia internet y hacia la red Europea de investigación TEN-155. Fuente: RedIRIS.

bajo ".es". Aunque parezca un hecho banal, creo que Miguel y muchos otros lo consideramos como un hito en la historia de Internet en España. Aún recuerdo el día que conectamos nuestra red al Mbone, el *backbone multicast* montado sobre Internet, y por primera vez hablamos por la red con **Daniel Karrenberg,** del CWI en Ámsterdam.

¿Qué piensa sobre el futuro de Internet?

Seguirá en su papel de red de redes, cada vez más fragmentada e individualizada/personalizada. Seguirá siendo una red para las comunicaciones personales, pero a su vez verá aparecer una cantidad ingente de dispositivos conectados cada vez más inteligentes y que harán cosas cada vez más evolucionadas, aprendiendo de nuestros hábitos, lo que simplificará los procedimientos de red para que estos hablen entre sí.

En el lado político, las tensiones entre proveedores de contenidos y proveedores de servicios y de red seguirán marcando la pauta de la evolución de Internet, debido a la tremenda disrupción que se ha creado en un modelo que estaba pensado para las operadoras (banda ancha con contenidos gestionados por el operador). Quizá un nuevo modelo de Internet nazca de los previsibles acuerdos que se alcancen entre ambas partes.

¿Ve alguna tendencia tecnológica?

Sí, básicamente en los servicios, partiendo de que inicialmente eran escasos, y genéricos, en el futuro serán múltiples y estarán personalizados, en el sentido de que cada usuario tendrá una visión diferente de la red, de sus contenidos y de sus aplicaciones. Las redes sociales son un paso hacia las redes personales.

Cabe destacar la telepresencia, que cambia las reglas habituales de las redes, dado que los flujos cambian y tienden a ser bidireccionales. Cada vez más usuarios envían más tráfico hacia la red, en vez de ser meros consumidores de información.

Veremos, por lo tanto, redes cada vez más simétricas y con mayor capacidad, empleando fibra óptica para el acceso a la red en los hogares, donde, a su vez, se crearán autenticas redes, conectando multitud de dispositivos de consumo.

En el mes de abril de 1991 se iniciaron los preparativos para la pasar toda la conectividad IP al nodo de RedIRIS en Barcelona, por lo que deberían coordinarse las tres principales universidades: la de Barcelona (UB), la Politécnica de Catalunya (UPC) y la Autónoma de Barcelona (UAB). A su vez, cabe destacar que esta conexión interuniversitaria sería la génesis de lo que después sería la Anella Científica.

El siguiente correo nos da idea del minucioso trabajo que era necesario desarrollar, así como de los preparativos previos a la instalación de cada nodo.

Subject: Conexion Universidades Catalanas a IRIS-IP
Date: **Wed, 10 Apr 1991 19:04 +0200**
From: Ignacio Martinez <martinez@iris-dcp.es>
To: zccblca@EBOUB011.BITNET,marin@fib.upc.es, Marti.Griera@uab.es
CC: Miguel.A.Sanz@iris-dcp.es

Hace tiempo que tenemos un router dispuesto aquí para conectar el área de Catalunya a Internet. Eso va en línea con multitud de peticiones que, a título individual, estamos recibiendo solicitando una conexión a la Internet *ya*.
Lo cierto es que tenemos otras muchas solicitudes de conexión y un número limitado de equipos, por lo que os rogaría que me dierais una fecha *antes del final de este mes* para ir a Barcelona y dejar un router totalmente configurado y en funcionamiento. Si para esa fecha no se realizado la instalación, me temo que habría que esperar varios meses para que dispusierais del servicio. No se requiere nada más por vuestra parte que un mínimo esfuerzo de coordinación. Vamos a ver si echamos a andar esto de una vez por todas.
La fecha de instalación la podeis elegir libremente (solo necesitamos saberlo unos cuantos días antes para no fijar otros compromisos).
El router lo llevaremos personalmente y lo dejaremos instalado, dando servicio a todos los que estén conectados a la red en la que lo instalemos. En principio, tengo apuntados los siguientes centros a conectar (corregidme si falta alguien):
- Universidad de Barcelona (subred de Barcelona)
- UPC (dos subredes)
- UAB
 - Laboratorio de AAEE (dentro de la UAB, línea con el CIEMAT)
 - Centro Nacional de Microelectrónica y a continuación irían
- Campus de la UB de Tarragona (enlace propio UB-UB/T)
- Univ. Pompeu Fabra (cuatro subredes) y ESADE

y en el medio/largo plazo la cosa puede crecer hasta 50 subredes.

Contestad lo antes posible con los datos que se requieren para la preconfiguración del equipo.
Saludos. Inaki
==============================

Necesitamos saber los siguientes datos para la instalación:

- Día, hora y lugar de la instalación.
- Dirección X.121 (ARTIX) de la interfaz conectada a
- Tipo de interfaz para la conexión del router a ARTIX (especificar V.24/RS-232, V.35 o V.11/RS-449).
- Tipo de interfaz eléctrica y sexo del aplique del equipo de conexión a ARTIX(el conmutador, no el router), es decir, DTE/DCE macho/hembra.
- Por si con lo anterior no quedara claro, serían de agradecer el tipo de detalles como: "Necesitamos un cable DTE/DTE -null modem- de 10 metros, con senales V.24, y conectores CANON-DB25, macho para el DTE que pone el reloj y hembra para el DTE que lo recibe".
- Direccion IP de interfaz Ethernet del router (una cualquiera dentro de la subred en que se va a conectar físicamente el equipo).
- Tipo medio físico Ethernet (cable grueso, cable fino, par trenzado, fanout tipo DELNI DEMPR/BICC,...). Decir si se requiere transceptor o no.
- Longitud mínima del cable drop con conectores AUI (nuestro stock es de cables de 5 metros. Si se requiere más largo, avisar cuanto antes).
- Rango y n.º de circuitos virtuales del enlace X.25 router/conmutador (rec 5, del 1 a 5).
- Tipo de interfaz X.25 (para el router) DTE/DCE (recomendado DTE).
- Qué subredes físicas (separadas por bridges, en número de una o más) se van a conectar junto con sus números de subred.
- Qué subredes lógicas (separadas por routers pertenecientes a los propios centros) van a estar accesibles, junto con sus números y las direcciones de las interfaces de los routers que las conectan. Si los routers emplean subredes para su interconexión.
- Número, modelo y versión de S/W de todos los routers propios conectados en la red.
- Protocolo de encaminamiento interior requerido (RIP/HELLO/ninguno).
- ¿Existe algún enlace con redes que no pertenezcan al sistema autónomo de IRIS (766)?

Correo original en donde Iñaki Martínez (RedIRIS) se dirige a las tres principales universidades catalanas –UB, UPC y UAB– para coordinar la instalación del nodo IP universitario. Cortesía de Martí Griera.

Miguel Ángel Sanz

Pionero del despliegue académico de Internet en España y del dominio .ES
Sistemas Avanzados de Tecnología (SATEC)
Director Territorial Centro-Norte

«Internet es la encarnación real de una idea esencial que hasta hace poco parecía **UTÓPICA**.»

Miguel Ángel Sanz. RedIRIS alrededor de 1988, desde donde conectó centenares de departamentos universitarios.

Entrevista realizada el 15 de febrero de 2002 en Barcelona y el 9 de marzo del mismo año en Madrid, y actualizada en febrero de 2010

Nacido en Madrid el 24 de enero de 1966, Miguel Ángel Sanz es Ingeniero de Telecomunicación (1984-1990) por la Universidad Politécnica de Madrid, y graduado en Dirección de Empresas por las escuelas de negocio de IESE (Programa de Desarrollo Directivo, 2001) y de Harvard (Advanced Management Program, 2008). Entre 1991 y 1998 coordinó el Área de Red en RedIRIS, la red académica y de investigación española, donde participó en las iniciativas pioneras de redes IP y servicios Internet en España y Europa. En 1998 se incorporó a SATEC, donde ha contribuido a su desarrollo y crecimiento desde diferentes puestos: consultor, director de proyectos y director de área técnica, hasta que, en 2008, se hizo cargo de la Dirección Territorial Centro-Norte con el objetivo de afianzar y potenciar la apuesta de SATEC por el desarrollo y aplicación de las TIC en Castilla y León y Cantabria. Tal como él mismo nos dice, ha tenido la inmensa fortuna de que sus veinte años de vida profesional en el campo de las telecomunicaciones hayan estado vinculados en todo momento a Internet, desde los inicios de esta en España: los primeros ocho en RedIRIS y los siguientes, en la empresa de tecnología SATEC.

www.satec.es *www.rediris.es*
www.csic.es *www.fundesco.es (no operativa)*

Miguel Ángel Sanz

¿Cuándo tuvo su primer contacto con un ordenador?

Como muchos de mi generación, hicimos nuestros primeros pinitos a principios de la década de los ochenta con los Sinclair (sucesivamente, ZX80, ZX81 y Spectrum), y con un Dragon32, que todavía debe andar por algún armario. Después recuerdo un PC propiamente dicho, sería en 1984, en casa de un amigo mío cuyo padre tenía un PC/AT nuevecito, con sus 20 MB de disco duro y su *floppy disk* de 5,25". En mis primeros años en la Escuela de Telecomunicación, los ordenadores de los laboratorios eran Secoinsa, de fabricación nacional.

Su experiencia laboral en Internet es de las más amplias en España.

Así es, los primeros ocho años los pasé en RedIRIS, donde viví la introducción, divulgación y expansión de Internet en España a través de las universidades y centros de investigación. De esta época, recuerdo con especial emoción la sensación de ser pioneros y "evangelizadores" de una tecnología que, desde el primer momento y en un núcleo muy reducido, éramos conscientes de que iba a cambiar el mundo. Durante esta etapa participé en la puesta en marcha del primer servicio de conexión a Internet en España (SIDERAL), en la creación del Registro Regional Europeo de Internet (RIPE-NCC) y del Registro Delegado de Internet en España (ES-NIC), en el proceso de definición y establecimiento del punto neutro de interconexión de proveedores de Internet en España (ESPANIX), en la introducción de servicios novedosos (primeras transmisiones de audio y vídeo por Internet mediante IP *multicast* a través de MBone, primeras conexiones IPv6 a través del 6bone, etc.), así como en numerosos foros internacionales relacionados con la provisión y la coordinación de redes y servicios de Internet: RIPE (Résseaux IP Européens), EOF (European Operators Forum), PRIDE (Policy Routing Implementation and Deployment in Europe), IETF (Internet Engineering Task Force), INET (Internet Society Summit), RIPE CENTR (Council of European Top Level Domain Registries), y comités técnicos de las primeras redes paneuropeas (IXI, Ebone, EMPB, Europanet, TEN-34 y Quantum).

Posteriormente, tras la liberalización de las telecomunicaciones en España y ya desde SATEC, una empresa líder en la aplicación de las TIC en soluciones y servicios de valor para diferentes sectores, me he ocupado hasta hace poco de la dirección técnica de los equipos de ingenieros que han diseñado y construido las redes IP avanzadas y los servicios de Internet de muchos de los operadores nacionales de telecomunicaciones (BT, Uni2, Comunitel, Euskaltel, R, Menta, Telecable, Telefónica Internacional, AUNA/Retevisión, etcétera).

¿Cuál es su primer recuerdo o incursión en Internet?

Recuerdo haber leído durante la carrera la primera mención de los protocolos TCP/IP de ARPAnet en un apartado perdido de la primera edición del libro *Computer Networks,* de Andrew Tannenbaum (Englewood Cliffs [NJ], Prentice-Hall, 1981), aunque en aquella época ni siquiera estaban en el temario de las asignaturas de comunicación de datos, centradas casi exclusivamente en los protocolos OSI, que se consideraba iban a ser los estándares de comunicación del futuro y se potenciaban especialmente desde Europa. A finales de la década de los ochenta asistí a un curso específico de TCP/IP organizado por la ETSI de Telecomunicación de la UPM, gracias al cual pude profundizar en el conocimiento de los protocolos de Internet.

Mi primer contacto "real" con Internet fue a principios de 1991, cuando entré en RedIRIS con el cometido de poner en marcha el servicio de interconexión de redes de área local IP (SIDERAL/Internet), con el que empezamos a conectar a las universidades y centros de investigación españoles a Internet.

¿Qué personajes destacaría, ya sea por su aportación a Internet o por cómo le influyeron a usted personalmente?

Jon Postel: como director de la IANA (Internet Assigned Numbers Authority) y editor de RFC durante casi treinta años (desde los orígenes de ARPAnet en 1969 hasta su muerte en octubre de 1998), desempeñó un papel determinante en el éxito de Internet al garantizar su estabilidad a pesar de su vertiginoso crecimiento. Su buen hacer, rectitud de criterio, sabiduría técnica y entrega total y desinteresada le convirtieron en la persona más respetada y amada por la comunidad de Internet.

Daniel Karrenberg: una de las personas que más ha contribuido al éxito de Internet en Europa. Fue promotor de las primeras reuniones y mecanismos de coordinación de redes IP en Europa a finales de la década de los ochenta y fundador y primer director del Résseaux IP Européens, Network Coordination Center (RIPE-NCC), que ha desempeñado y desempeña un papel fundamental en el correcto desarrollo de Internet en Europa. El funcionamiento del RIPE-NCC es un ejemplo paradigmático de autorregulación y aproximación *bottom-up* en la adopción de normas en Internet, y ha sido exportado al resto de registros regionales del mundo.

Tim Berners-Lee: padre de la tecnología web, concebida durante su estancia en el Consejo Europeo para la Investigación Nuclear (CERN), la aplicación que más ha contribuido a la difusión y éxito de Internet, así como, sin duda, una de las grandes aportaciones de Europa al progreso de la humanidad.

José Barberá e Iñaki Martínez: a los que considero padres de Internet en España por su decisión de introducir en RedIRIS el servicio de interconexión de re-des de área local TCP/IP con conexión a Internet, en 1990. En el ámbito personal, aparte de ser mis primeros jefes, son las personas que más han influido en mí profesionalmente, por su clara visión del mundo de las redes de datos, su apuesta por los protocolos TCP/IP e Internet, y la gran confianza y responsabilidad que depositaron en mí para la puesta en marcha del servicio, a principios de 1991.

¿Recuerda alguna anécdota de la época?

▶ Entre las muchas que podría citar, con la perspectiva de los años me resulta especialmente gracioso recordar que durante las primeras reuniones de RIPE, a principios de la década de los noventa, en uno de los grupos de trabajo nos dedicábamos a dibujar el mapa de Internet en Europa. En aquella época era posible, pues tan solo existían unas pocas decenas de redes IP interconectadas a Internet y todas compartían únicamente tres líneas transatlánticas entre Europa y los Estados Unidos. ¡Nos cabía todo en una hoja! Evidentemente, pronto empezó a complicarse la topología de tal forma que hubo que dejarlo por imposible y suprimir este grupo de trabajo.

▶ De los primeros años recuerdo también el entusiasmo de los responsables de comunicación de las universidades y centros de investigación tras el establecimiento de su conexión con Internet. En el año 1991, Iñaki Martínez y yo recorríamos la geografía nacional instalando y configurando los primeros *routers* de conexión a Internet de los centros (los primeros 20 o 25 los compró RedIRIS como promoción del servicio) y dando las explicaciones y directrices iniciales necesarias. Parecíamos misioneros predicando la "palabra" de Internet.

▶ Así como las universidades y centros de investigación acogían con entusiasmo la tecnología de Internet, siendo plenamente conscientes de su importancia y trascendencia, no se puede decir lo mismo de los medios de comunicación ni de los operadores dominantes de la época. En la primera mitad de la década de los noventa fracasamos reiteradamente en nuestro intento de que la prensa y Telefónica mostraran el más mínimo interés por Internet. En general, lo veían como algo bastante esotérico y restringido al mundo académico e investigador, pero sin mucho futuro fuera de ese ámbito. La aparición en escena del WWW y sus interfaces gráficas (NCSA Mosaic y, posteriormente, Netscape) vino a cambiar radicalmente el panorama. Lo mismo se podría contar de otros gigantes como Microsoft. Para los que conocen Internet desde sus orígenes, resulta insultante que a veces se cite en los medios a Bill Gates como uno de los padres de Internet, cuando durante muchos años Microsoft vivió de espaldas a la red e incluso lanzó iniciativas paralelas que pretendían competir con ella (como la MSN de 1994). Tan solo el avance imparable de Internet hizo que Microsoft, los operadores dominantes y otros gigantes empresariales diesen un giro de 180°, a partir de mediados de la década de los noventa, para alinear su estrategia en la dirección de la tecnología de Internet.

▶ Uno de los aspectos más conflictivos en los que me he visto involucrado fue el del registro de dominios bajo ".es". Los primeros dominios los dábamos de alta en el DNS mediante una simple llamada telefónica o el intercambio de un par de *mails*. Ya en 1992 tuvimos que elaborar unas normas mínimas y un primer formulario que, mientras los usuarios del sistema eran mayoritariamente universidades y centros de investigación, funcionó a la perfección. Con el *boom* comercial de mediados de la década de los noventa nos vimos de repente en RedIRIS en el centro de un huracán, con la responsabilidad de tener que garantizar el funcionamiento y la estabilidad del sistema (vital para los centros de RedIRIS, que en aquel momento suponían el 99% de Internet en España) y a la vez tomar decisiones que afectaban a intereses económicos crecientes, sin que tuviéramos los recursos necesarios ni el más mínimo apoyo legal ni político (ni la DGTel ni nadie de la administración quería hacerse cargo de esta patata caliente). Junto con un amigo mío abogado, elaboramos una normativa de "subsistencia" de registro de dominios, que, basándose en los mismos principios que llevábamos aplicando desde los orígenes, estaba especialmente orientada a evitar el desbordamiento del registro, la piratería de dominios y los conflictos legales, como mejor forma de proteger la estabilidad del sistema DNS y a la propia RedIRIS, dada la total ausencia de un marco legal. Aunque en nuestro ánimo estaba que esta normativa fuera algo transitorio hasta que los poderes políticos se interesaran por el tema y establecieran, por medio de un adecuado marco participativo de la comunidad Internet española, una nueva normativa más acorde con los intereses de los

Durante el acto de homenaje público ante miles de jóvenes a seis de los pioneros de Internet en España, organizado por el autor el 11 de julio de 2011, en la inauguración de la XV edición de la Campus Party de Valencia. De Izquierda a derecha: Felipe García Montesinos, Dr. José Barberá, Juan Antonio Esteban, Dr. Juan Quemada, Josep M.ª Blasco, Dr. Andreu Veà y Miguel Angel Sanz.

colectivos implicados, no fue hasta el año 2003 que el Ministerio de Ciencia y Tecnología (tras un debate de competencias con la CMT) asumió la responsabilidad de la gestión del registro de dominios bajo ".es" y se estableció un primer marco legal, mediante sendas órdenes ministeriales de 2000 y 2001 (para mi sorpresa, el 90% de la normativa que apareció en el BOE era una transcripción literal de la normativa anterior que escribimos mi amigo abogado y yo, pero no pedimos derechos de autor). Afortunadamente, la situación ha cambiado mucho desde entonces hasta ahora en que, desde Red.es, se presta como un servicio público más, dentro de un marco legal claro y estable y con un modelo de financiación sostenible. A los que iniciamos el camino y tuvimos la responsabilidad de prestar este servicio en condiciones de extrema dificultad y precariedad, nos queda, aparte de la infinidad de horas de esfuerzo, quebraderos de cabeza y anécdotas vividas, la satisfacción del deber cumplido y el haber puesto en marcha, ya a mediados de los noventa, el que seguramente sea el primer ejemplo de procedimiento administrativo automatizado y accesible por Internet en España.

▶ Muchos saben que el punto neutro de interconexión de proveedores de Internet en España (ESPANIX) empezó a funcionar en enero de 1997. Lo que pocos conocen es que ya en el año 1993, cuando solo existían dos proveedores (RedIRIS y Goya Servicios Telemáticos), estuvo a punto de ponerse en marcha, lo que le hubiera supuesto ser uno de los primeros puntos de interconexión en Europa. Incluso teníamos ya el nombre, el equipamiento necesario y la normativa preparada (esta contemplaba la apertura del punto neutro a nuevos proveedores que surgieran en el futuro). La transferencia de la gestión de RedIRIS desde FUNDESCO (donde nació) al CSIC (donde continuó durante muchos años antes de recalar en Red.es) abortó estos planes iniciales, y diferencias y presiones posteriores postergaron el nacimiento de ESPANIX hasta enero de 1997. A día de hoy, ESPANIX todavía conserva tanto el nombre que acuñamos como el direccionamiento IP que asignamos en la iniciativa inicial de 1993.

▶ El ancho de banda de la conexión inicial de España a Internet (enlace internacional de RedIRIS) era de 64 Kbps. Su ampliación a 2 Mbps en septiembre de 1993 nos pareció todo un hito... Trascurrida una década y media, disfrutamos en cada casa de varias veces el ancho de banda que entonces teníamos para toda España.

Durante la entrevista personal, el 14 de febrero de 2002, en la sede de Retevisión (Barcelona).

¿Algún hito que quiera destacar especialmente?

Son muchos, pero, en mi opinión, los más trascendentes de cara al éxito posterior de Internet fueron los siguientes:

- **1 de enero de 1983:** adopción de los protocolos TCP/IP en ARPAnet.
- **1984:** creación del sistema de nombres de Internet (DNS).
- **1986:** nacimiento de la red NSFnet, basada en la tecnología TCP/IP, que acabaría convirtiéndose en la red troncal de Internet durante muchos años.
- **1991:** creación en el CERN de la World Wide Web (WWW).
- **30 de abril de 1995:** culminación del proceso de comercialización o "privatización" de Internet, con la total desaparición del troncal de la NSFnet y su sustitución por un nuevo entorno arquitectónico en el que coexisten múltiples redes troncales comerciales y los adecuados mecanismos de interconexión y coordinación.

¿Cómo explicaría su aportación/ contribución al mundo de Internet?

He tenido la suerte de vivir en primera persona y en primera línea del "frente" el nacimiento y posterior desarrollo de Internet en España y en Europa: desde la configuración de los primeros *routers* y el alta de los primeros dominios bajo ".es", en los orígenes, hasta el diseño e implantación de grandes *backbones* comerciales de los operadores de datos en años posteriores, pasando por la participación en la puesta en marcha de iniciativas clave como RIPE-NCC, ES-NIC, ESPANIX, etcétera.

¿Qué cree que nos aguarda en el futuro? Alguna tendencia tecnológica...

La tendencia tecnológica será la misma que desde la aparición de la tecnología de Internet, pero cada vez más acentuada: "IP on everything & everything on IP". Esto nos llevará a la máxima simplificación de las redes de comunicaciones: una única red IP, construida sobre cualquier medio de transmisión (con predominio cada vez mayor de los medios ópticos e inalámbricos), que soporta todas las aplicaciones de telecomunicación (datos, telefonía, videoconferencia, televisión y radio interactivas, audio y vídeo bajo demanda, etcétera).

Tomás De Miguel

Director General de RedIRIS.

«Jamás desprecies el **ANCHO DE BANDA** de un camión lleno de cintas.»*

* (En internet a veces se hacen diseños muy sofisticados que no ofrecen mejoras apreciables. Es mucho más eficaz solucionarlo con una sobreprovisión de ancho de banda.)

Entrevistado el 8 de septiembre de 2009 en Aravaca, Madrid

Nació en Valladolid (España) el 22 de septiembre de 1955. Comenzó estudiando Ingeniería de Caminos en la Universidad Politécnica de Madrid (UPM) durante el primer año de carrera y en 1976 se pasó a Ingeniería de Telecomunicaciones, también en la Politécnica (UPM). El cambio fue motivado por la lectura de diversos artículos pseudocientíficos de divulgación sobre la capacidad de comunicación del láser. En 1981 entró a formar parte de la denominada Cátedra de Ordenadores.

En 1982 finalizó el proyecto y comenzó a trabajar en Standard Eléctrica[1]. Durante estos años, siguió en contacto con la universidad hasta que Gonzalo de León le convenció para participar en la creación de un curso de programación, que hasta entonces no se impartía en la Escuela, y que se introdujo en el segundo curso del nuevo plan de estudios. Se llegó a tener 1.200 alumnos para un laboratorio de treinta ordenadores, lo que suponía un ligero problema a la hora de impartir las clases, sobre todo, para que pudiera abarcar a tal multitud de alumnos.

En 1987, finalizó la tesis doctoral y siguió trabajando en la universidad hasta su incorporación a RedIRIS en 2005, con la idea de poder desarrollar una red de fibra óptica, objetivo que le llevó tres años de preparación y cinco años de construcción para poder conseguirlo (RedIRIS-NOVA).

http://dit.upm.es
http://www.rediris.es

¿Recuerda cuándo tuvo el primer contacto con un ordenador?

El primer contacto fue en 1981, con ocasión del proyecto de fin de carrera, que realice en el laboratorio de ordenadores de la Escuela de Ingeniería de Telecomunicaciones. Existía un equipo de UNIVAC de cintas perforadas que no pude llegar a utilizar, puesto que se estropeó poco antes de llegar yo. Por ello, trabajé directamente con uno de los primeros sistemas basados en microprocesadores que aparecieron en la escuela, una especie de ordenador personal montado por piezas en un *rack,* que poseía una tarjeta con controladora y lector de disquetes de veinte pulgadas. En concreto, consistía en un recauchutado de

Tomás De Miguel

1 En aquella época, Standard Eléctrica era probablemente el mejor laboratorio de ingeniería en que podía trabajar un ingeniero de telecomunicaciones en España, junto con la Compañía Nacional de Teléfonos de España (CTNE).

un diseño de Standard Eléctrica, con un procesador Z80 como CPU. Hice un trabajo en código máquina y con un compilador de Pascal (diseñado por el propio **Niklaus Wirth**), cosa que hizo que me atrajeran los compiladores, estudiando teoría formal de lenguajes y realizando desarrollos que intentaban independizar las aplicaciones del sistema. Sobre todo porque en Standard continué trabajando con Pascal, pero esta vez con un IBM (en formato EBCDIC incompatible con el ASCII). Allí pude utilizar un sistema Intel de desarrollo de microprocesadores (la caja azul), muy flexible y barato para su época, donde era posible transferir información entre ordenadores (que entonces eran sistemas cerrados).

En 1983 aparece en el laboratorio un Xenix (el UNIX de AT&T multiproceso pero monousuario) con compilador de C y discos de 5¼. Como no había mucha gente interesada en él, colaboré en su conexión con el sistema de Intel y posteriormente en la conexión de una impresora, adaptando un *driver* genérico que incorporaba el Xenix. Entonces, el único libro de lenguaje C que había era el original de los creadores (**Brian Kernighan & Dennis Ritchie**) y el lenguaje se consideraba una versión de Pascal, pero mas críptica, por lo que trabajé también en la migración de algunos programas al nuevo sistema.

¿Cuál fue su primer contacto o experiencia con Internet?

1984: mi primer contacto con Internet fue hacia 1984 con la preparación de la asignatura de Programación que se iba a impartir en el DIT (de la ETSIT, UPM). Fueron unos años en los que el proyecto más importante era ARTIX, cuyo objetivo era desarrollar un sistema de comunicaciones basado en el protocolo X.25. En la ETSIT teníamos una conexión con Irlanda que, vía X.25, te conectaba a un sitio en el que mediante una pasarela *TE-Lnet* te permitía hacer *login* en Internet. Un compañero de la universidad, **Ángel Álvarez,** que había estado en Estados Unidos mantenía activa su cuenta de Internet americana y, a través de esta, se podía hacer un FTP en servidores conocidos, y rebuscando en cada directorio (pues no había un buscador) se podían encontrar algunos programas, pero el problema era cómo transferirlos hasta España. En un primer momento se mostraba en pantalla el código fuente y en el ordenador en España se guardaba el contenido de lo que aparecía en la pantalla en un archivo, lo que para un documento extenso era pesadísimo.

«En España a principios de los ochenta, no podías tener una máquina UNIX por no ser un país aliado. Aunque se consiguieron las fuentes de UNIX (desde la Universidad de Berkeley en California) en una cinta que llegó a la Facultad de Informática de la UPM.»

1985: la cosa mejoró mucho con la introducción del correo electrónico Internet (UUCP: –*UNIX* to *UNIX* Control Protocol) en España, que instaló en la ETSIT **Fernando Fournon**[2] para transferir correo a través de un nodo de Internet en Holanda. Los archivos capturados en Internet en la cuenta de Ángel se convertían a caracteres legibles de 7 bits (entonces no se podían transferir binarios por correo) y se partían en paquetes de 500 bytes. Desde allí se enviaban por correo electrónico a nuestra cuenta .uucp. En recepción se juntaban todos los mensajes, se hacía el proceso inverso y por fin tenías el programa o el documento disponible. A pesar de ser espantosamente pesado, era muy emocionante, y por aquel entonces permitía acceder a cierta información en tiempo récord.

1985: todo ello se cruzó con la noticia de la existencia de las máquinas Sun Microsystems que trabajaban con *UNIX.* Por lo que compramos (curiosamente, a través de la empresa Abengoa, con lo que la primera Sun entró por la aduana de Sevilla…) una Sun SPARC-10, a la que llamamos Goya[3], convirtiéndose en nuestro primer nodo estable de correo. Después compramos otra estación de

2 En 2008, Fernando Fournon se incorporó a la multinacional Telefónica como director ejecutivo de Telefonica I+D.

3 Que más tarde se convertiría en el nombre de la primera empresa proveedora de internet comercial en España.

trabajo, poniendo ambas en red (una Ethernet basada en coaxial de 1 cm de diámetro) e instalando un *pool* de módems, para que cualquier interesado (al principio diez instituciones en toda España) pudiera disponer de su buzón de correo en nuestra estafeta, conectada intermitentemente con el resto de Internet a través de Ámsterdam (donde **Christian Huitema** nos daba conexión).

1987: la red local se extendió por toda la ETSIT rápidamente con la incorporación de un VAX-11, con el que trabajaban varios departamentos al tener conectado un procesador matricial financiado por la Marina para realizar el diseño de las antenas del portahelicópteros *Príncipe de Asturias*.

NOTA HISTÓRICA

Digital, IBM, UNIVAC tenían su red propia (DECnet, BITnet, etc.), pero no eran interoperables entre sí. TCP/IP, sin ser de ningún propietario, permite la interoperabilidad. En el DIT de la ETSIT (UPM) fuimos de los primeros en implantar una máquina UNIX (concretamente de Sun) para comunicaciones.

1988: el grupo de Juan Riera (ETSIT, UPM), en colaboración con otros grupos: CESCA (Centro de Supercomputación de Catalunya), CICA (de Andalucía), CESGA (Santiago de Compostela) o la Universidad de Valencia, decide que hay que construir la red Internet en España. Para lo que se propone un proyecto de investigación al Ministerio de Educación y Ciencia con el que construir una red en estrella basada en X.25.

1989: la primera red se crea en el Centro de Cálculo de la ETSIT (UPM) y, como crece muy rápidamente, se decide separar la red "comercial" de la de investigación. RedIRIS se traslada a FUNDESCO (fundación asociada a un operador de telecomunicaciones), en donde se desarrollará la red (con **Pepe Barberá** al frente de un gran y entusiasta equipo de jóvenes ingenieros) hasta finales de 1993.

1990: es la época de los gestores de información, y con Joaquín Seoane instalamos primero un servidor WAIS (Wide Area Information System) y otro Gopher para realizar búsquedas textuales. Después descubrimos la Web como una herramienta más, instalamos un servidor y creamos una primera página de presentación del departamento (DIT). Hasta que, en una conferencia que dio uno de los directivos del Centro de Informática del CERN, en 1991, nos hizo ver la importancia que podría tener la nueva herramienta.

1990: a partir de 1990 el Programa IRIS da un giro de 180° y apoya los protocolos IP (frente a los OSI: X.25, predominante hasta entonces), estableciendo una infraestructura de transporte IP. A finales de este año ya había cuatro máquinas con plena conectividad a Internet (en fase experimental) y se determina el objetivo de crear una red troncal multiprotocolo.

1991: RedIRIS se consolida, consiguiendo que a finales de 1991 hubiera en España casi 2.000 equipos conectados (6.000 a finales de 1992 y 15.000 al terminar 1993).

1993: el navegador seguía siendo aún textual hasta que apareció Mosaic, el primer *browser* que permitía visualizar páginas con imágenes y gráficos... Coincidió con el inicio de nuestro trabajo en servicios de videoconferencia. En el proyecto ISABEL se montó el primer enlace ATM internacional entre España y Portugal, y construimos una multivideoconferencia para realizar colaboración multimedia distribuida. Mosaic fue el catalizador que hizo dar el gran salto al sistema Web, pues facilitaba muchísimo la labor de navegación haciéndolo apto para "todos los públicos". La necesidad de comunicación crecía tanto que, aunque el Ministerio aprobaba constantemente incrementos de capacidad del enlace con Estados Unidos, los enlaces volvían a saturarse a los pocos días. ¡Había que madrugar! Entre las 6:00 y las 8:00 horas el número de usuarios era lo suficientemente bajo para permitir una navegación fluida. Otra opción consistía en programar "robots" que poco a poco hicieran una copia local de la información y luego consultar la copia cuando estuviera lista.

1994: FUNDESCO deja la gestión de RedIRIS, que transfiere al CSIC (Centro Superior de Investigaciones Científicas), manteniendo el mismo esquema de red y de personal.

1996: el problema empezó a solucionarse con la creación de la red de investigación europea. Es el momento de la creación de RARE (que después se llamó DANTE y que no es nada más que la fundación que

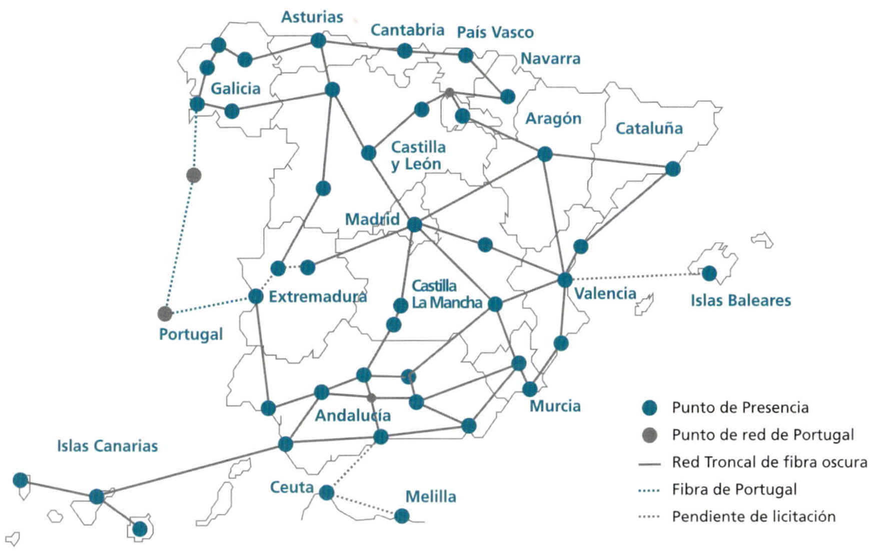

RedIRIS NOVA entró en servicio en 2011. La figura representa los enlaces de la red troncal de fibra oscura, que permiten velocidades de 10 Gbps, ampliables a 40 y 100 Gbps en un futuro. Por primera vez se construye una red mallada basada en fibra oscura. Está formada por 18 anillos de fibra óptica (desplegada por Telefónica) y cuenta con un conjunto de 55 puntos de presencia y 119 puntos de amplificación intermedios. La empresa CANAlink ha construido un nuevo cable submarino para enlazar con las islas Canarias

Fuente: RedIRIS

gestiona la red paneuropea GEANT). Se racionalizaron los enlaces con Estados Unidos gracias al despliegue de potentes enlaces con operadores internacionales a través de los puntos neutros de conexión para toda la red europea.

2000: tras los avances de años anteriores, RedIRIS desarrolló aún más su red y se adoptó ATM para los enlaces troncales, que pasaron de 10 a 34 y hasta 155 Mbps. Es el momento en que muchas instituciones se "quedan atrás" por mantener, incomprensiblemente, sus equipos de área local a 10 Mbps y no poder beneficiarse de las nuevas capacidades troncales.

En su opinión, ¿cuáles son las principales características de Internet?

Destacaría como características:

- La promoción de los sistemas abiertos. A través de unos protocolos que no son propiedad de ningún fabricante, que se distribuían gratuitamente y son fáciles de implantar en cualquier sistema informático y de comunicaciones, haciendo posible la interoperabilidad entre todos los fabricantes. Hasta entonces, en una red solo podía haber equipos del mismo fabricante (IBM, o DEC, o UNIX, etcétera).
- La escalabilidad e interoperabilidad del sistema. El crecimiento de una parte de la red no obliga a cambiar nada en el resto.
- La eficiencia del modelo, con una mínima burocracia de gestión. Comités ejecutivos en busca de soluciones técnicas sencillas y eficientes, lejos de complejos comités "oficiales" con complejos procedimientos de decisión.

Todo ello es lo que ha hecho triunfar Internet.

¿Cuáles considera como hitos más importantes en el desarrollo de la red?

En España, sin duda, **la creación de RedIRIS** en 1988 como red pionera académica, algo desconocida al principio y atractiva para un grupo reducido de investigadores, pero que generó un efecto de bola de nieve que permitió que más personas conocieran pronto el fenómeno de Internet. Además de tener éxito en las universidades como método de investigación, sirvió como incentivo para el futuro profesional de los estudiantes. Si se hubiera esperado a que el operador monopolístico lo hiciera…

De izquierda a derecha: el autor con Tomás de Miguel (director de RedIRIS) y Alberto Pérez (subdirector de RedIRIS) durante una de las múltiples reuniones de coordinación para crear este libro.

El año 1995, cuando se dio el salto conceptual, fue cuando se disparó el número de usuarios, las oportunidades de uso de la red y los modos de estar conectados se ampliaron.

La aparición del programa Mosaic que por primera vez permitía ver documentos con imágenes como en un libro normal, actúa como catalizador y permite a personas sin formación acceder a Internet como si fueran a leer un libro. A pesar de ello, el inconveniente entonces era localizar la información, es decir, la incompatibilidad entre pregunta y resultado.

En relación con lo académico, en el año 2001 se crea la versión 2 de RedIRIS, que cambia completamente la típica estructura inicial radial desde Madrid por una estructura real de red (mallada). Y en cuanto a los enlaces, se pasa de velocidades de 155 Mbps a enlaces de 2,5 Gpbs. Esto derivó en un concepto nuevo: el de sobreprovisión, una red a nivel nacional donde la capacidad, la fidelidad y los servicios *no* serán un problema. A partir de este momento el problema se invirtió y las instituciones debían renovar su infraestructura de red para aprovechar toda la capacidad y el ancho de banda que les ofrecía la nueva red troncal.

¿Cómo ha contribuido usted al desarrollo de Internet en España?

Desde la enseñanza, formando ingenieros que han utilizado inmediatamente estas tecnologías en su vida profesional y han contribuido de esa forma a desarrollar la sociedad de la información en la que estamos. Formando en los estándares OSI y la tecnología IP y sus aplicaciones y haciendo hincapié en la programación de aplicaciones, distribuidas con el desarrollo de asignaturas y laboratorios específicos. En especial, tengo muy grato recuerdo del Laboratorio de Telemática, donde proponíamos, utilizando diferentes lenguajes, la programación de un sistema de comunicaciones completo, desde el controlador de la tarjeta de comunicaciones hasta una aplicación de transferencia de ficheros. He podido vivir la transformación de la industria y luego de la sociedad, que poco a poco han pasado de ignorar la tecnología IP a adoptarla tímidamente y, luego a hacerla parte esencial de su negocio y hasta de su forma de vida. Desde el Departamento de Ingeniería Telemática he contribuido a transmitir los conceptos y las ideas de Internet a un grupo muy numeroso, de entre 2.500 y 3.000 ingenieros, durante todos estos años.

¿Quiénes son los principales personajes pioneros de la implantación de Internet en España?

Destacaría a la gente relacionada con RedIRIS, ya que lideraron el desarrollo de Internet en España a nivel experimental e industrial, y a nivel comercial por la formación de personas que luego formaron empresas.

Un personaje clave es **Víctor Castelo,** quien protagonizó una etapa dura y ardua del proceso de Internet; además de **Iñaki Martínez, Miguel Ángel Sanz** y, más recientemente, **Esther Robles** y **Diego López,** entre otros.

Entre los años 1985 y 1990 destacan **Juan Riera, Juan Quemada** (ambos catedráticos de la Escuela de Telecomunicaciones de la UPM) y **Fernando Fournon** (como becario en aquella época), que apuesta por el establecimiento del servicio de correo Internet en España, apoyado por **Riera** y **Quemada. José Antonio Mañas** (otro de los profesores del DIT), quien dio con una estructura del servicio de correo (Sendmail de *UNIX*) bien parametrizada. De forma indirecta, destacaría a **Ramón López de Arenosa,** quien desde su puesto en el Ministerio, entendió la importancia de esas tecnologías, apoyando los sucesivos proyectos y programas públicos que permitieron desarrollar el Internet académico en sus primeras etapas en España.

¿Alguna situación anecdótica?

▶ A principios de los años ochenta todavía no se habían extendido los sistemas abiertos y transferir información de unos a otros era un auténtico reto. Una de las primeras tareas en Standard Eléctrica en las que empecé a trabajar consistió en transferir unos programas desde un ordenador Secoinsa de la universidad. Secoinsa era un microordenador fabricado en Málaga que montaba un sistema operativo Oasis (multiusuario, pero sin protección de memoria). La transferencia empezaba transfiriendo en memoria cada archivo de Secoinsa en Oasis a PCM (sistema operativo de Commodore). Sin apagar el ordenador, se arrancaba PCM y se leía la memoria donde se sabía que estaba grabado el programa. Una vez en PCM, se conectaba el Secoinsa con un sistema de desarrollo de Intel (caja azul) con un programa desarrollado en la universidad (DIT-UPM). El siguiente paso era transportarlo en un disquete de la universidad a Standard Eléctrica (entonces no había redes abiertas). Finalmente, desde otro sistema Intel idéntico al de la universidad, se transfería la información al IBM, donde había que editar el texto final, porque la traducción de ASCII a EBCDIC no era perfecta. Sin duda, *el valor que tienen las cosas para uno, depende mucho de los medios que has tenido antes…*

▶ En 1987 se desarrollaba un plan de formación con Hispanoamérica a través del Instituto de Cooperación Iberoamericana. Consistía sobre todo en atraer investigadores para terminar su formación en España, pero también se trataba de llevar la formación a Hispanoamérica. Yo participé en uno de esos viajes a Perú para impartir cursos sobre tecnología Internet y el desarrollo de aplicaciones distribuidas. Los organizadores me pidieron que les ayudara a desplegar el correo electrónico en la universidad. Adquirí una tarjeta de módem en España y con ella me fui a Lima. En la aduana tuve problemas, porque la policía no había visto nada parecido, pero explicando que era un modelo de muestra y que conocía a un importante militar del ejército peruano (en realidad, a su hijo), pude pasar el material sin problemas. En la universidad me acogieron magníficamente, pero la instalación del servicio fue complicada porque el teléfono (cedido por una petrolera Peruana) estaba en un edificio afectado por atentados terroristas y tenía dificultades con el suministro eléctrico. Finalmente, se coordinaron unas horas con la compañía eléctrica en las que poder hacer la instalación y la Pontificia Universidad Católica del Perú pudo disponer de sus primeros buzones de correo Internet, conectando su servidor de correo recién instalado con el nuestro en España.

▶ En 1991, Internet era todavía para Telefónica una tecnología en desarrollo sin trascendencia para el negocio de las telecomunicaciones. Un directivo ingeniero de la compañía me decía: *"Esto es para la investigación, pero no tiene, ni tendrá en mucho tiempo, ninguna aplicación ni valor comercial"*. Además: *"Es mejor el fax porque ya sale impreso; en cambio, el e-mail me lo tiene que imprimir la secretaria…"*. Sin embargo, esta mentalidad cambió en muy pocos años con el lanzamiento de Infovía (1995), pensada para el contenido "local" español, pero que ya utilizaba direcciones IP privadas. Finalmente, al ver que todo el mundo la utilizaba para acceder a Internet y no para ver los cuatro *sites* pioneros que allí se instalaron (RACC, Sony España, Codorniu, Banco Santander, entre otros), realizaron los cambios que la llevaron a ser la principal red de acceso a Internet, junto con Retenet (de Retevision-Auna) e Interpista (de BT).

Esta situación queda refrendada internamente también por quien fuera director del Departamento de Estudios Económicos de Telefónica **(Jesús Cabrera).** Me contaba textualmente: "Sería allá por el año 1991 cuando, empujado y casi torturado y abrumado por **M.ª Cruz Triguero** (a la sazón, responsable del Centro de Documentación de mi departamento de estudios), emprendí, apoyado por **Crisanto Plaza** (que era mi jefe), la ilusoria pretensión de obtener, a través de Telefónica I+D, acceso internacional a Internet como valiosa herramienta que M.ª Cruz había descubierto para su tarea de documentalista, y sabiendo que algunos 'listos de la Empresa Filial' disponían de él y lo utilizaban ya con soltura. Nada de particular habría en ello si no añadiera que no lo logramos y al final (y clandestinamente), el Departamento de Estudios Económicos de Telefónica hubo de hacerse cliente de Goya (el primer proveedor de Internet comercial en España). Resultó imposible que, dentro de Telefónica, nos dieran tamaña facilidad".

¿Qué piensa sobre el futuro de Internet?

Es algo positivo, atractivo y que previsiblemente seguirá creciendo. Es un fenómeno que ha nacido en la sociedad libre gracias al enorme pragmatismo de sus desarrolladores, y gracias a lo cual ha funcionado. Por eso, es muy difícil que pueda ser controlado por gobiernos totalitarios o rígidos organismos de estandarización.

Es un fenómeno que ha cambiado y seguirá cambiando la sociedad incorporando nuevos avances tecnológicos que abrirán nuevas puertas y seguirán eliminando barreras de comunicación. Seguirá existiendo la pugna entre el pragmatismo liberal y el afán legislador y regulador. El éxito de esa pugna va a marcar el ritmo de avance de los cambios sociales fruto de la tecnología, que por otra parte considero que es imparable.

¿Ve alguna tendencia tecnológica?

Creo que la más inmediata va a ser la asociada al mercado audiovisual. Ya ha empezado a cambiar el mer-cado. No hace tanto, era imposible pensar que una tele tuviera conexión a Internet, que pudiéramos ver en cualquier momento los mejores momentos de un programa o el capítulo que no hemos podido ver de nuestra serie favorita. Que vamos a leer los periódicos en una tableta portátil donde, además, vamos a llevar cargada toda nuestra biblioteca. Que, igual que desde hace años podemos acceder a emisoras de radio en cualquier parte del mundo, empecemos a poder hacerlo con la televisión. Que vamos a poder tener una videoconferencia con nuestros seres queridos en cualquier momento con solo apretar un botón. Que nuestra película favorita va a estar disponible en un montón de formatos y que el videojuego asociado con el que podemos jugar con nuestros amigos por la red sea tan importante como la película o incluso más. Todo esto está cambiando la forma en la que se hace la publicidad. La cantidad y capacidad de los medios audiovisuales va a crecer de manera espectacular en los próximos años.

Tras el cambio, creo que vendrá la Internet de las cosas, de la mano de los previsibles avances en nanotecnología. En los coches, para la navegación y la seguridad en las casas, para la domótica; en medicina, para ayudar a discapacitados; en la industria, en la robótica... Todos los ámbitos de la sociedad van a ver modificados sus hábitos con la introducción de estas tecnologías, donde la red va a ser un elemento esencial. Todo va a estar conectado entre sí.

Eso supone un desarrollo brutal (que ya se ha iniciado) de la redes de ribra óptica de muy alta capacidad como elemento esencial de conexión troncal de servicios y usuarios, para contribuir a la eliminación de las barreras geográficas en todo el mundo y, más adelante, en el resto del sistema solar (véase IPN Interplanetary Network en el último capítulo al final del libro).

Víctor Castelo

Exdirector de RedIRIS (la red académica española).

«RedIRIS, gracias a su masa crítica de usuarios, ha creado economías de escala suficientes como para adelantar la **IMPLANTACIÓN** de muchas tecnologías en telecomunicación»

Entrevista realizada el 27 de febrero de 2002 en Madrid y revisada el 27 de octubre de 2009

Nacido en Madrid el 14 de junio de 1950.

Ingeniero de Telecomunicaciones por la Universidad Politécnica de Madrid, en 1974, inició su carrera profesional en el Instituto Eduardo Torroja de Ciencias de la Construcción (dependiente del CSIC), en el control de la instrumentación de ensayos mecánicos controlados por ordenador (puentes, centrales nucleares y hasta el lanzador *Arianne* pasaron por sus manos). En el CSIC compró un Cyber (gran ordenador de la Control Data Corporation), que debía explotarse en un campo muy extenso y a nivel nacional. Fue entonces cuando pasó al Centro de Comunicaciones donde se instaló una red de CATV en 1986 e inició las redes de comunicación del Consejo. Luego vino la etapa como director de RedIRIS, desde 1994 hasta 2004, en una fase de despliegue de Internet.

Desde su privilegiada atalaya ha visto iniciarse y crecer en sus conexiones a Internet a todas de las universidades públicas (y posteriormente privadas) de España y ha impulsado la conectividad internacional de las redes públicas científicas: TEN-34, TEN-155, GÉANT, y RedCLARA en Latinoamérica. También formó parte de la Junta de Dirección de DANTE, entidad que coordina las comunicaciones de las redes de investigación en Europa. Ha estado involucrado en numerosos comités científicos, comisiones de expertos y evaluación de proyectos del Plan Nacional de I+D, y del Sexto y Séptimo Programa Marco de la Comisión Europea.

Asimismo, ha desarrollado un papel fundamental en el ámbito de los dominios desde que se concediera a RedIRIS ser el registro delegado para el dominio ".es". Tarea que traspasó a lo que actualmente es el ente público Red.es a principios de 2000.

http://www.csic.es/ *http://www.nic.es* *http://www.rediris.es*

Víctor Castelo

¿Cuándo tuvo su primer contacto con un ordenador?

Fue en 1973, durante la carrera de Teleco, programando en lenguaje FORTRAN y usando fichas perforadas del IBM que tenían en la Complutense. Luego vino un HP-1000 (y equipos de sobremesa con los procesadores Motorola 68.000), ya en el Instituto Eduardo Torroja del CSIC. Luego manejé microprocesadores con programas en tiempo real, en ensamblador, y con entradas y salidas, analógicas y digitales.

¿Cuándo tuvo el primer contacto con Internet?

Podemos considerar que mi incursión plena al mundo de las telecomunicaciones se inicia en 1986, cuando empezamos a instalar las primeras redes de área local (LAN). Más tarde las intercomunicaríamos, formando redes de área extensa (WAN) mediante los protocolos de la época: X.25 (Iberpac[1]). Conectamos el Cyber 850 del CSIC a EARN con una cantidad ingente de parámetros que había que configurar (en 1986). Para que el Cyber pudiera enviar correos a todo el mundo tuve que programar un menú en donde el investigador del CSIC, antes de enviar un correo, debía escoger la red: JANET (Reino Unido), Internet o EARN. En esta última todos los ordenadores tenían una base de datos con la información del resto de ordenadores de la red (guardando toda la tabla de *routing* que contenía más de cincuenta campos descriptivos: entre los que figuraba su marca, el sistema operativo, la longitud-latitud de la ubicación del ordenador, etc., y como anécdota, el planeta, que siempre configurábamos con el valor "Tierra").

Más tarde empezó la época X.25 y DECnet. En Europa, a diferencia de EEUU, todo seguía el modelo OSI. Muy robusto, pero complicadísimo y con pocas aplicaciones desarrolladas. En 1988 comienza RedIRIS, con **Pepe Barberá**[2] como director desde FUNDESCO[3] por encargo del Plan Nacional. Ya a finales de 1990 se conectan con *routers* a cuatro centros experimentales y, después, a todas las universidades españolas.

Si dejamos el correo electrónico, el primer sitio web con el que tuve contacto fue con el del CERN[4] en el año 1992. La primera vez que lo vi no cogí la idea, puesto que era un menú (no gráfico), por supuesto sin ratón y en modo texto. Nuestra motivación inicial para instalar la tecnología, venía dada por el correo electrónico y el Telnet[5]. Difundimos mucho el programa Kermit[6], los científicos lo utilizaban mucho para lanzar procesos de cálculo en máquinas remotas, haciendo *login* y transfiriendo datos en ambos sentidos.

Equipo de RedIRIS al completo en su sede, entonces dependiente del CSIC, en Madrid, 1995. Cortesía de Jesús Sanz De las Heras.

El 1 de enero de 1994, la gestión de RedIRIS pasó de FUNDESCO al Consejo Superior de Investigaciones Científicas por decisión del Ministerio. Personas como Felipe García Montesinos, Celestino Tomás y Miguel Ángel Sanz continuaron en RedIRIS, mientras que Pepe Barberá se quedó en FUNDESCO.

Fuimos de los primeros en instalar el programa cliente Mosaic con el que podías recorrer los primeros sitios web: un cadáver troceado, documentos desclasificados del KGB, y hasta llegamos a hacer un catálogo de servidores web dentro de la red académica.

¿Qué hitos subrayaría de la historia de Internet?

Recordar que, en 1990-1991, se registraban aproximadamente diez dominios al año. Después, en 1996, cambiamos la normativa y empezamos a cobrar,

1 Iber-pac: nombre comercial de la red de paquetes del único operador de datos de aquellos tiempos: Telefónica.
2 Véase su entrevista personal.
3 FUNDESCO: Fundación para el Desarrollo de la Función Social Comunicaciones, de Telefónica.
4 CERN: centro en donde se desarrollaron todos los protocolos web y el primer servidor.
5 Protocolo de gestión remota de ordenadores. Desde un terminal, podemos lanzar peticiones a una máquina remota.
6 Emulador de terminal, robusto que permitía lanzar trabajos en otro ordenador conectado a una red. Muy útil para los físicos.

Equipo de RedIRIS en la sede principal dependiente del CSIC, Madrid, 2002. Cortesía de Jesús Sanz De las Heras.

para poder mantener a las diez o doce personas que trabajaban duramente contra la cola de las peticiones de dominio. Dado que la mayoría de los dominios ya no tenían que ver con RedIRIS, ni el Ministerio (entonces MEC) ni el CSIC querían ampliar el sistema. La Dirección General de Telecomunicaciones (DGtel) tampoco quería implicarse, hasta que les dije que entonces cerrábamos el registro en dos días. Comenzamos a estudiar cómo hacer los cambios, pero a los tres meses la DGtel desaparece de Fomento y se crea por otro lado la CMT. Iniciamos esta vez contactos con CMT, pero la Ley de las Telecomunicaciones decía que Fomento designaría el organismo que registre los dominios, y Fomento no designa a la CMT. Diez días antes de las elecciones de, 2000, aparece en prensa un artículo en el que comentábamos nuestra desesperación, todo esto desencadena el proceso de designar al Ente Público Retevisión, que luego se convierte en Red.es, para que gestione los dominios. El Ente subcontrata para ello a Ineco y se llevan a la gente del ES-NIC. Nada más empezar tuvieron que doblar el personal.

Cabe subrayar también la instalación del primer *router* 12.000 de España en 1999 con conexión ATM a 155 Mbps.

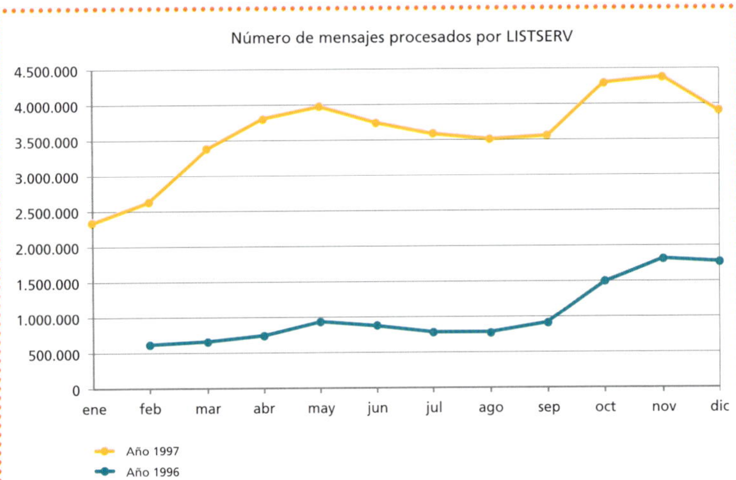

Número de mensajes enviados a través de las listas de distribución de correo electrónico de RedIRIS. Fuente: RedIRIS.

La creación de ESPANIX, evitando que el tráfico entre proveedores españoles se intercambiara fuera de nuestro país.

¿Y a qué personajes destacaría?

- Dentro de RedIRIS, en la parte de red: a **Pepe Barberá,** a **Iñaki Martínez,** a **Miguel Ángel Sanz,** a **Celestino Tomás** y, finalmente, a **Esther Robles.** En aplicaciones basadas en correo electrónico a **Jesús Sanz de las Heras,** y a **Diego López** en Midleware.
- A **Jordi Adell** de la UJI, por sus trabajos y por su comprensión temprana de los servicios cooperativos de internet. Montando el primer buscador (mapa de recursos) que tuvo España e inscribiendo el primer servidor web español en el registro del CERN.
- **Ángel Camacho,** del Instituto de Físicas de Cantabria[7], que instaló el primer servidor web en España.
- Y al colectivo de gente dedicada a las comunicaciones de los centros de RedIRIS, con quienes tenemos una comunicación humana fantástica.
- A la gente de la Escuela de Telecomunicaciones de Madrid, y especialmente a **Pepe Mañas** y al director del Departamento de Ingeniería Telemática (DIT), **Juan Riera.**

En su trayectoria en el mundo de Internet habrá vivido multitud de anécdotas, ¿le gustaría destacar alguna de ellas?

▶ Cuando Telefónica, en 1997, hizo una gran colocación de acciones. En todos sus folletos publicitarios publicó la dirección <telefonica.acciones.es> no les permitimos registrar el dominio de segundo nivel "acciones" (por ser demasiado genérico), pero sí que montamos una página intermedia, de fe de erratas, para que los usuarios que teclearan esa dirección encontraran un mensaje hacia la página correcta: <acciones.telefonica.es>. De esta forma, se iniciaba el funcionamiento de un sistema de errores para casos debidamente justificados y que, en definitiva, buscaba que el ciudadano pudiera llegar a la información que deseaba, aun en el caso de un error de un tercero.

▶ Tengo decenas de ellas en la cabeza, sobre todo de la larga época en que en RedIRIS éramos el registro delegado de los dominios ".es" Desde personas que venían a esperarme al entrar de la calle, a otras nada agradables, de múltiples presiones a todos los niveles, pero hemos sido absolutamente inflexibles. Hay que pensar que las reglas eran muy cerradas para evitar la ciberocupación y a la espera de que se crease el foro adecuado para evolucionar las normas. El problema es que se ha tardado mucho en hacer algo más abierto. Con aquellas rígidas reglas tuvimos que denegar dominios como "Barcelona" o "Dover", aparte de los que nos pedían una ristra, como "viajes", "juego", "sexo", "realmadrid" u "opusdei". Asistimos a ciertas disputas en los tribunales y, por depender del Ministerio, en una primera fase, se denegaron dominios como "policía" y "guardiacivil". También hubo algún problema con el dominio "jesuitas", en el Registro de Entidades Religiosas, tenían registrado "Compañía de Jesús", pero no estaba en la denominación corta "jesuitas".

▶ Todavía recuerdo dónde fuimos a celebrarlo cuando cambiamos el tráfico internacional de RedIRIS de IP sobre X.25 a IP nativo. Teníamos hasta entonces la CPU del *router* echando humo, con una ocupación del 99%. Después de tener toda la red en IP nativo tuvimos que poner X.25 sobre IP porque había alguna aplicación de bibliotecas que necesitaba el X.25.

▶ Una vez me vino a ver el responsable de informática de una universidad que estaba conectada a RedIRIS con un enlace de 9.600 bps. Sus palabras fueron: *"Víctor, si nos pones 64 kbps jamás te pediremos un nuevo aumento de velocidad".* Les subimos a 64 kbps y luego vinieron aumentos continuos, pero el responsable sabía que él no podía pedir aumentos. En 2009, por el punto de presencia en esa comunidad pasaban dos líneas de 2,5 Gbps.

▶ Durante cierto tiempo, RedIRIS proporcionó NTP, el servicio de tiempo en la red, a la red de investigación suiza, SWITCH.

▶ Cuando después de una entrevista hablando de cambios en la estructura de intercambio de News en *El País,* en primera página, salió la noticia con un titular: "RedIRIS se privatiza".

7 Véase <http://www.ifca.unican.es>

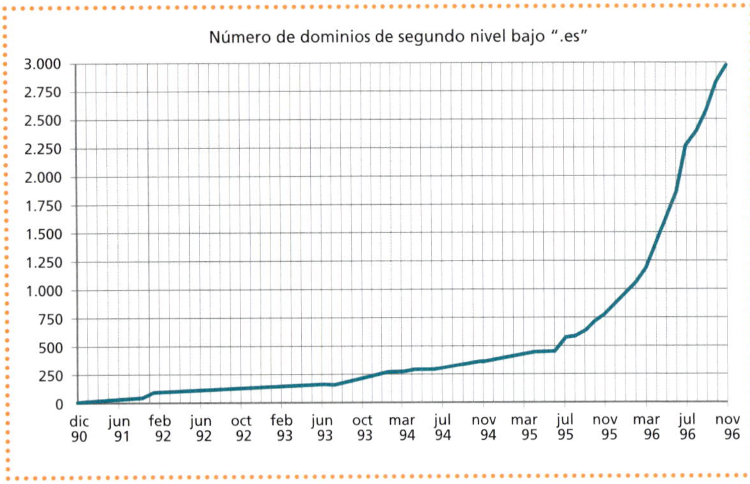

Incremento de dominios de segundo nivel. De noviembre de 1995 a noviembre de 1996 se multiplicaron por cinco. Aunque el aumento fue espectacular, nuestro país se quedó durante casi dos lustros totalmente rezagado respecto a los otros países europeos debido a la inusitada dureza de las normas de registro. Fuente: RedIRIS.

▶ Durante mucho tiempo, las conexiones a la Internet global eran carísimas y, mientras tanto, algunos hacían un uso que podía ser prohibitivo. Un día, hablando con un usuario, cuando le pregunté qué tal le iba la red, me dijo que muy bien: *"Incluso escuchamos música de jazz desde universidades de Estados Unidos"*. Aquel tráfico, de unos 128 kbps podía costarnos unas 120.000 pesetas al año.

¿Cuál cree que ha sido su aportación al mundo de Internet?

En realidad, creo que no se ha tratado de aportaciones mías personales, sino de la labor continua de todo el conjunto de trabajadores que ha pasado por RedIRIS y del conjunto de especialistas en las universidades y centros de investigación conectados a RedIRIS.

Lo más importante ha sido mantener un elevado nivel de coordinación y el buen entendimiento de toda la comunidad RedIRIS, como algo especial en donde la red era algo de todos.

Hemos ayudado a la parte de la Internet comercial, que, en muchos casos, sin RedIRIS no hubieran podido despegar o el ritmo hubiese sido otro. Hemos logrado economías de escala, que nuestra masa crítica de usuarios ha permitido, adelantando acontecimientos en la instalación de nuevos servicios de telecomunicaciones, como en el caso del servicio Gigacom de Telefónica.

El lanzamiento de servicios de todo tipo: directorios, tiempo en red (NTP), Mbone *(multicast),* hemos creado las conocidas listas de distribución de RedIRIS (mediante la herramienta ListServ), que durante años han contribuido a la difusión del conocimiento entre sus miles de suscriptores. En estos momentos, hay 337 listas activas de todo tipo de temáticas. Véase: <www.rediris.es/list>.

¿Qué cree que nos aguarda en el futuro? Alguna tendencia tecnológica…

El futuro viene determinado por las comunicaciones puras ópticas: conmutación óptica y lambdas dedicadas sobre todo a aplicaciones especiales.

Las décadas de la conectividad 1993-2003 y de los servicios 2003-2013 de Internet en España

«(...) predecir los avances en infraestructura es relativamente fácil, en cambio hacerlo con las aplicaciones es casi imposible. Han sido las aplicaciones y los servicios los que nos han sorprendido en el pasado. En su mayoría, jamás han podido ser previstas ni anticipadas y "han salido de la nada". Podemos incluir como ejemplos: el correo electrónico, la Web, las redes *peer-to-peer* para compartir archivos, las redes sociales, los blogs, la generación de música, fotos y vídeo y su uso compartido. Lo que si se puede predecir es la aparición súbita y la explosión de nuevas aplicaciones y servicios, que aún ni anticipamos (...)*.»

Leonard Kleinrock.
Extraído de su discurso de apertura del 20º aniversario de la Internet Society (Ginebra, Suiza), 23 de abril de 2012.

* Las palabras originalmente pronunciadas por Kleinrock fueron: *"(...) the infrastructure is easy to predict; with the applications it's almost impossible. It has been the applications and services that have surprised us in the past. They have been mostly unanticipated and 'come out of the blue'. Examples include: e-mail, the web, peer-to-peer file sharing networks, social networking, blogs, music, photo and video generation and sharing. It is safe to predict the sudden appearance and explosion of as-yet unanticipated applications and services (...)".*

1. Cronología de los hitos de Internet en España, 1963-2003

Años sesenta

1961	JUL	Leonard Kleinrock (del MIT) publica el primer trabajo sobre teoría de colas, sentando las bases teóricas que le llevarían a solicitar tener el centro de mediciones de la red ARPAnet en su laboratorio.
1965	OCT	Se realiza la primera conexión remota entre dos ordenadores mediante la técnica de conmutación de paquetes.
1967		Se publica el plan para la construcción de ARPAnet (la red de ARPA) por Larry Roberts.
1967		Se acuña el término "paquete" para describir la porción de información que viaja por una red. Es una contribución europea del National Physical Laboratory (de Londres).
1969	2 SEP	Se conectan los dos primeros ordenadores que formaron ARPAnet entre las universidades de UCLA y el SRI (California). A finales de 1969 se añade la UCSB y la de Utah. En cuarenta años se ha pasado de cuatro máquinas a centenares de millones.

Años setenta

1972	MAR	Ray Tomlinson desarrolla la primera aplicación de envío y recepción de correo electrónico.
1972	OCT	Robert Kahn organiza la primera gran demostración pública de ARPAnet en Washington.
1974	MAY	Vint Cerf y Robert Kahn, publican el artículo *"A protocol for Packet Network Interconnection"*, en donde definen claramente el protocolo TCP, considerado como el embrión del resto de protocolos de Internet.
1974	DIC	El término "internet" fue adoptado en el primer *RFC* sobre TCP publicado *(RFC - 675 Internet Transmission Control Program)* como una abreviación del término *internetworking*. Ambos términos se utilizaban de forma intercambiable. En general, una "internet" era cualquier red que utilizara TCP/IP. No fue hasta que ARPAnet se enlazó con la NSFnet a finales de los ochenta que el término fue utilizado como el "nombre de la red" y se escribía en mayúscula (siendo esta la red IP más grande y global).

Años ochenta

1981	JUL	IBM presenta el IBM-PC, modelo que durante más de dos décadas ha sido referente y modelo a seguir para la construcción de ordenadores personales.
1982	OCT	Se utiliza oficialmente, por primera vez, el término Internet para designar la red; se impone al original CATEnet *(concatenated networks)* propuesto y utilizado por Louis Pouzin.
1983	1 ENE	ARPAnet adopta oficialmente el protocolo TCP/IP. Hasta este momento, diversos protocolos hacían funcionar la red (entre ellos, el más importante y extendido era el NCP). Más de 5.000 servidores cambian su protocolo y se adaptan en una operación planificada durante meses y coordinada por Dan Lynch.
1983		Se establece la red EARN, pionera de las redes internacionales en España.
1983	NOV	Paul Mockapetris (de la USC, University of Southern California) desarrolla el sistema de nombres de dominio, más conocido por DNS.
1988	1 ENE	Nace RedIRIS en España, programa del Plan Nacional de I+D que en su inicio gestionó Fundesco; a partir del 1 de enero de 1994 se traspasa al CSIC y posteriormente a Red.es.

Años noventa

1990	JUL	RedIRIS inicia la conexión a Internet de los centros universitarios y de investigación. En diciembre de 1990 ya hay cuatro centros plenamente conectados.
1990	25 DIC	Se produce la primera conexión entre un servidor y un navegador web realizada por Tim Berners-Lee en el CERN.
1991		Tim Berners-Lee desarrolla el primer servidor y cliente de Web también desarrolla el lenguaje HTML en el CERN de Suiza. Deja los programas disponibles y gratuitos en Internet para que puedan descargarse.
1991	MAR	RedIRIS empieza a dar conectividad plena a instituciones académicas y científicas. Fue el llamado servicio de interconexión de redes de área local o Sideral. En diciembre de 1991 el programa ha conectado ya a 30 organizaciones.
1992		Lanzamiento comercial en España de la tecnología RDSI.
1992		Marc Andreessen y Eric Bina desarrollan Mosaic, el primer navegador, en el National Center for Supercomputer Applications (NCSA).
1993		Primer servidor WWW de España registrado en el CERN (donde se inventó la Web) se pone en marcha en la Universidad Jaume I de Castellón. Jordi Adell es el creador de Donde (buscador e índice de recursos web en España) y su impulsor. Anteriormente, y de forma experimental, se había instalado y puesto en marcha el de UNICAN (Ángel Camacho) del Departamento de Física de Altas Energías de la Universidad de Cantabria, aunque fue más una prueba (muy pionera) de presentación departamental que un servicio
1993		Se pone en marcha la "Anella Científica", red que une a universidades y centros de investigación a altísima velocidad (10 Mbps) interconectando inicialmente seis universidades catalanas. En los años noventa la "Anella Científica" es pionera como red "regional" que une universidades, siendo candidata (en 1996) a los premios europeos Bangemann Challenge (después renombrados como Stockholm Challenge), que finalmente gana la UOC. Aunque en la actualidad pudiera parecer poca velocidad, los armarios que se utilizan entonces para dar 10 Mbps a cada universidad catalana y al CESCA (Centro de Supercomputación de Catalunya) son significativamente más grandes que una nevera. En 1998 se migra toda la red a tecnología ATM y en 2003 se vuelve a retomar Ethernet (como el resto de redes académicas europeas).
1993		Se acaba el año con trece servidores WWW en España.
1994		Servicom empieza a operar como ISP.
1994		Netscape Communications lanza su primer navegador: Netscape Navigator (su nombre interno fue Mozilla).
1994	NOV	*El Periódico de Catalunya* se convierte en el primer medio en permitir la consulta *online* de su edición periódica de papel, mediante una BBS.
1995	ENE	Después de Goya (Madrid) se crean los primeros ISP: Cinet, Servicom, Abaforum, Asertel, Intercom, ReadySoft (la mayoría en Cataluña).
1995		Sun Microsystems inventa el lenguaje JAVA y lo distribuye gratuitamente en la red.
1995	MAR	Se lanza la versión *online* del diario *Avui,* primer periódico español en la Web.
1995	14 JUN	Empieza a funcionar oficialmente *La Infopista,* uno de los primeros medios digitales.
1995	JUL	Se empiezan a producir los primeros contenidos para la futura Infovía red y el primer directorio de recursos en catalán.
1995	10 JUL	Se celebra la reunión fundacional del capítulo catalán de la Internet Society: ISOC-CAT.
1995	16 AGO	Lanzamiento oficial de la primera versión de Microsoft Internet Explorer v1.0.
1995	24 AGO	Lanzamiento de la colección de servicios internet: MSN (Microsoft Network) junto al lanzamiento de Win-95.
1995	16 OCT	Puesta en marcha de TInet (Tarragona Internet), primera *free-net*. Red de acceso gratuito del país.
1995	OCT	Retransmisión por Internet del rally Catalunya-Costa Brava del RACC. En tres días se generan más de 11.000 visitas internacionales. Es la primera retransmisión en directo de un campeonato del mundo y se realiza desde Barcelona (proveedor: Asertel).
1995	NOV	Lanzamiento de la revista *Web*.
1995	DIC	Microsoft lanza su primer navegador: MS Explorer.
1996	ENE	FCR pone en marcha el directorio hispano Olé.
1996	14 FEB	La Asociación de Usuarios de Internet (AUI), con Miguel Perez Subías y Javier Solá al frente, inaugura el I Congreso de Usuarios de Internet e Infovía.

1996	15 MAY	Por problemas con la marca, La Infopista pasa a llamarse: Vilaweb.
1996	JUL	OLE SL compra el buscador Olé a la Fundació Catalana per a la Recerca, por 1.200 €. Posteriormente sería el embrión de Terra Networks.
1996	15 SEP	Se lanza la primera página web de la Cambra de Comerç de Barcelona.
1997	3 MAR	Empieza a funcionar ESPANIX, el nodo neutro de acceso a Internet en España.
1997	27 MAY	Se detiene a los responsables de la página web *El jamón y el vino* por alojar *cracks* y *software* pirata en su página web.
1997	8 SEP	El Ministerio de Fomento obliga a clausurar Infovía el día 1 de diciembre de 1998 y disponer una alternativa.
1997	13 DIC	La Internet Society aprueba su capítulo andaluz: ISOC-ANDA.
1998	26 ENE	La Internet Society aprueba su capítulo aragonés: ISOC-ARA.
1998	21 FEB	Retevisión anuncia que competirá con Telefónica en Internet a partir de abril.
1998	24 FEB	El pleno del Senado español aprueba la creación de una comisión de estudio sobre Internet.
1998	1 MAR	Retevisión adquiere a los mayores (en número de usuarios) proveedores de Internet de la época: Servicom y RedesTB.
1998	12 MAR	Se lanza el primer número del suplemento de nuevas tecnologías de *El País: Ciberp@ís.*
1998	12 MAR	Resolución de la CMT por la que se dispone la sustitución del servicio de acceso a la información Infovía por Infovía Plus el 1 de diciembre de 1998.
1998	15 MAY	Euskaltel lanza el primer servicio de acceso gratuito a Internet de un operador; limitado a los clientes que utilicen su red (Euskalnet).
1998	3 SEP	Los usuarios de Internet españoles se declaran en huelga contra Telefónica.
1998	10 SEP	BT lanza el servicio de acceso a Internet, Interpista.
1998	17 SEP	Retevisión lanza Iddeo como su proveedor de Internet. Por primera vez un ISP tiene red propia de transporte (Retenet). Asimismo, RedesTB y Servicom se integran a la nueva plataforma Iddeo.
1998	11 NOV	Yahoo! aterriza en España con el nombre de Yahoo.es.
1998	1 DIC	Liberalización total del mercado español de telefonía (fija).
1998	15 DIC	Se firma un convenio para generalizar el acceso de los universitarios catalanes a Internet.
1998	DIC	Según CMT (Comisión del Mercado de Telecomunicaciones), hay en España 709 ISP registrados.
1999	13 ENE	Infovía registra aún el 30% de las conexiones solo 4 días antes de desaparecer.
1999	17 ENE	Telefónica cierra el servicio Infovía, que sustituye por Infovía Plus, para permitir la entrada de otros competidores en el mercado.
1999	18 ENE	A las 0.00 horas se desactiva la red Infovía y el histórico acceso mediante el 055.
1999	FEB	Telefónica lanza los bonos de acceso a Internet, Bononet.
1999	4 FEB	BT compra el proveedor de Internet Arrakis por 2.300 millones de pesetas. En este momento, Arrakis tiene 65.000 clientes.
1999	5 FEB	De cada tres accesos a Internet, dos son a una página fuera de España. Casi el 70% del tráfico es pues internacional, dado que los contenidos estan fuera y mayoritariamente en inglés.
1999	11 FEB	El Estado se desprende de las últimas acciones de Telefónica.
1999	20 MAR	*ABC* presenta *Teknológic@,* su revista en Internet sobre nuevas tecnologías en la edición digital de *ABC.*
1999	24 MAR	Uni2 adquiere los proveedores de Internet CTV Jet (de Valencia y Vitoria,respectivamente).
1999	7 ABR	Se firma el convenio para la creación del punto neutro catalán: CATNIX.
1999	ABR	Microsoft lanza la versión española de MSN Internet Access 5.0 (presentado junto al Explorer5).
1999	16 ABR	Retevisión se alía con Excite para crear un portal de acceso a Internet en España.
1999	19 ABR	Se crea la que será una referencia en comercio electrónico: <www.elcorteingles.es>.

1999	MAY	Euskaltel lanza el portal horizontal de Internet Canal 21, con sede en Madrid.
1999	MAY	El Ministerio de Fomento presenta y discute con la Comisión de Seguimiento del Servicio de Acceso a la Información (formada por todos los representantes del sector) el acceso a Internet a través de ADSL.
1999	8 JUN	Airtel lanza el servicio de acceso a Internet, Airtelnet Directo, gratuito para los abonados a los contratos de telefonía móvil.
1999	10 JUN	Un internauta español navega al día "tan solo" unos 20 minutos de media.
1999	11 JUN	UUnet perteneciente a MCI WorldCom, presenta sus servicios para empresas e ISP en España.
1999	17 JUN	Retevision lanza el primer acceso gratuito comercial de Internet en España creando la marca Alehop.
1999	17 JUN	La Generalitat de Catalunya adjudica a Uni2 el 65% de Catalana de Telecomunicacions, por 49,3 millones de euros, el resultado de la privatización se llamará comercialmente Al-Pi (Catalana de Telecomunicacions Societat Operadora de Xarxes).
1999	21 JUN	Jazztel lanza el servicio de acceso a Internet para profesionales y empresas, Jazznet, con cuatro modalidades: JazzDuet, JazzQuartet, JazzBand y JazzBigBand.
1999	30 JUN	En Europa hay entre 3.000 y 3.500 ISP, de los cuales más de 700 están en España (más del 20%).
1999	1 JUL	Jazztel ofrece acceso gratuito a Internet, si se contratan sus servicios de telefonía.
1999	28 JUL	El Comisionado catalán para la Sociedad de la Información presenta el proyecto: Administració Oberta de Catalunya (AOC), la agencia que coordina todos los esfuerzos de eGovernment de la Generalitat de Catalunya.
1999	AGO	Jazztel lanza el servicio de acceso a Internet gratuito para particulares, Jazzfree.
1999	16 SEP	Nace BOL España, fruto de la relación entre las editoriales Planeta y Bertelsmann, que ofrece la posibilidad de acceder a un catálogo de 125.000 libros.
1999	22 SEP	Se inaugura en Barcelona ExpoInternet'99.
1999	24 SEP	Menta y el Ayuntamiento de Barcelona inician una campaña de correo electrónico gratuito (ambTu) para todos los ciudadanos (a propuesta de un miembro de ISOC-CAT).
1999	29 SEP	15 entidades y empresas firman un acuerdo para impulsar Internet2 en Catalunya: Consorcio i2-CAT.
1999	1 OCT	Uni2 lanza un novedoso bono de conexión de 30 horas al mes (@bono 30) y lanza un servicio de acceso gratuito a Internet.
1999	1 OCT	Retevisión lanza el acceso alternativo a Internet mediante la marcación del prefijo 1050 al precio de 2,23 cent€/min (3,72 pesetas/min), con lo que se pueden efectuar llamadas a Internet un 10% más baratas que las llamadas locales. Este ingenioso sistema será el embrión que permitirá lanzar la primera tarifa plana en toda España en julio de 2000.
1999	4 OCT	Airtel lanza el portal horizontal de Internet, Navegalia.
1999	5 OCT	El Ministerio de Fomento, a través de un nuevo reglamento de calidad del servicio telefónico, prohíbe a Telefónica que cobre las conexiones fallidas de los internautas.
1999	5 OCT	Se lanza Ya.com, buque insignia de Jazztel Internet Factory.
1999	6 OCT	Finalmente, CableEuropa (Ono) vende a Endesa, Unión Fenosa y el BSCH el 40% (toda su parte) de CTC (que tuvo los nombres posteriormente de Menta y Auna Cable). A mediados de la primera década del siglo XXI, Ono acabará comprando todo Auna (incluido el negocio del cable) con la ayuda de fondos de pensiones americanos.
1999	11 OCT	Terra Networks (anterior Telefónica Interactiva) lanza un servicio de acceso con tarifa plana a Internet por 55,89 €/mes (9.300 pts. de la época), con tecnología ADSL a 256 kbps.
1999	26 OCT	El legislativo modifica el horario de tarifa reducida metropolitana. A partir del 1 de noviembre empezará a las 18 h (y no a las 22 h) hasta las 8 de la mañana del día siguiente, los días laborables y todo el día los fines de semana y festivos de ámbito nacional. Esto afecta muy positivamente a los usuarios de Internet, que ven rebajar sustancialmente sus facturas de teléfono.
1999	OCT	Telefónica lanza los servicios de acceso a Internet Teleline ADSL e Infonegocio ADSL.
1999	OCT	Arrakis lanza el portal de Internet, Pobladores (tras su adquisición por BT).
1999	OCT	Jazztel lanza su portal generalista Ya.com y compra el servicio de correo electrónico gratuito Mixmail. Posteriormente, Ya.com se convertirá en uno de los grandes distribuidores de ADSL (mayorista del proveedor único: Telefónica).
1999	1 NOV	Retevisión rompe el monopolio de las llamadas de acceso a Internet, hasta ahora en manos de Telefónica, lanzando su servicio a través del prefijo 1050.

1999	2 NOV	Se celebra en Torremolinos la reunión fundacional del capítulo español de la Internet Society: ISOC-ES. En pocos meses queda sin actividad hasta que los presidentes de ISOC-GAL (Ángel Viña) e ISOC-CAT (Andreu Veà) deciden refundarlo cambiando sus estatutos.
1999	5 NOV	Vilaweb pone en marcha el primer servicio WAP del Estado español.
1999	19 NOV	Terra Networks comienza a cotizar en la bolsa española y en el Nasdaq. En pocas horas su valor se multiplica.
1999	NOV	Lanzamiento del portal de contenido generalista World OnLine, siendo Josep Angel Martos su director de contenidos.
1999	NOV	BT lanza el portal de Internet para empresas, Netgocio.
1999	DIC	Gregorio Giménez es despedido del Deutsche Bank por excederse en el uso del *e-mail* en horario laboral.
1999	1 DIC	Retevision lanza el Bonoweb12 para acceso a Internet al precio de 6 € (1.000 pts./mes).
1999	24 DIC	La CMT anuncia que hay 647 proveedores de Internet en España.

2000 - 2003

2000		T-Online Grupo Deutsche Telekom compra Ya.com por más de 92 millardos de pesetas.
2000	ENE	El ISP de Grupo Intercom se integra en Cable & Wireless.
2000	19 ENE	Terra desembarca oficialmente en los Estados Unidos lanzando su servicio combinado de portal y proveedor de acceso a Internet, junto la empresa IDT.
2000	1 FEB	Se crea eresMas Interactiva SA. Se segrega el negocio de Internet residencial, cediendo los clientes de Iddeo, Alehop, RedesTB y Servicom residenciales a la nueva empresa 100% Retevision.
2000	21 FEB	Telefónica "rebaja" la cuota básica de la tarifa plana de ADSL a 39 € (6.500 pts./mes).
2000	FEB	El grupo Prisa lanza el portal Inicia, que funcionará también como proveedor de acceso a Internet.
2000	10 ABR	Nace el Ibex Nuevo Mercado, versión española del Nasdaq.
2000	MAY	Terra Networks anuncia la adquisición de la americana Lycos por 12.500 millones de dólares.
2000	7 JUN	MoviStar lanza el servicio de convergencia Inte.
2000	JUN	De la colaboración de BT con la Cámara de Comercio de Barcelona, La Caixa e IBM surge en Barcelona la empresa consultora de Internet para empresas Espacio Pyme.
2000	JUL	El Ibex Nuevo Mercado cede más de un tercio de su valor en tres meses.
2000	JUL	Uni2 (como ya hicieron otros operadores) segrega su actividad residencial de Internet, que es adquirida por Wanadoo, empresa paneuropea filial de France Telecom.
2000	JUL	Arrakis lanza el acceso a Internet con tarifa plana reducida, Arrakis Barra Libre.
2000	JUL	Telefónica Móviles y Terra Networks constituyen el portal WAP Terra Mobile.
2000	1 JUL	Retevisión lanza la primera tarifa plana telefónica reducida para Internet de un operador de telefonía en España a 2.600 pts./mes. En tan solo cuatro días y sin publicidad consigue 20.000 clientes, su *call-center* recibe más de 240.000 llamadas.
2000	5 JUL	Supercable lanza el acceso a Internet con tarifa plana.
2000	10 JUL	Terra lanza el acceso a Internet con tarifa plana.
2000	10 JUL	Retevisión lanza su servicio de tarifa plana sin restricción horaria (24 h al día) orientado a pymes a 60 € (9.900 pts./mes); que luego reposicionará a 90 € (15.000 pts./mes).
2000	10 JUL	Telefónica lanza su servicio de tarifa plana viajera diez días más tarde que Retevisión, como una promoción válida hasta el 1 de noviembre, a un precio de 16,5 € (2.750 pts./mes).
2000	26 JUL	Juan Villalonga abandona la Presidencia de Telefónica.
2000	27 JUL	Wanadoo lanza el acceso a Internet con tarifa plana MultiTarifa Plana.
2000	SEP	Airtel (actual Vodafone) lanza el portal de Internet para empresas Parquempresarial.

2000	3 SEP	Jazztel vende su filial Ya.com Internet Factory a T-OnLine del grupo Deutsche Telecom, filial de Internet de la operadora alemana.
2000	11 SEP	eresMas anuncia la compra del portal Telépolis por una suma de unos 12.000 millones de pesetas.
2000	30 SEP	Retevisión realiza las primeras emisiones de Radio Digital (DAB) comercial.
2000	19 OCT	La Comisión Delegada del Gobierno para Asuntos Económicos aprueba la tarifa plana de interconexión de las operadoras con Telefónica.
2000	27 OCT	Terra Networks cierra la operación de compra de Lycos con Joaquim Agut como presidente.
2000	31 OCT	Resolución de la Secretaría de Estado de Telecomunicaciones y para la Sociedad de la Información por la que se atribuyen los códigos «908» y «909» al servicio de acceso a Internet desde la red pública telefónica. Inicialmente se quiso utilizar un número (prefijo) como el 8 o el 7 para que todos los números que fueran un nodo de Internet empezaran igual y fueran fácilmente distinguibles (como se hizo con los móviles anteponiendo un 6 a todos ellos). Finalmente se optó por un prefijo de red inteligente.
2000	OCT	Uni2 lanza el portal de Internet para empresas, Comtenidos.
2000	OCT	Terra lanza el portal de Internet para empresas, Terra Profesional.
2000	NOV	BT lanza el servicio de acceso a Internet, BTLink ADSL.
2000	1 NOV	Telefónica lanza la trifa plana telefónica como servicio a 16,5 € (2.750 pts./mes).
2000	2 NOV	Se inaugura en Barcelona el primer congreso mundial de redes ciudadanas: Global CN 2000.
2000	16 NOV	Se aprueban en la reunión del ICANN de Marina del Rey (Los Ángeles EEUU) los siete nuevos nombres de dominio que después nunca se pusieron en marcha.
2000	24 NOV	Retevisión lanza el servicio de Internet de banda ancha (256 kbps) vía acceso directo por radio (LMDS).
2000	DIC	Tiscali y World OnLine comienzan a ofrecer servicios conjuntos tras la fusión (por absorción de World OnLine) en septiembre de 2000. Previamente, World OnLine había comprado el histórico ISP de Reus ReadySoft.
2000	5 DIC	Ecuality, empresa dedicada al comercio electrónico, presenta suspensión de pagos.
2000	18 DIC	Wanadoo, filial de Internet de France Télécom, anuncia la compra de Índice Multimedia, editora de *QDQ*, por 360 millones de euros.
2001	22 ENE	Lanzamiento del supermercado virtual de Caprabo <capraboacasa.com>.
2001	30 ENE	El servicio de tarifa plana cuenta con 600.000 clientes.
2001	FEB	Se lanza la primera versión (inglesa) de la Wikipedia. Tan solo al cabo de un mes (marzo de 2001, la wikipedia en catalán fue la primera edición no inglesa en publicar un artículo: la definición de la palabra "àbac" ('ábaco').
2001	19 FEB	Telefónica lanza la Tarjeta Prepago Tarifa Plana para acceso a Internet (Telen@uta).
2001	19 FEB	FirstMark, concesionaria de una licencia de acceso vía radio en la banda de 3,5 GHz, inicia la comercialización de sus servicios.
2001	22 FEB	Ebay compra el portal iBazar por 112 millones de dólares.
2001	FEB	Sky Point, concesionaria de una licencia de acceso vía radio en la banda de 26 GHz, inicia la comercialización de sus servicios.
2001	13 MAR	Telefónica lleva desplegadas 65.800 líneas ADSL en España. Más del 30% en Cataluña.
2001	21 MAR	Abrared, concesionaria de una licencia de acceso vía radio en la banda de 3,5 GHz, inicia la comercialización de sus servicios bajo la marca Neo.
2001	ABR	Colt Telecom pone en marcha su centro de soluciones de Internet (CSI) de Barcelona.
2001	3 ABR	Primera sentencia en España en defensa de la propiedad intelectual: Canal21 es condenada por plagio de contenidos de LaNetro.
2001	MAY	Ono lanza el acceso a Internet RTC/RDSI Internet Ono Empresas Tarifa Plana.
2001	21 MAY	Empieza la fase de implantación del nuevo dominio ".biz" (fase de prerregistro).
2001	23 MAY	Wanadoo lanza el servicio de acceso a Internet, Wanadoo ADSL.
2001	29 MAY	Broadnet, concesionaria de una licencia de acceso vía radio en la banda de 26 GHz, inicia la comercialización de sus servicios.
2001	25 JUN	Empieza la implantación del dominio ".info" (prerregistro).

2001	1 JUL	Retevisión lanza las soluciones iddeo para empresas: iddeo Connecta, iddeo Avanzza, iddeo Commercia, iddeo Publicca e iddeo Pressencia.
2001	8 JUL	Muere Jordi Vendrell, pionero en la difusión de Internet con su programa *L'Internauta* de Catalunya Radio (uno de los primeros en tratar monográficamente temas de Internet).
2001	9 JUL	Banda 26, concesionaria de una licencia de acceso vía radio en la banda de 26 GHz, inicia la comercialización de sus servicios.
2001	1 OCT	Inicio de la fase final (registro libre: el primero que llega, primero que se lo queda) del nuevo dominio ".Info".
2002		En los primeros meses de 2002 se establece la conexión directa con ESPANIX a través de dos enlaces Fast Ethernet. Migración progresiva desde la conexión que tenían históricamente con Telefónica Data, que finaliza el 30 de julio de 2003. El tráfico en este año pasa de 500 GB/día a 3.800 GB/día.
2002	SEP	Comienza el proyecto Opera Oberta liderado por el Liceu de Barcelona (Ángel Fernández Pineda) y en el que participan las principales universidades españolas y algunas europeas e iberoamericanas. La principal característica es la retransmisión de flujos de 10 Mbps de datos utilizando el servicio de IP *multicast* nativo, posible gracias al uso de redes académicas como la Anella Científica, RedIRIS o Géant. Hubiera sido imposible poner en marcha un curso de estas características utilizando redes comerciales. A pesar de su reiterativo éxito año tras año, se cancela por motivos económicos en el curso 2011-2012.
2003		A principios de 2003 se crea la ENISA, European Network and Information Security Agency (eEuropa Action Plan).
2003	AGO	Se lanza la red social MySpace.
2003	SEP	Se establece la conexión de RedIRIS con el nodo neutro de Catalunya CATNIX con un enlace Fast Ethernet a 100 Mbps (ampliada a 1Gbps en 2008) y se amplia la conexión con ESPANIX a 2 Gbps. Durante 2003, también se pone en producción RedIRIS2, una red mallada con un core de 2,5 Gbps que proporciona Albura (Red Eléctrica Española) tras ganar un concurso público lanzado por el MEC.
2003		Se produce la extensión masiva de las conexiones inalámbricas *(wireless)*, con un abaratamiento drástico general de los precios de conectividad mayorista.

2. La década entre 1993 y 2003

(Módems telefónicos, sin apenas ADSL ni fibra)

A diferencia de la posterior década, en que la conectividad y sus precios dejan de estar en el centro de todas las conversaciones referidas a Internet, entre 1993 y 2003 una de las barreras de entrada iniciales fue precisamente los altos precios variables que debían pagarse por la conectividad a la red.

Presentamos a continuación un original estudio de mercado realizado a partir de los precios publicados en revistas especializadas de la totalidad de proveedores existentes a finales del año 1995. El estudio presenta únicamente el coste del proveedor de Internet, sin tener en cuenta que a estas 10 o 50 horas debía sumársele el coste de la llamada telefónica (variable y tarificado por minuto, pagado al operador de telefonía).

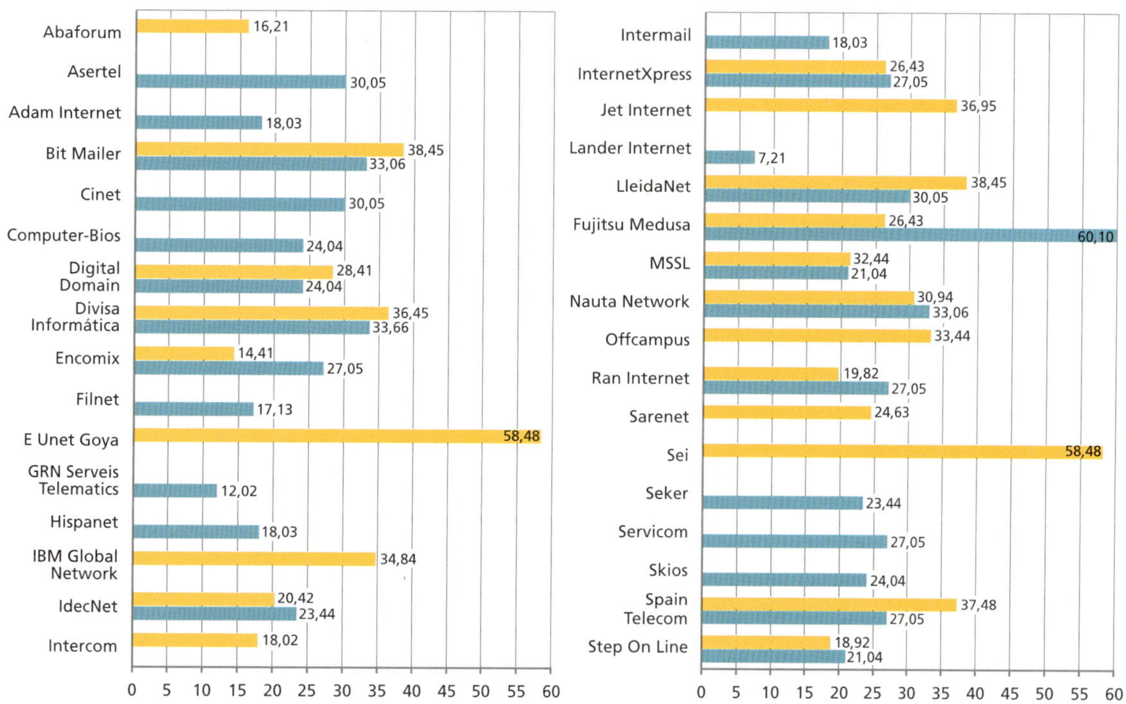

Análisis de precios de los proveedores de Internet existentes en España en diciembre de 1995. Precio mensual (en €) cobrado por 10 horas de conexión. En verde: "cuota plana" mensual. En naranja: pago variable por uso (alternativa ofrecida por algunos ISP que desapareció en poco tiempo por la complejidad del control y de la facturación variable). Fuente: tesis doctoral de A.Veà (Barcelona, septiembre de 2002). Análisis realizado por Iñaki Muros (en 2001) sobre documentación propia.

A partir del año 2003, la práctica eliminación[1] del mercado de Retevisión-Auna (la única empresa que disponía de móvil, fijo, Internet y televisión y, por tanto, única posible competencia efectiva que tenía el dominante en España) hace que el mercado y la actividad en el lanzamiento de nuevos servicios de conectividad se vea totalmente resentida y disminuya de forma radical. Muy especialmente con la progresiva implantación de la nueva "infovía-con-más-caudal", que supone el modelo implantado de comercialización de ADSL, la competencia desaparece y el resto de operadores del mercado pasan a ser meros actores de un gran canal de distribución minorista de Telefónica. Por lo que no se produce ni de lejos una competencia efectiva, con lo que la innovación brilla por su ausencia, así como la continuación del despliegue de cable o fibra que tan bien se había iniciado en España a mediados de los noventa.

Por todo ello, realizamos la distinción entre décadas a la hora de estudiar sus mayores hitos: en las primeras (1963-2003) nos focalizamos primero en los protocolos y después en los lanzamientos de los productos de conectividad, bonos, accesos gratuitos, tarifas planas, etcétera, y en el segundo apartado (referente a la década entre 2003 y 2013) nos centramos mucho más en los servicios, buscadores, aplicaciones y utilidades, así como en las personas que han contribuido decisivamente a que en Internet podamos buscar, comparar, recomendar y comprar con naturalidad y sencillez. El reto que nos queda ahora como ciudadanos es extender estos servicios de Internet a Todo (en mayúsculas) el mundo.

1 En referencia a la entrada en el accionariado de Retevisión de una entidad financiera que troceó sus activos y los vendió por separado: Retevisión móvil –Amena– a France Telecom, alehop/eresMas lo integraron en Orange, todo el transporte de señal de TV lo compró Abertis-Telecom y todos los servicios de voz (directa e indirecta) se los vendieron a Ono, así como todo el negocio del conglomerado de empresas de cable (aunaCable).

3. La década entre 2003 y 2013 en España

(Algún módem, mucho ADSL, pero aún sin fibra)

La década entre 2003 y 2013 ha sido relativamente poco importante en el ámbito de la conectividad en España. La implantación del acceso a Internet a través de fibra óptica y de cable que tan fuerte había empezado a mitad de los noventa se vio truncada por la introducción del ADSL por parte de los operadores dominantes de cada país. España no fue una excepción, sino más bien el gran ejemplo. Una vez desmantelada y vendida a trozos Retevisión (la única empresa capaz de competir en todos los frentes con el operador histórico español) el resto de operadores se limitaron a revender el servicio de Telefónica, único operador que podía ofrecer ADSL por llegar con cable de cobre a todos los hogares. La prueba de que en España (a pesar de la liberalización oficial de las telecomunicaciones de 1996 –aunque no efectiva hasta 1998–) sigue habiendo un monopolio de facto, la obtenemos al observar la "evolución" de los precios de conectividad a Internet en los primeros diez años de existencia de las líneas ADSL desde que el 15 de septiembre de 1999 Telefónica anunciara sus tres modalidades.

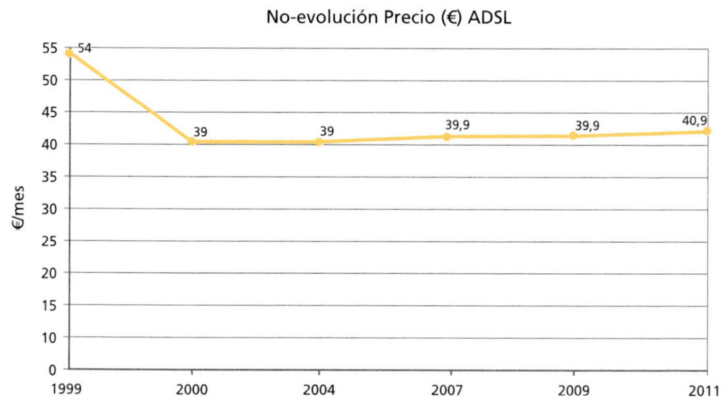

No evolución del precio del servicio minorista de ADSL en España en toda una década[1]. Fuente: <Bandaancha.eu>.

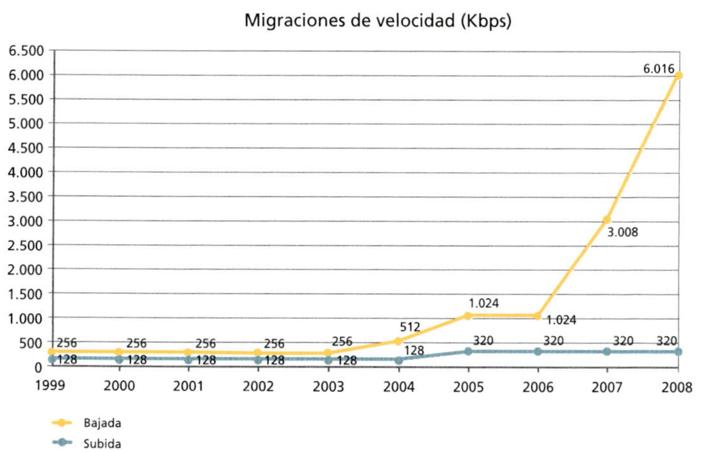

Fuente: <Bandaancha.eu>.

A pesar de que la velocidad de referencia ha ido aumentando durante todos estos años y los 256 kbps iniciales se han convertido en 6 Mbps, mientras el precio final del resto de productos de telecomunicaciones ha ido a la baja, Telefónica ha logrado mantener el ADSL entre 39 € y 41 € mensuales[1]. Lo que ha provocado que, de media, la conectividad sea cada vez más asimétrica y por tanto menos adecuada para determinadas aplicaciones, como la videoconferencia.

Si además tenemos en cuenta la más que importante bajada de los costes de conec-

1 Durante doce años, el operador incumbente en España –aumentando la velocidad– ha logrado no variar ni un céntimo el precio final de sus accesos ADSL: 39 € + IVA.

tividad mayoristas o "materia prima" con la que trabajan los operadores...

Hay que tener en cuenta que los operadores realizan una sobresuscripción (basada en el patrón estadístico mostrado por las conexiones de los usuarios y que sigue una distribución de Poison, es decir, "de cada 100 clientes, se me conectarán un máximo de 10 a la vez"), por lo que por cada Mb garantizado transporta 10 Mb minoristas. Esta es la razón por lo que el operador, en los contratos firmados del servicio de ADSL, durante años, solo garantizaba el 10% de la velocidad nominal contratada: por si se producía congestión.

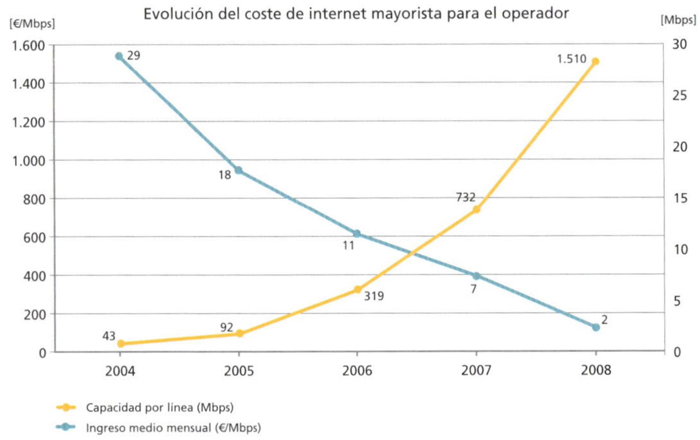

Fuente: CMT.

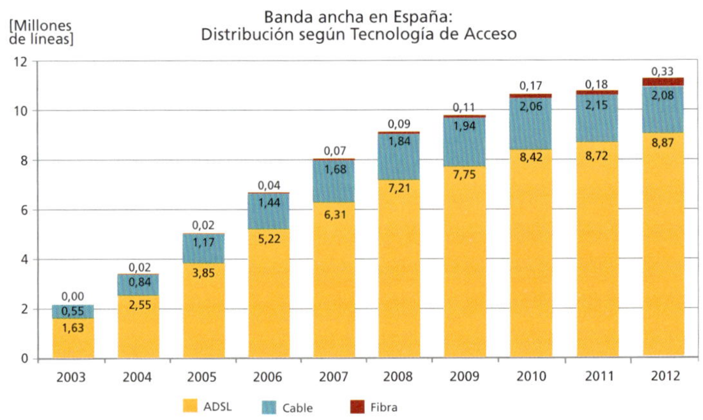

Fuente: CMT.

Aunque el precio mayorista (garantizado) mostrado en la gráfica no es comparable con el precio minorista que pagan los usuarios, al que deben añadírsele muchos otros costes, la gráfica nos indica cómo ha evolucionado el mercado de datos en España y lo poco que las rebajas se han trasladado al cliente final.

A nivel de tecnologías de acceso vemos (como cabía esperar) que las tecnologías DSL (y en España en concreto el ADSL totalmente asimétrico) han parado en seco el crecimiento del cable y de la fibra óptica. El ejercicio 2010 (según el último informe publicado por la CMT[2]) se cerraba con casi 8,5 millones de líneas ADSL, 2 millones de líneas de cable-módem y tan solo 170.000 de otras tecnologías (60.000 FTTH).

Al cierre de 2011, también según la CMT, el número de líneas de acceso por fibra óptica hasta el hogar (FTTH) era únicamente de 150.000 líneas activas (de las que 140.000 pertenecían a Telefónica) sobre casi 1.500.000 hogares desplegados.

Vemos, pues, que España, al igual que otros países europeos, ha perdido casi dos décadas en la implantación y despliegue de una nueva red de fibra óptica específica para Internet. Esta red (de nueva planta) debería permitir el acceso a servicios muchísimo más avanzados que los actuales, permitiendo hacer escalar la velocidad de acceso durante las próximas décadas.

2 CMT: Comisión del Mercado de las Telecomunicaciones. Organismo que vela por la competencia en el sector.

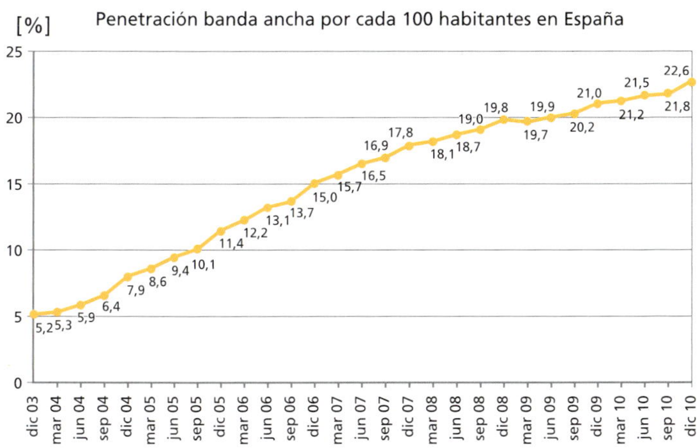

Evolución del número de líneas de banda ancha por cada 100 habitantes, España en 2010 tenía 47 millones de habitantes. Fuente: CMT.

En España se habla de 10 Mbps como "banda ancha", mientras que en Corea del Sur a finales de 2012 se cubren todos los hogares con 1 Gbps (o sea, 1.024Mbps por usuario), lo que supone una velocidad 100 veces más rápida y universal para todo el país.

Este "bloqueo" es fruto de una política que pretendía traer competencia al mercado y cuidar de que el dominante (Telefónica) no aplastase a los nuevos operadores entrantes. La realidad ha ido por otro lado, y en la práctica la Administración pública no ha hecho ni deja hacer; parando totalmente las inversiones del exmonopolio al obligarle a compartir su fibra en caso de instalarla... sin que haya espacio en el mercado para varios operadores de fibra óptica... resultado: *uno por el otro y España sin fibrear.*

Si exceptuamos las ciudades de Barcelona y Madrid, la probabilidad de que el resto de población acceda a la fibra en un tiempo razonable y precio asequibles es baja o, en la mayoría de los casos, nula.

Analizada esta realidad, podríamos pues caracterizar la década entre 2003 y 2013 más que por las casi nulas novedades en conectividad, por los servicios de Internet que han aparecido y que han cambiado radicalmente nuestro ocio, la manera en que trabajamos, nos relacionamos y colaboramos conjuntamente.

En el próximo apartado se exponen a modo de resumen, ordenado alfabéticamente, los servicios más importantes de Internet (según su popularidad), así como los emprendedores que los hicieron posibles.

El criterio tomado para la inclusión de cada servicio ha sido su popularidad. Inicialmente, a pesar de que no todos lo cumplen, se seleccionaron los servicios que habían obtenido en algún punto de su existencia 50 o más millones de usuarios. Dichos servicios, no solo hacen referencia a esta década ni únicamente a España, sino globalmente.

Función	Web 1.0 (1997)	Web 2.0 (2013)
Página personal	GeoCities	Facebook
Mensajes cortos	Libros de visitas	Twitter
Buscador web	Altavista	Google
Enciclopedia online	MSN Encarta Online	Wikipedia
Chatear	IRC vía Java	WhatsApp
Ver vídeos online	Real.com	YouTube
Compartir fotos	WebShots	Flickr
Correo electrónico	Hotmail	Gmail
Opiniones de expertos	About.com	Quora
Jugar en línea	Zone.com	Juegos sociales

Cambios de servicios en las principales actividades de Internet.

Hemos querido resaltar (investigando los orígenes y las fechas de inicio de cada uno de ellos) a los pioneros que pusieron en marcha los servicios, herramientas o redes, como homenaje a todos esos *innovation champions* que, sin nosotros conocerles, nos han cambiado la vida de manera radical.

4. Los grandes hitos, servicios, tecnologías y herramientas colaborativas de Internet y sus creadores

SERVICIO o APLICACIÓN	EMPRENDEDOR o INNOVADOR	AÑO	MES	UBICACIÓN	PAÍS	DESCRIPCIÓN EJECUTIVA
37Signals	Jason Fried, Carlos Segura, Ernest Kim	1999	JUN	Chicago	EEUU	Nombrada así por las 37 señales a partir de los resultados del proyecto SETI de búsqueda de vida extraterrestre impulsado por el profesor Horowitz de Harvard. Su primera aplicación comercial fue Basecamp, siguiéndole Backpack, Campfire y Highrise. Mantienen dos aplicaciones web *freeware*: Ta-Da List y Writeboard. La plataforma de desarrollo de aplicaciones web de código abierto Ruby on Rails fue creada inicialmente para el uso interno de 37Signals antes de que se hiciera pública en 2004.
ADSL	John Cioffi, Stanford Joe Lechleider (Bellcore Labs)	1988	JUL	Stanford (California)	EEUU	Asymmetric Digital Subscriber Line (Línea de abonado digital asimétrica). Permite una velocidad mucho más alta a través de los viejos y oxidados pares de cobre telefónicos. Esta tecnología ha parado varios quinquenios el despliegue del cable y la fibra óptica que tan bien habían empezado en la segunda mitad de los noventa. La gran ventaja es que está siempre conectado *(always on)* y que permite a sus usuarios utilizar el teléfono mientras se está navegando por Internet.
alibaba.com	Jack Ma y 17 fundadores	1999	JUN	Hangzhou	China	Uno de los clásicos en Internet en China, orientado al comercio electrónico entre pymes además de estar compuesto por *sites* de *business-to-business,* subastas y portales. Así como Alibaba se dedica al B2B, sus filiales: Taobao se especializa en una plataforma de compraventa C2C *(consumer-to-consumer),* Tmall (B2C) marketplace gigante, eTao (buscador especializado para los compradores online), China Yahoo (portal), Alibaba Cloud Computing (plataforma avanzada de servicios en la "nube") y Alipay (plataforma de pagos similar a PayPal). El grupo empresarial dispone de 22.000 empleados. El 6 de noviembre de 2007 salió a la bolsa de Hong Kong y el primer día levantó 1.700 millones de US$, pasando a ser la segunda mayor salida a bolsa de una empresa de Internet después de Google.
Altavista	Paul Flaherty, Louis Monier, Michael Burrows, Jeffrey Black	1995	DIC	Palo Alto (California)	EEUU	Motor de búsqueda desarrollado por Digital, fue el más popular pero declinó con el éxito de Google. Comprado por Yahoo!, se cerró en 2011.
Amazon	Jeff Bezzos	1994	JUN	Bellevue y Seattle (Washington)	EEUU	Una de las más grandes librerías que en la actualidad utiliza su plataforma para vender de todo. Se puede decir que su calidad de servicio y facilidad de uso ha sido fundamental para iniciar a millones de personas de todo el mundo a utilizar y confiar en el comercio electrónico. En abril de 2012 era el décimo *site* más visitado del mundo y contaba con 56.200 empleados.
Amazon Web Services: EC2	Amazon	2006	AGO	Seattle, (Washington)	EEUU	EC2 es el acrónimo de Elastic Computer Cloud y es el núcleo de los servicios de *cloud computing* que ofrece Amazon (Amazon Web Services o AWS). Permite alquilar ordenadores virtuales en los que los usuarios puedan ejecutar sus propias aplicaciones. Su gran ventaja es que permite un despliegue en el que se puede escalar de forma muy rápida en la cantidad de ordenadores disponibles y el cobro suele ser por hora de servidores activos. De aquí el término "elástico", ya que permite poner y quitar servidores con el *software* que se desee de forma muy sencilla.
Android	Open Handset Alliance	2008	SEP	Mountain View (California)	EEUU	Sistema Operativo para móviles basado en Linux. Google compró al primer desarrollador de la plataforma, la empresa Android Inc., en 2005 y lanzó la alianza para su desarrollo formada por un consorcio de 86 empresas de *hardware* y *software* dedicadas a hacer desarrollar terminales abiertos en 2007. En marzo de 2012 se encontraba en aproximadamente 300 millones de terminales, con unas 450.000 aplicaciones.
AOL IM (Instant Messenger)	America Online (AOL)	1997	MAY	Palo Alto (California)	EEUU	Cliente de mensajería instantánea sufragado mediante publicidad. Permite que los usuarios registrados se comuniquen de forma instantánea. En su momento tuvo la mayor cuota de mercado de mensajería instantánea (2006), alcanzando un 52%. A finales del 2011 esta cuota se había reducido a un 0,73%
Apache Servers	Robert McCool	1995	OCT	Delaware	EEUU	El servidor HTTP de Apache es muy conocido por haber desempeñado un rol clave en el desarrollo inicial de la Web. Instalado en más de 100 millones de servidores, fue la primera alternativa al casi monopolio de servidores que al principio ostentó la empresa Netscape. Está desarrollado de forma abierta por una comunidad de desarrolladores distribuida por todo el mundo. Desde 1996 mantiene el liderato de ser el servidor más popular. Y en abril de 2012 el 58,2% de todos los sitios web del mundo utilizaba Apache.
ARCHIE	Peter Deutsch, Alan Emtage, Bill Heelan	1990	JUN	Montreal (Quebec)	Canadá	Permite buscar entre listas de nombres de ficheros en los servidores FTP.
Ares	Alberto Treves y lap3k	2002	JUN	Milán (Italia)	Italia	Ares Galaxy es un cliente P2P para compartir archivos desarrollado en Delphi y en formato de *software* libre en su versión para Windows. Tiene una mayor facilidad de instalación (comparado con Emule), cosa que finalmente le ha hecho ganar la batalla de las descargas.
ARPAnet (fuera de servicio)	ARPA	1989	AGO	Washington DC	EEUU	Creada en 1969, en 1989 se retira y algunos de sus nodos se reutilizan para NSFnet.

SERVICIO o APLICACIÓN	EMPRENDEDOR o INNOVADOR	AÑO	MES	UBICACIÓN	PAÍS	DESCRIPCIÓN EJECUTIVA
ARPAnet (nacimiento)	ARPA IPTO Bob Taylor, JCR Licklider, Charley Herzfeld	1969	ENE	Boston, (Massachusetts)	EEUU	Nace al conectarse SRI, UCLA, UCSB y la University of Utah. Dura hasta 1990, cuando se da de baja oficialmente, quedando sustituida por los nodos de NSFnet.
Ask.com	Garrett Gruener, David Warthen	1996	FEB	Oakland (California)	EEUU	Servicio de buscador de Internet focalizado en preguntas y respuestas, también conocido como Ask Jeeves y creado en la University of Berkeley, California. Fue desarrollado por Gary Chevsky inicialmente. En 2010, doblegándose ante la poderosa capacidad de Google como competencia en el mercado de buscadores, volvieron al formato original de preguntas y respuestas. Ocupa el puesto 52 de la clasificación global de *sites* realizada por Alexa.
Asterisk	Mark Spencer (Digium)	1999	JUN	Huntsville (Alabama)	EEUU	Es una plataforma de código abierto que recrea por *software* las funciones de una centralita telefónica (PBX). Permite que los teléfonos a ella conectados puedan realizar llamadas entre sí, hacia la red pública telefónica conmutada y hacia servicios de voz sobre IP. Aunque inicialmente se desarrolló en EEUU en la actualidad encontramos instalaciones de esta centralita en todo el mundo, debido a su gratuidad.
Baidu.com	Robin Li, Eric Xu	1999	OCT	Pekín (Haidian District)	China	Este gigante asiático ha ido escalando posiciones, siendo el 5.° *site* más visitado del mundo (según la clasificación global de Alexa en abril de 2012). Con más de 250 millones de usuarios únicos, representa el 60% del mercado de búsquedas, compitiendo con Google Hong Kong, Yahoo China y Microsoft Bing. En la parte no pública, se le conoce por ser el que mejor aplica las directivas restrictivas de censura de la información impulsadas por el Gobierno chino, eliminando ciertos temas del resultado de las búsquedas y bloqueando por entero un inacabable listado de *websites*.
Bing	Microsoft Corporation	2009	MAY	Seattle (Washington)	EEUU	Es el buscador de Microsoft lanzado para contrarrestar el casi monopolio ejercido por Google en la primera década del siglo XXI. Anteriormente, el buscador era conocido como Live Search, Windows Live Search y MSN Search.
BitTorrent	Bram Cohen	2001	ABR	San Francisco, (California)	EEUU	P2P descentralizado.
Blogger	Evan Williams, Meg Hourihan,	1999	AGO	San Francisco, (California)	EEUU	Ambos cofundadores crearon la empresa PyraLabs. Fue el primer servicio que ofrecía herramientas para la publicación sencilla de un blog personal. En 2003 fueron adquiridos por Google y su servicio pasó a ofrecerse gratuitamente, teniendo la posibilidad de crear un subdominio web bajo el dominio <blogspot.com>.
booking.com	Andrew Phillipps, Adrian Critchlow	1996	JUN	Ámsterdam (Holanda)	Europa	Es la mayor agencia de reservas online a nivel global por número de habitaciones vendidas. Tiene más de 30 millones de visitantes únicos al mes (abril de 2012) que pueden seleccionar entre 180.000 hoteles en 41 idiomas y en 155 países. Comprada por el holding Priceline.com en 1997.
cheaptickets	Michael y Sandra Hartley	1986	JUN	Honolulu (Hawaii)	EEUU	Compañía de servicios de viajes *online*. Ofrece vuelos y habitaciones de hotel, así como alquiler de coches, paquetes turísticos y hasta cruceros. Actualmente es parte de Orbitz Worldwide.
CNET	Halsey Minor, Shelby Bonnie	1994	MAR	San Francisco (California)	EEUU	*Site* dedicado a la publicación de artículos y noticias relacionadas con la tecnología. En el año 2008 fue adquirido por la division de medios interactivos de la cadena de television CBS. Gestiona uno de los mayores portales de descarga de programas conocido por <download.com>.
Compuserve	John R. Goltz, Jeffrey Wilkins	1969	JUN	Columbus (Ohio)	EEUU	Compuserve Information Service (CIS) se creó como una empresa de alquiler de ordenadores de tiempo compartido. En 1979 fue el primer servicio comercial en ofrecer correo electrónico y soporte técnico a los incipientes usuarios de ordenadores personales. En 1980 lanzó su chat en tiempo real. Dominó el mercado durante los ochenta y se mantuvo durante la primera mitad de los noventa, cuando fue alcanzado por otros proveedores, como AOL, que ofrecía suscripciones mensuales y no precios por hora. A pesar de no tener inicialmente un nodo ni oficina comercial en España, muchos de los pioneros de Internet de este país iniciaron sus actividades *online* con este servicio, que ofrecía las funcionalidades de una gran BBS centralizada con correo electrónico. Hasta 1996 fue un sistema cerrado y propietario, hasta que la presión de su base de clientes les obligó a abrir una pasarela hacia Internet. Ese día posiblemente fue cuando Internet tuvo un incremento en su número de usuarios (en 24 h) mayor de toda la historia.
Craigslist	Craig Newmark	1995	JUN	San Francisco (California)	EEUU	Red centralizada de comunidades (organizadas por ciudades) en el que se publicitan gratuitamente anuncios clasificados de todo tipo. Craig lo empezó en 1995 como una lista de distribución entre amigos de San Francisco, listando los eventos locales de la ciudad, hasta que en 1996 pasó el servicio a una página web expandiendo a muchas otras categorías clasificadas por secciones. En el 2000 se expandió a otras ciudades y en 2012 cubría 570 ciudades en 50 países distintos.

SERVICIO o APLICACIÓN	EMPRENDEDOR o INNOVADOR	AÑO	MES	UBICACIÓN	PAÍS	DESCRIPCIÓN EJECUTIVA
Creative Commons	Lawrence Lessig, Hal Abelson, James Boyle, Eric Saltzman, Eric Eldred	2001	JUN	San Francisco (California)	EEUU	Actualmente, Creative Commons (CC) es una organización sin ánimo de lucro con sede en Mountain View (California), dedicada a reducir las barreras legales para poder compartir trabajos creativos. Creando una nueva legislación específica, modular y sencilla que el propio autor escoge para su obra, permite que terceros utilicen y modifiquen su obra bajo unas determinadas condiciones.
Del.icio.us	Joshua Schachter	2003	SEP	Sunnyvale (California)	EEUU	Servicio de *'bookmarking'* social que permite buscar, guardar y descubrir *bookmarks* (listas de favoritos). En 2005 fue adquirido por Yahoo!. En 2008 superaba los 5 millones de usuarios y más de 180 millones de URL (direcciones web) comentadas y ordenadas. En 2011 el *site* fue revendido a AVOS Systems, relanzado y puesto de nuevo a "versión beta".
digg.com	Kevin Rose, Owen Byrne, Ron Gorodetzky, Jay Adelson	2004	NOV	San Francisco (California)	EEUU	Es un *site* "social" de noticias, de manera que las personas pueden votar las historias que allí se comparten y estas se autoordenan según su popularidad. En diciembre de 2011 uno de sus competidores (Reddit) le superó en la clasificación global de *sites;* ocupa el lugar 190, con casi 5 millones de visitantes únicos.
Dropbox	Drew Houston, Arash Ferdowsi	2008	SEP	Boston, MIT (Massachusetts)	EEUU	Servicio de almacenamiento de ficheros y sincronización, 90 millones de usuarios.
Drupal	Dries Buytaert	2001	ENE	Amberes	Bélgica	Sistema de gestión de contenidos escrito en PHP, gratuito y de código abierto. Se utiliza actualmente como trastienda de casi el 2% de todos los *sites* a nivel global (en abril de 2012) y tiene casi 16.000 pequeños módulos que se le pueden añadir para parametrizarlo segun nuestras necesidades. No se requiere saber programar para su instalación y administración, cosa que le ha hecho sobresalir sobre los demás.
EARN	Dennis Jennings, et al.	1983	JUN	Ginebra	Suiza	Red europea equivalente a la red BITnet norteamericana esponsorizada también por IBM. En España entró mediante la pionera intervención de la Universitat de Barcelona que, en 1985, puso todo su empeño y recursos para conectar a través de ella al resto de centros de investigación que trabajaban con IBM.
Ebay	Pierre Omidyar	1995	SEP	San José (California)	EEUU	Web especializada en subastas y transacciones comerciales de compra-venta.
eDonkey2000	Jed McCaleb, Metamachine Inc.	2000	SEP	Nueva York (Nueva York)	EEUU	También conocido por el acrónimo "ed2k". Fue un cliente P2P para compartir ficheros muy conocido hasta que el 28 de septiembre de 2005 el sistema fue cerrado tras el pago de 30 millones de US$ a la asociación americana de la industria de la grabación (RIAA).
e-mail	Abhay Bhushan, Ken Pogran, Ray Tomlinson, Jim White	1973	SEP	Boston, MIT y BBN	EEUU	Primera propuesta de estandarización del formato del mensaje en el *RFC 561*.
eMule	Hendrik Breitkreuz (Merkur)	2002	MAY	Freital	Alemania	Es una aplicación gratuita de P2P (*peer-to-peer,* de igual a igual) para MS Windows. Empezó en 2002 como una alternativa a eDonkey2000. Su principal característica es que el intercambio de fuentes de información se produce de cliente a cliente. Utiliza un sistema de créditos para premiar a los que más comparten, dándoles más velocidad. Disponible en 43 idiomas, desarrollado en C++, con 639 millones de descargas (abril de 2012), es la descarga más popular en el repositorio de código abierto SourceForge. En España, más de 2 millones de personas estan conectadas a eMule (según datos de las empresas de telecomunicación). Aproximadamente, un 30% de los usuarios de banda ancha utiliza programas P2P (por encima de la media europea) pero aún por debajo de países como Alemania, Francia y EEUU. Este tipo de redes aprovechan y optimizan al máximo el ancho de banda. Cada vez más empresas las utilizan para distribuir sus contenidos de vídeo. Skype, por ejemplo, utiliza esta tecnología, desde 2006 Warner Bross, la BBC y hasta RTVE la utilizan como alternativa a la distribución convencional de películas y programas de TV. También son utilizadas para cálculos científicos que requieren masivas bases de datos.
Evernote	Stepan Pachikov	2008	JUN	Mountain View (California)	EEUU	Su descripción es "recuérdalo todo". Permite a sus usuarios capturar, organizar y encontrar información a través de múltiples plataformas, notas, recortes de páginas fotos utilizando el móvil, creando tareas o grabando audio. Toda la información se sincroniza a través de la web de Evernote y se envía a los clientes Windows, Mac y dispositivos móviles. Además realiza un reconocimiento automático óptico (OCR) de las notas que entran como fotos o pedazos de papel escritos manualmente, haciendo que las imágenes sean "buscables" automáticamente.

SERVICIO o APLICACIÓN	EMPRENDEDOR o INNOVADOR	AÑO	MES	UBICACIÓN	PAÍS	DESCRIPCIÓN EJECUTIVA
Excite	Graham Spencer, Joe Kraus, Mark Van Haren, Ryan McIntyre, Ben Lutch y Martin Reinfried	1994	JUN	Stanford (California)	EEUU	Fue creado con el nombre de Architext por varios estudiantes de Stanford, como servicio *online* ofreciendo multitud de servicios y contenido: buscador, portal, correo web, mensajería instantánea y una página principal personalizable. En los noventa fue una de las marcas más reconocidas de Internet. Compró dos buscadores conocidos de la época como Magellan y WebCrawler y salió a bolsa el 4 de abril de 1996. Y en diciembre de 1998 (a pesar de publicar unas pérdidas de 30 millones US$) Yahoo! intentó comprarlo por 6.000 millones de US$. Sin embargo, @Home Networks se adjudicó la compra el 19 de enero de 1999. Dos estudiantes de Stanford llamaron a la puerta del CEO de Excite ofreciéndole su buscador por 1 millón de dólares, pero George Bell lo rechazó y se enfadó mucho cuando uno de sus socios iniciales les rebajó la oferta a 750 mil dólares y le echó de su despacho. Sin duda, su decisión de no comprar lo que luego se convirtió en una empresa de búsqueda de nombre extraño (Google) que en 2012 tenía un valor de mercado de 212.000 millones de US$ no fue muy buena vista en perspectiva.
EyeOS	Pau García-Milà	2005	AGO	Olesa (Barcelona)	España	Escritorio virtual realizado en código abierto y programado en PHP, XML y JavaScript. Su objetivo es permitir la colaboración y comunicación entre sus usuarios. Sirve de plataforma para las aplicaciones web escritas utilizando el eyeOS Toolkit. El entorno de escritorio incluye 67 aplicaciones y utilidades de sistema. Se puede acceder a él desde móviles. Tiene una base de 16.000 desarrolladores ubicados en 60 países y se ha descargado más de 1 millón de veces (enero de 2012).
Facebook	Mark Zuckerberg, Eduardo Saverin, Dustin Moskovitz, Chris Hughes	2004	FEB	Boston, Harvard (Massachusetts)	EEUU	Web de relaciones sociales entre individuos. Iniciado en Harvard, fue expandiéndose hasta llegar a los casi 1.000 millones de usuarios durante 2012.
Flickr	Stewart Butterfield, Caterina Fake	2004	FEB	Sunnyvale (California)	EEUU	Web para compartir fotografías y vídeo. En marzo de 2005 fue adquirido por Yahoo!.
Flipboard	Mike McCue, Evan Doll	2010	DIC	Palo Alto (California)	EEUU	Aplicación de *software* para dispositivos de pantalla táctil con formato de revista que se crea a base de agregación de contenidos que provienen de redes sociales. En pocos meses ha llegado a los 5 millones de usuarios.
Fotolog	Scott Heiferman, Adam Seifer	2002	MAY	Nueva York (Nueva York)	EEUU	Servicio que permite llevar un diario fotográfico de lo que va aconteciendo a una persona. Su cofundador, Scott Heiferman, actualizó una foto suya desde 2001 hasta 2008, cuando la empresa fue comprada por un grupo francés de publicidad. Es de los *sites* más antiguos para compartir fotos; en 2012 tenía más de 30 millones de usuarios.
Foursquare	Dennis Crowley, Naveen Selvadurai	2009	JUN	New York City, NY	EEUU	*Site* de *networking* social basado en geoposicionamiento de los usuarios a través de sus dispositivos móviles.
FTP	Chander Ramchandani, Howard Brodie, Neal Ryan, Abhay Brushan	1971	ABR	Boston (Massachusetts)	EEUU	Se desarrolla el Protocolo de Transferencia de Ficheros (FTP) que se utiliza para enviar ficheros de un ordenador a otro a través de una red TCP/IP. El protocolo se especifica finalmente en el *RFC 959*, aunque el primero fue publicado en 1971, mucho antes de que existiera el TCP y el IP. La primera versión del protocolo la desarrollaron Ramchandani y Brodie (solo podía transmitir ficheros en ASCII). Brodie y Ryan llevaron el programa a los ordenadores PDP-10 y 645 respectivamente. Bhushan escribió la especificación inicial en forma de *RFC*.
FTTH (Fiber To The Home)	Fastweb	2001	JUL	Milan (Italia)	Europa	Compañía italiana pionera en lanzar el servicio de fibra hasta el hogar de forma comercial en el año 2001. Desde su fundación, en 1999, ha invertido más de 5.000 millones de euros en una red de fibra de más de 32.000 km. En mayo de 2007, Swisscom pagó 3.000 millones de euros por el 82% de Fastweb. En la actualidad, y con casi 15 años de retraso, el operador histórico español está empezando a fibrear las calles de Barcelona y Madrid. En este monumental retraso ha contribuido claramente el regulador (CMT) que, por buscar la competencia en el mercado, ha bloqueado durante años al único que tiene suficientemente músculo financiero para acometer este cambio radical de la planta de cobre por una planta de fibra óptica de nueva generación.
Geocities	David Bohnett y John Rezner	1994	SEP	Southern California	EEUU	Fue un pionero servicio de *hosting web* gratuito, fundado como Beverly Hills Internet. Los usuarios seleccionaban un "barrio" o ciudad en el que alojarían su página web personal. En función del contenido, se ubicaban en distintas ciudades (entretenimiento en Hollywood, tecnología en Silicon Valley, etc.). En abril de 2009, diez años después de que Yahoo! comprara Geocities, decidió cerrarlo en Estados Unidos el 26 de octubre de 2009, borrando de sus servidores las páginas de más de 38 millones de usuarios. A pesar de este cierre anunciado, sigue siendo una página muy popular en Internet.

SERVICIO o APLICACIÓN	EMPRENDEDOR o INNOVADOR	AÑO	MES	UBICACIÓN	PAÍS	DESCRIPCIÓN EJECUTIVA
GNU Licencias	Richard Matthew Stallman, Free Software Foundation	1983	SEP	Cambridge (Massachusetts)	EEUU	El proyecto GNU (pronunciado "ñu", de aquí su logo de un simpático antílope con grandes cornamentas) tenía como principal objetivo crear un sistema operativo completamente libre con la idea de volver al espíritu de cooperación que prevaleció en los tiempos iniciales de la comunidad de usuarios de ordenadores. Para asegurar que sus desarrollos permanecieran libres y que todo el mundo pudiera ejecutarlo, copiarlo, modificarlo y distribuirlo, se diseñó una licencia GPL (GNU Public License). Es frecuente hallar componentes GNU instalados en sistemas UNIX (no libres), dado que muchos de los programas escritos por el proyecto GNU son de mejor calidad que sus equivalentes "propietarios" de alguna empresa.
Gnutella	Justin Frankel, Tom Pepper	2000	MAR	Sedona (Arizona)	EEUU	Justo después de que America On Line (AOL) comprara Nullsoft (conocida por su reproductor de música Winamp), Frankel y Pepper lanzaron este protocolo y lo pusieron gratuitamente en el *site* de Nullsoft. AOL, al día siguiente, lo eliminó por las consecuencias legales que podría contraer, pero en pocas semanas se hizo ingeniería inversa y el protocolo aparecía en formato *open-source*. Allí empezó a crearse la red más grande P2P de compartir ficheros que haya existido. Para utilizarla se requieren programas "cliente", como Limewire (el más utilizado en 2007), BitTorrent, µTorrent, Ares o Azureus. Su utilización masiva para la descarga de material protegido por propiedad intelectual ha hecho que la tecnología P2P y este tipo de redes tengan el estigma de herramientas para el "pirateo", pero la realidad es que se utilizan para infinidad de otras cosas con fines legales, como es la distribución de vídeo por Internet de forma económica de la mayor televisión que hay en España (por ejemplo).
Google	Sergei Brin, Larry Page	1998	SEP	Stanford, Menlo Park, Mountain View (California)	EEUU	Multinacional americana de Internet. Especializada en búsquedas de Internet, *cloud computing* y tecnologías de publicidad.
Google+	Google Inc.	2011	JUN	Mountain View (California)	EEUU	Red social creada por Google. Integra servicios como Google Buzz y Picasa Web Albums y pretende desbancar a su máximo rival: Facebook. En tan solo 6 meses alcanzó los 100 millones de usuarios.
Google Books	Google Inc.	2004	OCT	Mountain View (California)	EEUU	Sistema en el que se pueden realizar búsquedas dentro de millones de libros escaneados. Presentado en la feria del libro de Fráncfort, inicialmente se conoció como Google Print y Google Book Search. Los equipos distribuidos por bibliotecas de todo el mundo utilizan robots de diseño específico para escanear (con la camara Elphel 323) unas 1.000 páginas por hora.
Google Chrome OS	Google Inc.	2009	JUL	Mountain View (California)	EEUU	Sistema operativo basado en Linux diseñado para trabajar exclusivamente con aplicaciones web. Su lanzamiento real dentro del primer producto (de Samsung) se retrasó hasta el 15 de junio de 2011.
Google Chrome Browser	Google Inc.	2008	SEP	Mountain View (California)	EEUU	Es un navegador web gratuito desarrollado por Google. Con una penetración aproximada a nivel global del 28%, en abril de 2012 estaba a tan solo un 4% de cuota de mercado para alcanzar a Internet Explorer de Microsoft como líder actual de mercado.
Google Docs	Google Inc.	2009	JUL	Mountain View (California)	EEUU	Procesador de textos, hoja de cálculo, presentaciones y formularios, basado en web, deja atrás la fase beta.
Google Earth	Keyhole (2001), comprada por Google Inc.	2005	JUN	Mountain View (California)	EEUU	Programa que emula a un globo terráqueo virtual. Inicialmente llamado EarthViewer 3D, fue creado por Keyhole Inc. (una empresa financiada por la CIA norteamericana). Representa la superficie terrestre superimponiendo imágenes de satélite, aéreas y de sistemas de información geográfica en 3D. Al ser comprada por Google, tanto sus servicios básicos como prémium pasaron a ser gratuitos para todos los usuarios.
Google Latitude	Google Inc.	2009	FEB	Mountain View (California)	EEUU	Aplicación móvil desarrollada por Google como sucesora del servicio basado en SMS: Dodgeball. Permite conocer a un cierto grupo de personas autorizadas la posición del propietario del dispositivo móvil en tiempo real. Esta se ubica en Google Maps para facilitar su localización.

SERVICIO o APLICACIÓN	EMPRENDEDOR o INNOVADOR	AÑO	MES	UBICACIÓN	PAÍS	DESCRIPCIÓN EJECUTIVA
Google Mail (Gmail)	Paul Buchheit	2004	ABR	Mountain View (California)	EEUU	Servicio de correo electrónico gratuito, subvencionado con la publicidad que incorpora. Fue lanzado el 1 de abril de 2004 de forma provisional (beta) solo se podía acceder a él por invitación; no se hizo disponible al público en general hasta el 7 de febrero de 2007 y dejó el apodo "beta" el 7 de julio de 2009 (a sus 5 años de vida). Su diferencia respecto a sus principales competidores en ese momento (Hotmail entre otros) fue el disponer de 1 GB de capacidad, casi mil veces más que los típicos 1 MB, 2 MB y 4 MB ofrecidos por el resto, con anexos de hasta 25 MB de tamaño. Rompió el concepto de "carpetas" y utilizó "etiquetas", orientándolo a la búsqueda por concepto. Tiene alrededor de 350 millones de usuarios en marzo de 2012. Se programó de forma muy pionera utilizando el lenguaje Ajax.
Google Maps	Lars y Jens Rasmussen	2005	FEB	Sídney	Australia	Servicio de mapas a través de web (inicialmente llamado Google Local) que reune varios servicios de geoposicionamiento: descripción y planificación de rutas, ubicación de empresas y negocios, callejero, mapas con vista de satélite, vuelo o vista de calle (Street View), así como información del tráfico y del transporte público en tiempo real en muchas ciudades del mundo.
Google Moderator	Google Inc.	2008	SEP	Mountain View (California)	EEUU	Servicio desarrollado por Google para clasificar las ideas que ha aportado un grupo de personas a través de Internet, a través de votaciones. Muy sencillo de utilizar, permite poner en orden las ideas cuando el número de colaboradores es grande.
Google Nexus One	Google Inc.	2010	ENE	Mountain View (California)	EEUU	Primer teléfono móvil de Google manufacturado por la empresa HTC Corp. de Taiwán. Utilizaba el sistema *open source* Android. Comercializado de forma abierta (funciona con cualquier operador móvil). En mayo de 2010 Google cerró la tienda web para poder iniciar las ventas a través de canal de distribución.
Google Street View	Google Inc.	2007	MAY	Mountain View (California)	EEUU	Sistema de muy fácil utilización que permite navegar a pie de calle y de forma panorámica por muchas ciudades del mundo, observando con alta calidad fotográfica las fachadas y entornos urbanos de millones de hogares.
Gopher	Mark McCahill, Farhad Anklesaria, Paul Lindner, Daniel Torrey, Bob Alberti	1991	MAY	Mineapolis	EEUU	Sistema hipertexto de la University of Minnesota que fue reemplazado rápidamente por el WWW.
HotBot	Wired Magazine	1996	MAY	San Francisco (California)	EEUU	Fue la alternativa a Altavista.com (pionero de los motores de búsqueda previos a Yahoo! y a Google). Desde 1998 es propiedad de Lycos, que lo dejó languidecer hasta 2002, cuando fue relanzado, permitiendo a sus usuarios la búsqueda entre los resultados de las bases de datos de Google, Inktomi o Teoma.
Hotmail	Sabeer Bhatia, Jack Smith	1996	JUL	Palo Alto (California)	EEUU	Servicio de correo electrónico gratuito basado en web, comprado por Microsoft en 1997 y rebautizado. Uno de los mayores, con más de 370 millones de usuarios a principios de 2012.
Hulu	George Kliavkoff, Jason Kilar	2007	MAR	Los Angeles (California)	EEUU	Es un servicio de suscripción para ver vídeo en *streaming* bajo demanda y con publicidad. Se inició como una *joint venture* de las cadenas de television norteamericanas: NBC, Fox, además de Disney. Su eslógan es: "en cualquier sitio, a cualquier hora". Ocupa el lugar 223 en la clasificación global.
iCloud	Apple Inc.	2011	OCT	Cupertino (California)	EEUU	Servicio de almacenamiento de ficheros en "la nube", anunciado el 6 de junio de 2011 por Apple. Permite almacenar a sus usuarios datos como música en servidores remotos. Sustituye a un servicio de Apple que nunca acabó de funcionar bien llamado Mobileme. Actúa también como centro para sincronizar el correo electrónico, contactos, calendario, notas, favoritos, etc., de diversos dispositivos (basados en los sistemas operativos iOS y MacOS). Para su puesta en marcha, Apple ha construido uno de los *data centers* más grandes del mundo. En marzo de 2012 contaba con 100 millones de usuarios.
ICQ	Yair Goldfinger, Sefi Vigiser, Amnon Amir, Arik Vardi, Yossi Vardi	1996	NOV	Tel Aviv	Israel	La empresa que fundaron (Mirabilis) se dio cuenta de que había muchísimos usuarios de Internet que no utilizaban máquinas UNIX y que, por tanto, no había *software* que habilitara una conexión inmediata e instantánea entre ellos. Desarrollaron, pues, la tecnología que permitía localizar y conectar a usuarios del sistema operativo Windows. A partir de aquí crearon el programa gratuito 'I seek you' (ICQ). El 8 de junio de 1998 America On Line (AOL) compró Mirabilis por 407 millones de US$, siendo esta compra el mayor éxito como negocio de AOL.
IMDB	Col Needham	1990	OCT	Bristol	Reino Unido	Se inicia la mayor base de datos de películas, series de televisión, actores y actrices. Con más de 100 millones de visitantes únicos mensuales a principios de 2012. En 1998, a sus ocho años de edad, fue comprado por Amazon.com

SERVICIO o APLICACIÓN	EMPRENDEDOR o INNOVADOR	AÑO	MES	UBICA-CIÓN	PAÍS	DESCRIPCIÓN EJECUTIVA
i-mode	Takeshi Natsuno, NTT Docomo	1999	FEB	Tokio	Japón	Primer servicio de aplicaciones en el móvil abierto a terceros, con grandísimo éxito en Japón. Sus imitaciones europeas nunca tuvieron ningún éxito. Los contenidos siempre tienen que ser adaptados desde Internet a través de *gateways,* lo que es una clara desventaja respecto a los *smartphones* que vienen equipados con navegadores que permiten una navegación directa a Internet sin conversiones. Como buen desarrollo de un operador móvil, todos los servicios están controlados y suelen ser facturados por cantidad, a diferencia de las tarifas planas de datos que suelen imperar en el mundo de Internet.
Infoseek	Steve Kirsch	1994	JUN	Sunnyvale (California)	EEUU	Popular buscador fundado en Silicon Valley y que en 1998 fue comprado por The Walt Disney Company formando Go.com Desde entonces fue reemplazado por Yahoo y cayó en total desuso.
Instagram	Kevin Systrom, Mike Krieger	2010	MAR	Stanford, Santa Clara	EEUU	Aplicación que permite a sus usuarios tirar fotos, aplicar un filtro y compartirlas rápidamente en otros servicios o redes sociales.
Instapaper	Marco Arment	2008	ENE	Italia	Italia	Servicio para guardar páginas web para leerlas posteriormente. Funciona sobre dispositivos Apple (iOS) navegadores web y hasta en la Kindle de Amazon.
internet	Vint Cerf, Bob Kahn, Don Nielson, Peter Kirstein, Pal Spilling	1983	ENE	Menlo Park (California) Boston, (Masssachu-setts) Londres (Reino Unido). Kjeller (Noruega)	EEUU, Reino Unido, Noruega	Podemos decir que se inicia el 1 de enero con el cambio oficial de protocolos de ARPAnet hacia el TCP/IP, aunque ya en 1977 se hizo el primer experimento interconectando a tres redes con tecnologías de acceso distintas.
Internet News	Rich Salz	1992	JUN	San Antonio (Texas)	EEUU	El protocolo UUCP (UNIX to UNIX Copy Protocol) permitió la publicación de archivos de texto que podían ser leídos por muchos otros. El *software* de noticias desarrollado por Steve Daniel y Tom Truscott en 1979 se utilizó para distribuir noticias y mensajes de anuncios tipo BBS (boletines). Se convirtió rápidamente en grupos de discusión, conocidos como grupos de noticias, con una amplia gama de temas. Más tarde, en el verano de 1992, Rich Salz presenta un desarrollo de *software* llamado INN (InterNetNews) que funcionaba sobre la red de discusión USEnet. Fue el primer servidor de *news* que utilizaba el protocolo de NNTP (Network News Transfer Protocol). Podemos ver las *news* como el primer servicio colaborativo. Hoy podríamos decir que fue el padre (o abuelo) de las redes sociales. Además, fue el primer servicio que murió de éxito. Mientras los grupos estaban formados por un número limitado de gente, con conocimiento y ganas de colaborar, fueron la principal fuente de ayuda y consulta para muchos pioneros de Internet. Cuando se masificó y pasó a tener más de 100 news diarias en cada grupo, pasó a ser impracticable... (y a pesar de que a finales de los noventa todos los proveedores de Internet debían complicarse la vida para ofrecer este servicio, en la actualidad nadie lo demanda).
Internet Society	Cerf, Kahn, Lyman Chapin	1992	FEB	Ginebra	Suiza	Se crea la organización internacional sin ánimo de lucro que cuida de los estándares, políticas y formación sobre la red. Su misión es la de asegurar un desarrollo, evolución y uso abierto de Internet para el beneficio de todos. El lema es: "Internet es para todos". Con oficinas en Washington DC y Ginebra y 50.000 miembros organizados en más de 90 capítulos locales por todo el mundo, alberga y subsidia al IETF, organismo que coordina el proceso de estandarización de todos los protocolos que afectan a la red.
Internet-2	34 investigadores universitarios	1996	JUN	Ann Arbor (Michi-gan)	EEUU	Se trata de un consorcio norteamericano sin ánimo de lucro formado por más de 200 universidades e instituciones de educación superior y más de 40 empresas del sector. Se encarga de operar la red óptica "Internet2", que conecta a más de 60.000 instituciones (desde primaria y secundaria hasta universidades, bibliotecas, museos, etc. Inicialmente se llamó UCAID (University Corporation for Advanced Internet Development) en 1997. Su principal objetivo es desarrollar y mantener una red puntera en prestaciones que pueda satisfacer la alta demanda especial de la comunidad investigadora.
iOS	Apple Inc	2007	ENE	Cupertino (Califor-nia)	EEUU	Sistema operativo de Apple para dispositivos móviles. Basado en una versión adaptada de Linux, tanto los iPads, como los iPhones lo utilizan como sistema operativo nativo.
iPad	Apple Inc.	2010	ABR	Cupertino (Califor-nia)	EEUU	Línea de ordenadores en formato tableta creada por Apple y que ha marcado la creación de una nueva categoría. El primer modelo se lanzó el 3 de abril de 2010 y se han lanzado dos generaciones más: el iPad-2 el 25 de marzo de 2011 y el "nuevo iPad" o tercera generación el día 16 de marzo de 2012. En marzo de 2012 se habían vendido en torno a los 60 millones de dispositivos.

SERVICIO o APLICACIÓN	EMPRENDEDOR o INNOVADOR	AÑO	MES	UBICACIÓN	PAÍS	DESCRIPCIÓN EJECUTIVA
iPhone	Apple Inc.	2007	ENE	Cupertino (California)	EEUU	Las primeras cinco generaciones de este dispositivo se lanzaron respectivamente: [iPhone] 29 de junio de 2007, [iPhone 3G] 11 de julio de 2008, [iPhone 3GS] el 19 de junio de 2009, [iPhone 4] el 24 de junio de 2010 y [iPhone 4S] el 14 de octubre de 2011. Desarrollado secretamente durante 30 meses con Cingular Wireless, con un coste de desarrollo de unos 150 millones de US$, pasa a ser el teléfono móvil que utiliza más recursos de Internet, saturando las redes móviles de la americana AT&T y de otras del mundo. En marzo de 2012 se habían vendido casi 200 millones de unidades en todo el mundo.
IPN	Vint Cerf, Adrian Hooke	2001	AGO	Pasadena, (California)	EEUU	InterPlanetary Network: el objetivo del proyecto Internet interplanetaria es definir la arquitectura y los protocolos necesarios para permitir la interoperabilidad de la Internet que "reside" en la Tierra con otras internets situadas en lugares remotos y que residen en otros planetas o naves espaciales en tránsito. Si bien la Internet de la Tierra es básicamente una "red de redes conectadas", la Internet interplanetaria puede ser considerada como una "red de internets desconectadas". Este entorno requiere nuevas técnicas de conmutación que aún están por desarrollar. Este proyecto IPN está financiado por DARPA y fue iniciado por un grupo de investigadores del Jet Propulsion Laboratory (de Pasadena, California) liderados por Vint Cerf y Adrian Hooke. En 2009 se componía de un equipo central de investigadores del NASA-Jet Propulsion Laboratory, MITRE Corporation, Sparta, Global Science & Technology y de investigadores de la USC-ISI, UCLA y CalTech. El resultado de estos trabajos se han nombrado como DTN (Delay-Tolerant Networking, o *networking* tolerante a retardos) debido a que es frecuente que un planeta se cruce con otro y la comunicación se interrumpa durante horas o incluso días. Por lo que, una vez restablecida, debe retomarse la comunicación en el punto en que se había dejado. La NASA realizó el primer experimento de campo de lo que ha llamado "deep space Internet" en noviembre de 2008.
IRC	Jarkko Oikarinen	1988	AGO	Oulu	Finlandia	Internet Relay Chat. Es un protocolo para la mensajería instantánea de texto a través de ordenadores, lo que técnicamente viene en llamarse conferencia síncrona. Concretamente, el IRC fue creado en 1988. A finales de 2011 (habiendo declinado mucho su uso) las cien mayores redes IRC tenían unos 500.000 usuarios simultáneos con centenares de miles de canales y unos 1.500 servidores. IRC fue el programa utilizado para informar en 1991 del intento de golpe de Estado soviético a pesar de que las autoridades habían controlado todas las comunicaciones, Internet pudo con la clausura total de las telecomunicaciones.
iTunes	Bill Kincaid, Jeff Robbin	2001	ENE	Cupertino (California)	EEUU	Es un programa reproductor de medios digitales utilizado para descargar, comprar, guardar y organizar música y vídeos en ordenadores portátiles o sobremesa. Gestiona los contenidos de los iPods, iPhones y iPads. Funciona bajo los sistemas operativos Windows y MacOS indistintamente. Desarrollado originalmente por Bill Kincaid bajo el nombre de SoundJam MP y lanzado por Casady & Green en 1999, fue rebautizado como iTunes cuando Apple Inc. les compró en el año 2000.
Java	James Gosling	1995	MAR	Menlo Park (California)	EEUU	Java es un lenguaje de programación orientado a objetos, desarrollado por Sun Microsystems a principios de los años noventa y que ha tenido una gran aceptación entre los programadores al ser multiplataforma.
Joomla	Andrew Eddie	2005	AGO	Brisbane	Australia	Sistema de gestión de contenidos que después de su competidor, WordPress, está en segundo lugar en la clasificación de descargas (con más de 30 millones). Es un código abierto programado en PHP y bajo licencia GPL (GNU General Public License), la base de datos que lleva asociada es MySQL y requiere de un servidor web Apache. Es una versión mejorada del antiguo gestor Mambo.
LinkedIn	Reid Hoffman	2002	DIC	Mountain View (California)	EEUU	Sitio de *networking* social orientado al profesional. 150 millones de usuarios en 2012.
ListServ	Eric Thomas	1986	ENE	París	Francia	La primera aplicación de listas de correo electrónico se implementó inicialmente sobre grandes *mainframes* de IBM, por lo que pasó a ser un gran éxito dentro de la red de BITnet y posteriormente en EARN.
LogMeIn	Marton Anka, Michael Simon	2003	JUN	Budapest	Hungría	Compañía que provee servicios de conectividad y colaboración remota a ordenadores. Tiene distintos productos, como LogMeIn (acceso remoto gratuito), LogMeIn Rescue (soporte remoto), join.me (*software* para reuniones y colaboración *online*).
Lycos	Bob Davis	1994	ABR	Pittsburgh (Pensilvania)	EEUU	Buscador, convertido en portal horizontal, que tuvo un gran éxito en la segunda mitad de los noventa. Su actividad se ha reducido muchísimo ocupando en 2012 el lugar 1.642 en la clasificación global de sitios web publicado por Alexa.
Mailman	Barry Warsaw, Mark Sapiro, Tokio Kikuchi, John Viega	1999	JUL	Reston, VA	EEUU	*Software* gratuito con licencia GNU para la gestión de listas de discusión y de correo electrónico. Está integrado en la *web* para facilitar su gestión. Está escrito en Python y C. Su mayor facilidad de instalación y sobre todo de administración ha hecho que fuera el reemplazo natural de las listas de distribución basadas en el programa Majordomo.

SERVICIO o APLICACIÓN	EMPRENDEDOR o INNOVADOR	AÑO	MES	UBICACIÓN	PAÍS	DESCRIPCIÓN EJECUTIVA
Majordomo	Brent Chapman	1992	JUN	San Francisco (California)	EEUU	Programa propietario gestor de listas de distribución de correo electrónico, programado en el lenguaje PERL.
Megaupload	Kim Dotcom	2005	MAR	Hong Kong	China	Compañía de Internet que desarrolló un buen número de servicios *online* relacionados con el almacenamiento y visión de ficheros. Sus nombres de dominio fueron confiscados por el FBI el día 19 de enero de 2012, cuando contaba con 180 millones de usuarios registrados, ocupaba la posición 13 en la clasificación de más visitados (50 millones de visitantes al día) con 12.000 millones de ficheros únicos que ocupaban unos 25.000 terabytes.
Moodle	Martin Dougiamas	2002	AGO	Perth	Australia	Acrónimo de Modular Object-Oriented Dynamic Learning Environment. Se trata de una plataforma de *software* libre para facilitar el e-learning, también conocida por Course Management System. Tiene casi 80.000 sitios instalados, 60 millones de usuarios y 5,8 millones de cursos en marcha (en diciembre de 2011). Se desarrolló para ayudar a educadores a crear cursos *online,* focalizándose en la interacción y en la construcción colaborativa del contenido.
Mozilla Firefox	Mozilla Corporation	2004	NOV	Mountain View (California)	EEUU	Navegador web, gratuito y *open source.* Con una penetración del 25% en 2012 es el segundo del mercado. Disponible en 78 idiomas.
Mozilla Thunderbird	Mozilla Foundation	2003	JUL	Mountain View (California)	EEUU	Cliente de correo electrónico gratuito y open source. Disponible en 53 idiomas.
MP3	ISO/IEC	1991	DIC	Ginebra	Suiza	Se crea finalmente el estándar ISO de este conocido formato de fichero de compresión de audio/música. MP3 viene de MPEG layer III, la tercera capa del formato de vídeo MPEG es precisamente la que lleva el audio, de aquí su nombre. Queda descrito en los documentos: ISO/IEC 11172-3, ISO/IEC 13818-3. Suele tener un factor de compresión de 1 a 11 con pérdida de calidad.
MS Internet Explorer	SpyGlass Microsoft	1995	NOV	Redmond (Washington)	EEUU	Explorador web creado a partir del navegador de la empresa SpyGlass.
MySpace	Chris DeWolfe, Tom Anderson	2003	AGO	Santa Monica (California)	EEUU	Pionera web de *networking* social para jóvenes muy orientada a compartir sus gustos, canciones y grupos preferidos. A principios de 2012 tenía aún 30 millones de usuarios, a pesar de que su apogeo fue en 2006.
Napster	Shawn Fanning y Sean Parker	1999	JUN	Boston (Massachusetts)	EEUU	Servicio de música *online.* El primero en utilizar la tecnología P2P para compartir ficheros. Operó únicamente entre junio de 1999 y julio de 2001, cuando finalmente una orden judicial hizo cerrar el *site.* Su extrema facilidad de uso hizo que se utilizara para intercambiar masivamente ficheros de música en formato MP3, llegando a los 25 millones de usuarios y 80 millones de canciones. Otros programas cliente que sustituyeron a Napster son: Alpine, ANAP, AudioGalaxy Satellite, Ares, Bearshare, BitTorrent, Blocks, Blubster, BuddyShare, Carracho, CuteMX, DC++, Diet, DirectConnect, DFSI, eDonkey2000, eMule, Espra, FileSwap, Filetopia, Filenavigator, FreeNet, Gnutmeg, Gnutella, Grokster, Hotline, IMesh, Jungle Monkey, KaZaA, KazaaLite, Konspire, LimeWire, OFSI, Overnet, Piolet, ProjectELF, Shareaza, SongSpy, SpinFrenzy, Soulseek, Splooge, Swapoo, Swaptor, VNN, WASTE, WinMX, XNap, Xultrax.
Netflix	Marc Randolph, Reed Hastings	1997	JUN	Scotts Valley, Los Gatos (California)	EEUU	Servicio americano que ofrece vídeo bajo demanda (*online* y alquiler de DVD que envía por correo postal) por una tarifa plana mensual. Con más de 24 millones de usuarios en marzo de 2012 y más de 100.000 títulos de películas en DVD. En 2007 anunciaron el envío del DVD número 1.000 millones.
Netscape	Marc Andreessen, Jim Clark	1994	NOV	Mountain View (California)	EEUU	Creada por uno de los desarrolladores del NCSA, Mosaic (el primer navegador gráfico), junto a un conocido *venture capitalist* de Silicon Valley, creció de los dos empleados hasta llegar a tener más de 10.000 empleados y siendo el navegador único y de referencia durante años, hasta que Microsoft, utilizando su mayor potencia económica, regalando su "explorer" y prácticas monopolísticas (que fueron posteriormente sancionadas por la Unión Europea) lo desplazó del mercado. Fue comprado por AOL y se liberó su código fuente, siendo el germen del navegador Firefox (desarrollado por una comunidad que alcanza los 16.000 voluntarios, coordinados y liderados por la Mozilla Foundation).
NetVibes	Tariq Krim, Florent Fremont	2005	FEB	París, San Francisco, (California)	Francia, EEUU	Servicio web que actúa como escritorio personalizado (muy parecido a la página personalizable de iGoogle). En febrero de 2012 fue adquirido por la empresa francesa Dassault Systèmes. Tiene (marzo de 2012) más de 4 millones de usuarios activos cada mes.

SERVICIO o APLICACIÓN	EMPRENDEDOR o INNOVADOR	AÑO	MES	UBICACIÓN	PAÍS	DESCRIPCIÓN EJECUTIVA
NSFnet	Dennis Jennings, Steve Wolff	1985	ENE	Arlington (Virginia)	EEUU	Programa que subsidió distintos proyectos esponsorizados por la National Science Foundation (NSF) para promover la investigación avanzada en los Estados Unidos. También fue el nombre que se dio al conjunto de redes troncales interestatales que se construyeron para enlazar a los investigadores a los centros de supercomputación desde 1985 hasta 1995. Creada con una red troncal a 56 kbps que rápidamente se amplió a 1,5 Mbps y a 45 Mbps haciendo avanzar la tecnología en routers comerciales.
Orkut	Orkut Büyükkökten	2004	ENE	Mountain View (California)	EEUU	Servicio de *networking* social creado por un empleado (Orkut) de Google en su 20% de tiempo remunerado para proyectos personales. A pesar de que se inició en California y tuvo cierta popularidad (aún no existía Facebook) la comunidad brasileña literalmente invadió el servicio, por lo que el *site* de forma natural empezó a hablar en portugués y logró retirar al usuario norteamericano y de otros países. Por lo que, en 2008, y también debido a ciertos problemas legales, Orkut se trasladó a Belo Horizonte (Brasil). Tiene más de 66 millones de usuarios en todo el mundo.
P2P	Napster	1999	JUN	Boston (Massachusetts)	EEUU	P2P o *peertopeer* (igual a igual) se refiere a una red de ordenadores en los cuales cada ordenador actúa como un cliente o como servidor de otros ordenadores en la red, permitiendo compartir recursos (ficheros e impresoras) sin la necesidad de un servidor central. Este tipo de redes pueden utilizarse para compartir ficheros de audio, vídeo, datos, música o cualquier cosa en formato digital. La primera aplicación P2P que consiguió una gran implantación fue NAPSTER (en 1999) a pesar de que por problemas legales tuvo que cerrar al cabo de tan solo dos años.
Pandora Internet Radio	Will Glaser, Jon Kraft, Tim Westergren	2000	ENE	Oakland (California)	EEUU	Basada en The Music Genome Project, Pandora es un servicio de recomendación musical automatizado. Se trata de una radio muy especial, con más de 100 millones de oyentes por todo el mundo y unos ingresos de alrededor de 138 millones de US$ y casi 2 millones de US$ de pérdidas en 2011. Inicialmente solo disponible en los Estados Unidos.
PayPal	Ken Howery, Max Levchin, Elon Musk, Luke Nosek, Peter Thiel	1998	DIC	Palo Alto (California)	EEUU	Negocio de pago electrónico con bajísimas comisiones y muy robusto, para la realización de pagos y transferencia de dinero a través de medios electrónicos. Reduce drásticamente las comisiones que los bancos tradicionales suelen cobrar por las transferencias internacionales y especialmente en los países en desarrollo. Paypal es el resultado de la fusión (en marzo de 2000) de Confinity (fundada en diciembre de 1998 por Max Levchin, Peter Thiel, Luke Nosek y Ken Howery, inicialmente llamada FieldLink y dedicada a pagos con la agenda Palm Pilot) y X.com (fundada por Elon Musk en marzo de 1999), dedicada a los servicios financieros. Ambas lanzaron sus *sites* a finales de 1999 y compitieron desde sus oficinas, ubicadas en la céntrica University Avenue, de Palo Alto, California. El 3 de octubre de 2002 eBay compró PayPal.
PGP	Phil Zimmermann	1991	JUN	Boulder (Colorado)	EEUU	Actualmente se conoce por OpenPGP y es el sistema estandar más ampliamente utilizado en el mundo para la encriptación de correo electrónico. El IETF propuso el estandar *RFC 4880* a partir del PGP original desarrollado por Zimmermann.
PHP	Rasmus Lerdorf	1995	FEB	Waterloo (Ontario)	Canadá	PHP es un lenguaje de programación del tipo *script* para servidores. Fue diseñado originalmente para producir páginas dinámicas en Internet. Y fue el primero que se embebió en documentos fuente HTML, de manera que cuando la página llega al servidor, este la interpreta y ejecuta las órdenes correspondientes. Está desarrollado en el lenguaje C y el nombre viene de cuando su autor, en 1994, creó unos *scripts* en PERL llamados Personal Home Page Tools para mantener su página personal.
Picasa	Lars Perkins	2002	JUN	Boston y Pasadena	EEUU	Organizador y visor de fotografías digitales creado por Lifescape. Es una mezcla del pintor español Picasso, la frase "mi casa" y "pic" (de *pictures*, 'fotografía' en inglés). En julio de 2004 Google compró Picasa y empezó a ofrecerlo como una descarga gratuita. El 15 de agosto de 2006 Google compró la empresa Neven Vision, cuya tecnología permitía encontrar y distinguir a gente o edificios dentro de las fotografías. Google lo aplicó al reconocimiento de caras incorporando esta funcionalidad en la versión de Picasa Web Albums el 2 de septiembre de 2008.
Pinterest	Paul Sciarra, Evan Sharp, Ben Silbermann	2010	MAR	West Des Moines, (Iowa)	EEUU	Es una red social para encontrar, filtrar y organizar imágenes. Se utiliza para compartir fotografías y crear colecciones de ellas, pero el objetivo de Pinterest es el de "unir a personas a través de las cosas que encuentren interesantes". En pocos meses, y debido a ser ciertamente adictivo, ha alcanzado los 12 millones de usuarios únicos mensuales, ocupando el lugar 76 de la clasificación de *sites* más visitados del mundo y siendo el que más rápido ha crecido.
Portales asiáticos	Pioneros chinos formados en occidente	----	----		Rusia y China	Además de la supremacía absoluta de la que ha gozado Google en la mayoría de países durante la primera década del siglo XXI, se han creado 5 grandes portales que o bien por no estar presentes en lo que conocemos por internet occidental, o bien por que su tipo de caracteres no suele ser compatible con la configuración por defecto (ANSI-Latin-1) de nuestros navegadores no suelen ser tenidos en cuenta. Éstos son: Baidu.com, QQ.com, Sina.com.cn, Yandex.ru, Weibo.com (todos dentro del Top-25 global de visitas).

SERVICIO o APLICACIÓN	EMPRENDEDOR o INNOVADOR	AÑO	MES	UBICACIÓN	PAÍS	DESCRIPCIÓN EJECUTIVA
Postfix	Wietse Venema	1998	DIC	Yorktown Heights (Nueva York)	EEUU	Es un MTA (Mail Transfer Agent) que enruta y entrega correo electrónico. Es una alternativa gratuita, sencilla de administrar, segura y de código abierto al complicado aunque ampliamente utilizado Sendmail.
Primer acceso gratuito en España	Alfredo Santín, Andreu Veà, Anna Manchón, David Urbano, Jose Luis Santed, Xavier Castillo,*et al.*	1999	JUN	Barcelona	España	Retevision lanza el primer acceso gratuito comercial de Internet en España: creando la marca Alehop que después cambiaría a Eresmas. Para poder lanzarlo se tuvo que realizar un despliegue sin precedentes, cambiando la numeración a los nodos que recibían las llamadas de los módems de los clientes (que ahora pasaban a ser denominados usuarios). Se imprimió 1 millón de CD con el *software* de conexión.
Primera tarifa plana	Alfredo Santín, Andreu Veà, David Urbano, José Luis Santed, Mariano Jimenez, Xavier Castillo, *et al.*	2000	JUL	Barcelona	España	Retevisión lanza la primera tarifa plana telefónica reducida para Internet, de un operador de telefonía en España. A 15,5 €/mes (2.600 pesetas de la época al mes). Tan solo 9 días más tarde Telefónica lanza su réplica llamada "tarifa plana viajera". Al identificar a los usuarios por "usuario/contraseña" les compran una y lo utilian 10 personas. No así la de Retevisión, puesto que se identificaba por teléfono llamante, método muchísimo más robusto. Estas dos acciones de Retevisión hacen que en menos de un año el número de usuarios de Internet se doble en España.
Prodigy	Theodore Papes	1984	FEB	White Plains, NY	EEUU	Extinta compañía que ofrecía un amplio abanico de servicios de telecomunicaciones, Internet y portal de noticias. En el año 1990 fue el segundo proveedor de servicios *online* más grande del mundo (465.000 suscriptores), tan solo detrás de Compuserve (con 600.000 suscriptores).
Python	Guido van Rossum	1989	DIC	Ámsterdam	Holanda	Lenguaje de programación de alto nivel de propósito general. Destaca el que el código sea fácil de leer. Su lema es: "potencia remarcable con sintaxis clara". Desarrollado en el instituto nacional holandés: Centrum Wiskunde & Informatica.
Read it later	Nathan Weiner	2007	AGO	San Francisco (California)	EEUU	Servicio para guardar páginas web para leerlas más tarde. Ha sido bautizado como el "vídeo VHS para la Web".
Real Networks	Rob Glaser	1995	FEB	Seattle, WA	EEUU	Desarrollador de *software* para distribución de audio y vídeo a través de Internet. Es la creadora del conocido formato de compresión y distribución RealAudio, y de RealVideo su equivalente en vídeo. La empresa fue creada por un exdirectivo de Microsoft.
reddit.com	Steve Huffman, Alexis Ohanian	2005	FEB	San Francisco (California)	EEUU	*Site* de notícias valoradas por sus usuarios. Los que estan registrados envían contenido que es votado con dos posibilidades: arriba o abajo. Por lo que se determina la posición de la noticia en la página principal. Su eslogan es: "La portada de Internet" (The frontpage of the Internet). Puesto 124.
RedHat	Bob Young, Marc Ewing	1993	JUN	Raleigh, NC	EEUU	Compañía americana dedicada a ofrecer soluciones de *software open source* para las empresas. Es conocida por adquirir diversos paquetes propietarios de *software* y distribuir su código fuente bajo licencias GNU.
Research in Motion	Mike Lazaridis, Mike Barnstijn, Douglas Fregin	1984	ABR	Waterloo (Ontario)	Canada	La empresa RIM es mucho más conocida por la marca comercial de los dispositivos móviles que diseña y fabrica: Blackberry. Inició su innovadora trayectoria trabajando para RAM Mobile Data (operadora del sistema Mobitex en EEUU) y Ericsson, convirtiendo el sistema Mobitex de Ericsson (red de datos basada en el estándar abierto OSI de conmutación de paquetes, inalámbrica, de gran seguridad y fiabilidad, operativa desde 1986 en Suecia) a un sistema de "buscas" *(pagers)* bidireccional basado en una de las primeras redes de correo electrónico móvil. De este desarrollo fue de donde surgió el posterior dispositivo móvil llamado Blackberry y caracterizado por su robusto correo electrónico.
RSS	Dan Libby, Ramanathan V. Guha (Netscape)	1999	MAR	Mountain View (California)	EEUU	Really Simple Syndication. Formato XML para sindicar/compartir contenido de la Web. Se utiliza para difundir cuando existe información actualizada, y se manda a los usuarios que se han suscrito a esa fuente de contenidos concreta. En el fondo, un RSS es un formato de archivo (.rss o .xml) en donde aparecen referencias a contenidos que se acaban de publicar.
Secondlife	Philip Rosedale	2003	JUN	San Francisco (California)	EEUU	Es un mundo virtual desarrollado por la empresa Linden Lab. Existen varios programas clientes o visores que permiten a los usuarios de Second Life (llamados residentes) interaccionar entre sí a través de avatares. Estos pueden construir objetos virtuales con los que se comercia.
Six Apart	Mena Trott, Ben Trott	2001	ABR	San Francisco, Tokio	EEUU, Japón	Nombrada por la diferencia de edad de seis días de sus cofundadores: el matrimonio Ben y Mena Trott. Fueron los pioneros de las herramientas sencillas y gratuitas para crear blogs (web-logs). Inicialmente crearon Movable Type, pero se dieron cuenta de que tenían que crear un producto que no requiriera un servidor web, ni los conocimientos técnicos para instalarlo. Así fue como nació TypePad.

SERVICIO o APLICACIÓN	EMPRENDEDOR o INNOVADOR	AÑO	MES	UBICACIÓN	PAÍS	DESCRIPCIÓN EJECUTIVA
Skype	Niklas Zennström	2003	AGO	Tallin	Estonia	Programa que nos permite realizar llamadas telefónicas por Internet. Inicialmente llamado Sky Peer2Peer. En 2011 lo compró Microsoft y en marzo de 2012 superaba los 700 millones de usuarios. A diferencia de otros servicios de voz sobre IP, Skype es un híbrido entre P2P y cliente servidor.
SlideShare	Rashmi Sinha, Jonathan Boutelle	2006	OCT	San Francisco (California)	EEUU	Es una comunidad para compartir información de conferencias y presentaciones públicas. Han llegado a nombrar el servicio como el "YouTube de las presentaciones en Powerpoint". Provee a sus usuarios de una gran fuente de contenidos de calidad.
SMTP	Jon Postel	1982	AGO	Marina del Rey (California)	EEUU	Primera estandarización del SMTP, un estándar de transmisión para el transporte de correo electrónico. Fue definido por primera vez en el *RFC 821*.
Softonic.com	Tomas Diago	1997	JUL	Sant Cugat (Barcelona)	España	Nacido como proyecto de fin de carrera de su fundador, Tomás Diago (21 años entonces) e incubado en el seno del grupo Intercom (se denominó shareware.intercom inicialmente). Softonic en 2009 y 2011 fue el *site* con más visitantes únicos en España. Con un total de 34 millones de usuarios a nivel mundial y 330 millones de páginas vistas. En abril de 2012 se había posicionado en el puesto n.° 93 a nivel global. Tomás es ingeniero por la UAB de Sabadell e ingeniero informático por La Salle Barcelona (Universitat Ramon Llull).
Spotify	Daniel Ek, Martin Lorentzon	2008	OCT	Estocolmo	Suecia	Servicio de *streaming* de música. Primera empresa en tener gran éxito como plataforma legal de descargas de pago de música. Fue desarrollada desde el año 2006 y su lanzamiento supuso la eliminación de la barrera inical de requerir una invitación para poder suscribirse.
SSL	Netscape y Paul Kocher, Phil Karlton, Alan Freier	1995	FEB	Mountain View (California)	EEUU	Protocolos criptográficos que proveen de seguridad a las comunicaciones a través de Internet. Se han producido muchas versiones, tanto de TSL (Transport Layer Security) como de su antecesor, SSL (Secure Sockets Layer), y se utilizan en aplicaciones como la navegación web en páginas seguras (*online banking,* etc.) como en correo electrónico, chat o voz sobre IP.
Teamviewer	Tilo Rossmanith	2005	JUN	Uhingen	Alemania	Solución gratuita para compartir el escritorio de un ordenador (PC, Mac, Linux, iOS, Android) facilitando asistencia técnica y trabajo colaborativo. Todo ello de forma segura y encriptada, y con una gran facilidad de uso.
Technorati	Dave Sifry	2002	NOV	San Francisco (California)	EEUU	Buscador de Internet especializado en búsqueda de blogs. En 2008 Technorati (technology+literati, evoca la inteligencia tecnológica) indexaba 113 millones de blogs y más de 250 millones de piezas etiquetadas provenientes de las redes de *social media.* A partir de 2009 su utilidad deja de ser la que era y va decreciendo paulatinamente su uso. En abril de 2012 ocupaba el puesto 1.351 en la clasificación global de visitas a un sitio web de Alexa.
Telnet	Stephen Carr	1969	SEP	Univ. of Utah	EEUU	Sistema para conectarse a un ordenador remoto a través de Internet. Su primer desarrollo se documentó en el *RFC 15* y posteriormente se expandió en el *RFC 854* y estandarizado por el IETF como "STD-8", uno de los primeros estándares de Internet.
tripAdvisor	Stephen Kaufer	2000	FEB	Newton (Massachusetts)	EEUU	Lugar de recomendaciones para viajes. Ha revolucionado el marketing turístico. Tiene más de 50 millones de visitantes únicos al mes (abril de 2012), cuenta con 20 millones de usuarios registrados y más de 50 millones de revisiones.
Tuenti	Zaryn Dentzel, Kenny Bentley, Felix Ruiz, Joaquín Ayuso, Adeyemi de Ajao	2006	ENE	Madrid	España	Red social española para estudiantes y jóvenes a la que se entra por invitación. El nombre proviene de "tu enti[dad]". Ha sido referido algunas veces como el facebook español. El 4 de agosto de 2010, y después de su sonado fracaso con Keteké, Telefónica compró el 85% de Tuenti por 70 millones de euros, siendo Dentzel el director general y Bentley el programador principal que en la primavera de 2006 desarrolló la mayor parte del código de la plataforma original.
Twitter	Jack Dorsey, Noah Glass, Evan Williams, Biz Stone	2006	JUL	San Francisco (California)	EEUU	Herramienta de *networking* social ideal para la práctica del *microblogging,* al limitar el tamaño máximo de los mensajes a 140 caracteres, se le ha llamado el SMS de Internet.
Ubuntu (Linux for Humans)	Mark Shuttleworth	2004	OCT	Londres	Reino Unido	Sistema operativo basado en la distribución Debian de Linux. Distribuido gratuitamente y con código abierto. Esponsorizado por la compañía Canonical Ltd., cuyas ganancias provienen de la venta de soporte técnico.
USEnet	Tom Truscott, Jim Ellis	1979	AGO	Durham (Carolina del Norte)	EEUU	Sistema de foros de discusión distribuido mundialmente a través de Internet con foros conocidos como *newsgroups* puesto en marcha en la Duke University. Sus usuarios leen y *envían* mensajes (llamados artículos o *posts*) hacia una o más categorías (conocidas como *newsgroups*). Es el precursor de los foros actuales de Internet. A diferencia de las BBS (centralizadas), USEnet es totalmente distribuida y sin ningún administrador. Los servidores constantemente guardan y reenvían las noticias (proceso que es conocido como *news feeds*).

SERVICIO o APLICACIÓN	EMPRENDEDOR o INNOVADOR	AÑO	MES	UBICACIÓN	PAÍS	DESCRIPCIÓN EJECUTIVA
VERONICA	Steven Foster, Fred Barrie	1992	JUL	Reno (California)	EEUU	Buscador que entrega un índice de ficheros ubicados en los servidores de Gopher.
Viber	Talmon Marco	2010	DIC		Israel, Chipre	Es una aplicación para iOS y Android que permite a los usuarios realizar llamadas gratuitas de teléfono y enviar mensajes de texto gratis a cualquier persona que tenga la aplicación instalada. Viber funciona (a diferencia del móvil) a traves de redes 3G y WiFi, de aquí que el coste de las llamadas no dependa del tiempo de su duración. En febrero de 2012 y en tan solo 13 meses, había superado los 50 millones de usuarios.
Vimeo	Zach Klein, Jake Lodwick	2004	NOV	Nueva York (Nueva York)	EEUU	Web para compartir vídeos. Su nombre proviene de la palabra vídeo, insertando la palabra "me" como referencia a que el *site* está dedicado a vídeos realizados por los usuarios y además la logo marca es un anagrama de la palabra inglesa "movie" ('película').
VLC	VideoLAN	2001	ENE	París	Francia	Reproductor multimedia portable (que permite codificar y realizar *streaming* de vídeo). Se le conoce por ser probablemente el reproductor que más tipos de formatos de vídeo reproduce sin problemas. Con 440 millones de descargas, el programa es uno de los más populares y robustos reproductores de vídeo.
WAIS	Brewster Kahle	1988	ENE	Cambridge (Masa-chussets)	EEUU	Los servidores de información de área extendida (WAIS) son un sistema de búsqueda de texto que utiliza el estándar Z39.50 para buscar bases de datos de índices en ordenadores remotos. Desarrollado a finales de los ochenta muy empleado en el entorno de bibliotecas.
WAP	WAP forum	1997	JUN	MIT, Boston (Masa-chussets)	EEUU	Wireless Application Protocols. Estándar fallido para llevar Internet a los móviles impulsado por los operadores móviles. Su lentitud y el tener que "adaptar" los contenidos de Internet para poderlos visualizar en los navegadores "wap" hizo que fuera una tecnología muerta casi antes de nacer.
WayBack Machine	Brewster Kahle, Bruce Gilliat	1996	JUN	San Francisco (California)	EEUU	Se trata de ofrecer una curiosa "cápsula del tiempo" que permite al usuario ver versiones de páginas web a través del tiempo. Está basado en el rastreador que crearon Kahle y Gilliat en 1996 y se mantiene con el contenido creado por el creador de clasificaciones globales de *sites* más visitados: Alexa Internet. Toda la información la alberga y preserva la institución sin ánimo de lucro, Internet Archive (archive.org). Desde su fundación hasta 2009 estuvo basada en el Presidio de San Francisco, California, trabajando más de 200 personas (la mayoría escaneando libros) con un presupuesto anual (como biblioteca reconocida por el estado de California) de 10 millones de US$. Ocupa en 2012 la posición 222 en la clasificación global de webs más visitadas.
Webcrawler	Brian Pinkerton	1994	ABR	Seattle (Washing-ton)	EEUU	Fue el primer buscador que proporcionaba búsquedas de texto completo. Creado en 1994, fue comprado en 1995 por AOL y vendido a Excite en 1997. En 2001 fue comprado por InfoSpace y fue reposicionado como un buscador de buscadores (metabuscador), utilizando y combinando los resultados de buscadores como Google, Yahoo!, Bing, Ask.com, About.com entre otros.
WhatsApp	Jan Koum, Brian Acton	2009	JUL	Mountain View (California)	EEUU	WhatsApp es una aplicación propietaria de mensajería instantánea para *smartphones*. En prácticamente dos años ha dado un golpe de muerte a los carísimos mensajes cortos (SMS) de los operadores móviles de todo el mundo. Además del envío de texto, permite la transmisión de imágenes, vídeo y audio, así como la localización del usuario. La aplicación utiliza la red de datos del dispositivo móvil en el que se esté ejecutando (via 3G o WiFi), por lo que funciona conectada a Internet (a diferencia de los servicios tradicionales SMS y MMS) y permite su envío gratuito a cualquier lugar del mundo.
WiFi	Vic Hayes (IEEE, WiFi Alliance)	1999	FEB	Austin (Texas)	EEUU	Tecnología muy popular que permite a dispositivos electrónicos intercambiar datos de forma inalámbrica a través de una red de ordenadores. Está estandarizado por el IEEE con el estándar 802.11.
Wikipedia	Larry Sanger, Jimmy Wales	2001	ENE	San Diego (California)	EEUU	Enciclopedia *online* que termina (en marzo de 2012) por desbancar a la propia Enciclopedia Británica. Fue precedida por Nupedia, creada en marzo de 2000 y cerrada en septiembre de 2003. Era un sistema parecido, pero con una revisión de los artículos mucho más estricta.
WikiWikiweb	Ward Cunningham	1995	MAR	Portland (Oregón)	EEUU	Fue la primera wiki. Su autor lo creó para hacer más fácil el intercambio de ideas entre programadores. Le puso este nombre en recuerdo a lo que le dijo un empleado del aeropuerto de Honolulu: "Tome el WikiWiki". Un autobús de línea que recorre las terminales. Wiki es el equivalente a 'rápido' en el idioma local hawaiano, por lo que el nombre inicial "QuickWeb" se convirtió en "WikiWikiWeb".
Winamp	Justin Frankel	1997	ABR	Sedona (Arizona)	EEUU	Utilidad para reproducir ficheros de audio creada por la empresa Nullsoft, que hizo que el formato MP3 se extendiera entre los usuarios de ordenadores con Internet.

SERVICIO o APLICACIÓN	EMPRENDEDOR o INNOVADOR	AÑO	MES	UBICACIÓN	PAÍS	DESCRIPCIÓN EJECUTIVA
Windows 95	Microsoft Corporation	1995	AGO	Redmond (Washington)	EEUU	Fue el primer sistema operativo residencial de amplio uso que incluía la pila de protocolos TCP/IP y que facilitaba la conexión de un PC a Internet. Anteriormente debía comprarse por separado los programas que permitían la conectividad, entre los más conocidos estaba Trumpet Winsocket, desarrollado en Australia, y FTP-Software (*spin-off* del MIT), con sede en Boston.
Windows Live	Microsoft Corporation	2005	NOV	Redmond (Washington)	EEUU	Live es el nombre de la marca que agrupa a un conjunto de aplicaciones y productos de Microsoft. La mayoría de estos servicios son aplicaciones web, accesibles mediante un navegador, aunque hay algunas (p.e. Messenger, Movie Maker, Photo Gallery o Live Write, para escritura de blogs) que son aplicaciones que requieren instalación. Microsoft ofrece los servicios Live de tres maneras: aplicaciones (nombradas Live Essentials), servicios web (Calendar, Contacts, Hotmail, Skydrive, etc.) y servicios a través del móvil (Windows Phone).
Windows Mobile	Microsoft Corporation	2000	ABR	Redmond (Washington)	EEUU	Sistema operativo para móviles basado en Windows CE (que a su vez estaba basado en Pocket PC). Su última versión fue la 6.5.3, lanzada el 2 febrero de 2010, se descontinuó para dar paso al nuevo sistema operativo llamado Windows Phone.
Windows Phone	Microsoft Corporation	2010	OCT	Redmond (Washington)	EEUU	Sistema operativo para móviles de Microsoft que viene a sustituir a Windows CE y es incompatible con este.
Winzip	Winzip International	1991	ABR	Mansfield	EEUU	Programa de compresión (sin pérdida de calidad) muy utilizado para agrupar y comprimir multitud de ficheros en un solo archivo, antes de mandarlo por Internet o almacenarlo. Se trata de una interfaz de fácil uso para el compresor PKZIP.
Wolfram Alpha	Stephen Wolfram, Theodore Gray	2009	MAY	Champaign (Illinois)	EEUU	Servicio utilizado como motor de respuestas. Es una aproximación totalmente distinta a los buscadores habituales.
Wordpress	Matthew Mullenweg, Mike Little	2003	MAY	Houston (Texas)	EEUU	Herramienta gratuita y *open source* para la creación de blogs, que incluye un avanzado sistema de gestión de contenidos. Está basado en PHP y MySQL. Permite utilizar miles de plantillas y módulos añadidos.
Yahoo!	David Filo, Jerry Yang	1995	MAR	Santa Clara, Sunnyvale (California)	EEUU	Se inició como un directorio de páginas web. Es posiblemente uno de los *websites* más grandes de Estados Unidos. Conocido por su buscador, directorio, Yahoo! Mail, Yahoo! News, Yahoo! Groups, Yahoo! answers, publicidad, fotografía, entre otros muchos *sites* y servicios. Tiene unos 700 millones de visitas únicas mensuales en más de 30 lenguas.
Yahoo Messenger	Yahoo Inc.	1998	MAR	Mountain View (California)	EEUU	Cliente de mensajería instantánea basado en publicidad, proporcionado gratuitamente por Yahoo!. Inicialmente se llamó Yahoo! Pager. Además de las características que ofrecía ICQ, permitió integrar la agenda y utilizar personajes de dibujos animados para poder personalizar la pantalla en donde se producían las conversaciones.
Yelp	Jeremy Stoppelman, Russel Simmons, Geoff Donaker	2004	JUL	San Francisco (California)	EEUU	Fundada en 2004 por dos exempleados de PayPal. Es un *site* de valoraciones locales que cubre EEUU, Canadá, Reino Unido, Irlanda, Francia, Alemania, Austria, Holanda y España. Sus usuarios han comentado, descrito y valorado un total de más de 18 millones de evaluaciones: desde tiendas de perfumería pasando por mecánicos a locales de fiesta o dermatólogos. En marzo de 2012 tenía más de 61 millones de usuarios únicos.
YouTube	Steve Chen, Chad Hurley, Jawed Karim	2005	FEB	San Bruno (California)	EEUU	Web para compartir vídeos creada por tres antiguos empleados de PayPal, en donde los usuarios pueden subir, mirar y compartir vídeos entre ellos. En noviembre de 2006, YouTube LLC fue comprado por Google por 1.650 millones de US$, siendo actualmente una subsidiaria de Google.

5. Algunas tendencias de futuro

«La mejor manera de predecir el futuro es inventándolo.» Alan Kay

Predecir el futuro es algo notoriamente difícil.

Este es un libro orientado a fijar de manera sistemática el pasado, realizado sin ninguna prisa a lo largo de casi dos décadas, preguntando sistemática y metodológicamente a pioneros de todo el mundo. A pesar de que la mayoría no se atreve a aventurar el futuro, he considerado necesario poder apuntar al menos algunas tendencias fruto de la compilación de sus respuestas y de lo que sí puede aventurarse como probable que pase.

Si ponemos el futuro de aquí a veinte años (en 2032), podríamos hacer[1] un par de predicciones:

- **Conectividad masiva:** actualmente hay unos 2.000 millones de personas con acceso a Internet. La parte "fácil" está hecha, pero masiva se refiere a que se extienda y propague por todas partes, haciendo realidad el lema de la Internet Society: "Internet es para todos". Un móvil *smartphone* Android con características similares a un iPhone de Apple, peor pantalla, con mejor duración de batería, ha logrado bajar de los 800 a los 70 dólares por los que se vende actualmente en Kenia y esto ha ocurrido en menos de tres años. Dejando obsoletos proyectos como el OLPC[2], que pretendían rebajar el precio de un portátil hasta los 100 dólares. En poco tiempo podrían rebajarse hasta los 40, 20 y hasta 10 dólares siendo asequibles para todo el mundo. El ritmo de crecimiento que veíamos en Internet en los noventa se está dando actualmente en África (pero con tecnologías móviles). El caso de Nigeria es paradigmático: en 2000 la penetración era del 0,1% de la población, en 2006: 3,1%, en 2009: 16,1% y en 2011 superó el 30%. Y no están utilizándolo solo para "aumentar el precio de su cosecha enviando SMS" o para "informar sobre casos de malaria", sino que los sitios más visitados son Google, Facebook, Twitter, Wikipedia y periódicos locales. Hacen exactamente lo mismo que se hace en el mundo desarrollado. Por lo que la historia de Internet en África, y en general en los países en vías de desarrollo, no es una historia de beneficencia o de agricultores de subsistencia, ni se basará en SMS, sino que será una historia de normalización, de unirse a la conversación mundial, de incrementar la clase media y mejorar su calidad de vida y sus oportunidades.
- **Nadie notará cuando Hollywood muera:** aunque la tecnología necesaria para crear la Wikipedia existía desde seis años antes, no se produjo hasta que se dio el momento adecuado. En tan solo once años de existencia desbancó por su practicidad, frescura y facilidad de uso al líder global (la Enciclopedia Británica, que dejó de imprimirse al venderse en todo el mundo tan solo 3.000 unidades). Si nuestra generación lo ha hecho en formato texto, la generación que viene, y que está educada para editar y expresarse con vídeo, hará lo propio con este medio aún más rico. Imaginemos lo que pueden hacer miles de personas organizadas para crear un guión interesante, con personajes interesantes, y los mejores editores y directores actuando de forma colaborativa y desinteresada en muchos casos… Es altamente probable que estas comunidades organizadas a gran escala hagan a la industria del vídeo y de la producción de películas lo que la Wikipedia ha hecho a la Británica. Y posiblemente nadie (a excepción de los nostálgicos) se fijará ni lo notará.

Por otro lado, algunas de las visiones más coincidentes al conversar sobre el futuro son:

- **Interfaces naturales:** la mayor parte de los usuarios ve el ciberespacio como si estuviera atrapado detrás de la pantalla de sus dispositivos electrónicos. Creo que nos estamos acercando rápidamente al momento en que el

1 Según nos contaba Jimmy Wales, cofundador de Wikipedia.org, a los líderes mundiales de la Internet Society.
2 OLPC: One Laptop Per Child. Un portatil para cada niño, impulsado por el MediaLab del MIT. Véase: <http://one.laptop.org>.

mundo del ciberespacio pasará de detrás de esa pantalla al mundo físico. La mayoría de los objetos de nuestro entorno estarán habilitados para conectarse a Internet e interactuarán con nosotros para realizar multitud de aplicaciones a través de interfaces de usuario muy naturales.

- **Agentes:** veremos la natural proliferación de los agentes inteligentes. No son nada más que módulos de *software* autónomos que se implantan en Internet y que prestan servicios al usuario que se ajustan a su perfil, preferencias y privilegios.
- **Ubicuidad:** Internet estará en todas partes, siempre funcionando, siempre accesible, y especialmente cuando llegue la implantación masiva de IPv6; cualquier usuario podrá conectarse desde cualquier lugar, en cualquier momento y con cualquier dispositivo, y la red será invisible.

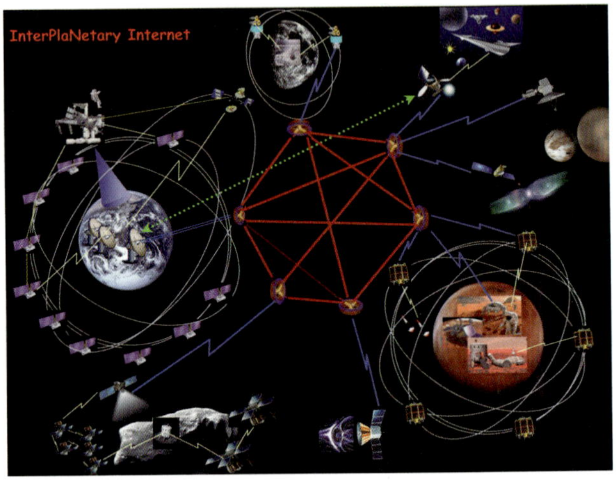

InterPlaNetary Internet. Cortesía de Vint Cerf.

Los avances se producen en paralelo: redes de sensores, incremento de la capacidad de las redes móviles e inalámbricas que se apoyan en las redes fijas, que a su vez se basan en nuevas tecnologías ópticas (una sola fibra en 2012 es capaz de transportar el equivalente a 25.000 veces todo el espectro radioeléctrico).

Nuevas aplicaciones relacionadas con la salud y el medio ambiente, redes *peer-to-peer* (P2P), mundos virtuales, comunicaciones mucho más multimedia con increíbles interfaces de usuario (mucho más EEUUbles e hiperrealistas) en donde se confundirá la imagen real con la sintética que no para de mejorar.

Sin duda alguna, la interfaz hombre-máquina actual (formada por pantallas, teclados, ratones, etc.) experimentará grandes cambios. Acabaremos utilizando un sistema más cómodo y ergonómico y muy probablemente dirigido por voz natural.

Si pudiéramos sintetizar cuatro expresiones en las que casi coinciden todos los pioneros de Internet cuando se les pregunta cómo piensan que será el futuro en Internet, estas serían:

- **Más rápido**
- **Más pequeño**
- **Más barato**
- **Más fácil**

Vint Cerf, desde los inicios del siglo XXI, nos indicaba que en el futuro deberemos cambiar el nombre a Internet y llamarla "Earthnet" (la red del planeta Tierra), puesto que se van a crear otras redes en otros planetas: "Venusnet", "Marsnet", "Plutonet". Aprovechando los primeros viajes de exploración no tripulada, se puede dejar una cajita en un minicontenedor que hable TCP/IP de forma que al final se pueda montar una red interplanetaria y abaratar los costes de comunicación. Este protocolo debe ser tolerante a los largos retardos (de decenas de minutos a horas), a errores de transmisión y a cortes que pueden durar incluso días cuando se cruza algún planeta de por medio. Adrian Hooke, del Jet Propulsion Laboratory de la NASA, y Cerf están impulsando este proyecto.

I. Mi biblioteca

Bibliografía agrupada según nivel creciente de dificultad técnica:
1) Libros de divulgación que no requieren de conocimientos previos para su comprensión.
2) Libros técnicos especializados que sí requieren de conocimientos previos matemáticos y/o de ingeniería.
3) Fuentes de información diversas que permiten profundizar en los orígenes de Internet.
4) Artículos relativos a Internet escritos por algunos de los protagonistas entrevistados.

1) Libros relacionados con los orígenes de Internet. Compartiendo mi biblioteca especializada

Son libros que describen[1] la historia de Internet desde el punto de vista de las organizaciones y de sus hitos principales.

En muchas ocasiones se me solicita que recomiende cuáles son los libros más adecuados para conocer la historia de Internet más aproximada a la realidad histórica acontecida. Esta es mi respuesta, haciendo pública mi biblioteca personal y cuya lectura me ha llevado a continuar esta línea de investigación, en la que se da voz a individuos clave que son amplia y sistemáticamente ignorados y desconocidos por toda la literatura especializada.

La mayoría de estos libros son de agradable lectura divulgativa, no requieren altos conocimientos técnicos previos. Están ordenados según la importancia de su relación con los orígenes de Internet.

- Abbate, J., *Inventing the Internet,* ISBN 978-0-262-01172-3 Cambridge (Massachusetts), MIT Press, 1999. 274 páginas.
- Segaller, S., *Nerds 2.0.1: A brief history of the Internet,* ISBN 1-57500-106-3. Nueva York, TV Books, 1998. 399 págs.
- Hafner, K. y Lyon, M., *Where Wizards Stay Up Late, ISBN 0-684-81201-0.* Nueva York, Simon & Schuster, 1996.
- Waldrop, M., *The Dream Machine: J. C. R. Licklider and the Revolution that Made Computing Personal,* ISBN 0-670-89976-3. Nueva York, Viking, 2001.
- Hiltzik, M., *Dealers of Lightning: Xerox PARC and the Dawn of the Computer Age,* ISBN 0-694-52130-2. Nueva York, HarperCollins, 1999.
- Vallée, J., *The Heart of the Internet,* ISBN 1-57174-369-3. Charlottesville (Virginia), Hampton Books, 2003.
- Banks, M., *On the Way to the Web. The Secret History of the Internet and its Founders,* ISBN 978-1430208693 Berkeley (California), Apress, 2008. 248 páginas.
- Ornstein, S., *Computing in the Middle Ages: A View from the Trenches 1955-1983,* ISBN 1-4033-1517-5. Bloomington (Indiana), AuthorHouse, 2002. 305 páginas.
- Salus, P., *Casting the Net. From ARPAnet to Internet and Beyond,* ISBN 978-0201876741. Reading (Massachusetts), Addison-Wesley, 1995. 320 páginas.
- Beranek, L., "Roots of the Internet, a personal history", *The Massachusetts Historical Review* 2 (2000).
- Salus, P., *The ARPAnet Sourcebook: The unpublished foundations of the Internet,* ISBN 978-1573980005. Charlottesville (Virginia), Peer-to-Peer Communications, 2008. 532 páginas.
- Kirkpatrick, D., *The Facebook Effect: The inside story of the company that is connecting the world,* ISBN 978-1-4391-0211-4. Nueva York, Simon & Schuster, 2011.
- Levy, S., *In the Plex: How Google thinks, works, and shapes our lives,* ISBN 978-1-4165-9658-5. Nueva York, Simon & Schuster, 2011.
- Auletta, K., *Googled: The end of the world as we know it,* Nueva York, ISBN 978-0143118046. Penguin, 2010. 432 páginas.
- Naughton, J., *A Brief History of the Future: From radio days to Internet years in a lifetime,* ISBN 1-58567-032-4. Woodstock (Nueva York), Overlook Press, 1999.
- Edwards, D., *I'm Feeling Lucky: The confessions of Google employee number 59,* ISBN 978-0547416991. Boston, Houghton Mifflin Harcourt, 2011. 432 páginas.
- Livingston, J., *Founders at Work: Stories of startups' early days,* ISBN: 978-1590597149. Berkeley (California), Apress, 2007. 500 páginas.
- Aspray, W., *The Internet and American Business (History of Computing),* ISBN 978-0262514811. Cambridge (Massachusetts), The MIT Press, 2010. 608 páginas.

1 Nuestra aproximación es distinta, puesto que se basa en las personas y sus motivaciones, superando en un orden de magnitud (más de 300 entrevistas individuales realizadas) al libro que más documentado está (basado en tan solo 29).

- Girard, B., *The Google Way: How one company is revolutionizing management as we know it,* ISBN 978-1593271848. San Francisco, No Starch Press, 2009. 256 páginas.
- Dodge, M. y Kitchin, R., *Atlas of Cyberspace,* ISBN 978-0201745757. Harlow, Addison-Wesley, 2001. 288 páginas.
- Markoff, J., *What the Dormouse Said: How the sixties counterculture shaped the personal computer industry,* Nueva York, ISBN 0-670-03383-0. Penguin, 2006.
- Standage, T., *The Victorian Internet: The remarkable story of the telegraph and the Nineteenth Century's online pioneers,* ISBN 978-0802716040. Nueva York, Walker, 2007.
- Levy, S., *Hackers: Heroes of the computer revolution – 25th Anniversary Edition,* ISBN 978-1-449-38839-3. Sebastopol (California), O'Reilly Media, 2010.
- Metcalfe, R., *Internet Collapses and other InfoWorld Punditry,* ISBN 0-7645-3503-X. Foster City (California), IDG Books Worldwide, 2000.
- Arroyo Galán, Luis. *100 años de informática y telecomunicaciones-España,* Siglo XX. ISBN 84-7402-316-5 Fundetel, Julio 2005. 359 páginas.
- Schein, E. H., *DEC Is Dead, Long Live DEC: The lasting legacy of Digital Equipment Corporation,* ISBN13 978-1576753057. San Francisco (California), Berrett-Koehler, 2004. 317 páginas.
- Bennis, W. y Biederman, P., *Organizing Genius: The secrets of creative collaboration,* ISBN 0-201-57051-3. Reading (Massachusetts), Addison Wesley, 1996.
- Clemente, P., *The State of the Net: The new frontier,* ISBN 978-0070119796. Nueva York, McGraw-Hill, 1998. 179 páginas.

2) Libros técnicos especializados

Su lectura requiere de buenos conocimientos en matemáticas e ingeniería.

- Kleinrock, L., *Communication Nets; Stochastic Message Flow and Delay,* Nueva York, McGraw-Hill, 1964 (descatalogado). Reimpr. por Dover Publications, 1972. Publicado en ruso, 1971. Publicado en japonés, 1975.
- Baran, P., *et al., On Distributed Communications,* Santa Mónica (California), RAND Corporation, 1964.
- Bartlett, K.; Davies, D.; Scantlebury, S., y Wilkinson, P., "A digital communication network for computers giving rapid response to remote terminals", *ACM Symposium on Operating Systems Principles, October 1-4, 1967, Gatlinburg, Tennessee,* Nueva York, ACM Press, 1967.
- Huitema, Ch., *Routing on the Internet,* ISBN 978-0130226471. Upper Saddle River (Nueva Jersey), Prentice Hall, 1999.
- Metcalfe, R., *Packet Communication,* ISBN 1-57398-033-1. San José (California), Peer-to-Peer Communications, 1996.
- Howes, T. A.; Smith, M. C., y Good, G. S., *Understanding and Deploying LDAP Directory Services,* ISBN 0672323168. Boston (Massachusetts), Addison-Wesley, 2003.
- Metcalfe, R., *RFC 89. Some Historic Moments in Networking,* 19 de enero 1971.
- Metcalfe, R., *RFC 602. The Stockings Were Hung by the Chimney with Care,* diciembre de 1973.

3) Referencias en Internet

Para profundizar en los orígenes de Internet, sus pioneros y organizaciones:

- Uno de los recursos clásicos más trabajados y con un sistema muy simple de consulta mediante una matriz de conceptos: <http://www.livinginternet.com>.
- Who is Who in the Internet World: <http://wiwiw.org>. Archivo digital dedicado a los pioneros de Internet en cada país del mundo (no es público, pero se provee la información de los pioneros bajo demanda).

Organismos de Internet de desarrollo de estándares y organizaciones educativas:

- IAB (Internet Architecture Board): <www.iab.org>.
- IANA (Internet Assigned Numbers Authority): <www.iana.org>.
- ICANN (Internet Corporation for Assigned Names & Numbers): <www.icann.org>.
- IETF (Internet Engineering Task Force): <www.ietf.org>.
- IESG (Internet Engineering Steering Group): <www.ietf.org/iesg>.
- IRTF (Internet Research Task Force): <irtf.org>.
- ISOC (Internet Society): <www.interentsociety.org>.
- NANOG (North American Network Operators' Group): <www.nanog.org>.
- NRO (Number Resource Organization): <www.nro.net>.
- W3C (World Wide Web Consortium): <www.w3.org>.

Registros de Internet Regionales (RIR):

- AfriNIC (African Network Information Center): <www.afrinic.net>.
- ARIN (American Registry for Internet Numbers): <www.arin.net>.

- APNIC (Asia-Pacific Network Information Center): <www.apnic.net>.
- LACNIC (Latin America & Caribbean Network Info Center): <www.lacnic.net>.
- RIPE (Réseaux IP Européens Network Coordination Center): <www.ripe.net>.

¿Dónde encontrar todos los protocolos estandarizados y los documentos RFC?

En <www.rfc-editor.org>. Recientemente se ha logrado encontrar la serie original: documentos de 1969 en papel que faltaban se escanearon y procesaron para poder disponer de toda la colección completa.

4) Artículos (en orden alfabético)

- Baran, P., *et al., On Distributed Communications,* Santa Mónica (California), RAND Corporation, 1964; volúmenes I-XI. Explora el uso de la conmutación digital de *message blocks* (los actuales "paquetes") para las comunicaciones militares. Trabajo iniciado en 1962 para la US Air Force.
  —, "The beginnings of packet switching: Some underlying concepts", *IEEE Communications Magazine* (julio 2002), pp. 42-48. Personal visión esta vez por parte de Baran (RAND Corporation) sobre el origen de los conceptos de conmutación de paquetes. Es interesante leerlo conjuntamente con el artículo contrapuesto de Donald Davies (National Physical Laboratory, de Inglaterra), véase Davies, 2001.
- Bell, C. G. y Gemmell, J., "A Call for the Home Media Network", *Communications of the ACM* 45, 7 (julio 2002), pp. 71-75.
- Bell, C. G. y Gray, J. N., "Digital Immortality", *Communications of the ACM* 44, 3 (marzo 2001), pp. 28-30.
- Castells, M., *Lección inaugural al programa de Doctorado sobre la Sociedad de la Información,* Universitat Oberta de Catalunya (octubre 2000).
- Cerf, V. y Kahn, R., "A Protocol for Packet Network Intercommunication", *IEEE Transactions on Communications* 22, 5 (mayo 1974) pp. 637-648.
- Dalal, Y. K. y Printis, R. S., "48-bit absolute internet and Ethernet host numbers", *Proceedings of the seventh symposium on Data Communications* (octubre 1981), Palo Alto (California).
- Davies, D. W., "An historical study of the beginnings of packet switching", *British Computer Society Journal* 44, 3 (2001), pp. 151-162. Publicación póstuma, como parte de sus últimas voluntades, en la que expone su visión sobre su importante contribución al desarrollo del concepto de conmutación de paquetes y su postura frente al ahora clásico enfrentamiento sobre la paternidad de dichos conceptos frente a los investigadores americanos del MIT (Leonard Kleinrock) y no en cambio con la RAND Corporation (Paul Baran).
- Davies, D. W.; Bartlett, K. A.; Scantlebury, R. A., y Wilkinson, P. T., "A digital communication network for computers giving rapid response at remote terminals", *Proceedings of the first ACM symposium on Operating System Principles,* Nueva York, ACM, 1967, pp. 2.1-2.17. Autores que acuñan el término "paquete".
- Kahn, R., *Communications Principles for Operating Systems,* memorándum interno de BBN (enero 1972).
- Kleinrock, L., "Information flow in large communication nets", *RLE Quarterly Progress Report* (abril 1962).
- Licklider, J. C. R., "Man-Computer Symbiosis", *IRE Transactions on Human Factors in Electronics* vHFE 1, 1 (marzo 1960), pp. 4-11.
- Licklider, J. C. R. y Clark, W., "On-Line Man Computer Communication", *Proceedings of the AIEE-IRE spring joint computer conference, May 1-3, 1962* (agosto 1962). Referencias a la *inter-galactic network,* visión casi profética de lo que se podría hacer.
- Licklider, J. C. R. y Taylor, R. W., "The computer as a communication device", *Science & Technology* (abril 1968). Reimpr. agosto 1990.
- Mockapetris, P., *RFC 882. Domain names – Concepts and Facilities,* noviembre 1983, y también en *RFC 883. Domain names – Implementation and Specification.*
- Roberts, L. y Merrill, T., "Toward a cooperative network of time-shared computers", *Fall AFIPS Conference* (octubre 1966).
- Sanromà, M., *Discurso de investidura de Vint Cerf como doctor honoris caEEUU por la Universitat Rovira i Virgili* (mayo 2000), Tarragona.
- Tomlinson, R. S., "Selecting sequence numbers", *Proceedings of the 1975 ACM SIGCOMM/SIGOPS workshop on Interprocess Communications* (enero1975), pp. 11-23.
- Veà, A., "The unknown history of the Internet. Engineering the worldwide WiWiW project", *HISTELCON 2010, Proceedings of the IEEE Congress in Madrid* (septiembre 2010).

II. Breve glosario

Definición rápida de algunos de los términos más comunes

Por su frecuencia de uso en el texto, se han definido concisamente algunos términos que, una vez conocidos, facilitaran la lectura. No pretende ser para nada un glosario extensivo, sino un pequeño punto de apoyo al lector.

APNIC: organización que asigna bloques de direcciones IP a los proveedores de la región de Asia-Pacífico. Junto con ARIN en Norteamérica y RIPE-NCC en Europa formaron ASO (Organismo de Soporte a Direcciones) en 1999.

ARIN: American Registry for Internet Numbers. Es el Registro Regional de Internet para la América angloparlante. Establecida en 1997, es una organización sin ánimo de lucro. Administra las direcciones IP versión 4 y versión 6, los números de sistemas autónomos y otros recursos de red. Asimismo, AfriNIC y LACNIC, puestas en marcha más tarde, hacen lo propio en África, Sudamérica y Caribe.

ARPAnet: programa de redes experimentales iniciado en febrero de 1966 por Bob Taylor dentro de la oficina IPTO de ARPA. Su objetivo era explorar el intercambio de recursos informáticos y la validez de las comunicaciones por conmutación de paquetes y no sobrevivir a un ataque nuclear, como muchos libros indican.

AT&T: American Telephone and Telegraph. Operadora americana de telecomunicaciones. Provee servicios de voz, video, datos e Internet a negocios, clientes y agencias del Gobierno. Durante su larga historia, AT&T ha sido, en ocasiones, la compañía telefónica más grande del mundo, el operador de televisión por cable más grande de los Estados Unidos y hasta fue clasificado como un monopolio y dividido en partes. Durante 2005 se une a su competidor SBC Communications.

BBN: BBN Technologies (originalmente Bolt, Beranek and Newman) es una empresa de tecnología situada en Cambridge, Massachusetts, EEUU. Es sobre todo conocida por su trabajo en el desarrollo de la red de conmutación de paquetes ARPAnet. Algunos de los desarrollos notables en el campo de las redes realizados por BBN son la implementación y mantenimiento de ARPAnet, el primer correo electrónico enviado de persona a persona y la elección del signo @ en la dirección de los correos, el primer *router* con IP y trabajos en el desarrollo del TCP. Otras innovaciones bien conocidas de BBN son la creación del primer sistema de tiempo compartido *(timesharing)*, el lenguaje de programación Logo o el sistema operativo TENEX.

BITnet: fue una red internacional de ordenadores auspiciada y subvencionada por IBM que unía centros docentes y de investigación. Ofrecía servicios interactivos de correo electrónico y de transferencia de ficheros utilizando un protocolo de almacenaje y reenvío basado en protocolos propietarios de IBM. En Europa se llamó EARN. Más tarde se conectó a Internet a través de una pasarela de correo electrónico.

ccTLD-nTLD: Country Code o National Top Level Domain. Dominios de primer nivel nacionales o con código de país. P. e: ".pt" para Portugal, ".fr" para Francia o ".tg" para Togo.

CORE: Internet Council of Registrars. Consorcio de registradores de Internet. Se constituyó en Barcelona el 3 de octubre de 1997 en el marco de ExpoInternet y tiene sede en Ginebra (Suiza). Su propósito es el de operar un sistema de registro compartido entre los registradores y facilitar su trabajo, abaratando los costes para todo el sector.

CPYnet: primitivo programa de transferencia de ficheros desarrollado experimentalmente en BBN. Permitía escribir y leer ficheros en ordenadores remotos. Fue utilizado por Ray Tomlinson como pieza inicial para crear el primer correo electrónico a través de una red.

Cyclades: pionera red francesa creada por Louis Pouzin y su equipo en el marco de IRIA, que mejoraba y superaba las limitaciones de ARPAnet. Los conceptos allí desarrollados sirvieron, tal como reconoce Vint Cerf, para la creación del TCP.

EARN: European Academic Research Network. Red académica subvencionada totalmente por IBM que unía muchos de los centros universitarios que disponían de este tipo de máquinas. Era el equivalente europeo a BITnet. Véase la entrevista a Josep Maria Blasco.

EGP: Exterior Gateway Protocol (protocolo de encaminamiento exterior). Se utiliza para intercambiar información de enrutamiento entre sistemas autónomos (formados por distintas redes gestionadas con una misma política). El protocolo más utilizado para configurar un EGP es BGP (Border Gateway Protocol).

Euro-ISPA: Asociación de proveedores de Internet Europeos.

DARPA: Defense Advanced Research Projects Agency (o agencia de investigación de proyectos avanzados de defensa). Creada el 7 de febrero de 1958 como reacción al lanzamiento del *Sputnik* soviético, en octubre de 1957. Dependiente del Departamento de Defensa de la Administración americana, fue la responsable de dar fondos para desarrollar muchas tecnologías que han tenido gran impacto en el mundo. En 2011 manejó un presupuesto de 2.000 millones de dólares con tan solo 250 empleados. Desde 1973, por la polémica enmienda Mansfield, se limitan las asignaciones para investigación en defensa únicamente a proyectos que tuvieran aplicación militar directa. La enmienda devastó a la ciencia estadounidense, puesto que la agencia fue una importante fuente de recursos para proyectos de ciencia básica. Al producirse esta importante limitación, muchos jóvenes científicos e ingenieros informáticos migraron de las universidades a laboratorios privados recién fundados, como fue Xerox PARC. Véase entrevista a Bob Taylor y a Steve Lukasik. Pasó a denominarse DARPA el 23 de marzo de 1972 y otra vez ARPA el 22 de febrero de 1993 y finalmente DARPA a partir del 10 de febrero de 1996. En una de sus oficinas (IPTO) fue donde se planificó, gestó y creó la pionera red de conmutación de paquetes: ARPAnet. <http://www.darpa.mil>.

DEC: Digital Equipment Corporation. Fue una compañía americana considerada pionera en la fabricación de miniordenadores. Fundada en 1957, existió hasta 1998 cuando fue adquirida por Compaq (la cual fue adquirida por HP en 2002). Su popular serie de miniordenadores PDP asentó las bases para la posterior creación de los ordenadores personales. Muchos de los avances realizados en ARPAnet, incluyéndose el correo electrónico, tuvieron lugar en máquinas PDP de Digital. Otras arquitecturas muy conocidas y populares fueron los ordenadores VAX que sustituyeron a los PDP y los DEC-Alpha. Véase la entrevista a Gordon Bell.

DNS: Sistema de Nombres de Dominios. Sistema distribuido y jerárquico que relaciona los nombres de dominio de Internet con las direcciones IP de las máquinas. Inventado por Paul Mockapetris, gracias a ser distribuido, permitió que Internet creciera y escalara a gran velocidad

Fundesco: Pionera fundación para el desarrollo de las telecomunicaciones, de Telefónica.

Gateways: una pasarela o puerta de enlace (del inglés *gateway*) es un dispositivo, habitualmente un ordenador, que permite interconectar redes con protocolos y arquitecturas diferentes a todos los niveles de comunicación. Su propósito es traducir la información del protocolo utilizado en una red al protocolo usado en la red de destino.

gTLD: Generic Top Level Domain (nombres de dominio genéricos de primer nivel entre los que se incluyeron las conocidas terminaciones: ".com" ".org" y ".net").

IAB: Internet Arquitecture Board. Una de las estructuras pioneras de coordinación de la ingeniería de red.

IANA: Internet Assigned Number Authority. Con sede en el USC-ISI o Instituto de Ciencias de la Información de la Universidad de Southern California. Era el coordinador central para la asignación de direcciones IP y nombres de dominio de primer nivel geográfico creada y administrada por el legendario Jonathan Postel. Se transformó en ICANN a finales de los noventa.

ICANN: Internet Corporation for Assigned Names and Numbers. Corporación de Internet para la asignación de nombres y números. Es una organización sin ánimo de lucro creada el 18 de septiembre de 1998 que opera a nivel internacional y es la responsable de asignar las direcciones del protocolo IP, de los identificadores de protocolo, de las funciones de gestión del sistema de dominios y de la administración del sistema de servidores raíz del DNS. Su objetivo es garantizar la resolución unívoca de los nombres para que los usuarios puedan encontrar todas las direcciones sin ser repetidas. Con anterioridad IANA realizaba estas funciones. Su sede radica en California y está sujeta a las leyes de dicho estado. ICANN se dedica a preservar la estabilidad de Internet por medio de procesos basados en el consenso.

ICQ: una de las pioneras mensajerías instantáneas. Programa de chat en tiempo real que en inglés se prenuncia "I see-Kyou" (literal, "te busco").

IGP: Interior Gateway Protocol (protocolos de encaminamiento interior).

IMP: Interface Message Processor. Se llamó así al sistema que BBN inventó y desarrolló por encargo de ARPA y que fue la pieza clave (el nodo conmutador) de la red ARPAnet. Del tamaño de una nevera, fue el antecesor de los actuales *routers:* unos ordenadores pequeñitos que se encargan específicamente de la parte de telecomunicaciones de nuestra instalación. Dado su altísimo coste (se hacían a medida) posteriormente se creó el TIP (o Terminal-IMP Interface Message Processor). El TIP era un tipo de conmutador mucho más simple y era utilizado en instalaciones más pequeñas.

InterNIC: centro de información de red de Internet.

Internetting: Interconnecting Computer Networks. Vocablo utilizado para denominar las investigaciones y el experimento de interconexión de distintas redes de ordenadores.

INWG: International Network Working Group. Grupo constituido informalmente al principio, pero que logró unir a la mayoría de investigadores de red para ir perfilando lo que sería la evolucion de ARPAnet.

IP address: una dirección IP es una etiqueta numérica que identifica, de manera lógica y jerárquica, una interfaz (elemento de comunicación/conexión) de un dispositivo (habitualmente un ordenador) dentro de una red que utilice el protocolo IP (Internet Protocol).

JANET: programa de ayudas al desarrollo de las redes universitarias británicas, de forma coetánea se crearon multitud de redes de ámbito estatal (RedIRIS en España, SURFnet en Holanda, FCCN, GARR, RENATER...) o según determinados colectivos a los que servían (HEPnet para la Física de Altas Energías) en distintos puntos de Europa.

LAN: red de área local. Utilizadas en el ámbito de una oficina o edificio. El término se expandió al crearse los protocolos Ethernet y Token Ring para redes locales, de manera que se distinguen de los protocolos para redes de ámbito global como TCP/IP (llamados WAN).

MILnet: acrónimo inglés de Military Network o red militar. Se creó en 1983 a partir de la antigua ARPAnet y utilizando algunos de sus nodos, quedando escindida la red para uso militar de la original ARPAnet que se dedicaría a usos científicos.

Movimiento "open source": o fuentes abiertas. Dedicado a fomentar que se proporcionen los códigos fuente de los programas para que otros puedan construir libremente sobre ellos. Es una de las características que ha hecho vencer Internet frente a otro tipo de protocolos.

NAP: Network Access Points. Fueron definidos en el documento *National Information Infrastructure* como ubicaciones en donde los proveedores de servicios de red pudieran intercambiar tráfico. Fueron esponsorizados inicialmente por la NSF para facilitar a los operadores privados de red un puente entre los orígenes de Internet, como experimento académico y con recursos públicos, a una Internet moderna con muchos competidores del sector privado colaborando para formar una red de redes.

NCC: Network Coordination Center (Centro de Coordinación de Red).

NCP: Network Control Protocol. Primer protocolo de control de red que tuvo ARPAnet, creado principalmente por un grupo de estudiantes liderados por Steve Crocker y que estuvo en funcionamiento desde su creación, a finales de 1969, hasta el 1 de enero de 1983, en que fue substituido por el TCP/IP.

NIC: Network Information Center, Centro de Información de Redes (inicialmente de la red ARPAnet). Servicio centralizado de información que ARPA adjudicó a la organización SRI, basada en Menlo Park (California). Posteriormente, cada país, o región ha ido poniendo en marcha sus propios NIC: ES-NIC es el centro coordinador de los recursos en España.

NSI: Network Solutions Inc. Empresa fundada en 1979. El negocio del registro de dominios pasó a ser su división más importante, gestionando más de 7 millones de registros en 2010.

NSF: National Science Foundation. La Fundación Nacional para la Ciencia es una entidad facultada legalmente para el apoyo a la investigación científica básica, la ingeniería y las actividades educativas en Estados Unidos, incluido el mantenimiento de las redes de ordenadores que conectan instituciones de investigación y educativas que desarrolló a principios de 1987 con el programa NSFnet, una red de alta velocidad basada en protocolos de Internet que se convirtió en la red troncal central de interconexión de otras redes.

NSFnet: programa de ayudas al desarrollo de las redes universitarias de la National Science Foundation estadounidense. No fue únicamente la red que reemplazó a ARPAnet en los ochenta como red troncal de internet sino que creó demanda para que se construyeran privadamente las piezas fundamentales *(routers)* para el posterior desarrollo de Internet.

Octetos: manera antigua de denominar los bytes: equivalente a 8 bits en un ordenador.

OMPI: Organización Mundial sobre la Propiedad Intelectual.

OSI: Open Systems Interconnection. El modelo de interconexión de sistemas abiertos, también llamado OSI, es el modelo de red descriptivo creado por la Organización Internacional para la Estandarización (ISO) en el año 1984. Es un modelo de referencia para la definición de arquitecturas de interconexión de sistemas de comunicaciones. Fue el modelo adoptado por todos los gobiernos, pero su extremada complejidad de implementación y el arcaico y lentísimo modelo de creación de estándares que satisfacieran a todos, hizo que casi no se lograra implementar ningún protocolo siguiendo esta recomendación y TCP/IP acabó siendo el estándar de facto. Véase entrevista a Hubert Zimmermann.

Peering: o intercambio de tráfico. El *peering* es la interconexión voluntaria de dos o más redes de Internet administrativamente independientes con el fin de intercambiar tráfico entre los clientes de cada red de forma gratuita (a diferencia del tránsito, que es de pago). Los puntos neutros de internet o NIX (ESPANIX.net, catnix.net) son los lugares en donde se producen estos acuerdos de *peering*.

PRnet: acrónimo de Packet Radio Network: red de conmutación de paquetes vía radio.

RFC: las *Request for Comments* (literalmente 'petición de comentarios') son una serie de notas sobre Internet, y sobre sistemas que se conectan a Internet. Considerados los protocolos oficiales, comenzaron a publicarse el 7 de abril de 1969 (justo el día después de que naciera quien este libro escribe). Cada una de las notas es un documento cuyo contenido es una propuesta oficial para un nuevo protocolo de la red Internet (originalmente de ARPAnet), que se explica con todo detalle para que en caso de ser aceptado pueda ser implementado sin ambigüedades. Cualquiera puede enviar una propuesta de *RFC* (a diferencia de los comités de estándares, en los que únicamente son los representantes de cada país quien tiene potestad para hacerlo). Posteriormente es la IETF quien decide finalmente si el documento se convierte en una *RFC* o no. Ejemplos son el protocolo IP, que se detalla en el *RFC 791*, el FTP en el *RFC 959*, y el HTTP (el de la Web, escrito por Tim Berners-Lee) en el *RFC 2616*.

RIPE-NCC: organización delegada en el ámbito europeo que se encarga de la asignación de bloques de direcciones IP a los proveedores de servicios Internet en Europa.

Routing tables: o tablas de direccionamiento permiten a los *routers* realizar adecuadamente su trabajo de encaminar/enrutar los paquetes desde su origen hacia su destino final.

SATnet: al igual que ARPAnet, red de conmutación de paquetes terrestre, se desarrollaron otras redes con tecnologías de acceso totalmente distintas, como son SATnet, por satélite, o PRnet, que funcionaba vía radio. En 1977 se realizó el primer experimento uniendo las tres.

sTLD: Sponsored Top Level Domain, o dominios de primer nivel esponsorizados. P. e: ".cat" ".aero" ".museum", etc...

TENEX: TEN-EXtended. Sistema operativo de tiempo compartido para el ordenador de Digital PDP-10.

TCP: Transport Control Protocol. Protocolo original creado por Vint Cerf y Bob Kahn en un hotel de Palo Alto cercano a la Stanford University (California) en 1973 y que en 1983 pasó a ser el estándar oficial del Departamento de Defensa. Desde ese momento no ha parado de crecer y extenderse. Inicialmente en ARPAnet, después en la NSFnet y finalmente en Internet.

TCP/IP: lenguaje común y compartido por todos los ordenadores conectados a Internet, fruto de la separación de ciertas funciones que inicialmente tenía el TCP.

TLD: Top Level Domain. Dominio de primer nivel. Al ser los dominios un sistema jerárquico, el de mayor nivel es el que está más a la derecha cuando se lee <http://book.WiWiW.org> en este caso ".org" sería el dominio de primer nivel, "wiwiw" el dominio y "book" un subdominio.

UDP: User Datagram Protocol. Utilizado para aplicaciones en tiempo real (videoconferencias, voz, etc.) complementando al TCP, que es mucho más pesado y complejo y, por tanto, no válido para aplicaciones de este tipo.

III. Personajes por orden alfabético y frecuencia de aparición

A lo largo del libro hacemos referencia a un total de 735 personajes de Internet distintos; entre pioneros, inventores, desarrolladores, tecnólogos, divulgadores y personas que acogieron muy tempranamente la tecnología de Internet y la adoptaron en sus países.

Podemos observar que tanto Vint Cerf, Larry Roberts como Bob Kahn (los cariñosamente llamados "padres de Internet") destacan de manera especial en la frecuencia (93, 92 y 77, respectivamente) de ocasiones en que el autor u otros personajes les nombran en sus explicaciones.

A continuación, y a modo de índice onomástico, se enumeran los 735 personajes que conforman este libro, indicando las correspondientes páginas en donde les podemos encontrar. 518 de ellos tan solo aparecen una vez y 87, dos veces.

Dado que la metodología WiWiW desarrollada siempre implica que una persona sea citada tres o más veces por otros para poder ser candidato a ser entrevistado, podríamos decir que el libro se centra en "tan solo" 130 personajes, de los que se han seleccionado 40, de los que reproducimos sus entrevistas editadas y resumidas en un formato ejecutivo.

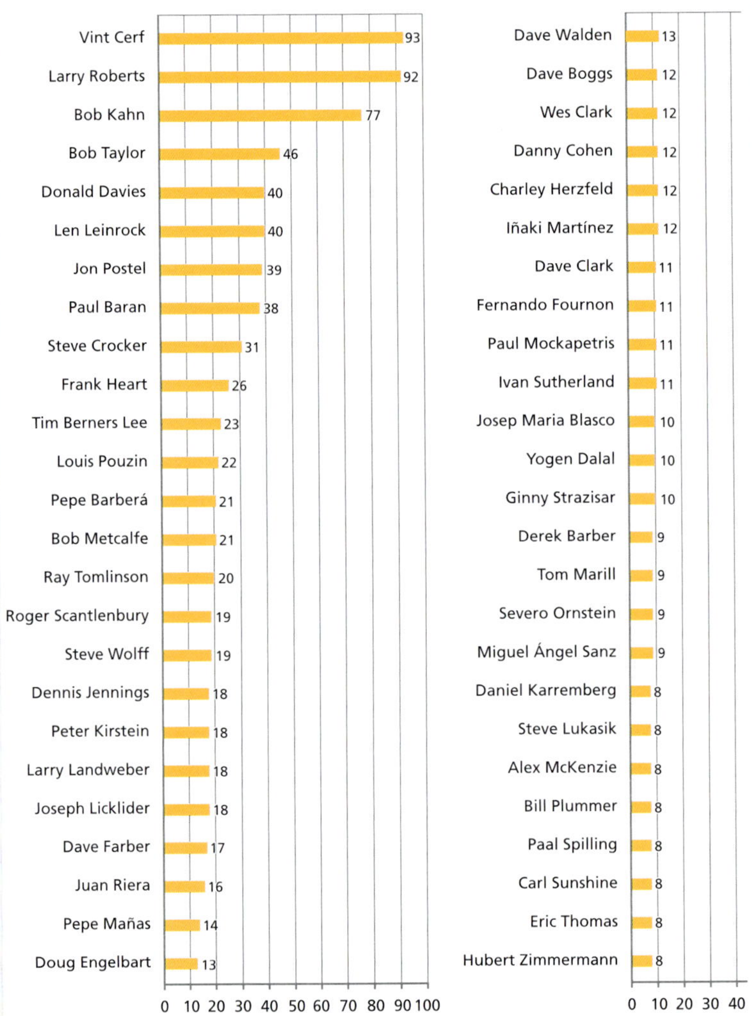

Histograma: número de veces que la persona es citada a lo largo del libro. Se reflejan en la gráfica únicamente aquellos personajes (50) que aparecen 8 o más veces.

IV. Índice onomástico

Compendio de redes internacionales y nacionales

AARnet	Australian Academic and Research Network
ACOnet	Akademisches computer netz (de Austria)
ACSNET	Academic computing services network
AMRES	Red nacional de educación e investigación de Serbia
ANSP	Academic network at Sao Paulo
APAN	Asia-Pacific advanced network
ARIADnet	or ARIADNE network fue la NREN de Gracia has la creación de GRNET
ARNES	Academic research network of Slovenia
ARPAnet	Advanced research projects agency network (USA primeros nodos y después internacional)
BELNET	Belgian research network
BERNET I, II.	Berlin Network
BITNET	Because it's there network posteriormente conocida comor because it's time network
BMEnet	Budapesti Mszaki és gazdaságtudományi Egyetem network (Hungría)
BREN	Bulgarian research and education network
CANARIE	Canadian network for the advancement of research, industry and education (Canadá)
CAnet	The research network in Canada
CAREN	Central Asian research and education network
CARNet	Croatian academic and research network
CEENet	Central and Eastern European network
CERNET	Red del CERN (desarrollada 1976-1988 en Suiza) y desde 1995 también es la NREN China
CESNET	Czech educational and scientific network
CSNET	Computer Science Network (USA)
CSTNET	China Science and Technology network
CUDI	Corporacion Universitaria para el Desarrollo de Internet
CyNet	Cyprus national research and education network (Chipre)
DATAnet 1	Red pública conmutación de datos Holandesa operada por KPN(Koninklijke PTT Nederland)
DATAPAK	Red pública conmutada de los países nórdicos.
DATEX-P	Data exchange - packetized
DCS	Red pública X.25 de Bélgica (inicios de los 1990) 1990s
DFN.	Deutsche Forschunganetz
DN1	Public data network Holandesa
EAN	Electronic Access Network
EARN	European academic and research network (equivalente a BITnet americana, auspiciada por IBM)
EASInet	European academic supercomputing initiative network (auspiciada por IBM en Europa)
Ebone	European backbone
EENet	Estonian educational and research network
EMPB	European multi-protocol backbone
EMPP	European 2 Mbps multi-protocol pilot (fase piloto de lo que después sería IXI)
EPSS	Experimental packet switching system (Reino Unido)
ERNET	Education and research network (India)
ESAPAC	Red X.25 de la European Space Agency
ESnet	Energy Sciences network
EUMEDconnect	IP red de investigación que enlaza los países mediterráneos con los norteafricanos
EUnet	European UNIX network (semilla de la internet europea)
EUROnet	European network
EuropaNET	European multi-protocol backbone network
FORTH	Red de I+D operada por la Foundation for Research & Technology – Hellas (Grecia)
FREEnet	Network for research, education and engineering
FUNET	Finnish University network (Finlandia)
GARR	Gruppo Armonizzazione reti della ricerca (Italia)
GEANT	Gigabit European academic network technology
GLIF	Global lambda integrated facility
GLORIAD	Global ring network for advanced applications development
G-REUNA	Gigabit-Red Universitaria Nacional (Chile)
GRNET	Greek research and technology network
HEAnet	Higher Education Authority network (Irlanda)
HELLASPAC	Hellenic packet switch service (Grecia)
HEPnet	High energy physics network (red pionera pre-internet)
HUNGARNET	Hungarian academic and research networking association (Hungría)
i2CAT	Red Internet2 en Catalunya (desde principios de los 2000)
IBDNS	International backbone data network service
IBERPAC	Servicio Ibérico X.25 de conmutación de paquetes (España)
INFNet	Istituto Nazionale di Fisica Nucleare network (Italia)
INNOVA/RED	Red de investigación en Argentina
ILAN	Israeli Research Network, de Mach-ba (asociación formada por las 8 mayores Universidades)
ITN	International transit network
IXI	International X.25 infrastructure
JANET	Joint academic network (UK)
JUNET	Japan UNIX network (Japón)
KOREN	Korea advanced research network (Corea del Sur)
LATNET	Latvian academic and research network (Latvia)
LTTNET	Lithuanian academic and research network (Lituania)
LUXPAC	Red pública de conmutación de paquetes de Luxemburgo
MARNet	Macedonian academic and research network
MDNS	Managed data network service
MPBS	Multi-protocol backbone service
MREN	Montenegrin research and education network (Montenegro)
MSUNet	The Moscow State University Network (Moscú)
NLnet	La delegación de EUnet en Holanda
NLR	National lambda-rail
NORDUnet	Nordic University network
NSFnet	National Science Foundation network
OSIRIDE	Red heterogénea compatible OSI del Consejo Nacional de Investigación (de Italia)
PSNC	Poznań Supercomputing and Networking Center (Polonia)
PLEASE	Red pública X.25 a principios de los 1990 (en Hungría)
POL-34	Red de investigación (en Polonia)
PSS	Packet switch stream
RASNet	Russian Academy of Science network
RBNet	Russian backbone network (Rusia)
RCCN	Rede da Comunidade Cientifica Nacional (Portugal)
REACCIUN	Red Academica de Centros de Investigacion y Universidades Nacionales (Venezuela)
Red CLARA	The Latin American NREN, operada por CLARA
RedIRIS	Red de Interconexión de Recursos Informáticos (España)
RELARN	Russian electronic academic and research network
RENATER	Réseau national de telecom pour la technologie,l'enseignement et la recherche (Francia)
RESTENA	Réseau teleinformatique de l'education nationale et de la recherche (Luxemburgo)
RESULB	Réseau informatique de l'Université Libre de Bruxelles (Bélgica)
RETINA	Red teleinformatica académica (Argentina)
REUNA	Red Universitaria Nacional (Chile)
RHnet	Red de investigación y educación de Islandia
RNP	Rede national de ensino e Pesquisa (Brasil)
RoEDuNet	The national research and education network (Rumanía)
RUNNet	Russian university network
SANET	Slovak academic network association (Eslovaquia)
SEEREN	South-East European research and education network
SigmaNet	The national research and education network (Latvia)
SINET	Science information network (Japón)
SingAREN	Singapore advanced research and education network (Singapur)
SIPAX.25	red nacional X.25 (Eslovenia)
SUNET	Swedish university network (Suecia)
SURFnet	The national research and education network (Holanda)
SURIS	The national research and education network (Islandia)
SwipNet	Servicio comercial IP operado por Tele2. (Suecia)
SWITCH	The national research and education network (Suiza)
TEIN	Trans-Eurasia information network
TEN-155	Trans-European network con troncales a 155 Mbps
TEN-34	Trans-European network con troncales a 34 Mbps
TIPnet	Servicio comercial IP operado por Telia (Suecia)
UKnet	UK network
ULAKBIM	The national research and education network (Turquía)
UMOS	South Moscow backbone network (Rusia)
UNICOM-B	Universal integrated communication (Bulgaria)
UNINETT.	Nordic University Network
USENET	Contracción de user network
UUCPnet	UNIX to UNIX copy protocol network
vBNS	Very high speed backbone network service
WHREN	Western Hemisphere research and education networks
WIN	WissenchaftsNetz (Alemania)
YUNAC	The Yugoslav academic and research network (antigua Yugoslavia)

NREN	**National Research & Education Network: Red nacional de investigación y educación: Ej.RedIRIS**
NETWORK	**Red**
RESEARCH	**Investigación**
BACKBONE	**Red Troncal**

Sobre el autor
Andreu Veà i Baró

"La historia de Internet nos enseña el enorme potencial que tiene interconectar la inteligencia humana de forma abierta".

Nacido en Sant Feliu de Guíxols (Girona) el 6 de Abril de 1969.

Doctor Ingeniero en Telecomunicaciones (especialidad Internet) e Ingeniero Superior en electrónica, Andreu Veà es Máster en Tratamiento Digital de la Señal y la Información y Máster en Gestión de Tecnologías de la Información por la Universitat Ramon Llull. A los doce años tuvo su primer ordenador: un Commodore Vic-20 con 3KB de RAM. Su primera experiencia con redes internacionales de ordenadores se remonta a 1986. Fue guiado por su hermano, el eminente etólogo Dr. Joaquim Veà a través de la pionera red EARN en la Universitat de Barcelona.

Desde el año 1992, Andreu Veà lleva la palabra internet en su tarjeta de visita, tanto en la empresa privada, la administración y la universidad, donde ha compartido su conocimiento con varias generaciones de ingenieros como docente en la Escuela de Ingeniería La Salle. Descubrió de forma prematura la potente "magia" de la red y la capacidad de cualquier persona para contribuir individualmente a la construcción de internet, sin jerarquías ni burocracias. Vivió en primera persona la asignación del dominio "URL.es" a su universidad, la Universitat Ramon Llull. Un dominio que actualmente es palabra reservada y que fue concedido en aquel momento porque aún no existía la web.

El Dr. Veà contribuyó al desarrollo del incipiente mercado español de mediados de los años 90 mediante la formación y la conexión por primera vez a la red de muchas empresas como Codorníu, Sony España, Deutsche Bank o el RACC, entre otras. En 1994 cofundó con dos amigos el cuarto proveedor español de servicios de Internet (ISP): ASERTEL.

A principios de 1998, el segundo operador de telecomunicaciones Retevisión-Auna (actual Ono) le contrata como responsable de internet para reproducir su idea a nivel estatal responsabilizándose del marketing de producto y del lanzamiento de su ISP (iddeo). Allí diseña un original sistema técnico de red que permite a este operador ofrecer el acceso gratuito a internet y al año siguiente, la primera Tarifa Plana telefónica en España que sorprende al antiguo monopolio y logra que se doble el número de usuarios de internet en España en menos de un año.

Gran defensor de los métodos y usos de internet, antagónicos a los de los "operadores clásicos", durante los dos años en que preside ESPANIX, el Nodo Neutro Español, consiguió mediante el cambio de sus estatutos que toda la red académica RedIRIS pudiera intercambiar su tráfico con toda la red internet comercial, así como la instalación de dos copias (Madrid y Barcelona) de uno de los 13 root-servers globales de nombres de dominio (DNS) en España mejorando sustancialmente la robustez y la velocidad de red a nivel local. Andreu es el ideólogo, impulsor y ex Vicepresidente del Nodo Neutro catalán de Internet (CATNIX.net), que vio la luz en abril de 1999, y del gallego (GALNIX).

"El ADSL será a la fibra óptica, lo que el fax fue al correo electrónico" (2001)

Foto: Joan Cortadellas

Una vez defendida y hecha pública su tesis doctoral sobre tecnología, historia, geografía y estructura social de Internet (8 años en el Top-25 de las más consultadas de todas las Universidades Catalanas superando las 250.000 copias), fue invitado personalmente por Vint Cerf (considerado el "padre de Internet") a continuar su original trabajo en la Universidad de Stanford (California, USA), desde donde dirige su propio programa internacional de investigación (WiWiW.org) galardonado y subvencionado por diferentes organizaciones públicas y privadas.

Hoy día contribuye al lanzamiento y la implantación de empresas españolas de base tecnológica en Silicon Valley (California) y es Eminent Expert en representación de España en los World Summit Awards, premios globales de aplicaciones móviles de la UNESCO. Además de impulsar su original estrategia para fibrear Catalunya: "Voluntarios por la fibra: hay que iluminar de nuevo Catalunya".

Es cofundador y presidente de Internet Society (ISOC-ES) y ha sido elegido miembro activo del comité global Computer History del IEEE, prestigioso instituto americano de ingeniería, así como único miembro Europeo del Internet *Hall of Fame* (advisory board) en 2013. Ha cofundado muchas organizaciones relacionadas con Internet como www.espanix.net, www.catnix.net, www.isoc.cat, www.isoc-es.org, wiwiw.org o IP the Interesting People community. Éste es su quinto libro y ha publicado docenas de artículos e impartido más de 800 conferencias y seminarios sobre el impacto de Internet y la innovación en foros nacionales e internacionales.

¿Sus retos futuros? Principalmente dos: contribuir a que se conecten a internet los siguientes 5.000 millones de habitantes. ¿Cómo? Promoviendo sobre todo el software abierto y la voz sobre internet: no todo el mundo sabe leer, escribir o usar un ordenador pero todo el mundo sabe hablar. Y en segundo lugar: mejorar significativamente la calidad de vida, el nivel cultural y el poder de decisión de las personas, sobre todo en zonas desfavorecidas del planeta, en personas con diversidad funcional o mayores, mediante la utilización intensiva, ubicua y nomádica de internet. ¿Cómo? Difundiendo el hardware abierto, las tabletas táctiles fácilmente utilizables a cualquier edad y los smartphones que cuestan 700€ en Europa pero sólo 70€ en África. Todo esto activará el "círculo virtuoso de internet" y allanará el camino de esta visión.

Este libro se sigue construyendo, como la tecnología que nos ocupa: internet.

Puedes acceder a nuevas revisiones y encargar copias con solo visitar este enlace.

www.comocreamosinternet.com

Agradecimientos

La mayor parte de este libro ha sido escrita originalmente en inglés. Aunque todas las entrevistas han superado una doble revisión por parte de sus protagonistas y otros colegas y a pesar de disponer de excelentes profesionales de la traducción, al enfrentarme de nuevo a mi libro, me sentí como si a un pintor le hubieran pasado su cuadro por una lavadora. Conseguir que las entrevistas fueran de nuevo rigurosas y de fácil comprensión, fue una tarea dantesca. Tanto que tuve que reescribir el libro. Aún no me sentía satisfecho. Para enriquecer el texto, recurrí a una fórmula poco usual: creé lo que acabó llamándose "el club de los beta-lectores".

Inicialmente pensé en un par de personas, pero al solicitarlo en las comunidades virtuales a las que pertenezco se ofrecieron más de cincuenta de las que seleccioné, a veinte por su distinto perfil. En una primera fase, para filtrar los modismos técnicos y en una segunda lectura por gente de perfil nada técnico. Para facilitar la tarea numeré cada una de las líneas del libro, y creé un formulario por internet que facilitaba y concentraba las sugerencias en un único documento. Sin duda alguna fue una muy grata experiencia para mí. Pude ver como los *"beta-lectores"* influían y encontraban cosas mejorables en distintos rincones. Utilizando intensivamente nuevas herramientas de colaboración y a través de internet logramos coordinar muy bien el trabajo de hasta 27 personas en las distintas piezas. Recibí más de 500 propuestas de mejora, como *"este capítulo tiene demasiados acrónimos"*, *"hasta la página trece es difícil de leer pero después ya no puedes parar"*. Ahora el libro empieza en la página 13. Más de cuatro meses de trabajo adicional que enriquecieron sin duda el manuscrito. Fue como lograr una segunda edición corregida y aumentada del libro antes de su publicación. Finalmente una correctora profesional Alejandra Perucha, se ha encargado de pulir el estilo y de dotar de coherencia a todas las partes. Agradezco explícitamente a todos su valioso esfuerzo, porque colectivamente han hecho que este libro sea ahora mucho mejor. Me ha hecho reflexionar sobre los cambios que experimentará la escritura cuando los autores se dejen acompañar por sus lectores que mejorarán los originales, antes de su difusión.

Quiero agradecer a Alberto Pérez y a Tomás de Miguel de RedIRIS por su iniciativa y constante apoyo y a Xavier Mallafré por su soporte y visión editorial. A mis mecenas y amigos los doctores: Vint Cerf, Don Nielson, John Gill y Paul Mockapetris por su ayuda. A Jesús Bueno y Javier Santamaría, de Scan96, por su pasión y por la calidad del diseño final. Reconocer la altruista dedicación de los *beta-lectores* que más han contribuido, empezando alfabéticamente por el Dr. Luis Arroyo, que revisó hasta la saciedad los giros de las traducciones, y a los que más huella dejaron: Amador Álvarez, Marina Batet Ollé, Toni Casas, Francesc Déu, Miguel Ángel Expósito, Luis Ángel Fernández Hermana, Ángel F. Pineda, Isabel Gandía, María Elvira Hernández García, Joaquim Mayol Garre, Begoña Morales, Mariona Ollé, Alberto Pérez, Gabriel Rosell, Carmen Serrano, Eugene Thiers y Joaquim Veà i Bosch.

Agradecer las sugerencias de Jordi Planas Manzano, Joan Batet y David Ferré; así como a Alejandro Pérez Ochoa, a la Campus Party (Paco Ragageles) y a la Internet Society (Lynn St. Amour) su explícito y comprometido apoyo a lo largo de años de investigación.